中華大藏經

續編

17

漢傳注疏部（一） 第一一册

中華書局

第一七册目録

○二九一

仁王護國般若經疏法衡抄〔一〕

仁王護國般若經疏法衡抄卷第一

譯經證義講經律論廣演大師遇榮集

夫以般若宏廣，經旨幽深。古造疏以釋經，今述抄而贊疏。釋此經疏，大分爲三：初、釋疏題目，二、彰造疏人，三、釋疏本文。疏題分二：初釋一部之總名，後釋此卷之別目。總名分二：初離釋，後合釋。離釋分二：初辨所釋經題，後辨能釋疏字。

且經題者，梵語磨努產捺囉跋囉囉瑟吒囉般囉枳穰二合波囉弭多素呾纜，華言仁王護國慧到彼岸經。今取文詞穩順，諸教共談，所以華梵相兼，仍存詘略，故云《仁王護國般若波羅蜜多經》。釋此分二：初離釋，後合釋。離釋分二：初辨所詮十字，後辨能詮經字。所詮分二：初離釋，後合釋。離釋分二：初明能請之人，後明所請之法。

且能請人者，謂仁王也。《周禮》云：仁有六德。鄭氏注云：愛人及物曰仁，上下相親曰仁，貴賢親親曰仁，殺身成人曰仁。仁者忍也，善惡含忍曰仁，好生惡殺曰仁。《韓詩》云：王者往也，天下往之。善養人也，故人尊之。善辨理也，故人安之。善悅人也，故人親之。善粉飾人也，故人樂之。具此四德，而天下往，謂之王矣。又仁者賢也，仁慈慧悟，具賢德故。王者主也，威德臨民，獨尊勝故。《正理論》說：劫初之時，爲分香稻，共立田主三曼多王，此云共許王也。衆許此人有賢德故。所收香稻六分之一以奉於王，請治不平，爲田農之主也。亦名人王，人民之主，獨尊勝故。亦名天子，《金光明》偈云：

雖生在人世　尊勝故名天
由諸天護持　亦名爲天子

波斯匿等諸大國王久修福慧，具仁賢德，故

名仁王。王有仁德，名曰仁王，分有財釋。王行仁行，是仁之王，名曰仁王，依主釋也。

第二，所請法者，謂護國般若波羅蜜多。釋此分二：初離釋，後合釋。離釋分二：初明般若到岸通名，後明護國此經别用。

且初文者，般若慧義，鑒照理事，有簡擇故。般若有五：一者，實相般若，謂真如理而與般若爲實性故名爲般若。故下文云，法性不住色，不住非色，受想行識，乃至法空人空，皆名般若。二者，觀照般若，謂清淨慧觀照性相真俗諦故。故下文云，以甚深般若照見諸法一切皆空，乃至體相平等名一切智智，皆名般若。三者，文字般若，謂能詮教詮般若故亦名般若。故下文云，般若波羅蜜多文字章句，百佛千佛，百千萬億一切諸佛而共同説，十二分教，皆名般若。四者，眷屬般若，謂六度萬行玅慧相應，助般若故亦名般若。故下文云，菩薩摩訶薩依五忍法以爲修行，乃至三賢十地一切玅行皆名般若。五者，境界般若，謂二諦、三性等般若境故亦名般若，《二諦品》等廣明其相。此經一部，上下文義皆顯般若，故以般若爲經總題。

慈恩《心經疏》中，釋五般若云：福慧俱修，空有齊照，尋詮會旨，究理解生。慧性慧資，皆名般若。能除障習，證法真空，衆德之尊，萬行之導，强獨名慧。攝一切法，皆名般若。即《瑜伽》云：諸法同體，巧相集成，名集成方便。以智以識攝一切法故，意云攝一切法令同一體。蓋以巧相所集成故，即巧相集成是方便義。

巧相有三：一、文巧相，其語巧玅，文言峭麗，巧玅相故；二、義巧相，以巧玅義顯諸法故；三、事巧相，如彩畫等巧玅相故。此義巧相，略有二門，謂智與識。且以智爲門攝一切法者，智性、智相、智因、智伴、智境，體即是前五種般若。約義巧便，攝一切法令同一體，皆名爲智，是謂巧相集成方便。以識爲門攝一切法者，八識心王，識自性故。五十一心所，識相應故。十一種色，識所變故。二十四不相應行，識分位故。六種無爲，識實性故。以此五種，攝一切法，皆名爲識，是謂巧相集成方便。二門意者，因位識强，立於識門。果位智强，立於智門。故此般若攝一切法。

波羅者，彼岸義。古説有二，謂菩提、涅槃。慈恩説五：一、所知，二、教，三、理，四、行，五、果。

蜜多者，離義，到義。

總此意云：由行般若，離諸障染，境盡有無，解窮六藏，義洞真俗，業備二因，覺滿寂圓，斯昇彼岸。體用兼舉，故立此名。能到般若，從所到岸以彰其名。波羅之蜜多，名波羅蜜多，依主釋也。般若體義通於因果。因位般若，分離障染，分到彼岸。果位般若，全離障染，究竟到岸。般若即波羅蜜多，名般若波羅蜜多，持業釋也。依《唯識論》，所修諸行具七最勝，方可得名波羅蜜多，隨闕一種，非到彼岸。在於初劫，名波羅蜜多。在第二劫，名近波羅蜜多。在第三劫，名大波羅蜜多。佛果位中，更無異稱。今包因果，故舉通名。五種般若，通教理行果，謂依教詮理，依理起行，依行得果，皆般若故。詮旨分別，通教及理。因果分別，通因及果。福智分別，通福及智。覺寂分別，通滅道諦。菩提、涅槃二利分別，通於二種自利、利他。又由行者修習般若，通於二智根本、後得，觀於二理生空、法空，斷於二障煩惱、所知，息於二死分段、變易，證於二果菩提、涅槃，圓於二滅無餘、無住。所以立此般若名者，《六波羅蜜多經》第一卷云：諸佛世尊以八萬四千法門調伏有緣衆生，攝爲五分。若有衆生樂修靜慮、威儀、分別性相，如次爲説契經、調伏、對法。若樂修習大乘真實智慧，離於我法執著分別，而爲彼説般若波羅蜜多。若不能持三藏般若，造重罪等種種不善，欲令消滅，悟於涅槃，爲説陀羅尼。於此經意，正是第四樂修智慧，離我法執，爲説般若。令離我法，契無相故，兼餘四分也。

後明護國此經別用者，國者邦域，依止之義。理土事土，凡聖依止。王臣化治，安身統王，目之爲國。護者加衛，覆攝之義。般若威德而加衛之，而覆攝之，災害不生，禍亂不作，人天歡慶，龍鬼施恩。般若興而不墜，賢聖護而國安。法藉人以弘宣，人由法而建國。般若勝用，其在斯乎。

然此護國，而有内護、外護。且内護者，如下文云：佛告波斯匿王：吾今先爲諸菩薩説護佛果、護十地行、護化衆生。外護者，如世尊言：諸大國王，諦聽，諦聽，我爲汝等説護國法。一切國土若欲亂時，有諸災難，賊來破壞。汝等諸王應當受持讀誦此般若波羅蜜多，嚴飾道場，置百佛像、百菩薩像、百師子座，請百法師解説此經。乃至若王大臣及四部衆聽受讀誦，如法修行，災難即滅，廣如下文。能護名護，是國之護，名爲護國。所護名護，護即是國，名爲護國。

第二，合釋所請法者，此通二釋。若依護國依主釋者，顯此般若而能衛護諸國土故，護國即般若，名護國般若波羅蜜多，攝用歸體，持業釋也。若依護國持業釋者，能護般若從所護國以彰其名，護國之般若名護國般若波羅蜜多，依主釋也。收科可知。

第二，合釋所詮十字者，所請之法從能請人以彰其名，仁王之護國般若，名仁王護國般若波羅蜜多，依主釋也。收科可知。

第二，辨能詮經字者，天親解云：謂能貫穿，依故、相故、法故、義故，説名爲經。謂於是處，由此爲此，而有所説，名之爲依。真俗諦相，名之爲相。善巧等法，名之爲法。隨密意等，以説諸法，名之爲義。具此四義，故名爲經。然此經體，總以聲、名、句、文四法爲性，由此四法能詮義故。又《瑜伽》云：經體有二，一文，二義。文之一法，進攝名、句，退攝於聲。雖言文義，具攝聲名、句、文及所詮義五法爲體，餘如下釋。收科可知。

第二，合釋經題者，上之十字皆是所詮文字般若，亦是經中所詮顯故，能詮之經從彼所詮以彰其名，仁王護國般若波羅蜜多之經，依主釋也。又以教論攝五般若，文字能詮，餘四所詮。依《瑜伽論》，經通教理，仁王護國般若波羅蜜多即經，持業釋也。收科可知。

第二，辨能釋疏字者，疏猶記也，纂録之義，纂録諸教相應文義，釋經意故。又疏者，疏平聲。也，分也，決也。疏通文義，分別旨趣，決擇性相，故名爲疏。即以疏主聲、名、句、文及所詮義五法爲體。《瑜伽論》説菩薩造論釋經有四意五喻，造疏釋經，意趣亦爾。且四意者，一、嚴顯佛經，莊嚴聖教，顯深意故。二、摧邪顯正，令解經義，邪心不生故。三、令法久住，演教利他，法不滅故。四、佛種不斷，令解義者修行成佛故。言五喻者，一、如見華藕，見雖生喜，不如開敷。見經雖喜，不如得疏開示道理。二、如見他財，見雖生喜，不如攝爲己有。三、如見家書，見雖生喜，不如開之知其吉事。四、如見金鋌，見雖生喜，不如鍛爲器物，得其受用。五、如飢遇美饍，見雖生喜，不如湌之。得疏釋經，隨文可知。收科可知。

第二，合釋疏題者，造疏本爲釋經文故，故能釋疏從所釋經以彰其名，《仁王護國般若波羅蜜多經》之疏，依主釋也。

第二，釋此卷之別目者，謂卷第一。卷者，行布規矩之義，目於文字。然此文字，墨等書之。從因果説，意取聲、名、句、文而爲體也。聲等爲因，方有字故。文字爲因，引聲等故。又卷者，捲舒之義，貝葉、紙等而爲體也。若唯文字而無紙等，文字散滅。若唯紙等而無文字，則非聖教。由是，能依文字，所依紙等，互相依藉，捲舒規矩，目之爲卷。第一者，初首之義。一部六卷，此軸標初，故名第一。卷體即第一，名卷第一。元唯三卷，後人開成六卷也。

疏青龍寺翻經講論沙門良賁奉賁〔三〕述者，彰造疏人也。其青龍寺，在長安城東南隅也。《青龍寺記》云：昔隋朝時，創置長安。以於城南本是戰場，聚骨於此。帝曰：以此處是國家青龍之首，多諸墳墓，有子孫親戚者，令移葬之其中。無親戚者，官與移之，去城東南約七里餘，穿坑埋之。後有鬼哭之聲，有司聞奏。有勑令於埋骨之處，與置其寺，號靈感焉。後至唐太宗皇帝女城陽公主有疾，請蘇州僧法朗持念觀音神呪，而獲疾愈。公主上請：所廢靈感寺地，可以置寺，以答聖恩。至高宗大帝龍朔二年，勑旨宜令依舊置寺，改名觀音寺。後至中宗皇帝，以寺標青龍之崗，於神龍二年改爲青龍寺焉。寺者，嗣也，司也。治事者相嗣，續於此司也。《漢書》云：後漢第二主孝明皇帝夜夢金人，身長丈六，乘空西來，遂問朝臣。傅毅奏曰：准《周異記》，竺乾有大聖人出現，滿一千年後，有聲教流於此國。陛下所夢，必是此焉。帝遣王導[三]等一十八人，西迎佛教。至大月支國，逢摩騰、竺法蘭二僧，持《四十二章經》梵本、釋迦形相等。初來，權止鴻臚寺。永平七年乙丑歲（或云甲子歲也。）西迎，至十年戊辰歲十二月三十日，迴屆洛陽。明帝喜悦，別創堂殿安之。二僧移入別居，不忘其本，遂標寺號。又以白馬馱經至此而死，建塔於寺中，因名白馬寺焉。《僧史略》云：至後魏太武帝始光元年，創立伽藍，名爲招提。隋煬帝大業年中，改爲道場。至唐，復爲寺也。西天名僧伽藍摩，此云衆園，是出家衆所住園故。

翻經者，律、論是經中一分之義，契經具攝三藏義故，但言翻經也。翻者，倒也。倒西天語，傳授此方，謂之翻譯。

沙門者，具正應云沙迦懣囊，此云息惡，息除諸惡故。亦名勤息，勤修衆善，息不善故。《法華疏》云：沙門，息義，以得法故，暫爾寧息，亦息惡也。正言室羅摩拏，或云室摩那拏，此云功勞，精修道業，有功勞故。今存不正，復略梵語，故名沙門。沙門有四，如常可知。

良賁者，疏主名也。賁，彼義切。疏主，是河中邑縣人也，俗姓郭氏，法名良賁。家承官官[四]，闕而不録。丱歲出家，長而獨德。講《仁王經》《唯識》《因明論》，善内外學，住青龍、安國等寺，名望當時，緇素仰重，曾爲代宗皇帝授菩薩戒。不空三藏翻諸經論七十七部内，四十餘本疏主筆受并潤文也。於永泰二年二月十一日，奉代宗勑旨，在内南桃園修撰《新譯仁王般若經疏》。至當年十一月八日，繕寫畢功，文過萬言，部成三卷，并《陀羅尼念誦軌儀》一卷，《承明殿講密嚴經[五]御記》一卷，並同進呈。勑批歎譽，略而不録。

奉詔述者，述猶敘也，撰也。親奉宣詔，敘述義理，撰集聖教，成此疏文，名之爲述。《唯識疏》云：敘理名述，先來有故。作故名造，今新起故。

疏稽首等者，自下釋疏本文。如所釋經，亦分三分：初、明序分，二、正宗分，三、流通分。且初序分，長分四段：初、稽首三尊，陳造疏之情懇；二、歎佛身説，爲經起之源由；三、正顯此經，彰般若之幽致；四、釋經品題，明總別之綱要。然此四段文意次第者，夫欲釋經，先敬三寶，述造疏之情誠，求聖力而加護，故有初段。既已歸依三寶，便應製疏，然以文字體式，欲正稱揚彼事，必先汎述端由，即言在於遠，意在於近，爲引事之由漸也。此第二段即是汎述之詞，汎述教興本末源由。所謂真理湛然，性離有無，報身玅智窮性相源，然後起他化用，應機利物，體無生説，用有説生，如是汎述體用本末，漸欲引至説此經事，故有第二段歎佛身説。汎述已訖，方辨此經。靈山集衆，示現羣祥，法雨遐滋，普潤凡聖。陳經宗旨，大義所由：内護佛果，五忍、二諦之門。外護仁王，般若靈驗之事。華飛瑞應，德用難思。法師奉持，灾消難息。如來悲念，垂誡付囑。乃至教流此土，弘闡因由，褒揚稱讚，意表慇懃敬仰之誠，欲令學者知其大義而生鄭重，故有第三段正顯此經般若幽致。顯此義已，便合次第釋經文義，然以本文前，有經題目，所以先釋經題，後釋經文。以經題者詮一部之大綱，品題者顯一品之要義，由釋題故，即顯一部總别大意，故有第四段釋經品題。故四段文次第如是，由此而言。

序者，致也，序致大義本末意故。又序者，緒也。如蠒之得緒，緒盡一蠒之絲，疏之得序，序盡一部之意也。

言稽首者，能敬之相也。無上覺等，所敬〔六〕三寶也。依俗釋云：稽者至也，首者頭也，以頭至地，故名稽首。此即拜跪，首至地故。若依經論，稽首者，敬禮異名□□□□□□□□□□禮。《俱舍論》云：稽首接足，故稱敬禮。□□□□□□□□□□彼足，故名敬禮。虔仰深故，以身比語□□□□□□□□□輕可發，身由意起，不説自成，故唯身敬。□□□□□□□□起慇淨心，策殊勝業，伸誠歸仰，故名敬禮。即□□□諸聖教中或云：稽首藉身語業之稽首，伸三業之敬禮也。無上覺者，覺體是慧，覺察斷障，覺照理事，故名爲覺。佛果位中，法身覺性，報身覺相，化身覺用。無比等故，通名無上覺。次，别示云：法身體遍，報相圓明，他化應現塵沙數身，大悲拔苦，玅用難思，而無與佛齊等者也。故《華嚴》云：菩薩有十種大悲，常觀衆生：一、無所歸依，二、隨逐邪見，三、貧無善根，四、長寢生死，五、行不善法，六、欲縛所縛，七、在生死海，八、久遠長病，九、無欲善法，十、失諸佛法。以此十種大悲，拔衆生苦。菩薩尚爾，何況如來。於利他中，大悲最勝，故此偏言大悲無與等。

疏所説甘露法者，前能説佛，此所説法也。所説之法，猶如甘露。世間甘露，有二功能：一、能除疾病而得身安，二、能除熱惱而得清涼。佛法亦爾，一、能除生死之疾病，得聖身安。二、能除障染之熱惱，得涅槃清涼。故《涅槃》云：世尊甘露藥，以施諸衆生。衆生既服已，不死亦不生。餘文易解。

疏住果勝果道者，聲聞四果，前之三果現居有學，名爲住果。第四果人，已證無學，於自乘中最殊勝故，名勝果道。

麟喻部行尊者，《初學記》中引諸家書籍，明麟相貌，今直敘之。麟者，仁獸也，麕身，牛尾，一角，馬足，黄色，角端有肉，音中黄鐘。王者至仁，則出。一角，明海内共一主也。生於火，游於土，含仁懷義，行步中規，游必擇土，不履生蟲，不折生草，不羣居，不旅行，不犯陷穽，文章彬彬。軒轅有麒麟之信。魯哀公十四年春，西狩獲麟，以爲不祥。仲尼曰：麟也。獨一而出，更無羣伴。獨覺聖者，三千界中獨一而出，如麟一角，名麟角喻獨覺。復有一類獨覺聖者，於其現身，離〔七〕稟至教，不依於佛而自悟道，名爲獨覺。有各部衆而行行，故名部行獨覺。此二獨覺，初皆見佛，聞法修行。得聖果已，麟角聖者定不見佛，部行獨覺容可見佛。初是利根，後是鈍根。

皆離障染，證無學果，具無漏德，故名尊也。

五忍諸聖凡者，忍謂忍可，印證之義。以其妙慧印證境故，名之爲忍。於五忍中，初伏忍位在於地前，名爲凡夫。信忍、順忍、無生忍、寂滅忍，此之四忍從於初地至佛果位，名爲聖人。其寂滅忍通佛菩薩，今取菩薩，敬僧寶故。疏説僧寶，聲聞、獨覺、菩薩，從劣向勝爲次第故。

我今盡敬禮者，前歸敬佛，有稽首言。此後句疏通敬法僧，兩度言之，法及聖賢，我盡敬禮。此等佛僧，總指數類。下自有文，此不廣敘。

疏三寶等者，彰歸敬意也。佛法衆僧如世金玉，可貴可重，説名爲寶。唯願三寶以悲智力加護於我，見示愍念，幸無遺弃。今欲讚釋般若真文，願法久住，利濟含識。故《金剛頂瑜伽經》云：歸依佛者，即得諸佛、五方菩薩并諸眷屬皆來加護。歸依法者，即得帝釋并諸眷屬、四天王等皆來加護。歸依僧者，即得色究竟天、五淨居天并諸眷屬皆來加護。由三寶力，善願皆成，諸惡不生，故今歸敬，希加護我，造疏釋經，心通玅理，語巧身安。

疏粤真理湛寂，逈出有無之表者，粤者，辭也，發語之端，入文之辭藻也。逈者，孤也，獨也。表者，外也。真理體玅，澄湛不動，凝寂離喧，逈然獨出有無法之外也。

疏智鏡澄照，洞鑒性相之源者，鏡者，鑒照之義。性相之源者，水本曰源，生流派故。法亦如是，約其根本，以性爲源，生一切法。《無量義經》云：義無量者，從一法生。其一法者，所謂真如，從彼出生一切法故。若約其末，以相爲源，生一切法，謂第八識含持諸法三性種子，展轉變現無量差別色、心之法，乃至佛果無漏第八持無漏種，展轉變現無量差別清淨之法。故一切法，性相爲源。佛果四智猶如明鏡，澄淨遍照，洞達明鑒性相本源、善惡因果無量差別，故疏云爾。

疏德海揚波，汩清流於塵刹者，此法喻合，明從於德海，現他化身也。德海者，真理湛然無爲之德，智鏡澄照有爲之德，此之二德深廣無窮，猶如大海。揚者，擊也。汩。音骨，没也。又，于筆切，没也。今取後呼。塵刹者，微塵刹土，世界多義。世間大海風所擊揚，起於波浪，清泉流派，遍諸川澤，益濟黎元。如來亦爾，德海幽深，廣無邊際，由本願力悲智相應，擊於德海，起他化波，汲引玅用，化相清流，他受用身遍諸淨刹，變化佛身遍淨穢刹，隨應利樂凡聖有情。故《唯識》第十云：他受用身而依自土，謂平等智大慈悲力由昔所修利他無漏純淨佛土因緣成熟，隨住十地菩薩所宜，變爲淨土，或小或大，或劣或勝，前後改轉。他受用身依之而住，能依身量亦無定限。若變化身依變化土，謂成事智大慈悲力，由昔所修利他無漏淨穢佛土因緣成熟，隨未登地有情所宜，變爲佛土，或淨或穢，或大或小，前後改轉。佛變化身依之而住，能依身量亦無定限。

疏牟尼大聖故現迹於王宮者，梵語牟尼，此云寂默。所證真理，體性寂靜，離煩惱喧，故名寂默。聖者，正也，以無漏智正合理故。三乘見諦，皆名聖人。其二乘者，聖而非大。十地菩薩，大而未圓。今明佛果廣大圓滿，故名大聖。大聖釋迦證寂默理，故云牟尼大聖。故者，所以義。由前德海揚波，汨清流於塵刹，遂有釋迦牟尼大聖所以示現權迹，生於王宫，此屬迦毗羅城淨飯王宫也。故《本行》《悲華經》等説：護明菩薩，居兜率天。從彼天没，七月十五日，乘日輪，御白象，入摩耶腹，示同凡夫。十月處胎，四月八日降生，七歲作嬰兒，八年爲童子，四年學五明論，十年受欲樂，二十九歲出家，在於雪山六年修苦行，三十五歲成等正覺，四十五年住世説法。《金光明》説釋迦牟尼佛壽八十歲。

疏從無生而生則生無所生者，此顯如來現身之相也。無生者，清淨法身凝然常住，本無生滅，名曰無生。圓滿報身不斷常住，而無一期生滅之相，名曰無生。從於法報，無生真佛而生他化應物權身，此則真佛生彼無所生他化權身也。或可唯從無生真理而生他化，則真如理生彼無所生他化也。故下經云：一切諸佛於般若中生，般若中化，般若中滅，而實諸佛生無所生，化無所化，滅無所滅。其疏釋云：實相般若無生、化、滅，諸佛化現圓應十方，於般若中示生、示化、示滅，即王宫生、轉法輪化、雙林後滅也。

疏演無説之説，則説無所説者，此顯如來説法之相也。諸法體性，本離言詮，名爲無説。一切諸法，性離言故，如來方便令人曉解，遂於無名相法中，强以名相方便顯示，名爲之説。此則以其名相開示，説彼無所説法。故下經云：佛未出前，無三界名，無善惡果報六趣名字。諸佛出現，爲有情故，説於三界六趣染淨無量名字也。

疏動而寂，若清月陵空者，動謂權身，寂謂真身。若者，如也。陵者，昇也。如清月非空，影隨水器。月體昇空，喻於真佛而居淨土。月影千差，喻於權身隨機有異。影離月無，亦非即月。

真佛是體，權身是用。用離體無，亦非即體。器喻衆生根性差別，水喻衆生信等善根。器全水清，月影便現。器破水濁，月影便沉。衆生根熟，心水澄清，身器圓淨，佛現權身而利益之。若根未熟，心水渾濁，破器非根，佛不現身，如影沉隱。月體圓而昇空，月影異而任器。真佛寂而端居，體無有異。權身動而隨器，用有千差。總此意云：由前德海揚波，汩清流於塵刹，牟尼大聖故現迹於王宫，從無生而生，則生無所生，諸如是等，動而寂，若清月陵空。

疏 語而默，等摩尼照物者，語謂他、化權身説法，默謂法、報真佛無言也。等者齊等，相似之義。摩尼者，如意珠也。佛似彼珠，默而利物。摩尼瑩而無思，流光照物。真佛默而無説，現身有語。應器宣揚，法利含識。總此意云：由前德海揚波，汩清流於塵刹，牟尼大聖故現迹於王宫，演無説之説，則説無所説，諸如是等，語而默，等摩尼照物。

疏 所以者，承前起後之詞。由前德海揚波，現身説法義故，所以如來在昔，居于鷲峰，集衆説法也。於造疏時，指説經時，名爲在昔。具正梵語佶栗陀羅矩吒，此云鷲峰，亦名鷲臺，既棲鷲鳥，又類高臺，故以爲名。

住定者，安住定中，興悲現通，集衆也。如下經云：入大寂靜玅三摩地。梵語三摩地，此云等持，定之異名，離於沉掉，平等持心，專注一境，故名等持。顯功能勝，故名爲玅。入大寂靜，玅等持中。有其二意：一者興悲，欲利有情；二者現通，光馳聚日。馳者，奔馳迅速之貌。佛光迅發，猶如聚日。若唯一日，足以爲明，多日聚之，明盛至極也。放光意者，集有緣衆來聽法故。故下文云：佛身毛孔放大光明，普照十方恒沙佛土。復放無量阿僧祇光，其光雜色，一一光中現寶蓮華。乃至十方菩薩皆來至此。

疏 波斯匿等者，梵語鉢剌犀那恃特王，此云勝軍王。舊云波斯匿王，訛也。等者，等餘國王及諸凡聖一切大衆。爭趍法會，如霧競集，繁盛至甚，有類煙凝。

疏亂墜天華，坦夷巖谷者，坦猶平也。夷者等也。所散天華繽紛亂墜，高巖下谷由華覆之，坦然平等，無高下相，顯佛所説平等法故。以華供養，表聞法已，修因行華，結菩提果，即下文云：欲界諸天雨衆玅華，色界諸天亦雨天華。時無色界雨諸香華，香如須彌，華如車輪，如雲而下，遍覆大衆。又云：十方菩薩皆來至此，持種種香，散種種華，作無量音樂，供養如來。

疏遂得至法雨者，此顯説經利益之事也。遂得者，承前起後之詞。由前衆集，機熟緣和，願聞玅法，如來慈悲，應機爲説，聞者獲益，故言遂得等也。

淨土等者，佛住靈山，隨機見異。若大菩薩，見佛報身而居淨土。若小菩薩、二乘等衆，見佛化身居淨穢土。由佛身土，一處見異，報化雙彰，淨穢雙顯故然也。雲有二義：一、能廕覆，二、能出雨，潤益草木。慈心如雲，廕覆有緣，施玅法雨，潤益時機，如雲密而彌布，非卒暴雲也。由此三乘，若凡若聖，皆霑潤益，生長善根，及得果證。故下經中，説《觀如來品》時，無量大衆得法眼淨。説《菩薩行品》時，無量人、天大衆得伏忍空無生忍，一地、二地乃至十地無量菩薩得一生補處。乃至《奉持品》中，皆有悟證，得道非一。

疏宗陳護國者，有内護、外護。内護者，教示菩薩護佛果、護十地行、護化衆生。外護者，示諸王等護國土、護自身、護人民，遣諸災難，國泰人安。此内、外護，皆是經宗所明之義，故云宗陳護國。於二護中，《觀如來品》理事雙彰。於此理事，包總攝括始終之位，境、智俱寂，行相云何。此品所明觀照般若，是事是智。實相般若，是理是境。泯相觀性，名境智俱寂。下云：聖智現前最初一念，具足八萬四千波羅蜜多，名歡喜地。此名爲始，無漏聖智初證理故。又云：

體相平等，名一切智智。此是佛果，故名爲終。餘五忍等，取下文意，略敘大義，隨文可知。

疏華彰令德，力現難思者，令字去聲，善也。《不思議品》中，大衆散華，彰於般若善妙之德，如來神力變現難思之事，表於般若神功叵測，謂一華入無量華，無量華入一華等也。

疏十三法師者，三賢十地持經菩薩也。師有彼法，名爲法師。法即是師，名爲法師。昭昭炅炅者，明盛之貌也。氛與芬同呼。氛，侵妖氣也。寰區者，宇宙也。帝王所統，普天之下，封疆寬廣，謂之寰區。總此意云：十三法師奉持般若，其文昭昭，明顯易曉，如觀指掌之内也。由於般若威德力故，七難氣、侵妖氣息滅，般若威光，炅炅照明，静於寰區之内也。故《奉持品》云：從初習忍至金剛定，如法修行十三觀門，皆爲法師依持建立。又云：若七難起，一切國王爲除難故，受持解説般若波羅蜜多，七難即滅，國土安樂。

疏恐季葉等者，季者末也，禾熟結子，秋末之象也。又季者昆季也，兄弟枝葉，子孫相繼，名爲季葉。佛説般若，利益當時，然恐末世遺法之中，王臣四衆子孫枝葉漸漸凋殘，致令法滅，國土災興，是故永言垂誡，付囑國王，令諸王等建立佛法，護國安民，如《囑累品》，學者敘之。

疏若非等者，歎佛説法，能滅苦集也。衢者，路也。生死苦果，有情依此往返三界，昏迷遊歷，名曰昏衢。窒者，滅也。慾與欲同。貪愛名欲，即是惑障，亦攝所知障及所發業，皆是苦因，集諦攝故。愛欲過重，疏偏言之。故《法華》云：諸苦所因，貪欲爲本。若滅貪欲，無所依止。愛欲有四，故言諸也。《瑜伽》五十五云：現有愛云何，謂於自體瞻視藏護。後有愛云何，謂求當來自體差别。貪喜俱行愛云何，謂於現前色等五境起貪著愛。彼彼喜樂愛云何，謂於未得可愛色等起希望愛。總此意云：若非如來大明作照，説法開迷，何以能破生死苦果昏衢者矣。若非如來大振法音，何以能滅生死苦因諸慾者矣。

疏皇唐八葉者，一高祖，二太宗，三高宗，四中宗，五睿宗，六玄宗，七肅宗，八代宗。金枝玉葉，子孫相繼，代宗第八也。造者，化也。玄者，聖也。垠者，語斤切。界也。先帝上昇，今帝再造，子育生靈，聖德聖化，無窮壃界，法令正而無曲，刑憲清而有截。截者，剪也，齊如剪紙矣。

疏張墜網、震頽綱者，震者舉也，頽者墜下也，綱者，網之總索也。欲張墜網，先舉總索，衆網皆張。自古不行之事，猶如墜網。代宗治化，舉而行之，有似重張墜網，再舉頽綱也。重張再舉，其意者何。駈黔庶於福壽之場，導蒼生於無爲之宅。黔者，琴劍二音。黑黄色也。黑黄等類衆庶人民，謂之黔庶。福壽之場者，之是語助也，場者處所依止之義。一切庶民皆依福德壽命而住，福壽如場，名福壽場。今之主上以德化民，令於萬姓勤修福壽，言含緊切之意，有似駈物上場，故疏云爾。蒼生者，生靈之類。似於蒼草，謂之蒼生。無爲之宅者，之亦語助也，爲者作也。真理凝然，無造作故，名曰無爲。宅者，依止居處之義。如人舍宅，外障風雨，内去毒蟲，居之安隱，若有證得無爲理者，外障六塵風雨，内去三毒諸蟲，處之安隱。無爲如宅，名無爲宅。今之主上以德化民，導引生靈漸入聖境安樂之處，故疏云爾。

疏廣運明德者，《國語》云：廣運百里。東西爲廣，南北爲運。意敘仁君廣運聰明聖德，光顯發揚佛法聖旨，乃詔不空三藏重譯《仁王經》也。

疏三藏言善兩方者，不空三藏善解西天此土兩方之言也。三密者，謂即三業，説法語密，現通等爲身密，入定等爲意密。如來三業隱秘難知，故名三密。不空三藏獨善持呪秘密法門，故云教傳三密。

疏龍宮演奧，邃旨聞天者，以其天子有龍威之德，從喻名龍。彼所居宮，故名龍宮。此指大明宮，譯《仁王經》處也。於此龍宮，演奥梵語，譯成華言，以顯此經幽邃玅旨，聞奏天庭也。

疏佛日再中者，昔魯陽公共韓遘戰，午時爲期。魯陽公午後方至，韓公責之。魯陽公以戈揮日，却令正午。如來在世，佛法熾盛，猶日正中。佛滅度後，教法漸微，如午後日。今由翻經，聞奏王臣，欽尚佛法，增暉似佛在世，教法熾盛，故云佛日再中。真風永扇者，《爾雅》中説，東爲谷風，南爲凱風，西爲泰風，北爲涼風。草木稼穡，如次四時，谷風生之，凱風長之，泰風結實，涼風調熟。今明佛法，簡異世俗，名爲真風。一切衆生，未生善根，扇之令生。已生善根，扇之令長。已增長者，扇令趣果。已趣果者，扇令圓滿。長時不息，故云真風永扇。

疏學孤先哲者，學而無友，名曰學孤，孤無先哲指訓也。以其學孤，少見少聞，凡事鄙陋，點汚釋子清淨緇流。叨接者，叨濫接承，次也。膺者，當也，親也。文意可知。

疏幸揚天闕者，《爾雅》云：幸謂非分而得。自惟無德，非分舉揚在於天子闕庭也。扆者，天子所居室也。避席者，從座而起也。總此意云：幸得舉揚在於天闕，親奉德音，令於大明宮内南桃園中，修述義疏，贊演新經，實謂扆中出光而垂曲照，王意親切，不容避席退讓也。

疏竊玄珠者，玄玅寶珠，喻於聖教。《涅槃經》云：諸行無常，是生滅法，名如意珠。《法華》亦云：解髻上之明珠。貝葉者，經也。天竺以經書之貝多樹葉，故以爲名。私竊取彼教義玄珠，釋此貝葉，自惟寡學，唯但增益慚耻兢惶也。捧白璧於丹墀者，國史云：卞和者，楚人也。於荊山得玉璞，獻楚厲王。王使相者看之，不別，曰石也。厲王以和爲慢，遂刖其左足。厲王崩，武王立，和又獻之。武王使相者看之，還，不別，曰石也。武王以和爲慢，刖其右足。武王崩，文王立，和乃抱玉璞哭於荊山之前。文王召之，問曰：刖足者衆，何獨怨乎。和曰：臣不敢恨於刖足，所恨真玉以爲石，忠士以爲慢，所以悲耳。文王乃使人剖其璞，果得真玉。文王曰：昔乎先君而難剖石，而易刖足，失之何甚。乃謝於和，而重賞之。丹墀者，往古天子堦墀以丹漆之，謂之丹墀。寧勝報効者，力小不任，名曰寧勝。賀酬恩德，名曰報効。總此意云：親奉德音，宸光曲照，如斯恩澤，難以酬之。若如卞和，心懷忠孝，刖足不辭，捧彼白璧，詣此丹墀，奉獻仁君，不任報德矣。

疏仰酬等者，俯者，俛也，低首之貌。課者，課虚成疏也。既者，已也。竭者，盡也。誠者，情也。庶者，冀也。玄造者，聖化也。總此意云：仰酬皇澤，俛首課疏，唯忠唯勤，已盡愚情，庶冀昭代永光聖化矣。

疏釋經等者，《仁王護國般若波羅蜜多經》者，總宏綱之極唱，旌一部之通名。《序品》第一者，鏡義類之，鴻標顯異，詮之别目。

疏明境、智之幽玄者，五般若中，觀照、眷屬是智，餘三是境。波羅，彼岸義，是所到境。蜜多，離到義，攝劣從勝則能到智。若境若智，幽深玄妙也。

疏仁者五常之首者，仁、義、禮、智、信，謂之五常，仁居其首。好生惡殺曰仁，知恩報恩曰義，長幼恭勤曰禮，敏達多知曰智，立行可依曰信。又曰：不殺爲仁，不盜爲義，不亂爲禮，不淫爲智，忠實爲信。由此五行，王者以之立國，君子以之立身，不可暫亡，謂之常也。王者，《説文》云：德貫三才曰王。才之言氣，天、地、人三，是陰陽之秀氣也。横三爲才，竪一爲德，一貫於三，故爲王也。

疏破識浪之煩籠者，有漏心識，煩惱相應，漂溺有情，沉生死海，故言識浪。煩惱拘繫，不可出離，如籠籠於飛禽，故言煩籠。清涼之室宅者，菩提、涅槃離生死之熱惱，自性清涼，衆聖所依，喻如室宅。菩提如室，有爲别故。涅槃如宅，無爲總故。

疏序者，由也，始也，陳教起之因由，作法興之漸始。品者，類也，別也，區玄旨而異類，派幽筌而彙別。第者，次也，居也。一者，極也，首也。經有八類，條貫真宗，此品次居極首，故名《序品》第一。序即是品，名爲《序品》。或序之品，名爲《序品》。《序品》即第一，名《序品》第一。《仁王護國》等，是一部之通名。《序品》第一，是此品之別稱。《仁王護國般若波羅蜜多經》之《序品》第一，依主釋也。

疏將解等者，門者，收攝無擁，趣入之義。欲釋經文，須知大意。凡所解釋，體義行相，有所歸著，故以四門陳述大義，收攝一部經文意趣綱要，令其學者依此義門，入解經宗，達其理趣。然此四門次第意者，夫欲釋經，先須知佛説經本意，爲何事故佛説此經，故有初門敘經起之意。既知此經起之所以，由爲如是如是事故此經得起，次應總相知一部經根本宗趣、體性行相，故有第二，明經宗體。宗者，崇尊主義。聖教所崇、所尊、所主，名之爲宗。此經即以般若爲宗旨也。令其學者知此經中凡所説義，皆歸般若，寂照雙彰，遣相談性。既知此義，然未委此經藏乘、時、會如何收攝，被何等機，故有第三所攝、所被，顯於此經菩薩藏攝，廣説乃至大乘經也，被三乘機，如是三門，總陳大義，已知綱要，故第四門科經釋義。由此四門如是次第。

疏根緣感赴者，受法根熟，爲緣感佛，佛起慈悲，赴感説法。所説諸經，隨其一處一會，各對機緣，合宜聞者，佛有多意令其獲益。已下引經，但取大意。子細義理，至文釋之。

疏廣明外護者，文云：應當受持讀誦般若波羅蜜多，嚴飾道場，置百師子座，請百法師，解説此經，乃至王臣四衆聽受讀誦，如法修行，災難即滅。

疏有如等者，靈猶神也。逮者，及也，至也。誕者，育也。育者，長也。六義意云：有似世人慈母所生，從初降質，神氣異常。及至長養，勝德超群，修學資德，立仁賢行。自幼及長，次第積德。更藉師友同教誨之，遂乃立身。爲官極品，揚名播美，爲衆所欽。般若亦爾。

疏明佛母者，下引經文雖顯般若通爲佛菩薩母，出生國王無上法等，有多義意，然於其中唯取佛母之義，歸此初意也。

疏全身等者，《涅槃經》云：諸行無常，是生滅法，生滅滅已，寂滅爲樂。雪山童子捨於全身，供養夜叉，求下半偈。廣如彼說。

疏外道等者，諸國外道，種種異見。或有一類，妄行苦行，拔髮自餓。或有一類，邪見捨身，厭苦投巖。或有一類，五熱炙身，四邊置火，頭上日炙。雖大劬勞，徒枉功力，不能免苦。如拘[八]逐塊，塊折轉多，邪見苦行，欲求出苦，苦果轉多也。

疏諸佛等者，佛利有情，略有二門，謂語及默。宜聞說法而得道者，佛便與語，說諸忻厭。宜見默然而得道者，佛便默然，令生忻厭。又，說法名語，所餘身意入定現通，皆名爲默。此等語默雖殊，然皆不離般若妙用。若無般若，於其語默不自在故，是故諸佛同說般若，勸物修學。

疏果位菩提等者，佛果菩提從種生現，是生因得。一得已後，相續不斷。涅槃之果，從了因得，聖智了證，自性凝然。既從生因、了因得佛二果，如何此說般若是諸佛母，出生佛果耶。

疏由斷等者，二障二果各別爲障。由煩惱故，分別發業，俱生潤生。發、潤既備，續於後有，生死不絕，名續生煩惱障。由斷此障而不發潤，生死永息，證真解脫。以解脫者棄背之義，棄背煩惱，證真理故，名得真解脫。由所知障礙於智解，於境不達，名礙解所知障。由斷此障，得大菩提，知一切境，以所知障正障智故。障者，礙義，覆義。礙智不生，覆理不顯，說名爲障。由煩惱障覆理義勝，故說斷彼得真解脫。由所知障礙智義勝，故說斷彼得大菩提。理實通斷二障，通證二果，因此經説十三法師皆由般若斷彼二障，當得二果，故此般若爲諸佛母也。

疏由斯等者，由斯六義，大覺世尊現化利生，説斯般若。

疏翻譯年代者，前辨西天經起，此顯此土經起。此經，唐時不空三藏之所譯也。三藏置灌頂道場，受灌頂戒，以華擲佛，擲得北方不空成就佛，因以爲號，謂之不空。《不空三藏行記》及彼《本傳》，其文極廣。今略要云：灌頂大師，法名智藏，號不空也。輔於三朝，向三十載，傳法利人。大師本北天竺婆羅門族也。幼失父母，隨叔遊方，因到此土。時年十三，事金剛智大弘教祖師。師導梵本《悉談章》及《聲明論》等，不經旬日而洞悟焉，祖師大驚異之。十五落髮，三十具戒，善一切有部，解諸國語，識異國書。先師翻經，常令譯語，對唐梵之義。詞辯清巧，學《聲明論》，十二年功，六日告畢。誦《文殊普賢行願》，一年之限，再夕而終。後於祖師處求新瑜伽五部三密，東方金剛部，南方寶部，西方蓮華部，北方羯磨部，中方如來部。已經三載，不遂所求。爲求法故，欲歸天竺。師感靈應，知是法器，所持法藏盡總付之。後於他日，傳授五部之法，餘可傳法而盡付之。後數十年，祖師奉詔歸於本國，不空侍奉。至河南府，祖師示疾而終。大師承事，凡經二十四年，是時開元二十九年仲秋月矣。影塔既成，而奉先師遺言，令往天竺及南天師子國等。後至南海郡，採訪使劉巨鄰三請大師，哀祈道場灌頂。大師許之，權住法性寺。由劉公所請，四衆咸賴，度人百千萬億。採訪使遂追集蕃客、大首領、舶主等設會，謂諸蕃曰：大唐帝師不空三藏和尚，奉勑往南天師子國，汝等好將和尚及弟子含光等三七人，并國信物，到師子國。劉公已下，舉州仕庶，大會陳設及香華等，送數百里。是歲開元二十九年，歲次辛巳十二月五日，於嶺南廣州，上崑崙舶，入於南海，任風飄舶，經於諸國。後至師子國，住經三年。師子國正西，行十五日，兼夜得於好風，便達西岸，至東天竺國界。此國西北陸行三月，至大菩提樹佛成道處。遍歷五天，後至天寶五載，還歸西京，奉勅權住鴻臚寺。尋後詔請入内，建曼荼羅，爲玄宗帝五部灌頂。是歲移住靜影寺。又請入内祈雨及傳法，皇帝大悦，賜紫袈裟并絹三百疋。後詔住大興善寺。至永泰元年十一月一日，制授大師特進試鴻臚卿號大廣智三藏。肅宗皇帝令内外侍臣高品宰相百官並入灌頂，學法受緣。至大曆九年，歲次甲寅六月十一日，加開府儀同三司封肅國公食邑三千户。至六月十五日午時，香湯浴身，换新衣服，端居正容，具表辭帝，北面瞻望，東首倚卧而滅。行年七十，僧臘五十。聖上輟朝三月，中使勅葬，凡所破用並是宣賜。七月六日荼毗，賜贈司空，謚曰：大辯正廣智不空三藏。荼毗火滅，得舍利數百粒。進呈入内，勑於大興善寺所住院内置舍利塔。大師將終，諸僧夢見千仞寶幢無故摧倒，文殊閣壞。師所居寺荷池，周迴數十畝，傍無灌注，中涌直泉，冬夏常滿，師遷化日，先夕而涸。諸異相事，近數十條，略而不敘。然以三藏親遊五天，求所未受并諸經論，重廣學習，凡得梵本瑜伽、真言經論五百餘部。天寶五年，歸於上都，奉玄宗皇帝恩命，翻諸經論，歷於肅宗、代宗。至大曆六年十月十二日代宗降誕之晨，總録三朝所翻經論，始自開元年，至大曆年，凡一百一卷，計七十七部，并《都録》一卷，表進，請入録流行。其《仁王經》，於永泰元年，歲次乙巳，夏四月一日，宣詔三藏并義學沙門良賁等十四人，於南桃園大明宫内，建置道場，譯《仁王護國般若經》。不空出梵本、譯語，良賁筆受兼潤文，建宗等證義。一日起首，至十五日譯畢，繕寫進呈。尋至秋九月，詔資聖、西明兩寺各五十人，百座敷闡。下紫微而千官作禮，經出内而百姓觀瞻，遂感卿去聲。雲呈瑞，喜氣浮空，兩街緇侶威儀整肅，幡華前引，音樂後隨，内外咸歡，京城共喜，千郭充滿，猶牆堵焉。

疏周星漢日者，星辰日月，皆取時景之義。謂周穆王時，西天佛滅，慈光隱耀。至漢明帝時，遺法流通，津潤此土有緣者也。《漢書》引《周書異記》云：周昭王即位二十四年，甲寅之歲，四月八日，江河汎漲，井水滿溢，宮殿人舍山川大地咸悉振動。其夜有五色光入貫太微，遍於西方，盡作金色。昭王問太史蘇由曰：是何祥瑞。由對曰：西方有大聖人生，現此瑞矣。王曰：於天下如何。由曰：即時無事，一千年後，聲教當流於此。王遣鐫石記之，埋於南郊天祀之前。即佛生之瑞也。《異記》又云：周穆王即位五十二年，壬申之歲，二月十五日，平旦寅時，暴風忽起，發屋拔樹，山川大地悉皆震動，午後天陰，黑雲四起，有白虹一十二道南北通貫，連夜不滅。穆王問太史扈多，扈多對曰：西方有聖人入滅，衰相現耳。穆王大悦：朕常恐此人來侵我國，今既入滅，朕何憂哉。即佛滅之瑞也。後漢《法本内傳》云：後漢第二主孝明皇帝永平七年，甲子歲，或云乙丑歲也。帝夢見丈六金人，頂佩日輪，光明赫奕，飛空而至，光明特異，色相無比。明帝寤已，而不自安。至旦，大集群臣，以占所夢。通人傅毅奏曰：臣聞西域有神人，號之爲佛。今陛下所夢，將必是乎。國子博士王導對曰：臣按《周書異記》，周昭王時有聖人出在西方，其時太史蘇由奏於昭王：一千年後，聲教被此。陛下所夢，必是此焉。明帝信然，即遣中書侍郎蔡愔、秦景，國子博士王導等一十八人，往於西方，訪尋佛法。至中天竺國，遇摩騰、竺法蘭二三藏。愔等求之東行，二人乃誓至弘通，不辭疲苦，冒涉流沙，達于洛陽。明帝大悦而極重之，別立精舍安止，今白馬寺是也，即漢地僧之初寺之始也。白氎上畫釋迦形相，出《四十二章經》一卷，即佛法之始也。今依六十甲子算之，自周穆王即位五十二年壬申之歲二月十五日釋迦入滅，至今大宋三葉天禧二年歲次戊午，凡經一千九百六十七年也。

疏重昌堯化者，堯王治化，風雨順時，五穀豐熟，人民康樂，庸宗亦爾，故曰重昌。革者，改也。黎元者，衆庶也。急改奸弊，如救火焚。至憂衆蔗，如念赤子。澡心齋戒者，《周易注》云：洗心曰齋，防患曰戒。

疏乾坤者，乾，天也。坤，地也。禮樂惟新者，《孝經注》云：風俗移易，先入樂聲。變隨人心，正由君德。正之與變，因樂而彰也。禮者，治民之大節也，所以正君臣、父子之道，明男女、長幼之序，故可以安上化下也。明白四達者，聖君德化絶於淫蕩，謂之明白，遐方歸順，謂之四達。

疏凡諸等者，《法苑》云：宗者，崇尊主義，聖教所崇、所尊、所主，名之爲宗。機所聞法，領解各異，隨機所敬，立以爲宗，而非一轍。故《無量義經》云：衆生性欲無量故，法亦無量。法無量故，義亦無量。義無量者，從一法生。其一法者，謂真如理。《無垢稱》云：佛以一音演説法，衆生隨類各得解。所以然者，無上法王昔於曠劫修習，慈悲喜捨，隨順衆生智解淺深，應機設化而利益之。修習圓滿，已至果位，不加功用，任運起心，運大慈悲，應一切機，演微玅法。由任運力，發一語言，含種種義，隨諸衆生信解淺深，領受各異。對小機宜，即此一言，顯小乘法，令其悟入。對大機宜，即此一言，顯大乘法，令其悟入。對頓悟機，即名頓教。對漸悟機，即名漸教。廣説乃至隨其所對，治貪治嗔，淺深性相等義，隨機有異，各各不同。一切契經，大義如此。

疏《維摩經》等者，如彼疏云：此經以不思議解脱爲宗。然不思議略有五種：一、理，謂真如法性；二、行，謂般若方便；三、報，謂淨土佛身；四、用，謂神通變化；五、教，謂聲、名、句、文。正以真理爲不思議。依理起行，依行得報，依報起用，依用起教，是故五種皆不思議，故以爲宗，經文上下多顯用不思議化衆生故。《法華經》以一乘爲宗。彼云：今此經中唯説一乘。又云：唯有一乘法，無二亦無三。對彼聲聞、獨覺立一乘義，破彼執二以爲真極，立一乘極，會彼二乘所學教理行果皆是入一乘之漸次故，故立一乘以爲經宗。《楞伽經》以如來藏爲宗。彼云：阿梨耶識，名空如來藏。新云阿賴耶識，翻爲藏識。具足熏習無漏法故，名不空如來藏。慈恩釋云：藏識有漏，虛妄不實，故名爲空。能含一切無漏種故，名如來藏。空體即藏，名爲空藏。如來之空藏，名空如來藏也。四智種子，體是無漏，非虛妄法，名爲不空。由近善友，多聞重[九]習，漸次生長，當成四智。四智之因，名不空如來藏。藏是含藏，因性故。含藏義釋前空如來藏，因性義釋此不空如來藏。不空即藏，名不空藏。如來之不空藏，名不空如來藏也。《涅槃經》以佛性爲宗。彼云：一切衆生皆有佛性。凡有心者，皆得阿耨菩提。譬如虛空，非過去、未來、現在，佛性亦爾，非三世也。非佛性者，謂牆壁等無情之物。意云：佛性有二，一理性，二行性。理性遍有，行性或無。以《涅槃經》一性宗攝，顯理佛性遍諸衆生。性是因義，在纏真如理性因故。出纏真如名爲法身，是佛之性，名爲佛性。故《涅槃經》佛性爲宗。

疏此諸經宗約對待立者，隨諸有情機性樂欲，對待立宗。形待思議，立不思議。形待二乘，立一乘等也。由佛法王於法於根得自在故，對機遣病，立宗有異，逗令修學。

疏對治心量立宗之失者，衆生心識度量境界，起善染等種種差別。爲欲對治彼心量故，立能治宗，教示修斷。隨此立宗，而有其失。其失者何。《楞伽》頌云：隨其所立宗，即有衆雜義。謂隨宗所顯善染無記、漏無漏等衆雜之義，令人曉解，不立相故，是立宗失。若不立宗，而無有失。其相云何。頌云：等觀自心量，言説不可得。能觀所觀，兩相稱可，名爲等觀。平等觀察自己心量，法體離言，言説不及，不可得故。離言法體無差別相，所以無失。問：何不普等教示衆生等觀心量，何用立宗，義類差別，翻成失耶。答：不然。立宗不立宗，佛有多意，略敘三義。一者，廢詮談旨，法體離言，不可説於立宗之相。若約將旨就詮，依詮顯示善染、因果、有漏無漏、權實等相，義理差别，隨經立宗也。二者，對於上位諸大菩薩，令彼遣相、契無相故，故不立宗。若對下位，初機小器未能亡相，佛爲顯示修斷行相，由機性異，隨機立宗，故説一乘爲宗、佛性爲宗等，若不立宗，彼不曉解修斷意故。三者，依大智門，智證法性，豁虚湛寂，無相凝然，故不立宗。依大悲門，爲利有情，顯示諸法有忻有厭、有淨有染、世出世等差别行相，令其修學，對機設教，隨教立宗。由此，廢詮談旨，對於上位，智證真理，勝義無相，非宗絶待也。將旨就詮，對初小機，悲心利物，是故立宗。皆是對治心量，爲治大病。立宗，小失也。

疏若宗不生，宗還生矣者，離言真理非緣生故，名爲不生。宗還生者，帶詮宗旨藉教生故，若以言教宗於不生真如之理，隨其言教，宗還生矣。故淨法界性離言詮，無宗無不宗。

疏依三等者，多説有教，多説空教，非空非有教也。此三種教，詮三種宗，及下所明三時之教，立意有異，文義大同。依所詮宗定三種教，隨其宗教分三時異，欲令學者解於此等義意差别，識知如來説法意也。

疏謂佛等者，佛初成道，觀衆生機未任大法，若説大乘，彼不信解，誹謗墮落，故初成道十二年中，多説小乘，顯法有教。於此時中，顯多分説，不遮其間亦説大乘，遇大機故。此小乘教，文言不了，義亦不了，隨機淺説，唯小乘教也。於此教中，亦説三乘，即是小乘教中説三乘義，應於小機權宜説之。如説大乘，因位三無數劫猶是凡夫，三十四心方成聖者。至佛果位亦説三身，即以戒、定、慧、解脱等五分功德法名爲法身，丈六金身名爲報身，隨形六道名爲化身，非大乘位有此行相。由此，第一多説有教，雖説三乘，皆不了義。小乘諸師二十部宗，皆依此教也。

多明空宗者，佛成道已，十二年後，四年之中，多説此教，唯是大乘。由諸衆生已依於前多説有教悟解證果，然多著有，未契中道，佛欲令彼漸悟深理，信向大乘，爲欲除彼著有病故，故説此等遣相之教，而多隱相説諸法空，文言隱密，義亦隱密也。隱密者，含隱之義，不顯了義。爲除有病，故密説空，亦不違前多説有教。前言有者，總相説有，其意但顯依圓是有。此言空者，總相説空，其意但顯遍計所執我法是空。故《解深密經》云：諸説空教，皆依遍計所執説諸法空。故雖説空，不違前有。非空非有宗者，佛成道已十六年後，至般涅槃，多説此教，遠除有病，近除空病，顯示中道顯了之教。文言顯了，義亦顯了，具顯諸法非有非空。依三性門聊簡説之，謂遍計非有，依圓非空故。

疏自雙等者，前引三教，顯三種宗，唯是佛經。此下所明，佛滅度後，聖賢造論，釋三種教，顯三宗義也。《天親傳》云：佛滅度後三百年中，有阿羅漢名迦旃延子，先於薩婆多部出家，後往罽賓國，與五百阿羅漢共撰薩婆多部《阿毗達磨》，秘不流行，經於多時，五天不起。後東天竺阿瑜闍國，有婆羅門子，名婆須跋陀羅，聰明大智，往彼習學，記後流行。衆生聞者，多執著有，大乘之教而多隱没。三百年外，有南天竺龍猛菩薩造《大智度論》釋《大般若經》，造《大無畏論》滿十萬偈，龍猛弟子提婆菩薩造《百論》等，爲破小乘及諸外道執我執法，説法爲空，時多著空。後九百年，北天竺境富樓沙國，有國師婆羅門，姓憍尸迦，彼有三子，同名伐蘇畔度，此云世親。雖同一名，號即各别。第三世親於薩婆多部出家，得無學果。其第一者，菩薩之性，亦於有部出家，後得離欲，思惟空義，不能得入，欲自殺身。有賓頭盧阿羅漢，在東毗提訶觀見此事，從彼方來，爲説小乘空觀。意猶未安，謂不應心樂故。因此乘通，往覩史多天，諮問彌勒菩薩，彌勒爲説大乘空觀，還下思惟，即得悟入，因名無著。爾後數往覩史多天，諮問彌勒大乘經義。爲餘人説聞，聞多不信，即自發願，請彌勒下，爲説大乘，令見聞者皆同信受。即如其願，於夜分時，放大光明，集有緣衆，於阿瑜闍國爲説《瑜伽論》，總一百卷，理無不窮，事無不盡，文無不釋，義無不詮，雙離有空，契會中道。正爲菩薩，令於諸乘境、行、果等而得善巧。兼爲餘乘，令於自法修自分行，得自果證。即是大乘教中，説三乘義也。時，阿瑜闍國大講堂中，無數億人雖同一會，唯有無著得近彌勒，自餘但得遥聞其聲，或見異相。由是，衆生皆得遠離有空之病，契於中道。此等諸論，佛滅後造也。據實，亦有佛在世時所造之論，但隨所依之經三種不同，屬三種教。由此判教，攝盡一切經律論也。

疏初小等者，《婆沙論》九十九云：末吐羅國賣[二〇]主有子，名曰大天。父出貨易，子漸長大，情染於母。後父歸家，大天與母遂殺其父。事漸彰露，將母逃避，至波吒釐城，逢本供養無學苾芻，恐事彰露，設計殺之。後復知母與餘交通，大天怒曰：我爲此事造二重罪，流移他國，今復捨我而更好他。遂殺其母。雖造三逆，不斷善根，深生憂悔，自惟罪重，何緣當滅。傳聞釋子有滅罪法，遂往雞園僧伽藍所，見一比丘徐步經行，誦伽陀云：

若人造重罪　修善得滅除

彼能照世間　如日出雲翳

大天聞已，歡喜踊躍，知歸佛教定當滅罪，便求出家。時彼比丘不審驗問，遂度出家，還名大天。大天聰明，出家未久，便能誦持三藏文義，言詞清巧，善能化導，波吒釐城無不歸仰。時，無憂王聞已，召請入内，恭敬供養，而請説法。後歸伽藍，不正思惟，夢失不淨。然彼先稱是阿羅漢，而令弟子洗所汚衣。弟子白言：阿羅漢者諸漏已盡，云何有此。大天告曰：天魔所嬈，汝不應恠。漏失有二：一者，煩惱漏失，羅漢已無；二者，不淨漏失，如便唾等，羅漢猶有。有諸天魔，常於佛法而生憎嫉，見修善者，便往壞之，故我漏失是彼所爲，不應疑恠。此一事也。二者，時彼大天欲令弟子歡喜親附，矯設方便，次第記別四沙門果。弟子白言：阿羅漢等應有證知，如何我等都不自知得果之相。大天告言：阿羅漢等亦有無知，汝不應疑。無知有二：一、染汚無知，羅漢已無；二、不染汚無知，羅漢猶有。由此汝輩不能自知。三者，時諸弟子而白師言：曾聞阿羅漢者已度疑惑，如何我等於諦寶等猶懷疑惑。大天告言：疑惑有二：一、隨眠疑，羅漢已斷；二、處非處疑，羅漢未斷。獨覺於此猶未能斷，況汝聲聞於諸諦寶豈無疑惑。四者，弟子白師：我讀諸經説阿羅漢有聖慧眼，於自解脱能自證知，不因師言。我等既得阿羅漢果，應自證知，云何我等由師令入，都無現智能自證知。大天告言：羅漢有二：一、鈍根，二、利根。鈍根羅漢由他令入，不能自知，如舍利子智慧第一，若佛未記，彼不自知，況於餘人而能自知。故汝於此不應窮詰。五者，然彼大天雖造衆惡，不斷善根，復於中夜自惟罪重，必當受苦。憂惱所逼，數唱苦哉。近事弟子聞已驚恠，晨朝參問：如何昨夜唱苦哉耶。大天告言：我呼聖道，不應有恠。謂諸聖道若不志誠稱苦言者，終不現前，故我昨夜唱言苦哉，呼苦聖道。於後，鷄園寺中諸上座苾芻多皆入滅，十五日夜布伽陀時，次當大天陞座説戒，彼便自誦所造伽陀。頌云：餘所誘無知，猶預他令入，道因聲故起，是名真佛教。爾時，衆中有學無學多聞持戒修淨慧者，聞彼所説，無不驚訶：咄哉愚人，自作是説。此於三藏教中曾所未聞。咸即對翻彼所頌曰：餘所誘無知，猶預他令入，道因聲故起，汝言非佛教。於是竟夜鬪諍紛然，乃至終朝，朋黨轉盛。城中仕〔二〕庶乃至大臣而來和諍，皆不能息。時，無憂王聞已，自至僧中。時，僧兩朋，各執己頌。王聞説已，亦自生疑，尋問大天孰是孰非，我等今者當寄何朋。大天白王：戒經中説，若欲滅諍，依多人語。王遂令僧兩朋別住，賢聖衆内耆年雖多而僧數少，大天朋内耆年雖少而僧數多。王遂從多，依大天衆，訶責餘衆，事竟還宫。爾時，鷄園諍猶未息。時諸賢聖知衆乖違，捨於鷄園，欲詣餘處。國王知之，勑令引至殑伽河邊，載以破舡，中流墜溺，以驗斯輩是凡是聖。時，諸賢聖各起神通，猶如鴈行飛空而往復，以神力接取舡中同捨鷄園未得通者，現諸神變，作種種形，相次乘空，西北而去。時，王聞已，深生悔恨，悶絶躃地，水洒乃甦，速即遣人尋其所趣。使還，知在迦濕彌羅國。王固請還，僧皆辭命。王於彼國造僧伽藍，安置聖衆。王復遣使多賫珍寶，營辦捨物，而供養之。於是佛法初分二部：一、上座部，住迦濕彌羅國；二、大衆部，住本鷄園。《宗輪論》云：佛涅槃後百有餘年，摩竭陀國俱蘇摩城，王號無憂，統攝贍部。是時佛法大衆初破，分爲兩部。大衆部中分爲九部，上座部中分十一部，總二十部。廣如彼説。

疏馬鳴者，《無常經》中前後頌文，《起信論》等，皆馬鳴作也。《起信疏》云：菩薩生時，衆馬嘶鳴，故以爲名。《摩耶經》云：佛滅度後六百年間，有一比丘，名曰馬鳴，善説法要，降伏外道。《西域記》第七卷説：北天竺月支國王將諸兵事，伐東天竺國。國人困乏，王欲請和。月支國王乃索金錢三億，如無金錢者，請以佛鉢當一億金錢，馬鳴菩薩當一億金錢，餘任多少。事不獲已，王遂與之。北天竺國大臣咸言：佛鉢至貴，當一億金錢可爾。馬鳴菩薩當一億金錢，王甚不明。爾時，國王欲令臣等知菩薩聰明神異，取馬七疋，不與草粟。已經六日，至第七日，大集群臣，請菩薩説法，談吐如流，明經辨理，洗悟人心。王於衆中令人以草粟等飼前餓馬，諸馬不食，但唯悲鳴，垂淚聽法。於是國中咸知菩薩説法神異無比也。龍猛者，《順中論》序云：梵語那伽夷離淳那，此云龍勝，亦名龍猛。舊云龍樹，訛也。十卷《楞伽經》偈云：

於我滅度後　南天竺國内

有大德比丘　號名爲龍樹
住初極喜地　善説大乘法
能破有無見　往生安樂國

廣如《龍樹本傳》説。

疏泊千等者，《佛地論》第四卷説：其聲聞藏，佛去世後一百年外，即分多部。而菩薩藏，千年已前，清淨一味，無有乖諍，千載已後，乃與〔二〕空、有兩宗異論。是故如來正法但經千載。清辯者，《西域記》云：南印度境，大案達羅國，城南不遠，有大山巖，婆毗吠伽唐言清辨。論師住阿蘇洛宮，待見慈氏菩薩成佛之所。論師雅量弘遠，志操幽邃，外示僧法〔三〕之服，內弘龍猛之學。聞摩竭提國護法菩薩宣揚法教，學徒數千，有懷談論，杖錫而往，至波吒釐城，知護法菩薩在菩提樹下。論師乃命門人曰：汝行詣菩提樹護法菩薩所，如我詞曰：菩薩宣揚遺教，導誘迷徒，仰德虛心，爲日已久。然以宿願未果，遂乖禮謁。菩提樹者，誓不空見，見當有證，稱天、人師。護法菩薩謂其使曰：人世如幻，身命若浮，渴日勤誠，未遑談議。人倍往復，竟不會見。論師既還本國，靜而思曰：若非慈氏成佛，誰決我疑。於觀音菩薩像前誦隨心呪，絶粒飲水，時歷三歲，觀音菩薩乃現妙色身，謂論師曰：何所志乎。對曰：願留此身，待見慈氏。觀音曰：人命危脆，世間浮幻，宜修勝善願，生覩史多天，於斯禮覲，當速得見。論師曰：志不可奪，心不可二。觀音曰：若然者，宜往馱那羯磔迦國城南有山巖執金剛神所，志誠誦念執金剛呪者，當遂此願。論師於是往而誦焉。三歲之後，神乃謂曰：伊何所須，若此勤勵。論師曰：願留此身，待見慈氏。觀音菩薩指遣來請。成我願者，其在神乎。神乃授祕方，謂論師曰：此巖石內有阿素洛宮，如法行請，石壁當開，開即入中，可以待見。論師曰：幽曠無覩，詎知佛興。執金剛神曰：慈氏出世，我當相報。論師受命，專精誦持。復歷三歲，初無異相。呪白芥子以擊石壁，豁然洞開。是時百千萬衆觀覩忘返，論師跨其户而告衆曰：吾久祈請，待見慈氏。聖靈警祐，大願斯遂。宜可入此，同見佛興。聞者怖駭，莫敢履户，謂是毒蛇之窟，恐喪身命。再三告語，乃有六人從入。論師顧謝時衆，即入石壁。入已，石壁還合。衆皆嗟恨前言之過也。

護法者，《西域記》説：護法菩薩是達磨波羅毗荼波國建至城中大臣之子，幼懷雅量，長而弘道，學乃深於海濬，解又朗於曦明，天親之後，一人而已。年三十二，卒於菩提寺，空中響告波羅門曰：此賢劫千佛之一佛也。

此二菩薩，初是勝義皆空宗主，後是應理圓實宗主，各依大乘了義之教，明空明有。謂清辯菩薩依《般若》等經以爲了義，勝義諦中一切皆空名勝義皆空宗，三種教中多説空教，三時教中第二時也。護法菩薩依《解深密經》等以爲了義，具明諸法，其中有爲無爲依圓是有，我及我所遍計非有，名應理圓實宗，三種教中非空非有教，三時教中第三時也。又前所指馬鳴、龍猛所造諸論，各隨自意，定是空宗。若《般若》等經，是佛所説，但文含隱，義通兩宗。若勝義皆空宗主龍猛、提婆、清辯等，隨文釋義，謂法皆空，即屬勝義皆空宗攝，顯此等經爲不了義，文言不了，義亦不了。若應理圓實宗主慈氏菩薩、無著、天親，亦各造論釋《般若》等經，弘於此等，多説空教，即顯《般若》等經文言隱密而義顯了。是故《般若》等經，通兩宗，弘兩宗，如次第二第三時教攝也。

疏言空、有等者，一切諸法總爲二類：一者空，二者有。空法無差別，名遍計所執性。周遍計度，名爲遍計。此遍計心妄所執著我法性故，名遍計所執性。有法有差別，總爲二類：一者，無常法，謂有爲法；二者，常法，謂無爲法。復有二類：一者，依他起性；二者，圓成實性。依他起性者，依他衆緣所起之法，即是有爲有體性法，因緣所生，名依他起性。此有二類：一者，有漏，謂根隨二十六惑、無想定、無想事、異生性、睡眠、惡作，計三十一法全，并餘遍行、别境等六十二法一分通有漏者；二者，無漏，謂滅盡定全，及餘六十二法一分通無漏者。此等九十四法，皆是依他起性。圓成實性者，此復有二：一者，無爲，《唯識論》云：二空所顯圓滿成就諸法實性，名圓成實。顯此遍常，體非虚謬，簡自共相虚空我等。此有三義：一、體遍，遍一切處故，即圓滿義；二、體常，非生滅故，即成就義；三、體非虚謬，法真性故，即真實義。具此三義，名圓成實性。二者，有爲，即前無漏有爲，淨分依他亦名離倒圓成實性。故《唯識》云：無漏有爲，離倒究竟，勝用周遍，亦得此名。亦具三義：離倒故實，究竟故成，勝用周遍故圓。論文以實、成、圓，如次三義，今就義便，名圓成實。兩宗所諍，依他起性依常無常門也。

疏瑜伽學徒者，天親、護法等朋，從慈氏《深密》等經，造論弘法，皆名瑜伽學徒。其中難陀、安慧等，或有偏執，未契正理。第二清辯等師，朋輔龍猛，《般若經》意，説一切法勝義諦中一切皆空，世俗諦中可説是有。第三護法菩薩破此兩宗，説有説空皆未盡理，故立中道非有非空。

疏今且等者，《法苑章》説：於大乘中，顯了言教名了義經，隱密言教名非了義經。《解深密》云：世尊在昔第二時中，以隱密相轉正法輪，猶未了義。第三時中，以顯了相轉正法輪，是真了義。意説：諸法，性皆是空。三無性教，言非顯了，所詮不究竟，名不了義。謂若顯了，詮究竟理，名了義經。護法依此，明於二諦，略辨正義，指歸中道，息諸諍論執有執空。

疏此世俗諦亦有亦空者，依他是有，緣生性故。遍計是空，妄所執故。

疏此據等者，此依般若，親證真理，離言絶相，故此言空，真性虚融，寂然無礙真理名空，非是無體空也。

疏《三無性論》等者，一分别無相性，二依他無生性，三真實無性性。立此意者，一切衆生無始已來虚妄分別，執人執法，爲遣彼病，故依真如立此分別無相性，真理湛然，無彼相故。復有衆生妄執色心從緣生法，謂是實有，爲遣彼病，故依真如立依他無生性，真性常住，無生相故。復有衆生知遍計無、依他不實，然謂真理而是實有，起執著故，爲遣彼病，故依真如立真實無性性。上言性者，無彼所執真實體性。下言性者，離執□言，真性不無。爲令衆生泯一切相，契無相故，所以依一真如，立三無性，遣彼三性也。

疏論頌等者，《唯識》頌云：

即依此三住[四]　立彼三無性
故佛密意說　一切法無性
初即相無性　次無自然性
後由遠離前　所執我法性

先明三性，後三無性，故指前云即依此也。密意者，含隱之義，不顯了義。說一切法，性皆是空，三無性教，名非了義。爲治衆生執有病故，密意說此三無性義。一者，相無自性，謂遍計所執全體是空，無體相故。二者，生無自性，謂依他起性仗因緣有，無自然生性故。三者，勝義無自性，謂圓成實性言勝義者，圓成真理勝義諦故。勝義之上無彼所執我法自性，名勝義無自性。復有顯了三無性義，如下敘之。

疏於如是等者，《心經疏》中明空、有已，總評議云：觀斯聖意，空、有無乖。法離智詮，何空何有。對機遣病，假說有空。後諸學徒隨文起執，已之所解謂契中宗，他之所知將爲謬說，今贊經義，伸其兩端，紗理是非，智者當了。兩端者，勝義皆空宗，應理圓實宗，同此下疏性相二宗也。

疏幸而等者，義淨三藏云：所說大乘，不過二種，一者中觀，二者瑜伽。中觀即俗有真空，體虚如幻。瑜伽即外無内有，事皆唯識。斯遵聖教，孰是孰非。同契涅槃，何真何僞。意在斷障，利濟衆生，豈欲廣致紛紜，重增尤結。依行即俱昇彼岸，棄背即並溺迷津。西國雙行，理無乖諍。

既無慧目，誰鑒是非。但切勤修，無勞自害矣。

疏生空法空、根本後得者，無漏本後，正是經宗。遠加行智，近加行智，爲本後之方便故，助成觀照，故亦是宗。資粮位忍爲遠加行。四善根位爲近加行，近無漏故。

疏有義此二合爲經宗者，合以實相觀照爲此經宗。宗者，崇尊主義，此經所崇所尊所主，正顯此二般若法故，題云般若：符順經宗所崇意故。三義如疏，今又解云：隨別所明，以般若爲宗，護國爲旨。宗如疏説。旨者，意旨，旨趣。佛説此經，别顯二護，是正所爲本旨意趣，故於題中標云護國般若也。如下經文明般若已，而結説云：菩薩摩訶薩護佛果、護十地行、護化有情，爲若此也。外護可知。

疏經體有二，一文、二義者，此言文者，進爲所依，攝所名、句，退爲能依，攝所依聲，故但言文，具攝四法，并所詮義五法爲經體也。

疏成所引聲者，意説諸聖及聖弟子成立教理所引發聲，名成所引聲，是故聖教以聲爲體。

疏唯識至能詮者，此破小乘執名、句、文離聲實有，仍是能詮。大乘正義，名、句、文三依聲假立，不離聲故。難小乘云：聲上屈曲表詮諸法，生物情解，唯聲之用，我説名等不離聲體，故是能詮。汝宗所説名、句、文三離聲實有，應如色等，非是能詮。並曰：色等是實有，色等非能詮。名等亦實有，名等非能詮。由此應許色等是實有，色等非能詮，名等非實有，名等是能詮。

疏謂名至連合者，《婆沙》《倶舍》皆有此語，名身次第行列諸名，但詮自性，未顯差別安立義故，句身次第安立施布差別義門，文身次第連合上下令義不散，故説佛教名、句、文三爲體。

疏皆以二事而得究竟者，此言究竟，取滿足義，以聲及字二事滿足，名爲聖教。字即是文，進攝名句，故聲及字具攝四法。問：相攝建立，行相云何。答：謂於聲上屈曲差別，有能顯義，假立爲文。若顯自性義，轉名爲名。若顯差別義，轉名爲句。梵語那上聲。摩，此翻爲名，是隨義、歸義、赴義，謂隨音聲，歸赴於境，呼名法故。如言色時，詮色自性，即是一字所成名攝。若言阿難、羅睺羅等，即是二字、多字所成名攝。皆目法體詮自性故。梵語鉢陀，義翻爲句，正翻爲跡。象有四跡，如頌四句，尋跡見象，尋頌解理。如言諸行無常等，詮於諸行差別義故，此即詮義差別句也。復有攝法滿足句，長句短句等。如別處說。

疏文即是字，爲二所依者，梵語便繕那，此云文。文者，能顯義，近顯名句，遠顯於義，通顯自性差別義故。梵語惡刹那，此云字。如啞、啊上入聲，下上聲。等字，即以此字若有詮表令物生解者，名之爲文，文即是字也。若無詮表不生物解者，唯字非文，文狹字寬故。名、句二種，依文而成，是彼所依，故云：文即是字，爲二所依。然聲、字、文、名、句五法相望，寬狹不同，謂若有聲、字，其文、名、句而不定有，如徑定聲，無屈曲故，但有聲、字，無文、名、句。若成字時，文等不定，無詮表字不成於文，有詮表字方成文故。若成文時，名、句不定，言去言來非名句故。若以名、句相望，互有寬狹。言色言聲，是名非句。去來坐立，終不疲厭，是句非名。如言眼、耳、鼻、舌、身、色、聲、香、味、觸，是名亦句。餘一切法，例此應知。今明教體，四中聲實，名句、文假。合此假實四法爲體。此三離聲至詞緣於聲者，此《唯識》文也。因破小乘名、句、文三離聲實有，彼反詰云：若名、句、文依聲假立，無實體者，應不異聲。若不異聲，即法、詞二無礙解，境無差別。若無差別，如何能緣成四種異。故此釋云：此三離聲雖無別體，而假實異，亦不即聲。聲、名、句、文，假實既異，由此法無礙解緣於名等，義無礙解緣所詮義，詞無礙解而緣於聲，辯才無礙能應機説，所以法、詞二無礙解，境有差別。引此意者，聲、名、句、文，假實有異，以此四法爲教體也。

疏清淨等者，《無量義經》云：衆生性欲無量故，法亦無量。法無量故，義亦無量。義無量者，從一法生。其一法者，即是無相真如玅理。乃至云：從於一法，生百千義。百千義中，一一復生百千萬數。如是展轉，生無量無邊之義。此所生法，皆名爲末。就事相中，一切諸法皆從心生，心爲本也。今明教體，復有本末。若就根本，能説者心。若取於末，能聽者心。謂如佛言諸行無常，由悲願力擊動，大圓鏡智相應淨識現文義相，玅觀察智託此爲質，變於影像文義之相，觀機説之，即以鏡智所變文義而爲説者本質教體，玅觀察智所變文義而爲説者影像教體。若諸凡聖託佛所變文義爲質，各自本識變有漏聲而爲聽者本質教體，各自耳識、意識變影像聲而爲聽者影像教體，聽者意識緣變於聲、聲上屈曲、名、句、文相，及所詮義，皆爲教體。然説者教[五]質正影兼，爲利有情，從於淨識現文義故。聽者教體影正質兼，耳識意識能聽法故。上明説者，唯顯佛説，其餘凡聖皆能説聽，但以説者爲本，聽者爲末，類上可知。

疏世親等者，頌云：展轉增上力，二識成決定。論曰：如疏展轉者，更互之義。二識者，佛識、衆生識也。謂諸衆生有信智決定，由此信解如來所説爲增上緣，有增上力，擊動如來本願慈悲。如來有悲願決定，愍念衆生，於佛識上現文義相，由悲願力爲增上緣，有增上力，令諸衆生識心之上文義相生。相續者，身義。身有三義，謂體義名身、積集義名身、相續義名身。今取相續義，前滅後生，常相續故。上言餘者，佛是衆生之餘。下言餘者，衆生是佛之餘。爲由於佛相續身中現差別識，令餘衆生相續身中差別識生。何以故。佛與衆生展轉互爲增上緣故。言差別識者，即是直非直説文義之相。見分相分皆名識，故名差別識。

疏攝相歸性者，有爲諸法事相差別，皆是真如上之義用，故攝於相。用歸真如性故，一切法皆以真如爲體。今明教法是真如上一分之義用也，故慈恩云：攝法歸有爲之主，故言諸法皆是唯識。攝法歸無爲之主，故言諸法一切皆如。是故立此唯識門、真如門也。

疏總別淺深者，總分二類，謂文與義別開爲五，文三義二也。就文義中，文淺義深，詮旨異故。所詮義中，識淺如深，相性異故。皆是從淺至深爲次第矣。

疏《瑜伽》等[一六]説者，藏體是教，含持之義。以教對機而含其理，立於二藏，對菩薩故名菩薩藏，對聲聞故名聲聞藏。由彼獨覺斷煩惱障，證生空理，與聲聞同，能詮教少，從多爲名，名聲聞藏，故《顯揚》等但立二藏。

疏諸教[一七]説三者，以教詮行而含其理，立三藏異，顯三學故。素怛纜者，舊名修多羅、修妬路，皆訛也。此云契經，契理契根故。能契即經，所契之經，名爲契經。契經即藏，名契經藏。毗奈耶者，舊名毗尼[一八]、毗尼，皆訛也。此云調伏，調和控禦身、語、意業，制伏滅除諸煩惱故，亦調亦伏，名爲調伏。通於教行，謂佛所説調伏即藏，名調伏藏。若凡聖持調伏之藏，名調伏藏。阿毗達磨者，舊名阿毗曇，訛也。此云對法，以清淨慧對向對觀涅槃四諦世出世法。法之對故，名爲對法。對法之藏，名對法藏。

疏三[一九]四五藏等者，問：經律論三藏爲同爲異。答：《法苑》二師，一云經、律、論三，各別部類各立一藏；二云無別部類，《文殊問經》等多詮戒學，名調伏藏。《楞嚴經》等多詮定學，名契經藏。《解深密經》等多詮慧學，名對法藏。隨多所詮，以分三藏。又云：若唯詮定，或詮三學，名契經藏。若唯詮戒，或詮戒、定，名調伏藏，俱是福故。若唯詮慧，名對法藏。若詮定、慧，通經、論藏，福、慧異故，或契經藏，契經寬故。若依初師，此經題標般若，顯由勝定發般若故，正顯定學，意令修定引發般若，由此此經契經藏攝。若依後師，此經正顯定學，教示修習遺相空觀令其忻趣，教示修習離執有觀令其厭捨。又，滅妄想於空門，起真心於有觀，修此二觀，引勝般若，是故題標般若之名。又修定慧必離殺等，亦具戒學，由此此經具顯三學。然以正顯定學，兼顯戒慧，依正非兼，依總非別，契經藏攝。

仁王護國般若經疏法衡抄卷第一

仁王經隨抄音切

枳穰注云二合，指枳穰二字是切脚也，仍上聲呼之。
弭多上名婢切。
煬余亮切。
宧音患，官也，亦音宧。
丱古患切。
麕居筠切，鹿屬也。
穽音靜，坑也。
狩書救切，冬獵也。
佶巨乙切。
繽紛上疋賓切，下芳文切。
炅古迥切。
窒陟栗切，塞也。
頽杜迴切，俗作頹。
遘古候切。
凱苦海切，樂和也。
璞疋角切。
剖普口切，破也。
墀直尼切，堦墀也。
枉於往切，濫也，亦作狂。
漲知亮切。
甦音蘇。
磔張格切。
跨苦化切，越也。
濬私潤切。
曦許宜切，日光也。

校勘記

〔一〕底本據《卍續藏》。

〔二〕「貟」，疑爲「詔」。

〔三〕「導」，疑爲「遵」。

〔四〕「官」，疑爲「宦」。

〔五〕「經」，據良貟《仁王護國般若波羅蜜多經疏》（《大正藏》本）、《宋高僧傳》（《大正藏》本）、《大唐貞元續開元釋教録》（《大正藏》本），疑後脱「對」字。

〔六〕「敬」，底本脱，據文意補。

〔七〕「離」，疑爲「雖」。

〔八〕「拘」，疑爲「狗」。

〔九〕「重」，底本原校疑爲「熏」。

〔一〇〕「賣」，底本原校疑爲「賈」，《阿毘達磨大毘婆沙論》（《大正藏》本，下同）卷九十九作「商」。

〔一一〕「仕」，底本原校疑爲「士」。

〔一二〕「與」，疑爲「興」。

〔一三〕「法」，底本原校疑爲「佉」。

〔一四〕「住」，疑爲「性」。

〔一五〕「教」，疑後脱「體」。

〔一六〕「等」，底本原校云《疏》作「論」。

〔一七〕「諸教」，底本原校云《疏》無，疑脱。

〔一八〕「尼」，底本原校疑爲「那耶」。

〔一九〕「三」，底本原校云《疏》無。

仁王護國般若經疏法衡抄卷第二

譯經證義講經律論廣演大師遇榮集

疏十二分教者，先德翻爲十二部經。以此部言義含二種，一謂部帙，二謂部類，世人疑有十二部帙也。又言經者，亦濫契經，總別難明。今者，翻爲十二分教。分者，類義，支義，數義。教者，教誡斷惡，教授修善，故名爲教。教體即分，名爲分教。教有十二義類支條，分類異故，名十二分教，帶數釋也。問：何故但爾，數無增減。答：《涅槃經》言：能聽法者所宜聞故，三乘通說。以轉法輪三周總説十二行相，能詮彼教分類十二。又以對破十二有支，所以説法亦分十二。廣如《法苑》。

疏契經等者，此等顯示十二分教行相差別。文皆分二：初辯相，後配經，隨文可解。能契即經，所契之經，名爲契經。

疏應頌者，應字，去聲契應也，平聲合也，合長行義，合後來機也。頌者，歌也，美也，頌中文句極美玅故，歌詠法故。是應之頌，名爲應頌。

疏記別者，記謂驗識，驗識辨別彼彼人法也。記體即別，所別之記，名爲記別。

疏諷頌[二]者，梵語伽陀，此翻爲頌。《顯揚論》說：非應長行，不名重頌。一句結成，或二三句、四五句等，皆是諷頌。一二三句，相隱難知，諸經多以四句已上顯諷頌相。經文句義，可諷詠之，可歎頌之，亦諷亦頌，名爲諷頌，同依持業釋。又諷者所諷之法，頌者能頌之言，諷之頌故，名爲諷頌。慈恩云：重頌是教，唯能詮故。諷頌是言，通教理故。

疏自說者，自目於佛，說是言教。自之說故，名爲自說。

疏緣起者，《涅槃經》云：舍衛國中有一丈夫輔[三]鳥放生，世尊知已，爲說偈言：

莫輕小罪　以爲無殃
水滴雖微　漸盈大器

是因事說。餘二可知。由此三緣而起說故，是緣之起，名爲緣起。

疏譬喻者，譬者，況也，類也。喻者，開也，曉也。曉喻之譬，譬體即喻，名爲譬喻。

疏本事者，依《瑜伽論》，通說往昔凡聖人法，皆名本事。本是過去所依時分，事是時中所作事業。本世之事，本體即事，名爲本事。本生二釋准此。

疏方廣者，理正曰方，包總曰廣。方理之廣，名爲方廣。

疏希法者，希謂希奇，異常玅事。教法詮彼，是希之法，名爲希法。

疏《瑜伽㈢》等者，論自釋云：謂於是處，世尊自廣分別法相，及聖弟子已見諦跡，依自所證無倒分別諸法體性，如是名爲摩呾哩迦。言循環者，不斷之義。研覈者，窮究之義。問答往復，文意不斷，研窮徵究性相法體，故名論議。摩呾哩迦者，此云本母，論藏生慧，如本如母也。亦名阿毗達磨，此云對法，義翻論議。論量性相，詳議幽旨，故名論議。論體即議，名論議也。十二分中，譬喻、本事、本生，望於分教，作依主釋，餘皆持業。與前二藏相攝者，菩薩、聲聞二藏之中而皆具有十二分教，《瑜伽》第二十一具列其相。與前三藏相攝者，《瑜伽》等説緣起一分是調伏藏，論議一分是對法藏，自餘十分是契經藏。然因事制戒、論難深理，各入一藏，非契經中無餘二分。譬喻、本事、本生亦通調伏，但是眷屬，非自性也。

疏《法華經》等者，爲化二乘不定性者令學一乘，皆作佛故，唯説一乘。無第二獨覺，無第三聲聞，有初大乘，一乘即大乘故。隱劣彰勝，唯説一乘。

疏《攝論》等者，論説上乘性、下乘性，亦名大乘性、小乘性，勝劣異故。以通從別，不言不定性也。

疏諸經論㈣等者，依《法華疏》，三義同故，聲聞、獨覺合名小乘。七義異故，分羊、鹿殊。羊、鹿、牛三，喻三乘故。三義同者，所斷障同，所證理同，假擇滅同。七義異者，一、利根鈍根異，二、依佛自出異，三、藉教觀理異，四、觀諦緣起異，五、一果四果異，六、練根時節異，七、説法現通異。

疏四乘五乘者，《勝鬘經》中説四乘性，謂三乘性及人天乘性。《大般若經》説四乘性，謂三乘定性及不定性。《瑜伽論》中説五乘性，謂三乘定性及不定性，并人天乘性。其不定性復有四種，謂聲聞獨覺性、聲聞菩薩性、獨覺菩薩性、具有三乘性。

疏經詮[五]等者，正被菩薩，大乘經攝。然大乘經通被諸乘，故下文中有得聲聞果者也。

疏古立一時[六]者，菩提流支立一時教，猶如一雨，無有差別，但稟潤異也。復有古德立二時教，一頓二漸。隱士劉虬立五時教。皆如《法苑》破。

疏初於等者，敘初時教，文意有五：初、説法處，二、所被機，三、能被教，四、縱爲希奇，五、奪未了義。隨文可解，下准此知。波羅痆斯者，舊名波羅奈國，訛也。波羅者，幼小義。痆斯者，仙住義。幼小仙人住此修道，得世五通，因名小仙住國。仙人墮處者，《婆沙論》説：昔有國王將諸宮人詣山遊翫，奏樂縱意，命諸女人露形而舞。時有五百仙人乘通上過，見已失通，墮此處故。施鹿林事，如《西域記》第七卷説。據其顯相，對漸悟機，施鹿林中，唯爲發趣聲聞乘者轉四諦輪，理實通被餘乘機性。《大般若》云：佛於鹿苑説四諦法，無量衆生發三乘心，無量衆生得三乘果。而於彼時所轉法輪更有第二、第三時教可過上故，容彼勝故，猶未了義。二十部小乘諍論依此而起，名諸諍論安足處也。

疏第二時等者，第二時中唯爲發趣修大乘者，令其亡相，密意談空，仍告聲聞，意令解此法空之義，成不愚法。言中總相説一切法，皆無自性等。別義意趣，意説三無性也。一、顯相無自性，説一切法皆無自性，謂我法體相無自性故。二、顯生無自性，説一切法無生無滅，謂因緣法而無自然生滅性故。三、顯勝義無自性，説一切法本來寂靜，自性涅槃，謂諸法性本來寂靜，離生死諠，自性圓寂，無彼生死妄執性故。以隱密相轉正法輪者，言中含隱，密意宣説三無性也。此三無性，空教法輪，更有第三時教可過上故，容彼勝故，猶未了義。清辨等師執空諍論，自此而興也。

疏第三時等者，普爲發趣求三乘者顯了說法也。下云無自性性，釋成此文依顯了相說三無性。一、顯相無自性性，說一切法皆無自性。上言性者，顯遍計空。下言性者，遍計以無而爲性故。二、顯生無自性性，說一切法無生無滅。上言性者，顯無自然生性。下言性者，顯有從緣生性。三、顯勝義無自性性，說一切法本來寂靜，自性涅槃。上言性者，顯勝義體上無彼生死妄所執性。下言性者，顯有圓成實性。異第二時密意三無性義故，經重言無自性性。第二性字，是顯了說，即是三無性家之體性也。

疏屬諸經者，如《法苑》云：《阿笈摩》等爲初時教。諸說空經爲第二時教，以隱密言總說諸法無自性故。《華嚴》《深密》《唯識》教等爲第三時，以顯了相說三無性非空非有中道教故。三時次第者，由諸異生無始已來迷執有我，不了我無，沉没愛河，輪迴癡海，故佛初說四諦法輪，令知我空，唯有其法。憍陳那等最初得道，彼聞法有說我皆空，便執諸法爲真實有，執著小果，不求大位，佛爲方便復說法空，破餘有病，故次時中說《般若》等，言一切法本性皆無。須菩提等有趣大意，彼聞法空隱密言教，便撥諸法性相都無。何所造修，何所斷捨。佛爲除此，復說唯識三性等教，勝義生等信解修學，遍計所執無，知法我而俱遣之，依他圓成有，照真俗而雙存之。廣說乃至約理及機，漸入道者，大由小起，乃有三時諸教前後。若非漸次而入道者，大不由小起，即無三時諸教前後，頓教唯一。然頓漸法無別教門，隨一會中所應益故，說《華嚴經》，聲聞在會。《深密經》中亦有聲聞發菩提心。《法華經》中有八世界微塵數衆生發菩提心。如是等文，諸經非一。故《法華經》亦被頓悟，《華嚴》亦被漸悟之人，隨其一會一部，通被頓漸。此依證果，說三時教。若說人天，即有四時也。

疏今者此經等者，如下經中先爲菩薩說護佛果、護菩薩行、護化衆生，後爲諸王說護國法，乃至廣説諸品經中而有三乘悟證法門，由彼根性有大小乘頓漸異故。此經大乘，正爲大機説於二護般若之義，亦被二乘，大乘經中兼被小故。大乘根性復有二類，謂定性、不定性。若對定性頓悟大機，大不由小起，頓發大心。此經被彼，即名頓教，不立三時，教被唯一。其不定性，總有四類：一、聲聞獨覺性，二、聲聞大乘性，三、獨覺大乘性，四、具有三乘性。初之一類唯偏小乘，不説頓漸，無大性故。後之三類，名漸悟性。發心求佛，復有二類：有從始初便發大心，修行大行，此即漸悟種性起頓悟行，就行不就其性，廢劣不廢其勝，名爲頓悟。亦有一類，先發小心，修證小果，後向大乘，此即漸悟種性起漸悟行，就性不就其行，廢劣不廢其勝，名爲漸悟。大乘此經被彼頓悟機性，即名頓教，教被唯一，不立三時，但於第三時教中攝也。若被漸悟，即名漸教，於此漸教可立三時。若對二乘未迴心者，令彼悟空，漸入解故，即名漸教，第二時攝。若對先時已迴心者，令彼修學非有非空中道之義，即名漸教，第三時攝。是故此經通於頓漸第二第三時教也。於此經中爲諸菩薩説三乘法，令諸菩薩通解三乘，轉化衆生。經文總相含多意趣，故《般若經》通兩宗弘，如前已説。

疏其猶等者，瀇洋者，水闊貌也。渤澥者，海深廣貌也。長山、渤澥，喻《大般若》。一峰、別浦，喻於此經。《大部般若》二十萬頌，高而復大，猶如長山，勢分聯綿，高大峻極，文義深廣，猶如大海，洪波瀇洋。於廣部中別説此經，高中更高，猶如長山内有一峰而獨出秀，五忍等義勝彼此故，亦如大海別分一浦，澄鑑天像，皆現水中也。

疏披之等者，問一峰別浦喻顯此經別説之意其義云何，故此釋之。略敘十義：一、解三祇，二、知十地，三、遣疑滯，四、登聖位，五、達因行，六、曉佛果，七、增勝福，八、殄灾殃，九、安庶民，萬姓康樂，十、護國土，兵戈永息。

由此義故，此經别行。配釋可解。覽者，視也。昇者，超也，超昇聖位階級也。融者，明也，明鑑其心。餘文易解。

疏《夫人經》者，佛爲勝鬘夫人説此經故。彼説四乘，謂三乘性及人天乘。今疏偏引人天乘性，顯無種性者也。無種性人離於説出世法善知識故，而無三乘聞思修故，亦非三乘勝法器故，但以人天善根、三歸、五戒而成熟之。雖復者，縱奪之詞。無種性人闕依因故必不發心，設縱發心，勤行精進，然終不得無上菩提，無種性故。

疏兩宗等者，有二種性：一者，理性，謂法身因；二者，行性，謂報身因。五性宗云：理性遍有，行性或無，談有藏無，説皆作佛。故《涅槃》説：一切衆生皆有佛性，皆得阿耨菩提也。一性宗云：理性遍有，行性由人修之即有，不修即無，斷善根輩暫爾不修名無種性。《勝鬘經》中，約未發起趣聖之心，但以人天善根漸成熟之。《大般若》中，二乘種性於此現身不發大心名爲定性，非畢竟定。五性問云：《涅槃經》説三種病人：一者，遇醫不遇醫，決定可差，謂菩薩性；二者，遇醫即差，不遇不差，謂二乘性；三者，遇與不遇，決定不差，謂一闡提。此云無性。既説無性決定不差，如何成佛。一性會云：經文但説遇醫不差，不言服藥不差，若有服藥亦可差也。一性問云：若説衆生一類不成佛者，二乘入滅即是滅没，違世尊説諸衆生界法爾已來不增不減。五性會云：譬如大海，除一滴水，二滴多滴，何所減乎。約大性者言其不減，理實言之，定性二乘亦有減也。

疏問有等者，《金剛疏》云：問：理有一長，不應俱是。開釋教藏，須定指歸。今但和光，作不定説，將令學者何所承稟。答：義有可定不可定者，不決定義，理通多解，豈其一向要決定釋。佛尚不定，誰敢定乎。但衆生性有二類殊，故不定説。大義同疏。

疏以教被者，依五性宗，此經正被諸菩薩衆，顯護佛果、護十地行、護化衆生、護王國土，而兼被於二乘人天之性，故下經文説《如來品》時無量大衆得法眼淨，乃至説《奉持品》時十六國王皆得法忍，人、天、修羅等隨應皆得生空法空菩提分法，諸菩薩等皆證法門。故此經文通被三乘。依一性宗，衆生根性，初有諸乘漸入道者，然以衆生皆有佛性，皆得成佛，根性熟者此經被之，或頓或漸皆被之也。

疏有財、依主(七)如次者，仁王之名通此二釋也。慈恩《法苑》離合懸隔云：一切諸法二義已上而爲名者，即當此釋。唯一義名，即非此釋。一義爲名，理目自體，不從他法而立自名，不相濫故。二義爲名，理有相濫，故合釋之，釋疑簡濫也。初但別釋二義體相，後乃合之。如言佛陀此云覺者，者是主義，通目無漏五蘊假者也。覺是察義，唯屬於慧。此別釋已。是覺之者，名爲覺者。此合釋也。如言菩提，雖有二字，但目覺之一義，無濫可簡，不須合釋。釋此合名，有其六種，名六合釋。以義釋之，名六離合釋。初各別釋，名之爲離。後總合解，名之爲合。一者，持業釋，亦名同依。持謂任持，業者業用，體能持用，名持業釋。名同依者，依謂所依，二用同依一所依體，名同依釋。如言大乘，大者有遮簡之用，形小運以爲名。乘者運載之義，濟行者而爲目。若乘若大，同依一體，名同依釋，體即萬行也。若體大法，有運載功，大體即乘，名爲大乘，持業釋也。二者，依主釋，亦名依士。依謂能依，主謂法體，依佗主法以立自名，名依主釋。或主謂君主，一切法體名爲主者，從喻爲名。如言仁王，以仁爲主，以王爲依，是依主義。王依仁行以彰其名，是仁之王，名爲仁王。名依士者，士謂士夫，所依法體有力能故名之爲士。約法約喻，如依主釋。三者，有財釋，亦名多財釋，然不及有財義也。財謂財物，自從佗財而立已稱，名爲有財，亦是從喻而爲名也。如言菩薩，具云菩提薩埵。菩提覺義，智所求果。薩埵有情義，悲所度生。今明行者從彼所求所度二境以彰其名，有菩有薩，故名菩薩，全取佗名，有財釋也。亦如仁王，王有仁德，名曰仁王，分有財釋。四者，相違釋，名中二義，法體各殊，兩法互乖，總立一名，是相違義，名相違釋。如言名色支，四蘊名名，色蘊名色，二法體殊，名與色異，名爲名色，相違釋也。若望支言，作持業釋，名色即支，名名色支。五者，隣近釋，俱時之法，義用增勝，自體從彼以立其名，名隣近釋。如言念住，體唯是慧，俱念用增，從念彰名，名爲念住。謂由念力令慧住境，此住近於念故名爲念住，隣近釋也。或由慧力令念住境，念體即住，名爲念住。今慧名念住者，此慧近念住故，慧名念住，隣近釋也。前解從俱時法彰名，名分隣近釋。後解隱已，從佗立號，名全隣近釋。六者，帶數釋，數謂一十百千等數，帶謂挾帶，而此法體挾帶彼數，名帶數釋。如言五蘊，蘊體帶彼五數，名爲五蘊，帶數釋也。廣如別記。

疏有界有緣者，界是體義、性義，緣是助義，若字通目智慧之體，般若助之曰智，目慧不同也。

疏惑、業、苦[八]三是生死海者，體即苦、集二諦。若小乘人，度分段生死海。若大乘人，度二種生死海。過去、今生無量生死皆是已起苦集而爲此岸，未來更有無量生死皆是未起苦集而爲中流，般若等行而爲船筏。餘如疏配。

疏彼岸之離到者，五種彼岸而爲所到，菩薩分到，如來全到。能到蜜多，從彼彰名，波羅之蜜多，名波羅蜜多，依主釋也。般若體上有到彼岸之義用，故般若即波羅蜜多，舉體就用，持業釋也。所護名護，名護國，能護般若從彼彰名，護國之般若波羅蜜多，依主釋也。能護名護，名爲護國，護國即般若波羅蜜多，持業□也。所請般若從能請人以彰其名，仁王之護國般若波羅蜜多，依主釋也。

疏素呾纜者，《法苑》云：西域呼汲索、衣線[九]、席經、聖教，皆名素呾纜。此有六義，藏教攝三，謂線、經、聖教。聖教者，謂律與論，以是經中一分之義，所以皆名素呾纜。天親菩薩四義釋經。如前已録。慈恩四義。《雜心》五義。由此多義，故但言經，不言線等。

疏常則〔一〇〕等者，依俗釋云：古今百王不改易故常也，金枝玉葉王子依稟故法也。依真釋云：經者常也，經有道德，軌範常定，百千法王不改易故。經者法也，經有勝德，可爲摸〔一一〕範，法王之子，百千聖賢，金枝玉葉，依稟經法出生死故。葉者枝葉，喻顯子孫相繼之義。經者攝也，攝持蘊集所詮玅理，令不散失。經者貫也，如線貫華，華不離散，教貫衆生，生不墮落。庸生者，凡庸生類，衆生之異名。貫穿調御凡庸衆生也。

疏庶者〔一二〕意也，意令衆生終畢離於生死河津，終畢登於菩提涅槃之覺岸矣。

疏五義〔一三〕者，一、出生義，令生出苦故。二、涌泉義，義味無盡故。三、顯示義，顯示因果故。四、繩墨義，去邪取直故。五、結鬘義，如線貫華，集諸義故。

疏九〔一四〕釋者，總爲三類，共成九釋。初三釋者，上十字是教，經唯是教、經唯是理、經通教理。次三釋者，上十字是理，經唯是教、經唯是理、經通教理。後三釋者，上十字通教理，經唯是教、經唯是理、經通教理。合有六依主，三持業，共成九釋。於九釋中，末後持業攝義周盡，謂般若是體，經是義用，利物證真義用勝故。仁王護國般若波羅蜜多即經，持業釋也。又此般若總有五種，通教、理、行、果、文字般若，亦是經中所詮法故。經者，准教與理，一文二義，名爲經故。能詮顯經，從所詮顯五種般若以彰其名，仁王護國般若波羅蜜多之經，依主釋也。安布教相，總成十釋。末後二釋攝義周備，所明雖有多義，二釋攝括宏綱，故爲玅矣。

疏優波離者，正言鄔波離，翻爲近執。佛爲太子，彼爲從人，親近太子執事人也。阿㝹樓馱者，亦名阿那律，翻爲無滅。於過去世見佛燈昏，時爲劫賊，以箭挑燈，彼因不盡，感於天眼而最第一，故名無滅。近執、無滅二人，教請四事。准《涅槃經》，阿難具其八德，堪傳法藏，故優波離令請四事而不自請。一者，不受師主故衣。二者，不隨佛受別請，乃至第八能知一切秘密言教。《大術經》云：佛初成道未久，魔王波旬來請世尊何時涅槃。佛言：吾未度得神通弟子、智慧弟子。後度目連、舍利弗已，魔復請言：今既度訖，何不入滅。佛問阿難：魔請我入滅，夫修神足者能住一劫或減一劫，我既善修四神足法，汝意如何。佛三問之，阿難被魔閉其耳故不聞佛語。時，波旬言：弟子尚不願住，何況我等。於是世尊告波旬言：却後三月，當入涅槃。魔聞此語，歡喜歸天。佛告阿難：汝於後園修諸禪觀。阿難承命，遂至樹下端坐思惟，昏然睡著，夢見一樹，上至有頂，聳幹上昇，傍羅三有，一切衆生採華食菓，皆言：賴於此樹，身命得存。忽有猛風吹此樹倒，枝葉華菓皆悉零落。阿難驚覺，心甚驚忙，知夢不祥，遂往白佛，說其所夢。佛語阿難：吾入滅相也。我先三問，汝尚不答，何勞說夢。阿難悲泣，不能自勝，悶絶躃地。阿泥樓逗謂阿難曰：一切有爲，無常散壞。無上法王將欲衰殄，甚深法河將涸，大法明燈將滅，不久法山欲崩，法船欲沉，法橋欲壞，法幢欲倒，法樹欲折，善友欲去，大怖將至，佛日將没，汝莫愁惱，如凡夫人。我佛大師三僧祇劫難行苦行所集法寶，親自付汝，汝若愁悶，忘失如來真甘露味，有情漂没生死暴流，於苦海中憑何解脫。汝可諮問大牟尼尊未來世事，徒悲何益。一旦遠離無上世尊，設有疑惑，當後問誰。時阿難言：我懷憂惱，知何諮問。尊者無滅教問四事，又教阿難請佛住世，莫般涅槃。阿難受教，以偈請云：

如來若入滅　衆聖不莊嚴
猶如夜暗中　有星而無月
如來若在世　衆聖即莊嚴
如月有星辰　四面常圍遶

佛告阿難曰：

有會必有離　有生還有滅
已受波旬請　決定入涅槃
有疑應速問　吾當爲汝説

故問四事：諸比丘等以誰爲師，依何處住，惡性比丘如何調伏，一切經首當置何言。

疏 波羅提木叉者，此云別解脱，各別防非，棄背惡故。別解脱戒是汝等師。師者，訓匠軌範義。如來在日，以佛爲師，訓匠成德。如來滅後，以戒爲師，作善止惡，有軌範故，説戒爲師。依四念處者，爲治四倒，依身受心法四處而住。一者，觀身不淨，謂觀此身五種不淨：一、種子不淨，謂攬父母赤白二物成此身故；二、住處不淨，謂住生熟二藏兩中間故；三、自體不淨，三十六物成此身故；四、外相不淨，九孔常流穢惡物故；五、究竟不淨，命盡氣絶，身壞爛故。二者，觀受是苦，謂觀三受生於三苦，如下釋之。三者，觀心無常，謂觀心品刹那生滅，無暫停義，無常性故。四者，觀法無我，五蘊不實，四大無主，生同聚沫，壞若飄塵，尚無一常，寧容有我。常觀此等爲所念處，依之而住。此通三乘。若唯大乘，觀身如虚空，觀受内外無，觀心但有名，觀法善惡不可得。梵壇治之者，梵是淨義、默義，壇是法義。惡性比丘應以清淨默擯之法而以治之，不應打罵，恐喧雜故。有云：梵王之法默擯治過，佛法似彼，默擯治之。問：何所以故唯請四事，不增減耶。答：戒能進止，所以爲師。念處破倒，依之修學。梵壇之法，能治惡人。初明正行，次明正解，次明除障。此三依教，謂如是等。由此所以，故請四事。

疏 立之[一五]所以者，立如是我聞，令衆生信，是所以也。《唯識論》曰：云何爲信。於實德能深忍樂欲，心淨爲信，能治不信，樂善爲業。論自釋云：信有三種：一信實有，謂於諸法實事理中深信忍故。二信有德，謂於三寶[一六]真淨德中深信樂故。三信有能，謂於一切世出世善深信有力，能得能成起希望故。信以淨心而爲自性，有一業用：一能治不信，如水清珠能清濁水故。二樂善爲業，愛樂證修世出世善故。

疏四十心者，十信、十住、十行、十迴向，如下自釋。

疏具信等者〔一七〕，信、精進、念、定、慧五根五力中，信根信力也。出生善法，故名爲根。無屈伏義，能伏諸障，故名爲力。資糧位中，名爲五根，出生諸善，開七覺華，結菩提果，根義勝故。加行位中，名爲五力，將趣見道，觀名義自性差别空、所取空、能取空。能取空等不被四魔屈伏，能伏四魔，力義勝故。二位各勝，故偏説之。據實五根、五力通漏、無漏，遍諸位有。

疏證淨〔一八〕等者，未入聖位，信敬三寶，生生不墮三惡趣中。信戒修行，離貧賤因，常受富貴，後入聖位，於見道中解脱道位證於諦理，出解脱道後得智位得四證淨。淨信證境，成勝德故。能證即淨，所證之淨，名爲證淨。隨境説别，立四證淨，即此亦名四不壞信。體堅用利如金剛，故科云通玅真之證淨。玅真者所通勝玅真如之理，今明證淨而能通達玅真理，故名通玅真之證淨也。

疏荷至〔一九〕德之嘉依者，佛果位中至極勝德名爲至德，諸修行者欲荷負此至極勝德，須依信心，是故説信爲嘉善之所依也。《婆沙》釋云：信者，淨也。如水清珠能清濁水，心有信珠令心澄淨。又於四諦三寶善惡業果忍許名信。如大龍象者，象中一類有大威勢如龍無異，名爲龍象，學佛法者有大威勢，如龍象也。捨者，捨離沉掉，令心平等，無警覺性。念謂於境明記不忘。慧謂於境能有揀擇。以信爲手者，凡欲食物，用手爲先，欲食法味，用信爲先，故喻於手。以捨爲牙者，牙能噉嚼受用飲食，捨能捨離昏沉掉舉，令心平等，受用法樂。以念爲頸者，頸能連持身之與頭牙齒等物，令有受用動作之事，念亦如是，由明記故，令不忘失善淨之法，連持慧捨，令有作用，於善境轉。以慧爲頭者，頭上安置牙齒眼耳鼻等，爲一身之前導，善知通塞，慧亦如是，而爲諸法之所依止，爲衆善之先導，揀擇是非，捨等善法由慧而轉，方得殊勝，故喻於頭。兩肩者，謂定慧也，或二利行，由此兩肩擔集一切世出世間無量善法。

疏七聖財之元胎者，元猶初也，胎猶始也，信爲七聖財之初始也。一、除疑正見財，信也，由信除疑，心淨正見，生衆善故。二、防非發善財，戒也，以思種上防發功能爲體。三、除愚博達財，聞慧爲體。四、越貪離惡財，捨施也，無貪爲體，或是善十一中行捨，行捨即依精進及三善根而假立之。五、揀擇勝劣財，思修二慧爲體。六、崇重賢善財，以慚爲體，崇敬賢人，鄭重善法故。七、輕拒暴惡財，以愧爲體，拒者拒逆不順之義，不重暴人，不順惡法故。

疏九善因[三〇]之俶落者，俶，昌六切。春之始也。落，秋之初也。信等九法爲衆善之因。善因之中，信爲初始也。《瑜伽》等者，夫欲趣入一切性相功德善法，欲爲根本，希求諸善功德法故。作意所生者，作意爲能生功德，法爲所生，爲由作意作動意識，數數驚覺，起善法故。觸者，《唯識論》云：觸謂三和，分別變異，令心、心所觸境爲性，受、想、思等所依爲業。意説此觸依根、境、識三法和合而生，故云：觸謂三和。分別變異者，謂根、境、識和合之時，有順生心所之用，改異於前未和合位無生心所之用，名變異也。分別者領似之義，根、境、識三和合之位爲因生餘觸等，心所觸既生已，亦能順生諸心所法，順生心所似變異故，變異即是根、境、識三領似義邊，名爲分別。如世子孫媚好似父，名分別父。今疏意説：觸所集起餘心所法同聚和合，對勝所緣生功德法，是觸行相，令心、心所觸境爲性，受、想、思等所依爲業。受者，領納義，由受引攝一切善法，領納在心，常不失故。定爲增上者，增上是殊勝義，熏修身心令成勝德莫過於定，由得定故令心澄寂，諸功德法由斯殊勝，故云定爲增上。由俱時慧有揀擇之能，揀去惡法，擇取善法，令所修習展轉殊勝，由此所以，慧爲最勝。解脱者，棄背之義，無爲解脱棄背煩惱而證得故。由證解脱，息除煩惱纏縛，令不觸動内所成德，諸功德法方得堅固。纏縛者，纏繞繫縛諸有情類難出離故。十纏三縛，如别處説。出離爲後邊者，至於果位解脱道中，纖瑕必去，片善無遺，二障皆盡，餘習亦亡，生死有漏一切不攝，出障離苦，名出離道。此出離道，是諸功德修進後邊，自此已去，覺道滿故。如是功德無不皆由欲爲根本。此欲依信方得有故，所以此信爲九善因之俶落也。

疏 啓機門[三]之勝手者，夫欲開啓誘物機之教門者，信爲勝手也。

疏 拔衆生出生死泥者，煩惱如水，業異熟如土，相雜而位成生死泥，如來慈悲，拔濟令出。

疏《佛地》等者，論以四義正釋如是，兼解我聞。轉者，起也，建立之義，依於四義而建立之。又轉者，説也，依於四義而解説也。

疏 一依等者，疏有二解，前解阿難所聞與佛所説無異，後解以阿難結集時所説與阿難爲侍者時所聞不異。前以阿難望佛，後以阿難自身相望。前解昔聞同昔説，後解今説同昔聞。後解意云：今所説法非昔所聞，以時懸遠，生滅異故。約其前後所變相似，故言今所説法如我昔日所聞法也。又言如是所傳之法者，謂結集時所傳之法，似於昔日佛所説法，定無有異，此即今説同昔説也。問：此言依譬喻轉者，阿難所聞之法即是佛所説法，何故更言所聞之法如佛所説，何者能似，何者所似，言依譬喻轉耶。答：佛所説法聲是無漏，無垢淨識所變現故，阿難聞時而不親得佛無漏聲，託彼爲質，自第八識變有漏聲似佛無漏聲也。此有漏聲從自識内聲種生起，自之耳識託有漏聲而爲本質變影像聲，亦是有漏自第六識緣佛聲時，亦即託自第八所變聲爲本質，變影像聲。於三識中，耳意二識所變之聲即是阿難昔所聞法，而爲所似，未見邊故。佛所説法而爲能似，已見邊故，定爲利樂方便之因。彼此相似通二類故，故言依譬喻轉。

疏二依等者，初義教誨修行，後義教令聽受。

疏四依等者，疏中二義，初是阿難許可大衆，後是大衆信許阿難。如是而思、而作、而説者，如次意、身、語三業也。謂結集時諸菩薩衆者，《地持論》説文殊菩薩將阿難陀於二鐵圍山間結集大乘經，聲聞不知，是故此言菩薩衆也。

疏微細律〔二〕者，《真諦記》説律部有三：一、比丘律，二百五十戒，二、比丘尼律，三、雜誦律。此微細律，即雜誦律。有説微細律別有梵本，此土未翻。

疏光宅者，寺名也，在潤州江寧縣。先是梁武帝潛龍時所居之宅，曾七日七夜放異光明，帝曰非我所居，乃捨爲寺。法師在此寺中，即是紫雲法師。法師生時有紫雲之瑞，因爲法名。後出家，時年十三歲。講《法華經》，前後可滿一百餘遍，常有鬼神來聽説法，如《高僧傳》。即爲我聞作呼轍耳者，若不先言如是指所聞法，便言我聞，我聞於何。所以先標如是，提舉一部經也。如是兩字與彼我聞而爲軌轍，反能呼召彼我聞故。耳者，語助也。

疏《注法華經》者，京兆韋詮、晉朝劉虯及僧叡法師皆有注釋，此劉虯注也。

疏《注無量義經》者，後秦慧觀法師注也。至人者，佛爲至極之人，出過二乘及因位故。

疏瑶公〔三〕者，古文寶字也，是梁朝時寶志法師，即志公也。如者，稱實義。是者，無非義。稱實無非，故言如是，離五謗故。第一句如是者，表於此經離執有增益謗。如有外道執於神我，即是虛妄增益有我，不稱法體，説名爲謗。如來所説一切諸法，皆悉無我，離於執謗。餘謗准説。第二句如是者，表於此經離於執無損減謗。如有外道撥無因果，即是損減因果之法，説名爲謗。如來所説善惡因果，稱實而言，離於執謗。第三句如是者，表於此經離於妄執亦有亦無相違謗。

如有外道妄執我法亦有亦無。若爾如言此人亦死亦活，死、活二義而自相違，有違於無，無違於有，有無二義而自相違。佛法離之。第四句如是者，表於此經離於妄執非有非無愚癡謗。如有外道由見前説亦有亦無自語相違，自翻前説，計於我法非有非無。若爾如言此人非死非活，如此妄執，愚癡之甚，名愚癡謗。然佛所説非有非無者，總説諸法，其中遍計非有，依圓非無。若執一法非有非無，豈非愚癡。第五句如是者，表於此經離於妄執非非有非非無戲論謗。第二第四非字，皆訓不也。非不有者，即是有義。非不無者，即是無義。狂詞反復，有言無義，猶如童稚戲論，名戲論謗。佛語誠諦，一一稱實，離於執謗。五句意者，由諸外道計執多端，彼佛弟子依正義理迆邐徵難諸師計執不越五句，如來説法離諸過非，故於經首置如是言，有所表矣。

疏長耳三藏者，隋開皇初人，梵語那連提梨耶舍，隋言尊稱。是北印度烏萇國人，形貌希奇，頂有肉髻，耳長高聳，因此立名。三解是字，皆無非之義。如字初後二解皆訓似也。亦不異義，就法一解，如謂如常，無變異義。又言如如而説者，上如似也，下真如也。

疏三就僧者，佛於衆中爲上首僧，亦聖僧攝，佛是説本質教僧，阿難是傳影像教僧，兩相似故名之爲如，離過非故名之爲是。

疏妄所執我者，如勝論外道執我常遍，量同虚空，隨身生處受苦樂報。獸主外道執我常住，至小如一極微，潛轉身中，作諸事業，所以能令大身遍動。無慚外道執我體常而量不定，隨身大小而有卷舒。此等所執，皆無有體，妄計度故，名妄所執我。假施設我者，謂佛世尊初説觀身不淨、觀受是苦、觀心無常、觀法無我四念住觀，除諸凡夫妄執常、樂、我、淨四種顛倒。諸凡夫中因修此觀，便有證得阿羅漢果者。彼雖得果，時復猶觀，修此觀時，非但於自作無常、苦等解，乃至於佛亦爾，彼計如來前十五界是有漏故。佛爲除此顛倒解心，遂於離言大般涅槃法身理上，假施設有常、樂、我、淨，意令忻趣也。涅槃真理，離四相故説名爲常。離衆苦故説名爲樂，爲法實性有主宰故説名爲我，煩惱不染故説名爲淨。理實無爲無諸相故，不可説有常、樂、我、淨，但爲除遣二乘倒故，强施設之。

疏除無我怖等者，若言無我，不將謂但無一常之我，便謂世流布我亦即是無，若如此者，爲誰修學。恐錯生此怖，故言我聞，除彼一類無我怖也。第四義意：若言無我，即一切法悉皆無我，無我理邊都無差别，即無自他、染淨等異。今言我聞，既有於自，對自立他，自他既異，由此染淨、因果、善惡事業等一切皆成[一四]。

疏世間[一五]悉檀者，（悉檀，宗也。）爲欲隨順衆生世間，立世間悉檀，顯世流布我。（四悉檀，如下疏。）

疏薩婆多者，此師所説根是色法，有對礙故，能聞於聲。識無對礙，故不能聞。尊者玅音許眼識見，尊者法救許眼根見。耳鼻舌身根識求境，亦復如是。

疏以一切法無作用故者，一法獨立，必無作用。依根發識，心所相應，聲境現前，諸法和合，假立爲聞。

疏諸法自性衆緣生故者，色、心諸法各别自性，藉衆緣生，闕緣不生，謂心法四緣生，色法二緣生。廣如論中。

疏若約名、句唯意識聞者，總論教體，有其五法，意識皆緣。但今疏主别説名、句。於五法中，四是能詮，謂聲、名、句、文。一是所詮，謂所詮義。以前五識任運緣境，唯聲一法耳、識緣之，所餘四法皆意識緣，有計度故。名、句、文三，依聲假立。義對能詮方得顯故，故唯意識緣餘四法。今言名、句，具攝四法。謂依聲立文，依文立名、句，舉其名、句，攝所依文，隨名句文，有所詮義，是故名、句具攝四句[一六]。

疏聞謂比量者，第六意識相應之慧爲比量體，比度境界無錯謬故。《因明疏》云：現量得境親明，比量度義無謬。若相應體意俱，一聚心品爲性。前五第八而無比度，唯是現量。若第七識，有漏位中恒與執俱，唯是非量。故比量言，唯是意識，第六意識通三量故。以此證前，若緣名句，惟意識聞也。

疏然由等者，問：若緣名句唯意識者，何故《佛地論》云聞謂耳根發識，聽受所説，名爲聞耶。故此會釋二義，如疏。

疏耳、意爲緣，熏習在識者，熏習是熏種之義，耳識、意識爲能熏緣，熏於種子，在總聚我第八識内。此所熏種因聞所成，亦名爲聞。

疏自有二解者，《法苑》第一云：大乘教體有二。一、顯邊體，龍猛、清辨咸作是言：勝義諦中一切無相諸法皆空，何教何體。世俗諦中亦可説有句言章論聲爲教體。二、顯中道體，《瑜伽》八十一云：經體有二，一文，二義。文是所依，義是能依。由能詮文，義得顯故。能詮文中，復有二解。一者，龍軍論師、無性菩薩，及《佛地論》一師，此諸師説宜聞法者識上所變聲等直非直説以爲教體，佛不説法。餘如疏引。二者，護法、勝子、親光等説，佛身具有十八界故，應機説法。然依諸教明佛説法或不説法，總有四宗。一、小乘宗説如來説法，十八界中前十五界，而是有漏。佛所説法聲界攝故，亦是有漏。二、龍猛、提婆、清辨等諸空宗師，真諦無説，俗諦有説。三、龍軍、無性及《佛地論》中一師，真俗諦中佛皆不説，離戲論故。四、護法等師明佛説法，是此正義，略如疏引。

疏龍軍等者，此等諸師皆説如來無前十五界，以前十五界爲諸衆生帶煩惱緣故，生他漏故，是故如來唯有後之三界。後三界中大定大智大悲，以是諸佛殊勝功德，故偏言之。諸佛如來久離戲論，曾不説法。若佛説法者，則有戲論，便違諸經佛無戲論也。

疏由佛等者，由佛慈悲及本願力無邊衆生誓願度故，以此慈悲願力爲增上緣，有增上力，能令聞者識心之上文義相生，名爲我聞，佛實無言。諸聞法者識變文義而爲教體，通漏無漏，隨識明之。

疏雖親等者，問：若衆生識上文義相生，佛不説法者，何故經云衆生根熟，聞佛説法。故此釋之。聞者識心雖復親依自善根力起文義相，然就强緣慈悲願力，名爲佛説，欲顯主尊，法必勝故，令生敬信，種善根故。龍軍等云《大般若經》四百二十五、《文殊問經》等，皆作是言：我成道來不説一字，汝亦不聞我之所説一字之法，故知教體衆生心變文義爲性。

疏譬如天等者，昔有婆羅門子爲求聰明，於閑静處泥壇誦呪，求自在天，經一七日，自心志意想成，心識昏昏如夢，見有天神授與呪論，因獲聰明。引斯意者，大自在天雖有呪論之法，然不親來授與婆羅門子，以婆羅門子自心志識，託自在天增上緣力，令於夢中得呪論等。此亦如是，佛不説法，大定智悲爲增上緣，令聞法者自心變現文義之相爲教體也。

疏親光至戲論者，此親光等標自正義及破前師也。十八界中而舌根界是説法具，聲界、法界即是所説三乘之法。然佛世尊由離分別，名無戲論，豈不説法名無戲論耶。《莊嚴論》云：戲論有三：一、分别名戲論，無分别名無戲論；二、有漏名戲論，無漏名無戲論；三、説法名戲論，不説法名無戲論。龍軍等師依第三義，親光等師依第一義，故成差别。佛離虚妄分别心故，名無戲論也。

疏謂宜等者，以信、慧等善根緣力，本願樂欲聞法緣力，此二緣力爲增上緣，有增上力，擊動如來慈悲願力，決定於無漏識上應三乘機，現文義相，是佛往昔三劫所修利他善根之所現起，名爲佛説三乘法也。然其經體、性、用别論，詮旨齊説，總以聲、名、句、文及所詮義五法爲體。今言文義，具攝五法，如常分別。

疏聞者等者，問：佛無漏識現文義相名爲佛説，其聞法者稱爲我聞，若得如來識上文義，即是聞者心外取法，乖於唯識。若不得者，何稱我聞。故此釋之。聞者識心雖不親得佛無漏教，然仗佛變文義爲質，聞者自心變現文義似佛所變文義之相，分明顯現，約相似義，聞佛所説，故稱我聞。由此《昇攝波喻經》中佛以樹葉置於手中，謂阿難言：我已所説法少如手中葉，未所説法多如林中葉。故佛如來決定説法。

疏阿難是佛成道夜〔二七〕生者，《智度論》云：後夜分時，菩提樹神報淨飯王，而説偈言：

汝子已成道　魔軍已破散
光明如日出　普能照十方

當於此夜，斛飯大王生於王子，内外咸慶，因名慶喜。梵語阿難陀，此云慶喜。言阿難者，略也。

疏本願力故者，《賢愚經》第十卷云：佛告諸比丘：乃往過去阿僧祇劫，有一比丘畜一沙彌，恒以嚴勅而令讀經，日日課程，其經足者師便歡喜，若經不足苦切責之，於是沙彌情懷懊惱。若疾得食，讀經便足，師徒歡喜。乞食若遲，讀則不充，便被切責。沙彌愁悶，啼哭而行。時有長者，見而問之，沙彌具答。於是長者即語沙彌：從今已往，常詣我家，當供飲食，令汝不憂，食已讀經。我願當來多聞總持。爾時沙彌即得讀學，課限不減，日日常度，師徒歡喜。佛告諸比丘：爾時師者，定光佛是。時沙彌者，今我身是。時大長者供養食者，今阿難是，乃由過去修是行故，今得無量總持。據此經文，由於過去本願之力，於佛所説多聞多解，是故皆稱如是我聞。

疏佛入世俗心令阿難知者，心緣俗諦名世俗心，非有漏也。雖世俗心，亦須加持方能知之。略説等者，《佛地論》云：由能説者得陀羅尼，説一字義，一切皆了。由能聽者得淨耳意，聞一字義，一切皆解。

疏法性覺性自在王三昧者，此三昧力如王威勢縱任自在，名自在王三昧。由此三昧，證知遍計法性都無、依他法性從緣幻有、圓成覺性離餘虛妄。而此三昧從境彰名，法性覺性之自在王三昧也。

疏聞法力等者，引二經，意顯由聞法增長智慧，能憶過去無量劫事，二十年法總言我聞，不以爲多也。《文殊問經》云：阿難未侍佛時，二十年在王宮，佛再三化之，勸令出家爲佛侍者。阿難白佛：有四種願，佛若許我，我即出家，爲佛侍者。一者，不著師主故退衣服。二者，不受別請。三者，有人見佛，須由於我。四者，一世所說之法，願佛爲我再說一遍。佛咸依所請。後於二月十五日一刹那間，佛以神力而爲阿難再說一遍。所以總言如是我聞。

疏阿難常隨等者，《涅槃經》第四十云：佛告文殊菩薩：此大衆中雖有無量無邊菩薩，是諸菩薩皆有重任，所謂大慈大悲，各各忩務，調伏眷屬，莊嚴自身。以是因緣，我涅槃後，不能宣說十二部經。若有菩薩或時能說，人不信受。知諸菩薩不定隨佛，或不聞故。阿難比丘是吾之堂弟，給事我來二十餘年，我所說法具足受持，譬如瀉水置之異器，故能宣說我所說法。

疏《智論》第二等者，彼云：迦葉以手摩阿難頂，令集法藏。阿難合掌向涅槃方而說偈言：佛初說法時，爾時我不見，如是展轉聞：於其佛處展轉聞之，非從餘人展轉聞也。佛在波羅柰，爲五比丘衆，轉四諦法輪。時，千阿羅漢聞是語已，上昇虛空，高七多羅樹，皆作是言：無常力大，如我眼見，佛自說法，今者乃言，如是我聞。言多羅樹者，有似此方菱櫚樹也。其樹高四十九尺。以七尺爲一仞，七仞爲一多羅。七多羅樹者，計三百四十三尺也。如者，似也，無常力大，似於眼見。或可意云：如我等輩眼見佛說，今言我聞，無常迅速，實堪悲心。

疏意避增減異分過失者，加佛語名增，删佛語名減，改佛語名異分。過失之言，通上三類。離此三過，名爲避也。顯示聞昔傳法，菩薩有所堪能，具多聞德故。

疏有二義釋〔二八〕者，一説聽究竟名一時，二説聽會遇名一時。初，簡説聽餘部時。後，簡説聽前後時。

疏此有二義等者，如下經云：於一念中有九百刹那，一刹那經九百生滅。從初集會始説此經，説者聽者五蘊諸法刹那刹那生滅相續，前前引於後後，後後續於前前，乃至説經終畢，齊是若干時節，總名一時。若爾者，過、未無體，唯現是有，諸有爲法唯一生滅。又言時無別體，依法假立，過去已無，未來未有，不可依之假立時故。此一時言，應唯目於現在一生滅時。既爾，如何説經終畢文義具足，以時促故。故疏釋云：此有二義。且道理時者，依於現在説聽五蘊有酬前引後之道理，故假立三世，總名一時。先縱之云：誠如所難，説者聽者雖唯現在五蘊諸行刹那生滅，唯一生滅，現在是有，然此五蘊有酬前引後之義，即以所酬名爲過去，是未來法之所酬故。即以所引名爲未來，是過去法之所引故。對此過、未，説爲現在。此過、未世并於現在，五蘊法上，約説聽究竟假立三世，總名一時。此約體説，名道理時。下約心變，名唯識時。

疏如夢等者，問：如何三世容可時長，皆是現在，不離識耶。亦如昨日聽法，聞三性義，豈皆不離於我今日識耶。是事難解。舉喻釋云：如夢所見，謂有多生，覺位唯心，都無實境，但是夢心變作多生相狀，無多生境。此亦如是，但是識心變作三世相狀，無三世境，不離現在能變識故，故《唯識》云：未至真覺，恒處夢中，故佛説爲生死長夜。

疏唯意〔二九〕等者，疏以三門分別一時，謂八識所緣門，五位法攝門，三科收攝門。配疏可知。

疏五心〔三〇〕集現者，《法苑》文廣，今略顯示，有其二類：初能集現心，後所集現相。能集現心，有其五種：一、率爾，二、尋求，三、決定，四、染淨，五、等流。凡聖聽法，略有二義：一者，專注，七心集現；二者，散亂，十二心集現。

且初義者，如佛説言諸行無常，其聽法者聞諸字時，有率爾心，謂率爾而聞諸字聲故。聞此聲時，亦不親得佛無漏聲，而聽法者自本識内諸聲種子而生現行。第八緣之，即是性境，似於佛聲，以爲本質，於此聲上而立諸字諸文。若是耳識及第六識同時率爾，託前本質各變影像之聲，耳、意所變而是性境，亦名帶質境。下准此知。於此聲上亦立諸字諸文，從此無聞，耳識不續，第八所變聲亦斷故，唯意識起，名尋求心。尋求諸字爲目何等，雖多刹那，行解唯一，總名尋求，未決定知諸所目故。聞行字時，以專注故，便生決定，決定知諸目一切行。由前字力展轉熏習，熏成種子，遂令後念意識之上二字聚集，連帶解生。於此念中，聞法之者自第八識隨佛所説自變行聲，於此聲上立行字行文行名，詮自性故。若耳、意識託此爲質，變影像聲，於此二識所變聲上各立行字行文及立行名，詮自性故。耳識變者，聞已便謝，無聚集義。意識變者，本質未謝，即是性境。行字影像與前諸字獨影之聲聚集顯現。本質謝已，皆獨影聲聚集顯現。於此聚集二聲之上，復立二字所成名也，謂詮諸行有爲自性故。其能緣心即有三心，謂聞諸字已有二心率爾、尋求，今聞行字，復生決定，成三心也。聞無字時，亦第八識及耳、意識各變聲境，於上各立無字無文以專注故，由前字力，復起尋求，尋求諸行無字爲無何等之法。通前三心，共四心也。聞常字時，亦第八識及耳、意識各變聲境，於上各立常字常文，與前三字，意識頭上影像聚集，即立一句以詮諸法差别義故。其能緣心有三心現，謂決定心相續不斷，決定心後即起染淨及等流心，以決定知諸行無常，即生染淨。次後後念續於前前，以相似故，名爲等流。故約解義究竟，總有七心。於其最後，由前前心熏習力故，於第六識見分頭上諸心集現，謂諸行無常，方能解義，立爲教體，聲、名、句、文四法具足。第六所變義之相分亦立爲教。耳識聞聲，與意爲門，令意解義，故所變聲、聲上名等皆立教體。第八所變之聲是耳、意識疎所聞故，由託第八所變之聲，耳、意二識方能變故，由此第八雖非能聞，所變之聲是所聞故，有詮表故，爲教體也。然有兼正可知。

第二，散亂，十二心集現者，以散亂故，聞一一字，皆有率爾、尋求。聞諸字時，具初二心，謂率爾、尋求。聞行字時，起初三心，謂率爾、尋求、決定。聞無字時，起初二心。聞常字時，具起五心。合十二心。且約聞此四字散亂之者，起十二心。若聞多字，其心轉多，准此可悉。又約下品極散亂故，具十二心。若中品心有散不散，即減十二心。又聞一句聚集顯現，解釋如前。若聞多句多義，准此可悉。

第二，所集現相者，總有十四相，説聽皆爾。此明聽者聞諸字時，有三種相，謂諸聲、諸文、諸名，聞後二字各三亦爾，總成十二。説四字竟，合成一句，隨此句下一所詮義，故成十四相也。問：名詮自性，句詮差別。初言諸字顯不一義，但是其文，不詮自性，非是名攝，何者諸字而有三相。答：《瑜伽論》意總顯一切十二分教，隨舉一頌分別義門以爲法式，故指諸行無常，此諸字位於餘文中可有名故，如言色、聲、香、味、觸，其於色字即當諸字位故，而是名攝，詮色自性故，餘准此知。《法苑》云：問：何須辨此五心之義。答：爲令衆生知心分位，入法無我唯識相故，辨此諸心集現，顯一切法皆心現故。

疏《佛地論》等者，彼論正釋一時之言，顯時成就。其《百法論》汎明時數之義，不釋經文，故不取之。《法華疏》云：問：處中有淨穢，隨機定説處。時中凡聖殊，何容不定説。答：説處標淨穢，淨穢可定知。標王舍城，十地菩薩謂是淨土，聲聞等衆謂是穢土。一處見異，淨穢雙彰也。説時有短長，凡聖不可准。一會機宜，有利有鈍。長時短時，如何定准。一時之言，具含長短。利根謂短，悟解速故。鈍根謂長，悟解遲故。故處可定説，而時但總言一時也。

疏覺有〔三〕三義等者：一、自覺，覺察斷障，覺照真俗，簡凡夫故；二、覺他，現身説法，覺一切衆，簡二乘故；三、覺行圓滿，簡諸菩薩，彼在因位，二覺未圓，不名佛也。者是主義，總目如來。無漏五蘊有似主宰自在之義，故名者也。此假者内有智覺故，是覺之者名爲覺者也。

疏具一切智者，真如玅理遍於一切色心之法，與一切法爲實性故，名爲一切。本智證彼一切性故，一切之智名一切智也。一切種智者，有爲色、心種類非一，名一切種，而後得智了達彼故，一切種之智名一切種智。能自開覺，亦能開覺一切有情者，如次釋上二智功能也。如睡夢覺者，喻根本智金剛道後，解脱道起，無明昏睡生死夢境一切頓遣，如睡夢覺，一切夢境皆悉頓遣不可得也。如蓮華開者，喻後得智。蓮華開敷，其華菡萏，其香馥郁，見聞生喜。若後得智以能現身應機説法，如彼蓮華，令見聞者歡喜得道。具斯二智，故名爲佛。

疏一切種智等者，此有八對一十六名，前八根本智，後八後得智。初三對可知。次三對者，一、空有，二、理事，三、真俗。本、後二智從境彰名。其第七對當體彰名。無分別智者，謂根本智證真如時，離分別相，任運契證。此智無彼分別相故，名無分別智。後所得智者，根本智後而起此智，若前位中未起根本智，不能起此後得智故。根本無漏智後所得緣事之智，通漏、無漏，皆名後所得智。此明佛位後所得智唯無漏也。其第八對約本來處而爲名也。如所有智者，如謂真如，從真如界流出一切有爲法故，本智即是所流一切之數，智復冥證真如玅理。此所有智，從能有之如以彰其名，如之所有智也。盡所有智者，盡謂起盡，有爲生滅名起盡法。此起盡法具攝一切有爲諸法。後所得智是起盡中一法之數，復能知彼起盡法故。此所有智從彼能有以彰其名，盡之所有智也。總相等者，總相而言，無爲真諦本智契證，有爲俗諦後得了達，前八根本智，後八後得智。若子細說，四真四俗，共八諦之義，真俗諦境皆通本後二智證達。

疏薄伽梵聲者，論云：

自在熾盛與端嚴　名稱吉祥及尊貴

具足如是諸六義　應知總名薄伽梵解義

如疏

疏十號者，《法華疏》云：一者，如來，是謂總序，是下九號之總序也。《般若經》云：如來者，無所從來，亦無所去，故名如來。即法身也。《涅槃經》云：如過去佛修六度等，來至菩提，故名如來。即報身也。《成實論》云：乘如實道，來成正覺，故名如來。彼宗報身，即是大乘化身佛也。二者，應，永解脱煩惱障故，應無分段生死身故，應受世間玅供養故。三者，正等覺，舊名正遍知，由永解脱所知障故，謂正覺、等覺、正覺，如次簡異外道、小乘、菩薩三種。外道邪覺，妄推非正。小乘分覺，缺而非等。菩薩正覺等覺，而未圓正。四者，明行圓滿等覺，舊名明行足。明者，三明，知三世故。行謂遮行、行行也。遮行者，密護根門，遮諸過故。行行者，謂三業清淨，現行正命，又住四禪現法樂住，亦名住行。五者，善逝，善玅也，逝往也，謂於生死長夜具二利行，往菩提果，故名善逝。六者，世間解，有情及器二種世間皆通達故。七者，無上丈夫調御士，此有二解，一云：佛智無等、無過上故，具足相好，爲大丈夫。調和控御三業柔順，名調御士。二者云：多分調御彼諸丈夫，最第一故，極尊勝故。由此後釋，舊名無上士調御丈夫也。八者，天人師，以彼天人解甚深義，勤修正行，有力能故。餘趣非勝，故不稱師。九者，佛陀，謂畢竟斷煩惱、所知，并餘習氣，證得無上正等覺故。十者，薄伽梵，舊名世尊，坦然安坐玅菩提座，具足六德，摧四魔故。

疏覺勝天皷者，《攝論》中說，帝釋有皷，修羅來時，即言怨來。修羅去時，即言怨去。天不受樂，即言何不受樂。太過，即言何不生厭。佛能驚覺，勝於天皷也。不由他悟者，無師自覺，稱天人師故。離二無知者，惑智二障，於境不悟，名曰無知。佛已斷故，名離無知。自性無染者，法身本有，自性清淨，非染汚也。具三寶性者，同體三寶，唯是真如。是覺性故，名爲佛寶。軌持義故，名爲法寶。無違義故，名爲僧寶。或別體三寶，三身皆具大功德法。軌持義故三身皆具。和合無違義故，爲上首僧。

疏三身俱説者，依《楞伽經》，夫説法者，令彼生解爲義。真如法身合根本智，生於一味真常之解，親證解故，名真説法。自受用身窮盡諸法三性本源。後起他化，隨宜開示無量差別。若以所説歸本三性，推功歸本，即報身説。若以所説應機差別，六度緣生三科等義，流類無量，種種不同，名他化説。餘如疏中。

疏理實等者，《法華疏》云：准處准機，應聲聞而爲化佛。准文准理，教菩薩而即報身。感者機器不同，應現故通報化。王城鷲嶺，劫盡火燒，鶖子聞經，即化佛也。我土安隱，壽量長遠，文殊在中，即報身也。應化非真佛，亦非説法者，推功歸本，即法身也。乃至云：據理而言，實通三佛，應物現身非定一故。《楞伽經》中三身説法，行相各別，皆説法故。由此矵師羅此云玅音。長者覩三尺以發心，五百婆羅門見灰身而起信，無邊身之菩薩窮上界而有餘，住小聖之凡夫觀丈六而無盡，令顯主尊，教隨定勝。初標教主，令生喜心，故言佛也。

疏遊化居止，目之爲住者，居止在山，遊化城内，故通名住。

疏摩揭陀者，《宗輪疏》云：舊名置甘露處，謂劫初時大梵天王以龍爲繩，以山爲鑽，鑽於乳海。于時衆生福德所致，海變成乳，得其甘露，置於此地，因以爲名。此世俗説。若正應云阿摩揭陀，此云無毒害。今天帝釋往昔因名也。性好治地，與三十二人同修勝業，現招富貴，化治此方，立性仁慈。犯罪重者駈令出國，犯罪輕者以寶賾之，不行毒害，因立國名也。姞呬。上巨乙切，下許器切。

疏《智論》第三等者，彼説往昔摩伽陀王初生一子，一頭兩面而有四臂。時人恠異，以爲不祥。王裂身首，棄於壙野。有羅刹女，名曰利藍〔三〕，還合其身，乳養長大。餘如疏引。五山者，東名象頭山，南名馬頭山，西名羊頭山，北名師子頭山，中名鷲頭山。

疏羯尼迦樹者，黄華樹也。似此方槐，而非是槐。其華大小量如手指，堪作塗身香油者是也。

疏頻毗娑羅王者，《西域記》云：此云影堅王也。舊云頻婆娑羅王、瓶沙王，皆訛也。偏〔三〕户者，編次也，取衆多相，隣次義也。罹。呂支切，心憂也。

疏吠舍釐者，此云廣嚴，廣博嚴淨所住城故。

疏未生怨王者，即阿闍世王也，未生已前便結怨故。《四分律》第四説：瓶沙王無子，因召相師問之。相師對曰：南山之内有一老仙，捨命已後，當生王宫。王聞是語，便殺仙人。夫人無孕，再召相師問之。相師對曰：今在王後苑之内，而爲白兎王。又殺之。夫人懷孕，復問相師。相師對曰：此子是王之怨。王語夫人：若生子時，登高樓上，推於樓下。夫人依之。以業力故，墮樓不死，唯損一指，而收養之。後與提婆達多共搆殺佛殺王：我爲新王，汝爲新佛，教化世間，可不樂哉。餘如常談。

疏無憂王者，梵語阿育王，此云無憂王。依《宗輪疏》，是頻婆娑羅王之曾孫也。波吒釐者，樹名也。昔日有人，因此樹下納妻，有子名波吒釐子城，因樹兒立名，名波吒釐子城。廣如《宗輪疏》説。

疏自麓等者，麓者，山足也。之者，至也。跨者，越也。王發人徒，自於山足，至於山峰，越跨溪壑，接於陵巖，編石砌之，以爲道路，登山聽法。一謂退凡者，此有二解。一云：初二果人通在家證，此未得聖故簡退也。二云：非王親屬，所餘凡庶故簡退也。

疏説法像者，佛像有三：一、入定像，斂手相重；二、降魔像，垂手指地；三、説法像，舉手屈指。

疏《法華論》者，慈恩釋云：城乃摩揭陀國之正中，人王之所都處。表説一乘，乃三乘之中道，法王之所住境。城既勝餘城，經勝餘經也。俱蘇摩城，（此云華城，即是上茅城也。）既是山城，近於王舍，乃有多山，此山獨勝，高而顯故，表法高顯，出過二乘，自在巍巍，功德滿故。又云：或城勝餘城，無麗物而不出。法勝餘法，無嘉德而不具。山勝餘山，爲好鳥之所棲止。法勝餘法，爲上人之所遊心。喻通教理。又云：或教玅如城，含玅理故。理高如山，出二乘故。所以此經在王舍城，居鷲嶺説，有所表矣。

疏住處有二等者，化境在城，居止在山。道緣道體者，城中化食，助道之緣。依止山中，修習道體。

疏七義等者，謂佛與衆，同一説聽處，同一説聽時，同一奉法心，同一出家戒，同一正見，同一出離道，同證一無爲解脱。總此七義，名之爲與。

疏苾芻者，天竺草名。草具五德，況出家人。一、體性柔軟，折伏三業令柔軟故。二、不背日光，常向佛日故。三、引蔓傍布，學三藏教，相傳授故。四、香氣遠聞，防護三業，美聲播故。五、觸身安樂，人身疼痛，此草拂之，即得安樂，況出家人伏於三毒，息生死苦，究竟樂故。今名苾芻，從喻爲名。

疏因名怖魔、乞士、破惡等者，轉此三名成阿羅漢。三義名應也。淨戒、淨命，通因果有，故不相翻。

疏僧伽者，此云衆。亦云和合，理、事二和，故名和合。理和者，謂諸聖人同證諦理，名理和僧。事和者，同受大戒，具六和故，謂戒、見、利、身、口、意。具此六義，名事和僧。復有二僧：一、事和僧，如前；二、辦事僧，謂作羯磨辦事業故。極少四人，方成辦事，一爲能白，三爲所白，由是白言大德僧聽。若至三人，一爲能白，二爲所白，而於所白無僧義故。若約六和義名僧，一人兩人是僧類故，亦得名僧，三千界中麟角聖者名僧寶故。若約辦事名僧，四人已上方得名僧。故律中説僧者四人，若過四人方辦事故。

疏舊經者，羅什所譯經，云八百萬億人。謂凡、聖通論也。

疏五見者，《百法論》中總名惡見。《唯識論》中開爲五見：一、身見，二、邊見，三、邪見，四、見取，五、戒禁取。并貪等五，成十煩惱。《唯識》又云：十煩惱中，六通俱生，四分別起。分別起者，迷四諦理故。四諦下皆有十法。十中，疑、邪見、見取、戒禁取唯分別起，不通俱生，唯迷理故，於見道斷。餘貪等六，通迷理事，通見修斷。二十隨惑者，《唯識》頌云：

隨煩惱謂忿　恨覆惱嫉慳
誑諂與害憍　無慚及無愧
掉舉與惛沉　不信并懈怠
放逸及失念　散亂不正知

此二十中，初十小隨，次二中隨，後八大隨。

疏地法無瞋者，瞋性猛利，九品聊簡，前八品攝。瞋唯不善，色、無色界一切煩惱定力所伏，唯無記性，故彼無瞋。小隨惑中忿、恨、惱、嫉、害，此之五種，是瞋等流，故上二界隨瞋非有。覆、慳二種，上界無用，故亦非有。諂、誑二種，唯初禪有，以初禪中大梵天王臣主相依，行諂誑故。餘禪不然，故無諂誑。憍遍三界，於自所得禪定等法生染著故。中隨二種，唯不善性，上二界無。大隨八種，一切染心皆共相應，通遍三界。合上二界根隨煩惱，除無明外，總有九十二法，爲有漏體。

疏緣有之漏等者，雖知三界一切煩惱皆名爲漏，漏於三有，有之漏故，然下界煩惱多緣欲起，從勝爲名，説爲欲漏。上界諸惑更無別勝，得其本名，名爲有漏。無明不以餘法爲名，彰自行勝，名無明漏。

疏相應不共者，無明與餘貪等同起，名相應無明。不共無明，此復有二。一、恒行不共，唯第七識俱，無始恒行。餘識無故，名爲不共。二、獨行不共，唯意識俱，由不與餘貪等俱故，名爲不共。此復有二。一、是主獨頭，與大隨俱，迷理而起，非忿等俱。無明力勝，名爲是主。非貪等竝，名爲獨頭。二、非主獨頭，謂此無明與忿等俱，忿等力强，無明非主。非貪等竝，名爲獨頭。此等皆是無明漏體，無明不了，爲諸惑本，故説與前二漏而作所依也。

疏永得等者，現行諸漏能熏盡故，無復所熏煩惱種子，名無復煩惱。如拔草根，既無根苗，無復子菓也。

疏謂阿羅漢有其二種者，《俱舍》頌云：

阿羅漢有六　謂退至不動
前五信解生　總名時解脱
後不時解脱　從前見至生

依長行，論謂契經説阿羅漢有六種：一、退法，謂逢少緣退所得故；二、思法，謂懼退失，恒思自害故；三、護法，謂於所得，常自防護故；四、安住法，無勝退緣，亦不退故，無勝加行，亦不增進故；五、堪達法，謂性堪能，好修練根，速達不動故；六、不動法，不爲煩惱所退動故。前五種性從先學位信解性生，名時解脱，以鈍根故，要待六時方能入定得解脱故。後不動性名不時解脱，以利根故不待於時便能入定得解脱故，從前學位見至性生。於見道前有二類人：一者，隨信行人，以鈍根故，彼於先時隨信他言隨行義故；二者，隨法行人，以利根故，彼於先時由自披閱契經等法隨行義故。後入聖位，隨信行人名信解性，謂由信他勝解顯故。隨法行人名見至性，謂由自見至果道故。由此，從初修習證阿羅漢，有鈍有利，兩類異也。

疏離煩等者，離於貪等，得聖道故，名慧解脱。離於想受，得滅盡定，名俱解脱。離定障時，必離慧障，離此二障，得滅盡定，名心解脱。《俱舍》頌云：俱由得滅定，餘名慧解脱。問：滅定無心，何名心解脱。答：由離二障，得滅盡定，於一切時，心得自在，名心解脱，非以滅定當體名心解脱。此二句經，慈恩二解。一云：離性障故名慧解脱，離定障故名心解脱。性障謂煩惱。定障謂劣受定，能令心專注一境故。定名心三學之中名心學故。二云：由離無明貪愛等體，名慧解脱。慧相應心得離縛故，名心解脱。無諍願智者，諍有三種：一、煩惱諍，二、有情蘊諍，三、有情言諍。俱解脱人離此等諍，名無諍也。而有願智以願爲先，引四無礙勝玅智故，如願而了緣一切法。

疏且初盡智者，知盡苦諦，乃至修盡道諦，名爲盡智。得果智已，一切煩惱永不生故，復能證彼無生理故，具此二義，名無生智。

疏鈍根等者，依《俱舍論》，退有三種：一、已得退，已所證得諸功德法而有退故；二、未得退，未證得殊勝功德而有退故；三、受用退，已所證得諸功德中欲受用時不現在前，故名爲退。佛有後一，謂受用退，已具衆德，無容一時頓現前故。利根羅漢而具中後二種退義，以利根故無已得退。鈍根羅漢具三種退。

疏《顯揚》第二者，彼云：法智、類智、他心智、世俗智、苦智、集智、滅智、道智、盡智、無生智。

疏所作已辦者，同《大般若》已作所作、已辦所辦也。已離苦集，名已作所作。已具滅道諸勝德法，名已辦所辦。

疏智有加行及以根本者，於見道前學修此觀，唯有漏加行智。入聖位已，進趣修習，亦加行智，通漏無漏，此加行智通觀假實真俗諦境。若根本智，唯是無漏，照真諦境，觀實非假。別名假實，總名爲法。此能觀智從境彰名，法假實之觀，名法假實觀。

疏受假實觀等者，受自性、受相應、受境界、受業、受果，以類相從，五皆名受。由受自性及相應法，領納順違俱非境故，起貪、瞋、癡，作業受果，生死不斷，是故如來教示弟子觀受假受實，名受假實觀。餘准前釋。

疏諸法自性等者，釋觀名之所以也。一切諸法，性離言詮。有情無智，起妄倒心，横生執著，依能詮名，計所詮義。或依所詮義，計能詮名。由此計執，順情起貪，違情起瞋，不順不違而起於癡。三毒所使，造福等業，輪迴生死。無始時來，妄計熏習。熏習力故，展轉相續，生死無窮。爲令衆生斷生死根，教示觀察能詮名假。名依聲立，聲亦示虚幻依他不實，故説爲假。名既是假，義亦假也。名中實性即是真如，體非虚妄，故説爲實。觀此名假名實也。又解：名假實觀，觀察於名，爲假爲實。由審觀故，知名唯假，應捨假名，趣真實相。廣如《攝論》。

疏《智度論》者，彼釋《大般若經》列聲聞衆千二百五十人，多是菩薩示作聲聞。以彼例此，即是菩薩，故具修此三假實觀。今又解云：《般若》等説三假實觀，大乘教中通被三乘，令各修習趣自乘果。謂大乘者依二空觀，小乘聲聞依生空觀，各各觀察法受名境，淺深分全，斷障得聖，大小果異，故此經説諸阿羅漢三假實觀皆悉成就。

疏三空門觀者，離我我所，三性非有，名三空也。門者，出入無擁之義。以此觀行而爲門故，出苦入樂，門即是觀，名爲門觀。修此觀時，緣於三境，加行進趣，治障染故，三空之門觀，名三空門觀。即此觀行，總有三名：一名三空門觀，通漏無漏，及通定散，以聞思修三慧爲體；二名三解脱門，唯定非散，唯是無漏，以解脱者棄背義故；三名三三昧，唯定非散，通漏無漏。次引三論，如次釋三名。

疏《俱舍》者，觀於四諦，作十六行相。苦諦四行，謂非常、苦、空、非我。集諦四行，謂因、集、生、緣。滅諦四行，謂滅、靜、玅、離。道諦四行，謂道、如、行、出。以此四諦，攝一切法。今觀四諦，作此三觀，即是總觀一切法盡。如是行相，修習增長聞思修慧，攝十六行而爲三觀，如疏可知。

疏《佛地論》等者，觀遍計、圓成、依他，如次三境。生老死相者，病不定有，故不説之。

疏有部等者，明諸無學，後兼前位，據圓滿説，總有八十九品有爲功德。謂見道中斷八諦下分別煩惱，修道位中斷於九地八十一品俱生煩惱。此能斷道皆有爲德，其道所證擇滅無爲隨能證道亦八十九品無爲功德。

經比丘尼者，《四分律》説：佛姨母摩訶波闍波提與五百舍夷女人詣世尊所，欲求出家，如來不許。後於異時，姨母及五百舍夷女人而自剃髮，各披袈裟，往舍衛國祇園精舍，在門外立。阿難見已，即往問之。時彼具説欲求出家，受持大戒，世尊不許。阿難語言：且止外門，我爲汝等詣佛求請。爾時，阿難禮佛足已而白佛言：善哉，世尊，願聽女人於佛法中出家受大戒。佛告阿難：且止，莫作是語。若聽女人於佛法中出家受大戒，即令佛法不得久住。譬如長者，男少女多，即知其家而漸衰微。如是，阿難，若令女人出家受大戒，則佛法不久，如好稻田而遭霜雹，即時破壞，女人出家，亦復如是。此直請佛，不詳。阿難白佛言：摩訶波闍波提於佛有恩，佛母命過，乳養世尊長大。佛告阿難：如是，如是，於我有恩。然我於摩訶波闍波提亦有大恩，若有人因他得歸依佛、法、僧，受持五戒，知四諦法，無有狐疑，若得須陀洹果，斷諸惡趣，得入正道，盡於苦際，如是之人，恩難可報，非衣食、床臥、資具、醫藥所報。我出世故，令摩訶波闍波提受三歸依，乃至決定得入正道，亦復如是。此恩德請，佛不許也。阿難白佛言：女人於佛法中出家受戒，得須陀洹果乃至阿羅漢果不。佛言：可得。阿難白佛言：若女人於佛法中出家受戒得須陀洹果等者，願聽出家受戒。此名舉衆得道請也。餘處復有阿難問佛：過去佛有四衆弟子否。佛答言：有。阿難白佛言：唯願世尊度於姨母，令得四衆成就。佛告阿難：今爲女人制八盡形壽不可過法。若能行者，即是受戒。何等爲八。一者，雖百歲比丘尼，見新戒比丘，應起迎送禮拜，與其敷座。此法應尊重恭敬讚歎，盡形壽不得犯。上十五字，下皆言之。二者，比丘尼不應罵詈比丘，不應訶責，不應謗言破戒、破見、破威儀。三者，比丘尼不應爲比丘作舉、作憶念、作自恣言，不應遮他覓罪、遮説戒、遮自恣。應受比丘訶之。四者，式叉摩那此云正學。受學戒已，從比丘僧乞受大戒。五者，比丘尼犯僧殘罪，應在二部僧中半月行摩那埵。《善見論》釋云：折伏貢高義，亦名下意。六者，比丘尼半月一度，從僧乞教授。七者，比丘尼不應在無僧處夏安居，恐有難事，無人護助。八者，比丘尼夏安居竟，應往比丘僧中求三事自恣，謂見、聞、疑罪。如是，阿難，我今説此八不可過法。若女人能行，即是受戒，譬如有人於大水上安置橋梁而得渡之。阿難受教，往姨母所語言：女人得在佛法中出家受戒，世尊爲女人説八不可過法。若能行者，即是受戒。即説八事如上。摩訶波闍波提言：我及五百舍夷女人當共頂受。阿難，譬如男子女人年少淨潔莊嚴，若有人與洒沐頭已，止於堂上，持種種華鬘繫置頭上，歡喜頂受。如是，世尊爲於女人説此八不可過法。我及五百舍夷女人當共一心，歡喜頂受。爾時，阿難即往佛所，頭面禮已而白佛言：已爲女人説八不可過法，彼等聞已，歡喜頂受。佛告阿難：若女人不於佛法出家者，佛法當得久住五百歲。阿難聞之不樂，心懷悔恨憂惱，涕泣流淚，前禮佛足，繞已而去。然其正法滅與不滅，兩解如常。

疏依四弘等者，無上菩提誓願成，無邊衆生誓願度。今明行者有彼所求菩提、所度薩埵故名菩薩，全取他名，有財釋。又此行者有求菩提、度薩埵之義用故，亦菩亦薩，二用同依五蘊體故，名爲菩薩，同依持業釋。

疏薩埵者，勇猛義，勇悍猛利，不憚長時於一切處求大菩提，是菩之薩，名菩薩也。前目五蘊，此精進行，二依主別。

疏菩提即是般若者，是根本智斷證用故。薩埵謂方便，是後得智善巧用故。由此二法利樂自他一切有情，是故假者名爲菩薩，亦菩提亦薩埵，二用同依一慧體故，名菩提薩埵，同依持業釋。

疏謂諸薩埵求菩提故者，三乘薩埵各求自乘果位菩提，菩之薩故名爲菩薩，故通三乘。爲簡小乘，加言摩訶薩埵。然諸經論多以修大乘者別名菩薩，以行勝故，別得總名。修小乘者，別名獨覺聲聞也。

疏方便者，拔濟有則曰方，令他獲安名便。是便之方，名爲方便。

疏七地等者，於十地中，初、二、三、四，根本、後得前後而起。五、六、七地，加行發起，本、後俱起，若不加行，亦前後起。八、九、十地，任運俱起。

疏得同體悲者，亦名於諸有情得同自體意樂。謂諸如來十地菩薩等觀衆生，皆如自己，由得攝他同己想故，不見身外有別衆生，便常度之。若見身外有別衆生，執生勞倦，便不能度。雖度不廣，亦不恒也。

疏《顯揚》等者，彼以四義釋無量名：一、行解廣大故，二、爲大梵王福無量故，三、成如來果德無量故，四、所緣無量故。

疏又《顯揚》等者，法界有情，總爲三類：一、於無苦無樂者無倒與樂名慈，無瞋爲體；二、於有苦者拔苦名悲，不害爲體；三、於有樂者助喜名喜，不嫉善根爲體。復於有苦者，由福劣故形容可惡，凡愚於彼多分起瞋。於有樂者，以福德故，凡愚於彼多分起貪。今此翻彼，於有苦者起離瞋想，於有樂者起離貪想，於彼一類無苦無樂有情，既無貪瞋可翻，起離癡想。於諸有情離於如是不平等心，起平等行，欲令有情遠離諸惡，是捨行相。然此行相，初習業者稟性仁賢，或宿習力，於諸有情普修四行，與樂拔苦，忻慰有情平等。若不能爾，應漸習之，於一切有情，想作七品。親分三品，謂上、中、下。怨亦分三，謂上、中、下。及中容者，即非親非怨也。以此七品上品親爲初，上品怨爲末，中容者爲中。分品既定，從易至難而漸習之。以快樂事亦分三品，謂上、中、下。先上品親與上品樂，中品親與中品樂，下品親與下品樂。次中品親與上品樂，下品親與中品樂，中容者與下品樂。及至第七番，上品怨與上品樂，上品親與中品樂，中品親與下品樂。如是修慈，於諸有情方便平等，而與其樂。悲喜亦然，准前可解。若捨行相，亦分三品，謂上中下。將前七品有情，中容者爲第一，易起捨故。從易至難，下品親爲第二，下品怨爲第三，中品親爲第四，乃至上品怨爲第七。起三品捨，從易至難，從初向後，准前作法。四無量心，差別有三：一、有情緣，作有情想；二、法緣，不見有情，唯作三科法想；三、無緣，而於諸法離分別心，作真如想，名爲無緣。又復觀行漸勝，三境別觀，法緣者緣教法起，有情、無緣同前。問：後二種境不緣有情，不能與樂拔苦等故，何名慈悲等耶。答：此後二種雖不緣有情處起，若以無嗔不害等緣教緣真如時，以無嗔不嗔不害無害等故，即名慈等。或緣教緣如，意爲於諸有情拔苦與樂等也。若不悟教法，不證真如理，利物狹劣，不廣大故。

疏《雜集》等者，引發殊勝，定慧爲體。相應、助伴，四蘊心品而爲其體。眷屬，五蘊爲體，有定道戒爲色蘊故。

疏慈唯等者，問：與大慈大悲大喜大捨，有何差別。答：依《法華疏》，四義不同。彼唯實觀，唯佛所起，緣三界生，并無癡俱。此通假實，通凡聖起，緣界不定，悲無癡俱。由斯義故，彼四唯是不共之德，此是共德，通三乘故。

仁王護國般若經疏法衡抄卷第二

仁王經隨抄音切

研覈下胡的切。

痆女八切。

聯音連。

盪漾上徒曩切，下餘亮切。

浡澥上蒲没切，下胡買切。

叡以稅切，聖也。

聳幹上息涌切。下古旱切，或作簳。

謔許虐切。

迆邐上移爾切，下力爾切。

麓音禄，山足也。

羂罥古犬切，作罥同。

校勘記

〔一〕「頌」，底本原校云《疏》作「誦」。

〔二〕「輔」，據《大般涅槃經》（《大正藏》本）卷十五，疑爲「捕」。

〔三〕「瑜伽」句，底本原校云《疏》脱。

〔四〕「諸經論」句，底本原校云《疏》脱。

〔五〕「經詮」句，底本原校云《疏》無。

〔六〕「一時」，底本原校云《疏》作「教」。

〔七〕「有財依主」句，底本原校云《疏》無。

〔八〕「惑業苦」句，底本原校云《疏》無。

〔九〕「衣線」，《大乘法苑義林章》（《大正藏》本）作「縫衣綖」。

〔一〇〕「則」，底本原校云《疏》作「也」，今疑爲「法」。

〔一一〕「摸」，疑爲「模」。

〔一二〕「庶者」句，底本原校云《疏》無。

〔一三〕「五義」句，底本原校云《疏》無。

〔一四〕「九」，底本原校云《疏》作「四」。

〔一五〕「之」，底本原校云《疏》脱。

〔一六〕「實」，疑爲「寶」。

〔一七〕「具信等者」，底本原校云《疏》作「有信」。

〔一八〕「證淨」句，底本原校云《疏》無。

〔一九〕「荷至」句，底本原校云《疏》無。

〔二〇〕「九善因」句，底本原校云《疏》無。

〔二一〕「啓機門」句，底本原校云《疏》無。

〔二二〕「微細律」至下「三就僧」句，底本原校云《疏》脱。

〔二三〕「瑶公」，《妙法蓮華經玄贊》（《大正藏》本，下同）作「寶公」。

〔二四〕「疏立之所以」至「一切皆成」三三九一字，有疑。其所解之「立之所以」「四十心」「具信」「證淨」「荷至德之嘉依」「七聖財之元胎」「九善因之俶落」「啓機門之勝手」「拔衆生出生死泥」「《佛地》」「一依」、「二依」「四依」「微細律」「光宅」「《注法華經》」「《注無量義經》」「瑶公」「長耳三藏」「三就僧」「妄所執我」「除無我怖」二十二個條目，及條内分别加以解釋之「通玅真之證淨」「如大龍象」及下「捨」「念」「慧」「以信爲手」「以捨爲牙」「以念爲頸」「以慧爲頭」「兩肩」「作意所生」「觸」「受」「定爲增上」「慧爲最勝」「解脱」「纏縛」「出離爲後邊」「轉」「如是而思、而作、而説」「假施設我」「自他」「染淨」「因果」「事業」等等，皆按順序連貫見於窺基《妙法蓮華經玄贊》，故此二十二條鈔文，極似對《妙法蓮華經玄贊》的直接鈔解。而良賁《仁王護國般若波羅蜜多經疏》於上所列字句，只見少數幾條，且或次序不合，或表述有别。或現存良賁《仁王護國般若波羅蜜多經疏》有脱文，所脱文字與《妙法蓮華經玄贊》極度相似。或曾有《妙法蓮華經玄贊》别本鈔解，而有句段串入《法衡鈔》。又，此二十二條皆爲「如是我聞」之解，鈔主依鈔之體例集於此處，並不爲錯，但或尚未作細緻整理，後人誤加諸「疏」字，致使混亂。

〔二五〕「世間」，《疏》作「世界」。

〔二六〕「句」，疑爲「法」。

〔二七〕「夜」，底本原校云《疏》作「日」。

〔二八〕「有二義釋」句，底本原校云《疏》無。

〔二九〕「唯意」句，底本原校云《疏》無。

〔三〇〕「五心」，底本原校云《疏》無。

〔三一〕「覺有」，底本原校云《疏》作「此具」。

〔二一〕「利藍」，底本原校云《大論》三作「闍羅」。

〔二二〕「偏」，底本原校疑爲「編」。

仁王護國般若經疏法衡抄卷第三

譯經證義講經律論廣演大師遇榮集

疏宿住隨念智證明者，聖智自在，證達明鑒，名智證明。智即證明，名智證明。隨念者，隨所憶念過去世事，明記不忘。所隨之念，名爲隨念。能隨即念，名爲隨念。或所隨是念，能隨是智，隨於念知過去故，所隨即念也。此智證明近於念故，名隨念智證明，隣近釋也。智從於境以彰其名，宿住之隨念智證明也。死生者，諸有情類，死此生彼，受報好醜，悉能知故，死生之智證明也。漏盡者，煩惱過失説名爲漏，聖道斷盡彼漏法故，所顯滅性名爲漏盡。此智證彼漏盡理故，漏盡之智證明也。或此智明知於自他漏染之法盡與未盡，亦漏盡之智證明也。三明如次知去來今三世之境，對治三際愚癡暗故，於六通内别以三通立爲三明。問：如天眼通乃是眼識相應之慧，緣現在境，如何即是死生智證明，知未來事。答：由天眼通觀諸有情死此生彼，由此引發死生智明，知未來世五趣有情死此生彼，今歸能引，故相即之。

疏出三明體者，《俱舍》十智，初世俗智唯是有漏，第八他心智通漏無漏，自餘八智皆是無漏。此初二明緣世俗事，即世俗智，唯有漏也。漏盡智明以四諦智及盡智、無生智六智爲體，證諸諦理，漏盡性故，唯無漏智。若事觀中緣四諦理，通漏無漏。或知自身煩惱漏盡，漏盡身中有此十智明證境界，名漏盡智明，總以十智爲體，通漏無漏。

疏神境智證通者，神謂神變，靈玅之德，等持爲體。境謂境界，所變化事。神所變境，名爲神境。或所變境不可測度，名之爲神。神即是境，名爲神境。聖智自在，證達無擁，名智證通。智即證通，神境之智證通，名神境智證通。天眼者，天謂色界天趣有情。清淨色根發識照境，說名爲眼。依天之眼，名爲天眼。此報得者也。若修得者，身通欲色一類聖賢，身在欲界，由修習力，令自身中上地所攝眼根種子，依下地身生起現行，能見被障細遠等色。報得、修得勝劣雖異，然體不殊，清淨色根而爲性故。由此，天眼發智證通也。天耳通准此。

疏若就根本，知心非所，知所非心者，下言加行，反顯此言根本者，修習成滿位也。就此修習成滿之位，知他心王善染無記，非是心所。知他心所善染無記，非是心王。修加行時觀他有情總聚心品善染無記，便得名爲他心智證通。宿住通名，如三明釋。

疏明五體者，若無間道，正爲斷障，不發通故。解脱道慧，爲五通體。依前所引十智出體。取捨如疏。

疏唯四根本者，四禪根本地，定慧均平，復增勝故，能發神通，故偏依之。四近分地，定慧非勝，難發通故，故不依彼。

疏《顯揚》等者，五通尅性，以慧爲體。若引發體，定慧爲性。若相應體，彼慧俱時一聚心品四蘊爲性。眷屬，五蘊性。

疏三十七者，分爲七位。一者，四念住觀，觀於內、外身受心法也。通觀自佗，故言內、外，謂觀身如虛空，觀受內、外無，觀心但有名，觀法善、惡不可得，是謂菩薩四念住觀。住近念故，名爲念住。念住即觀，名念住觀。二者，四正斷，精進爲體，尅性能斷，體即是慧。精進遍策，助慧斷故，立正斷名。謂未生惡法修習斷斷，未生惡法是所應斷，由精進力令惡不起，說名爲斷。斷之斷故，名爲斷斷。已生惡法，修律儀斷。滅惡之方，法律軌儀，名爲律儀。律儀即斷，名律儀斷。未生善法，修修習斷，由精進力，修習生長。未生善法令惡不起，說名爲斷。修習即斷，名修習斷。已生善法，修防護斷。由精進力，護已生善，令轉增進，令惡不起，説名爲斷。防護即斷，名防護斷。三者，四神足，以定爲體。神謂神變，靈妙之德。足者是定，神所依故，是神之足，名神足也。欲勤心觀，四法爲因，得神足故，四之神足，名四神足。故《對法》云：謂由成滿三摩地力，發起種種神變事故，修習四行，謂欲勤心觀。欲三摩地者，謂由慇重猛利樂欲恭敬方便，得三摩地。勤三摩地者，謂由無間方便觸心一境性，而常精進，無時暫間。心三摩地者，謂先修定觸心一境性，由於前生數修定力，令彼種子功能增長，由種子力，令心任運，於三摩地隨順轉變，由此速證心一境性。劣定名心，勝定名三摩地。觀三摩地者，由聞教法，內自揀擇，觸心一境性。聞思慧名觀也。四者，五根。五者，五力。出生衆善説名爲根，勝難屈伏説名爲力。六者，七覺分，覺謂聖道，分謂支分，爲因之義。是覺之分，名爲覺分。輕安者，《唯識論》云：遠離麤重，調暢身心，堪任爲性，對治昏沉，轉依爲業，名爲輕安。由伏定障，令所依身轉安適故。捨者，體即行捨。《唯識論》云：云何行捨，精進三根令心平等正直，無功用住爲性，對治掉舉，靜住爲業，謂由精進及三善根對治掉舉，靜住正直，故名爲捨。爲簡捨受，名爲行捨。餘名可知。七者，八正道，正見、正思惟皆慧爲體。問：正思惟體何不取思。答：由正思惟能發語言，誨示於佗，若非慧者，餘無此能。故《對法》云：正思惟者，是誨示義，如其所證，方便安立，發語言故。正見者，是分別義，如先所證而揀擇故。正語等者，以無嗔癡所發身語名爲正語。正業，無貪所發。總名正命。此三遮防惡色不起，假立無表色名，以色思爲體。餘名可知。

疏故三十七體唯有十者，若依大乘，九法爲體，十中除尋故。《對法》説：慧能發語，誨示他故，名正思惟。餘同《俱舍》。《瑜伽論》云：覺道者，衆多最勝。三十七又云：依止菩薩無礙解，由善方便所攝玅智，於三十七菩提分法如實了知。然大小乘皆修此行，有五義異：一求果異。二斷障異。三二死異，小乘修習盡分段生死，大乘修習盡變易生死。四悲智異，大乘由悲故修，小乘由智故修。五利行異，大乘二利，小乘自利。

疏修諸諦觀者，十地菩薩修十度行，遊二空觀，然爲降伏二乘者故，故四五六地如次傍修菩提分法，諦緣生觀。

疏依緣辨觀者，依十二緣生辨三觀也。《華嚴經》中先明緣生，次下便云：此地菩薩觀前緣生，得入空無相無願門。如疏引之。

疏異熟等者，五取蘊身名異熟果，自害自損名蘊魔也。能招之業，爲士用因。正捨壽時所有五蘊，名之爲死。而此死果從因得名，士用之果，名士用果。死有自害，名爲死魔。或蘊魔樂住，死魔樂滅，蘊死二魔自相害也。

疏體即是慧[二]者，四無礙解多以後得智爲體，緣事法故。義無礙解亦通正智，證真諦故。初地分得，九地任運離障圓成，佛果滿足。

疏佛果十力者，能摧怨敵義，不可屈伏義，故名爲力。具云十智力，智體即力，名爲智力。智力有十，名十智力。一者，處非處智力，因果相當，名之爲處。若不相當，名爲非處。處者建立義，依義起義，能建立果爲依，能起彼彼果故，因立處名。於此正知，名此智力。二者，自業智力，一切衆生各自造業，受異熟果。於此正知，名此智力。三者，靜慮、解脱、等持、等至智力，謂四靜慮、八解脱。等持者諸有心定，等至者諸有心無心定。於此正知，名此智力。四者，根勝劣智力，大小乘性有軟中上，名根勝劣。於此正知，名此智力。五者，種種勝解智力，若從他信以爲其先，或觀諸法以爲其先而修習之，成軟中上愛樂勝解，名種種勝解。於此正知，名此智力。六者，種種界智力，界是性義，若廣建立種種種性，一乘二乘，乃至八萬四千性行，名種種界。於此知故。七者，遍趣行智力，諸趣門中隨順正行，如貪行者修不淨觀等，名遍趣行。或趣一切五趣之門，名遍趣行。於此知故。八者，宿住隨念智力，於彼種種有情衆中四方名字假設安立品類差别，隨先過去宿所住事所有自體，無量種類皆能知故。而此智力近隨念故，名隨念智力，隣近釋也。於宿住境正了知故。九者，死生智力，有情命終名爲死時，住在中有名爲生時，於善惡趣死時生時皆能知故。十者，漏盡智力，一切諸漏及餘隨眠永斷無餘，所顯實性漏盡顯故，名爲漏盡。或知衆生漏染盡故，名爲漏盡智力。《瑜伽論》説此十智力以慧爲體。若引發體，定慧爲性。若相應體，四藴心品。故《對法》云：若定若慧及彼彼相應心心所法，爲智力體。若克實體，《菩薩地》説信等五根爲性。若眷屬體，五藴爲性，有定道戒爲色藴故。餘四藴可知。

疏十體隨應[三]者，初牢固力及第六、七、八、九、十，此六以慧爲體。第二慈力，無嗔爲體。第三悲力，不害爲體。第四精進，第五禪定，各如自名。

疏故一等者，金剛三昧屬等覺位，第十地菩薩近無等等佛果之位，近金剛三昧等覺之位也。

疏七賢等者，大小乘教皆説三乘五位行相有殊，應各説之。今隨疏意，敘小乘教，以補闕略。且聲聞乘發心修行，從生死地發心趣果，總分爲二：初外凡位，後内凡已去。外凡位者，《俱舍》第二十二云：云何方便勤修趣見諦道。應先安住清淨尸羅，戒爲本故。次，應勤修聞思修慧，謂先住戒以淨身器，方堪作諸加行善法功德所依。應於解脱具深意樂，觀涅槃德，背生死過，親近善友，聽聞正法，具聞等慧，而令修慧速得圓滿。次具三因。一者，身心遠離。身遠離者，離相離住，遠惡朋黨。心遠離者，離惡尋思。二者，少欲知足。三者，次應安住四種聖種：一、衣服喜足聖種，二、飲食喜足聖種，三、臥具喜足聖種，四、樂斷樂修聖種。此四能爲證聖因種，故名聖種。四中前三皆是喜足，第四即是樂斷煩惱、樂修聖道。前三助道生具，第四助道事業。以諸弟子歸佛出家，捨俗生具及俗事業，世尊哀愍，立此助道生具、助道事業，令修行者解脱非久。《俱舍》又云：以諸衆生於我我所而起貪欲，如來爲令暫止息故，立前三聖種。永除滅故，立第四聖種。此四聖種無貪爲體。内凡已去者，五位分五，資、加二位名七方便，謂五停心觀等也。方便者，方法便宜，爲因之義，爲因趣入見道位故。具此方便賢善之德，亦名七賢行。七中，前三屬資粮位，後四屬加行位。隨疏可知。

疏五停心觀者，以諸衆生無始時來流轉生死，起諸過失，隨境而轉，無由得定，證會聖果，故佛令作五種觀行，停息其心。總説過失八萬四千，約類分之，不過五種：一、多貪，二、多嗔，三、多癡，四、著我，五、尋伺。對治如是五種病行，如來教示令修五停心觀，而便得定。若自覺知，或教誨他。若多貪者，作不淨觀。若多嗔者，作慈悲觀。若多癡者，作十二因緣觀。若著我者，作界分別觀。多尋伺者，作持息念觀。《俱舍》又云：觀雖有五，要者有二：一、不淨觀，二、持息念觀。以諸衆生多此二種過失增故。謂貪猛利，數現在前，如是有情名貪行者，觀察不淨，能正入修，以諸衆生多於玅色起貪愛故。貪有四種：一、顯色貪，二、形色貪，三、玅觸貪，四、供奉貪。謂於美色、相狀玅好、身體柔軟、折旋供奉，故起四貪。爲欲對治此四貪故，緣於四境，假想勝解，作四觀行。緣青瘀等，修不淨觀，治顯色貪。緣被虫食等，治形色貪。緣虫蛆等，治玅觸貪。緣屍不動等，治供奉貪。如是數修，令貪不起。又彼頌云：

爲通治四貪　且辨觀骨鏁觀〔三〕
廣至海復略　名初習業位
除足至頭半　名爲已熟修
繫心在眉間　名超作意位

此頌意説：作骨鏁觀，通治四貪，以骨鏁中無四貪境故。修此觀行，有三位殊：一、初習業位，二、已熟修位，三、超作意位。且初位者，修骨鏁觀，應先繫心於自身分，或於足指，或額或餘，隨所樂處，安止其心。心得住已，依勝解力假想思惟皮肉爛墮，漸令骨現，乃至具觀全身骨鏁，見一具已，復觀餘人爛墮亦爾。觀第二具已，漸次一房一寺一村，乃至遍地，以海爲邊，骨鏁充滿。爲令勝解得增長故，漸略而觀，乃至唯觀一具白骨，齊此漸略不淨觀成，名初習業位。二者，爲令略觀，以勝解力於一具中先除足骨，思惟餘骨，漸次乃至除頭半骨，思惟半骨，齊此轉略不淨觀成，名已熟修位。三者，爲令略觀，勝解自在，除頭半骨，繫心眉間，專注一緣，湛然而住，齊此極略不淨觀成，名超作意位。如是修習，乃至得定。此不淨觀以治貪故，無貪爲體。持息念觀者，梵語阿那阿波那念。阿那者，此云遣來，謂持息入，是引風入身義。阿波那者，此云遣去，謂持息出，是引内風令出身義。以義翻爲持息念也，以慧爲性。息者謂風，念能持彼息故，名持息念，分有財釋。今目慧者，爲由念力慧於境中得分明故，名持息念，隣近釋也。修此觀行，差別有六：一數，二隨，三止，四觀，五轉，六淨。數者，謂從一至十，入息爲先，出息爲後。由具四緣，息方得轉。一、息所依地，謂欲界初二三禪名有息地。二、風道通，謂口鼻。三、毛孔開，謂出母胎。四、入出息地，謂麤心現前。入無心定，闕麤心緣。在母胎中，四緣不具。生無色界，四緣俱闕。此等諸位，緣不具故，息皆不轉。具四緣處，以念憶持入出息數，離三過失，名爲正數。一者，數減失，於二謂一等。二者，數增失，於一謂二等。三者，雜亂失，於入謂出，於出謂入。若十中間心錯亂者，復應從一，次第數之，終而復始，乃至得定。然以先入後出，共爲一數。二、三等亦爾。隨者，謂繫心緣入出息，不作加行，隨息而行。念息入時遠至何所，爲行遍身，爲行一分。隨彼息入，唯心臍臗髀脛乃至足指，念恒隨逐。止者，謂繫心唯在鼻端，或在眉間，乃至足指，隨所樂處，安止其心。觀息住身，如珠中縷，爲冷爲煖，爲損爲益。觀者，謂觀察息風體已，兼觀息俱大種造色及依色住心及心所，具觀五蘊以爲境界。轉者謂移轉，轉息風覺，安置後後勝善根中，乃至世第一法。淨者，所謂勝進入見道等得無漏淨。尋伺是散亂之因，故令數於入息出息。能離散亂，不起尋伺，即不散亂也。

疏心遠離等者，離染污作意者，及離無記作意者，翻彼二類，親近修習，能引義利定地作意者也。

疏緣起觀等者，觀十二緣起，從緣而生，支支遷變，無常、苦、空、無我，假和合故，輪迴不息，皆是無明，爲輪迴本。如是觀察，對治愚癡。

疏界差別觀能離憍慢故者，隨行者病，離憍慢也。前不淨觀足驗無我，又觀緣起及六界差別，皆具顯示無常、苦、空、無我故，故與《俱舍》所治有異也。

疏總結者，《瑜伽》復云：若薄塵行者，即便安止於對面念，不必修習五停心觀也。

疏別相念住等者，《俱舍》第二十三說，前修不淨觀等，已成勝奢摩他。此云止品。次，爲成觀品，修四念住身受心法，名之爲別。於此四境，或以自相別觀，或以共相別觀，是故名爲別相念住。除身受心，餘皆名法。謂觀身不淨，觀受是苦，觀心無常，觀法無我。如是所觀四境各別自性，名爲自相。言共相者，諸法共有此相，名爲共相，謂一切有爲皆非常相，一切有漏皆是苦相，一切諸法皆空非我相。於觀身時，唯不淨性，謂三十六物所成性故，名自相別觀。若觀此身，與一切有爲皆非常相，與一切有漏皆是苦相，與一切法皆空非我相。空者，空其我所。非我者，無實我故。本意但觀於身，不欲總觀一切諸法，是故名爲共相觀。觀身既爾，餘三亦然。雖有自相、共相二類不同，總得名爲別相念住，以諸衆生無始時來由四顛倒，流轉生死，於諸境事起淨樂常我四顛倒故。故諸行者爲超生死，對治此失，修四念住，不減不增，觀身乃至一極微色一刹那時亦是苦性，亦是非常空非我性，如是名爲四念性成滿也。依《俱舍論》，二義釋名。一云：由念力持，慧得住境，是念之住，名爲念住，以慧爲體。二云：謂由慧力，令念住境，於所觀察令得明記，念即是住，名爲念住。今慧名念性者，與彼相應近念住故，名爲念住，隣近釋也。

疏雜緣法念住等者，引文闕略。《正理論》說：別相念住所觀四境，前三唯不雜緣，第四法念住通雜不雜，法名寬通，攝餘境故。觀別別法，名不雜緣。若以四境二二合緣，三三合緣，總緣四境，復以自相共相總合，雜緣法念住境即是別相念住修習成滿。於此雜緣法念住之後，總相念住之前，修無我行。次，觀生滅。次，觀緣起。次，三義觀，謂蘊、處、界。乃至依於聞慧學，作十六行。次，依思慧學，作十六行，並是總相念住加行。此乃遠從於前雜緣法念住起，總觀四境，攝一切法，修四行相，謂非常苦空非我，名總相念住，亦以慧爲體。七賢行中，已上三位名資粮位。資粮者，爲欲遠趣菩提果故，積集福、慧二種資粮，名資粮位。亦名順解脱分，解脱是果，涅槃果故。分是因義，因能順趣解脱果故。順即是分，名爲順分。解脱之順分，名順解脱分。

疏煖善根等者，七賢行中，此後四種，名加行位也。此加行位修習已久，近見道故，能與見道爲加行故，名加行位。亦名順決擇分。決擇者，無漏聖慧。順、分如前。此加行因順趣彼故，決擇之順分，名順決擇分。又《正理》云：分是段義，謂見道智是決擇中一分攝故，決擇即分也。煖等善根順趣彼故，決擇分之順，名順決擇分。

疏謂色界攝者，意取定善修慧相應善法也。小乘宗說：四善根中，前二可動，後二不可動，各有下上，劣勝異故，成四善根。謂煖位中容造無間等業，由福德故速出惡趣，必至涅槃。於頂位中不造無間業，容造餘惡業。忍、世第一不作惡業，名不可動。故《俱舍》頌云：

煗必至涅槃　頂終不斷善
忍不墮惡趣　世第一離生

疏然此等者，疏但説緣，而有八類。謂諦本名説名爲緣，不説其行。謂一一諦各有三行，上下八諦，共有二十四行。若緣若行，合而説之，總三十二。於三品忍及世第一，從廣至略，勤加修習，順趣見道。且下品忍，具觀四諦十六行相，謂觀欲界苦，修四行相：無常、苦、空、非我。觀上界苦，亦四行相。如是乃至觀上界道，修四行相，謂道、如、行、出。如是名爲下品忍位。乃至下忍成已，復觀欲界苦聖諦境，修四行相。乃至觀上界道諦，但修三行，謂道如行，減於一行，即中品忍，是第一周。復觀欲界乃至上界諦，修二行相，謂道及如，是第二周減二行也。復觀欲界苦，乃至觀上界道，唯修一行，是第三周減三行也。復觀欲界苦乃至觀欲界道，具修四行。不觀上界道諦，是減一緣。減一緣時，亦減一行。減緣攝故，但説三周。減行一周，減緣如是。漸次略觀，乃至唯觀欲界苦諦修四行相，不觀上界苦等諸諦，即是七周減緣，二十一周減行。復觀欲界苦，修前三行相，是第二十二周。乃至唯觀欲苦，但修二行，經二刹那心，是中忍位滿。復觀此苦，修前一行，一刹那心，爲上忍位，總説名爲忍位圓滿。依《俱舍疏》第六，苦諦四行，隨留何行，理皆無遮，以觀行之人有其二種。一者，利根。利根有二：若著我者，留無我行；著我所者，留於空行。二者，鈍根。鈍根有二：若我慢者，留無常行，由於有身，迷無常理，恃著生慢故；懈怠增者，留於苦行，懈怠不能强精進故，觀諦爲苦不安隱故。進修出離，隨留何行，即以此行入見道也。

疏世第一善根等者，從上忍無間有善根生，緣前苦諦，一行一刹那心，如是名爲世第一法。此與上品忍有何差别。《正理》六十二云：色界善業而有九品。謂下三品，煗位所攝。若中三品，頂位所攝。上下、上中名爲忍位，此二品善，三忍攝者：上下品善，下中二忍攝也。上中品善，上忍攝也。上上品善，世第一攝也。由勝劣殊，故成差別。此唯一刹那，必不相續，爲等無間緣，即能引生苦法智忍。此四善根以慧爲體，相應四蘊，眷屬五蘊。

疏有士用力等者，有漏心品引於有漏，無漏心品引於無漏。如是二類，前因後果自類相引，同等流類，名同類因，等流果。今世第一位引於見道，離同類因前一刹那是有漏因，引次後念無漏聖道，前因後果，漏無漏異。因有士夫之力，果從彼生，中無間隔，名無間士用果也。唯修爾所者，唯緣欲界苦諦，修一行相，爲入聖之緣，故不修多。即此一行一刹那心，似於見道，苦法智忍也。

疏八勝處等者，初二勝處內，未伏除見者色想貪故，名內有色想。後六勝處，由久修習，內已伏除見者色想貪故，名內無色想。少色者，有情色資具色。多色者，大地山河等色。如是觀彼少多色時，一一復修七種行相。一、若好色，謂一向淨訬。二、若惡色，與上相違。三、若劣色，謂不可意。四、若勝色，與上相違。五、勝知，謂奢摩他道。六、勝見，謂毗鉢舍那道。此云觀也。七、得如實相。於勝未勝二種之中，離增上慢，生制伏想。後四勝處青黃赤白，復各有四行相，謂[四]青顯、青現、青光。四中，初是總句，餘三別句。青顯者，謂俱生青如青華等。青現者，謂和合青，如衣青等。青光者，是前三青之上所有鮮淨之光。如青既爾，黃等亦然。作如是等殊勝觀時，心勝境處，名爲勝處，非如餘生，心劣境勝，被境牽迷也。

疏初二勝等者，依《俱舍論》，初三解脱如次引發初二次二後四勝處也。將能造色，隨所造攝，不言地等。初四勝處，依初二禪，觀色少多，不淨相轉，對治欲界及初禪中顯色貪故。後四勝處，依第四禪，觀欲界色，清淨相轉，令心忻故，審成滿故。

疏十遍處等者，《俱舍論》說：由第三解脱引發前八遍處，後二遍處即是空識遍一切處。此亦内無色想而觀外色，謂觀所造青、黄、赤、白遍一切處。復觀能造地、水、火、風遍所造中，故總成八。爲欲成滿前八周遍義故，所緣遍滿不過於空，能緣遍滿不過於識，是故修習後二遍處。周遍境處，故名遍處。

疏後二等者，《俱舍論》說：後二遍處如次空處識處，無色界中定善爲性，非無記染。亦非散善，性微劣故。然通近分根本定善。各緣自地空識爲境者，《婆沙》八十四云：謂初習業者，先住思惟諸虚空相。取此相已，假想勝解，觀察照了無邊空相而修加行，展轉引起初無色定，故説此定名空無邊處。今明空一切遍處即是此定，緣空爲境。緣識准此可知。

疏及道共等者，等於生等四相。小乘説此别有體性，有相助力，斷諸煩惱，而與現觀同一事業，是故總説名事現觀。

疏欲謂欲界者，由此界中有彼婬食睡眠三欲事故，名爲欲界。具有五趣，今明天趣。仁君有六，名六欲天王。

疏四大王衆天者，謂此天王統攝四大洲故名四大王。一洲一王，類非一故，復名衆也。玅高四面，面各一王。謂東名持國，南名增長，西名廣目亦名醜目，北名多聞。此四天王統領諸鬼神等，各護一方衆生之類。玅高山者，梵語世羅蘇迷盧，此云山玅高。今順方言，名玅高山。舊名須彌山，訛也。謂北金，東銀，南琉璃，西頗胝迦。此云水精。以此四寶成於山體，説名爲玅。出水入水，皆八萬瑜繕那量，故名爲高。瑜繕那者，限量義。《西域記》説，往昔軍行之一程也。俗法八十里，或四十里，聖教所説十六里也。《俱舍》頌云：

玅高層有四　相去各十千

傍出十六千　八四二千量
堅手及持鬘　恒憍大王衆
如次居四級　亦住餘七山

謂玅高山形如腰鼓，上下俱濶，中腰細狹。於其下半，從水面上，盡四萬瑜繕那量，有四層級，上下相去各十千瑜繕那量。四層傍出，繞玅高山。從水面上第一層級出十六千瑜繕那量，第二層八千，第三層四千，第四層二千。有藥叉神名爲堅手，守住初層級。有名持鬘，住第二層。有名恒憍，住第三層。其第四層，是四天王所住之處，亦住所餘七金山上，是別聚落也。梵語忉利提婆，此云三十三天。玅高山頂，四方各有八殿，一殿一天，爲帝釋臣。帝釋居中，住善法堂而爲其君。君臣合説，三十三天。夜摩天者，此云時分天，由彼諸天受其喜樂，各有時分故。又《婆沙論》説：玅高山半已上，而無日月，諸天自依身光或珠光等作照導故。依華之開合、鳥之喧靜，或依天衆寤寐，建立晝夜。又以青蓮華合、黄蓮華開爲晝，翻此爲夜。依此等相建立晝夜時分，名時分天。覩史多天者，此云知足天。由彼天衆於五塵境不極貪著，知欲樂足故。樂變化天者，樂自變化所用資具而受用之，非如下二天所用資具從樹生故。他化自在天者，謂劣天子變於資具，與勝天子而受用故。若彼此俱劣者，互變受用，由彼有情性欲爾故。

疏摩揭陀國等者，是蠒兒爲此處官，立性仁慈，不行毒害之事，以德爲名，名無毒害王也，因爲國號，名無毒害國。《智度論》中敘世俗説，名置甘露處。

疏帝釋往昔等者，舊抄曰：帝釋前身拘舍王家爲奴，衆人敬信，王放從良。結於三十二人，治街掃路，勸人行善，名聞於上。王欲封官，佞臣讒之，付象令殺。象既不殺，封本郡官。後娶四妻，一名善法，二名園生，三名歡喜，四名清潔。時此郡主共於衆人而造法堂，善法夫人作承露盤，歡喜夫人繞堂置園，園生夫人種植樹木，清潔夫人不修福業。後命終已，皆生欲界第二天中隨因受果，故有善法堂等，唯清潔夫人先不修福，生水鴛鳥中。時天帝釋天眼觀見，化身同彼，教持不殺戒，由本妬忌，捨水鴛已，生阿修羅宮中，名爲設支。帝釋娶之，歸忉利天。言設支者，或名舍支，此翻爲縛，美色異常，縛男子故。修羅生男醜陋，生女端正，所以帝釋娶之。然帝釋宮中有蘇陀味，（此云甘露。）由此天與非天互爭色味，數興鬬諍。

疏色四靜慮者，色界四靜慮也。疏唯目定，靜即慮故。又解：梵語禪那，此云靜慮。靜謂寂靜，定之異名。慮謂籌度，慧之别稱。欲界有慮無靜，無色界中靜多慮少，唯是色界定、慧均平，有靜有慮。名爲靜慮，目器界也。四種别者，《瑜伽論》云：初有尋伺喜靜慮，第二離尋伺有喜樂靜慮，第三離喜有樂靜慮，第四離喜樂有捨念清淨靜慮。

疏梵衆天等者，其云梵覽摩，此云清淨，亦名極淨。離欲界染法，於色界得極淨名。然四靜慮皆名梵天，初禪居首，故偏言梵。中間禪者，下二天衆有尋有伺，二禪已上無尋無伺，此大梵天有伺無尋，名中間禪。

疏雜修靜慮者，《俱舍》頌云：

先雜修第四　成由一念雜
爲受生現樂　及遮煩惱退
由雜修五品　生有五淨居

言雜修者，有漏無漏間雜修故。必先雜修第四靜慮，以第四靜慮最堪能故。若阿羅漢或是不還爲雜修故，必先入於第四靜慮，多念無漏相續現前，從此引生多念有漏。次復引生多念無漏，是雜修定初起加行。如是旋還，後後漸減，乃至最後二念無漏。次引二念有漏現前，無間復生二念無漏，名雜修定加行成滿。此後唯從一念無漏引起一念有漏現前，無間復生一念無漏，如是中間有漏剎那前後剎那無漏雜故，名雜修定根本成滿。前二剎那似無間道，第三剎那似解脱道，由此能斷雜修定障。然雜修定勝劣不同，總有五品，謂：一、下品，二、中品，三、上品，四、上勝品，五、上極品。其所斷障亦有五品，謂：一、下品，二、中品，三、上下品，四、上中品，五、上上品。修五品定，斷五品障，逆順相對。如斷煩惱，由雜修定及斷彼障各有五故，如其次第生五淨居。以五淨居凡夫不生，唯是不還及阿羅漢而居彼故名淨居天，無始凡夫不生彼故。若得彼定，證聖已後不造新業，復無故業，諸不還者如何生彼。故依下三天處，或初唯依廣果天處，以雜修定前後無間熏修中間有漏，助彼前生凡位所造下地故業，令轉殊勝，感生淨居。由是聖修雜修靜慮總有三緣：一、爲生淨居故，二、爲受用現法樂住故，三、爲遮防煩惱退故。定所依地，初唯第四禪，修習成已，承此勢力，亦能雜修。下三靜慮身所依地，先於欲界人趣三洲，若退失已，後生色界，承前勢力，依色界身，亦起雜修靜慮。疏中文略。初後二天，不言雜修。

疏娑婆者，正云索訶，翻爲堪忍。諸菩薩等行利樂時，多諸怨嫉，衆苦逼迫，堪耐勞倦而忍受之，因以爲名。《悲華經》云：諸有情類忍耐煩惱，不生厭患，是故名爲娑婆世界。《楞嚴經》云：何名世界。世謂遷流，界謂方位，十方爲界，三世爲世，故名世界。

疏化身變土者，彼諸梵王，或依定力起變化身，來至佛會。或依定力，運通來此。然欲界之地麤而虛疎不堪，梵王細身，依止梵王福德力故，宫殿隨身自變器界，依之而住。

經諸趣變化者，變謂變改，變小令大，變大令小，變好令醜等。無而忽有，説名爲化。若變若化，無量形類，皆來集會。

疏人唯有四，無生得故者，三乘修通，義如常談。《婆沙論》説：有陀羅尼，名因持利持，此能往十方世界，名呪得通。如龍樹菩薩有勝訬藥，能隱身騰空，入水不溺等，名藥得通。如班足王以業力故承通往來，名業得通。鬼趣可知。傍生趣中，龍、金翅等有生業二通。《俱舍論》說：地獄趣中初受生時得宿住通，能知過去作惡業等，於受苦時以苦逼故，即不能憶。有業通者，如次疏引《正法念》說。

疏以彼等者，由佛動地大悲變化，令彼三塗及八無暇皆離苦難，同詣佛所。復令一類從彼捨命，得生人天，憶宿住事，賀佛恩深，同詣佛所。

疏羅睺者，此云執日。非天與天戰時，時四天王先與其戰，日月天子助四天王放盛光明，射非天眼。此爲非天前鋒，以手執日，障蔽其光，故云執日。勇健者，舊云婆稚，新云跋稚迦，此云團圓。身力充實，有勝用故，義翻勇健。次執日後，與天戰時有勇健力故。華鬘者，梵語佉羅騫馱，（佉騫去聲，馱字平聲。）此云廣肩髆，形貌最大，故以爲名，義翻華鬘。妻公者，公猶父也。

疏天神者，經文已列三界天衆，故言阿修羅等也。依《舍利弗問經》，別有一類天趣中神靈通變化，名爲天神，身有光明，住於空界宮殿中也。

疏龍神者，謂能變化，入水騰空，興雲暈雨。《阿含經》說：龍有四種。一、天龍，持天宮殿令不墜故。二、人龍，在於人間興雲雨故。三、地龍，持大地故。四、王龍，守王庫藏故。《正法念經》，如《奉持品》引。

疏藥叉者，舊名夜叉，真諦翻爲輕健[五]神，慈恩翻爲勇健。亦云暴惡，飛行空中，食噉生類，此雄者也。雌者地行，名羅刹婆，此云可畏鬼。

疏健達嚩者，此云尋香行，尋食香氣，作樂求故。《經音義》云：海中有之，屬於非天。十寶山間而有樂神，名乾闥婆。忉利天子意須音樂，此神身有異相，神知天意，往娛樂之。有角者名緊那羅，無角者名乾闥婆。

疏玅翅鳥者，《阿含經》中，佛告諸比丘：有四生玅翅鳥，謂卵、胎、濕、化。有四生龍，亦卵、胎、濕、化。卵生玅翅食卵生龍，設爾欲食胎生龍等，鳥即喪命。如是胎生訬翅食卵胎生龍，濕生訬翅食三生龍，化生訬翅食四生龍。訬翅有四：一、大威德迦樓羅王，有大威德，諸龍怖故；二、大身，兩翅相去三百三十六萬里故；三、大滿，腹中有龍，食常飽故；四、如意，頷下有如意珠故。《樓炭經》說：金翅鳥王住在須彌山南，大海之北，各有宫殿，廣長二十四萬里，七重城壁皆是七寶，七重欄楯，樹木園苑，小鳥和鳴，以爲同類。

疏緊捺落者，慈恩翻爲歌神，隨佛所説歌詠之故，如世音樂歌君德故。《正法華》中列尋香行及此歌神，皆云天子，顯是天趣。歌神有四，如《法華經》。

疏大腹者，腹肚大故。大蟒者，大蛇也，蛇王也。田蚊者，蚊，音斧。《切韻》云：蝺蚊，螗蜋之别名。此等多於田野中有，故名田蚊。無足者蟒，有足者蚊，皆名大腹。

疏以二種業者，總報惡業，别報善業，一趣受果。

疏人非人至正法者，於八部中，有是人形，有非人形也。《涅槃經》説，機有四類：一者，乘急戒緩，於戒緩故墮傍生中，於乘急故見佛聞法；二者，乘緩戒急，急持戒故生人天中，於乘緩故不聞正法；三者，乘戒俱急，有智凡夫及諸聖賢常生人天，見佛聞法；四者，乘戒俱緩，常處三塗，不聞正法。又云：於戒緩者不名爲緩，得聞法故。於乘緩者是名爲緩，不聞正法，沉惡道故。此等八部，多是戒緩乘急者也。

疏所變之土者，《法華疏》云：國土清淨者，示現一切佛土，清淨無比。勝出世間善根生故，大而且淨。世間善根生，非淨而小也。《瑜伽論》説十八變中，此有四種：一者，示現，示現十方淨土相故；二者，轉變，即此經文變淨土也；三者，所作自在，謂現師子座，現種種華等也；四者，能施安樂，謂師子座上現佛説法，施法樂故。

疏師子之座者，佛能降魔，猶如師子能伏衆獸。佛於衆中威德自在，猶如師子獸中無畏。師子人所坐之座，名師子座。然現淨土，表説般若淨土因故。現百億座者，表大千界百億如來同説般若，得無畏故。

經其中等者，問：但可顯示化衆來集，何須示現諸佛説法。答：意顯釋迦欲説般若，諸佛亦爾，表同説故。

疏《法華》等者，二禪衆生見於下地劫盡火燒，我佛淨土如故安隱，菩薩天人充滿其中，以佛國土一處見異，淨穢雙彰故爾。

疏《法華》白日[六]者，經云：今日如來當説大乘經，名《妙法蓮華》。無量義處者，若教若理皆是真如所流之義。處者處所，出生之義。真如從彼所生無量教理以彰其名，無量義之處，名無量義處。三昧從境彰名，無量義處之三昧也。

疏今茲等者，佛説此經，初年月八日，入定放光，表説般若八正道體於諸法中爲先首故。經言八日，顯非夜説。下云今日如來放大光明：表其般若慧日皎然，破癡暗故，其猶白日鑒照一切故。《無垢稱》云：如來動用施爲，能令所化有情調伏，皆轉法輪，事無虛設，皆有表矣。

疏皇唐御曆，建寅爲正者，皇猶大也。曆算之官，御詔造曆，故以名焉。建正歲首，在寅月也。昔夏殷周，建正各異，夏時建正於寅，寅有引也，萬物引生之月也。殷時建正於丑，丑者冥昧之貌，萬物雖生未萌之月也。周時建正於子，子者始生之貌，各至一陽始生故爲歲首。西天三時，略有二説。一者，准《起世經》《寶積經》及諸部律，從十二月十六日至四月十五日爲春時，從四月十六日至八月十五日爲夏時，從八月十六日至十二月十五日爲冬時。每時四月，月有黑白，西天先黑後白，合成一月。若依此説，丑爲正月，即今十二月二十三日是春際首黑日[七]八日。二者，依《僧祇律》及《西域記》，一年三時，從正月十六日至五月十五日爲熱際時，從五月十六日至九月十五日爲雨際時，從九月十六日至正月十五日爲寒際時。若依此説，寅爲正月，即今正月二十三日是熱際首黑月八日。故云初年月八日。然翻譯者廢於佛出周時建正子月，但就此方現今所用建正寅月也。

疏大寂靜者，定所證境也。謂即般若深廣無窮，説名爲大。離惑業苦，名爲寂靜。大體即寂靜，名大寂靜。三摩地者，此云等持，平等持心，專一境轉，名爲等持。而此等持，通凡聖得。如來所得勝餘凡聖，故復稱玅。玅即等持，名玅三摩地。此三摩地從境彰名，大寂靜之玅三摩地也。玅觀察智相應勝定觀所説法，然後出定，如證而説。《法華論》云：三昧成就，而有二意。一、成就自在力，身心不動故。二、離一切障，隨自在力故。初力意云：若不入定，有分別動搖於法，不能證説自在。今入三昧，身心不動，離於分別動搖於法，便能證説自在。後力意云：由入三昧，離諸定障，隨順於法，證説自在。若有定障，於證及説不自在故。廣如彼疏。定所依地者，謂第四靜慮定慧均平，功德勝故，佛多依之。餘地非勝，佛多不依。

疏答佛等者，佛無散心，常在定中。略由五義，示相入定。一者，師範後學，令修定故。二者，顯慧必由依定引發，示相入定發勝慧故。三者，定、慧雙修，不傾動故，入定定滿，掉散不動，説法慧滿，問難不動。四者，入定放光現神變故，若不入定，恐非佛瑞故。又顯説法三業示導利衆生故。能示能導名爲示導。身業能起神變示導，神通變化利有情故。語業能起記心示導，記別説於他心事故。意業能起教誡示導，教授修善誡朂斷惡故。《俱舍》説此名三示導，大乘諸教名爲三輪。又此入定顯示如來三密滿故，放光身密，説法語密，入定意密。三業深密而無比等，下位不測故。第五義，如疏。

疏若云等至，通有無心者，九次第定中，滅定無心名等至者，此有二解。一云：等謂正在定位，身心安和平等，名之爲等。在滅盡定有第七八識，亦名身心平等安和。至謂定體，能至名至。是等之至，名爲等至。二云：等者，定者，定前加行修加時，遠離沉掉高下失故，名之爲等。修等加行，至定中故，所至名至，是等之至，名爲等至。前八以定爲體，第九滅盡定體。（滅定如下。）等引者，即前八種有心定也。准前等至，一義釋名。

疏此云豐德者，《上生疏》云室利羅筏悉底。舊云舍衛國，訛略也。此云豐德城，中印度境憍薩羅國之都城名也。爲簡南憍薩羅，故以都城爲國之稱，國中有彼豐德城故，室羅筏之國也。

疏波斯匿者，《上生疏》云鉢刺犀那侍特王，舊名波斯匿王。此云勝軍王，象馬車步四軍勝故。鴦掘摩羅，此云指鬘。誓殺千人，取指爲鬘，因爲名也。

疏舍利弗者，具正云奢利弗呾羅奢利，此云春鷺，亦名鶖鷺，即今百舌鳥也。彼飲春水即能巧語，若飲秋水即不能言，故得二名。尊者之母由懷子故，善巧言疏[八]，生子已後而無詞辨，眼復俊相如舍利故。弗呾羅云子，是彼生故。鶖鷺之子，略言鶖子。

疏須菩提者，正云蘇補底。此云善現，初生之時舍等皆空，善相現故，因以爲名。亦名善吉，亦名空生。鶖子、善現，皆婆羅門種，入法因緣如別處説。

疏彌勒者，正言梅呾利曳耶，此翻爲慈。三義得名：一、輔相家生，母懷子已，行慈愛故，子從母名；二、自行立名，自性慈故；三、宿願立名，於古彌勒佛所，發弘誓願，願作彌勒故。亦是姓者，因性行慈，立於姓氏，謂姓慈氏，以姓標名也。師子吼者，内證無畏，吼法降魔也。

疏舉此等餘者，舉三類人，皆言等故，顯遍問也。其問意云：如來現相是何意趣，作何佛事，説何訬法，有此種種異常瑞相。然此問衆，略有二解。一云：波斯匿王位居因地，不知佛意，故問衆人。二云：波斯匿王雖不知盡佛果境界，然亦分知，知佛欲説甚深般若。如下文説，龍光王佛時，王爲四地菩薩，佛爲佛[九]爲八地。從彼至今，足驗位高，逢緣不少，植業良多，豈復覩放光而不知，觀等持而不了，但是示有不知之相，發問以警群心也。

疏爲法甚深者，此指佛意所欲説法也。下位不知上位意故，無能答者也。

經廣作音樂者，以樂供養，表佛出定，説法音聲悦衆意故。

經三千大千世界者，四洲日月乃至初禪各有一千，以鐵圍山而總圍之，量等二禪，名小千界。復以十箇小千是一萬，百箇小千是十萬，千箇小千是百萬，以鐵圍山而總圍之，量等三禪，名中千界。復以十箇中千是千萬，即此千萬總爲一億，百箇中千是十億，千箇中千是百億，此千中千即是大千世界，以鐵圍山而總圍之，量等四禪。以大兼小，合此小千、中千、大千，名爲三千大千世界。

經一一光中等者，放無量無數光，表無量無數世界。諸佛皆説般若，於一一光中現無量無數華，表衆聞法。開因行華，結菩提果，其華千葉，皆作金色，表説此經，濟大千界諸有情類，第一之珍寶故。如來三業舉足下足皆轉法輪，故皆有表。

經恒河沙者，河有恒神，故名恒河。正云殑伽，訛略云恒。《西域記》説：摩竭陀國西北，有九黑山。黑山北，有大雪山。大雪山北，有香醉山，香氣芬馥，聞者醉故。雪山北，香山南，有無熱惱池，其池縱廣五十瑜繕那量，唯得通者而能到彼。其池四岸以金銀琉璃頗胝迦四寶所成，金沙布底，水味香美，具八功德。大地菩薩以願力故，於中潛宅，出清冷水，濟贍部洲諸有情類。於池四面，各出一河，東名殑伽，南名信度，西名縛芻，北名死多。各各出時，繞池一匝，隨自本方，流入海中。或曰：地下潛流貫中華境，即死多河，爲孟津河之上源也。其殑伽河具五義故，經多爲喻。一由沙多。二由世人共爲福水，入洗罪滅，投死生天。三雖經劫壞，名字常定。四佛多近此宣説玅法。五衆人共委。故多爲喻。仍取初出池口長四十里、廣二十里沙爲喻也。

經東方等者，《大般若經》四百一説：東方蓋[一〇]殑伽沙等世界，最後世界名曰多寶，佛名寶性，現爲菩薩宣説般若。彼有菩薩名曰普光，見此光明雨華動地而問於佛。彼佛具説，普光請來，彼佛許之。爾時，普光及諸眷屬到此會中，供養讚佛，禮佛足已，退坐一面。餘方菩薩來相皆爾。

疏[一一]聞、思等者，慧體是一，約用就境，有多異名，謂聞所成慧、思所成慧、修所成慧、生空智、法空智、俱空智、加行智、根本智、後得智，皆爲觀體。《法苑章》云：聞慧唯取意識相應慧爲體性。所引伴類亦通五識相應慧性。七識不外緣，八識佛果起，皆無聞慧。思意唯取意識俱慧。前五識無，行相殘[一二]故。非七識俱，在無漏位行相深勝，不思擇故。佛無思慧，非第八俱也。修慧之體，因果通論，八識俱有。名聞所成慧者，聞謂能聽，即是耳識能聞於聲，成是生長圓滿之義。慧者揀擇義，因聞法故，成於此慧，名聞所成慧。思謂思數，由思籌慮，勝慧方生。因相應思成此慧故，此所成慧近於思故，名思所成慧，隣近釋也，或依主釋。修者證義，明證境故，體即定數，因定相應成此慧故，隣近、依主如思慧説。皆言所成者，顯此三慧是彼聞思修三因成也，但言聞慧等，濫持業故。《婆沙》四十二説：聞所成慧於一切時依名了義，念三藏教及師友教，隨其所念皆能解了。然成熟位實唯緣義，據其初位，説唯緣名。思所成慧緣名義境，有時由文引義，有時由義引文，未全捨文而觀義故。修所成慧唯緣義境，已能捨文而觀義故。譬如有人浮深駛水，曾未學者不捨所依，曾學未成或捨或執，曾善學者不待所依、自力浮渡，三慧亦爾。然此三慧，三乘凡聖而皆容起，發三乘心已去，於見道前資粮位中，散多定少，多住聞思，少起修慧。加行位中，定多散少，多住修慧，少起聞思。三乘見道，唯起修慧，内觀諦理非散心故。二乘修道及無學道，三慧容起。菩薩修道，七地已前，定散相間，三慧容起。八地已上，無漏相續，都無散心，皆唯修慧。依《十地論》，八地已上，有聞思修。慈恩釋云：以修慧體一刹那中能取外教而尋義理，名爲聞慧。能深籌度，先理後文，名爲思慧。於此二中，能證明顯，即名修慧。聖智迅速，於一念頃，義分三慧，實無別體，唯修慧故。於三界中，欲界無修，有聞思慧。色界無思，起心思時即入定故，有聞修慧。無色界中，無聞思慧，唯有修慧，其聞思慧不通根本，唯有修慧通加行根本後得智也。今此經意，三乘凡聖皆觀如來，故通三慧。其中菩薩見道已去二空本智觀佛法身，加行後得觀報化身。凡位菩薩以加行智觀佛三身，二乘凡聖以加行後得智觀佛化身。彼雖證理，不名法身，非功德法所依止故。經文大意，教示三乘凡聖觀察如來色相之身，即無相法身也。

疏如來者，《起信論》意：心源本體，湛然常住，非生非滅，性離昏迷，獨照明靈，名爲本覺。依此本覺一念心起，説名不覺。由此不覺迷本覺故，妄有輪迴，生死他國。從於他國他習玅行返趣本覺，如從外來，故名如來。返本覺時，虚妄皆滅，生死幻夢事相俱寂，唯法身如來，譬如大海波浪息滅，湛然寂靜也。

疏當相者，當相皆去聲呼。由此品題契當本文所詮行相，故名當相。

疏結加趺坐者，《婆沙論》云：以兩足趺加其兩體〔三〕髀，名結加趺坐。

疏如覆等者，《攝論》中説：攝耳專心勿如覆器故令諦聽，令生恭敬勿如漏器故令善思，不令顛倒勿如穢器故令念之，如次令生聞思修慧猶如仰器、完器、淨器。

疏云何住至作心思念也者，此是論文明諸菩薩愍念心切，求於衆生，勸令修行出生死苦也。作者起也，於一切時起心思念，願化四生無厭倦故。

疏是男等者，中有末位，男子受生，於母起愛，於父起恚，競色嗔故。居母腹中，倚腹向脊，以受生時向於母故。女子受生，於父起愛，於母起恚，競色嗔故。居母腹中，倚脊向腹，以受生時向於父故。男作事順，居母右脇。女作事背，迂迴不順，故居左脇。

疏生之等者，《瑜伽論》說：初受生者，本居中有，極長七日命終，極多不過七七日住。造惡業者中有，如黑羺光或陰暗夜。業有勝劣，中有二類也。造善業者，如白衣光或晴明夜。中有二類，准惡業說。隨當生相，所往無礙，見己同類及當生處。造惡業者眼視不淨、伏面而行，往天趣者上，往人趣者傍。若造不律儀業，生地獄中，見昔同類，喜樂馳趣，遂被拘礙純苦鬼界，傍生亦爾。若餘雜業，隨業善惡，隨處生也。居母腹中，初一七日內，名羯剌藍，此云雜穢，父母不淨共和名雜，深可厭惡名穢，若已結凝仍內稀故。二七日內，名頞部曇，此云疱，猶如豌豆瘡疱之形，表裏如酪，未生肉故。三七日內，名爲閉尸，此云凝結，猶如熱血稍凝結故，雖已成肉，仍極柔軟。四七日內，名爲健南，此云凝厚，漸凝厚故，由已堅厚，稍堪摩觸。五七日內，名鉢羅賒佉，此云形位，猶如泥團，五箇[一四]相連，一身四支，內風向外擊生根形差別相故，即前肉團增長，支分相現。六七日內，名髮毛爪位，髮毛生故。七七日內，名具根位，五根圓滿，明盛顯故。經此初後，方鈞三月，種種成就，若不增減。如是合經三十八七日，在腹圓滿，更經四日，頭趣向下，雙足向上，胎衣遂裂，逼趣産門，種種衆苦，于時逼迫。然於腹中，或由先業母食灰鹽，子髮毛稀尠。或由先業母食煖熱，子黑暗色或赤色生。或由先業母食冷食，或近寒室，子多頑自[一五]。母習婬欲，子多疥癩癬病等生。母多跳躑，威儀不整，子支缺減，繚戾不安。如是穢身初攬父母不淨，依之而住，後以母之不淨而資長之。現緣既爾，故業招致，百惡所成三十六物不淨爲體，如是惡身不可受〔二六〕樂，輪轉不窮，受胎微形，世世增長。廣如《寶積》。

疏瑜伽等者，四生合論，總四因緣：一、業思，二、卵殼，三、胎藏，四、濕潤。配四生，如疏中。化生最勝，具緣少故。然佛出世，多化人趣，隨彼胎生。《涅槃經》說：如來不受化生者，化生滅已，無遺體故。佛欲留身，遺形舍利，故受胎生。

疏人與等者，《婆沙論》說：般遮羅王妃生五百卵，生已羞耻，以函盛之，棄殑伽河，隨流而去。隣國收得，經數月後，各生一子。長大驍勇，所往皆伏，即與般遮羅王以力共戰。夫人知之，具説前事。子若見母，必不致害。夫人登城告五百人，説前因緣：汝若不信，皆應張口。妃按兩乳，有五百道乳各注其口。應時信伏，兩國和安。布洒陀王，頂皰生子，顏貌端嚴，王抱入宮，諸人皆言：我願養之。此頂生王即是濕生。

劫初化生胎生如常。傍生具四者，如四生訬翅食四生龍。鬼多化生，少分胎生，如有鬼母告目連言：我晝生五百子，夜五百亦然，隨生即食之，終不能充飢，即胎生鬼。故《俱舍》云：

人傍生具四　鬼通胎化二〔二七〕
地獄及諸天　中有唯化生

疏身量大小者，《俱舍》頌云：

贍部洲人量　三肘半四肘
東西北洲人　倍倍增如次
欲天俱盧舍　四分一一增
色天瑜繕那　初四增半半
此上僧倍倍　唯無雲減三

佛滅度後一千年初，天親造論，説人身量。贍部洲人隨身大小，各如自肘，長三肘半，或長四肘。若東洲人，等此洲人七肘，方等自肘三肘半量。若西洲人，等此洲人一十四肘，方等自肘三肘半量。若北洲人，等二十八肘，方等自肘三肘半量，或四肘量，准加可解。俱盧舍者，此云鳴喚，大牛吼量可應二里，故以爲名。以其二里開爲四分，半里成一分也。四大王天身長半里，三十三天一里，夜摩天一里半，兜率天二里，化樂天二里半，他化天三里。瑜繕那者，限量義，十六里也。梵衆天身長半瑜繕那，梵輔天一瑜繕那，大梵王天一瑜繕那半，少光天二瑜繕那，無量光天四瑜繕那，極光淨天八瑜繕那，少淨天十六瑜繕那，無量淨天三十二瑜繕那，遍淨天六十四瑜繕那。其無雲天若依倍增即一百二十八瑜繕那，論説減三，即長一百二十五瑜繕那也。減三所以者，超於三禪變異受故，一向捨受而修習故，身量減也。又以有情業力之差，感報如是，不可以事而責，不容增減。福生天二百五十瑜繕那，廣果天五百瑜繕那，無想有情同廣果也。無煩天一千，無熱天二千，善現天四千，善見天八千，色究竟天一萬六千，是謂色天身量差別。地獄鬼趣傍生有情，飛空水陸，形量大小，無量差別，身量不定。然化生有情頓生頓滅，卵胎濕生皆漸生長，漸而衰滅。

疏此明等者，菩薩利生，於三界中據四生類有情界説，所依器界非此所要，樂者敘焉。

疏雖菩等者，問：所化四生總攝五趣，其中三塗八難之類如何化之。設人天中根未熟者，如何强化。故此釋云：雖菩薩願四生等化，然其理實所化有情隨對根緣，八難之處及非難處，待機熟時，應時而濟，非强化之也。

疏趣無中有者，無色天趣而無中有，不離欲、色二界立無色界故，無所往趣，故無中有。

疏若無分別勝義相應者，有相觀心，名爲分別。若已其相，無分別觀，冥勝義諦，玅觀相應，修一毫善，發跡趣聖，必至佛果，豈況多善。故令不觀色相，不觀色如。

疏此無分別遍下言之者，此指經中不觀之言。應云：不觀受相，不觀受如，想等亦爾。我人知見常樂淨倒亦不觀相、不觀如，乃至力無畏等一切諸行亦不觀相、不觀如。

疏謂於等者，謂於四藴皆離分別已藴相故，攝相歸性。如波歸水，離水無波，波即是水，離性無相，相即是性，所以性相平等，境智皆如。如是觀察，泯一切相，意令對治執有病故，能分別心依他起性而亦遣之。

疏依藴妄執先我後法者，一切有情無始已來，盲無慧目，不了五藴，從緣虚幻，妄計此藴，謂有實我，謂有實法。若總執此五藴之身有實主宰，勝竗自在，名實我相。別執此藴一一皆有軌持勝用，任持自體，名實法相。凡夫外道情見千差，總聚論之，執我執法，各有四類，故各四倒。配數如疏。

疏我謂主宰者，我如國主，實自在故。我如宰輔，能割斷故。又，主是我體，宰是我用。又，主是我體，宰是我所。二十見中，即陰計我是主義，離陰計我是宰義。和合十見，陰是所計，皆名爲宰，能計妄情，名爲主也。此我是總，人及知見是我名別相。

疏離陰計我者，如將車人，離車有人，離陰有我，名離陰計我。

疏疏分別我故者，分別執著我及我所，皆我倒也。

疏無著《論》者，彼云：取體相續，説爲我相。相續者不斷義，總執五藴體常不斷，説爲我相。此前世我，是今世我所執取故，今明所取前世我也。

疏人者，無著《論》云：展轉趣餘趣，取爲人相。意云：如今世中人趣之我能趣後世餘天趣等，説爲人相，執取未來後生異趣即後世我。

疏言知者，諸論皆説數論外道執有實我，我即是思，受用諸法。此能知者，即現在我。

疏言見者，謂即我執。通執三世，推求計我，説名爲見，即身見也。執身爲我體，是實有身，名有身見。

疏由斯等者，我執爲頭，引生一切諸煩惱障。法執爲頭，引生一切諸所知障。由二障故，起或造業，生死輪迴，永沉苦海。爲障既重，故令菩薩修無住行，治我法執。於此四種不觀相倒，不觀真如，澄心自在，豁虛湛寂，修而無修，度而無度，是謂菩薩修無住行。

疏唯無分別者，無分別相也。無相定慧能治我法二種顛倒。若有相觀，分別觀察蘊相蘊如，我人知見，常樂淨倒，執相不除，亦即是病，必不能除我法二倒。爲令菩薩以無相觀對治二倒，故佛示云不觀色相、不觀色如等。

疏即相觀無相即無相者，性相融貫，彼此無二，所以即相觀無相即無相即相也。説此觀行意者，欲使順流者返本，迷途者悟道，著有者泯相，居因者證果，息妄歸真，究竟常寂也。

疏謂令等者，爲令菩薩無相勝觀而現在前，所修勝行皆悉無相，所以能住即是所觀，諸大菩薩反觀自身而不見相不見如故。或有一類勝行高者，已離相故，觀於能住即是所觀。今復示之，令不起於分別之心，所以觀彼不見相不見如。總此兩類，正離自他分別之心，住無相行。

疏又解等者，依《金剛經》，住修降伏三行，重釋前文三段經意也。應如是住者，住無相心，趣大覺故。教化四生者，修利他行，化衆生故。不觀蘊相，不觀蘊如，乃至於佛菩薩亦不觀相、不觀如，此等顯示降伏著相分別之心，意令遣相，契無相理，證圓寂故。此三爲因，當成三德三身佛果。三德如下。

經所以者何者，前説不觀蘊相，不觀蘊如，乃至觀佛菩薩亦復如是，不觀之所以者，何謂也。

經以諸等者，重廣前文不觀色等三節文意也。前文雖説遣相之行義，意未盡故，此徵起而廣釋之。攝相歸性，五蘊諸法皆勝義諦，是故不觀蘊相，不觀蘊如等，此是所以。

疏釋法四倒等者，衆生無始依於五蘊，妄執常樂我淨，第八識心爲能執心而熏習之，因此熏成我執熏習在本識中，由此識浪流動不息，四相循環，有來有去，有生有滅。若了彼倒，妄計所執常樂我淨體即是空，唯勝義諦無來無去、無生無滅，是故前説常樂淨倒不觀相、不觀如。

疏同真際者，離妄名真，法本名際。萬行是用，真際是體。廣遍相似用於體故言同真際，於諸行中行一切行，虛融無礙，等於法性也。以是義故，於四攝等一切諸行不觀相、不觀如。

疏雖諸等者，問：一切法性本來常住，無名無説，性離言詮，何因緣故安立名字而廣分别諸顛倒法、非顛倒法，乃至四攝六度、俗諦真諦，致使聞者依言推度，起諸妄幻。諸佛菩薩何用説乎。故此釋之。誠如所難，雖諸法性本來常住，無名無説，性離言詮，然諸衆生，生無慧解，不識是非。若不以言顯示是非，愚迷有情無由曉悟、修證出離，所以於彼無名法中方便以言而顯示之，即以其言説無言法令其曉解，捨離顛倒，修不顛倒，起六度行，證真常果。故佛菩薩出現於世，廣爲開示種種法門，教示衆生學是除非。然諸學者依教修行而未亡相，猶謂見有能説所説及凡聖等自他差别，由相拘礙，障於上位，無相勝德。故佛令觀佛菩薩等無二無别，無差别故，猶如虛空。

第二解，意：逐難廣前五藴之義也。五藴諸法所依真性，其體真實，故言以諸法性即真實也。性被妄熏者，如烟熏珠，珠不受熏，由烟熏故而於珠上有烟塵生，翳於明珠，人不見珠，但見珠上烟塵之相。真性亦爾，而被衆生妄識熏之，性不受熏，由妄熏故而於性上有妄塵生，翳於真性，人不見性，但見妄相五藴事法來去生滅。今即相以説性，五藴諸法，性本空寂，唯勝義諦，無來無去，無生無滅也。次二句意，以相同性存於相故，名同名等。後二句意，教示菩薩安止觀心，泯性亡相，於所觀境圓融絶待，無二無别，如彼虛空無别無二。

第三解，意：前文世尊教示菩薩不觀藴相、不觀藴如等，彼等皆是差别之相，不應觀之。應觀法性常住真實，所謂法性常住，離三世故無來無去、常住不變，離起盡故無生無滅。餘文可知。

經蘊、處、界相者，大小乘教説三科義，少異多同。今釋大乘經，略敘大乘説。如《對法論》第二卷説，蘊義有三。一者，積聚義，所謂色有十一種：一、過去，二、未來，三、現在，四、内五根色，五、外五塵色，六、麤有對色，七、細無對色，八、劣不可意色，九、勝可意色，十、近自界色，十一、遠他界色。總略攝義，説名爲蘊，體不可聚，聚義名蘊。受想行識蘊義准此。二者，廣大義，苦相廣大故。三者，荷擔義，荷擔雜染故。初通凡聖，佛非後二。次第爾者，如識而住，初立色蘊，如其色相而領受故，如所領受取像知故，如所取知而思作故，如所思作而了别故，故色受想行識如是次第。然由世執，我事有五，謂：我身具事、我受用事、我言説事、我造作事、我自體事。今顯是蘊，唯法功能，無實自性，非我我所，故唯説五，不減不增。彼論又説，處義有三：一者，生長義，生長心心所故；二者，種子義，諸法因故；三者，攝一切法差别義，攝諸義故。然以世間相見、問訊、塗香、受膳、侍給、分别，故佛説處次第如是。界者，有三義：一者，能持自性義，由根境識各持自性故；二者，能持因果性義，由根及境能持六識故；三者，種族義，以此六類根境識相各爲族故。前處次第，識界隨生，故十八界次第如是。能取於境，是内六根界。眼等所取，是外六境界相。依根緣境，似境了别，是六識界相。由外道等執有實我能持諸法，佛爲破彼，施設爲界。界能持法，非我持故。然《般若》説蘊等皆空者，由外道等執有實我，種種勝用，衆生依學，永沉生死，佛爲破彼妄執我故，於非蘊等無言法中方便安立，説爲蘊等，教示衆生捨彼學此，引令入真，永出生死。其二乘等而不了此方便言説，遂便執有蘊處界法。如來顯彼所執蘊等都無體性，於因緣中無實蘊等，法性空理無蘊等相，依三無性説蘊等空，故經説言五蘊皆空。又云眼處但有名，乃至法處但有名，眼處空，乃至法處空，於十八界次第皆空。然佛説法，善染無記，色、心因果，有爲、無爲，隨機開示，無量差别。天親菩薩立一百法，攝盡諸法。復以三科攝一百法，令易解故。廣説心所，略説色心，明於五蘊攝一百法。頌曰：

色攝十一全　受想各當一
七十三行蘊　八王識蘊收
無爲非積聚　故非蘊門攝

廣説色法，略説心心所法，明十二處攝一百法。頌曰：

内外各五處　十色隨自名
八王意處收　八十二皆法

廣説色、心，略説心所，明十八界攝一百法。頌曰：

根塵各五界　十色隨自名
八王歸七心　八十二皆法

疏種族界義者，眼根、色境、眼識爲一種族，乃至意根、法境、意識爲一種族。即此種族爲同類因，引生自類等流果故，即界是因義。

疏執我一常者，有情異見，妄起計執，執我體一而性常住，或執此我勝用領納，或執此我了知取像，或執此我造作事業，佛爲破彼，故説五蘊。於五蘊中由受領納，非我領納，由想取像，非我取像，由行造作，非我造作。諸國外道執我情見乃有多端，妄見説法，誑誘衆生。如來愍彼，説蘊處界，隨彼彼執，以此此破，是故總成五蘊、十二處、十八界。

經若菩薩衆生性無二者，前云菩薩應如是住，教化四生，不觀蘊相，不觀蘊如，乃至菩薩如來亦不觀相、不觀如。經自釋云：無二無别，猶如虚空。意顯一切諸法衆生菩薩如來皆無二也。故以者言，牒前問之，此等所明三種般若，以此重廣前文住化衆生無相觀行之義也。

疏後列四倒者，常、樂、我、淨，重指前文也。衆生無始計執五蘊，謂有常、樂、我、淨，故先標此蘊及四倒，後顯彼空。

經法性等者，經文大意，法性真如謂即實相般若不住五蘊四倒中也。何以故。以諸法性悉皆空故，歸勝義諦，一切諸法皆是真空，不可更説住彼彼處，是故法性不住五蘊。

疏常、樂、我、淨者，具足應言：不住常，不住非常，乃至不住淨，不住非淨。淨謂淨倒，餘名非淨，常等亦爾，法性不住四倒中故。

疏言本等者，意顯境、智俱空也。由修空觀，觀一切法皆是真空，漸引聖智見真空境。所證之境、能證之智悉皆是空，是故能化菩薩、所化衆生不可更説住彼彼處，以勝義諦一切皆空，無化相故。若有化相，即成俗諦，屬後文故。

經以諸法性悉皆空故者，總論空義，略有四類。一者，無法空，龍樹等説第一義諦一切不立，廓然凝寂，故名爲空。二者，遍計空，妄心所執實我實法，情有理無，故名爲空。慈氏等説三無性義，皆依此辨。三者，因緣空，龍樹所造《中論》説言諸心心所元無自性，依四種緣而假立之。一者，因緣，謂諸種子。二、所緣緣，謂所緣境。三、等無間緣，謂前引後。四、增上緣，謂他緣助。由此四緣，共成心心所法。若離四緣，而無心法。故心心所，一切皆空。一切色法元無自性，依二種緣而假立之。一、因緣，二、增上緣。由此二緣，合成色法。若離二緣，而無色法。故一切色皆是空也。如是色心，自性本空，愚夫不知，固謂實有。故佛説言五蘊皆空，依世俗諦説因緣空，爲遮斷見，亦名幻有。四者，勝義空，亦名真性空，略言真空，謂真如理虚融無礙故，與空爲性故，因空所顯故，名之爲空。此真空義，諸教共談。上下疏文多依第四空義，兼顯餘空，隨文可見。

疏知斷證修者，説真令知，勸斷妄執。説俗令解，勸證修學。真空俗有，次第明矣。

經造福等者，福是殊勝義，由諸善業自體及果殊勝可愛，名之爲福。諸不善業自體及果相鄙劣故不可愛樂，名爲非福。感上二界天趣之業，名不動行，不可改轉異地受故，能感上界定地果故。此三行中，復有順三時異，是故言等。因果皆有結文也。

疏雖下等者，尋、伺、憂、苦、喜、樂、入息、出息，名爲八患。初禪出憂。二禪出苦、尋、伺。三禪出喜。四禪出樂，無出入息。火水風灾，如次壞初、二、三禪。唯第四禪離此三灾八患，捨念清淨。雖下三禪有灾患動，今約上界定地，名爲不動。感不動地果之業，名不動業。第二義云：又初禪業招初禪果，不可改轉，感果決定，名爲不動。

疏業果處定立不動名者，雙結二解也。故慈恩云：若定地名不動，即通一切。若不異處受名不動，從多分説。如雜修靜慮資下故業，生五淨居，有動轉故。

疏不同等者，如欲界中純十善業感天趣果，間斷十善感人趣果，謂若有人初修純十善業，必感天趣。後時作惡，間彼善業，却感人趣，即名動業。餘趣准知。

疏餘之三果者，斷盡三界分別煩惱，證須陀洹果。若斷欲界前六品俱生，證斯陀含果。斷後三品，證阿那含果。斷盡上二界俱生，證阿羅漢果。

疏獨覺地等者，依大乘教，明獨覺性修行得果，定不定性，總有四種。有一種一性，謂定性獨覺。有二種二性，謂聲聞獨覺性，及獨覺大乘性。有一種三性，謂具有三乘性者。若定性者，亦如聲聞修資粮等，以與聲聞行無異故。不定性中無大性者，於聲聞位資粮加行，及聖有學，皆能迴趣獨覺菩提。若具大乘不定性者，於獨覺乘資粮加行有學無學，皆可迴趣無上菩提。然無獨覺得聖果已迴趣聲聞，聲聞劣故。得聖果時無師自覺，名爲獨覺。此獨證者，有彼覺故名爲獨覺，或覺之獨名獨覺也。梵語辟支迦佛陀，此云獨覺者，略言獨覺。觀待緣起而證覺故，亦名緣覺。

始從發心至無學果，分之爲二：一、外凡位，二、内凡已去。且外凡位者，《瑜伽》三十四末云：云何獨覺種性，謂由三相應正了知。一、薄塵種性，謂彼種性煩惱微薄，由此因緣，於憒閙處心不愛樂，於寂靜處深心愛樂。二、薄悲種性，由是因緣，於説正法利有情事心不愛樂，於内思務寂靜住中深心愛樂。三、中根種性，謂慢行類。論總結云：由是因緣，深心希願無師無敵、自證菩提。准此論文，獨覺種性若遇佛世，化令修行。若不遇佛，亦自依法修聲聞行。若資粮位，若加行位，若已證得聲聞聖果，隨何位中，乃至迴趣獨覺菩提，起善法欲心已去，皆是獨覺外凡位攝。第二，内凡位已去者，有其二類，一、麟角喻，二、部行，皆有資粮等五位修證。且麟角喻獨覺資粮位者，未起聲聞順決擇分，從資粮位迴求獨覺，或有值佛，或不值佛，成熟相續，專心求證獨覺菩提。初入資粮，不必更修五停心觀等，先聲聞位已熟修故。依《瑜伽論》，資粮位中修六善巧，謂藴、處、界、緣起、處非處，及諦善巧修習。然於緣起善巧多所修習，是獨覺乘別緣境故。如修習過百劫已，出無佛世，無師自能觀緣起故，即能修習三十七菩提分法，謂四念住、四正斷、四神足，此後爲欲起加行，修習五根，復更修習前五善巧。謂藴、處、界、緣起，即起觀處非處，以處非處即是緣起差別義故，於此修習□□〔一八〕七智，次復修習四十四智，即觀緣起歸四諦門，即是第□□諦善巧，齊此總名資粮位也。此後即屬加行位攝，具觀四諦，修十六行，起煖頂忍世第一法，同聲聞説，齊此總名加行位也。見道位者，亦如聲聞，起一心真見道，次起二心及十六心，名相見道。乃至第十六心，皆見道位攝。修道位者，已於百劫資粮位中修習尠行，必以世道伏下八地修斷煩惱，雖未斷種，由世道力已虧損故，入見道時真見道位與分別惑種一時俱斷，唯有頂地世道不伏，而此聖者起九無間道九解脱道，斷障證理。第九，無間名金剛道，齊此總名修道位攝。第九解脱道即是證得獨覺菩提，名爲盡智。盡智無間，起無生智，而具成就果位功德。定性獨覺乃至涅槃，不定性者未趣大乘已來，如是總名無學位攝。名麟角者，爲彼一向樂處孤林，乃至樂住空無相無願三解脱門，謂觀苦諦，修空無我行，是空解脱門。若觀苦諦，修苦無常行及集諦四行，是無願解脱門。於此二諦不願樂故，若觀滅諦，修四行相，是無相解脱門。□□□□□道諦自是清淨行故，非三觀境，是謂麟角喻獨覺也。第二，部行獨覺，謂於昔時依聲聞乘修行已，至順決擇分煖頂□□迴趣獨覺世第一位，以時促故，不趣獨覺。於見道位，專□□諦，亦無迴心，或有修行，已得聲聞，隨何等果迴趣獨覺，□□法欲心已去，皆名獨覺外凡位攝。自此已後，屬資粮位，□□□修習五停心觀。資粮位中多觀緣起，修六善巧，極速四生，極遲百劫。修習次第，例前説之。或資粮位經多生數，或於加行煖頂忍位亦容經生。資粮位中，或有遇佛，或不遇佛。修習滿時，由彼因緣，出無佛世，自能修習菩提分法，從四念住，經五根位，復能修習六善巧位，作七十七智、四十四智觀。次復引起加行位等，乃至圓證獨覺菩提。如是名爲部行獨覺，大義同前。部行獨覺得聖果已，容可見佛。麟角聖者，定不見佛。《華嚴經》説：菩薩在兜率天將下生時，於右手掌中放大光明，名嚴淨世界。三千界中若有獨覺，遇斯光已，速入涅槃。若不入者，佛光力故，移置他方，不得見佛。

疏三、中根性是慢行類者，對前二類，塵垢稍厚，悲心稍勝，名中根種性。由此塵垢而稍厚，故名慢行類。

疏第二道等者，以三類人依六善巧修習福慧，説名爲道。初二類人依凡夫身修六善巧，第三類人依得聖身修六善巧，各求菩提。

疏百劫者，《俱舍論》説獨覺修行百增減劫方成聖果，是此類也。處非處者，處是依因義，建立義，依善惡因，建立果故。因果相稱，説名爲處。外道妄計，殺生祀天，求生梵福，與上相違，名爲非處。觀彼爲境，精勤修習，由斯入聖，故名處非處善巧。

疏二、有一類等者，《法華疏》云：若未入聲聞順解脱分而作獨覺，便成麟角。入決擇分已後作者，皆成部行。在解脱分，未定生時作獨覺者，可成麟角，生數多故。已定生者，亦成部行，生數少故。意云：練修相對，生數多者，練修時長而根性利，名麟角喻。生數少者，練修時短而根性鈍，名爲部行。前第一類定性獨覺，及修聲聞順解脱分未定生者，而趣獨覺，成麟角喻。此第二類已定性者，故成部行。依此凡身，説當來世見道修道漸次證彼獨覺菩提，得沙門果，究竟無學。

疏三、有一類等者，此第三類，依聲聞乘，修行得聖，證生空法。現量觀察四諦境故，名證法現觀。隨應獲得初、二、三果，而無力能至極究竟聲聞無學也。種性力故，迴趣獨覺，復修蘊等六種善巧，於此聖身容可經生，依出世道於當來世至極果也。畢竟離垢者，煩惱集盡，分段苦亡也。滅諦名梵清淨義故，道諦名行解義故，滅道圓滿名爲邊際，獨覺無學名阿羅漢。

疏第三，習等者，釋前三類修習行相也。如彼論云：云何獨覺習。謂有三類。如疏引之。初類意云：修六善巧過百劫已，出無佛世。種性力故，無師自能修菩提分法，證生空法，現量勝觀，得無學果。此依凡身斷盡煩惱，究竟果滿，故成麟角。其後二類，即次前文兩類部行。本學聲聞，由彼種性因緣力故，出無佛世，迴趣獨覺。雖無師友，自能修習菩提分法。如次從前第二、第三凡位聖位，迴心趣獨覺者也。然此行位皆修六種善巧，由前已説，故略不言。第四住者，前三類人所住止處。第五行者，前三類人化行之事，隨文可解。

疏唯現等者，以説法者令人生解，獨覺之人現神通相令人生解、決疑起信、隨求滿願，是故說法不發語言，由諸獨覺性好寂靜，若形言說，而必集衆，恐喧鬧故。

疏外道等者，所執雖無，能執之心是依他性，故六十二見亦名爲有。

疏賢劫等者，多類外道起此等見，謂色是我。或色是我瓔珞，莊嚴我故。色是我僮僕，屬我驅使故。色是我窟宅，我在其中住故。餘四蘊亦爾。

經若著名相分別諸法者，疏外釋云：分別是執著義，教示行人不執世諦，但可了知因緣如幻，悟因緣空。若着名著相著事法有，爲相所迷，即不能見諸法實性。

疏《顯揚》《瑜伽》者，依常無常門，一切諸法五法攝盡。前四無常，攝諸有爲，名依他起性。第五常法，攝諸無爲，名圓成實性。遍計無體，五法不攝。就前四中，初三有漏，第四無漏。就前三中，初二所緣，第三能緣。就前二中，相是所詮，名是能詮。由不解相，以名詮之，故以五法攝一切法。

疏言覺相者，覺，覺了也。妄幻心想，皆能了別自分境相，故名覺相。自性二相者，釋上三法遍計自性、依他自性二種行相。如如者，即是真如，但以二字稱呼。依漏、無漏門，有爲無漏皆歸正智，離戲論故，說是離倒圓成實性。諸無爲法，體凝然故，說是常住圓成實性。故《楞伽經》合以正智、如如爲圓成實性。

疏後世等者，今詳後世諦文，通前四法，具三性義。三界因果生死之相、分別、妄想，此三依他。三乘因果通漏無漏。若有漏者，名爲分別依他性攝。若無漏者，名爲正智圓成實攝。六十二見遍計，如疏。

疏《顯揚》《瑜伽》屬此經者，諸法實性不住色、不住非色等，明勝義諦攝彼真如，三乘因果有爲功德通漏無漏攝彼前四。謂有漏者，相、名、分別。無漏者，正智所攝。然三乘所證無爲功德是勝義諦，非此所明。三界、五趣、四生、六十二見，攝彼相、名、分別，皆有漏故。

疏二諦等者，前説法性，顯勝義空。此説三界三乘因果，顯世俗有。其義未了，故重廣之。説《二諦品》，真俗次第爾者，先明勝義，令其遣相，契無相理。後説世俗，勸令修學，知妄幻故。《二諦品》廣明真俗，教示菩薩依二諦門，修因趣果，圓成大覺也。

仁王護國般若經疏法衡抄卷第三

仁王經隨抄音切

臍臏上音齊，下音寛。

髀脛上毗米切，下胡定切。

卵生上落管切，作夘俗也。

蟒莫黨切。

頞烏庠切。

黯乙斬切。

癩癬上力代切，下息淺切。

繚戾上音了，下郎計切。

驍古堯切。

齅許救切，正作齅。

莠音酉。

校勘記

〔一〕「體即是慧」句，底本原校云《疏》無。

〔二〕「十體隨應」句，底本原校云《疏》無。

〔三〕「觀」，《阿毘達磨俱舍論》（《大正藏》本，下同）無。

〔四〕「謂」，疑後脱「青」字。

〔五〕「健」，底本原校云一本作「捷」。

〔六〕「《法華》自日」句，底本原校云《疏》無。

〔七〕「日」，疑爲「月」。

〔八〕「疏」，疑爲「論」。

〔九〕「爲佛」，底本原校疑衍。

〔一〇〕「蓋」，疑爲「盡」。

〔一一〕底本原校云以下《觀如來品》。

〔一二〕「殘」，疑爲「淺」。

〔一三〕「體」，據《阿毘達磨大毘婆沙論》，疑衍。

〔一四〕「箇」，疑爲「分」。
〔一五〕「自」，疑爲「白」。
〔一六〕「受」，底本原校疑爲「愛」。
〔一七〕「鬼通胎化二」，《阿毘達磨俱舍論》在「中有唯化生」後。
〔一八〕「□□」，底本原校疑爲「七十」。

仁王護國般若經疏法衡抄卷第四

譯經證義講經律論廣演大師遇榮集

疏 士大夫六界者，由諸有情似有力用，轉名士夫也。地水火風空識，名爲六界。界者性義。由此士夫六法，能持自性，非如外道執我能持也。

疏 此爲正也者，《唯識》爲正。生、住、異三，皆居現在，以現存故。滅居過去，已無體故。過去名前，屬前位故。未來名後，在向後故。

疏 論有兩解者，彼云：經説三相，何不説四。答有三解。一云：如生名起，滅名爲盡，如是應知異相名住，住而變異名住異相。二云：無爲之法有自相住，住相濫彼，經不説住。三云：經説住異，總合爲一，名住異相。合説意者，如黑暗女、吉祥天，榮辱相隨，令生厭離，故合説之。其第一解釋住異名，其後二解明三相意，故今疏主指後兩解。

疏 無二常相者，真性常有，兎角常無。此有爲法無彼二常之相，故名無常。

疏 剎那者，時之極少也。《俱舍論》説三極少義：一者，色中極少，謂一極微；二者，名中極少，謂一字；三者，時中極少，謂一剎降〔一〕。於色法中至極微細，名極微也。生滅有二者，《瑜伽論》説：生及住異俱名生品，滅名滅品。令諸弟子應觀諸法剎那生滅而住其心。所觀生滅，具足四相，然有二種：一者，剎那四相，亦名細四相，遍有爲法，如此經説生滅空義；二者，一期四相，亦名麤四相，依於情器一期住世分齊差別以分四相。且如人趣，初生、入胎、住胎、出胎皆名生相，生已住世一期壽命皆名住相，少年老年前後改變皆名異相，於一剎那正捨壽命及中有位皆名滅相。慈恩法師引《涅槃》說，中有之身名爲死苦，故中有身滅相攝也。生、住、異、滅，亦名生、老、病、死，四相交侵，應厭離之，如下當說。

疏緣和等者，《俱舍》第十二云：衆緣和合法得自體頃[二]，或有動法行度一極微時，名一剎那，譬如壯士一彈指頃有六十五剎那，如是名爲一剎那量。初解可知。後解意說：度一極微時，是一剎那量。《婆沙》一百三十六引契經說，佛告苾芻：譬如四人皆善射箭，各執弓箭，相皆[三]攢立，欲射四方。有一捷夫來語之曰：汝等今可一時放箭，我能遍接，俱令不墜。於意云何，此捷疾不。苾芻白言：甚疾，世尊。佛言：彼人捷疾不及地行藥叉，地行藥叉捷疾不及空行藥叉，空行藥叉捷疾不及四大王衆天，彼天捷疾不及日月輪，二輪捷疾不及堅行天子，此是導引日月輪[四]者。此等諸天，展轉捷疾。佛告苾芻：壽行生滅捷疾於彼，剎那流轉，無有暫停。

疏答然等者，准次經文而積算之，於一念中總有八萬一千生滅也。既爾，如何分於生滅前後，時極促故。答：如以利刃於一剎那頓斷九百重紙，彼紙斷時而有前後，生滅亦爾。凡情識昧，有而不覺，唯大聖人現量知之，說示衆生，顯有爲法生滅故空也。

疏《華嚴》等者，長風鼓水，生於動勢，說名爲波。前前波滅，後後波生，二波生滅，各不相知，生滅亦爾。

疏此中眼由眼空等者，依龍樹義，心、心所法四緣合成，根、境等色二緣合成。若離因緣，無色、心故，一切皆空也。依慈氏義，內空者，內六根處而無所執實我法故說名爲空，非無根體。如說舍空，舍中無人名爲舍空，非舍體空。通途義者，攝相歸性，一切諸法皆即真空，如波依水，不即不離。故下經云：一切法皆如也，諸佛法僧亦如也。上下准此三義釋經。

疏此中内六處等者，内六處由所取外六處空故，能取内六處空。外六處由能取内六處空故，所取外六處空。相形待故，内外俱空。此三空義，初别觀内，次别觀外，皆悉是空。若内若外，總合觀之，亦皆空也。

疏云何(五)空空者，上之空言，謂一切法所遍之處太虚空也。下之空言，顯彼無也，意説十方虚空之相亦即是無，故曰空空。故次便説十方器界物象皆無，名爲大空。《顯揚論》云：大空者，器世間空。

疏由無爲空者，爲之言作。若法有彼生等造作，名有爲法。若法無彼生造作，名無爲法。顯彼無爲亦不可得，故云無爲空。

疏由畢竟空者，前無始空明三世空，此畢竟空明非世空，諸法實性非三世故。

疏由散空者，色、心諸法説名爲散，諸法實性名爲不散，散與不散相形待故，經但説散，必對不散，文影顯耳。《大般若》中散空、無變異空，相翻説之。無變異者，是不散義。

疏如是等者，於處界皆有自相。又攝三科爲二，謂有爲自相、無爲自相。彼經復有共相空，謂如苦是有漏法共相，無常是有爲法共相，空無我是一切法共相，諸如是等有無量共相，此共相由共相空。

疏《智論》等者，十八空中，别觀内根，别觀外境，總觀内根外境，此十二處攝盡諸法，一切皆空。於中重廣差别義類，説次十一空，謂十方虚空及器世界，彼皆是空，故説空空、大空。對此世俗，復説勝義，明勝義空。彼二諦空，歸有爲無爲門，亦即是空，故説有爲空、無爲空。有爲墮世，無爲非世，故説無始空、畢竟空。世法可散，非世不散，故説散空。彼世非世皆有自性及有自相，亦不可得，故説本性空、自相空。總攝諸法世出世間色非色等性相染淨，故説一切法空。前十四種，總明諸法染淨境智性相皆空。次三，别明出因果，初通因果，次因，後果。以智照彼一切皆空。以十七空對破諸有，然恐衆生著能破空而生空病，故説第十八空空故空也。第二空言是所遣空，初後空言是能遣空，以此一空遣彼諸空，能空亦空也。如楔出楔，音屑。譬如木孔中有餘物礙，以楔遣之，物遣楔存，楔亦是礙，復以一楔而遣彼楔，二楔俱遣，物礙皆除，木孔虚通。以此一空而遣彼空，二空俱遣，執遣心通也。然不可立第三空義，以無用故。有病先除，空病後遣，智照實性，非有非無，泯相絶待，此經之大意也。

疏恐等者，問：衆生執法有，以空破於有。衆生著於空，應以有破空。答：此難不然。如人有於病，以藥療於病，慮恐藥成病，以藥解藥毒。衆生著有病，以空破於有，慮恐空成病，以空遣於空。只可以藥療病，不可以病療藥也。

疏名集故有者，以名呼召，詮表諸法，熏種子故。而此種子，因名所集，故説爲有。若非熏習，新熏種子本體無故。

經因集等者，能集所集，皆名爲集。煩惱及業爲能招集，名因集故有。有情及器爲所招集，名果集故有。果中有情六趣差别，非無故有。三句義中，初一爲因，後二爲果。果中，初總，後别。

經十地佛果者，此明出世勝功德法，唯取無漏十地佛果福慧功德，地前三賢有漏福慧非此所明，或可三賢略不説之。

疏又科等者，標結同前。釋中三集，通顯世出世法而皆是有。因果六趣，别顯世間有。十地佛果，别顯出世間有。隨經可解。

疏迷机謂人者，由迷机木，妄謂是人。若不迷机，不執爲人也。迷机不了，猶如法執，不了法空，執法實有也。妄執爲人，猶如我執，不了無我，妄執有我也。迷机謂人，人机俱迷。迷法執我，我法俱迷，理定然也。故佛告言：若菩薩住於法相，即非菩薩。住者，著也。由著法故，必起我執。汝等不應住著法相。

疏漚和者，方便義。未始者，未曾義。此顯菩薩具般若門觀於法空，具方便門涉行於有，勝餘凡夫、二乘之行也。般若觀空，方便涉有，此二有何勝耶。答：方便涉有，未曾迷空，故雖處有而不染有，不同凡夫迷空處有而染有也。無相般若而不厭有以觀於空，故雖觀空而不證寂，不同二乘厭有生死而趣寂滅。

疏如三器異，空界不別者，能盛三器異，所盛空界一，況法如文。

疏如實行對治者，有餘師解，或約文定數，或約義定數，顯彼説非，指此正義，故云如實。如實正義，約所治障，有八萬四千。能對治行，數量亦爾。如不淨觀對治貪等，如來説法詮顯彼行，法數亦同。故彼頌云：

牟尼説法蘊　數有八十千

八十千者，八萬也。此就全數，具足應云八萬四千。

疏十種煩惱者，一貪，二嗔，三癡，四慢，五疑，六身見，七邊見，八邪見，九見取，十戒禁取。一一皆以餘九爲方便，足成一百。言方便者，方法便宜，爲因之義。如貪爲頭，餘九助成，謂由嗔故起貪，由癡故起貪，乃至由戒禁取故起貪。十種煩惱更互爲頭，十十成百。小乘中説，未來名前，過去名後，前後時長，有相資義。現在時促，無相資義。未來之法，有法前得。過去之法，有法後得。現在之法，有法俱得。由於能得有勢力故，所得之法常存不滅。所以煩惱皆有已起未起者也。

疏雖真等者，取彼法數以釋此經。一心真見道位具多功德，雖真見道無此多品，然所治障有此數類，能治聖道數量亦爾，故云：聖智現前最初一念具足八萬四千波羅蜜多。

疏《賢劫》等者，由依貪等十種煩惱一一爲頭，引生餘九。十十成百，容三世起，謂過去一百資成一千，未來亦爾。現在一百，以時促故，無相資義。合成二千一百。依四大、六塵一一皆起二千一百，合成二萬一千。多貪、多嗔、多癡及等分者，四人各起二萬一千，故總合成八萬四千塵勞根病。如來宣説八萬四千清淨法藥，治彼根病，謂如布施治慳貪等。《賢劫經》説：始從兜率下閻浮提，名光曜度。乃至雙林分布舍利度，總三百五十度。一一皆説六波羅蜜，合成二千一百波羅蜜門。餘如疏説。

疏又解等者，前解世尊出世於一切時説此此法，治彼彼病，所合大數八萬四千，通途對治煩惱病行，義如常説，不歸此經見道法數。此又解者，准彼釋此見道德數，由彼二障障覆淨慧性相功德，所障功德隨能障説有多品類。今至見道，刹那智起，頓斷八萬四千障染，頓顯八萬四千清淨功德，其猶磨鏡，一分塵盡，一分明現，乃至多分塵盡，多分明現。二障麤重者，總相顯示分別二障名爲麤重，非唯習氣。

疏一切智智者，慈恩三番釋。一云：一切智者，佛也。又言：智者，根本後得，此二是用，二智實性即是真如。若用若性合名爲智，一切智人之智，名一切智智。第二同疏。三云：一切智者，智用菩提。重言智者，智性涅槃。今顯此二悉皆無上，嘆勝令忻。

疏《維摩》等者，隨所見、聞、覺、知，皆作佛事也。《維摩經》説：上方香積世界無有文字説法，諸菩薩衆坐香樹下，聞斯妙香即獲一切德藏三昧。或有佛土而無言説，意思爲佛事。見色聞聲，如疏。

疏噁啊者。上入聲，下上聲，如前已釋。

疏義翻爲句者，詮差別義究竟意故，名章句也。

經七寶者，《無量壽經》云：金、銀、瑠璃、頗梨、珊瑚、瑪瑙、硨磲。《恒水經》云：金、銀、珊瑚、真珠、硨磲、明月珠、摩尼珠。《佛地論》云：一、金，二、銀，三、吠瑠璃，四、頗胝迦，

五、牟呼娑羯洛婆，當硨磲也，六、遏溼摩羯婆，當瑪瑙也，七、赤真珠。三文不同者，隨方愛樂，差別有異，列名別也。

疏此有彼四，三聞一思者，受持、讀、誦，此三聞慧。解一句者，是思慧也。略舉此四，例餘六行，皆應行之。

經文字性離者，因緣空義也，文字緣生，本性空故。由性空故，無文字相也。歸勝義諦，文字性離，泯文字相，唯真性也。

疏不增等者，彼經之意，隨相以説性，謂清淨法身在衆生身中，隨諸衆生往來生死，説往來相名爲衆生。若彼衆生逆生死流，返本還源，歸於本性，依舊而住，名爲成佛。猶如伎兒轉變形容，還復本身也。

疏欲界者，欲謂三欲，所謂婬欲、食欲、睡欲。界者，繫[六]義，分義。下至風輪，上至他化自在天，五趣有情，及器世間，齊此彊分，繫屬三欲，故名欲界。又此欲界名五趣雜居地。色四靜慮，無色四空，共成九地。隨文可知。

疏四空等者，謂無色界四空處天，名無色四空也。《婆沙》一百四十一云：何故此四説名無色。答：超過一切有色法故，色法於此無容生故。八十四云：謂初習業者先住思惟諸虚空相，取此相已，假想勝解，觀察照了無邊空相而修加行，展轉引起初無色定，故説此定名空無邊處。第二空者，謂修業者先應思惟六種識相，餘准前説。第三空者，無我所故，名無所有。若爾，諸地皆然，何獨此地無我所耶。答：我及我所勢力羸劣，滅滅更無如此地者故。第四空者，謂此地中無明了相，不無相故，名非想非非想處。此四名處者，皆是生長諸有之處，生長種種業煩惱處。破諸妄計彼爲涅槃，故佛説爲生長有處，處體是定，從境彰名，空無邊之處，依主釋也。餘三准此。問：入二界定，相狀云何，復云何別。答：靜慮定俱，其中相狀如處室中，依於色故。入無色定，其中相狀如處虚空，無色依故。

疏依此近分[七]等者，《俱舍》論云：世俗無間及解脱道，如次能緣下地上地爲麤苦障，及靜妙離。謂無間道緣次下地諸有漏法，作麤、苦、障三行相中隨一行相。若解脱道，緣彼次上地諸有漏法，作靜、玅、離三行相中隨一切相。非寂靜故，説名爲麤。由大劬勞方能越故，非美妙故，説名爲苦。由多麤重，能違害故，非出離故，説名爲障，由此能礙越自地故。靜、玅、離三，翻此可解。意云：厭麤忻靜，或厭苦忻玅，或厭障忻離。隨一行成，伏於下地俱生煩惱，即生上地。謂厭欲界、忻初禪，厭初禪、忻二禪，乃至有頂。今明無色四空處業，三行相中隨修一行，得定爲因，生彼爲果。衆同分者，慈恩釋云：衆者種類義，同者一義，分者相似義，即是多法一類相似，立衆同分。無色界天無色身故，唯依命根立衆同分。四類各各相似，各立一同分。

疏第六等者，第七識俱恒行無明不發業故，非此正要。第六識俱迷理無明正能發業，迷事起者能助發業。取此無明正發助發福等三業緣生之首，名爲根本，或此無明是三界苦果之根本也。

疏《起信》至枝末者，即彼論中根本不覺、枝末不覺也。彼説從真起妄，本末五重。初，唯一心，謂本源。第二，依一心開二門：一者，心真如門，謂心性不生滅；二者，心生滅門，謂如來藏與生滅合，名阿賴耶識。第三，依此識明二義：一者，覺義，謂心體離念，等虚空界；二者，不覺義，謂不如實知真如法故，不覺心起。第四，依不覺義而生三細：一、依不覺故心動，名業相；二、依動故能見，名轉相；三、依見故境界妄現，名現相。第五，依現相而生六麤：一、智相，依境分別，即俱生法執也。二、相續相，起念不斷，即分別法執也。三、執取相，心起著故，俱生我執。四、計名字相，分別我見。上四皆惑。五、起業相，因業。六、業繫苦相。苦果。當知無明能生一切，名三界根本。

疏枝末細相等者，依心生滅門開爲二義，謂覺義、不覺義。此不覺義，有二：一者，根本不覺，對於真如無始本覺，此名有始不覺，最初一念迷背本覺，名根本不覺也；二者，枝末不覺。本覺爲因，不覺爲緣，生三細相：一、業相，二、轉相，三、現相。此三即是第八識也。能變現故，名爲現識。依此現識，現起前七事識六麤之相，如是六麤總名枝末不覺。

疏《楞伽》者，頌云：

如海遇風緣　起種種波浪
現前作用轉　無有間斷時
藏識海亦然　境等[八]風所擊
恒起諸識浪　現前作用轉

海水起波浪，現前展轉作用無有間斷。藏識如海，起轉識浪。境等緣擊，前七轉識隨緣而現前，引於後後，續於前前，作用展轉，生死相續，無有間斷。

疏猶如等者，譬如有人刱至山川，或入聚落，心迷亂故以東爲西，既一方迷，餘方俱轉。正迷之時，方亦不轉。忽然醒悟，亦是舊方。反推此迷無有蹤跡，唯有四方。若迷若悟，皆依方也。衆生亦爾，最初一念迷背本覺。既迷本覺，覺隨迷轉。正迷之時，覺亦不轉。忽然悟解，亦是舊覺。若迷若悟，皆依本覺。覺即是悟，不覺是迷。迷悟相對，以辨行相。今取最初一念不覺心起，名根本不覺，即是此經三界根本無明。

疏聖位等者，舊《仁王經》唯說八九十地受變易身，就普等說，八地已上頓悟漸悟普等，皆受變易身故。今依此經，聖位諸地文意寬通，即顯二乘有學無學迴心向大受變易類，十地菩薩皆是得人也。總論變易，二乘不得，唯菩薩得。菩薩二類：一者，頓悟；二者，漸悟。入初地後，分爲三類，謂悲增、智增、悲智平等。且悲增者，入八地後，生空觀品，長時相續，煩惱不起，無留惑潤生，不受分段，須入變易。若智增者，入初地後，永伏煩惱，受變易身。若悲智平等者，隨彼菩薩樂行不同，從初一地、二地乃至七地滿心，隨其意欲，怖煩惱者先入變易，不怖煩惱者後入變易。二者，漸悟，五果迴心，皆受變易，然有差别，謂二乘無學迴心向大，便受變易，無後有故。有學迴心，有後有故。若現身，若經生，隨聖者意，隨應皆得受變易身。

疏大慧等者，二乘迴心，在見道前而未證得法無我理，然以生空無漏定願之力資於故業，受不思議變易身也。

疏《夫人經》等者，經説二乘是已迴心者漸悟菩薩，呼舊名故。彼説三乘皆受變易，名三種意生身。於相及土得自在者，無性《攝論》第七云：第八地中所證法界是二自在所依止處。謂所求相欲現前時，如其勝解即能現前，名相自在。若所希求金寶等土隨其勝解即能現前，名土自在。

疏《楞伽》第三等者，彼云：一者，三摩跋提樂意生身。三摩跋提，此云等至，通有心無心定也。此位菩薩依三昧力受變易身，隨意而生，亦名意生身。今云意成身，隨意願成故。以非新起，不名生也。經説三、四、五地靜慮自在而得此身，以後該前，初地、二地亦得之也。二者，覺法自性意生身。觀察覺了如幻等法，悉無所有，名覺法自性。八地菩薩得無相觀，即能覺法如幻無體。然六非長時，七有加行，彼經偏説八地得之，實通六、七、八地得也。三者，種類俱生無作行意生身。種類俱生者，隨諸衆生所有種類，菩薩皆能現同類身。然同類身百千萬類，俱時能現而無加行，任運而起，名無作行意生身。猶如鏡中頓現多像，鏡無加行，九地、十地現身亦爾。

疏三文皆同者，舊《仁王經》、四卷《楞伽》、《夫人經》也。《楞伽》第四及《夫人經》皆説二乘無學迴心向大，地前亦得受變易身，況登地者也。三種意生身通十地得，同此經云聖位諸地也。

疏障有二等者，有煩惱障爲發潤緣，感分段身。得變易者無煩惱故，唯所知障爲迷執緣，爲所斷緣，感變易身。

疏此有三名者，一名不思議變易身，變麤身爲細質，易短命爲長年，由體細妙，下位不測，名不思議。故《唯識》云：由悲願力改轉身命，無定齊限故名變易，妙用難測名不思議。餘二名如疏引。

疏依欲色身隨諸界地者，初、二果人欲界迴心，第三果人迴心通欲色界，二乘無學欲界迴心，或第四果通色界中迴心向大，此等諸聖隨應在彼欲界四禪，即依彼身而受變易。諸佛菩薩教化緣故，其頓悟者託勝所依，生第四禪廣果天中，資此下地，感現身業，受變易身，改轉五蘊成細紗故，非無色界身也。由細紗故，唯自同類自互相見，後後勝位諸佛菩薩見下位身，下位劣聖不見上位勝變易身。菩薩等者，等於佛也。非劣等境者，等凡夫也。皆顯下位不見上位勝變易身，故名細妙。慈恩又解：以同類故，下位亦得見上變易。

疏自證菩提利樂他故者，爲欲成辦此二事故，所以以無漏定願力冥資故業，感變易身也。如延壽法，資現身之因業，使之殊勝，令業長時與變易果，相續不絶，覺其勢盡而復資之，如是數數資感變易，依變易身，趣證菩提，度有情類，乃至臨成佛時，金剛道後，解脱道中，此變易身與金剛道俱時而捨，如燈光滅，永無蹤跡。言延壽法者，如阿羅漢決定性者，不再受生，無後有身，欲留此身久住世間，先捨衣鉢施作衆善，發願要期，使於靜處入邊際定，以定願力而冥資彼感現身因昔時故業。故業被資，功能强盛，令分段身延年住世。然彼定願，體是有漏，資於故業，令取冥資故業行相相似，舉彼爲喻。

疏既未等者，由所知障執法爲有，見有菩提可以求證，見有有情可以濟度，故説此障名之爲緣。依此緣故，意欲久住，修菩提行，度有情類。然以因業力微，故以無漏定願資於能感現身故業，令業殊勝，感變易身，久住於世，求大菩提，度有情類。反釋如疏。

疏又所等者，以所知障障大菩提，爲斷彼障，留身久住，漸漸斷之。如何留身久住斷障。應以無漏定願之力，資於故業，感變易身。依變易身，漸斷彼障，圓證菩提。

疏《楞伽》等者，謂憶往昔發弘誓願，上求菩提，下度衆生。由此因緣，資感變易，依變易身，滿本願心。

疏聖教等者，有聖教説無漏變易出三界者，無漏定願爲能助因，有漏故業爲所助因，以此二因，感變易果。隨其根本能助之因，説變易果出過三界，非果無漏出三界也。問：無漏之法破壞三有，如何無漏感有漏身。答：不然。但以無漏定願之力，思慕資助，感現身業，令業殊勝，與果不絶，其實能感是有漏業，如世樹木藉於水等資助，於根殊勝，故枝葉茂盛。

疏《佛地論》等者，若諸菩薩五、八識變，是有漏土，屬三界繫。六、七二識無漏位中所變淨土，體是無漏，非三界繫。隨能變識一分無漏淨土，出過三界。例此變易，約其一分能助之因，體是無漏，出三界也。

疏如何等者，如何等覺猶有分段因果。疏有三解。一云：俱生惑種是彼分段潤生之因，猶觀相續，不容潤生。若觀間斷，必能潤生，受分段身。故等覺位猶有分段因果勢分。二云：變易因果本是分段，由以無漏資於故業，延改分段爲變易身。約盡處論，二死永盡，方成大覺，故等覺位猶有二死因果。三云：本覺爲因，根本無明爲緣，而生三細。三細生六麤。合此三六，名枝末無明，即是二種生死。如是名爲從本向末。若能發心修行趣聖，從末向本，改分段身，成變易身，來歸本覺，名爲如來。今等覺位，但有變易，若因若果。其分段身，有因無果。總相而説，故有二死因果。

疏三身三德者，一滅法界爲法身，二智爲報身。性相平等，通法報身。應用爲化身。法、報、化身，如次斷、智、恩三德也。

疏兩句明人者，今詳三句明人，謂修學般若之人觀其説者、聽者，譬如幻士似有動轉，無説聽相，自性空故。

疏流轉三世者，諸有爲法刹那生滅而體流轉，謂從未來流至現在，復從現在流至過去。已往名前，未來稱後。對此前後，名爲現在。法行三世者，行。平聲。四相遷流猶如行人，所依色、心猶如道路。生、住、異、滅依法而行，名爲法行。三世如疏。

疏《婆沙論》者，彼云：一、趣田，謂傍生鬼等；二、苦田，謂行路人病人等；三、恩田，謂父母法師等；四、德田，謂佛寶等。此四境中生長福利，名爲福田。

經非見等者，眼見、耳聞，離取色聲，故名見聞。鼻、舌、身三，合中知故，總名爲覺。意識取境，了別諸法，通離合取，說名爲知。

疏唯修有行以非空者，非空之言，釋上有行，修有行故著有妄心而更增長。教示菩薩滅於著有妄想心故，令修空行。但修空行而非有者，非有之言，釋上空行，修空行故滯著空中，真無漏心無因不生，教示菩薩發起真心，令修有觀。於有觀中聞思修慧熏習本種，發起聖位真無漏心，由此教示空有雙修。

疏三種玅觀者，厭離有爲心妙觀，爲斷德因，證法身果。求菩提心玅觀，爲智德因，得報身果。悲愍有情心妙觀，爲恩德因，成化身果。

疏伏忍等者，五中伏忍是有漏慧。忍謂忍可，印持之義。自餘四忍，通漏無漏。忍謂忍察，印證之義。且伏忍者，忍能折伏分別二障令不起故，所伏之忍，能伏即忍，名爲伏忍。信忍者，忍近信故，名爲信忍，隣近釋也。順忍者，所順之忍，能順即忍，名爲順忍。無生忍者，自然無生，即忍三無生之忍名無生忍。寂滅忍者，初解依主。云云。後解意云：此忍能寂生死，能滅障染，名寂滅忍，同依持業釋。

疏如來藏者，即是法爾無漏種子名爲法力，亦名依因力也。藏是因性義，從於當來現行佛果以彰其名，如來之藏，名如來藏。

疏一體三寶者，亦名同體三寶，佛法僧寶同一真如爲體性故。真如與覺爲實性故，名爲佛寶。軌持義故，名爲法寶。無違義故，名爲僧寶。別相三寶者，亦名別體三寶，體性行相而各別故。三身如來名爲佛寶，三乘無漏教理行果名爲法寶，三乘聖衆具理事和名爲僧寶。以具無漏戒見等故，方名僧寶。住持三寶者，舍利遺形及餘佛像名爲佛寶。佛滅度後，法有三時，謂正像末，其中有漏教行及貝葉文字皆名法寶。無漏之者，真法寶故。示道命道二沙門中，異生具戒見等，正像末法能住持者，名爲僧寶。三寶義如《法苑》。

經發於十信者，發此十心，信爲初首，餘九助成，總名十信。

疏必不退轉等者，必不退信起上品邪見，普斷善根。善根邪見，皆分九品。逆次斷善，乃至上上品邪見斷下下品善根，名爲斷善，善根盡故。然所斷善唯是有漏有爲生得善法，唯是現行，非斷善種。闡提者，此云無性。無性有二：一者，無有三乘無漏種性；二者，現無修行善因種性。令[九]明斷善，是後無性。

疏入正定聚者，《起信論》云：十善位中厭生死苦，求無上覺，遇佛菩薩，承侍供養。彼行諸行，經十千劫，信乃成就，而能發心。既發心已，入正定聚，畢竟不退，住佛種性，勝因相應。言發心者，謂信成就發心。初入内凡位故，名入正定聚。總攝凡聖，立爲三聚。《瑜伽論》說：一闡提人名邪定聚，初地已上名正定聚，地前及餘名不定聚。又云：無涅槃性爲邪定聚，於十住中第七不退住已前名不定聚，已後爲正定聚。今依此經及《起信論》，信不退位名正定聚，斷善根輩名邪定聚，所餘有情名不定聚。四不退者，一、信不退，十信第六名不退心，自後不退生邪見故；二、位不退，十住第七名不退住，自後不退入二乘故；三、證不退，初地已上已證理智不退失故；四、行不退，八地已上名不退地，有爲無爲皆修證故，法駛流中任運轉故。

疏《瓔珞經》等者，十心一一各有少分、多分、全分、少時、多時、盡形、自作、教他、讚勵、慶慰，十十成百行也。或此十信，一行起時，餘九助之，十十相資，成百行也。百行法是諸學者明智依止，趣入上上位故，名曰明門。修百行時常發無量有相行願，願利衆生，無相行願，願證真常。如是修行，得入習種性位。

疏十住爲初，無別十信者，十信即是發心住攝，十住已去名爲内凡習種性位，入正定聚下品伏忍也。

疏勤學十法等者，初之四法各一句文，後六各兩句文，隨義可知。

疏八相成佛者，一、入胎相，二、嬰兒，三、童子，四、苦行，五、成道，六、降魔，七、轉法輪，八、入涅槃相。如是名爲八相成佛，度諸有情。廣如《大般若》説。

疏乾慧地者，資粮位中定水少故，聞、思二慧名乾慧地。種性地者，加行位中種類族姓漸尊貴故。八人地者，四向四果從勝至劣數之，當第八故，即是見道初果向也。具見地者，謂即初果具見諦故。薄地者，即第二果，已斷六品煩惱，餘下三品極微薄故。離欲地者，即第三果，離欲證故。已辦地者，即第四果，果已滿故。餘文可知。

疏《同性經》者，彼下卷説：聲聞十地者，一、三歸地，二、信行地，三、法行地，四、内凡地，五、學信戒地，六、八人地，七、預流地，八、一來地，九、不還地，十、阿羅漢地。緣覺十地者，一、苦行具足地，二、自覺因緣地，三、覺了四聖諦地，四、甚深利智地，五、八正道地，六、覺了法界虚空界衆生界地，七、證寂滅地，八、六通地，謂六善巧。九、微細祕密地，十、習氣漸薄地。菩薩十地如常。佛果十地者，一、甚深難知性地，能離習氣故；二、威嚴明德地，爲諸菩薩説深法故；三、自性實相地，説三乘法故；四、神通智德地，説八萬四千法門降四魔故；五、火輪明德地，降外道故；六、無垢涅槃地，現八相成道故；七、廣勝法界地，於三十七分法無所有無所著故；八、普覺智通地，與菩薩授記故；九、迴向照明地，爲諸菩薩示現善巧方便故；十、毗盧遮那智德地，爲諸菩薩説一切法本來寂靜大涅槃故。

疏淨法界者，界是性義因義，法性爲因，平等流出十二分教，所流教法似法界故，名等流法也。聞法熏習，資無漏種，增長異本，養育令勝，如養胎子。於見道位，現生聖智，如胎出生。所證法性有依止義，從喻名家。聖智依證，名生佛家。今明見道已前説爲聖胎，聖之胎故，名聖胎也。

疏性種性者，無漏智種，種即是性也。上言性者，聽聞正法，聞等熏習，本無漏種增長異本，説名爲性。性是增長成就義故，性即種性，名性種性。

疏本性住種性者，下言種性者，本有無漏種子體性也。《唯識疏》中作此姓字類也。體性、姓類，俱得謂本來有此種子，體性姓類差别非今有故。而此種性有其二義：一、簡新熏，名爲本性，本有體性故；二、簡已熏，名之爲住，守本而住，不增長故。習所成種性者，謂發大心後聽受正法，聞等熏習，法爾種子增長異本，轉名習所成種性。而此種性亦有二義：一、習義，三慧熏習令增長故；二、成義，熏習殊勝，性成就故。

疏論約本種者，本有種子未曾修習，名本性住種性。若已修習增長異本，名習所成種性。是故性先而習後也。經文唯約發心已去修習種性立於二名，謂初修習名習種性，已久修習，習已成性名性種性，是故習先而性後也。

疏十度行者，於六度上加方便願力智，共成十度，意令十行位菩薩隨所愛樂而修習之。釋三十心，如《奉持品》。

疏觀過去業，起曾因忍者，且如過去所作善業，體雖已滅，然曾爲因招感今世善趣異熟，審諦觀察，印彼因業，名曾因忍。現在異熟是前世中曾因業所感之果，即此現身復造因業，感未來果，審諦觀察，雙印忍之，名因果忍。現在善因必感未來善趣異熟，審諦觀察，印忍當果，名當果忍。

疏雖唯等者，問：現在因果可説是有，過去已滅，未來未有，如何復説過去之因未來之果起因果忍。故此釋之。

疏緣生等者，《瑜伽論》説十二緣生總爲四種，謂無明、行爲能引，識等五爲所引，愛、取、有爲能生，生、老死爲所生。於此因果審諦觀察而印忍之，名過去因忍等也。

疏等取等者，此之五名皆是外道所計我之異名。計我來世更有壽故，名爲壽者。計我現今能造作故，名爲作者。我命常住而不滅故，名爲命者。計我勝用譬如壯士，名爲士夫。計我美玅勝用絶倫，名爲儒童。儒者，美也。童者，少也。神我美妙，而少健故。

疏言倒想者，四倒俱時之想也。《瑜伽論》云：於無常等中起於常等妄想分别，故名想倒。於彼妄想所分别中忍可樂欲，建立執著，故名見倒。所執著中起貪等惑，名爲心倒。四倒想應有此三種，共成七倒。惑〔一〇〕經意云：外道顛倒，忘〔一一〕想撥無，不壞菩薩正行也。

疏由觀等者，諸經論説五藴功德。一、戒藴，别解脱戒。二、定藴，九次第定。三、慧藴，緣有爲慧。四、解脱藴，即勝解數。五、解脱知見藴，緣無爲慧。菩薩分得，如來圓證。彼五藴德，是此五忍所印可法。此位菩薩修習忍行，印可趣向聖位五藴勝功德故，五藴之忍，名五忍也。

疏解脱知見忍者，了證名知，觀照名見，體即是慧。亦知亦見，名爲知見。緣無爲解脱之知見，名解脱知見。地前菩薩修忍，趣向證彼聖位知見德故，解脱知見之忍，名解脱知見忍。餘四准知。

疏此二等者，由此二忍引生真相二見道也。行相云何。觀俗諦假，知法無常，得無常忍。而此所觀依安立諦，由此引生十六心相。見道安立諦觀，觀真諦實，知一切法空性不生，得無生忍。而此所觀依非安立諦，總觀一真如理，或觀二空理，由此引生一心真見道及三心相見道非安立諦觀。

疏四證信者，由無漏信與本後智同證真理，三寶尸羅清淨四境，名爲證信。此能證信於四境，名四證信，亦名四證淨信，以淨心爲自性故，證淨境故。

疏歡喜地者，釋十地疏皆《唯識論》也。此歡喜地，三義得名。一、初獲聖性，捨凡性故。二、具證二空，非如小乘證生空故。三、能益自他，修二利故。《莊嚴論》云：見真見利物，皆名爲歡喜，根本後得二位皆歡喜也。地者，理智爲體，是諸聖者衆行依止故，任持功德令不失故，發生玅行增長勝故。具此三義，故名爲地。故《唯識》云：與所修行爲勝依持，令得生長，故名爲地。歡喜之地，名歡喜地。餘地准釋。

疏尸羅者，清涼義戒之果也。二地菩薩性戒成就，非如初地思擇護戒，名離垢地。

疏煩惱障中等者，十煩惱，疑及邪見、見取、戒禁取，此四唯分别起。貪、嗔、癡、慢、身見、邊見，此六通俱生分别。總十分别，迷理起故，見道頓斷。其六俱生，迷事起故，修道位中分分斷之。若所知障，《唯識論》中，例煩惱説，迷理迷事，法數皆同。依此消疏，廣如下説。

疏此經等者，於此三地各斷一障，而此三障多發身語色故，多緣色境起故，名色煩惱拘繫菩薩難登上上勝地位故，説名爲縛。然此所斷有三類法：一、煩惱障習氣，二、所知障種，三、所知障習氣。經依通相，總名色煩惱縛。初地布施，正違貪故。二地修習四無量心，正違瞋等。三地成就勝定大法總持，能發無邊玅慧光明，違癡暗故。餘准可知。

疏十纏者，《俱舍》頌云：

纏八無慚愧　嫉慳并悔眠

及掉舉昏沉　或十加忿覆

五蓋者，一貪，二嗔，三癡，四掉舉惡作，五昏沉睡眠。由此五種，覆理不顯，覆慧不生，立以蓋名。又見、修二惑煩惱、所知，纏縛有情，蓋覆理智。如是等障，誓願斷之。

經利益安樂者，《顯揚論》説八義有異。一、濟後世名利益，濟現在名安樂。二、利益現在，安樂後世。三、攝善，離惡。四、離惡，修善。五、拔苦，與樂。六、與出世善，與世間善。七、與智，與福。八、與小乘果，與大乘果。八義如次，利益安樂。

疏焰慧地者，初、二、三地，相同凡夫，修施、戒、忍。四、五、六地，相同二乘。此第四地，相同聲聞，修菩提分法觀，對前所修行殊勝故。三十七中有非慧體，助慧斷障，燒煩惱薪，第六識中身見等法是所燒故。

疏難勝地者，依《唯識論》，極難勝地，無分別智證真諦境，有分別智緣俗諦境。初、二、三、四地，前後而起。五、六、七地，加行俱起。八、九、十地，任運俱起。此第五地，加行作意，證真達俗，同時起故，能令二智互不相違，能合難合，名極難勝地。

疏現前地者，此第六地，觀十二緣起，名住緣起智。復能引生最勝般若令現前故，名現前地。

疏三障如次與三慢俱者，一者，我法慢，謂執我執法而起慢故。此通二障。二者，身淨分別慢，分別者執著義，此由修習菩提分法觀故對治障染，便於其身謂淨起慢。三者，染淨分別慢，染謂苦、集，淨謂滅、道，此位菩薩觀察四諦，著相起慢。此等多是所知障品，從我慢説名爲煩惱。同此三種□□所知障，以煩惱名説名心煩惱。

疏皮、肉、心等者，緣六□淺而易知，故如皮也。若緣內身，執著人我、法我，起我□□□□難知，故如肉也。若迷真理，執真俗異，微細法執深□□□□如心也。

疏在皮麤重等者，種現習氣通名麤重。□□□□中品稍難，下品微細極難斷故。如先損皮，次損於□□□□骨等實也。

疏經論等者，《善戒》《瑜伽》斷障地位與□□□□皮肉等所喻法體，皆通二障。依彼顯此色、心煩惱□□□□□。

疏皆說三性名曰無生者，一、本性無生，謂遍計所□□□□執有，都無體性，本性不生，名本性無生；二、自然無□□□□起性色心等法從因緣生，而無自然生性，名自□□□□□；三、惑苦無生性，謂圓成實性，自性清淨，惑苦不生，名惑苦□生。以□印證三無生故，名無生忍。

疏即忍之忍者，三□□□中□分自然無生，體是智故。無生體即忍，名無生忍。三無□□□□無生忍。

疏遠行地者，三義得名。一者，至無相住□□□□後邊，有相觀多，無相觀少。第六地中有相觀少，無相觀多。□□□中，純無相觀。乃有加行，遠離有相，行無相故。二者，□□□□已前諸地，修習鈔行，皆有功用。至此地中，是功用□□□。三者，出過世間二乘道故，初、二、三地相同世間凡夫行□，四、五、六地相同二乘修觀行故，第七地中遠離彼故，能於□□□有勝行，名遠行地。

疏不動地者，無分別智任運相□□□不斷故，由斯此地若有行，若功用行，若諸煩惱，皆不□□□不動地。

疏色、心習氣者，俱生二障，總爲二類：一、多□□□名色煩惱縛，二、多緣心起，名心煩惱縛。此二各二，謂□□□緣色而起上品麤者，初、二、三地各斷一分。緣心而起上□□者，四、五、六地各斷一分。緣色、心起二類，下者細而難遣，七、八、九地地雙斷名色、心習氣。此習氣言，通種及現，并餘麤重。現行爲能熏習，種子爲所熏習。由此能習所習皆微細故，是彼麤障餘習氣分，故名習氣。二障麤重無堪任性，正名習氣。

疏法雲地者，聖智如雲，以此智雲證法身故，起大法故，是法之雲，雲之地，名法雲地。故《唯識》云：大法智雲含衆德水，蔽如空麤重，充滿法身故。等覺者，等是相似義，覺與佛等，名等覺。少解脱道，故未名佛。

疏有説至下廣明者，下云：□《起信論》，唯滅心相，非心體滅。滅者斷也。乃至云：今□覺□□□無明盡時，動相隨滅，但滅心相，不滅心體。□□□□□悲者，諸經論説有四勝德唯如來有，餘聖所無。□□□□□□□無癡□□爲體。二、大悲無癡，不害爲體。三、大喜無癡□□□□□大捨無癡，善捨爲體。此四各三：一、有情緣，二、法緣，三、無緣。□説大悲緣真如起，名無緣大悲。餘准知故。

疏汝等者，汝等衆生，先因惑業招感五藴生死舍宅，故言來入此宅。慈恩二義釋於入宅。一云：不出義名入，不修妙行，沉没不出，名爲入宅。二云：居處義名入，居生死不求出故，非先出苦，後入宅處也。父覩火起，恐燒子以驚魂。佛見惑興，慮損生而悲意。爲利衆生，而生三界朽故火宅，如彼長者驚入火宅救諸子也。

疏我本等者，本立二願。一、自利願，求證菩提。二、利他願，普化衆生。昔自利願今已滿足，復欲利他，故化衆生皆入佛道。

疏一切煩惱者，分別迷理，俱生迷事，迷理事故，發業潤生。分別正發，俱生助發。俱生正潤，分別助潤。發潤既俱，生死輪迴。

疏異熟果者，因通善惡，果唯無記。異類而熟，名爲異熟。又前世造因，今世異〔三〕熟。今世造因，後世果熟。異時而熟，名爲異熟。異熟即果，名異熟果。

疏二十二根者，《瑜伽》五十七云：何等是根義。□增上義是根義。何故唯二十二根。以二十二法增上用□□□。□結頌疏引之。謂於取境有增上用，故立眼等六根。續家族故□□□二根。由命於活有增上用故，別立命根。由受業果□□

□□□別立五受根。憂、苦二根受惡業果喜樂捨三受善□□□可愛，通能受用善惡業果六趣有故，於世間淨有增上用故，□□眼等五根出世間淨有增上用故，立三無漏根。□□□□□立二十二根。餘法不然，無此勝用，故不立根。三□□□□□相見道所有信等九根，名未知當知根。其相見□□□最後刹那。《唯識論》云：始從見道最後刹那，所有信等□□□是已知根性，諸無學位無漏九根是具知根。

疏色與□□眼等五根，男、女二根，色法爲體。然男、女二根，續家族□□□根少分建立，一百法中更無別體。命根以不相應行□□根爲體。意根總以八識心王爲體。信等五根，各如自名，□□法中一法爲體。五受根以心所中受數爲體。三無漏□□云：三體性隨應言。性者體義，不欲重言，故云性也。三無□□□性隨應以見道修道無學道中信等九根爲體，謂意□□及信等五，成九也。又解：此後句意顯三無漏根體，及□□□□應分別二十二根。三體如前□□□□□七色□□□□此八唯無記性。意根五受根□□□□□□□□□□根此八唯善性。或可憂□□□□□□□□□□頌云：唯善後八種，憂通善不善，意□□□□□□□□。

經諸佛示導等者，報佛起用，開示引導，應十地身，及食□□，諸功德法所依止故，皆名法身。疏約應化，隨所依性，名爲□身。示居三界隨順衆生，故云亦不離此。

疏外道等者，成功〔三〕之末，人壽無量，有外道出，名嘔路迦，此云鵂鶹，形容醜惡，晝藏山谷，夜行教化。時人謂似鵂鶹鳥故，故以爲名。從所造論以立其名，名勝論師，舊云衛世師，新云吠世史迦，此翻爲勝。勝人造論故，其論勝玅，故名爲《勝論》。勝論外道說六句義，第四名大有句，經詮彼義，名《大有經》也。六句義者，謂實、德、業、大有、同異、和合。如別處説。

疏若爾者，二乘無學已出三界分段火宅，彼等豈非出三界耶。十地菩薩受變易者出此三界，居彼報土，豈非界外耶。答：二乘無學後有分段永不續故名出三界，現居分段，仍非界外。受變易者，細異熟果亦屬三界，非界外也。

疏有説至智智者，依《起信論》，真如本覺名一切智。返妄歸真，還源始覺，故重言智。智體本覺而爲法身，智用始覺而爲報身，體用合論名一切智智。

疏從末等者，下〔一四〕如實知真如實知〔一五〕真如法故，不覺心起，妄幻輪迴。生死爲末，從生死末向於本覺，歷五忍位，返妄歸真，故此本覺是佛菩薩之行本也。

疏見前後際百劫中事者，此約一類頓悟菩薩入初地時，不斷俱生，任運能知百劫中事。《法華疏》云：二乘能知過未八萬劫事。初地菩薩能知百劫之事，劣於二乘，其餘功德勝於二乘，不可一准。百法明門者，此如《百法論》所説百法也。門者，無擁義，入解之所由，教理爲體。明慧之門，名爲明門。以其明慧依教理門，入解百法性相體用。本智入性，後得入相。

疏廣初地百爲千法明門者，十數同前，故不言之。千等異前，故偏言也。《十地論》第六云：於初地中一念證得百三摩地，二地千三昧，三地百千三昧，四地百億三昧，五地千億三昧，六地百千億三昧，七地百千億那由他三昧，八地百萬三千大千世界微塵數三昧，九地於一念間得阿僧祇百千佛國土微塵數三昧，十地菩薩於一念間得十不可説百千萬億那由他世界微塵數三昧。見百如來等，准此可知。具如彼論。

疏轉法輪者，依《法華疏》，法輪之義，於五門分別：一、出體，二、釋名，三、轉相，四、差别，五、三乘。

出體有五。一、輪自性，謂擇法覺支，正見、正智。《瑜伽》九十五云：正見等法所成性故，説名法輪。自他三轉，通見及修，無學道故。諸聖慧眼能摧煩惱，説名輪故。或體唯取八聖道支，具轂輻輞，圓滿義故。二、法輪因，謂能生後聖道諸教聞、思、修等，諸經論中説佛教法名法輪故，《瑜伽論》説三周十二行相名得所得之方便故。前爲後因，合爲果因，名爲方便。三、輪眷屬，謂諸聖道助伴五蘊。有色蘊者即道共戒也。餘四蘊可知，助於慧故。四、法輪境，謂四聖諦、十二因緣、三性等法。五、法輪果，《瑜伽論》説四沙門果所攝受，聲聞菩提、獨覺菩提、諸佛如來無上菩提，是法輪果。此言菩提，通性相也。是故菩提涅槃名所得果。然此五體不過四種，一教，二理，三行，四果，具攝五體。

釋名者，法者可軌持義。正見等法所成性故，説名法輪。輪有四義。一、圓滿義，具轂輻輞。正見、正思惟説名爲轂，是根本故。正語、業、命説名爲輻，因轂有故。正念、勤、定説名爲輞，攝録餘故。此八聖道别修行相，雖在修道，體實通餘，見無學道。不爾，世尊應無八聖道故。二、摧壞義，此四種法，若伏，若斷，若助斷，若正斷，未斷煩惱皆能摧故。三、鎮遏義，已伏煩惱令勢遠故。四、不定義，從自見至自修，從自修至自無學，從自無學發言教他，他從言教解於諦理，他從諦理起於正行，他從正行起於果智，如是展轉復爲他説，如轉輪王所有輪寶能降未伏諸煩惱故，能鎮已伏諸煩惱故，往復往故。《瑜伽論》説：當知世尊轉所解法，置於阿若憍陳如身中，此復隨轉置餘身中，彼復隨轉置餘身中，如是展轉隨轉義故，説名爲輪。法即是輪，持業釋也。轉者，動也，顯也，運也，起也。動宣言教，顯揚玅理，運聖道於聲前，起真智於言後，圓摧障惱，名轉法輪。所轉即法輪，法輪之轉，二釋皆得。持業釋，後二訓。依主釋，初二訓。

轉相者，佛自三轉，如彼具陳。他三轉者云何。三轉十二相行，自得道已，復爲於他三轉法輪。謂此是苦，此是集，此是滅，此是道，是名初轉。謂此應遍知，乃至此應修習，是第二轉。此已遍知，乃至此已修習，是第三轉。如次顯示見道、修道、無學道。初名示相轉，顯示四諦相故。次名勸修轉，勸修四諦行故。後名作證轉，爲作證明，知彼滿故。一一轉時，令陳如等於一一諦生四行相，謂眼、智、明、覺。爲即於中所有現量聖智能斷見道所斷煩惱，爾時説名真聖慧眼。即此由依去來今世有差別故，如其次第，名智、明、覺。此説一智總名法眼，有三行相名智、明、覺，非於一諦別起四智。由真見道唯一刹那，不同小乘上下別觀。依詮證滅，説通三世，非是滅諦通三世有。詮者詮顯，即有爲法，依之詮顯無爲性故。無爲法性雖非世攝，能詮事相以是有爲，屬三世攝。今隨相以説性，故作是説，性相法爾不相離故。第二第三轉者，亦四行相。三轉竪論，成十二行。如是四諦，合四十八，不過十二，以數等故，總名三轉十二行。由彼陳如最初悟解，入見道已，佛問彼言汝已解耶，彼答已解，故得解名。第二、第三轉已，遂得阿羅果，阿若憍陳起世間心：我已解法。如來知已，起世間心：憍陳已證我法。地神知已，舉聲傳告，經於刹那，瞬息須臾，其聲展轉乃至梵世。又云：世間心者，緣事之心，非要散心。

差別者，雖轉四諦，法相不殊。三乘之人，各各證果。聲聞性人已於三生或六十劫先修習已，聞佛所説，依蘊處界修證四諦理，名聲聞法輪。獨覺性人已於四生或於百劫先修習已，聞佛所説，依十二緣起修證四諦理，名獨覺法輪。菩薩性人已於一大阿僧祇劫先修習已，聞佛所説，依三性等修證四諦理，名菩薩法輪。不爾，三乘俱觀四諦，俱時證聖，有何差別。故《大般若》云：世尊初於波羅柰國轉四諦法輪，爾時，無量衆生發聲聞心，證聲聞果。無量衆生發獨覺心，證獨覺果。無量衆生發大菩提心，證於初地、二地、三地乃至一生當得菩提。故知鹿苑初轉三乘通行法輪。若不爾者，第二七日説《十地經》，何故不名轉法輪也。彼非三乘同所修故，不與初轉法輪之名，乃是大乘別相法輪。然實他身三時智起，亦有經生而證聖果，名三轉者也。今明解憍陳等，佛於鹿苑一時之間，令其次第得此三果，名轉法。三果者，三轉之果，不説一來故。三乘者，佛及菩薩、聲聞説法令他得智斷惑，名轉法輪。獨覺不爾。《涅槃經》説：緣覺説法，不能令人得煖頂等趣果道故。然由聲聞不識藥病，不與聲聞轉法輪，若理實能轉也。

疏懸河湕泠者，上居偃切，水名也，下郎丁切，清泠水。今取水主之義，如懸河注水也。如雷等者，《智度論》云：五種音聲從佛口出。一、甚深如雷，二、清徹遠聞，聞者悦樂，三、入心驚愛，四、諦了易解，五、聽者無厭。如是七辯，即四辯中第四辯也。約智起言，名爲四辯。約智達境，名四無礙解。

疏一音圓音者，疏敘三義。初是龍軍無性之義，彼計如來無身無説，唯有大定智悲，慜衆生故，如谷響應，法利群生。後二，護法等説，佛無漏音純一無雜，名爲一音。此有二義，轉名圓音。一者，以此一音圓應諸根，圓之音故，名爲圓音。二者，以此一音圓具文義，一多無礙，故名爲圓，圓即是音，名爲圓音。

疏三密者，如來三業微妙深隱，故名三密。示此三密，令諸衆生依之出苦入樂，故名門也。

經五忍功德者，功謂功勞，修行力用。德謂道德，福慧之果。故名功德。

經唯佛一人能盡原者，廣平曰原，譬如山頂至極盡處，謂之山原。唯佛一人而能行盡五忍至極之處，名能盡原。或作源字，水本曰源。五忍體性爲衆德本，如泉源故，唯佛一人而能證盡五忍本源。問：唯佛一人者，應佛世尊未出五趣，即是二種生死身攝。若出五趣者，應是非情。何言人也。答：一切有爲色心諸法世出世間，總爲三類：一、有情，二、非情，三、非有情非不有情。佛是第三類也。已超五趣，離二生死，非有情攝。無漏智品，證真達俗，非非情攝。故佛世尊非有情非不有情，別是一類真無漏法。巍巍獨立，超五趣以稱尊。皎皎無倫，圓四智而垂範。

豈可以情非情物而同類者乎。

疏中、下二等者，《瓔珞經》説大同此經，皆説未入劫前外凡位人修十善道分成三品，下品十善人中小粟散王，中品十善大粟散王，上品十善鐵輪王也。粟散王者，如以穀粟散之於地，意取小王數極多義。又成劫之末，人有身光，各自照曜。初食地肥、地味、林藤、粳米。粳米生皮，名爲香稻。由食米稻，便穢在身，身光遂滅。菩薩慈悲，興日月星而照導之。乃至立有德人，封爲刹帝利，此云田主；義翻爲王，即共許王也。王以穀粟散濟人民，名粟散王賑。賑音軫，散濟之也。

疏然四等者，《俱舍》頌云：

輪王八萬上　金銀銅鐵輪

一二三四洲　逆次獨如佛

他迎自往伏　諍陳勝無害

慈恩釋云：從增六萬至增八萬，皆有轉輪聖王相次而出。唯金輪王定增劫出，餘三輪王出亦不定故。鐵輪王名曰無憂，佛滅度後百年出也。又金輪王名曰穰佉，出於增劫之末。彌勒出於減劫之初，輪王命長故見彌勒。金、銀、銅、鐵四王化境，一洲二洲三洲四洲境。逆其次第，爲化境異。又一界中唯一輪王，如佛獨出。一王一佛，是可教化一切衆生故。四王威德、七寶、所領國土，勝劣有異，謂如金輪而有千輻，餘三輪輻半半減少，自餘諸寶亦復漸劣。王於諸洲威定國土亦各不同，謂金輪王出現世時，諸小國王自來迎請：我等國土安穩豐樂，多諸人衆，唯願天尊親垂教勅，我等皆是天尊翼從。若銀輪王，王自往彼，彼方臣伏。若銅輪王至彼已，宣威競德，彼方欽伏，此名諍勝。若鐵輪王，乃至列陣剋勝方止，此名陣勝。一切輪王必無傷害，降伏彼已，以十善化之。

疏若王生等者，《正法念》説：輪王受職之時，皆於白月十五日，齋沐陞殿，父以白牛右角盛四大海水，取一切種子安在角中，灌王子頂。於正灌時，東方忽有金輪寶現，具足千輻，出玅光明，來應導王。如是名爲金輪王受職位也。餘三輪王受職皆爾。

疏七寶者，《起世經》等廣説七寶，略其要云：一者，輪寶，内外金色，東西七由旬，南北十二由旬，具足千輻。二者，象寶，身體潔淨，純白六牙，七枝柱地。四足、尾、根、首，爲七枝。三者，馬寶，長毛清色，騰空能行，日行四天下。四者，珠寶，毗琉璃色，出光照曜。五者，女寶，進止姝妙，樂觀無厭。六者，主藏臣寶，而得天眼，見四天下寶藏。七者，主兵臣寶，善治四兵，謂象、馬、車、步，行走集散，合於王心。復有相似七寶。一者，劍寶，若有國土起拒逆心，劍寶飛去而降伏之。二者，皮寶，其色鮮白如日光明，商人奉王，廣五由旬，長十由旬，海龍之皮，水火風等不能爲損，能除寒熱，隨王行處爲屋，覆王及覆軍衆，一一隔别男女雜居，各不相見。三者，床寶，柔軟細滑，王坐其上禪定思惟，離貪嗔癡，婦人覩者心無染污。四者，林寶，王念遊林，即入其中，花菓茂盛，集會懽娱，彩女歌舞，一切如意。五者，殿寶，王居殿中，欲見星月，王即見之，見已睡眠，安樂無憂，寒有煖相，熱有凉相。六者，衣寶，柔軟離垢，王著此衣，無寒無熱，亦無飢渴消瘦疲倦，火等不損。七者，履寶，王著此履，水行陸行皆悉安詳，行百由旬不損威儀。如是輪王，七寶具足，復有如是相似七寶隨心受用，王四天下，千子滿足，皆悉勇健能破他軍。十善報應，有如是德。餘三輪王雖漸漸劣，七寶具足，准此可知。

疏雖七等者，如舍利弗曾六十劫修菩薩行，欲入第七住，遇婆羅門來乞眼睛，遂退大心。如來方便，化以小垂〔一六〕，彼依修學，證小乘果，法華會中迴心向大。如是等類迴心不久，當得信不退也。

疏又解等者，得信心者，顯是十信，明信不退也。必不退者，明位不退，此位已前容有退故。《瓔珞經》説：發心修行一劫二劫乃至第六住滿，入第七住，畢竟不退。自此已前爲退分，如法財王子等八萬餘人欲入第七住，由值惡因緣故，退入不善法中，亦入外道之中，一劫十劫乃至千劫，作大邪見及五逆業。又《攝論》十信頌云：

清淨增上力　堅固心勝〔一七〕進
名菩薩初修　無數三大劫

論自釋云：一、清淨力，謂信等善根；二、增上力，大願及善友；三、堅固力，隨遇惡緣，種種方便破壞，終不退轉大菩提心，現世當來運運增進。此名修習三大劫。若爾，十信初心堅固不退，與《瓔珞經》如何不同。答：若有利根精進之者，具此三力，逢善友故，即不退轉大菩提心，亦不生於邪見。若有鈍根非精進者，不逢善友，遇惡因緣，容可退失。論約一類利根精進者説也。由此疏中第二解勝，已得信心利根精進必得至於位不退故。

疏住者，安住依持之義，能住所住俱名爲住，無分別慧證實相理，安住不動，與功德法爲依持故。

疏上句明境者，無遍計相，無因緣法，唯真實性，泯餘二性，唯圓成故。下句明智，智達遍計無體相故，了依他法無自然生故。一真如名無二照。

疏具觀等者，具觀一切身、口業中諸法性本來清淨，智照皆圓。

疏順道法愛者，所修福、慧順趣道果。能順即法，名爲順法。道之順法，名順道法。而此貪愛愛於彼故，順道法之愛也。《金剛經》中教示菩薩令離此愛，修無相行，故云菩薩所作福德不應貪著。

疏無明習相識俱轉者，轉謂轉捨轉得，無明習相與異熟識必俱時故。金剛心時，異熟識在，無明習相爾時亦在。金剛心後，轉捨異熟識，轉得解脱道，無明習相與識俱捨，得佛果也。

疏寂照者，下無與等，貫於三德。一者，智德，寂照無與等。佛無漏智照寂滅理，名爲寂照。

又此玅智，能寂生死，能照理事，名爲寂照。勝餘凡聖，故言無等。二者，斷德，無爲真解脱無與等。無爲玅理，真勝解脱，而無比等。由斷二障，顯此解脱，名爲斷德。真理名斷，斷障顯故。三者，恩德，大悲應現無與等。大慈大悲，大喜大捨，應物現身而無比等。怨親普濟，恩及尊卑，故名恩德。經舉大悲，例餘三身三德，如次報、法、化身。

疏安穩等者，示現有餘馬麥等難，殘苦之相，勸人斷惡故爾。其實如來纖瑕皆盡，坦然安穩，受用法樂。《智度論》説：世尊往昔作大婆羅門，見佛及僧食諸美食，作如是言：此等喫食，如馬食麥苗之聲。因此墮於黑繩地獄，多劫受苦，乃至成佛尚自三月食馬麥也。《四分律》云：世尊遊於蘇羅婆國，與比丘衆五百人俱至那隣羅濵州住一樹下。時波闍國販馬之人，將馬五百疋來至此處。時世飢饉，乞食難得。時，毗蘭若婆羅門請佛及僧，三月安居，都無供養。時，販馬人每日與僧馬麥，人各五升，與佛一斗。五百比丘食麤食已，生離欲想。三月滿已，皆得聖果。五百疋馬先因犯戒墮畜生中，佛以方便令解脱，故以料布施也。《毗柰耶》云：調達以四千兩金雇四力士上耆闍崛山，共移大石當石室上。□候如來出石室時，共推大石，以壓世尊。時，藥叉神立世□□□，兩手接石，擲向他方。別有小片□石，周七十餘步，來趁世尊□，世尊爲衆示現宿業，以三昧力飛騰虚空，石亦在空，衆皆□見東西南北皆隨佛後。佛爲大衆説石因緣。佛於過去有異母弟，名修耶舍以競。□□佛以神力還至山中石室之内，此石傷佛脚指，血流大□□□振動，衆皆來集，佛爲衆説宿世因緣。廣如彼文。

疏若身者，内五藴身，正報之果。外器國土，依報之果。住者，依止義。□依聖賢，所依國土，隨本識變，非淨無漏。十地菩薩六、七二識無漏變之，是淨無漏。唯佛一人能依所依皆淨無漏。由此□居純淨國土。

疏登金剛原常不動者，廣平曰原，譬如山□高平坦，故名爲原。金剛喻定，居因位頂，高廣平坦，名金剛原。第二念中解脱道位，證真常理，湛然不動。所言常者，有其三種：一、凝然常，法身無爲，體凝然故；二、不斷常，報身有爲，細四相遷遷不斷故；三、相續常，化身利物，此滅彼生，常相續故。《莊嚴論》云：凝然、不斷、相續，如次法、報、化身，皆常住故。

疏後解意，金剛定後證盡真原理，故名登金剛原。

經獲大法利者，總標也。別有二類，謂：先未解者，因聞法故而得悟解；已悟解者，得無生忍，謂入正位發初地也。

經如海一滴者，十地菩薩隨自智力讚忍功德百分千分億分，皆如大海一滴之水，所餘功德深廣無窮如大海水，讚說不盡。

經不由此門者，由以此忍爲趣入門，三賢十聖從劣至勝，從下至上，皆依此忍趣入究竟，得一切智。是者此也，處者道理義。不由忍門得一切智者，必無此道理也。

疏八難者，三塗爲三，四、生佛前佛後，五、諸根不具，六、邪見攝世智辯聰，七、邊地攝北洲，八、長壽天即無想天也。

經阿耨等者，《法華疏》云：阿之言無，耨多羅云上，三云正，藐云等，又三云正，菩提云覺，即是無上正等正覺。此有四覺：一、無上覺，總也，即是菩提及清淨法界名無上覺；二、正覺，簡異外道邪妄覺故；三、等覺，簡異二乘但了生空，彼偏覺故；四、又正覺，簡異菩薩未滿果位，非圓正故。此後三覺別顯菩提四智心品，下一覺字貫通上四。由具下三，一切莫過、超諸譬喻真理所覺，名無上菩提。然諸經論多說真理爲無上菩提，以根本故而偏說之。今此雙取佛果理智，俱名無上正等菩提。若人聞此十四忍名，能起信心，近超苦難，當得如是二菩提果。

疏有説初識等者，依法相宗，以續生第八識名爲初識，謂死有後中有身中之本識也，或中有後生有身中本識也。隨應五趣續生之位，初一刹那，唯第八識最先起故，名初刹那識。識有了別、有執受故，異於木石也。

疏《楞伽》等者，返妄歸真，從末向本而爲次第，先轉相，次業相，後真相，真如即是識實性故，故總説識有三相也。《起信論》意，從本向末生起次第，先業相，次轉相，後現相也。經以本覺名爲真相，於轉相中義含現相也。依《起信論》，從真起妄，明一切法本末五重。如前已引。五中第三不覺義，有二。一者，根本不覺，對彼真如無始本覺，此名有始不覺。最初一念迷背本覺，名根本不覺，亦名根本無明。二者，枝末不覺，第二念後以時長故，生三細相。一者，業相，本覺爲因，無明爲緣，擊靜令動，起業識相。二者，轉相，依動業故，轉成能緣，名爲轉相。三者，現相，依於見故，現諸境界妄幻相故，名爲現相。

疏《楞伽》等者，譬如明鏡能現能持種種色像，第八現識能持能現諸境界處。

疏又遠等者，久遠劫來時，無初始之相。何以故。過去未來無體相故，而於現在熏習唯心，此熏習心即是妄念，違真起故。最初一念，名初刹那識。

疏又熏等者，根本無明熏彼本覺不思議體。由熏習故，客塵覆之。不思議體遍客塵中，隨客塵動，説名爲熏。隨相以説性，故云不思議熏也。不思議變者，本覺真如常住不變，體遍諸法，爲諸法性，所謂因性果性，乃至器世間性，衆生世間性，事相因緣而有變異，隨事以説性，故云不思議變。此不思議是現識因，依不思議，現起三細、六麤識故。

疏又因緣者，本覺爲因，無明爲緣，現起業識，如是展轉，生一切法。故《無量義經》云：義無量者，從一法生。其一法者，即是真如。從於一法生百千義。百千義中，一一復生百千萬數。如是展轉，生無量無邊之義，即顯無明業識皆是本覺所生之義。從真如界流出諸法，義説爲生。

疏是同類因生〔一八〕等流果者，此有三類：一、種子引種子，前念爲因，後念爲果；二、種子生現行，種因，現果；三、現行熏種子，現因，種果。如是三類，善染無記，各自相望，同等流類，名等流果。

疏有説第八等者，第八識體白淨、無覆、無記性，恒遍，無雜真異熟識，五趣、四生施設本故。《唯識論》云：覆謂染法障聖道故，又能蔽心令不淨故。此識非染，故名無覆。記謂善惡，有愛非愛殊勝果體可記別故。此非善惡，故名無記。第七識體亦恒相續，於有漏位有煩惱俱，是有覆性，無漏位中善性清淨。前六染淨，如常可知。

疏染淨熏習等者，熏習是種子異名，亦是熏種之義。種子引種子，種子生現行，現行熏種子，各自爲因，生自類果。三類皆通新熏本有，故經説言生得染淨各自能爲無量無數染淨識本。於生得中最初一念唯是本有，第二念後通新本也。

疏有説業識等者，此五類識是《起信論》文意也。本覺爲因，無明爲緣，擊靜令動，而生三細、六麤差別。如前已引。

疏前之等者，其第八識而爲三細，由無明起，非無明俱，以第八識淨、無記故。後二類識染淨差別，即前七識皆從業識展轉生故，具攝六麤，謂智識攝智相，相續識攝後五種。由前七識智相應故，分別事法。六、七二識起我法執，由執我法，起惑造業，感異熟果，名相續識。

疏第八種識者，諸法種子即第八識相分攝故，第八種識爲能生因，生前七識現行果故。前七現行爲能熏因，熏生第八種識果故。所熏種子，前能引後。如是三類，久遠劫來，展轉爲因，乃至金剛定位最後刹那，與無間道俱時頓捨，次第二念解脱道中，名爲如來。

疏又因緣者，三性種子各自爲因，是因義。現識者，謂第八識能變現故。所變現境各自爲緣，是緣義。如是自種爲因，境界爲緣，能令染淨諸識生起，故名因緣。

疏流注者，謂第八識生相、住相、滅相相續不斷，名流注生住滅。且生相者，本覺爲因，無明爲緣，初起業識，名爲生相。業識生轉識，轉識生現識，現識生六麤，相續長劫，名爲住相。若發心修行，歷位伏斷，至等覺末位，一念斷除根本無明，無明斷時，業識頓捨，名流注滅相。

疏相生、住、滅者，謂相生、相住、相滅也。前之七識對第八識，若心若境，麤顯事相，名相生、住、滅。問：如第七識緣第八識境爲境，第七微細，何故總説前七心識皆麤顯耶。答：雖第七識緣第八識，對前六識，第七識細，然第七識俱有癡見慢愛四煩惱故，變境麤顯，故前七識心境皆麤。且相生者，依現識中自種爲因，諸境爲緣，和合而生前之七識，名爲相生。如是種因境緣，長劫熏習，因果相續，名爲相住。若發心修行，返妄歸真，從末向本，歷位伏斷，至七地滿，滅麤分段，説爲相滅。即入八地受變易身，修行成佛。此説直往，悲增者也。智增，悲智平等。二乘迴心，隨分段身盡處，即爲相滅。

疏依前等者，准《楞伽經》，真如與流注生住滅而爲所依，名迷悟依。真如與相生住滅而爲所依，名染淨依。前長後短，行相可知。

疏然今等者，然諸有情，於久遠劫，初刹那識異於木石。最初刹那業識始起，爾時名迷。未起已前，本來是悟。即顯真如爲迷悟依。又云：生得染淨各自能爲染淨識本。依於真如，有染淨故。即顯真如爲染淨依。此云：從初刹那不可説劫，乃至金剛終一刹那，即前生住滅，以長攝短，相生住滅在其中矣。

經生諸等者，准《起信論》，業相爲初而起轉相，依於轉相而起現相，依於現相而起六麤乃至境界差别名爲色法，分别差别名爲心法。所以經云：有不可説不可説識，生諸有情色心二法。

疏現識現境等者，識能現境，名爲現識。所現色境，因前六識，緣五塵色，熏五塵種，在現識中。此色種子生色現行，非是現識生彼色法，譬如明鏡現諸物像，非謂明鏡生諸物像。問意云：豈以本識現於色境，便是色境從心而生。應鏡中物從鏡生耶，鏡不生像，心不生色，如何説心而生色法。疏答意云：眼等五識緣於五塵，皆是性境。五俱意識與五同緣，亦是性境。此緣五塵，熏三類種，謂見分、相分、本質。見分是心，熏心種子。質、相是色，熏色種子，於相分中熏色種子。彼色種子因心熏生，屬於本識相分攝故，色從本識相分而生，故説心法生於色法。三境之義如別處釋。

疏緣慮等者，問意：前七能熏，第八能持，所熏所持色心種子各自生現。心法種子生心現行，有緣慮義。色法種子生色現行，有質礙義。如是色、心皆自類生，豈以心法所熏所持，體即是色耶。心法不應熏持色法，慮礙別故。疏二義釋。初云：熏種持種，皆由於心，故説色法從心而生。心若不生，質礙色者何名唯識，以唯識者，一切諸法皆由識故。心生於色，順契唯識中道之義。

疏《楞伽》第三等者，《楞伽》意説：彼於實性，流出有爲，皆是妄幻。於妄幻中，有四大種，妄想心熏，妄想心持，名妄想大種。堪能者，火有熟物壞器之堪能故。

疏若礙等者，若執礙慮色法、心法定別體者，云何修行而斷法執、得無漏智，所變色法同能變心亦成無漏。既所變色同能變心亦成無漏，由此心法生於色法，順契教理。

疏又諸佛等者，凡夫等類不斷法執，謂色質礙，謂空不礙。由法執故，被色拘礙，色空互違，不自在轉。諸佛菩薩已斷法執礙解所知障故，證不思議無礙理故，不被色拘，色空互容，自在而轉，故能示現不思議事，毛端孔中容受大海，芥子之中納須彌山，大小互入，無礙自在。諸如是等，名不思議事。若有問言：爲展毛孔令其寬廣受大海耶，爲縮大海令其細小入毛孔耶。若展毛者，毛端尖小，本相如故，如何展之。若縮海者，大海深廣，本相如故，如何縮之。芥納須彌，爲問亦爾。請示行相。答：若有如上展縮行相顯示道理，即是有可思議也。由不可思惟展縮行相，不可議論舒捲所以，是故名爲不可思議。餘如疏說。

疏五塵等者，《對法論》說色有二十五種，今作頌曰：

謂青黄赤白　及長短方圓
并麤細高下　若正若不正
光影與明闇　烟雲塵霧異
迥色表色殊　及空一顯色

乃至觸塵有二十六，頌曰：

謂地水火風　并澁滑輕重
及軟緩急冷　飢飽渴力劣
悶癢粘老病　死疲息勇殊

小乘《俱舍》，繁故且止。

疏持攝熟長者，地能任持，水能攝聚，火能成熟，風能生長，如是名爲四大業用。文中地大，堅義辨體，持義顯用，並列名也。水、火、風三，辨體列名，文闕業用。文取穩順，故有具闕。

疏望前等者，《瑜伽》第三說：地、水、火、風名四大種，其性大故，爲種生故，立大種名。大有四義：一、所依大，一切皆依能造有故；二、體相大，遍所造故；三、形相大，衆見地等遍一切處故；四、起用大，如地生長一切物故。種者因義，此四爲因，起衆色故。虚空雖大，不能與餘爲因體故，彼不名種。地、水、火、風亦大亦種，名大種也。《法苑》第六云：依增上緣辨六因造者，大造望色，唯有三因：一、能作因，能與彼力不障礙故；二、同類因，令增長故；三、俱有因，大種造色必俱生故。非心心所故，不是相應因。非善惡故，不是異熟因。非煩惱性故，不是遍行因。故無三因也。造色望大，亦爲三因：一、能作因，此因寬故；二、俱有因，不相離故；三、異熟因，律儀、不律儀及定俱戒能招大故。無三可知。辨因造已，緣造云何。大造望色，唯增上緣。現行相望，非心等故，無餘三緣。若諸大種同聚所有一切造色相依有者，皆可名造，互得造義。《瑜伽》第三說：有色聚中唯有一大，如末尼珠、江河、燈燭、無塵之風。或有具二，或具三四，隨應不定。

疏然五等者，《五蘊》《瑜伽》皆說：眼等五根以所造淨色爲性，意取所造色香味觸爲五根體，聲體虛疎多間斷故，故不取之。有說能造所造八法爲體。《瑜伽》據顯相故，唯說所造。然有五義說名爲根：一、莊嚴義，眼等莊嚴有情身故；二、相續義，一期身中常相續故；三、依義，識所依故；四、發義，能發識故；五、遍義，遍與王所爲依止故。經據顯勝，以發生義名根也。根有二種：一者，勝義根，根體勝妙，唯聖智所知故；二者，世俗根，根依處故，亦名扶塵根。其勝義根在扶塵根內，如珠瑩淨，照境發識，說名根也。取境離合者，眼、耳離取色、聲二境，說名見聞。鼻、舌、身三，對香、味、觸合取名覺。並四大、五塵總分別者，《瑜伽》第三說：諸色聚中，略有十四種事，謂四大、五根、五境。如是色聚從自種生，本識頓變。於中復有能造所造。多緣所成眼等根境，約類分別種種差別，如彼廣說。界地有無者，五根、色、聲、觸在欲色界，通五地有，遍四禪故。香、味二種，一界一地，初禪有故。能造四大，遍所造故，隨所造色以辨有無。

疏五蘊假者總名受蘊者，由受領納順違俱非，起惑造業，感蘊果故。此受有彼五蘊法故，名受蘊也。

疏雖想等者，問：妄相取像，妄念憶持，體非是受，如何名爲觀受假耶。疏釋意云：雖想與念，體非是受，然以因受領境，生想念故。由受想念同聚相應，助受領境，總名受也。

疏雖業等者，問：作業是思，受果是識，異熟識故，何名觀受。疏釋意云：雖業與果，體是思識，然由於受領納境界，作業受果，故名受也。

疏刹帝利者，此云田主，義翻王種。謂劫初時，競於香稻，因分田土，各定疆界，立有德人爲共許王，封爲田主。次有厭家、樂居閑靜，精修淨業，因名婆羅門，此云淨行，或云淨志。次有吠舍，此云坐收，坐而收利，即賣賈也。次有戍陀羅，此云耕田。本於田中香稻自生，後不生故，耕田種之。此四爲初，自後因事立種種姓，如《瑜伽》說。

疏《唯識》等者，夢中執有種種境界，覺已頓遣，知夢境空。菩薩見道，真覺起時，頓遣妄想，了生死夢，一切皆空，返照從來處生死中，妄執我法，顛倒謂有也。

疏名詮諸法自性之共相者，自性者，亦名自相。此自相法爲所依體，其共相法爲能依義。義依於體，而非法體，法體自相而離言故。帶言詮法，名爲共相。如言水、火，但得帶詮濕熱之義，不得離言濕熱之體。言不得彼法自性故，濕性、熱性身所得故，帶詮共相是意所緣。餘長去聲。之法，謂法體上餘長義也。由不得彼離言法體，故一切名皆假施設。自相共相，相形多類，如別處說。

疏出世言教離相解故者，由諸有情不解出世性相因果故，佛菩薩於彼無言法中，假設言教而顯示之，復教亡言離相而解，修因證果，故諸言教一切不實，猶如谷響。

疏第二月者，由眼病故，於本月邊見有幻月，於幻月上復生青黄赤白等解，其實無之。衆生執病，於真性上見有幻事，於幻事上復生有無一異等解，其實無之。故諸幻事，有無一異，皆無實體。

疏前爲等者，前言諸法緣成，謂蘊、處、界者，如緣生中，行支爲增上緣，而能招感生、老死支，立蘊、處、界。此言諸法因成等者，識等五支爲親因緣，生成現行生、老死支，名爲有情。理實有情不離三科，但以經文約增上緣、約親因緣，各立一義也。因緣有三，謂種子引種子，引種生現行，現行熏種子。初之一類異時因果，後之二類同時因果。如疏可知。

仁王護國般若經疏法衡抄卷第四

仁王經隨抄音切

杌五忽切。

漚烏侯切。

謇吃上居輦切，下居乙切。

泒灑上疋賣切，下砂下切。

姝昌朱切，美好也。

濵必隣切。

壓烏甲切。

迸北諍切。

趂刃刃切。

縮所六切。

三藐古《玉篇》亡略切。

轉相轉通上、去。

校勘記

〔一〕「降」，疑爲「那」。

〔二〕「頓」，疑爲「頃」。

〔三〕「皆」，據《阿毘達磨大毘婆沙論》卷一百三十六，疑爲「背」。

〔四〕「輪」，據《阿毘達磨大毘婆沙論》卷一百三十六，疑後脱「車」字。

〔五〕「云何」，底本原校云《疏》無。

〔六〕「擊」，底本原校疑爲「繫」，下一「擊」字同。

〔七〕「近分」，底本原校云《疏》作「分近」。

〔八〕「等」，底本原校云一本作「界」。

〔九〕「令」，疑爲「今」。

〔一〇〕「惑」，疑爲「或」。

〔一一〕「忘」，底本原校疑爲「妄」。

〔一二〕「異」，底本原校疑爲「果」。

〔一三〕「功」，疑爲「劫」。

〔一四〕「下」，疑爲「不」。

〔一五〕「真如實知」，疑衍。

〔一六〕「垂」，疑爲「乘」。
〔一七〕「勝」，《攝大乘論本》（《大正藏》本）作「昇」。
〔一八〕「是同類因生」，底本原校云《疏》作「如同類因引」。

仁王護國般若經疏法衡抄卷第五

譯經證義講經律論廣演大師遇榮集

疏外草等者，第八識中色法種子而無形相，本識變之，令生現行質礙色法。此種望現，是親因緣。現行色中，如穀種子而生苗稼，此是增上緣中説因緣義，非親因緣。

疏三世善、惡者，由善、惡業所感之果。通之世受，行相云何。善、惡之業，總有四種，謂：今生作業，今生受報，名順現受業。或復有業順次第，一生即受其報，名順生受業。或復有業於第三生乃至百生千生可定生數，受其果報，名順後受業。或復有業以輕微故，或受其報，或容不受，若時若報，俱不決定，名不定受業。《瑜伽》第六十四句分别：一者，報定時不定業，謂所作業定受果報，或於今生，或於來生，或後後生，時不定故；二者，時定報不定，即前三種業定於時分而受果報，如不善業由遇勝緣懺悔力故，不必受報；三者，時、報俱定，即前三種業也；四者，時、報俱不定，即前第四類不定受業也。

疏種於識中等者，本識持種，種無形相，即是本識相分攝也。本識如空，色、心如雲，晴空皎潔，瑩淨無霞，龍皷雲飛，隨空廣遍，復增雷雨，種種差别，法亦如是。本識皎淨，種子無形，遇緣變現色法、心法種種差别，隨應遍於三界九地，各隨因業受苦、樂報。意令遣此虛妄色心，淨其本識，所以示此法門，乃至三世善惡、因果皆如空中雲也。第二解，意：空喻真性，雲喻色、心。虛空瑩淨，由雲翳之。若遣浮雲，空即瑩淨。真性本淨，由藴翳之。若遣妄藴，本性即淨。教示菩薩觀本性淨，遣妄相也。霈。普蓋切，大雨也。

疏然上等者，總十句疏。初一句標，次四句能治之行，次四句所治之障，後一句結。初、觀法體，若色若心皆如幻故，明法是假，對治執法實有倒也。二、觀法用，作業受果如夢所見，明受不實，治執領納倒。三、觀體用名，權假施設，如呼聲響，顯名是假，治執名字倒。四、觀法生滅，猶如陽焰，明相續假，治執斷常倒。五、觀十八界藉緣暫有猶如電光，有無一異如第二月，明相待假，治執自然倒。六、觀法緣成，現蘊處界如水上泡，顯法緣成，治執空倒。七、觀法因生，因果同異，三世善惡，如空中雲，明因生假，治執無因倒。教示菩薩治七顛倒，住不顛倒，安處無相，自利利他，如實觀察。

疏垢識者，前七識聚煩惱相應，故名垢識。或是有漏八識總名垢識，同於相縛，遍八識故。

疏相縛者，有漏八識緣境之時，境相縛見，令不自在。相即能縛，名爲相縛。二縛如下。

疏世俗即諦者，依《瑜伽論》，釋四諦云：苦諦有三，苦事、苦理、苦如，皆名爲諦。餘諦名三，此中事相名諦，世俗即諦，名世俗諦。理如名諦，世俗之諦，名世俗諦。此中二諦攝彼四諦，故作是釋。

疏勝義即諦者，通依、圓性也。審實名諦，勝義之諦，名勝義諦。

疏中智等者，《涅槃經》説凡夫智緣而不能證，名爲下智，對中、上智也。

疏依法辨諦等者，諸宗立諦，總有四種。一者，小乘所立，彼依初時多説有教，立二諦義。《俱舍》頌云：如瓶衣世俗，異此名勝義。瓶及衣等虚假之法爲世俗諦，餘五塵等有爲、無爲有實體法爲勝義諦。二者，勝義皆空宗依第二時多説空教，立二諦義。俗諦門中歷位修證，可説是有。真諦門中無修無證，一切皆空。三者，應理圓實宗亦依第二時多説空教，立二諦義。《般若論》説有爲事相而爲俗諦，無爲實相而爲真諦。四者，應理圓實宗依第三時非空非有中道之教，立二諦義。一、世俗諦，二、勝義諦。二諦各四，共成八諦。如疏中說。

疏 法有勝劣等者，法有勝劣，互相形待而爲真俗，總依五法，相對四重，共成八諦。一、真假二諦，瓶林等假爲世俗諦，蘊處界實爲勝義諦。二、理事二諦，蘊等事法麤爲世俗諦，四諦道理細爲勝義諦。三、淺深二諦，四諦安立淺爲世俗諦，二空真如深爲勝義諦。四、詮旨二諦，二空真如帶詮爲世俗諦，一真法界亡詮爲勝義諦。四真四俗，各有異名。《法苑》釋云：世俗諦四者，一、世間世俗諦，亦名有名無實諦。隱覆真理，當世情有，墮虚僞中，名曰世間。凡流謂有，依情立名，假名世俗。世間即世俗諦，名世間世間㈡世俗諦，餘皆持業。二、道理世俗諦，亦名隨事差別諦。謂蘊處界，隨彼彼義，立蘊處界，名爲道理。事相顯現，差別易知，名爲世俗。三、證得世俗諦，亦名方便安立諦。謂苦集滅道，施設染淨因果差別，令其趣果，名爲證得。有相可知，名爲世俗。四、勝義世俗諦，亦名假名非安立諦。謂二空真如玅出衆法，聖者所知，名爲勝義。假相安立，非體離詮，名爲世俗。謂名生空真如，法空真如，假名施設帶於詮故。勝義諦四者，一、世間勝義諦，亦名體用顯現諦。謂蘊、處、界事相麤顯，墮虚僞中，名曰世間。亦聖所知，過第一俗，名爲勝義。世間即勝義諦，名世間勝義諦，餘皆持業。二、道理勝義諦，亦名因果差別諦。謂苦、集、滅、道知斷證修，因果差別，名爲道理。無漏智境過前二俗，名爲勝義。三、證得勝義諦，亦名依門顯實諦。謂二空真如，無相聖智依詮空門顯證真理，名爲證得。凡愚不測，過前三俗，名爲勝義。四、勝義勝義諦，亦名廢詮談旨諦。謂一真法界，體玅離詮，逈超衆法，名爲勝義。聖智内證，過前四俗，復名勝義。廣如彼文。

疏 一云等者，俗諦門中有説聽相，由對俗諦立於真諦，故成二諦，名爲不一。依第一義諦，無説聽相，不立俗諦，無俗諦故亦無真諦，真俗相形，俗泯真亡，名不二也。真俗之外，非真非俗，亡詮之法，名第一義諦。如《瑜伽》説四諦之外有非安立諦，此二諦外有第一義諦。

疏二云等者，有説有聽，名爲不一，即顯二諦差别之義。無説無聽，名爲不二，即顯二諦亡詮法體，無差别義也。不一不二即是第一義諦者，譬如依水而起波浪，若無波浪，存舊水體，非别有水。法亦如是，依於真諦而有俗諦，若無俗諦，在舊真諦，真諦即是第一義諦，非真俗外别有第一義諦。意遮初解，故疏言非。

疏因緣如幻有者，若色若心，成有情身，由善、惡業爲招感因，由諸煩惱爲發潤緣，以此因緣受異熟[三]果，名爲有情。此增上緣非親因緣故，言似因似緣。因緣不實，故如幻事。或可因即是緣，謂親因緣種子爲因，親辦自果，生諸有爲，若心若色，如幻有也。或因緣者，十二因緣藉待之義，由前前支爲因，勢力藉待爲緣，引後後支，謂無明緣行，乃至生緣老死，此皆虚妄，故如幻有。有情各自前能引後，爲因緣義，非自我作，非佗我作，非苦我作，非無因作。

疏《中論》者，諸有爲法不從自種因緣而生，自無力能，藉他助故，要具衆緣，和合方生。故彼頌云：

諸法不自生　亦不從佗生
不共不無因　是故知無生

經法性本無性者，諸法真性本無妄性。何以故。由勝義諦唯是空性真如理故。

經無無等者，前第一頌顯勝義諦以無相故離依他性。第二頌中離遍計性。此第三頌雙離二性。勝義之上無所執故，名曰無無。上上[三]是能無，下是所無也。亡詮勝義，實相真無，名諦實無。勝義之體離生死喧，名爲寂滅。虚融無礙，名勝義空。

經於解等者，前經問云：勝義諦中有世俗諦不。若言無者，智不應二。若言有者，智不應一。一二之義，其事云何。世尊答中，初三行頌，雙明二諦，顯法令解。次兩行頌，境智對辨一二行相。此一行頌，境智雙陳，結成一二之義也。於能解智而常是一，無分別相照勝義故。於所解諦而常是二，不壞俗諦證真諦故。若能達此一義二義，安立說聽，俗故不一，是謂二義。亡於說聽，真故不二，是謂一義。菩薩摩訶薩如是照解，是真入解勝義諦者也。若不達此一二之義，是似入解勝義諦者，或是謬解勝義諦者也。

經世諦等者，有情無始多著有病，故此重廣世諦不實，幻化而起，幻似於化，名幻化也。如空中華由眼病有，喻遍計性由亡[四]情有。空喻圓成，依圓成性有虛妄故。如形帶影從形發，喻依佗性影有情之身從業緣現。如毛輪者，合顯二性，依佗不實從因緣有，遍計都無隨妄情有，猶如毛輪由眼病有也。

疏《維摩》等者，維摩居士受長者子善德所奉瓔珞，分作二分，一分施於最下乞人，一分奉施難勝如來。無所分別，佛及衆生平等施故，其福齊等，名爲法施，觀行法故，功德法故。

經空空故空者，上能破空，次所破空，故空是結。以此空義，破彼空病，故說此空。

疏有說等者，法相宗說：無明爲本，行等是末。觀十二支，修行趣聖，乃至成佛，得一切智，如是諸法無自佗相，故名爲空。第二性宗意說：久遠劫前本覺爲因，無明爲緣，擊靜令動，初起三細，次起六麤，輪迴生死。從本起末，本覺是本，餘皆是末。根本無明順自迷暗，違他本覺，故眠生死。覺迷返本，從生死末，歸本覺性，違自迷暗，順他本覺，歷住修證，至佛果位，得一切智也。生死界中辨迷悟相，故以無明爲自，本覺爲他，自、他之相依對待立。無分別慧照解勝義，泯相絶待，無自他相，一切皆空。此文釋成於前佛及有情一而無二行相所以也。

疏有說等者，此相宗義。菩薩未成佛時，以菩提相而爲煩惱。以煩惱相依覺性故，隨性以説相，故言以菩提爲煩惱。菩薩成佛時，以煩惱性而爲菩提。煩惱相滅，覺性存故，隨相以説性，故言以煩惱爲菩提。如鹽在水，未煎之時鹽即是水，若已煎之，水即是鹽，此亦如是。第二性宗意云：如波依水，水之動相轉名爲波，對波説水，分波水異，其實是一。法亦如是，煩惱是相依菩提性，性之染相轉名煩惱，對煩惱相，説菩提性，分爲二類，其實煩惱即是菩提。餘如疏説。

經應頌、諷頌者，梵語祇焰，此云應頌，亦云重頌。伽陀，此云諷頌，或單言頌。有作誦字，不順梵語。

經實相即是等者，十二分教詮實相故，文字般若爲佛智母。母者因也，生長之義。由聞此教，熏習智種，漸次生長諸佛智故，詮實相教。復爲聖位有情智慧之母、凡夫有情生善根本，由契經等生彼德故。若歸勝義，十二分教即是實相，即以實相爲佛智母、凡聖有情生善根本、智慧之母，同《無量義經》。義無量者，從一法生也。

經諸佛等者，何所以故，前云實相即是智母，次云此即名爲一切智體。故此釋云：未成佛時名爲智母，若已成佛名爲智體，約位因果，得名別故。復次，未證實相名爲因性，已證實相名爲果智。以此二番釋成前文智母智體名義相行也。有四爲字。皆平聲呼，作也，是也。

疏由聞熏力[五]等者，謂由聞説詮實相教，文字般若熏習聞慧。復由聞慧引生思慧。復由思慧引生修慧。復由有漏修慧引生無漏修慧。由有漏修慧熏本識内本無漏種，令漸增長。由無漏修慧熏無漏種，令生現行。始從見道，生玅平智，證實相理。乃至佛位，圓證實相。此皆因聞詮實相教，緣實相理，引生佛智，故説實相爲佛智母。諸佛已成佛，即爲一切智智實性。故《瑜伽論》云：菩提，菩提斷，皆名爲菩提。此一切智即菩提斷也。

疏未得爲性者，性是因義，未證理時聞法熏習，令無漏種漸次增長，當生佛智，即此實相是彼佛智之因性也。若已證得實相理者，即爲佛果智實性也。

疏覺解圓極即爲智也者，此性宗意，即此實相便是覺解也。因中本覺有勝功能，令無明等漸漸輕微。實相本覺分分顯現，猶如磨鏡，一分塵盡，一分明現。凡夫伏障如初磨鏡，明相未現。十地菩薩障分分滅，覺分分明。等覺末位，解脱道中，爾時本覺乃現圓極，名一切智。

疏未得爲性者，性是因義，於因位中障覆本覺理性因故，離障本覺名佛果故，故説實相爲佛因性也。

疏因聲詮顯名言故熏者，音聲屈曲，立於名言，詮顯實相。因由聞此詮實相之名言故，數數熏習，發動識中本無漏種，令漸生長，乃至得佛之智，證實相理。皆因聞彼實相之名，緣實相理，正智得生，故説實相爲佛智母。

經護佛果者，結《觀如來品》護佛果及化有情也。護十地行者，結《菩薩行品》護諸凡聖十四忍行及化有情也。經依殊勝，偏説十地。前之二品，顯示能依果德因行。此《二諦品》顯示所依世俗勝義。前别後總，俱明内護。

疏明前理事等者，前三品文明理及事，逗令修學。此下結釋前文大義，及顯前文未了之義也。

經云由諸有情色法、心法五取蘊相，乃至非相非無相而非無量。此遠結釋前二品中所化機性根行無量，能被法門亦復無量。法門雖多，究竟皆契實相真理。又云若菩薩隨諸有情見一見二，乃至是故法門非一非二。此近結釋《二諦品》中一二之義，見有一二即是俗諦，了知一二非一非二即是真諦也。又云一切諸佛皆説般若，乃至得三菩提。此通顯示前三品中未明之義，顯此般若功德勝玅，説不可盡。生淨信者超諸苦難，有受持者當得菩提也。此二〔六〕義中，初二結前，後義顯德。二義結中，初義遠而通結，後義近而别結也。

疏而非無量者，隨能證智雖有衆多，然所證理一無漏相，一解脱味，非無量也。

經何況等者，前舉一念淨信之心尚超苦難，何況有人書寫、持説修多法行所得功德，乃與諸佛因中果位功德無異，所以當得三菩提果。

疏名《護國品》者，問：此經總題名護國般若，云何此品獨得彼名。答：波斯匿等請佛世尊説護國法，因此如來先爲菩薩明其内護，顯示般若有勝功能，稟之修行，降伏魔怨，乃至成佛。次酬所請，而爲諸王説護國法，意顯般若勝用功高，尚能降魔斷生死苦，護國安民故爲小事。由應諸王本所求請，所以此品獨得護國之名。問：佛未出前，堯舜治化，國界豐樂，既無佛法，何者能護。答：彼時人民煩惱輕微，仁慈孝順，王臣德勝，上令下從，民安國泰，不須護之，佛不出世説護國法。今時不爾，故須護之。問：只如梁武帝崇建三寶，精研釋典，御服節儉，奉佛治民，如何侯景致其身亡。答：此蓋梁帝侯景宿結怨讎，故致然也。若不奉佛，聖運不久。由建立三寶，盛興佛教，所以在位近五十年，國土豐樂。洎乎壽數老邁，又令忠臣會遇宿因，上昇御駕。梁帝在位四十八年，壽八十六歲。臣侯景作叛，帝憂慮而崩。諸如此例，不須致疑。故經頌云：

假使經百劫　所作業不亡
因緣會遇時　果報還自受

問：既説宿因，若災若福皆由宿因，何須護國之法。答：因有二種：一者，酬宿業因，如梁武帝，亦如阿闍世王殺父是也。二者，初起業因，剏造惡因必有惡果，剏造善因必有善果。又有二因：一者，宿因；二者，現因。由宿因業，現因助之，其果必生，隨闕一因，果必不生。如此所説，依法積善，内德增長，外災殄滅。又有二因：一者，順現受業；二者，順生等業。如《史記》云：鄒拘齊獄，夏日降霜，丹質秦邦，烏頭變白。《周易》云：積善之家必有餘慶，積惡之家必有餘殃。此等皆是順現因果。問：若以凡僧講誦而灾難除，亦應凡僧作惡而灾難起。答：應須分別。諸佛設教，諸天奉行，不敢違佛。王臣治化，法天而行，不敢違天。若違天者，即不順佛，爲天所棄。由天棄故，魔鬼作亂，國土灾興。若依佛法建國安民，順諸天故，爲天守護，善神警衛，國土豐樂。凡僧奉佛，依法講誦，即與王臣同契佛心。王臣有位，威勢自在，能致國土人民苦樂。凡僧無位，若有作惡，自禍一身，不禍人民。若有講誦，福助王臣，國安民泰。正由王臣，僧兼非正。

疏亦得淨命勝紗茵蓐者，《無垢稱》云：四靜慮爲床，淨命爲茵蓐。淨命即是無貪所起身、語、意業也。茵蓐謂文縟，華氈之類。

經每日二時者，辰朝將暮之時，表說般若如日初出，破幽暗故。日將暮時，暗相漸增，末代衆生癡暗轉盛，表說般若破癡暗故。又解：說《金剛經》，日正午時，明盛之極，表說般若照明一切。說《上生經》，於初夜時，表說深經發生明慧，破癡暗故。合彼二經，即此經意也。

疏去年等者，大唐永泰元年乙未歲，四月内譯經畢，至永泰二年二月十一日，勅良賁法師入内，於南桃園修述義疏，故指去年也。《神曉抄》云：譯此經時，詔不空三藏於承明殿建置道場，及詔懷感等十人大德，於南桃園，與三藏對首翻譯。四月一日起首，至十五日譯畢，繕寫進呈。其日酉時，勅詔良賁、子璘二法師。取來日於承明殿道場中讀新經時，三藏執梵本，御案舒舊經，帝手執新經，而對讀之。不起于座，一部告畢。帝極嘉慶，禮經稱讚，詔諸大德至五月盡在内道場轉讀。至八月八日，勅於資聖、西明兩寺各五十人，共成百座而講讀之。自七月中旬，秋霖連霔。至八月盡，建無遮會，勅九月一日京城釋子竝集，於光華門迎經。其日卯時，經從内出，忽爾晴開，澄空如鏡。百寮慶賀，勅諸近臣宰相已下，與朝仕九品，皆悉迎經。至望仙門，南北長街，車騎圓噎，歌樂沸天。日邊五色雲現，廣十餘頃，千變萬化，繢畫不及。道俗士庶數十萬衆，觀雲禮經，涕淚如雨。香華引前，經擔徐徐南行七八里，至資聖寺，彩雲漫覆，宛轉空中。經擔入寺，雲隨經捲徘徊少頃。分一半經送西明寺，幡華出寺，人馬翼從。至天門街，日邊彩雲依前而現，術衢士庶無不覩之。經入寺已，五色雲收。恩勑獎譽如疏。自九月初，至其月半，天晴月皎，煙塵不飛。時，十五日，西明寺設散講齋，軍容使得牒，知僕固懷恩不義集兵，西戎北狄數十萬衆，西北至奉天縣，西南至盩屋縣，東北至同州。京國振驚，百寮失色。郭令公子儀。河東兵馬未至，關中神策將士亦未備擬。軍容使魚朝恩。於西明寺佛殿上焚香發願曰：香從百座，天極澄霽，此之晴明，表經威力。今既蕃戎天下三面俱至，國家兵馬又未相接，《仁王般若波羅蜜多》實能護國者，願從明日至二十四五日秋雨復下，使其蕃醜不得進兵，河東令公復來至此，容有准擬，使免其失守，即是《般若》護國之力也。流淚至誠，言畢歸苑。從十六日午後，直至月末，晝夜連注。河東兵馬盡至京師，城中將士屯軍苑北。時奉天縣來使奏云：二十六日晚後，天雨稍歇，土蕃大軍圍奉天縣可百餘迊，雖填濠了，不敢近城。番問其由，蕃軍中說：遠見城上有被甲人，身長丈餘。土蕃驚退，自互相殺，西奔涼外，遍臥溝壑，僕固自死。勑諸軍營置天王像，每日申時，精嚴百味而以祭之，報其功焉。

疏善法堂號豈虛也哉者，資聖寺講堂之號也。九月十五日，西明寺百座畢後，時諸大德移入資聖寺。時寇盜侵逼，内出天香，詔良賁法師於講堂中依舊講經，道液法師於西明寺般若院講經，其諸大德宜加精誠轉念讀誦。時，諸大德每夜集於講堂中，念摩訶般若波羅蜜多，衆意虔誠，而願蕃軍退散。至閏十月二十三日，勑於資聖寺設無遮大會。勑曰：百座道場，幸依此寺。八旬講誦，宿夜苦勤。遂得海内澄清，蕃夷併服。即知般若神力寧殊善法之堂，寶位天長自同帝釋之壽。如無旌記，何表玄功。賜善法堂號額，長講《仁王經》，其額御書。《般若經》說，天帝釋宮有善法堂，修羅軍衆與天鬪時，覺勝天皷即云怨來，天主即集天衆於善法堂，念摩訶般若波羅蜜多，修羅即退，天衆安樂。

疏二十八部者，《孔雀經》說二十八部藥叉大將。有四藥叉住在東方，其名曰地嘌伽、（此云長大。）蘇甯涅囉、（此云妙目。）布囉拏迦、（此云圓滿。）劫比羅。（此云黄色。）其餘三方、上、下各四，四維各一，共二十八。各領無量眷屬，於十方界擁護有情，除灾難事。

疏出佛身血者，佛不可殺，但言出血。如提婆達多推山壓佛，迸於小片，傷佛脚指出血也。殺父殺母，壞恩田故，餘棄德田，反背恩德，故成逆罪。殺阿羅漢，有其二類：一者，應化，起後教故，能殺所殺俱示現也；二者，稱實，初二果人於此現身不久當得無學果，故與阿羅漢名，殺業未盡故被殺之。破和合僧，此逆有二：一、破羯磨僧，二、破轉法輪僧。復有二義：一、破事和僧，二、破理和僧。如提婆達多於象頭山與五百愚癡比丘別作羯磨，於一界中僧分二部，事不和合名破事和僧，別作羯磨名破羯磨僧。彼復別說五法是道：一、著糞掃衣，二、常乞食，三、樹下坐，四、不食酥油，五、不食魚肉。此非沙門喬答摩所說。八支是道，愚癡比丘而生信受信別異法，乖真正理，名破理和僧。說別異法，名破轉法輪僧。此等破僧，此竝攝盡。由彼作亂，三千界中人天疑惑，難分邪正，廢於斷證教行，法輪不轉，故成大罪。依《法華疏》，殺父母等名三乘通逆，通對三乘說此罪故。《薩遮尼乾子經》云：五逆罪者：一、破塔壞寺，焚燒經像，盜用三寶財物；二、謗三乘法，言非正法，障礙留難，隱蔽覆藏；三、於出家人有戒、無戒、持戒、破戒，打罵呵責，說其過惡，或脫袈裟逼令還俗，禁閉牢獄，駈促斷命；四、殺父害母，出佛身血，殺阿羅漢，破和合僧；五、起大邪見，長夜常行十不善業。此名大乘別逆，別對大機説此罪故。僧殘者，梵語僧伽婆尸沙，此云衆殘。式叉摩那者，此云正學，《毗柰耶》云謂勤策尼。受十戒已，復受六法戒，名正學女。二年學女，二年學持，方受大戒。大犯棄之，小犯許懺而重修學。六法者：一、不得獨在道行；二、不得獨渡河水；三、不得染心觸男子；四、不得與男子同室宿；五、不得爲媒嫁；六、不得覆尼重罪。是正學女六法戒相，當勤修學。

疏《涅槃》説者，彼經第十二説：過去世時有大國王，名爲善住，於其頂上忽生一皰，滿足十月，其皰乃開，生一童子，形容端正，字曰頂生。時，善住王以國付之，入山學道。時，頂生王福德所致，統四天下，七寶千子，一切具足，國土豐樂。問諸大臣：四洲歸化，更何所爲。諸臣白王：三十三天自恃天福，未來歸化，可往討之。王與七寶一切營從上忉利天，時天帝釋出門迎之，與王執手，陞善法堂，分座而坐，形貌無別，唯目眴異。時，頂生王念奪天位。爾時，帝釋受持讀誦大乘經典，開示分別，爲衆演説。以是因緣，有大威德，能却頂生。時，頂生王即便墮落，而還閻浮提，後患惡病，即便命終。

疏班足者，《賢愚經》第一卷説：過去此瞻部洲波羅柰國王，名波羅達磨，入山遊獵，下馬小息，有女師子逼王行欲，王乃從事。師子去已，後生一子，形皆似人，唯足班駮。師子銜兒送至王前，王憶前事，即便收養，因名班足，亦名鹿足，亦名兩翅。父王崩已，班足嗣位。十二年後，忽於一時，廚人少肉，時王須肉，廚人出門見死小兒，以充王食。王食此肉，讚美倍常。王問廚人，廚人具説。王言：常以此肉供於我膳。廚人白王：前者偶見，後從何覔。王言：密而取之。廚人夜間密捕小兒，每日供王。城中人民各各行哭。諸臣議之，夜伺求捉，乃獲廚人。縛已見王，王言我教。諸人怨王，臣議除之：城外有園〔七〕中浴池，候王入浴，伏兵殺之。後園〔八〕時王浴，臣等欲殺。王知必死，便發願言：我先福業迴此，變作飛行羅刹。語已即變，於是飛行。羅刹翼從，黨類漸多，害人漸廣。諸羅刹等白班足言：我爲翼從，當取千王，拘閇深山，充王常饍。班足依之。已得九百九十九王，唯少一王，未滿千數。諸王念言：須陀索彌王此云普明王也。有大方便，若得彼王，濟我等苦。作是計已，白羅刹王。時羅刹王即便取之，須陀索彌王愁憂悲泣，白羅刹王：我一生來，未曾妄語。有婆羅門從我乞焉，我許施之。我今不施，違誠信也。願王放我七日之暇，此經云一日也。施已就死。班足放去。既到國已，見婆羅門，歡喜供養。時婆羅門此云飯食沙門也。故《俱舍》云：所説沙門性，亦名婆羅門。知王之意，爲王説偈。大同此經。王聞法已，思惟歡喜，國付太子，與諸臣別，而還赴死。諸臣白王：王住勿憂，以鐵爲舍，王居其中，班足若來，有何患乎。王告臣言：誠信爲本，我寧信死，不違信生。王乃出城，國人皆送，悲啼悶絶。時，班足王山頂遥見顔容怡悦，班足問言：誰不惜命，汝何歡喜。遂即答言：我於七日供養聞法，心少開解。我雖就死，忻慰如生。班足問言：汝聞何法。即爲班足方便演説殺生苦報、不殺之福，乃至廣説。班足聞已，敬承信受，即放諸王各還本國。

疏九山、八海者，《瑜伽》《俱舍》皆有廣文。玅高山王處於中間，外有七重金山圍遶。復有一重鐵輪圍山而總圍之。九山中間各有一海，故成八海。山海皆深八萬瑜繕那量。玅高山王出水亦八萬瑜繕那量。自餘八山，半半漸下，至第九鐵圍山，高三百十二瑜繕那半。於八海中，玅高山下大海廣八萬瑜繕那量，餘六半半漸狹，第八重海廣三億二萬二千瑜繕那量，四大洲界在此海内。九山通計，闊一十五萬九千六百八十七瑜繕那半。八海通計，闊四十八萬七百五十瑜繕那。山海通論，其量可知。劫火洞然，大千俱壞，齊初靜慮，横遍八方。其中所有百億須彌乃至巨海，磨滅無餘。

疏成、住、壞、空等者，《劫章頌》云：

劫名次第及數量　成住壞空并始終
餘三無定不可准　故約住劫論多少

且成劫者，謂此世界前已經壞、空、住，時久等二十增減劫，方成劫興。前火灾壞，從初禪成。前水灾壞，從二禪成。前風灾壞，從三禪成。且初禪成者，《瑜伽》第二云：謂一有情能感成劫業增上力，爾時，最初於虛空中，最初靜慮，器世間成。如有雲地及宮殿等，猶如化出。爾時，第二靜慮中，有諸有情，由壽盡故、業盡故、福盡故，從彼天没，而來生此諸宮殿中。言壽盡故者，業所招果時分盡故，應時而死。業盡故者，由於順生順後受業受用盡故，應時而死。此二別者，前約總報，果盡故死。後約總別異熟，因盡故死。福盡故者，由彼有情貪著定味，福力滅盡，因此命終，名福盡死。論文意説：初一有情，極光淨天没，生初靜慮梵世界中，爲大梵王，獨一而住。經一增減劫，由一獨故而懷不悦，作是念云：云何當令諸餘有情生我同分。由希念故，餘諸有情，由壽等盡，亦從彼没，生初靜慮，爲梵衆天、梵輔天，次成他化自在天、樂變化天、兜率天、夜摩天，宮殿器界皆如化出。諸有情類，從極光淨天没，來生此處諸宮殿中。依《劫章頌》頌，欲界空居四天，情器俱生。然後於下空中有微風起，漸廣漸堅，時經久遠，盤結成輪，運持世界，深厚十六億瑜繕那量，即是三千大千世界底也。由諸有情業增上力，於虛空界，金藏雲興，從此降雨，滴如車軸，注風輪上，深十一億二萬瑜繕那量，上八落叉水餘凝結成金，即此金輪，厚三億二萬瑜繕那量。水、金二輪，廣闊量等二十落叉三千四百半瑜繕那量。又由有情業增上力，而復降雨注金輪上，深八萬瑜繕那量。由其種種威德，猛風鼓擊，此水復令凝結成九山、八海、地獄、鬼界，於此洲下，與洲同成，成器界也。次成有情，先成人趣。《劫章頌》云：

二禪福盡生瞻部　身長千尺二千尺
光明皎潔能飛騰　所食地肥地味餅
香味具足資諸大[九]　漸次[一〇]生貪競多取
地餅失没林藤生[一一]　復競林藤失粳米生[一二]
貯積復失香稻生　食漸麤澁[一三]成便利
男女爾時差别形　由躭染情身光滅
世界黑暗失光明　菩薩慈悲興日月星[一四]
競取香稻食[一五]地利　於是竊盜乃初行
共立□□□□□[一六]　□□界畔布均平等[一七]

《瑜伽》《婆沙》《起世經》等，大義□□□□□□□彼劫初業增上力，此業殊勝，欲界所攝。内□□□□□□□二禪有情由壽等盡，而來生此。初食地肥，□□□□□□□馥。其色鮮白，猶如珂雪，味如石蜜。經於多□□□□□□□一人稟性躭味饃香，便食餘人隨學競取食□□□□□□地餅生，如雨際後地皮捲起，色黄明淨，其味□□□□□□地餅隱没，有林藤生，亦名林條，從地而起。其□□□□□□大皆生菓實滿枝條上色藍婆柯華，割之汁流如□，競取食之。林藤隱没，有粳米生，可長七寸，而無糠麩。次□□稻而有糠麩，皆取食之。此食雖美，麤於前三，便利在身。爲欲蠲除，便生二道，一分有情男根生起，一分有情女根生起。宿習力故，由此便生非理作意，失意猖狂，行非梵行。耻於□□，方造室宅以自蔽隱。由食香稻，躭染情欲，失於身光。□□□悲，興日月星。《法華疏》云：有經中說，觀音菩薩名寶意，作日天子。大勢至名寶吉祥，作月天子。虚空藏名寶光，作星□□。□次《法華經》中，寶光天子名月天子，普香天子名日天子也。復由□□□稻因故，遂於其地復起攝受。由此因緣，更相爭奪，犯□□□。即由此緣，立有德人，封爲田主三滿陀王。各以所□□□□□一以奉於王，求王守護。如是乃至十種業道皆悉具足。以造惡故，如次墮於鬼界、傍生、地獄。復有利智覩斯三惡□遂心生，修行十善。以此善因，漸次生餘東西北州、四王、忉利□成劫終。始從梵王，終忉利天，有情器界皆以成立。如是量□二十增減，總名成劫。

第二，住劫者，謂前有情初生贍部□□□億歲，仍屬成劫。成未終故，乃至有情生忉利天，贍部洲□□八萬四千歲時，名成劫終。《劫章頌》云：

爾時贍部人長命　八萬四千爲最上
乃後百年減一年　至十歲時減劫終[一八]
從□[一九]子年倍父增　還登八萬四千歲
一增一減爲一劫　數滿二十劫□時[二〇]
即此住劫稱賢劫

《瑜伽論》說：二十增，二十減，合四十增減，爲住劫量。最後增已，爾時那落迦有情唯没不生，爲壞劫□。子年倍父者，《中阿含經》說：十歲時人，互相殺害。仙人相誡遠離殺生，彼人受生，倍二十歲。復離不與取，倍四十歲。復離邪婬，倍八十歲。復離妄語，倍一百六十歲。復離兩舌，倍三百二十歲。復離麤語，倍六百四十歲。復離綺語，倍二千五百歲，此行難行，故超壽量。復離貪嫉，倍五千歲。復離嗔恚，倍一萬歲。復離邪見，倍二萬歲。復離非法惡貪邪行，倍四萬歲。復由孝順父母，尊重恭敬沙門梵志，修福業等，倍八萬歲。若依餘教，八萬四千歲者，即超倍中增出也。經就整數，故下□□□□增減中，每於減劫，人壽三二十歲時，復有小三災現，謂儉、病、刀。且儉災者，《瑜伽論》說：人壽三十歲時，方始建立。飢饉災□，當此之時，精妙飲食不可復得，唯煎朽骨，共爲讌會。若遇得一粒稻麥[二一]粟稗子等[二二]，重若末尼，藏置箱篋而守護之。彼諸有情，多無氣力，蹎僵在地，不復能起。由此飢儉，有情之類亡没欲盡。儉災時經七年七月七日七夜，方乃得過。《婆沙》一百三十四云：謂彼時人爲非法貪，染汚相續，不平等愛，邪法縈纏，嗔毒增盛，天龍忿責，不降甘雨，久遭飢饉。既無支濟，多分命終。由飢饉故，便有聚集、白骨、運籌。聚集有二：

一、人衆集，謂彼時人由極飢羸，聚集而無[二三]；二、種聚集，謂彼時人爲益後人，輟其所食，置箱篋中，擬爲種子，故飢饉時名有聚集。白骨亦二：一、謂彼時人身形枯燥，命終未久，白骨便現；二、謂彼時人飢饉所逼，聚集白骨，煎汁飲之。運籌亦二：一、由粮食少，行籌食之，謂一家中從長至幼，隨籌至曰[二四]得少麤食；二、謂以籌挑故倉場，得少穀粒，多用水煎而共飲之，以濟餘命。死亡略盡，瞻部洲内存萬餘人。《瑜伽論》云：彼諸有情復共聚集，起下厭離。由此因緣，壽不退減，儉災遂息。人壽二十歲時病災起者，《瑜伽論》説：本起厭患，今乃退捨。爾時多有疾氣、障厲、災横、熱惱相續，而生彼諸有情遇此疾病，多分殞没。如是病災，經七月七日七夜，方乃得過。《婆沙論》云：由具如前諸過失故，非人吐毒，疾疫流行，遇輒命終，難可救療，都不聞有醫藥之名。疾疫流行，死亡略盡，瞻部洲内存萬餘人。《瑜伽論》云：彼諸有情復共聚集，起中厭離。由此因緣，壽量無減，病災乃息。人壽十歲時刀災起者，《瑜伽論》云：本起厭患，今還退捨。爾時有情，展轉相見，各起猛利殺害之心。由此因緣，隨執草木及以瓦石皆成刀劍，更相殘害，死亡略盡。如是刀災，極經七日七夜，方乃得過。爾時有情復有三種最極衰損：一者，壽量衰損，所謂壽量極至十歲；二者，依止衰損，謂其身量極長一磔，或復一握；三者，資具衰損，爾時有情唯以粟稗爲食中第一，以髮褐爲衣中第一，以鐵爲莊嚴具中第一。五種上味悉皆隱没，謂酥、蜜、油、鹽、甘蔗。《婆沙論》云：時瞻部洲人壽極爲十歲。由具如前諸過失故，嗔毒增上，相見便起猛利害心，如今獵師見野禽畜，隨手所執皆成刀仗，各逞兇狂，互相殘害，七日七夜，死亡略盡，瞻部洲内存萬餘人。《瑜伽論》云：爾時，有情屍[二五]轉聚集，起上厭離，刀災遂息。又捨損壽惡不善法，受行增長壽量善法，由此因緣，壽量色力富樂自在皆漸增長，乃至壽量經八萬四千歲。《瑜伽》次云：然有聖言：若能一日一夜持不殺戒，於未來世決定不逢刀兵災起。若能以一訶梨坦雞起愍淨心，奉施僧衆，於未來世決定不逢疾疫災起。以一摶食起愍淨心，奉施僧衆，於未來世決定不逢飢饉災起。問：如是三災，餘洲有不。答：無根本災，有相似災，謂數加飢渴，身力羸劣，嗔毒增盛。此説二洲。北洲亦無相似之災。以無罪業□□□□□□無有嗔增盛故。

第三，壞劫者，謂火、水、風。且火□□□□□□過二十劫住已，壞劫便起。壞有二種：一、有情壞，二、外器壞。□隨義便，合而説之。《瑜伽論》謂諸有情能感壞□□□□□。爾時，無間那落迦有情唯没不生，爲壞劫始。乃至餘那□□皆當没盡，爾時，名爲壞那落迦，傍生、鬼界亦復如是。《俱舍》□□□各先壞本□住處者，若人、天雜居者，與人、天同時壞也。爾時人、天，法爾自然起厭離心，樂修諸□□善命終者，多生上界。《劫章頌》云：

人多厭世樂修定　無間有情死[二六]不生
壞劫爾時初漸[二七]起　地獄鬼畜三惡盡
狗[二八]盧勝身牛貨洲　瞻部四王忉利空
六欲諸天次第捨　始從無間終他化
時經十九增減同

又云：

下界虛[二九]空無有情　日加四倍增[三〇]常熱
溝池乾涸草木燋　二三日出江河竭
四五日出[三一]海泉盡　六七興時山石融
爾時大地竝炎暉　三千世界猛火聚
聳焰上騰交梵衆[三二]　諸天奔走趣二禪
梵輔梵王次第昇　三千世界竝灰燼
從地火起梵王去　復[三三]經一箇增減同[三四]
十九從多壞有情[三五]　一劫約少唯論器

第四，空劫者，謂此世界都無所有，空曠而住，時分等於二十中劫。過此空劫，成劫復興。《劫章頌》云：

從是虛空如黑穴　還同二十增減時[三六]
過此空時成劫興　大梵天王最初建

若水災者，謂如前説火災壞界，無間七火。此後方是水災壞之。先壞有情，次壞器界，如火災説。如是從下，乃至第二靜慮，隨一有情法爾自然得第二靜慮。其餘有情展轉隨學，亦復得定。皆此没已，生上諸天。《婆沙論》説：如契經言，既空曠已，次於第二靜慮中有俱生水界起，壞器世間，如水消鹽，水界與器一時俱没。如是没已，復二十劫空曠而住。若風災者，如前所説水災壞已，并前七火，總名水災，後兼前故。空曠而住二十中劫，過空劫已，世界復成。爾時，最初於虛空中第二靜慮器世間成，猶如化出。爾時，第三靜慮中，有諸有情由壽業福隨一盡故，從彼没已，生第二靜慮。餘一切處漸次成立，如前應知。次火災壞，如是次第七火災已，復水災壞，爲第二水災也。復七火災，世界成已，而住復水災壞，即説名爲第三水災，後兼前故。如是總有七七火災，一七水災，總説名爲七水災劫。七水災已，復七火災，次後方有一風災壞。謂如前説，有情漸捨，乃至第三靜慮，隨一有情法爾自然得第四靜慮，其餘有情展轉隨學，亦得彼定，皆此没已，生上諸天。爾時名壞有情世間。既空曠已，從此無間，於第三靜慮中，有俱生風界起，壞器世間。此之風界與器俱没，都無所有。復經二十中劫空住，如是總説八七火災，一七水災，後一風災，名一風災劫，後兼前故。次後復有七火災等，終而復始。風災壞已，世界成時，最初於虛空中第三靜慮器世間成，猶如化出等，廣説如前。前引《婆沙》説俱生風、水者，以諸色法四大所成，由劫初時諸有情類業增上力，感此四大與身器俱，名俱生、地、水、火、風。復由有情共業力故，變現身器，任持不壞，後能感業勢分盡時，俱生風、水能壞器界也。一風災劫，等八水災劫量，亦等六十四火災劫量，内有五千一百二十增減劫也。《婆沙》云：問：火災起時，火從何出。答：世界成時，有七日輪俱時而起，持雙山後，隱伏而住。然後彼處一日輪昇，達蘇迷盧而爲照曜。至劫將末，火災起時，餘六漸出，能壞世界。由諸有情業增上力，令世界成。至劫末時，業力盡故，隨於近處有災火生，乃至梵宮皆被焚燒。《瑜伽論》云：能感壞業增上力故，火災壞時，復有六日輪漸次出現。《婆沙》又云：第二靜慮邊雨熱灰水，由此器界皆被浸蕩。第三靜慮大風卒起，傾拔器界，令互相擊，上下翻騰，如麪摶空中散滅。皆由有情業增上力，令世界成。至劫末時，業力盡故，隨於近處，災水、風生，能壞器界。言近處者，俱生風、水也。更有諸師，如《婆沙論》。《俱舍論》云何緣不説地界爲災。答：以器世間即是地故，但可火等與地相違，不可説言地還違地。問：如何火、水、風三，如其次第壞下三禪。答：由初靜慮諸煩惱品與尋伺俱燒惱身心，引外火災。第二靜慮而有喜受遍潤身心，如水流潤，引外水災。第三靜慮有出入息，引外風災。第四靜慮離八災患，無此等事。若爾，第四靜慮應常住耶。《俱舍》頌云：

然彼器非常　情俱生滅故

經生老等者，上二句四相交侵，下二句餘苦逼迫，合爲八苦也。

一者，生苦。《對法論》云：生苦者，衆苦所依故，衆苦逼迫故。九月十月處胎藏間，如在糞穢坑中，長受寒熱等苦。生熟藏間，如兩山逼迫。正趣産門，其苦難堪。乍出風飄，如刀割錐刺，不覺失聲，廢忘已前所有事業，名爲生苦。故有頌云：

識託胎胞起　生從受欲來
昔時曾長大　今日復嬰孩
星眼隨人轉　朱脣向乳開
爲迷真覺性　還却受輪迴

二者，老苦。時分異變故苦，身分沈重，諸根熟昧，皮肉緩，行步傴曲，寢膳不安，起坐呻吟，喘息氣逆，所爲遲緩，爲人所輕，世情迷篤，世事皆息，名爲老苦。故有頌云：

對鏡容顔改　登堦氣力羸

咄哉身已老　趍拜禮還虧
命似臨崖樹　心同念水龜
尚猶躭有漏　不肯學無爲

三者，病苦。四大變異乖違故苦，百節酸疼，四支苦楚，能壞一切安穩樂事，如雹損苗，頓傷興盛。《涅槃經》云：如人壯美，王妃竊愛，遣使私通。王便捉獲，挑其眼目，截其耳鼻，刖其手足，形容頓改，爲人惡賤。病苦所逼，爲人所惡，亦復如是，名爲病苦。故有頌云：

忽染纏縈疾　俄成臥病身
妻兒慊共語　明友厭相親
楚痛抽千脉　聲吟徹四隣
不知前路險　猶自縱貪嗔

四者，死苦。壽命變異故苦，風刀解支節，無處不苦痛，張口太息，手足紛亂，翻睛吐沫，捫摸虛空，汗液交流，便洟雜落。《涅槃經》云：死者，於險難處無有資粮，去處懸遠，無有伴侣，晝夜常行，不知邊際，深邃黑暗，無有燈明，入無門户，而有處所。雖無痛處，不可療治，往無遮止，到不得脱。雖非惡色，而令人怖，雖無破壞，見者愁毒，叫在耳邊，不可覺知，名爲死苦。故有頌云：

精魄辭生路　遊魂入死關
只聞千萬去　不見一人還
寶馬空嘶立　庭華永絶攀
早求無上法　定免四方山（四方山謂四相）

五者，愛別離苦。可意人物忽爾分離，或世不寧，或因官事。父母、夫妻、男女親知、兄弟、姉妹，或因事以分離，或恩深而身卒，情懷痛切，違逆愛心，名愛別離苦。故有頌云：

愛別情偏苦　生離最可傷
子行五百里　慈母半千强
哀〔三七〕聲徹心骨　泣淚洒襟裳
痴貪無慧解　寸寸斷肝腸

六者，怨憎會苦。兒女不孝，夫婦不和，兄弟相嫌，姉妹生分。宿業緣會，一處同居，心恨貌恭，情懷忿毒。願死而命不早殞，欲病而身不著床，呪詛麤言，憎嫌互起。或由宿業，利刃相殘，或現違緣，暗行陷損。諸如是等，名怨憎會苦。故有頌云：

夫婦如怨賊　宗親若鼠狼
因緣同處住　不喜恨心腸
伺便謀相害　遮防怨被傷
嗚呼緣業力　何日悟真常

七者，求不得苦。求名求利，搆獲不成。求色求榮，計謀不遂。已得貪著，未得追求，搆獲五塵，皆生苦惱。《法華經》云：亦以五欲財利故受種種苦，乃至又以貪著追求故現受衆苦，後受地獄、畜生、餓鬼之苦，若生天上及在人間，貧窮困苦，愛別離苦，怨憎會苦，如是等種種諸苦。故有頌云：

貪恚與愚癡　駈遣爾疲[三八]
晝謀財色苦　夜想利名悲
有者憂離散　無時起濫思
空王垂拔濟　何謂不知之

八者，略攝一切五取蘊苦。取蘊之義，如前已釋。舊名五盛陰苦，五陰熾盛，生滅遷流，無常性故。總略攝彼三界有漏四蘊五蘊，而爲此苦。麤重性故，能顯行苦，無常所隨，不安隱故。除前七苦，餘有漏法皆此苦攝。故有頌云：

取蘊無樂[三九]　長年行苦隨
輪迴增有漏　流轉益無知
愚者剛生愛　賢人見起悲
空王示出路　汝等意何之

憂悲苦惱者，《稻秆經》云：追感往事，言聲哀[四〇]慼，名爲憂。追思相續，名爲悲。苦事逼迫，名爲苦。煩惱纏縛，名爲惱。《十地經》云：死別離時，愚人貪著，心熱名憂。發聲號哭，名悲。五根相對，名苦。意根相對，名憂。憂苦轉多，名惱。

疏又生等者，生、老、病、死四相交侵，逼迫義名苦，唯欲界有。今約流轉義名苦，即生、住、異、滅與五盛陰苦，合爲行苦，通三界有。怨憎、愛别，約相違義，合爲苦苦，苦上加苦，重言苦苦，唯欲界有。求不得苦，所欲不遂，得已散壞，乏受用義，名爲壞苦，由壞生苦，名爲壞苦，唯欲界有。總攝八苦，約流轉義、相違義、乏受用義，立此三苦。

疏結有等者，九中初七即《唯識》説十根本煩惱，後二即是隨煩惱也。由初七結八萬四千塵勞本故，説名爲結。所執三見，能執二取，各立一結。餘五各依相自名結。在家白衣慳悋財物爲貧窮因，出家外道嫉妬名利爲惡道因，立慳結、嫉結。故成九結。

疏識謂本識，恒轉如流者，現行本識無始恒續，展轉因果，如流不斷。問：何因緣故本識恒轉如流不斷。答：由業如風，能起識浪，識隨業遷，恒轉如流也。如緣生中，行支如風，識支如浪，浪即流也。由風漂擊，其浪展轉，相續不斷。由業招集，識支現起，展轉相續，念念不斷。故説本識恒轉如流，名識由業漂。故《唯識》第三云：阿賴耶識爲斷爲常。答：非斷非常，以恒轉故。論自釋云：恒謂此識無始時來一類相續，常無間斷，是界趣生施設本故，性堅持種令不共故。轉謂此識無始時來念念生滅，前後變異，因滅果生，非常一故。乃至云：生滅相續，非常非斷，漂溺有情，令不出離。第二解，意：證〔四二〕由業漂者，識異熟現行本識善惡之業與六識俱，即此業識種子依本識住，藉於現緣，方可現起。業識現行藉現緣者，其義云何。境界如風，本識如海，業識如浪。少風漂擊，少浪隨生。多風漂擊，多浪隨起。一境緣擊，一識隨生。多境緣擊，多識隨起。如是，現識隨境界風，動本識海，起業識浪，作善惡因，漂轉三界，故云識由業漂。故《唯識論》第二義云：又如暴流，隨風等擊，起諸波浪，而流不斷。此識亦爾，隨遇衆緣，起眼識等，而恒不斷。乃至云：謂此識性無始時來刹那刹那，果生因滅，果生故非斷，因滅故非常，非斷非常是緣起理，故說此識恒轉如流。（上皆論文。）

疏《楞伽》等者，疏第二解：業識爲浪，唯前六識。《楞伽經》意：藏識如海，前七如浪。寛狹少異，識浪意同。初頌舉喻，後頌法合。溟壑者，溟渤之壑，海之異名。常住者，藏識恒轉，故名常住。騰躍者，騰波躍起，大浪之貌。餘文可知。

疏由（四二）境等者，境風動海，起業識浪，故云識由業漂。

疏乘四大起者，色身運用，故謂之乘。前說心法，識由業漂。此說色身，乘四大起。衆生無始於其内身生過重故，經偏說之，實通内外。《寶積經》云：生母腹内，臥糞穢中，如處鍋中。身根及識同居一處，壯熱煎熬，名羯邏藍，（此云雜穢。）狀如粥汁，或如酪漿。於七日中，内熱煎煑，地界堅性、水界濕性、火界煖性、風界動性，方始現前。羯邏藍身，有地無水，便即乾燥而皆分裂，譬如手握乾麨乾灰。有水無地，便即分散，如油滴水。有地、水界而無火者，便即爛壞，譬如夏月陰處肉團。若無風界，即便不能增長廣大。若不增減，經三十八七日，穢惡資長，成熟此身。更經四日，迴頭向下，雙足向上，胎衣遂裂，逼趣産門。種種之苦，于時逼迫。乍出風飄，如刀□切。初攬父母不淨，依之而住。後以母之不淨而資長之。現□既爾，故業不善百惡所感三十六物不淨爲體。如是惡身，□非堅實，衰變滅壞，不可妄執有我我所。

疏識隨等者，第八本識隨業遷逝而往餘趣，身即無主。主識去故，即成空也。第二解，意：舉前二句，顯無我義。我者，主宰義。識不隨業，可有主宰。識隨業遷，此滅彼生，身即無主，故無有我。

經證空三昧者，由聞前說有爲不實，顯法空義。識隨業遷，顯我空義。是故普明證二空之三昧也。

經釋迦者能義，牟尼者寂義。《法華疏》說：

謂能證彼寂默理故，復能離煩惱諠故，故名能寂。又，釋迦是姓，牟尼是號，如別處説。

疏《對法》等者，彼説佛不共德略有十八種。一、無誤失法，謂身無失，如阿羅漢遊行城邑，逢惡象馬，齊足越坑，如來永無。二、無卒暴音，謂語無失，如阿羅漢遊行林野，或迷道路，揚聲叫喚，或由習氣，聚露脣齒而現大笑，如來永無。三、無種種想，謂意無失，離怨等想故。四、無不定心，常在定故。五、無妄失念，唯正念故。六、無不擇捨，善觀機故。七、欲無減，八、念無減，九、精進無減，十、定無減，十一、慧無減，十二、解脱無減，謂勝解數。此之六法於善境轉，勝用無減，唯佛有也。十三、身業隨智慧行，十四、語業隨智慧行，十五、意業隨智慧行，常以智慧爲先導故，不隨貪等行也，十六、知過去世無著無礙，十七、知未來世無著無礙，十八、知現在世無著無礙。此十八法，唯如來有。不共二乘有故，名不共德。《瑜伽》三十八説一百四十種不共功德，謂三十二相、八十種好、四一切清淨、十力、四無所畏、三念住、三不護、大悲心、無妄[四三]失法、永害習氣、一切種玅智，總一百四十。唯佛有之，餘聖所無，名不共德。相好功德，如《般若》説。十力如前。四無所畏如後。四一切清淨者，一、所依清淨，謂內五根；二、所緣清淨，謂外五境；三、心清淨，謂八識；四、智清淨，謂四智。心智俱時，觸等心所隨心智説，不別標勝，是助伴故。三念住者，一、緣順境不生歡喜念住，二、緣違境不生憂慼念住，三、緣俱境不生喜慼念住。三不護者，如來三業任運無過，不須護之。大悲心者，謂大慈大悲大喜大捨，舉悲攝餘也。無妄失法者，謂身、語、意無過失故。永害習氣者，二乘菩薩猶有餘習，佛永無故。一切種玅智者，佛具遍知，非如餘聖有未知境。然諸如來隨所化機，略指爾許功德令知敬、令欣趣證，理實諸佛不共功德而無數量，不可説盡。

疏三意等者，且初意云：示散華事，一多互入，互遍無礙，顯體空義。所以然者，由依般若修大乘行，離法執故，欲令一類不樂大乘者除不樂心，起忻樂故，故有散華一多互入遍空之義。第二意者，佛土互入，塵刹互入，山芥互入，如是名爲轉變無礙，爲遣一類我我所執也。第三意者，凡聖互入，大小互現，淨穢互現，如是名爲顯了無礙。《本記》文略，不言大小淨穢。爲諸小乘怖畏生死，急自求出，不樂利他，不求作佛，故此顯示衆生身中而有佛身，佛身之中有衆生身，不即不離，彼此互有。苦[四四]厭生死，即厭佛故，意全[四五]小乘，不怖生死，藉生死身，欣求作佛，故有凡聖一多互入顯了之義。此三意中初遣所知障，迷大乘故。二遣煩惱障，我、我所執不自在故。三通遣二障，令諸行人不怖生死，依生死身，修成佛故。

疏略作等者，由諸如來或大菩薩已斷法執礙解所知障故，得大菩提，於境自在。由斷續生煩惱障故，證無礙理，心得自在。由此心境勝用無礙，略有三義，巨細互容，無礙自在：一者，由斷煩惱障故證無礙理，理無礙故事亦無礙；二者，由斷所知障故得智自在，達有爲法從因緣生，緣無自性和合而成，猶如幻化，於境無礙，轉變自在；三者，由離有漏，得無漏識，無漏淨識變現諸法，隨心自在，心無礙故境亦無礙。由此三義，一切自在。一多互入，大小互入，凡聖互入，小中現大，大中現小。如是乃至延促時景，增減壽命，一切自在。疏敘三解，即此三義。不詳勝劣，有多意故。

疏第五等者，經有七義。初之二句結第五凡聖互入，亦結第六大小互現。世界不可思議者，結前四義一多互入，亦結第七淨穢互現也。

疏治地住者，鑄鍊義故名之爲治，治前玅行轉生諸善，猶如治地而下種子、生苗稼故。《華嚴經》云：此住菩薩發十種心，所謂利益心、大悲心、安樂心、安住心、怜愍心、攝受心、守護心、同己心、事師心、導師心，如是菩薩名治地住。

疏修行住者，審觀自身多法聚集，虚幻有故，自性空故，離有空邊，修習福慧，名修行住。《華嚴經》云：此住菩薩以十種行，觀一切法，所謂一切法無常、一切法苦、一切法空、一切法無我、一切法無作、一切法無味、一切法不如名、一切法無處所、一切法離分别、一切法無堅實，如是菩薩名修行住。

疏生貴住者，所有福慧從正法生，種姓尊貴，生婆羅門、刹帝利貴姓家故，勝二乘故，名生貴住。《華嚴經》云：此住菩薩成就十法，謂永不退轉，供養諸佛，深生淨信，善觀察諸法，了知衆生，了知世界，知業果報，業果爲二。知生死、涅槃，具此十法名生貴住。

疏具足方便住者，巧慧觀真，不滯真諦。起悲愍物，不滯俗諦。於真於俗能雙修習，名爲具足。方法要便，名爲方便。

疏法王軌度等者，《華嚴經》説：此住菩薩有十種善巧如王太子。一者，法王處善巧，善巧言論及諸伎藝，悦可王心，菩薩善巧，方便説法，稱諸佛意。二者，法王處軌度，坐立軌儀，進退法度，有規矩故，法喻皆爾。三者，法王處宫殿。父王在宫，行父子禮。父王處殿，行君臣禮。菩薩亦爾，依涅槃殿，即一切法皆皈實性。處慈悲室，行一切行，恩及有情。四者，法王處趣入，令諸小國皆皈王化，菩薩亦爾，化一切機，令入佛法。五者，法王處觀察，觀王聲色，察臣賢愚，菩薩亦爾，觀佛法意，察衆生根。六者，法王處灌頂，隣於灌頂，未即灌頂也。七者，法王處力持，智力謀安，慎危利民，菩薩亦爾，修一切行，力能任持，安樂自他。八者，法王處無畏，王子仁慈，不畏小國，菩薩修行，不怖生死。九者，法王處晏寢，晝無内晏，夜無外寢，菩薩修定，内離昏沉，不滯於境，外止散亂，不異其心。十者，法王處讚歎，讚佛功德，歎衆生苦。

疏灌頂住者，前之九住，觀無生理，修習已久，至此滿足，成就智身，下賢位極。佛以法水，灌其心首，喻名灌頂。

疏《金剛頂經》等者，彼說五種灌頂：一者，寶冠灌頂，謂諸法王與諸菩薩摩頂受記，付囑傳法，喻如王子戴寶冠故；二者，印契灌頂，諸佛菩薩手結印契，密加持之，灌其頂故；三者，海水灌頂，義如常談；四者，光明灌頂，謂諸菩薩修行位滿，於色究竟天玅淨土中，大寶華王座上，諸佛流光灌頂，成佛果故，廣如下疏；五者，名號灌頂，謂三賢十地，隨修一位而得成滿，立彼名號，順彼意樂，皆名灌頂。此明下賢位滿，名灌頂位。《本業經》云：由上九住觀察，得無生心，此最勝故，名灌頂位，如王太子堪受王位，行漸勝故，而與灌頂。

疏十智者，《華嚴經》說：此住菩薩，學修十智，今隨釋之。一者，三世智，知三世境不離其心，隨心轉故，亦名隨心轉智。二者，佛法智，知三世佛法之智也，正覺照明三世佛法，亦名正覺照智。三者，法界無礙智，照了十方法界無滯礙故，亦名照法界智。四者，法界無邊智，通達普知十方三世事相智也，入解彼彼事故，亦名自在普入智。五者，充滿一切法界智，變現嚴淨十方界故，亦名至一切處皆嚴淨智。六者，普照一切世界智，照了一切衆生界之智也，了知衆生心行染淨差別，亦名知一切衆生心行智。七者，住持一切世界智，於十方界，隨衆生心敬三寶者，住持在彼世界中故，亦名知心境界智，知衆生心樂住彼彼界故。八者，知一切衆生智，知諸衆生三乘五性善根成熟未成熟故，亦名知諸根性智。九者，知一切法智，知諸根器樂廣樂略，應根說之，亦名當根說法智。十者，知無邊諸佛智，無邊諸佛皆能說法，令衆滅障，我亦應爾，亦名滅一切惑智。前五自利，後五利他，皆是上位佛菩薩智。此位菩薩勤學修此十種智也。

經習忍已前等者，住外凡位，在資粮等五位外故，僧祇外故。入正定聚住内凡位五位内故，僧祇内故。

疏此明直往者，《瓔珞經》説三劫，三劫修習福慧，入初僧祇。此經十千劫者，性有利鈍，行有遲速，故劫數異，皆顯頓悟直往者也。《涅槃經》説漸悟迴心五果如次，八六四二萬十千劫，經爾許時，住外凡位，修大乘行，方到十信，入内凡位初僧祇數。四果相望，煩惱輕重有無異故，聲聞、獨覺利鈍有異，由此劫數多少不同。然漸悟者，是鈍根故，非勇猛故。頓悟直往，是利根故，必勇猛故。故直往者住外凡位劫數少也。十千劫等，古有二解。一云：此是中劫，謂增減劫。二云：是風災劫，大乘修行，多用此故。

疏入正定聚者，作五逆業，誹謗正法，名邪定聚。入伏忍位，名正定聚。所餘衆生，名不定聚。同《起信論》：十善位中，厭生死苦，求無上覺，遇佛菩薩，承侍供養，彼修諸行，經十千劫，信乃成就，而能發心。既發心已，入正定聚，畢竟不退，住佛種性，勝因相應。不同小乘。《俱舍論》説：造五逆者名邪定聚，得聖果者名正定聚，餘名不定聚。

疏此伏等者，此伏二執及執相應分别二障也。地前所伏分别二障有其二類：一者，因邪師邪教，起我法執，引生二障，行相麤顯，資粮位中伏令不起；二者，由自分别，起我法執，引生二障，行相微細及俱生障，加行位中伏令不起。

疏不共等者，意識相應不共無明，及俱時起貪、嗔、忿等伴類煩惱，皆伏不起，故言永盡。無明有四，如前已釋。

疏内法異生者，已入佛法，住内凡位，有二類人：一、放逸者，未得定故，佛説彼人無明發行；二、不放逸者，已得定故，伏於麤、顯二分别障，佛不説彼因邪師故無明發行。

疏住解脱位等者，疏文太略，應云：伏忍位中，初資粮位而有二名等。資粮者，爲欲求趣佛果菩提，積集福、慧二種資粮，從喻爲名，名資糧位，亦名順解脱分。解脱者，涅槃果德。分是因義。此因順趣解脱果故，順即是分，名爲順分。解脱之順分，名順解脱分。故《唯識》云：爲趣無上正等菩提，修集種種勝資糧故，名資糧位。爲有情故，勤求解脱，由此亦名順解脱分。智忍已前，經十千劫，修十善行，是趣解脱位之方便，故入正定聚，名住解脱位也。

疏一百二十四等者，新《華嚴》中無一十百千萬數，從落叉爲始，百落叉爲一俱胝，俱胝俱胝爲一阿庾多，乃至第一百二十四不可説不可説轉，自此已上無數名位也。落叉云億，俱胝云十萬。依《瑜伽論》，菩薩修行所經之劫，積風災劫，滿三無數劫，方成正覺。此有二解。一云：以風災爲劫，超過一切算數名位，謂一百二十四數所不攝故，名無數劫。二云：即一百二十四數中第一百四數，名爲無數。此言無數者，是數目之名數。風災劫至此數位，名一無數劫。隨前二解，如是無數復積至三，總説名爲三無數劫。過此三劫，方成大覺也。

疏《瓔珞經》者，彼云：譬如八百里石，方廣正等，以淨居天衣而重三銖，即淨居天以千寶光明鏡爲日月歲數，三年一拂，此石乃盡，爲一阿僧祇劫。彼天歲數難顯時量，今以欲天日月歲數倍之，擬附積數，計彼時量。謂梵衆天望他化天，及少光天望大梵天，皆過一倍壽量，即知晝夜亦復過倍。今亦倍倍計之，彼淨居處總有五天，其壽短者以人間一百五十二億六萬七千二百年爲一晝夜，其壽長者以人間二千四百四十二億七萬五千二百年爲一晝夜，三十晝夜爲月，十二月爲年。以彼天日月之量，三年一拂，拂盡此石，是一無數劫量。

疏超九等者，《婆沙論》説：釋迦菩薩百劫修相好業時，逢底沙佛，七日七夜翹足讚之，□超於九劫。《金光明》説：薩埵王子捨身飼虎，超十一劫。《涅槃經》説：雪山童子於夜叉所，求半偈法而捨全身，超十二劫。《婆沙》又説：摩納仙人逢然燈佛，布髪淹泥，超於八劫。總四十劫。慈恩釋云：翹足超九劫，百劫中超。布髪超八劫者，第二無數劫將滿時超。餘總相說，僧祇内超，不指時位。問：小中大劫，超何劫耶。答：依《唯識疏》第九卷說，釋迦菩薩超四十劫，是增減劫，謂小三災劫也。

疏處夢等者，生死流轉，無有時限，迷情悦識，經劫常儀，不厭時長。謂若發心，修行作佛，有定時限，樂道進修，經劫常儀，不厭時長。又初心修學多在人中，福慧微劣，煩惱增勝，障礙事多，行業未勝，故有厭退者也。若久修習，天上人間福慧殊勝，煩惱輕微，障礙事少，行業增勝，故無厭退，歷位斷證，以爲常式，成佛非難。如貧病人厭光陰長，富樂不爾。

疏三練磨心者，陶練磨瑩菩提心也。三種練磨心，對治三退屈，謂菩提廣大屈、萬行難修屈、轉依難證屈。如其次第，引他況已練、省已增修練、引麤況紗練。如論廣論。

經修十慧觀者，次明十行體，即六度開爲十行。十行相應，慧觀爲王，最尊勝故。十行對治十種顛倒，慧正對治，餘行助之，故此標云修十慧觀。

疏即行之行者，十體即行，名爲十行，持業釋也。有十菩薩修此行故，是十之行，名爲十行，依主釋也。

疏捨財、命等者，施有三種，謂財施、法施、無畏施。捨於世財，及捨法財，又捨身命。上供聖賢，下濟含識，拔苦救命，是無畏施，亦施他命。

疏持淨戒者，戒有三種，謂攝律儀戒、攝善法戒、饒益有情戒。此以思種防發功能而爲體也。

疏無違逆行者，此三十心皆《華嚴經》列名也。餘教第三，名無恚行，由忍力故，對治嗔恚，不逆他意也。忍有三種，謂耐怨害忍、安受苦忍、諦察法忍，怨害不酬、苦逼不恨、審察真俗故。

此忍度名無違逆行。餘教第四名無盡行，第八名尊重行，餘名同此。

疏利自他者，精進度也。精進有三，謂被甲精進、攝善精進、利樂有情精進。被甲自利，利樂濟他，攝善通二。

疏生死無亂者，生時死時，心無亂故，得勝靜慮，正念相應，離癡亂故。靜慮有三，謂安住、引發、辦事，住受法樂、引發神通、辦福慧故。問：《唯識論》説死、生二位皆住散心，云何此説生死無亂是靜慮耶。答：由靜慮力，生時、死時正念分明而離癡亂，非是生時、死時與靜慮俱。

疏無相甚深者，此十行位，依十度立。此第六行，唯是根本無相般若觀甚深理，故云無相甚深。此位菩薩學修證故。般若有三，謂生空、法空、俱空。疏引《華嚴》，如次觀遍計、圓成、依他三性甚深也。

疏無著行者，依方便度，立此行名也。善修方便，知我法無故不滯有，知因緣有故不滯空，不滯空有名無著行。方便有二，謂迴向方便善巧、拔濟方便善巧。

疏難得行者，依願度，立行名也。願者，邀期之義。凡所修善，邀期進趣所求果故。願有二種，謂求菩提願，利樂他願。《唯識》二師出體。一云：願以後得智爲體，脩善進趣善巧智故。二云：欲、信、勝解三法爲體，願以三此[四六]爲自性故。疏依相應助伴之體，説思念等。

疏善法行者，依力度，立行名也。力者，無屈伏義，能摧壞義。能伏異計，摧不信等，令生信故。力有二種，謂思擇力、修習力。

疏真實□者，依智度，立行名也。智有二種，謂受用法樂智、成熟有情智。

疏三世等者，達過去因，起過去因忍。達現在因果，起現在因果忍。達現在因爲緣，能引未來果故，起未來果忍。以第七行雙治過、現二世顛倒，達有如幻。經意寔故，第八行云：不求果報，治執未來倒。因果忍義，如第三疏。

疏住堅忍中者，伏忍位中十住、十行，伏忍未勝，不名爲堅。十迴向位，行已殊勝，立堅忍名。

疏然出體者，總攝諸善，通以行、願爲迴向體，行、願相扶，方出世故。若別體者，以慧爲性，於諸善中最勝玅故。能所引發，定、慧爲性。二運用廣，定、慧、大悲三法爲性。行、願相扶，定、慧、悲、願四法爲性。相應總論，意識心品總爲其體，眷屬助伴五藴爲體。

疏四無量心者，慈、悲、喜、捨。救護衆生，玅慧相應，能破癡暗。不著有相，離衆生相，名此迴向。故《華嚴》云：此位菩薩念諸衆生在生、老、病、死諸苦難處隨業流轉，我爲衆生作明智炬，破無明暗，而救護之。

疏三寶及戒爲不壞信者，依四不壞信立此迴向名也。故《華嚴》云：此位菩薩於三寶所，得不壞信，悉能承事一切諸佛，誓修一切菩薩善根。

疏一切善根至一切處者，菩薩所修福慧、善根似於實際，遍一切處，名此迴向。故《華嚴》云：此位菩薩修習善根，願此善根功德之力至一切處，猶如實際，無處不至。

疏離垢繒者，《華嚴》頌云：菩薩師子王，頂擊[四七]解脱繒。繒喻解脱，頂喻智慧，諸功德中爲先首故。以智慧首，緣解脱理，不馳散故，如繒繫之。

疏習種未亡，未離相縛者，分別二障習種未亡，被相拘縛，故所修行受分段生，未出三界。

經業習果報者，習謂習氣，通種現也。能熏現行，所熏種子，皆名爲習。入見道時，斷分別習，所作善業，趣菩提果，而不招感生死果報。此見道前，若業若習，分段果報未壞盡故，受生三界分段身也。

疏此略明者，此加行位即第十迴向攝也。初劫滿已，方修習之，仍屬初劫。《唯識論》中加行頌云：

現前立少物　謂是唯識性
以有所得故　非實住唯識

長行論曰：菩薩先於初無數劫，先修福慧資粮。順解脱分既圓滿已，爲入見道，住唯識性，復修加行，伏除二取。名加行者，如人意欲至於遠方，初舉意時但思所至，行路至晚，加功用行而求宿處。此亦如是，始初立意趣菩提果，積集福慧，藉以爲緣至極果故，名資粮位。修習時久，近見道故，加功用行，入於見道，名加行位，亦名順決擇分。分者，因義。決擇者，無漏智也。此加行因而能順趣決擇智故。順即是分，名爲順分。決擇之順分，名順決擇分。又《婆沙》云：分是支分，在見道故，決擇即分，名決擇分。此煖等四順趣彼故，決擇分之順，名順決擇分。加行有四，謂煖、頂、忍、世第一法。由依四尋思觀、四如實觀，初後位殊，立四加行。四尋思者，既於前位緣法義境，故於此位作尋思觀。一、尋思名假施設有，實不可得。二、尋思義假施設有，實不可得。三、尋思名義自性，四、尋思名義差别，亦爾。《無性攝論》云：此中名者，謂色受等一切法名。名詮法勝，亦攝名因果，謂文及文身，句及句身。尋思此名唯是意言，唯假非實。義者，謂名身等詮表蕴等，若體若義，總名爲義，以義寬故。而推求此名所詮義，亦唯意言。義名言者，由言顯故。一切有爲無爲皆義中攝，名之與義皆意言性，假有實無。名本無義，義不屬名。尋思自性及差别者，依此二法觀其自性，心外亦無，唯是假立，如我法等本體無故。差别亦爾，如無常等，亦唯是假，實不可得。證知四種虚妄顯現依他起攝，了達四種遍計所執皆不可得。已上《攝論》大義。《瑜伽》三十六云：此諸菩薩於彼名事，或離相觀，或合相觀。依合相觀，通達二種自性差别皆是假立。依離相觀，别觀二種之自性故。四如實智者，前四尋思觀計所執四種之境離識非有，觀所取無，未觀能取。此如實智忍可前境離識非有，所取空已，復能遍知能取彼識離識内境決定非有，能取亦空。了知内識及所變相互不相離，如幻事等唯識之相。此依他上無計所執，便謂二空。依此爲門，觀彼空理，入圓成實。此善根位似三性觀，未證真故，前四尋思，煖是下位，頂是上位，以初伏除所取難故，分下上位。至如實智，下忍印無所取。中忍順無能取，未印無故。上忍印無能取。合此三忍，俱是四如實智下品。世第一法雙印所取能取二俱空故，爲如實智上品。由此尋思如實，各有下上劣勝不同，分成四加行位也。問：何故名、義各别觀察，名、義、自性及與差别合而觀耶。答：《唯識論》云：名、義相異，故别尋求。二二相同，故合思察。意云：名之與義，能所詮異，故各别觀。名、義一種，自性同故，差别同故，合而觀之。二二者，上二是名義，下二是自性、差别。尋求思察，文迴互耳，即釋尋思之義也。尋思如實，尅性以慧爲體。

疏初獲等者，《唯識疏》云：明得者，初得無漏慧之明相，名爲明得。明得之定，名明得定。即此所獲道火前相，説名爲煖。煖即是位，名煖位也。

疏明相轉盛者，由久修習，漸近見道，明慧轉盛，故名明增。明增之定，名明增定。尋思觀行，此位至極，説名爲頂。頂是極義。頂即是位，名頂位也。

疏印順定者，順有二義：一、樂順，二、印順。下忍起時，名爲印忍，印所取無。中忍起時，名爲樂順，樂無能取，順修習故。上忍起時，名爲印順，印能取無，順觀察故。印通下上品，集
〔四八〕唯中品，順通中上品，合此三忍，名爲印順。印順俱時之定，名印順定。於無所取決定印持者，下忍位也。無能取中亦順樂忍者，中上忍位也。既無等者，既無遍計所執實境離能取識，何有能執遍計之識離所取境，所取能取遍計情境相待立故。印前順後者，印前所取無，順後能取無，及印能取無故，立印順名。合此三忍，忍境、忍識

二俱空故，故名爲忍。忍即是位，名忍位也。

疏從此無間必入見道立無間名者，無間道之定，名無間定。無間即定，名無間定。世間異生有漏法中，此最勝故，名世第一法。世即第一，名世第一。世第一即法，名世第一法，亦名世第一位。

疏皆帶相者，相謂相狀，所執空相、依他有相。爲由帶此空有相故，未證真理也。

疏偈云等者，《唯識疏》云：菩薩於定位者，此加行位多在定中內門修行。觀影唯是心者，觀內心境影離心無，唯是內心。此初觀察，在煖位也。遍計所執心外之境義相既滅，審觀察之，唯自心想，此在頂位也。如是住內心，知所取非有，下忍位也。次能取亦無，中上忍也。合此二類俱即二空，即世第一法。以少時故，從忍位說。後觸無所得，入真見道，觸證真理無所得相也。

疏此位等者，此位菩薩於安立諦非安立諦皆學觀察。或總作一實真如觀，引真見道。或別作二空觀，總別三心爲非安立，引三心相見道。作四諦差別觀，引十六心相見道。有差別名言者，爲安立諦也。無差別離名言者，非安立也。安立者，施設義。若加行位不作二種觀者，不能引生真相二見道故，亦不能伏二乘者故，爲入二空觀真如理，正觀非安立諦也。爲起遊觀，起勝進道，成熟佛法，降伏二乘，亦觀安立諦也。《唯識》又云：此加行位未遣相縛，於麤重縛亦未能斷。言相縛者，一切有漏二性之心皆有分別所緣相故，縛能緣心，有所拘礙，令不明淨，不得自在。相即是縛，名爲相縛。此依正義，通於八識有漏相貌縛能緣心，名爲相縛，非謂相縛即是執也。問：後得智品所變相分應是能縛。答：不然。後得智品斷漏方得，體非硬澁故，非漏所增故，緣一切境皆證解故，後得變相非是縛也。問：如自證分緣於見分，應彼見分縛自證耶。答：可爾。所緣見分縛自證分，體是有漏分別類故，不明淨故，見分漏心增過失故。有漏相貌縛能緣心，皆名相縛，非謂相者相分也。麤重縛者，二障種子名麤重縛。性無堪任，違細輕故，拘礙上上勝功德故，説名爲縛。麤重即縛，名麤重縛。有漏現行，名爲相縛。二障種子，名麤重縛。故此位中未遣相縛，於麤重縛亦未能斷。若至初地，分遣相縛。八地已去，第六意識全遣相縛，第七分無，五八全有。其麤重縛，十地漸斷。若至佛果，二縛全無。此位菩薩全伏分別二障現行，違見道故，乃至微細自分別生亦不現起，俱生二障少分不起，二障種子全未能斷。

疏菩薩起此等者，《瑜伽》六十九通説三乘依諸靜慮及未至定能入聖諦，非無色定止多觀少，劣道不能入現觀故。此位菩薩修方便時，通諸靜慮。依第四靜慮方得成滿，即顯上品忍位。世第一法趣入見道，唯依第四靜慮也。

疏極慼[四九]等者，三惡趣身極苦憂慼，無有勝慧。上二界中雖有勝慧，欣勝厭劣，皆不依彼。唯依欲界人、天善趣之身，起四善根，佛出爲緣，起現觀故。若佛滅後，遺法説故。問：有佛法世，發心修習。法滅後熟，得入現觀，趣見道不。答：准《顯揚論》，不得無此類者，故慈恩又解《顯揚》等論據一相説。若久修習，功行時至，無佛法世，容入現觀趣聖道矣。

經歡喜地等者，自此已去已證聖位，漸次乃至十地滿心方證極果。今依《唯識》略明行相，所貴學者曉其大義。《唯識論》云：謂十地中，修十勝行，斷十重障，證十真如，二種轉依由斯證得。意云：十地通以理智爲體，與所修行爲勝依持，令得生長，故名爲地。十地菩薩修行斷證，方圓佛果，故皆言十。若并佛地，即成十一也。於一一地出心位中，所斷之障各有九品。《唯識》第十疏云：前六識俱所知障種修所斷者，諸地漸斷。乃至云：六識中者行相有九品故，品類差別有衆多故，所以諸地分分別斷。五識由六引故，亦通二障。又云：如初品無間，至第二念爲解脱道，初品無間望第二念即爲加行。此解脱道望自第二品即爲無間，望初爲解脱，望後爲加行。至第三無間，望第一念爲勝進道，與第二品爲解脱道，自品爲無間道，與第四念爲加行道。第二無間望前即非勝道，但是解脱。此是菩薩十地位中斷所知障時分品類排次斷法。若別別斷，一一智別起也。由能印證及能斷惑，復能容豫，復能欣求，故具加行、無間、解脱、勝進四道，菩薩利根故能如是。至第九品無間道位，斷盡其障。次後一念解脱道起，登後後地，證後後如，十地滿心最後一念，無上大覺，證大涅槃，即是圓滿真如，爲第十一。然唯異生性障於初地中入心時斷，地前世道不斷障種，入見道時方斷種故。此障迷理，真見道中一品道斷。餘所知障，九品道斷。見道即是初地入心，斷第一異生性障，證遍行真如，登極喜地。此極喜地而有三心，謂入住出。唯初入心屬見道位，住心屬修道位，出心解脱道也。

仁王護國般若經疏法衡抄卷第五

仁王經隨抄音切

丹質下音致，以人倚信也。

敞昌兩也[五〇]。

氊章延切。

霖霔上音林，下音注。

寮音聊。

闐噎上音田，下烏結切。

繢胡對切，畫也。

徘徊上音裴，下音回。

盩厔上張流切，下陟栗切。

霽子計切，天晴也。

屯徒魂切，聚也。

併服上必正切；下音伏，從也。

嘌力質切。

甯奴定切。

炮蒲皃、普教二切。

麧下没切，糠麧也。

醼於見切，飲也。

蹎僵上下年切，頓仆也；下居良切。

麨摶上尺少切，下徒官切。

脉莫厄切，正作衇，俗作脈。

咀慈呂切。

濤汏上音陶，下音太。

校勘記

〔一〕「世間」，疑衍。

〔二〕「熱」，底本原校疑爲「熟」。

〔三〕「上」，疑衍。

〔四〕「亡」，疑爲「妄」。

〔五〕「由聞熏力」句，底本原校云《疏》無。

〔六〕「二」，疑爲「三」。

〔七〕「園」，底本原校疑後脱「園」字。

〔八〕「園」，底本原校疑衍。

〔九〕「大」，《瑜伽論劫章頌》（《卍續藏》本，下同）作「天」。

〔一〇〕「漸次」，《瑜伽論劫章頌》作「後漸」。

〔一一〕「生」，《瑜伽論劫章頌》作「出」。

〔一二〕「復競林藤失粳米生」，《瑜伽論劫章頌》作「後競林藤粳米出」。

〔一三〕「澁」，《瑜伽論劫章頌》作「躅」。

〔一四〕「星」，《瑜伽論劫章頌》無。

〔一五〕「食」，《瑜伽論劫章頌》作「貪」。

〔一六〕「共立□□□□□」，《瑜伽論劫章頌》作「共立田主設疆隅」。

〔一七〕「□□界畔布均平等」，《瑜伽論劫章頌》作「即知界畔均分布」。

〔一八〕「爾時瞻部」至「減劫終」，《瑜伽論劫章頌》作「爾時人壽命無量，至十歲時減劫終，及後百年減一年，八萬四千爲最上」。

〔一九〕「□」，《瑜伽論劫章頌》作「彼」。

〔二〇〕「劫□時」，《瑜伽論劫章頌》作「住劫終」。

〔二一〕「麦」，《瑜伽師地論》（《大正藏》本，下同）作「麥」。

〔二二〕「子等」，《瑜伽師地論》作「等子」。

〔二三〕「無」，《阿毘達磨大毘婆沙論》作「死」。

〔二四〕「曰」，《阿毘達磨大毘婆沙論》作「日」。

〔二五〕「屍」，《瑜伽師地論》作「展」。

〔二六〕「死」，《瑜伽論劫章頌》作「既」。

〔二七〕「漸」，《瑜伽論劫章頌》作「禪」。

〔二八〕「狗」，《瑜伽論劫章頌》作「拘」。

〔二九〕「虛」，《瑜伽論劫章頌》作「既」。

〔三〇〕「增」，《瑜伽論劫章頌》作「於」。

〔三一〕「出」，《瑜伽論劫章頌》作「現」。

〔三二〕「衆」，《瑜伽論劫章頌》作「世」。

〔三三〕「復」，《瑜伽論劫章頌》作「後」。

〔三四〕「同」，《瑜伽論劫章頌》作「時」。

〔三五〕「壞有情」，《瑜伽論劫章頌》作「稱壞情」。

〔三六〕「時」，《瑜伽論劫章頌》作「劫」。

〔三七〕「衰」，底本原校疑爲「哀」。

〔三八〕「駈遣爾疲」一句，疑有脱文。

〔三九〕「取蘊無樂」一句，疑有脱文。

〔四〇〕「衰」，底本原校疑爲「哀」。

〔四一〕「證」，疑爲「識」。

〔四二〕「由」，底本原校云《疏》作「業」。

〔四三〕「妄」，《瑜伽師地論》作「忘」。

〔四四〕「苦」，底本原校疑爲「若」。

〔四五〕「全」，疑爲「舍」。

〔四六〕「三此」，疑倒。

〔四七〕「擊」，疑爲「繫」。

〔四八〕「集」，疑爲「樂」。

〔四九〕「極慼」句，底本原校云《疏》無。

〔五〇〕「也」，疑爲「切」。

仁王護國般若經疏法衡抄卷第六

譯經證義講經律論廣演大師遇榮集

見道有二：

一者，真見道。《唯識論》中見道頌云：

若時於所緣　智都無所得
爾時住唯識　離二取相故

論曰：若時菩薩於所緣境，無分別智都無所得，不取相故，爾時乃名實住唯識真勝義性，智與真如平等平等，俱離能取所取相故。疏云：心境相稱，如智冥合，俱離二取，絶諸戲論，故言平等平等。乃至云：加行無間，此智生時，體會真如，名通達位。疏云：體通也，會達也。初照理故，亦名見道。言體會真如者，證遍行真如也。一切有爲皆名爲行，而此真如遍一切行，與一切行爲實性故，亦與證智爲實性故，名遍行真如也。然真見道初一刹那名無間道，正斷分別二障種子。智起惑亡，中無間隔，名無間道。次第二念名解脱道，已斷障種，正證真如，棄背義成，名解脱道。解脱即道，解脱之道，名解脱道也。次第三念名勝進道，勝前進後故。如是總名一心真見道位。《唯識論》云：謂即所説無分別智，實證二空所顯真理，實斷二障分別隨眠，雖多刹那事方究竟，而相等故，總名一心斷障證理。有二師説。一云：二空二障漸證漸斷，以有淺深麤細異故。二云：二空二障頓證頓斷，由意樂力有堪能故。後即爲正。

二者，相見道。前真見道親證真如，是根本智。此後皆是後得智攝。變影緣如，緣餘有爲，皆變影像相分，名相見道也。此復有二：一、緣非安立諦，名三心相見道；二、緣安立諦，名十六心相見道。且三心者，論云：觀非安立諦，有三品心：一、内遣有情假緣智，能除軟品分別隨眠；二、内遣諸法假緣智，能除中品分別隨眠；三、遍遣一切有情諸法假緣智，能除一切分別隨眠。疏云：内遣者，唯緣内身而遣假故。有情假者，先計有情皆妄所執，但有内心似有情現，談其無體，名之爲假。緣智者，此能緣智唯緣内身爲境，遣有情假之緣智也。次遣法執，後遍遣人、法二執，准而説之。雖言人、法，意爲雙斷分別二障，皆因二執之所生故。然此二障各分上下，麤者爲上，細者爲下，總有四類。二類麤者，各別除之。二類細者，合而除之。前二品智勢猶弱故，未能雙斷，而各別斷上品麤者也。至上品智，數修勝故，雙斷二障下品細者也。初之二心未殊勝故，但緣内身，除我、法假。其第三心能廣遍緣一切内外，除我、法假。是故三心斷四品障，隨其智力説軟中上。初起名軟，次智名中，後起名上。皆法一心真見道中斷自所斷，證自所證，無間解脱，別總立名三心相見道，無間所斷有差別故，各別法之解脱所證唯一味故，而總法之，故成三智。

十六心相見道者，此復有二。

第一，所取能取十六心。論云：一者，依觀所取能取，別立法類十六種心。謂於苦諦有四種心：一、苦法智忍，謂觀三界苦諦真如，正斷三界見苦所斷二十八種分別隨眠；二、苦法智，謂忍無間，觀前真如，證前所斷煩惱解脱；三、苦類智忍，謂智無間，無漏慧生，於法忍智各別内證，謂後聖法皆是此類；四、苦類智，謂此無間，無漏智生，審定印可苦類智忍。集、滅、道諦，應知亦爾。此十六心，八觀真如，八觀正智，法真見道無間解脱見、自證分差別建立，名相見道。已上論文。准彼疏釋，所取謂諦理，能取謂緣理之智。法忍法智緣諦理爲境，觀所取也。類忍類智，緣前智品，觀能取也。此中無間解脱各別立之，有十六心。苦法智忍者，苦法者，詮苦諦教；法智者，加行道中緣苦法之智；忍者，無漏之忍，忍前苦法智也；智者，以決斷故。雖忍智無別，隨用標名也。苦法智者，法謂苦如，能緣苦如之智名苦法智。苦類智忍者，謂後聖法是此苦智之類名苦類智，緣此之慧名苦類智忍。苦類智者，印可緣苦類之智名苦類智。十六心中，法品緣如，類品緣智，法忍法真無間道見分，法智法真解脱道見分，類忍法無間道自證分，類智法解脱道自證分。印前智故，差別立也。

第二，下上諦境十六心。論云：二者，依觀下上諦境，別立法類十六種心。謂觀現前不現前界苦等四諦，各有二心：一、現觀忍，二、現觀智。如其所應，法真見道無間解脱見分觀諦，斷見所斷一百一十二分別隨眠，名相見道。准彼疏釋，法智、類智、四聖諦智不由行別，然隨所作説其差別。真見道中亦可義説有十六心。《瑜伽》五十五説：從見道起，有下上十六心生，謂從三心非安立見道起作此安立諦觀，非全出見道，在修道起也。現前界者，謂是欲界，現於欲界入見道故。即上二界名不現前。其現觀忍法真見道無間道見分，現隨(二)智法真見道解脱道見分，不法自證分，以於前十六心後作此觀行，觀漸麤故，與前十六心差別觀故。斷障法數可知。

此上三種，皆相見道，爲令觀心得純熟故而修習之。於見道前亦作此觀，趣入見道。問：何故本頌明真見道，不説相見道。論云：前真見道證唯識性，後相見道證唯識相。二中初勝，故頌偏説。

修道位者，《唯識》頌云：

無得不思議　是出世間智
捨二麤重故　便證得轉依

論曰：菩薩從前見道起已，爲斷餘障，證得轉依，復數修習無分別智。此智遠離所取能取，故説無得及不思議。或離戲論説爲無得，玅用難測名不思議。是出世間無分別智斷世間故，名出世間。二取隨眠是世間本，唯此能斷，獨得出名。或出世名，依二義立，謂體無漏及證真如。此智具斯二種義故獨名出世，餘智不然。即是十地無分別智，數修此故，捨二麤重。二障種子立麤重名，性無堪任，違細輕故。令彼永滅，故説爲捨。此能捨彼二麤重故，便能證得廣大轉依。上皆論文。通顯十地修行斷證大意也，修一行，斷一障，證一如，登一地，成佛果，隨經可知。

疏 初地等者，表入初地，修布施行，隨意施與，故現種種寶藏也。

疏 歡喜地等者，疏主引經釋十地名，與《唯識》同。歡喜地者，初獲聖性，具證二空，能益自他，生歡喜故。《莊嚴論》云：見真見利，總皆名爲歡喜，故名歡喜地。

疏斷諸無明者，初地菩薩斷異生性障，謂分别二障種子有令趣差别功能，爲異生性，此性從彼所令趣類以彰其名，異生之性，名異生性。異生性即障，名異生性障。斷能依時，所依種子亦隨斷也。或異生性之障，名異生性障。障聖性故，此異生性即是凡性。入見道時，捨此凡性，得彼聖性，名爲聖者，依無漏種已生現行種上功能立聖性也。

疏執著有相我法無明者，妄情執著彼有相故，有相之執著，名執著有相。執著有相即是我法，名執著有相。我法無明近彼我法執故，隣近釋也。怖畏生死惡趣無明者，生死之言，意目北洲長壽天等，善業招故。其三惡趣，八難總報，分别雜染，惑業苦果，毁責之故，皆名惡趣。所怖生死，所怖惡趣，無明品類，皆此所攝。故《唯識》云：應知愚品總説爲愚。後准此釋。疏云：愚所發業，愚所感果，愚品類故，皆名爲愚。

疏斷差别等者，斷有三種，謂見所斷、修所斷、非所斷。見所斷者，分别所起及相應心品，并所發業及八難報，皆見所斷。謂無明等名自性斷，相應心品名相應斷，分别所發身語意業及所感果隨其能發亦見所斷，善無記法名離縛斷，不善三業八難報果名不生斷。修所斷者，出見道後數修聖道方能斷故。謂俱生煩惱及隨煩惱相應心品所發三業及諸有漏，若自性斷，若相應斷，若離縛斷，名修所斷。非所斷者，謂諸無爲及諸無漏有爲名非所斷。

疏五明者，一、内明，明解佛法内因果故；二、聲明，明解諸法言音異故；三、因明，申宗立量，摧邪顯正故；四、醫方明，明解經書，應病設藥故；五、工巧明，世間工巧，身語所作，皆能解故。

疏怖畏有五等者，一、不活畏，由分别我，資生愛起，我見及貪爲體；二、惡名畏，行不饒益，有希望起，以貪爲體；三、死畏，由有我見，失壞想起，以俱生我見爲體，與初別者，初畏難活，此畏滅亡；四、惡道畏，不遇諸佛，惡業所起，以癡爲體；五、大衆威德畏，知己證劣、他勝所起，亦癡爲體。

疏邪智妄取想見愛著故者，邪智妄取，起不活畏。邪智妄想，有所希求，起惡名畏。邪智妄見，而起死畏。邪智妄愛，起惡道畏。邪智妄著，起大衆威德畏。善根微少故者，修福善根少故，乏於資財，有不活畏。福慧善根少故，多作過罪，有惡名、死及惡道畏。智慧善根少故，他勝己劣，有大衆威德畏。

疏又發等者，所化衆生五類差別：一、三界，二、六趣，三、生處，謂九地，四、蘊攝，五、獲益。盡未來際，化利不息。配文可知。

疏大念等者，《佛地論》說，略由四義入佛淨土：一、大念、慧、行爲所乘騎；二、大空法性以爲遊路；三、廣大法味所生喜樂以爲飲食；四、大空無相無願爲趣入門。以如是義，入淨土中。初觀遍計，若我若法，體性空故，名空解脱門。次觀依他起性諸有漏法不可願之，名無願解脱門。後觀圓成實性無相真理，名無相解脱門。由此三觀棄皆[三]障染，立解脱名。能觀觀行，對所觀境，無擁名門。由於此觀入淨土故，名淨土門。淨土有二：一、法性理土，謂一真如；二、法相事土，謂十重他受用土。若約理土，由三解脱門修成就時，入證真如，即説名爲入淨土者。此以智對境，智爲境門。若約事土，由三解脱爲門，除虛妄執，不耽有漏，觀無相理，以此觀行而爲因門，得生淨土，而爲果報。正報、依報皆名爲果。此以因對果，因爲果門也。總此意云：乘念慧乘，遊法性路，藉喜樂食，依解脱門，入性相土，見報身佛。

疏習謂習氣，通種現者，習氣有三：一者，習氣是種子異名，是現行法熏習氣分，故名習氣；二者，能熏現行，數數熏習氣分種故，名爲習氣；三者，種、現之外二障餘習氣勢，名爲習氣。今言業習者，由此習故發於彼業，意取初二習氣分別起者也。故說初地無三界業習，更不造新業。

疏若爾地上等者，問意：若俱生煩惱不發業者，地上勝報十王之身，彼應無因。答意謂：由地前分別煩惱發十善業，彼業爲因，感人天身而作十王，非謂十王勝報無因而有。

疏有說漸悟等者，意說漸悟及頓悟中智增菩薩，初地已去，無分段身受十王報，然彼菩薩由隨智力無漏定願，受變易身，依變易身而作十王。若不爾者，十王果報彼類菩薩應可無耶。若許有者，故知即以變易之身作十王也。

疏若界等者，問：變易之身三界外生，出分段故，凡夫不見，云何爲王，化治凡夫。故此釋之。若謂變易三界外生，非凡夫境者，諸佛菩薩亦界外生，應諸凡夫而不見耶。若許見者，此變易身受十王位，由悲願力，能令下位凡夫見之。然其身量亦隨下位合宜見之，大小相稱，是此師意。

疏故七等者，七地已前悲增菩薩受十王報，實分段也。等者，等於隨類受生利物，皆實身也。漸悟菩薩及智增者，皆受變易，非十王身。然說菩薩福德力故應作十王，不須定作。或有作者，化身作也。疏第二解同慈恩釋。

疏後之二攝等者，謂利行、同事但信解力，行未通達，非廣增勝，故彼略之。然亦隨力隨分利行、同事，故說之。

疏地平如掌者，表二地中修四無量，怨親平等。種種色等者，顯其戒德清淨勝故，於初中修二地加行。加行成地已，起無間道，斷盡第二邪行障，即攝二愚。次第二念起解脫道，捨二障習，證最勝真如，登第二離垢地。

疏習謂等者，初是種子，後是習氣，皆煩惱障。此正斷習。

疏等亦二義等者，初煩惱障，後所知障。

疏微細學處誤犯無明者，麤顯重戒，微細輕戒。由初地中一分俱生無明，能令菩薩於微細戒有所誤犯也。發起種種業行無明者，無明發彼誤犯三業之行也。《唯識論》説，十地皆菩薩，地地斷一障二愚。同《金光明》，更不引之。

疏《唯識》等者，顯十地中伏煩惱現，不斷種子，但除麤重。約功能説初地已上伏盡煩惱，令永不行。或有現起，故意留之，非謂智力不能伏。

疏答明等者，二類雖殊，非斷所知障外，別起無間道，斷煩惱中嗔等麤重，以解脱道一智雙遣二障麤重。

疏於十地等者，皆以〔三〕以無間道斷知障種，次解脱道斷二障習也。

疏有宗七色三心所故者，身三語四，身語表色。意業三種，無貪、嗔、癡，此三心所。癡無正慧，故起邪見。翻起無癡，與正見俱，故云正直。經部師説，分同大乘。如疏。《唯識論》云：能動身思，説名身業。能發語思，説名語業。審決二思，意相應故，作動意故，説名意業。然由於思發動身語表色相故，思假名色，以思爲體，兼假表色。

疏《十地論》等者，十善業道集諦因緣感生人天苦諦果故。其中，間斷十善業感人趣果，純十善業感天趣果。純十善中，福不動異，感欲界天、上界天也。

疏上上品等者，十善業道總爲二品：世間之因爲下品，出世間因爲上品。世因三品：下品人趣因，中品欲天因，上品色無色天因。出世三品：聲聞、獨覺、大乘，如次上下、上中、上上。此上上品復有二類：一者，因位菩薩十善名上上品；二者，果位如來十善名極上上品。

疏與此等者，十善十惡，相翻而立。業道據重，十善通輕。道者因義。業必感果，名爲業道。飜此名爲十惡業道，亦有輕重。汎論業道，能得五果：一、異熟，二、等流，三、離繫，四、士用，五、增上。有漏善業能得四果，除離繫果。無漏善業亦得四果，除異熟果，無漏勝法破壞有漏，非彼因故。有漏無漏十善合説，得五果也。十不善業，能得四果，除離繫果。疏明三果，其士用果易知故不説。

疏彼經次云等者，前引《十地論》，即釋《十地經》也。十惡業道皆隨三塗受異熟果，後得人身，隨一一業皆有二種別報等流果也。

疏增上果者，由殺生業，感自内身而無光澤。由偷盜業，招感霜雹損苗稼等。由婬欲業，感身垢穢。由雜穢語，感口臭穢。由兩舌語，亦名離間語，改變事宜，鬪搆賢善，感時候變損苗稼等。由麤惡語，田苗荊确。口角切。由虚誑語，居處險曲。由慳貪增，苗等少果。由嗔、恚增，菓等辛辣。由邪見增，苗等果實或少或無。十惡爲因，有增上力，感此十種，名增上果。十中，三種内增上果，七種外增上果。然但略示行相故爾，其實十惡皆感内外增上果也。

疏三地等者，先現勇健，甲仗莊嚴，意表降伏此地障故，此地怨賊皆摧伏之。於二地中修三地加行，加行成已，起無間道，斷盡第三暗鈍障及二種愚。次第二念起解脱道，捨二障習，證勝流真如，登第三發光地。

疏無量智慧三昧光明者，得勝三昧，發智慧故，無量智慧之三昧也。此有三德：一、得勝三昧，發慧光明；二、忍行增勝，諸違情境不可傾動，摧伏瞋故；三、得勝總持，總持爲本，發生勝慧，照大乘法，名發光地。

疏暗鈍障者，無明等體，自性迷暗，非明利故，暗鈍即障，名暗鈍障。

疏未得今得愛著無明者，無明近彼愛故，故名愛著無明，隣近釋也。未得今得者，勝定脩慧先未曾得，今始得故。而此無明障彼德故，未得今得之愛著無明，名未得今得愛著無明。能障殊勝總持無明者，能障即無明，名能障無明。而此無明障勝聞思及總持故，殊勝總持之能障無明，名能障殊勝總持無明。

疏此云總持念慧爲體者，揀擇明記妙用勝故。總持有二：一者，攝總持，攝者持也，隨所聞法若文若義皆能持故；即疏引經聞持陀羅尼也。二者，散總持，散者施也，法施他故。亦此有四種：一、法總持，於一名句字中現一切名、句、字故；二、義總持，於一義中現一切義故；疏約自利，故言持也。三、忍總持，由得菩薩無生法忍，説示他故；四、呪總持，明諸神呪，施衆生故。疏意：由内證得無生忍故，能隨諸方演法差別故，以詞無礙解即忍總持也。由内成就辯才無礙解故，説法自在，而能誦出一切神呪施諸衆生故，以辯才無礙解即呪總持也。更勘《地持》。

疏四地等者，示相先現四方風起，表四地中仁德如風，攝化四生，摧不信故，現風輪也。種種紗華，表趣四地順忍果故。華布地者，普令衆生於生死地修因行華，得紗果故。於三地中修四地加行，加行成已，起無間道，斷盡第四微細煩惱現行障及二種愚。次第二念起解脱道，捨二障習，證無攝受真如，登第四焰慧地。

疏無攝受者，疏是論文。彼疏釋云：真無繫屬，非我執、我慢、我愛無明邊見等所依取故，名無攝受真如。此地已前真如隨執有所繫屬，爲執依取，此地不爾。

疏微細身邊見者，第六識中修斷煩惱，彼昔多與執我見等而同起故，説煩惱名。前暗鈍障於所聞思修法忘失，能障勝定總持勝慧。此於所得勝定及法而生愛著，障菩提分法也。微細者，論三義釋：一者，最下品故。謂意識中分別起者，身見等法，彼麤猛故，名爲上品。獨頭貪等通不善故，名爲中品。此是俱生無記性故，名爲下品。二者，不作意緣任運而起，非如分別强思生故。三者，遠隨現行，遠劫已來隨身現行而不捨離，非如分別逢緣捨故。

疏味著等至喜悦無明者，由愛味著彼等至故，等至之味著，名味著等至。此味著愛與喜受俱，名味著等至喜悅也。無明近彼味著愛故，故以爲名。微尠淨法愛樂無明者，煩惱障中所有愛樂，愛彼微妙清淨法故，而此無明近彼愛樂，故以爲名。

疏五地等者，示相先現有寶女者，表趣五地生勝德故。女以瓔珞嚴其身者，顯四地中衆德莊嚴已圓滿故。女首冠華者，表生後地聖道果故。於四地中修五地加行，加行成已，起無間道，斷盡第五下乘般涅槃障及二種愚。次第二念起解脱道，捨二障習，證類無別真如，登第五難勝地。

疏難勝地者，本、後二智，證真達俗，行相各異，此位菩薩由加行力，合令並生。爲由得此難勝智故，故以爲名。

疏佛果四無畏者，謂於四處能自了知，坦然無畏。以無怯劣，不疑不懼，故名無畏。無畏有四：一者，正等覺無畏，正覺諸法，等覺諸法，名正等覺，非邪覺分覺故；二者，漏盡無畏，諸煩惱漏種習盡故；三者，説障法無畏，説障染法，染必爲障故；四者，説出苦道無畏，説出離道，諸聖修習，定出苦故。若有問者，佛於此四正見了知，坦然無畏。正等覺之無畏等，皆依主釋。

疏能證之智者，正等覺無畏也。菩薩分得，有正覺義，而無等覺。餘三如文。

疏清淨平等無差別相者，論云：類無別真如，謂此真如類無差別，體唯一法。非如眼等類有異故。

疏斷隨等者，論云：下乘般涅槃障，謂所知障中俱生一分，令厭生死，樂趣涅槃，同下二乘厭苦欣滅，彼障五地無差別道。無差別道者，對於欣厭有差別境，翻彼差別，證無差別真如之道，名無差別道。

疏此二等者，初厭生死，後欣涅槃。然生死、涅槃本無差別，何得有厭，復有欣趣。蓋由無明勢分力故，起此欣厭，推過所歸，是所知障中二種無明也。

疏四對者，一、行願慈悲對，二、善根不捨對，三、正行無厭對，四、他護自勝對。初二如次自利利他，後一自利。尋文可悉。

疏此苦等者，所知法體有麤有玅，能知之智有上有下。《勝鬘》依此，説有八諦，謂有作四聖諦、無作四聖諦。如是八聖諦，非二乘所知，分別四諦有無量行相故。有作四聖諦者，更有變易四諦可修作故，謂分段生死名苦，煩惱及業名集，擇滅無爲名滅，生空智品名道。無作四聖諦者，此外更無勝法可修作故，謂變易生死爲苦，所知障品爲集，無住處涅槃爲滅，法空智品爲道。此顯菩薩正觀無作四諦。無量諦者，若真若俗，無量義類，皆歸於諦。無量境之諦，名無量諦。若能證智行解無量，無量之諦，名無量諦。《涅槃經》云：分别四諦有無量相。無量即諦，名無量〔四〕諦。

疏十六異論者，一、因中有果宗，二、從緣顯了宗，乃至十六妄計吉祥宗，如《顯揚論》。

疏障道出道者，於十地中各有三心，謂入、住、出。入心位時，名爲障道，斷障道故。住心正修，出心修滿，皆名出道，出離道故。又，凡夫地中名爲障道，有諸煩惱障聖道故。三乘聖地名爲出道，出離道故。又，出生死道，斷障染道，菩薩皆知。

疏六地等者，表緣起智住三脱門，七聖財俱，去諸垢染，結菩提果。如華如池，現四堦道，表化四生，入四諦道。金沙布地，表可寳重，濟諸貧窮。八功德水者，《龍王經》説，一、清，二、輕，三、冷，四、軟，五、香，六、美，七、飲時不損喉，八、飲已不傷腹，表八定水滋福慧故。青、赤、黄、白四色蓮華，如次梵語嗢鉢羅等，表六地中修緣起觀四十四智因行華故，依緣起智解脱華池，神通遊戲，遠離熱惱，受用玅法清涼之樂。於五地中修六地加行，加行成已，起無間道，斷盡第六麤相現行障，即攝二愚，次第二念起解脱道，捨二障習，證無染淨真如，登第六現前地。

疏現前地者，觀有爲行十二因緣前、後相續，於觀心前了了顯現如鏡中像。由此觀故，引無相智而現在前，名現前地。

疏准彼等者，住是依義，上品忍智依三解脱門，入證平等真如也。《唯識論》云：無染淨真如，謂此真如本性無染，亦不可説後方淨故。

疏集因者，俱生貪等爲潤生因，識等五支爲能生因，生分段故，名爲集因。福等三業感分段果，名爲集業。其非福業，招三塗果。果於見道不生斷故，能招因業此地方斷。果麤因細，前後斷異。

疏麤現行相者，此語倒也。《唯識論》云：麤相現行障，謂所知障中俱生一分，執有染淨麤相現行。彼障六地無染淨道。言麤相者，執四諦相，對後細故，此名麤相。麤相之現行，麤相現行即障，名麤相現行障。翻前染淨，此地真如名無染淨。緣如之智，名無染淨道。

疏觀行流轉無明者，觀有漏行苦集流轉染因果相。麤相現行無明者，執於滅道淨因果相。由取無漏清淨相故，有相觀多，未能多時住無相觀。

經無明暗覆等者，緣生之義五門分別：一、出體，二、釋名，三、緣相，四、依世，五、染淨順逆。

且出體者，無明支體以癡爲性。依《唯識論》，無明有二，謂迷内身無明、迷外境無明。唯取初一爲無明支。此復有二：一、真實義愚，迷真實理，通下中品；二、異熟果愚，唯是上品，迷於内身異熟果起。此三品愚皆能發業，由下品愚發不動業，由中品愚發於福業，由上品愚發非福業。《唯識》又云：正發業者，唯見所斷，助者不定。唯取如是能發業者爲無明支，通相應、不共、纏及隨眠四無明也。問：種、現皆發業，爲有正助，爲力齊耶。答：凡夫發業，現正種助。内法異生，不放逸者，種子正發，現行助發。若放逸者，現亦正發。

行支者，體通三業，然此三業皆思爲體。身、語二業亦以色、聲假說爲體。由此行支通於種現、色思爲體。唯取有漏善及不善身、語、意業，能感當來異熟果故。唯感總報及通感總別報業爲行支性，唯別報業則非行支。故《唯識》云：即彼所發乃名爲行。由此一切順現受業，別助當業，皆非行支。意云：以異熟果有其二類：一者，總報，即第八識，總報主故；二者，別報，即前六識及色根等，別別成滿彼總報故。此能感業，有其三類：一、唯感總報，二、唯感別報，三、雙感二報。故總指云：即彼無明所發乃名爲行。此三類中取唯感總報及雙感二報者爲行支體。唯感別報者則非行支，不因此業生死輪轉，勢力劣故，但得名爲別助當業也。順現受業勢力劣故，非是流轉生死業故。

次，五支者，謂識、名色、六處、觸、受，皆取種子爲五支體。種子之位無別行相，微隱難知，今依所生現行以陳相貌，即取彼種分別五支。

且識支者，唯取第八本識爲體，總報主故。

名色支者，四蘊名名，色四[五]蘊名色，名與色異，名爲名色。受、想、行、識總名名者，如世間名謂隨音聲歸赴於法，而此四蘊心、心所法歸赴趣向所緣境故，說名爲名。《瑜伽》五十六云：云何四無色蘊總說爲名。答：順趣種種所緣境義故，或依言說名分別種種所緣境義故，故說爲名。何故色蘊名色。答：於彼彼方所種植增長義及變礙義，故說爲色。

六處支者，體即眼等五根及意根處也。謂前六識是異熟生無記性者，望與後念識爲所依義，名爲意根。不取第七，非異熟故。如是六法是心、心所生長門處，立六處名。

觸、受二支，隨用觸、受一法爲體。今取識等種子爲五支體，正生生死果報體故。識等種子是無記性，不能自生，處所未定，散住本識，但是第八識等名言種子，未屬識等。五支由前行支之所招集，方屬識等五支攝也。且識支者，即是本識名言種子，由行所招，是此支體。名色支者，汎言名色，除六無爲，一切皆是今名色支。爲行所集，種子爲體，非同汎義。此體有二。

一、雜亂出體，五支種子皆是名色支體，以此五支不越色、受、想、行、識五蘊爲性，名色支亦然，四蘊名名，色蘊名色。一百法中，取第八識全，前六識一分，計七識種。及遍行、別境各五，不定中睡眠各一分，共十一心所種。及五根五塵，共十色法種。都計二十八法種子，爲此支體。餘或假法，無別種子。設有種子，非行所集，非異熟故，不屬此支。如是等義，如常可知。

二、不雜亂出體，除餘四支，餘法方是名色支體。以二十法爲此支體，前二十八中，除本識、五根、觸、受八法種子，別立支故。（上説欲界。）若色界者，初禪除香、味、鼻識、舌識、睡眠，地法無故。若雜亂體，識種有五，心所種有十，色法種有八，計二十三法種子爲體。若不雜亂，亦除本識、觸、受、五根八法種子。取識種四，謂眼、耳、身識，第六識。心所種有八，謂遍行三，別境五。色種有三，謂色、聲、觸。計一十五法種子爲此支體。若二禪已上，無前五識，無尋伺故。若雜亂體，有二十法種子爲此支體，謂：識種有二，心所種有十，色種有八。若不雜亂體，有十二法種子爲此支體，謂：識種有一，唯第六識。心所種有八。色種有三。若無色界，更除五根三色，以無色故。若雜亂體有十二法，謂二識、十心所種子爲體。若不雜亂體，但有九法，謂一識，八心所。雖有定果法處色攝，似扶塵根定力所生，非異熟故，故無色界，但有其名。由此諸論或取異界色種成彼名色。今論地法，故不取之。若於無色順觀緣起，應云：行緣識，識緣名，名緣意處，意處緣觸等也。六處支者，體即五根。前六識種若有異熟居過去世，説爲意也。此約一意，二世分別，即義説別過去名意，現在即屬名色支攝。若不爾者，名中無識。此約一時俱有五種爲論。若約當生分位説彼種者，初生之位在過去世名爲意者，亦名中攝，而與後識爲所依故，名之爲意，爾時未名六處支故。約所餘位，現在之世亦六處攝，即二類種，體各不同。觸支體者，除第七識，取第八識相應觸全，六識相應若異熟觸，一切種子，皆是此體。受支體者，如觸説之，作用分位義皆同故。

八、愛支體者，愛即是貪。貪有三品，中下品貪爲愛支體，若上品貪，取支攝故。

九、取支體者，通取一切煩惱爲體。全界煩惱皆結生故，皆能執取生死法故，總爲取支。愛取二支，通種及現，皆能潤故。

十、有支體者，即前行等六支種子愛取潤已，轉名爲有。近有當果故，此唯種子。

十一、生支體者，《唯識論》云：始從中有至本有中未衰變來，皆生支攝。

十二、老死支體者，《唯識論》云：諸變位總名爲衰老，身壞命終乃名爲死。老非定有，附死立支。此後二支，體通五蘊，唯是現行異熟果攝。

問：病何非支。《唯識論》云：病不遍有，故不立支。謂不遍三界，上界無故，於欲界中不定有故。

第二，釋名者，《瑜伽》第十云：由煩惱繫縛，往諸趣中，數數生起，故名緣起。又，五十六説：因名緣起，果名緣生。爲緣起果，故名緣起。從緣所生，故名緣生。

第三，緣相者，無明有三品。真實義愚，通下中品。異熟果愚，唯是上品。此等皆緣内身異熟果起。行有二種：一、善，二、不善。或分爲三：一、不動，二、福，三、非福。上二界業，名不動業。欲界善業，名爲福業，謂感善趣異熟及順五趣異熟善業皆名福業。然福之名，通三界善。上界善業别有勝能，名不動業。欲界善業，别得總名也。感惡趣異熱及順五趣異熟諸不善業，名非福業。識等五支種子名言熏習勢力羸劣，不能自生，處所未定，要待行支招集方起。由下品愚發不動業，由中品愚發於福業，由上品愚發非福業。隨發業已，由業勢力遂集識等五支種子攝屬於行，有當生處，即是當來生老死種種位定，無前後次第，依當起位説因爲五。《唯識論》云：謂緣迷内異熟果愚，發正能招後有諸業爲緣，引發親生當來生老死位五果種已，復依迷外增上果愚，緣境界受，發起貪愛。緣愛復生欲等四取。愛取合潤，能引業種及所引因，轉名爲有。言四取者：一、欲取，即貪五塵爲性；二、我語取，由著我故，計我語是，名我語取；三、見取，執餘三見也；四、見戒取，執於三見所持戒禁。此報命終，趣後世果。自從中有至本有中未衰變來，生支體起。衰變命終，老死支現，憂悲苦惱種種隨生，還起無明，復能造集後有因業等。前報既盡，後報復生，是謂有支輪轉之相。

第四，依世者，《唯識論》云：十因二果，定不同世，因果異故。謂過去十支因，現在二支果。現在十支因，未來二支果也。無明至受，望愛取有，或同或異，謂若無明發順生受業，集識等種，即於現身起愛取支，潤六支種，轉名爲有，即同世也。無明若發順後受業及一分不定業，隔世受果報者，即於現世無明發行，集識等種，不於現世起愛取支。於次後生未受報故，於後後世臨受彼果，次前一生方起愛取，潤之爲有，於次後生受彼果故。或於前前世起前七支，於現在世方起愛取，潤之爲有，於次後生方受果故。此即前七與次三支不同一世也。若前七次三後二，自類相望，決定同世，勢相生故，力相似故。

第五，染淨順逆者，《對法》第四云：雜染順逆故，清淨順逆故。

且雜染順逆者，謂獨覺乘見道已前，七方便位修作此等順逆觀行，是有漏故，名爲雜染。據實亦通聖位作之，今就正位故説異生也。作此觀時，先順次逆。以因推果，説名爲順，順次第故。驗果徵因，説名爲逆，逆次第故。依順流轉，謂觀無明緣行，行緣識，乃至生緣老死，即是順觀，知其生死過患次第。若作七十七智、四十四智觀時，説名爲逆，逆次第故。且七十七智觀者，謂觀現在老死緣生支有，非不緣生而有老死。前是推因智，後是審因智。現在自身而自起此生老死故，便成二智。復觀過去自無始來一切老死皆緣生有，非不緣生有，亦成二智。未來之法雖復未起，容有雜染還滅義故。今觀雜染老死緣生，亦起推因審因二智。三際中，初智觀果有因，顯其所由。後智觀果有因，非不決定，破外妄計無因等生。總成六智，正觀緣起。復起一智，遍觀詮顯三世緣起教法，名法住智，緣教法住故。足前成七。如是乃至行支緣無明有，各成七智，故總合成七十七智。無明無因，但斷無明，輪迴自滅，是故不成八十四智。此後方入四十四智，觀於四諦，近見道故，故於後起。四十四智者，謂觀老死、老死集、老死滅、老死趣滅行，乃至行、行集、行滅、行趣滅行，觀十一支一一皆具四諦，各起四智，成四十四。十二支中無無明集，更不別觀，故不成於四十八智。但斷無明，生死輪迴自息滅故。

清淨順逆者，謂依斷位究竟得果，順逆而觀，故名清淨。謂觀無明滅故行滅，行滅故識滅，乃至生滅故老死滅，是爲順觀。此依斷位次第觀也。由誰無故老死無，由誰滅故老死滅。前是推因智，後是審因智。如是乃至由誰無故行無，由誰滅故行滅，是爲逆觀。此依得果究竟位觀，逆次第故。由如是等觀故，解脱生死，永息流轉。

疏無明、愛、取者，經説此三總爲無明，愛取二支，無明類故，助無明故。行支是業。識等五支、生老死支，此七是果。有支即是行等六故，通因通果。疏約一分業有説之，故置通言。

疏二世三世皆不違經者，經總相故，過去十因，現在二果。現在十因，未來二果。兩類二世，合通三世。

疏本末明因果者，十二支中無明力强，正能發業，招感苦果，故經偏説無明業果，舉勝攝劣。無明正發，愛取助發，愛取正潤，餘或助潤。由此無明、愛取、體是煩惱，而爲發潤招苦之本，故此三支是業苦之因也。生、老死支是此二支所發潤業招感異熟果也。其行有支并識等五，通因通果，謂行支招感生老死果，識等五支生彼生老死果，有支雙具招感果義、生現果義。又以無明爲因，發行支故，行支爲因，招集識等五果種故，愛、取二支潤於行等，轉名有故。

疏等起因果者，等是引義，前前支爲緣，而有勢力等，能引起後後支故。前因後果，謂無明緣行，乃至生緣老死。

疏無願與悲境不二故者，無願是智，悲智同觀緣生爲境，故境不二。自不願之，悲生濟拔也。

疏又非等者，觀緣生法非實有故，爲空解脱門。非無幻法流轉之相，不可願故，爲無願解脱門。觀緣生性一相凝然，無别相故，爲無相解脱門。三觀一境，故言不二。

疏七地等者，濟地獄苦，令彼無怖，表七地身當出分段苦。於六地中修七地加行，加行成已，起無間道，斷盡第七細相現行障，即攝二愚。次第二念起解脱道，捨二障習，證法無别真如，登第七遠行地。

疏遠行地者，思惟是觀行義。無漏無間，純無相觀，常相續故。無相之定證解脱理，名解脱三昧。遠離有相，行無相故，名遠行地。廣如前釋。

疏法無别者，法無别真如也。《唯識疏》云：雖多教法種種安立，真如無别，謂名勝義。法界等異，真無别故，名法無别真如。

疏細現行相者，此言倒也。《唯識論》云：細相現行障，謂所知障中俱生一分，執有生滅細相現行。彼障七地妙無相道。執有生滅細相現行者，謂六地中作緣起觀，執彼緣起有生滅相。對前地境，此名細相。細相之現行，細相現行即障，名細相現行障。

疏微細諸相現行無明者，微細諸相，諸相謂流轉相也。現行法執無明品類，皆無明攝。現行即是無明，名現行無明。微細諸相之現行無明，名微細諸相現行無明。執有生者，諸行流轉，以生爲首，實皆有滅。於有漏中舉一生相，非不執滅，即執流轉相也。作意欣樂無相無明者，作意欣樂，無明品類，皆無明攝。作意欣樂即是無明，名作意欣樂無明。由無明力而作欣樂無相之解也。無相之作意欣樂無明，名作意欣樂無相無明。執有滅者，於無漏中舉一滅相，非不執生，即執還滅相也。

疏釋此名者，滅前六識，盡第七識一分染汙心、心所法，令暫不行，名爲滅盡。若二乘者，唯除人執。菩薩雙除人、法二執。各望自乘説爲染汙，令身安和，亦名爲定。所滅所盡之定，能滅能盡即定，名滅盡定。亦名滅受想定，由加行時偏厭受想，行相麤故。

疏出此體者，修加行時，初以細心厭麤心，次以微心厭細心，次以微微心厭微心。此微微心忽然而滅。微微心時，二十二法熏成種子。此種子上有遮礙心等不生現行功能，以此功能爲滅定體。《唯識論》云：謂修定時，於定加行，厭患麤動心心所故，發勝期願，遮心心所，令心、心所漸細漸微。微微心時，熏異熟識，成極增上厭心等種。由此損伏心等種故，麤動心等暫不現行。依此分位，假立二定。言二定者，無想定、滅盡定。修加行時，行相相似，故合説之。二十二法者，遍行、別境各五，善十一，同時心王，計二十二法。此總聚論，理實善十一中，後三是假，無別種子。若佛果位，已圓滿故，而不熏種，唯依本有種子立滅定也。

疏明所依等者，小乘入意，作止息想，厭患有漏心識勞慮，或厭無漏心識麤動，故入滅定。菩薩入意，亦欲發起無心寂靜勝功德故，故入滅定。《唯識》第七云：此定初入必依有頂遊觀無漏爲加行入，次第定中最居後故。若修此定，已得自在，餘地心後，亦得現前，作真如觀，故能入也。

疏雖依等者，薩婆多説有頂地定唯是有漏。

既爾，應許有漏加行之心入滅定耶。故此釋之。雖依有頂，然是無漏。何以故。此定微妙，要證二空，隨應後得無漏定心所引生故。薩婆多説是不正義。

疏得人者，《世親攝論》云：三乘無學不退菩薩身證那含，五人得滅盡定。《唯識論》云：若諸菩薩先二乘位已得滅定，後迴心者，一切位中能起此定。（此漸悟者。）若不爾者，或有乃至七地滿心方能永伏一切煩惱，雖未永斷欲界修惑，而如已斷，能起此定，論説已入遠行地菩薩，（即《攝論》説。）方能現起滅盡定故。（悲增者也。）有從初地即能永伏一切煩惱，彼十地中皆起此定，經説菩薩（《楞伽經》及《十地經》説。）前六地中亦能現起滅盡定故。（智增者也。）彼疏釋云：十地菩薩有起煩惱，謂悲增者。有不起煩惱，謂智增者。又解：或諸菩薩悲智皆等，而所樂行意趣有二：一者，怖煩惱故，伏令不起；二者，不怖煩惱，容起現行。有伏不伏，有此差別。

言身證者，《俱舍》頌云：

得滅定不還　轉名爲身證

滅定無心，由身證得，立身證名。《唯識》二師，一云：下之八地修所斷惑中，要全斷欲，餘伏或斷，然後方能初起此定，欲界惑種，二性繁雜，障定强故。二云：要斷下之四地修所斷惑，餘伏或斷，然後方能初起此定，變異受俱煩惱種子障定强故。二師皆説伏斷，無所有處已下伏，得滅盡定，顯有學人中唯第三果得也。

疏唯在等者，初起滅定，唯在欲界，人、天趣身，三洲欲天，佛及聖衆説力起故。若久習者，上二界中亦得現前。《瑜伽論》説：若已建立第八識者，亦依無色界入滅盡定，信有本識爲所依故。

疏師子頻申三摩地者，經云：菩薩摩訶薩入菩薩師子頻申三摩地，離生喜樂入初靜慮，定生喜樂入第二靜慮，乃至入滅受想定。復從滅受想定起，還入非想非非想處定。從此定起，入無所有處定。乃至第二靜慮起，入初靜慮。如是名爲師子頻申三摩地成就。下地心出，説名爲頻。上地心入，下地心出，説名爲申。故名此定。

疏集散三摩地者，經云：離生喜樂，入初靜慮。從此起已，入第二靜慮。從此起已，入第三靜慮。乃至從非想非非想處定起已，入滅受想定。從此起已，入初靜慮。從此起已，入滅受想定。從此起已，入第二靜慮。從此起已，入滅受想定。乃至非想非非想處定起已，入滅受想定。從滅受想定起，住不定心。從不定心，入非想非非想處定。從此起已，住不定心。從不定心，入無所有處定。從此起已，住不定心。從不定心，入識無邊處定。乃至從不定心，入初靜慮。從初靜慮起，住不定心。如是名爲集散三摩地。菩薩住此三摩地中，得一切法平等實性。從一切地，入滅受想定，説名爲集。於一切地中出，説名爲散。故名此定。

疏雖常等者，第六識全，第七染分，皆滅，不生淨分，第七平等性智相應心品，依化身中，廣利衆生。《法華疏》云：因位牛車，以妙平二智而爲體故。《法苑》説言，諸大菩薩雖入滅定，常起威儀，遊諸淨土。此由定前意樂擊發本識相分，現諸威儀，後雖滅心，威儀不滅，由第八識持緣彼故。意云：由第八識持彼種子，緣彼現行，故定果身威儀不滅。此中經意：前六地中，雖得滅定，而未自在。至第七地，已得自在，住滅盡定，現身利物也。

疏八地等者，表八地中無功用行，自利利他，無相之智任運降魔，無畏自在，故身兩邊現師子王。於七地中修八地加行，加行成已，起無間道，斷盡第八無相中作加行障，及斷二愚。次第二念起解脱道，捨二障習，證不增減真如，登第八不動地。

疏不動地者，無相觀行，已得自在。若有相行，若功用行，若諸煩惱，皆不能動。由此三義，名不動地。

疏體無增減者，體猶會也，證會無增減真如也。《唯識論》云不增減真如。《無性釋》云：離遍計增，離依他滅，名不增減。《世親釋》云：斷染不減，得淨不增，名不增減。疏引《唯識》，如文。

疏斷諸功用者，《唯識論》云：無相中作加行障，謂所知障中俱生一分，令無相觀不任運起。乃至云：障八地中無功用道。意説此位所知障體通前七識，若種若現，皆有勢力，令彼聖德未能殊勝。前六識障永不現行，唯有種子。第七識障，通種及現。由障勢力作加行轉，推過所歸，是所知障於無相中作加行之障，名無相中作加行障，障於後地無功用道。入八地時，便能永斷。

疏於無相觀功用無明者，由無明力，令無相觀作加行轉，名爲功用。無相觀功用之無明也。執相自在無明者，由無明力，迷執彼相。相之執故，名爲執相。執相即無明，名執相無明。而此無明障彼自在勝功德法。自在之執相無明，名執相自在無明。

疏云何爲相等者，示現身相及金、銀等境界之相。土者，大小國土，形量差別。相寬土狹，相是實總所依，土是假別能依。於其相中，別分土故。

疏得二自在者，於無相中得自在故，現相現土得自在故。

疏第七等者，煩惱障麤，八地已去永伏不起，隨第六説。所知障細，猶可現起，法空智果有間斷故。果謂滅定，或後得智，生空本後不違彼故。

經心心寂滅者，心、心所法，契寂滅理，泯其相也。若身若心，無起動相，泯其用也。皆如虛空，一切凝寂也。

疏離一切心、意、識分別者，第八名心，集起義故。第七名意，恒審思量故。前六名識，了別麤境故。離心意識，泯依他也。無所取著，泯遍計也。猶如虛空，證圓成也。總泯三性，入一切法皆如虛空。

經此菩薩等者，《十地論》云：如人夢見身墮大河，發大勇猛，使大方便，而欲出河。發勇猛時，忽然便悟，悟已即離一切勇猛加行方便。菩薩亦爾，從初已來，見諸衆生墮生死河，發大精進，勤修勝進，至不動地，離一切想有功用行，是時菩薩一切不行，由是諸佛而伸七勸。

疏種種覺觀者，觀謂妄想，種種邪覺，顛倒妄想，侵害衆生。

疏適得等者，適，纔也。汝今纔得此一法明。一法者，一切法性無生真理。明者，無分别智。皆少分得。如來復有無量法明，汝未證得。略指三種，謂入、作、轉。依教入解，修作行業，轉上上位。配論可知。那由他者，此云姟也。

疏《華嚴》等者，至此位已，於一念中所得功德，倍前二劫所得功德。後後刹那，倍倍勝前，展轉增勝，於一切行中行一切行故。

疏九地等者，顯此地中得四無礙，善轉法輪，利有情故，示現輪王衆圍繞也。頂上白蓋，衆寶莊嚴者，表無礙智衆得首故。慈、悲、喜、捨，覆廕群生，爲衆依止，衆德莊嚴，故現白蓋，衆寶莊嚴。於八地中修九地加行，加行成已，起無間道，斷盡第九利他中不欲行障，及二種愚。次第二念起解脱道，捨二障習，證智自在所依真如，登第九善慧地。

疏善慧地者，於一切法及種種義皆得自在。此二如次，解教理智二無礙解也。隨方言説，令衆無患，亦無過累，增長福慧，詞無礙解也。説法自在，辯才無礙解也。

疏斷無礙障者，無礙解之障，名無礙障。《唯識論》云：利他中不欲行障，謂所知障中俱生一分，令於利樂有情事中不欲勤行，樂修己利。彼障九地四無礙解。

疏《攝大乘》等者，四無礙解，以慧爲體。能所引發，定、慧爲體。相應心品，四蘊爲性。眷屬，五蘊性，有道共戒，爲色蘊故。

疏初法體者，遠離所執空、有二邊，緣生法相，緣生法性，性相所攝一切諸法。謂如色法變礙爲相，心法緣慮爲相，法性常住爲相，此等皆是法無礙解所知境故，法之無礙解也。

疏法境界體者，前離二邊緣生性相所攝法中如實智境。如實者，稱實義。稱實正智所知境界。體者，義類之體也。境界即體，名境界體。境界義體依彼法故，法之境界體，名法境界體。菩薩稱彼緣生所攝智境界中安住，正知色等義也。何者色義，謂眼色耳聲等。衆生迷故，虛妄分別常樂我淨。聖者了知無常等義，義之無礙解也。

疏正得與衆生者，菩薩正智解得法已，説與衆生也。隨他所喜，諸方言説，悉能正知。隨他言説，知彼意樂，而與説之。此等皆是隨諸有情言詞差別，詞之無礙解也。

疏正求與無量門者，隨諸衆生，正見求法，應機與説，無量法門。於彼言説皆正知已，而隨根性，法説喻説，略説廣説，或性或相，或淺或深，無量差別，種種義利，隨彼所知而與説之。此等皆是辯才差別，辯才之無礙解也。

疏彼論等者，彼云：以法無礙，正知諸法無有差別，攝在一乘。以義無礙，分別諸乘差別門異。以詞無礙，能説諸乘，不壞諸乘。以樂説無礙，於一一乘，以無量法明門説之。廣如彼論□□□□□。

疏《十地經》等者，而此菩薩得二總持：一、攝總持，聞一字義，而頓領解一切字義；二、散總持，於一字義中，頓説一切字義。故能頓受頓説。配疏可知。

疏第十地等者，表因將滿隣之佛位，故現如來身也。表濟衆生，故作金色。顯因位極，故有衆光圓滿及梵王供養也。所供化佛轉於法輪，表此菩薩將成佛果，梵王專侯，請説法故。於九地中修第十地加行，加行成已，起無間道，斷盡第十於諸法中未得自在障，即攝二愚。次第二念起解脱道，捨二障習，證業自在等所依真如，登第十法雲地。《唯識論》云：如是十地，總攝有爲、無爲功德以爲自性，與所修行爲勝依持，令得生長，故總名地。《瑜伽》四十七云：由能攝持菩薩義故，説名爲地。能爲受用居處義故，説名位也。

疏大法等者，無性《釋》云：由得總緣一切法智，總緣一切契經等法不離真如。智如大雲，陀羅尼門三摩地門猶如淨水，智能藏彼，如雲含水，而能生彼勝功德故。又如大雲覆隱空，如是法智覆隱如空廣大二障。又如大雲注清淨水，充滿虛空，如是法智出生無量神通説法等勝品功德，充滿所證無邊法身。由此三義，聖智如雲，是法之雲。法雲之地，名法雲地。

疏如是等者，如是觀察，從初發心，歷位修行，此能觀智名加行道，引能證智證寂滅理，即是下品寂滅忍也。

疏證業自在者，《唯識論》云：業自在等所依真如。謂若證得此真如已，具三自在。如疏。

疏雖十等者，問：真如一相，何容分十。答：雖真如性實無差別，而隨勝德行有異故，假立十名。

疏斷神通障者，《唯識論》云：於諸法中未得自在障，謂所知障中俱生一分，令於諸法不得自在。彼障十地大法智雲及所含藏所起事業。論意説言：由所知障障諸德故，未得自在。未得自在即障，名未得自在障。若約所令衆德不自在者，未得自在之障，名未得自在障。

疏微細秘密未能悟解事業無明者，微細秘密即是法雲及所藏德也。由無明力，於彼勝德未得自在圓滿悟解，起諸事業。事業之無明，名事業無明。未能悟解者，此通能所，望於無明。二釋可知。而此無明障彼微細秘密德故，依主可知。

疏轉謂等者，依謂所依，即第八識及真如理，而與染淨迷悟之法爲依止故。轉者，轉捨轉得。由數修習無漏聖道，斷本識中二障麤重，捨依他中遍計所起及生死法，復能轉得依他等中圓成涅槃。轉捨之依，轉得之依，皆依主釋。《唯識疏》云：能依所依，合名轉依。故無持業。

疏損力等者，六轉依疏，皆《唯識論》第十文也。世親《攝論》云：勝解者，勝解行地。慚愧者，是勝解行之勝相故。慈恩又解：是勝解數，得決定故。由慚愧故，崇賢拒惡。有此勝德，通資加位修習福慧。損本識中染種勢力，令二障種不生現行，名爲損力。益本識内淨種功能，滋無漏種功能殊勝，名爲益能。損力與益能異，相違釋也。損益之言雖通能所，今自所損所益染淨種子功能也。轉通能所，謂加行道而爲能轉，染淨二法而爲所轉。轉損染力，轉益淨功。此能轉道從彼彰名，損力益能之轉也。

疏通達轉者，無始障染障礙真性，擁塞不通。見道位中聖智現前，斷障達理，故名通達。能通達即轉，所通達之轉，二釋可知。

疏修習轉者，轉障之修習，轉勝即修習，名修習轉。《唯識疏》云：謂十地中而除初地見道，取餘初地及餘九地，即修道位。十地所修，皆修習轉。

疏金剛等者，金剛喻定現在前時，永斷本來一切二障微細種子，名斷麤重。次一刹那解脱道起，棄捨四事，頓證佛位，菩提涅槃圓滿轉依，名果圓滿轉。轉捨之果，圓滿轉得，即果圓滿，名果圓滿轉。

疏下劣轉等者，謂二乘位通學無學有其六義，名下劣轉。一、自利，二、欣厭，三、達生空理，四、斷煩惱障，五、證真擇滅，六、無勝堪能。初二，如流[六]。後四，論云：唯能通達生空真如，斷煩惱障，證真擇滅，無勝堪能，名下劣轉。

疏廣大轉等者，形對下劣，此名廣大，翻前六義。初二，如疏。後四，論云：具能通達二空真如，雙斷所知、煩惱障種，頓證無上菩提涅槃，有勝堪能，名廣大轉。《唯識疏》云：果圓滿轉，對菩薩説。若廣大轉，對二乘説。圓滿唯佛，廣大在因。又云：既言廣大，明圓滿轉亦在中也。六中，初一假立轉名，未得真轉。餘五，真轉，實證得故。

疏今第等者，今顯第三修習轉義，順趣第四果圓滿轉，現順修習第六轉義，非餘三，已超越故。

疏轉依義别等者，前六約位辯證，此四正明體義。四名八類，皆論主立名。論云：

初，能轉道，此復有二。一、能伏道，謂伏二障隨眠勢力，令不引起二障現行。此通有漏無漏二道。加行、根本、後得三智，隨其所應，漸頓伏彼。加行道唯漸伏，本、後智通頓漸伏也。二、能斷道，謂能永斷二障隨眠，此道定非有漏加行，有漏曾習，相執所引，未泯相故，加行趣求所證所引未成辦故。疏云：有漏加行智，有漏後得智，有其四義：一、有漏曾習，二、相執所引，三、未能泯伏滅此相故，四、加行趣求所證真如、趣求所引無分别智未成辦故。由此四義，不能斷惑。若無漏加行道，亦能斷惑。

二、所轉依，此復有二。一、持種依，謂即本識。由此能持染淨法種，與染淨法俱爲所依，聖道轉令捨染得淨，故名轉依。此轉依體，即現行本識也。通漏無漏，該因果故。二、迷悟依，謂即真如，由此能作迷悟根本，諸染淨法依之得生，聖道轉令捨染得淨，故名轉依。

三、所轉捨，此復有二。一、所斷捨，謂二障種。真無間道現在前時，障治相違，彼便斷滅，永不成就，説之爲捨。彼種斷故，不復現行妄執我法。所執我法，不對妄情，亦説爲捨，由此名捨遍計所執。二、所棄捨，謂餘有漏、劣無漏種。金剛喻定現在前時，引極圓明純淨本識，非彼依故，皆永棄捨。上皆論文。

此依正義，二類種子與無間道俱時而捨。無間道生，彼猶未捨，與無間道不相違故。金剛喻定而能引，引解脱道極圓極明純淨本識，大圓鏡智共相應也。金剛聖道第六識俱，能引本識成無漏故，説名爲引。極圓者，簡前菩薩所依未圓。極明者，簡前菩薩彼智不明。淨者無漏，純者無雜。昔因位中無漏六、七淨而非純，第八識聚純而非淨。今顯佛果無漏第八恒相續故，故名純淨。純淨本識非彼有漏、劣無漏種所依止故，皆永棄捨。簡異斷捨，立棄捨名。非染法故，不名斷捨。彼種捨已，現行有漏乃〔七〕劣無漏畢竟不生，由此名捨生死劣法。同諸教説解脱道中棄捨四事。生死有漏攝於三事：一、有漏善，二、二障習氣，三、諸無記法。并劣無漏，共成四事，金剛道品亦棄捨故。

論云：四所轉得，此復有二。一、所顯得，謂大涅槃。此雖本來自性清淨，而由客障，覆令不顯。真聖道生，斷彼障故，令其相顯，名得涅槃。此依真如離障施設，體即清淨法界。涅槃有四，如彼具明。二、所生得，謂大菩提。此雖本來有能生種，而所知障礙故不生。由聖道力斷彼障故，令從種起，名得菩提。起已相續，窮未來際。此即四智相應心品，名所生得。四智，如下。

疏智障等者，智障相應所起煩惱，斷智障時，煩惱隨伏。如初地行檀，違貪愛故。二地修四無量，違瞋恚故。三地修定，大法總持，發玅光明，違癡暗故。如是諸地，偏勝伏之。於十地位前六識中，伏現斷習。煩惱種子，金剛喻定一刹那中，三界頓斷。第七識中，八地已前，間斷伏之。入八地後，永伏不起。煩惱種子，金剛定時，三界頓斷。

疏若所知等者，所知障種，見所斷者初地入心一切頓斷，修所斷者於十地中漸次而斷，金剛喻定現在前時一刹那中，方皆斷盡。通緣内外麤細境生，有多品類，故漸次斷。

疏理漸頓者，漸解義理，頓照真理也。果中略無，成所作智亦頓圓也。

疏常自一性，住一如床者，如人睡夢，動靜顛倒，忽然夢覺，顛倒皆無，知身依床，唯夢心倒。床喻覺性。生死夢想，動靜顛倒，忽然覺悟，生死夢想一切皆無，乃知本來常自一性，住本覺體。

疏《金鼓經》者，此是舊譯，新名《金光明經》。彼第二云：人如夢中見大河水，漂溺其身，運手動足，截流而渡。不懈退故，得到彼岸。忽然夢覺，河水彼岸皆不可得，非謂無心。法亦如是，於生死中，精進不退，截生死流，得到彼岸。既覺悟已，生死夢想彼岸皆不可得。生死滅已，是清淨覺，非謂無覺。

疏住第四等者，《瑜伽》第四、《解深密經》《智度論》等，皆作是説：超色究竟，有妙淨土，第十地菩薩方生其中。《華嚴》亦云：有玅淨土，出過三界，第十地菩薩生於其中。慈恩釋云：生者，現也，往也，住也。將至金剛道時，遂往色究竟天上妙淨土中。《華嚴》等説：五淨居外，别有淨玅大自在宮，亦屬色界。言出過三界者，菩薩無漏後得智變，體是無漏，故此淨土出過三界。又解：此玅淨土雖屬色究竟天攝，然其本質是佛所變，而體無漏，不墮界繫，故云出過三界。

疏其華廣大等者，《十地論》第十二云：有大寶蓮華座，量等十阿僧祇百千三千大千世界，第十地菩薩坐證正覺。此華王座，有十相現：一、主相，與諸小座而爲主故；二、量相，即十阿僧祇百千三千大千世界；三、勝相，衆寶間錯故；四、地相，遍諸界故；五、因相，出世善根起故；六、成就相，衆相具故；七、第一義相，最勝玅故；八、功德衆相，出過一切人天界故；九、體相，摩尼寶珠而爲體故；十、莊嚴相，千華間錯，無量寶網覆其上故。

疏受王職位者，爾時太子墮在刹利王數，菩薩亦爾，諸佛智水而灌其頂，以受職位，墮在佛數。具十力等無量功德，廣如彼説。

疏依此等者，依此最勝金剛喻定，起無間道，斷盡第十一如來地障，即攝二愚。次第二念起解脱道，棄捨四事，證二轉依，名妙覺如來。三身四智，有爲無爲，塵玅(八)功德，一切圓滿。

疏如來地障等者，《唯識論》云：此地於法雖得自在而有餘障，未名最極，謂有俱生微所知障，及有任運煩惱障種。金剛喻定現在前時，彼皆頓斷，入如來地。意云：爲由有此佛地障故，十地菩薩觀佛境界，如隔羅縠中觀月，髣髴分明。此佛地障，依二障立，所知品於地地中漸次斷之，煩惱障種金剛無間一品道斷。論以二障合而説之，故言頓斷，入如來地。

疏於一切境微細所知障礙無明者，所知障中一分俱生無明品類，皆無明攝。所知障礙即是無明，名所知障礙無明。第十地菩薩於一切法皆得自在，然爲有此一分微細所知障在，令此菩薩諸勝功德未得最極殊勝。能障無明極微細故，名微細所知障礙無明。上言一切境者，無明障彼一切境故，從彼爲名。

疏本識等者，《唯識》二師。一云：有漏法種及劣無漏，金剛喻定現在前時，皆已棄捨，與二障種俱時捨故。二云：金剛喻定現在前時，猶未捨彼，與無間道不相違故。餘有漏等，解脱道起，方可棄捨，第八淨識非彼依故。此後解正。

疏今等覺位者，等覺末位解脱道起，無明盡時，動相本識隨無明滅。但滅業識有漏動相，不滅心體。心體如水，動相如波，波滅水靜，而水不滅也。

疏此二等者，前依《唯識》，斷前七轉識中微細障種。後依《起信》，斷彼無明所起業相，即本識也。各據一分之義，理實有漏八識無明等障，一切皆滅，方成佛果。合取兩文，符順教理。

疏此位猶劣，未能等佛者，此等覺位，斷盡諸障，覺真俗境，與佛相似，故名等覺。等是相似義故，少解脱道，未名爲佛。

疏大圓鏡智者，理實智俱無漏，第八現身、現土、現餘三智影像之法，然約果位，智强識劣，是故説智現諸法，影如圓鏡也。故《唯識》云：謂此心品離諸分別，所緣行相微細難知。乃至現種依持，能現能生身土智影，如大圓鏡現衆色像。故名大圓鏡智。

疏平等性智者，證平等性之智，名平等性智。又第七識有漏位中，執第八識爲我，而令能依第六意識於自於他而不平等。至無漏位，與智相應，了達無我，離不平等。反因立號，平等即性，平等性即智，名平等性智。故《唯識》云：謂此心品觀一切法，自他有情，悉皆平等。大慈悲等，恒共相應。隨諸有情所樂，示現受用身土影像差別。乃至一味相續，窮未來際。故名平等性智。

疏玅觀察智者，意識俱智，觀察諸法，神用無方，故以爲名。故《唯識》云：謂此心品善觀諸法自相共相，無礙而轉，攝觀無量總持定門，及所發生功德珍寶。於大衆會，能現無邊作用差別，皆得自在。雨大法雨，斷一切礙，令諸有情皆獲利樂。故名玅觀察智。

疏成所作智者，攝前五識相應心品，功用相似，故總合之，立一智也。此智能成利他事故，所作之成，名成所作。成所作即智，名成所作智。故《唯識》云：謂此心品爲欲利樂諸有情故，普於十方示現種種變化三業，成本願力所應作事，名成所作智。《佛地論》云：成所作智決擇有情心行差別，起三業化，隨應利樂有情類故。又說化佛亦名有心，亦名無心，有依他心，無自依心，但是實心相分所攝。如鏡中火，無別自體。現貪嗔等，令餘下類了解佛心。若佛實心，諸大菩薩猶不能了，況餘凡聖而能解耶。廣如彼論。

疏如實義者，如實正義，成所作智，佛果方起，非因位有。何所以故。由第八識是總報主，有漏性故。有漏第八識變有漏五根，依有漏五根發有漏五識。故成事智相應心品，佛果方得，非因位有。七、八相續，前六間斷，皆如因位。如是四智相應心品雖各定有二十二法，而智用勝，以智名顯。故此四智，總攝佛地一切有爲功德皆盡。

疏雖果等者，雖佛果位本智證如無能所別，今約五法體性有殊，以一真如爲自性身，四智心品爲受用身，屬二身也。

疏滿功德藏者，神玅智解，及體圓滿，含衆德也。德藏未滿，居菩薩位。由德藏滿，住如來位，湛寂不動，譬如大海，澄湛無波。

疏三身等者，依《起信論》，約一真如，義說三身。如疏可知。

疏前遣定一者，爲對一類執佛唯一，謂無差別，故說三身性相用別，遣彼執一之病也。後遣定異者，爲有一類執佛定異，故說三身唯一真如，無別三體，遣彼執異之病也。前順《唯識》，後順《起信》。合二文意，雙遣一異病也。

疏 瞻部洲者，舊名閻浮提洲，訛也。此云紫桂洲，洲中有此紫桂樹故，名紫桂洲。《起世經》云：須彌山南，北洲北岸，有瞻部樹。其根入地二十由旬，樹身廣七由旬，高一百由旬，枝葉垂布五十由旬。其子甚大，其味甘美。樹下有閻浮檀金，暎蔽日月之光。東毗提訶洲，此云勝身洲，此洲人身極勝竗故。《起世經》云：東洲有樹，名迦曇婆樹。身廣七由旬等，同上說之。因立洲名。西瞿陀尼洲，此云牛貨洲，此洲以寶牛爲貨易故。《起世經》云：西洲有樹，名顛頭迦樹。身廣七由旬等，同上說之。樹下有一石牛，高一由旬，因立洲名。北俱盧洲，此云無對洲。人之身相容儀勝故，亦名勝生，亦名高上。《起世經》說：北洲富樂如第二天，蓮華開敷，常聞竗香，種種音樂，甚可愛樂，勝餘三洲，因此名爲高上洲也。洲形大小者，《俱舍》頌云：

於中大洲相　南瞻部如車
三邊各二千　南邊有三半（三半者，三邊之一半也。或三由旬半洲，形如天竺壇相也。）
東毗提訶洲　其相如半月
三邊如瞻部　東邊三百半（三百五十由旬也。此洲呼彼而爲東邊，彼洲自指而爲南邊，背妙高故。）
西瞿陀尼洲　其相圓無缺
徑二千五百　周圍此三陪
北俱盧蹟方　面各二千等

身量如前。壽量者，《瑜伽論》說：瞻部洲人壽量不定。或時壽無量歲，謂成劫時。或時壽八萬四千歲，謂住劫初減時。或於一時壽量漸減，乃至十歲，謂三災起時。東洲人壽增，定二百五十歲。西洲人壽增，定五百歲。北洲人壽，定一千歲。

經 日色改變等者，《正法念》說：時阿修羅雜色珠玉以爲甲冑，光明晃曜。身如須彌，珠玉光明，青黄赤白黑五色莊嚴，心懷憍慢，謂與天等。爾時天王當於修羅住處空中雨諸刀劍。修羅昇空，日出千光，暎障彼月[九]，不見天宫。阿修羅王舉其右手以障日輪。閻浮提中見日改變，邪見論師不識業果，妄説豐儉。月色改變，亦復如是。薄蝕者，日月虧也，如虫食草，漸虧漸盡也。

經彗星者，妖星也。《正法念》説：有大夜叉起大瞋恚，口中出煙，乘空而行。閻浮提人謂是彗星也。土等諸星者，等於羅睺、計都及諸佐星。

經經百穀者，楊泉《物理論》云：粱者，黍稷之總名。稻者，粳糯之總名。菽者，衆豆之總名。三穀各二十，合爲六十。蔬菓之實助穀，各二十。總爲五穀，别爲百穀。

疏修述等者，《曉抄》云：余親問疏主，疏主答言：其年自受恩命，在南桃園修述義疏，至此段經，天時久旱，遣使諸處，祈禱山川，逾時未雨。時魚開府晨昏至誠，遂謂同往興唐寺。時，僧志靜曰：國家大弘至教，譯經修疏，務欲濟時。經云：天地亢陽，陂池竭涸等，講讀此經，災難即滅。修疏至此，尚不能滅。設於已後，豈能除災。良賁自責凡情，不合至理。昔曇延法師釋《涅槃經》，疏畢發願，取驗期文，誓曰：疏若合理，願火不燒。若不合理，願隨火燼。以疏投火，火盡疏存。光明洞照，至今流布。今既修述至此，天久無雨，何用是乎。至六月十四日早辰，置疏佛前，焚香哀告：此後七日，天若不雨，所述義疏請從火燬。自此更不開卷，但唯端然默念。至十五日，詔京城大德安國寺上座乘如等四十九人，於蓬萊殿，誦《菩薩戒經》。至十六日戌後，甘雨霈霔。至十七日早辰，具以聞奏。於表中云：此實陛下弘經之念，付受之功，豈在微僧之能果斯良願。良賁等私謂之偶然際會，驗不足徵。陛下天聰俯臨，猥見搜問。愚僧慚惶，不敢矯命。謹表奏，陳情以聞。勅詔如疏。

疏別乃二十有九者，初四難中共有二十，後三難中各三共九，總計二十九種災難差別。

經地種種災，崩裂振動者，《正法念》說：有大惡龍起大嗔恚，振動大水，一百二百三百由旬。地在水上，故大地動。邪見論師妄言吉凶。復有異緣，令大地動，謂諸衆生行善不善業因緣故，令大地動。地下有風，風動故水動，水動故地動。若善業動，豐樂無災。不善業動，災難斯起。邪見論師妄言豐儉。《晉書》云：晉惠帝元康四年，蜀郡山移。大[一〇]康八年七月，大雨，殿前地陷，方五尺，深數丈，中有破[一一]。懷帝元喜[一二]三年，地裂三處，廣三丈餘，長三百步。皆臣下分離敗散之兆。

疏云何因緣等者，雙問有難無難也。云何因緣，惡龍修羅損減壞諸世間。云何因緣，惡龍修羅不勝不作衰損壞諸世間。

疏婆修吉者，亦名和修吉，此云九頭，一身九首，龍中最勝。復有七頭龍王、象面龍王，乃至鉢婆訶龍王。十種法行龍王，與非法行惱亂龍王等，決其勝負。

疏金剛者，堅利義。體堅故物不能壞，用利故能摧諸物。聖智示[一三]爾，體堅故惡不能破，用利故能破諸惡。菩薩手中有金剛，故名金剛手菩薩。

疏降三世金剛三頭八臂者，普賢菩薩異像也。三頭表外降三世魔怨，八臂表内成就八聖道故。摩醯首羅天者，此云大自在天。准《瑜伽論》《起世經》，列六欲天外，別説魔羅天宮，高而復勝，是大自在天也。

疏放青色光者，諸異色中青色爲上，表降魔已，令修正行勝上德故。毗舍闍者，正云畢舍遮，飜爲醜鬼。

疏放白色光者，白爲衆色之本，表降修羅等已，令離諂曲，修正直行。離諂正直，衆德本故。恭畔荼者，舊名鳩槃荼鬼，此云陰形鬼，亦云形影鬼。陰形似冬瓜，故亦名冬爪[一四]鬼。辟茘多者，翻爲厭魅鬼。

疏現作威怒六足金剛者，表此菩薩遊化六道，與其樂故。手臂亦六者，拔濟六道，令出苦故。坐水牛上者，《法華疏》云：牛王有三德：一、降怨德，斷二障故。二、端嚴德，衆相具故。三、運載德，濟自他故。具此三德，能降毒龍，制惡風雨，故坐水牛。若勝玅身，坐於師子，表智勇猛，能斷諸障。應機現相，意各異故。

疏放金色光者，表降毒龍等已，修慈悲德，如金可重。富單那者，熱病鬼也。

疏藥叉者，能降藥叉，義翻威德。若所降藥叉，翻爲勇健。或云暴惡，無威德故。雄者飛行，名爲藥叉，舊名夜叉也。雌者地行，名羅刹婆，此云可怖畏。

疏示四臂身者，顯降四方藥叉，拔四生故。

疏放琉璃色光者，表降種種藥叉鬼等，令其修習種種玅行，如琉璃寶，具種種色。

疏放五色光者，放青黄赤白黑五色之光，表此菩薩隣之佛位，五智將圓，永出五道之相也。

經陀羅尼者，具云陀羅尼呪。法、義、呪、忍，斯爲一數。由此總持，誦出一切祕密神呪。若持此呪，必能除災，靜難立邦，破惡摧邪，超凡入聖。

疏聖者遍照者，報身之智破煩惱暗，照真法身，自照照他，名遍照也。如來應供正等覺者，如次法、化、報三身也。正覺、等覺，合名正等覺。

疏八轉聲者，准《西域記》，囀字從口，去聲呼之。體、業、具、爲、從、屬、依、呼，八也。

疏瑜伽行者，梵語瑜伽，此云相應。相應有五：一、教與理相應，二、心與境相應，三、定與慧應，四、行與果相應，五、藥與病相應。如多貪病，以不淨觀藥治之。瑜伽行者，得阿字門相應觀品，獲無盡藏，悟法本性，是無分别智。正是心境相應，餘義兼之。

疏法雨灌頂者，十地菩薩得佛法水灌其心首，如水灌頂也。

疏此云成就人等者，十地菩薩是成就聖智之人，禮佛禮法也。

疏男聲、女聲者，此方切韵，有清聲、濁聲、不清不濁聲。天竺聲明，有男聲、女聲、非男非女聲。准此疏意，男聲、女聲，呼喚雖殊，意趣無別，皆取世尊義也。

疏娑嚩訶者，五義如疏，如薄伽梵含多義故。

疏攝前等者，前法、義、忍三種總持，對呪總持，皆名長行。攝法、義、忍，爲十六句，顯十六行，謂智燈行、根本行，乃至出生諸佛行。攝彼十字歸一地字者，意自真如地字爲種子，詮一切法不離真如故。

疏故識諸王等者，《大品般若》付囑聲聞，令學般若深密義故。以《法華經》付囑菩薩，令諸菩薩化聲聞故。此付諸王，令王建立，護三寶故，滿請主願，護國土故。

疏命濁者，命體即濁，名爲命濁。餘皆持業。

疏此次第者，衆生處世，壽命爲先。由命促故，名爲命濁。命假資具，由資具損，次有劫濁。貪等鈍惑撓惱身心，漸增惡見，疾利煩惱，有次二濁。由鈍利惑作諸惡業故，有有情濁。果緣因等，依苦集者，正報依報皆名爲果，謂命、劫濁。利鈍煩惱爲發潤緣，有次二濁。由煩惱故修惡因業，此作業者，名有情濁。初二後一，依苦諦立。煩惱、見濁，依集諦立。

疏壽依命根，依識爲性者，壽量短長，依命根說。命根即依本識種子功能建立。命謂色、心不斷。根謂識種功能。由業所引功能差別，名之爲根。是命之根，名爲命根，爲命濁體。善業力微，殺業力强，感命短促，名命濁故。飢饉病刀，名爲劫濁，四塵爲體。又解：劫者，時分義。時無別體，依法以辨。五蘊四大，乖違名病。隨所依法，五蘊爲體。仍是不相應行中時所攝也。《法華疏》云：有情濁者，合以第八識及五蘊爲性。雖第八識爲有情體，今説由近惡因，外緣力故，五蘊假者作惡無善爲有情濁。貪等煩惱及隨煩惱爲煩惱濁體，五見爲見濁體。五中命濁依種子立。自餘四濁皆依現行色心立也。

疏由次等者，由煩惱濁，善品衰損。由於見濁，浪推求故，樂自苦行。或在家者起鈍煩惱，出家外道起利煩惱，皆損善品，有次二濁。由有情濁，衰損自身，所謂身量乃至無病損衰損故。

疏對治者，由三善根，治煩惱濁，起諸正見，對治見濁。修十善行，治有情濁。内果勝玅，壽命延長，對治命濁。外果勝玅，無三災事，對治劫濁。故前疏云：利鈍作業，感内外果，依治斷説。是此義也。五濁之中，煩惱、見濁，是自性斷，煩惱性故。自餘三濁，名不生斷，入聖位已，不作惡故，雖有劫、命，不名濁故。

疏三人等者，增劫之時，衆生命長，三災輕微，煩惱微薄，惡見微劣，有情向好。爾時可忻，不名爲濁。減劫漸此，衆生命短，三災漸起，煩惱轉厚，惡見漸盛，有情向惡，十惡可惡，名爲五濁。佛悲愍之，所以誡諸王臣，令建佛法，不得自恃高貴非法立制，破滅佛法。

疏在家出家高下座立者，白衣高座，説諸異論，王令比丘地立而聽也。

經惡比丘等者，《梵網經》云：應次第受請，不得受别請，利養入已。若别受請，即取十方僧物入已。七佛無别請法，不順孝道故。

疏惡鬼惡龍作諸苦難者，此通亂正因，下轉兩度言之，義自顯矣。

經非法非律者，非猶不也。不依刑法，不依格律，無事拘繫執縛比丘，由此名横。

經正法衰薄者，正行法也。六親者，《周禮註》云父母兄弟妻子也。《善見論》説六親有二：一者，父六親，伯叔兄第兒孫；二者，母六親，舅姨兄弟兒孫。皆是同氣義親，不雜異姓，故名六親。

疏火字二現喻一種現者，火之與字二現行法，喻思一法。種、現有殊，火喻現行，字喻種子。現思作業，現思滅故，如火滅也。思種不滅，如字存也。業現思種，皆思爲體，名未見邊。經舉火字已見邊法，顯彼業思未見邊法，令人解也。

疏又現等者，業有四種，謂順現、順生、順後、順不定等，如前已説。

經歡喜奉行者，天親菩薩釋《伽耶山頂經》歡喜奉行，有其三義：一、能説者清淨，二、所説法清淨，三、依所説法究竟得果清淨。由此三義，歡喜奉行。

疏虚陶玄運者，陶，喜也。運，乘也。餘輝者，佛在世時，如月[二五]正中，流光赫弈。遺法在世，如日已没，而有餘輝。疏主意云：喜逢佛法，玄妙真乘，悲奉遺教，佛日殘輝也。

疏四海光臨者，《爾雅》云：東夷，西戎，南蠻，北狄，四方晦昧無知，謂之四海。又以四方寬廣，猶如大海。天子威光照臨彼四海也。

疏詢諸等者，諮詢古義，依舊轍跡，採集成章，釋《般若》義。慮不稱於經旨，朝夕競惕，如臨深泉也。詞旨踈拙，似荒蕪艸，尤增慙赧，懼人哂之。

疏採集等者，集諸要旨，助贊般若，福利群生，同成大覺。而爲頌曰：

般若旨窈深　集解贊幽邃
福利諸含生　同成一切智

仁王護國般若經疏法衡抄卷第六

仁王經隨抄音切

荊居卿切。

辣盧達切。

蹟楚革切，正也。

陂音碑。

猥烏賄切，鄙也。

霹靂上普擊切，下音歷。

薜荔上毗計切，下力計切。
睒失冉切。
蠻狣上莫還切，下音笛。
競惕上居陵切，下他歷切。
蕪音無，荒蕪草也。
詢相倫切。
赧女板切。
泓烏宏切，水深也。

校勘記

〔一〕「隨」，疑爲「觀」。
〔二〕「皆」，底本原校疑爲「背」。
〔三〕「以」，疑爲「先」。
〔四〕「量」，底本脱，據文意補。
〔五〕「四」，疑衍。
〔六〕「流」，底本原校疑爲「疏」。
〔七〕「乃」，疑爲「及」。
〔八〕「玅」，底本原校疑爲「沙」。
〔九〕「月」，底本原校疑爲「目」。
〔一〇〕「大」，據《晉書》，疑爲「太」。
〔一一〕「破」，據《晉書》，疑後脱「船」字。
〔一二〕「元嘉」，據《晉書》，疑爲「永嘉」。
〔一三〕「示」，疑爲「亦」。
〔一四〕「爪」，疑爲「瓜」。
〔一五〕「月」，底本原校疑爲「日」。

（常崢嶸整理）

注仁王護國般若經(二)

大宋國傳賢首祖教沙門淨源撰集

注仁王般若經科

大宋沙門淨源録

○注仁王般若經科二
初題目二
二疏文二
初通叙宗旨三
初讎釋對辨三
二正叙經旨三
三具彰疏解二
初叙昔解二
初釋義有廣略若夫
二流傳有隱顯然則
二申今義三
二別釋經文二
初題號二
二經文二
初科判三
二隨釋三
初序分
二正宗○

初注題
二述人
初標夫觸
二釋彼以
三結斯皆
初標難則茲
二中義二
三引例三
初明所宗淨源
二報國恩庶乎
三資臣德夫然
初解所詮四
二釋能詮三
初科判源由次釋
二約品分文然此
三辨三之相所以
序品第一文句二
初懸示三

初王請安民是故
二聖慧護國至聖
初合辨恢五
二叙失二
初叙義昔人
二顯夫中是
三明得二
初正明唯大
二引證故有
初釋仁王夫仁
二釋護國護者
三釋般若梵語
四釋波等波羅
初正釋經者
二叙歎然則
三通妨或謂
初證信序諸經
二發起序二發

三流通〇
初證信三
二發起〇
初建立所以二
二科定經文（雖具）
三依科正解二
初説經時處二
二兩衆俱聞二
初總敘分科二（兩）
二隨科別釋三
初明當機衆六
二釋輔翼衆二
初總敘二
初指同大經二（輔）
二明世間嚴（今文）
二釋經四
三敘衆就坐
〇二發起序二
初敘意二（發）
二釋經五

二牒釋二
初立由（然證）
二立意（意爲）
初釋文（信成）
二通妨（或曰）
初聲聞衆二
二菩薩衆二
三在家衆
四七賢衆
五國王衆
六異生衆二
初釋經（欲界）
二示注（昔注）
初現土宣敎二
二座現寶華
三主伴齊現二
四諸佛説法
初釋經（具無）
二通妨（或謂）
初別列總指（華色）

三辨品數（品者）
初正釋二衆二
初信衆
二尼衆
二會通緣覺（若按）
初標類舉數
二敘歎行德三
初總歎
二別歎二
初敘義二（兩）
二釋文（初歎）
三結德
初釋經（土嚴）
二引證二
初引文（賢首）
二會通（論上）
初釋經文（果數）
二會同異（若準）
初念法利生
二問衆述疑

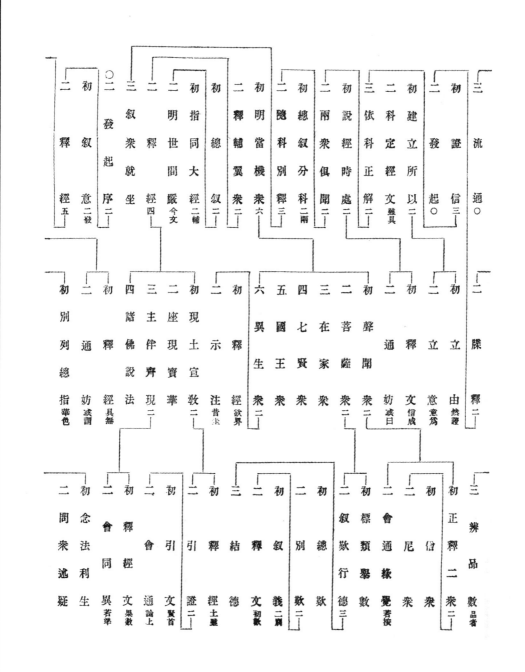

初彰說法時二
二入定放光
三諸天雨華二
四震地警衆二
初釋經震地震即
二引文警衆勝思
五騰疑表法六
〇二正宗分二
初示品分科此下
二依科別釋二
初三品明內護二
二三品辨外護〇
初觀如來品明護果三
二菩薩行品明護因〇
三二諦品雙資因果〇
初來意二
二釋名二
三解經七
初如來起定許說二
二匿王忻讚散華

二略示無色然無
初叙昔疑今
二匿王申問四
三放光召衆
四光中宣教二
五徧集有緣三
六獻供禮敬
初牒果以四生爲境
二修因以二行爲觀二
初約色蘊略明
二例餘法廣辨
三徵釋相如結觀心三
初釋分來來意
二釋品來二品
初釋觀字二釋
二釋如來具如
初懸牒諸王念請
二許說內護誡聽
初化四生有情三
二示三種般若二

三衆無答者
四奏樂供佛
初別釋今經光現
二會同楞嚴然今
初總標
二別列
三結數
初牒
二釋
三總結
初約境明空
二約智觀空
三因果俱空
初會色歸空觀三
二明空卽色觀
三空色無礙觀
四泯絕無寄觀
初眞空絕相觀四
二理事無礙觀二
初躡前示後二理

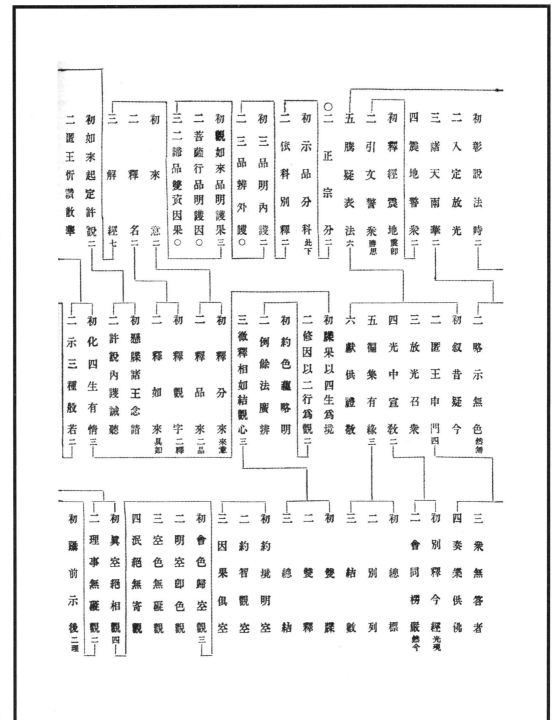

三論問因果奧旨
四廣答護果觀門二
初從本起末以順釋三
初實相明所觀眞性三
二觀照辨能觀妙慧二
初能觀所觀問
二非空非有答二
三文字釋詮上之教三
二攝末歸本以反結三
初結觀字詮觀之教二
初總標三種妄見
二別明詮上之教二
二經觀照能觀妙慧三
三結實相所觀眞性
五略示因人護果
六問答何相觀佛二
初略今淨名六問
二正釋今經三
七總結時衆護益
○二菩薩行品明護因三

初通示所宗二示
二別釋經文二
初能所相違問
二空有雙照答二
三斥問妄分別
初略明
二廣釋二
初諸佛同宣
二校量顯勝
三徵釋所以二
初三有果空
二三界因空
初明十地空
二辨等覺空
三示妙覺空
初覺帝垂問
二仁王申答三
三印例斥邪
初伏忍二
初釋經文三

二正釋經文二
初明聖證十地
二辨等妙二覺
初約眞諦明空
二約俗諦明有
初述觀科經二廣
二約文申義二
初徵
二釋二
初忘詮得旨勝
二約法顯人勝
初總標
二別列
三顯空
初總答
二別答二
初示教義
二釋經文謂所
三結答
初緣境發心

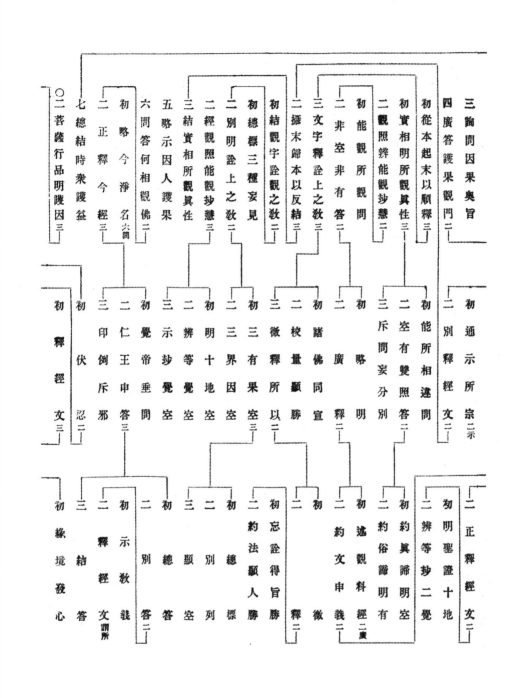

初來意
二釋名
三解經二
初通妨然清
二釋文二
初匿王請問
二如來酬答二
初科定經文二如
二依科申義二
初總答前二問六
二別答第三問○
初如來闡教二
初五忍法答修何行業三
初總示
二別釋二
三通結
初指他教二別
二釋今經五
初分科五寂
二隨釋四

二叙所宗上來
初下品十住明十心三
初總標十住
二別明觀行三
三結成功業
二中品十行明十治三
初總標十行
二別明觀門
三結成功業
三上品十向明十忍三
二信忍四
三順忍二
初標位斷障
二現身顯益二
初釋經文儀之
二會影略然證
四無生忍二
五寂滅忍二
初標位分兩品二
初明忍同二

二取信成位二
初會同異楞嚴
二通外難然諸
三明化利益三
初引論叙義二明
二依論釋經論云
三仰祖證成吾祖
初總標十向
二別明觀門
三結成功業
初標位斷障
二總修諸行
三別指根本二
四現身顯益
初正釋經文從發
二重示行本然信
初標位斷障
二現身顯益二
初釋經文七地
二會隱顯然前

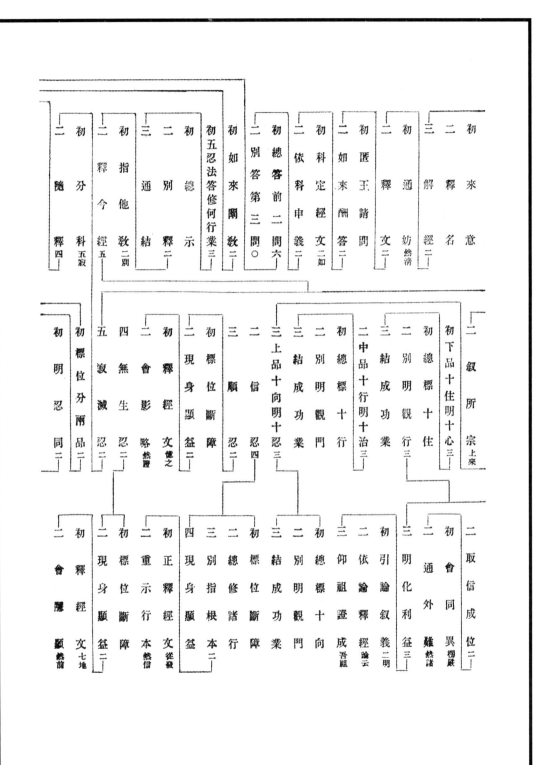

初標位斷障二
二現身顯徵二
初眞身
二應身
三辨正揀邪二
四叙昔明果二
初叙昔告衆二
二明果指本
二十王位答化諸衆生二
初牒問
二正答三
二匿王偈讚○
三時衆獲益
四叙昔得果
五印成歎法二
六勸修指同六
初修顯三世同
二因果一路同
三標忍生信同
四超罪得果同

二示品異
二斷障證二覺
初辨正二
初凡迷三界三
二聖化三有二
二揀邪
初釋經(既斷)
二通妨(然他)
初寄位度生三
二例諸如來
三大衆供讚
初印成所說
二叙歎忍法四
初總標因果
二別釋因果二
三稱量罔及二
初約境空三
二約智空三
四心言罔測三
初所說益物

初正釋文(此位)
二會同(華)
初示經文(不出)
二申經義(一切)
三釋諸根(然二)
初釋經(報化)
二通妨(或曰)
初略標
二廣釋(文有十段)
三總結
初徵
二釋二
初果德境智
二因行境智二
初約法釋
二約人釋
初諸法空
二諸行空
三境界空
初約法明權實

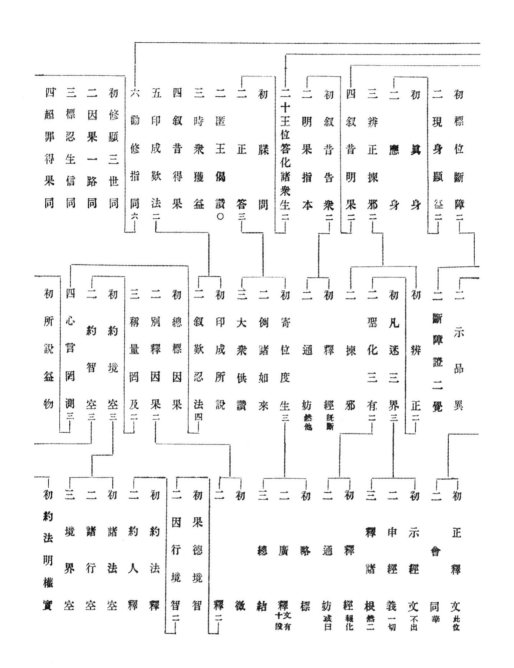

五因名果說同
六大衆奉行同
○二匿王偈讚二
初標說儀二
二正說偈二
初分科叙意二正
二隨文釋義三
初略示
二廣釋五
初伏忍三
二信忍二
三順忍二
初正明下品
二叙進中品
三約行斷障二
初讚下品三
二讚中品
三讚上品
四無生忍三
五寂滅忍二

二舉人喻說二
三果知因讚
初明諸頌然頌
二出所以爲何
初總讚三寶
二別讚五忍二
三結讚禮敬
初兼讚十善
二正讚三賢
三讚信成位二
初叙經述宗二信
二約文申義二
初別讚三品三
二總明斷障
初釋偈讚中道
二會長行前文
初讚下品二
初正明下品
二通前斷障
二讚上品四

二約人明申道
三凡小墮有無
初叙二解有謂
二辨差當勸解
初推詳文義三讚
二引經略釋賢首
初別讚三品三
初讚下品二
二讚中品
三讚上品
初釋下品謂成
二釋住地響與
二總明斷障
初讚下品
二讚中品
三讚上品
初正讚果德
二揀因異果
三通讚三業
四別讚益物

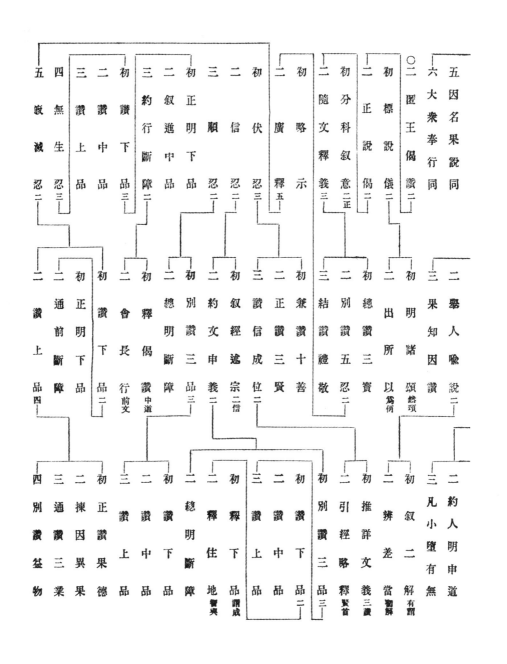

○二別答第三問二
初叙義分科二別
二隨科別釋三
初牒匿王致問
二明如來正答三
三叙時衆獲益
初略示
二廣釋四
三雙結二
○三二諦品雙資因果三
初來意二
二釋名二
三解經五
初匿王致問
二如來正答三
初實相明眞俗境二
初總科偈文二偈
二依科別釋三
初眞俗絕待
二二諦互陳三

初依眞成妄識
二隨識生染淨
三約證示地位
四約修辨諸假二
初總明觀行四約
二別釋經文八
初別結廣略二文二
初結略示
二結廣釋
二總結自他二利
初明前品初來
二顯當品又如
初正釋次釋
二揀非若依
初長行略示二
二偈頌廣答二
初約假明二諦
二約空明二諦三
三雙遣明中道二
初法

初妄識生色心
二色法生根大
三總結皆幻法
初顯法假如幻化三
二明受假如睡夢
三辨名假如聲響
四相續假如陽焰
五觀待假如電光
六形待假如第二月
七緣成假如水泡
八因成假如空雲
初叙昔示義二
初釋經過去
二引證故華
二勅聽許說二
初釋當文誠合
二釋五望然此
初法
二喻
三合

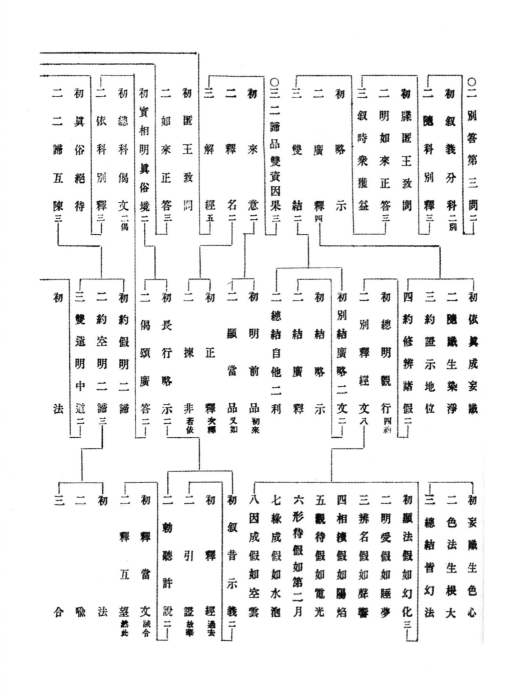

三雙結眞俗
二觀照辨權實智二
初總標
二別釋二
三文字顯上二義三
初匿王致問
二如來正答二
三結成二護
初通示所宗二如
二別釋經義二
三躡前請益二
初匿王申問
二如來總答三
初正答
二徵釋二
三通結
四諸佛同說四
五聞法悟道
〇次三品辨外護二
初分品大文

二喩二
初分科述意二如
二隨科釋義四
初能所不二三
二惑智不二
三絕待不二
四因果不二
初文字性空卽實相二
初文字性空
二敎證實相二
二文字性空卽觀照二
初躡前起後
二修證觀照二
初徵
二釋二
初約根相異性一
二約諦眞一俗二
初一佛例多
二顯功德多二
三舉少況多

初喩眞俗
二喩迷悟
初能度所度
二能求所求二
三徵釋所以
初略徵釋
二互同釋
初正明
二揀非
初明諸佛成護果二
初正明佛果
二兼示九界
二顯菩薩成護因二
初示敎道三賢緣修
二明證道十聖眞修
初揀非
二顯是
初明能說多
二顯所說多
初舉一念信超苦

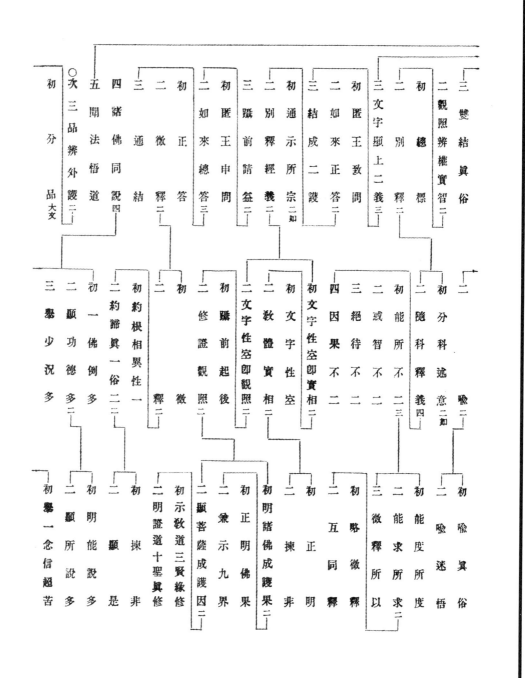

二隨釋三
初護國品正顯外護三
二不思議品兼陳外護○
三奉持品廣前二護○
初來意
二釋名
三解經四
初勅聽許說
二正陳護國三
三引昔護國三
四聞法悟道
初引天王
二引人王二
初班足依邪教二
二普明遵正法四
三例諸王三
初例過去
二例現在
三例未來
○二不思議品兼陳外護三

四校量勝多二
初明護時
二示護法三
三彰護益三
初總明能護
二別列所護二
三由教示益二
初持經文
二獲福祛難二
初遇邪師
二取千王
初陳願允從
二敷座請講
三正說偈辭二
初總叙三正
二別釋二
初標說人
二正說偈四
四因偈獲益五
初相用不思議二釋

二況四法行得樂
初弘經置像二
初釋經置佛
二止濫緣近
二備設供儀
三說聽除難
初列幽明
二列依正
初獲福
二祛難
初演無常
二宣八苦
三說法空
四闡無我
初普明受偈益
二諸王誦偈益
三班足聞偈益
四叙讚還國益
五出家獲證益二
初示位卽證

初來意
二釋名二
三解經四
初開法析疆
二大衆散華三
初正明散華四
二王等發願
三佛即勸持
三佛現神變二
初總標
二別列五
四衆觀獲益二
〇三奉持品廣前二護三
初來意二
二釋名
三解經四
初見佛說教三
二匿王申問
三如來正答三
四時衆獲益〇

二本迹不思議碧潭
初華成寶座三
二華爲雲臺三
初散花成臺
二臺中說法
三持華供佛
三華作寶城二
四華成雲臺二
初諸華相入
二佛土相入
三塵刹相入
四巨細相入
五凡聖相入三
初廣內護
二廣外護
初釋本文賢首
二會梵網然梵
三辨見者剛匿
初總叙所宗三廣
二別釋經文三

二示跡然燈
初散華成座
二佛坐說法
三持華成輪
初散華作城
二諸佛說法
初通前述意四釋
二別釋經文成一
初明正報身
二顯依報土
三雙結依正
初釋經得神
二通雜或謂
初正明初賢三
初總標
二別列
三結品
二攝信成位三
初總明三聚
二修觀顯位

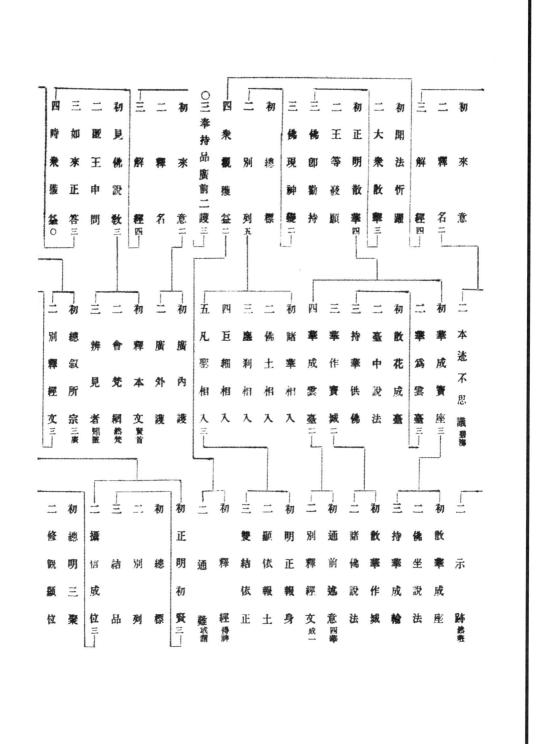

初法師奉持三
二付囑奉持○
三說呪奉持○
初修觀爲法師
二勸衆令供養
三列廣賢聖位二
初長行五
初三賢法師二
二十聖法師四
初顯前起後二十
二通叙所宗又此
三別釋經文十
四評量翻譯然不
三始終伏斷二
初望果名伏
二望因名斷
四等妙修證三
五雙結勸修三
初結菩薩
二結諸佛

初十住法師二
二十行法師四
三十向法師四
初總標上賢
二別列十位
三修觀受生
四結賢進聖二
初歡喜地法師四
二離垢地法師三
三發光地法師三
四燄慧地法師三
五難勝地法師三
六現前地法師三
七遠行地法師三
八不動地法師三
九善慧地法師三
十法雲地法師四
初修證明等妙
二知見辨等妙
三法喻顯等妙二

三結住進行
初總標中賢
二別列十位
三修觀明空
四結行進向
初解經諸三
二通妨釋諸
初創入聖位
二證如斷障
三觀智利物二
四結位成行
初約法明權實
二兼喻示權實
初證如斷障
二觀智利物
三結位成行
初地行入心
二證如斷障
三觀智利物
四引皈一乘

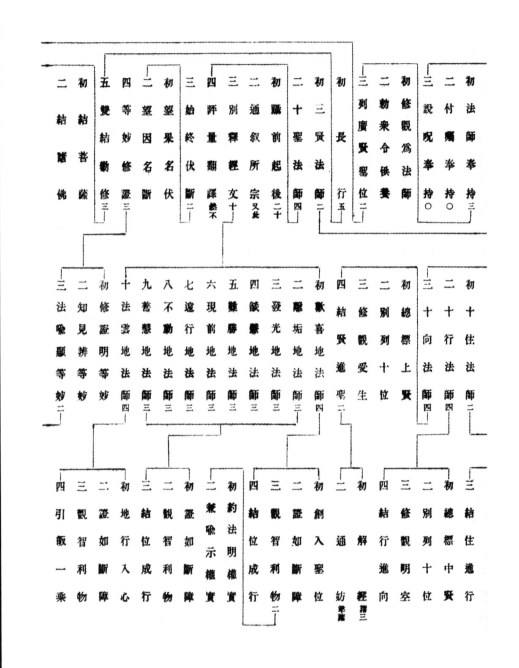

三總勸修
二偈頌二
○二付囑奉持五
初滅度災興二
二付囑所以
三敕護七難三
四匿王驚問
五如來爲答二
初正出所因
二總開能護二
初以法合喻三
二合尊聖教三
○三說呪奉持五
初來福去災
二勸聖護國三
三菩薩說呪三
四如來讚述
五普勸受持
○四時衆獲益四
○三流通分

初標舉
二重頌三
初明所護
二明能護
初廣陳化境
二略說七難二
三彰能護救
初總示
二別列七
初法
二喻
三合
初總示護國
二別列
三立像申供
初整儀白佛
二述呪功能
三正說呪辭二
初大衆發願
二國王出家

初等覺
二妙覺
初總頌三賢
二別頌十聖
三結頌佛果
初日月改變
二衆星失度
三諸火燒物
四時序遷易
五風蔽雨霾
六二儀爲災
七四方兵起
初申供儀
二示出處
三例人天
初標舉
二說呪
初散華獲忍
二修定成佛
初明分來初來

- 囑累品第八 文三
  - 初 來意二
    - 三 諸趣得法
    - 四 菩薩證道二
      - 二 辨品來 又前
  - 二 釋名二
    - 初 囑內護 二釋
    - 二 囑外護 又囑
  - 三 解經四
    - 初 述時付囑二
      - 初 勸誡述時
      - 二 以經付囑
    - 二 惡主滅法二
      - 初 別列六
        - 初 敘滅佛法二
          - 初 立法制僧
          - 二 舉喻兵奴
        - 二 誡滅國土
        - 三 非法繫僧
        - 四 總顯自壞四
          - 初 約喻彰壞
          - 二 約法滅壽
          - 三 別受三報三
            - 初 順現報
            - 二 順生報
            - 三 順後報
          - 四 總喻合法二
            - 初 總喻
            - 二 合法
        - 五 立籍驅役
        - 六 背聖從愚
      - 二 總結
    - 三 仁王依教三
      - 初 諸王誠心二
        - 初 聞誡悲號
        - 二 至心依教
      - 二 大衆悲歎
      - 三 約義辨名二
        - 初 匿王問
        - 二 如來答二
          - 初 法喻雙陳
          - 二 喻德勸持
    - 四 大衆奉行二

注仁王經科終

校勘記

〔一〕底本據《卍續藏》。

注仁王護國般若經卷第一并序

大宋國傳賢首祖教沙門淨源撰集

夫儒典之述誠明，猶釋教之談寂照焉。彼以聖人自誠而明，類玅覺即寂而照矣。賢者自明而誠，比等覺即照而寂歟。斯皆爲教不同，而同歸乎善者也。矧茲聖誥，雖控禦三乘，而優遊中道，是故仁王勤請，祛七難以安民。至聖垂慈，敷百座而護國。恢五忍則祚升覺帝，其唯寂照乎！歷十地則位登聖王，其唯誠明乎！昔人不究儒釋垂範大同而小異，多以三學之文治乎心，謂之域外教矣。六經之訓治乎身，謂之域内教矣。由是寂照誠明之緼，前代未融耳。唯大廣智不空三藏，學究二諦，教傳三密，通月邦之寂照，洞中華之誠明，推校詳譯，獨得其奧。故有唐睿文孝武皇帝御製《經序》，載之詳矣。若夫依經辨理，文富義豐，則良賁法師解之於前。根道抵慧，辭簡旨要，則體元大士注之於後。然則《廣疏》盛行於三京，而其《略注》沉隱於二浙。淨源雖無似，行思坐誦，摭兩疏之舊章。苦志勞身，解三藏之新譯。庶乎揚十力之玅訓，報萬乘之鴻恩。夫然則由誠明而護國，豈唯樂熈寧於兆民，抑亦資忠孝於百辟者矣。

仁王護國般若波羅蜜多經

夫仁之爲德，有能仁焉，有至仁焉。至仁罰不仁，興利除害也。能仁以濟衆，兼愛無私也。以斯來于生民，故曰王者，天下之所歸往也。護者，加衛也。國者，疆域也。然護之爲義亦有二焉：心安于道，行發于教，内護也；城塹三寶，澤及萬邦，外護也。是故經明百座之敷演，諸王之奉持，斯皆内、外護之明効耳。梵語般若，此方云智慧，因果合辨也。在因爲三慧，所謂聞、思、修也。在果成三德，所謂智、恩、斷也。由是五方菩薩説呪以加持，即祕密般若也。十方諸佛發言而擁護，即顯了般若也。波羅蜜多，此譯到彼岸，謂離生死塗炭此岸，到涅槃富壽彼岸，故經文有離七難之苦，到五忍之樂焉。經者，以貫以攝，訓法訓常，謂貫穿義華，攝化羣品。諸佛演之而無窮，百王奉之而不易。然則尊崇護國之典，莫若於華梵，故下文云：置經寶案，若王行時，常導其前。豈非諸佛演之而無窮，百王奉之而不易乎？或謂，智者解題，折五重玄義。賢首釋經，闢十門玅旨。今述斯文，但略注經題，而不開懸談者，何耶？答：夫達節善變，弘之由人。至如孤山注《四十二章》，豈有玄義？碧海箋《淨名》奥典，亦無懸談。然《心經略疏》雖有五門，總列一處。今疏三章，散在諸品。故曰弘之由人，良有謂乎！

△次釋經文，分三：第一，序分。二、正宗分。三、流通分。以三分之興，彌天高判，冥符西域，今古同遵。然此經一部，具列八品：初一品序分，次六品正宗，後一品流通。所以三者，夫聖人設教，必有其漸，將命微言，先彰由致，故受之以序分。由致既彰，當機授法，故受之以正宗。正宗既陳，務於開濟，非但篤[二]於時會，復令末葉傳芳，故受之以流通。今初。

序品第一

諸經多有二序：一、證信序，謂如是之法，我從佛聞，標記説處，時衆同聞，以爲證據，令物信受。二、發起序，發明生起正宗之法，或唯入定，或但放光，今經兼而有之。品者分義，類以彰名。此經具有八品，此品冠於群篇，故稱第一。然證信之立，由阿難問，佛令置之，意爲斷疑息諍及異邪故。雖具六種成就，今均廣略，總分爲二：初，説經時處。二、兩衆俱聞。今初。

如是

信成就也。信則所言之理順，順則師資之道成。如是者，感應之端也。如以順機受名，是以無非爲稱。衆生以無非爲感，如來以順機爲應。此約感應，離釋如是。若兼我聞合釋，謂如是一部經義，我昔親從佛聞。

我聞：

聞成就也。我即阿難，五蘊假者。聞謂耳根發識，領受聲塵。雖因耳處，廢别從總，故稱我聞。

一時，

時成就也。師資合會，説聽究竟，故言一時。諸方時分，延促不同，故但言一。

佛

主成就也。具云佛陀，此翻覺者，謂覺了性相之者。然具三義：一、自覺，覺知自心本無生滅。二、覺他，覺一切法無不是如。三、覺滿，二覺理圓，稱之爲滿。

住王舍城鷲峯山中，

處成就也。出化王城，入止鷲峰，名之曰住。《智論》云：摩伽陀王先所住城，城中失火，一燒一造，如是至七。王求住處，見其五山周帀如城，即造宫殿，於中止住，是故名王舍城也。鷲峰山，亦名靈鷲，此山棲鷲鳥，鳥實靈異，故號靈鷲。然處成就山城雙舉者，《法華論》云：王舍城勝餘城，鷲峰山勝諸山，山城俱勝，表法勝故。或曰：清涼釋《華嚴》，圭峯述《圓覺》，於證信序前四成就，皆約五教辨淺深，諸師解同異。今注斯經而杜絶其辭，敢問焉對？曰：昔吾祖賢首，啟廸《梵網》，則廣開章門。發明《心經》，則申以略疏。斯皆著述之宏規，立言之懿範。何者？《梵網》恢張戒條，則深文不得不廣。《心經》昭灼真空，則奧義不得不略。今茲《仁王般若》，既與《心經》同宗，亦準賢首《略疏》。若辨五教之淺深，諸解之同異，而比《華嚴》《圓覺》者，又何異但見秦俗好武而不知魯國尚文者也？

△二、兩衆俱聞者：一、當機衆，廣列三乘諸趣。二、輔翼衆，略明化佛八部。初，當機中，具列六衆。

初，聲聞僧衆。二：

初，標類舉數。

與大比丘衆千八百人俱，

與者，并也，共也。大者，名高德著。比丘，梵語，此含三義：一、怖魔，二、乞士，二〔三〕、破惡。衆者，理和事和。俱者，一時一處。

△二、敘歎行德。三：

初，總指。

皆阿羅漢，諸漏已盡，無復煩惱。

阿羅漢，此翻爲應，應已永害煩惱賊故，應受人、天妙供養故，應不受分段生故。此果住三義，由輔比丘因行三義，如次對之。漏有三種，皆已斷盡。種現煩惱，更不再生，故云無復。

△二、別歎。

心善解脫，慧善解脫。

分別已亡，得心解脫。俱生永除，得慧解脫。亦同大乘，斷煩惱障，得心解脫。斷所知障，得慧解脫。皆約斷麤、細二種惑，以明心、慧二解脫。舊解謂羅漢有利根者名心解脫，鈍根者名慧解脫。

九智、十智，所作已辦。

九智斷分別之麤，十智斷俱生之細。二惑既亡，故所作已辦。九智，即世俗智、法智、類智、苦智、集智、滅智、道智、他心智、盡智耳。十智，即後無生智。舊解謂，鈍根無學有前九智，利根羅漢具後無生智。

三假實觀，

法假實觀，受假實觀，名假實觀。假即世俗境，實即勝義境。觀之一字，即能照智。依《大般若》，亦通大乘。故《智論》云：應化聲聞，實是菩薩。

三空門觀，

空觀、無相觀、無作[三]觀，即《俱舍論》三解脱門。

△三、結德。

有爲功德，無爲功德，皆悉成就。

無間道修有爲也，解脱道證無爲也。所施曰功，皈已爲德，故云成就。

△二、尼衆。

復有比丘尼衆八百人俱，皆阿羅漢。

尼，女聲也。若按羅什所譯之本，即有緣覺衆，故彼經云：復有八百萬大仙緣覺，非斷非常，四諦十二緣，皆悉成就。今不空重譯，但列聲聞，即攝緣覺，由其理果同故。例如約人辨二藏，唯出聲聞藏耳。

△二、菩薩衆。二：

初，舉數標類。

復有無量無數菩薩摩訶薩，

釋菩薩義，具如下文。梵語摩訶，此方云大。皆地上大士耳。

△二、敘歎行德。三：

初，總歎。

實智平等，永斷惑障，方便善巧，起大行願。

實智有窮幽之鑒，了惑障而本空。權智有應會之用，起行願而涉有。此亦般若之門觀空，則實智平等也。漚和之門涉有，則方便善巧矣。

△二、別歎。然今經説十地，具有六段：一、菩薩衆，密歎十地。二、五忍位，合辨十地。三、十王位，各對十地。四、匿王偈，雙讚十地。五、法師位，斷證十地。六、佛説偈，重頌十地。今釋密歎十地，更不引他

經論，但取當經五處文義，或長行，或偈頌，與此符合者，以注之。夫然則非但疏是經文乳非城内，亦見六篇更資而科義有凖焉。又若所引長行偈頌，其間有三明、五通、四辨、十力，至下本文具釋，無煩預云。

初，歡喜地，下偈云：由初得覺悟，名爲歡喜地。長行云：行四攝法，布施、愛語、利行、同事，善能安住饒益衆生。以四攝法，饒益有情。

二、離垢地，下偈云：具戒清淨德，名爲離垢地。長行云：修四無量，慈無量心、悲無量心、喜無量心、捨無量心。四無量心，普覆一切。

三、發光地，下偈云：善能通達三摩地，隱顯自在具三明。長行云：具足勝定，得五神通。三明鑑達，得五神通。

四、燄慧地，下偈云：清淨菩提分，遠離身見智。長行云：行菩提分法，教化一切衆生。修習無邊菩提分法。

五、難勝地，下偈云：世間諸技藝，種種利羣生。長行云：文字、醫方、工巧、呪術。工巧技藝，超諸世間。

六、現前地，下偈云：現前菩薩自在王，照見緣生相無二。長行云：得上順忍，住三脱門。深入緣生，空無相願。

七、遠行地，下偈云：方便三摩地，示現無量身。長行云：住於滅定，起殊勝行，雖常寂滅，廣化衆生。出入滅定，示現難量。

八、不動地，下偈云：自在破魔軍，名爲不動地。長行云：雙照平等，化諸衆生。摧伏魔怨，雙照二諦。

法眼普見，知衆生根。四無礙解，演説無畏。

九、善慧地，下偈云：得四無礙解，一音演一切。長行云：以四無礙智，化一切衆生。十方紗智雷震法音，近無等等金剛三昧。

十、法雲地，下偈云：普灑甘露法，名爲法雲地。長行云：金剛三昧現在前時，而亦未能等無等等。

△三、結德。

如是功德，皆悉具足。

始從歡喜，終至法雲，皆以修度爲功，證理名德。

△三、在家衆。

復有無量優婆塞、優婆夷衆，皆見[四]聖諦。

優婆塞、優婆夷，此云近事男、近事女。由具五戒，堪可親近承事大僧尼，故言皆見聖諦，名謂初果。聖人以其淨慧，照四諦境，斷見道惑，即見聖諦，具如《佛地論》。

△四、七賢衆。

復有無量修七賢行，

一、五停心觀，二、别相念住，三、總相念住，四、煗善根，五、頂善根，六忍善根，七、世第一善根。此七法行，隣近聖位，故總名賢。

四念處、四正勤、四神足、五根、五力，

念處、正勤、神足、根、力，此二十二品，有漏位修，故屬七賢。若七覺支、八正道餘一十五品，屬無漏位聖人，故經無文。

八勝處，

一、内有色想，觀外色少。二、内有色想，觀外色多。三、内無色想，觀外色少。四、内無色想，觀外色多。五、觀青。六、觀黄。七、觀赤。八、觀白。能制伏境，心勝境處，故名勝處。

十徧處，

謂周徧觀地、水、火、風、青、黄、赤、白，及以空、識二無邊處。周徧觀察，無有間隟，故名徧處。

十六心行，

修四聖諦，於一一諦，有四行相，故成十六心。即能緣行相，行緣能所，合説名爲心行。

趣諦現觀。

趣謂能趣，即十六所。諦現觀者，是所趣故。辨其觀義，如《俱舍論》。

△五、國王衆。

復有十六大國王，波斯匿王等，各與若干千萬眷屬俱。

波斯匿，此方云和悦，《楞嚴疏》翻云勝君。獨標匿王者，謂發起上首也。若干者，設數之辭也。十六國名，下經具列。

△六、異生衆。

復有六欲天王，釋提桓因等，與其眷屬無量天子俱。

欲界六天：一四王，二忉利，三燄摩，四兜率，五化樂，六他化。梵語釋提桓因，此方云能天帝，即忉利天王，三十三天帝主也。

色四靜慮諸大梵王，亦與眷屬無量天子俱。

色界四禪天，靜揀散心，慮揀無慧，止觀均故。此界竪論，十八天皆有梵王爲主。諸天之名，備如《華嚴》。

諸趣變化無量有情，阿脩羅等，若干眷屬俱。

此八部有情，皆承宿因，得變化通，有其五種，亦如《俱舍》。阿修羅等者，等取迦樓羅、緊那羅、摩睺羅伽、夜叉王、龍王、鳩槃茶、乾闥婆。此八部衆，常隨佛故。

昔圭峯祖師，發揮《金剛》《蘭盆》，合而辨之，則先列經文，後申疏義。若夫開拓《圓覺》《起信》，離而釋之，或别解一字，或總注數行。蓋經旨有隱顯，而節文有合離矣。故今所述，亦離而注之，吾從古也。

△二、輔翼衆。然今經證信序有輔翼衆，亦同《華嚴》序分輔翼不空，三世間嚴耳。彼疏云：衆即淨土，輔翼不空，以其菩薩有

輔翼圓滿。而言不空者，即眷屬圓滿，是皆寄穢土以顯淨故。今文亦具三世間嚴：經謂復有變現十方淨土，即器世間嚴。其中諸佛宣説般若，即智正覺世間嚴。無量菩薩四衆八部，即衆生世間嚴。若天[五]融三世間而爲十身，具如《華嚴大疏》。文有四段。初，現土宣教。

復有變現十方淨土，

土雖多種，不出其三：一、法性土，二、受用土，三、變化土。若開受用，有自有他，則成四土。經云變現者，非第三變化土，通取變現他受用報、化色相功德耳。

而現百億師子之座，

人中師子處之，又説無畏之法故。得法空者，何所畏哉？

佛坐其上，廣宣法要。

他受用身，爲地上大士，説一味之經。若就機宜，亦現化身，爲地前菩薩，説三賢法門。賢首《梵網疏》引《攝論》云：隨他受用身，爲地上菩薩，於淨土中，現身説法。爲地前機，現化身佛。斯皆明文有據矣。論上句云於淨土中，即此經復有變現十方淨土。下句云現身説法，即此經佛坐其上廣宣法要。然以論通經，祖師遺訓，次第對之，如指諸掌。

△二、座現寶華。

一一座前，各現一華。

表行布行，如十地菩薩，各修一度。

是百億華，衆寶嚴飾。

表圓融行，如一地之中，各具諸地功德。

△三、主伴齊現。

於諸華上，一一復有無量化佛，無量菩薩，四衆八部悉皆無量。

果數、因數悉皆無量者，表修因行無量，證果德亦無量也。而其主伴皆在諸華之上者，表因該果海，果徹因源。若準《華嚴》，主在華臺，伴在華鬚。故彼疏云：正助不等，臺鬚有差。其故何耶？蓋彼經明因主即勝音菩薩，因伴即世界海微塵數菩薩。今經明果主即無量化佛，因伴即同生異生二衆，其僧尼士女四衆，大分亦異生耳。然二經表法，悉具微旨，可以虚求，勿厭繁文。

△四、諸佛説法。

其中諸佛，各各宣説般若波羅蜜多，展轉流偏十方恒沙諸佛國土。

其中諸佛，牒前化佛。

△三、敘衆就坐。

有如是等諸來大衆，各禮佛足，退坐一面。

此一唱經，總結二衆。若唯結輔翼而不該當機者，此得於近，而失乎遠矣。

△二、發起序，然《金光明經》唯顯入定，《法華》紗典但明放光，豈若今經先入禪定，續放光明，以體資用，發起般若正宗。文有五段。初，彰説法時。

爾時，世尊

具無量德，爲世所尊。

初年月八日，

即説般若之初年正月八日，所以清凉引真諦三藏云：七年前説四諦，名轉法輪。七年後説《般若》，具轉照二輪，以空照有故。既言七年後説《般若》，即當第八年之初耳。或謂：據下文，説八部《般若》在初，此經居後，其旨何哉。答：夫教有本迹，時有後先。語其本，則一音頓演，隨類各解。言其迹，是八部初説，此經後陳。儻能達本而忘迹，同一音之妙唱，不執時之先後者，則般若玄旨庶幾乎有在焉。

△二、入定放光。

入大寂靜妙三摩地，

心與境冥曰入。言思道斷曰妙。大寂靜，語至定也。三摩地，翻云慧也，即寂照雙流耳。若依《楞嚴疏》，三摩提，此云觀，約因行以翻。

身諸毛孔，放大光明，普照十方恒沙佛土。
身毛即正報，佛土即依報，入定既寂照雙流，放光乃依正交徹。
△三、諸天雨華。
是時欲界無量諸天，雨衆妙華。
華色非一曰衆，徧悦羣機曰妙。
色界諸天，亦雨天華，衆色間錯，甚可愛樂。
分枝垂布，衆色交暎，故云間錯。華品殊絶，靜觀無厭，故稱愛樂。
時無色界，雨諸香華，
依定發通，香華彌布。上雙標，下雙釋。
香如須彌，華如車輪。
氛氳騰起，紗而且高，故如須彌。芳菲在空，旋而復轉，故如車輪。然欲界諸天但雨妙華，色界天華間錯可〔六〕樂，無色界天香華併下，此亦界地升降不同，致使香華有異。
上別列，下總指。
如雲而下，徧覆大衆。
然無色有情，雖無業果色，而有定果色，是故雨香似山，散華如輪。
△四、震地警衆。
普佛世界，六種震動。
震即是聲，動即是形，聲兼吼擊，兼形〔七〕起涌，故有六種。此六各三，成十八相，具如《華嚴經疏》。《勝思惟梵天經》中，説有七因：一、令諸魔生驚怖故，二、令時衆心不散故，三、令放逸者生覺悟故，四、令衆生念法相故，五、令衆生觀説處故，六、令成熟者得解脱故，七、令隨順問正義故。
△五、騰疑表法。六：
初，敘昔疑今。
爾時，大衆自相謂言：大覺世尊前已爲我等説《摩訶般若波羅蜜多》《金剛般若波羅蜜多》《天王問般若波羅蜜多》《大品》等無量無數般若波羅蜜多，
般若具有八部，經文但列其三，故有等言，

謂等取《小品》《道行》《放光》《光讚》《文殊問》也。

今日如來放大光明，斯作何事？

△二、匿王申問。四：

初，念法利生。

時，室羅筏國波斯匿王，作是思惟：今佛現是希有之相，必雨法雨，普皆利益〔八〕。

室羅筏，此翻豐德，謂具足財寶欲塵多聞解脱等，即印度憍薩羅國都城之名。準《西域記》，有南北二憍薩羅國。揀異南國，故城國雙舉也。

△二、問衆述疑。

即問寶蓋、無垢稱等諸優婆塞，

在家衆也。寶積長者持蓋奉佛，故立斯號。無垢稱，即淨名居士。

舍〔九〕利弗、須菩提等諸大聲聞，

小乘衆也。舍利弗，此方云鶖子。須菩提，此云善現。

彌勒、師子吼等諸菩薩摩訶薩，

大乘衆也。彌勒，此云慈氏。師子吼，即處衆説法，得大無畏。

上問衆，下述疑。

言：如來所現，是何瑞相。

匿王法身大士，既覩現瑞，知必宣揚八品極唱，由茲發起。

△三、衆無答者。

時，諸大衆無能答者。

佛智幽深，因人罔測，表其所説必造玄微。

△四、奏樂供佛。

波斯匿王等，承佛神力，廣作音樂。欲色諸天，各奏無量天諸技樂。聲徧三千大千世界。

詢問無答，不可徒然，奏樂供佛，以竢法音。

△三、放光召衆。

爾時世尊，復放無量阿僧祇光，其明雜色。

前放光明，不言其數，表根本智證理。

今此放光而言無量雜色者，表後得智説法度人。

△四、光中宣教。

一一光中，現寶蓮華。其華千葉，皆作金色。上有化佛，宣説法要。

光現蓮華，皆作金色，表自性無染，佛説法要，含果法故。又，光現蓮華，表行法。皆作金色，表理法。上有化佛，表果法。宣説法要，表教法。然今經光中宣教，與《楞嚴》放光説呪，觀其文則小異，究其旨則大同。何者。彼經謂于時世尊頂放百寶無畏光明，即同此文爾時世尊復放無量阿僧祇光也。彼云光中出生千葉寶蓮，即此一一光中現寶蓮華其華千葉也。彼云有佛化身結加趺坐宣説神呪，即此上有化佛宣説法要也。而又所表法門，皆在發起序中。夫然則二經玅唱雖有後先，統其要旨，誠謂殊塗而同歸者也。

△五、徧集有緣。三：

初，總標。

是佛光明，普於十方恒河沙等諸佛國土，有緣斯現。

即感應道交，不失良機矣。

△二、別列。

彼他方佛國中，東方普光菩薩摩訶薩、

放光徧照，不擇怨親。

東南方蓮華手菩薩摩訶薩、

衆行無染，普接羣機。

南方離憂菩薩摩訶薩、

障無不盡，稱真離憂。

西南方光明菩薩摩訶薩、

智光内照，身光外明。

西方行慧菩薩摩訶薩、

所行萬行，以慧爲光。

西北方寶勝菩薩摩訶薩、

智寶嚴心，勝諸凡小。

北方勝受菩薩摩訶薩、

勝德已備，受法王位。

東北方離塵菩薩摩訶薩、

智證真如，離諸塵障。

上方喜受菩薩摩訶薩、

以教導物，喜而受之。

下方蓮華勝菩薩摩訶薩，

自性無染，勝諸芳英[一〇]。

各與無量百千俱胝菩薩摩訶薩，皆來至此。

俱胝者，唐三藏譯爲千萬。

△六、獻供禮敬。

持種種香，散種種華，作無量音樂，供養如來，頂禮佛足，默然退坐，

默然者，即是願樂欲聞。《十地經》云：如渴思冷水，如飢念美食，如病憶良藥，如蜂貪好蜜。我等亦如是，願聞甘露法。

合掌恭敬，一心觀佛。

前證信序但言各禮佛足退坐一面，今發起序復云合掌恭敬一心觀佛者，謂發起正宗。

有其二義：一者，品題，即《觀如來品》是也。二者，經文，即觀身實相，觀佛亦然。

△此下，六品，明正宗分。初三品，明内護。後三品，明外護。今初，護果，略啟三門。

觀如來品第二

來意有二。先，分來。後，品來。今初，三分之中，自下正宗。由致既彰，正宗宜顯，故次來也。二、品來者，曲有二義：一、前辨衆集，今顯教主。二、先爲因人備陳果護，故次來也。

二、釋名者，妙慧爲能觀，如來爲所觀，能所雙標，以立其稱。且如來一號，有其五義：一、就理顯，謂法性名如，出障名來。二、唯就行，《瑜伽》云：言無虚妄，故名如來。三、理智合說，《轉法輪論》云：第一諦名如，正覺名來。四、離相說，《般若》云：無所從來，亦無所去，故名如來。五、融通

說，謂一如無二如，若理若智，若開若合，無不皆如，故名如來。如外無法，來亦即如。如是來者，是真如來。

△三、解經。於中，有七：

初，如來起定許説。二：

初，懸牒諸王念請。

爾時，

衆已集時。

世尊從三昧起，

梵語三昧，此翻等持。

坐師子座，告大衆言：吾知十六諸國王等，咸作是念：世尊大慈，普皆利樂。我等諸王，云何護國？

實智内照，權智外明，故知諸王念請護國。

△二、許説内護誡聽。

善男子，

順理剛斷之稱。

吾今先爲諸菩薩摩訶薩，説護佛果、護十地行。

王請護國，而先爲説護因果者，此有二意：一、謂欲令佛種不斷，則莫若善付囑，故先爲菩薩也。二、謂若無内護因果，則外難無由悉滅矣。

汝等皆應諦聽諦聽，善思念之。

誡令審諦，無以生滅心行聽實相法，以諦聽即聞慧，善思即思慧，念之即修慧，若具三慧爲因，必證五忍之果。

△二、匿王忻讚散華。

是時大衆，波斯匿王等，聞佛語已，咸共讚言：善哉善哉。

重言善哉者，《智論》云：善之至也。以因、果二護，諸佛法要，内隆三寶，外祛七難，既蒙許説，利樂實多，大衆忻躍，故重讚之。

即散無量諸妙寶華，於虚空中，變成寶蓋，覆諸大衆，靡不周徧。

若表法門，於虚空中，變成寶蓋，即動

用於一虚之中。覆諸大衆，靡不周徧，即寂寥於萬化之域。

△三、詢問因果奥旨。

時波斯匿王，即從座起，頂禮佛足，合掌長跪，而白佛言：世尊，菩薩摩訶薩云何護佛果，云何護十地行？

從座而起者，謂請業則起，更端則起。今問二護，即更端也。

△四、廣答護果觀門。二：

初，化四生有情。三：

初，牒果，以四生爲境。

佛告波斯匿王：言護佛果者，諸菩薩摩訶薩應如是住。

實智照真不住有，權智達俗不住空，權實無礙，成無住行。

教化一切卵生、胎生、濕生、化生，

教化一切四生，有悲也。實無四生可化者，有智也。釋四生義，有受生、依止、境界三

種差别，如《華嚴》《金剛》二疏。

△二、修因，以二行爲觀。二：

初，約色藴略明。

不觀色相，不觀色如，

以有智故，了色即真空，不觀色相也。以有悲故，達色是幻有，不觀色如也。

△二、例餘法廣辨。

受、想、行、識，我人知見，常、樂、淨倒，

先例餘四藴，後明四倒。然我倒言人知見者，謂依藴妄執故，有人執妄知妄見。若以觀門例前以釋，即悲而智，不觀受相。即智而悲，不觀受如。餘七倣此。

上例染境，下例淨境。

四攝、六度，二諦、四諦，

亦以悲、智二行，不觀相與如。

力、無畏等，一切諸行，

十力、四無畏，又等十八不共法。一切行即因中萬行。

乃至菩薩如來，亦復如是，不觀相，不觀如。
始自受想，終至如來，皆以悲智二行，不觀相如，故總例云：亦復如是。
△三、徵釋相如，結觀心。三：
初，雙徵。
所以者何？
所以不觀相如者，何耶？
△二、雙釋。
以諸法性即真實故。
由諸法性即真空實體故。
無來無去，無生無滅，
體絶迷悟，故無去來。性非染淨，故無生滅。
同真際，等法性，無二無別，猶如虚空。
一如無二如，故云無別。虚空有二義：一、周徧義，同真實際。二、含容義，等諸法性。
上釋有悲不觀如，下釋有智不觀相。
蘊、處、界相，無我、我所。
歷推三科，非但無我，亦無我所。
△第三，總結。
是爲菩薩摩訶薩，修行般若波羅蜜多。
△二、示三種般若。賢首國師云：一、實相，謂所觀真性。二、觀照，謂能觀妙慧。三、文字，謂詮上之教。今準此科經，潛申宗趣耳。文二：
初，從本起末以順釋。三：
初，實相明所觀真性。三：
初，能所相違問。
波斯匿王白佛言：世尊，若菩薩衆生性無二者，菩薩以何相而化衆生耶？
問意謂：能化菩薩、所化四生，性既無二，則用何化相而化衆生乎？然經文謂：若菩薩衆生，性無二者，即躡前不觀色相、不觀色如。以何相而化衆生，即躡前應如是住，教化四生。
△二、空有雙照答。二：
初，約真諦明空。

佛言：大王，色、受、想、行、識、常、樂、我、淨、法性，

總明五蘊、四倒，皆以法性爲本。已辨所觀，次釋能觀。

不住色，不住非色、受、想、行、識。

上二句不住色，不住非色，貫下四蘊，不住受，不住非受。餘三倣此。

常樂我淨亦不住淨，不住非淨。

下二句不住淨，不住非淨，蒙上三倒，不住常，不住非常，餘二亦然。

何以故？

徵意謂：以何義故，悉皆不住耶。下釋云：

以諸法性，悉皆空故。

謂五蘊、四倒，自性皆空也。

△二、約俗諦明有。

由世諦故，

上句總標，下皆别列。

由三假故，

法、受、名三。

一切有情，蘊、處、界法，

五蘊、十二處、十八界。

造福非福，不動行等，

造福，人天善業。非福，四趣惡業。不動行等，即四禪四空也。然《大般若》明福業、非福業、不動業，其文雖廣，與此大同。

因果皆有。

通明三界，惡因苦果，善因樂果，皆名爲有。上明六凡，下辨四聖。

三乘賢聖所修諸行，

大乘三賢十聖，小乘七賢四聖。

乃至佛果，皆名爲有。

次下，别明外道。

六十二見，亦名爲有。

計我是色，許我異色，我在色中，色在我中，乃至識亦如是。一陰計四，

四五二十。過未斷常，成六十二。

△三、斥問妄分別。

大王，若著名相，分別諸法六趣、四生、三乘行果，即是不見諸法實性。

若分別二乘，四生爲所度，菩薩佛果爲能度，即不見實相真性也。

△二、觀照辨能觀玅慧。二：

初，能觀所觀問。

波斯匿王白佛言：諸法實性，清淨平等，非有非無，智云何照？

問意謂：所觀之境即非有非無，能觀之智如何雙照耶？

△二、非空非有答。二：

初，略明。

佛言：大王，智照實性，非有非無。

以中道之玅智，照實相之真性。不執常，非有也。不著斷，非無也。

上正答，下徵釋。

所以者何？

以何義故非有無耶？

法性空故。

以諸法性即第一義空。

△二、廣釋。昔賢首以圓融三觀通《般若心經》，而判屬實教。今推斯文，以一念妙慧之因，證諸地分滿之果，乃屬一乘同教。故準祖師觀門，以科經旨。

文二：初，真空絶相觀。二、理事無礙觀。初中，有四：

初，會色歸空觀。三：

初，約境明空。

是即色、受、想、行、識，十二處、十八界，士夫六界，

地、水、火、風、空、識，是名六界。

上明六凡，下明四聖。

十二因緣，二諦、四諦，一切皆空。

二諦即中道，菩薩分證，如來極證。上

正明境空，下會生滅空。
是諸法等，即生即滅，即有即空。
當處出生，即有也。隨處滅盡，即空也。
刹那刹那，亦復如是。
每一刹那，皆具空有生滅，故云亦復如是。
上總明。下徵釋云：
何以故？一念中有九十刹那，一刹那經九百生滅。
從微至著，顯微細生滅，非凡夫妄心之所識，非小乘淺智之所知。
下，通結云。
諸有爲法，悉皆空故。
諸法若不空，則無道無果。
△二、約智觀空。
以甚深般若波羅蜜多，照見諸法，一切皆空。
謂以法空般若，照諸法自性皆空，即二空理，深慧所見也。
上總明，下别列。

內空、外空、
內空即六根，外空即六境。
內外空、
內根外境，共生六識，亦空。
空空、
了十八界空，此空亦空。
大空、勝義空、
大空即等空不動智，能證空也。勝義空即中道無相理，所證空也，等空即十方空。
有爲空、無爲空、
有爲生死空，無爲涅槃空。
無始空、畢竟空、散空、
過去無始空，未來畢竟空，現在無住名爲散空。
本性空、自相空、
本性真諦空，自相俗諦空。
一切法空。
始自六根，終乎二諦，由諸法相待，皆

屬緣生，故結一切皆空也。
△三、因果俱空。
般若波羅蜜多空、因空、佛果空、
能證般若既空，修因證果俱空。
空空故空。
所空諸法既空，能空之智亦空。
△二、明空即色觀。
諸有爲法，
世出世間有爲法也。
上總標，下别列。
法集故有，受集故有，名集故有。
三假也。緣聚而成，故名爲集。
因集故有，果集故有。
四諦也。世出世間因果皆有。
六趣故有，十地故有，佛果故有，一切皆有。
六趣輪迴皆凡夫，十地佛果皆聖人，并
前二乘四諦，則十法界一切皆有。
△三、空色無礙觀。

善男子，若菩薩住於法相，有我相、人相、
有情知見，爲住世間，即非菩薩，
謂此菩薩不了色相，舉體是空，故住世間。
所以者何。一切諸法，悉皆空故。
以色是幻色，不礙真空，故終南《觀》云：
是故菩薩看色，無不見空也。
△四、泯絶無寄觀。
若於諸法，而得不動，
以生心動念，即乘法體故。
不生，不滅，
即空故不生，不即空故不滅。
無相，無無相，
即幻色故無相，不即幻色故無無相。
不應起見。
非解所見，是謂行境。
何以故？一切法皆如也，諸佛法僧亦如也。
法法皆如，即理法界於茲顯矣。
△二、理事無礙觀。前文會色歸空，明

空即色，皆揀情顯解空色無礙。解終趣行，泯絶無寄，正成行體。雖有四門，方爲真如之理。今此理事無礙觀，觀事當俗，觀理當真，令觀無礙，即顯真如之妙用。文二：

初，明聖證十地。

聖智現前，最初一念具足八萬四千波羅蜜多，名歡喜地。

據下經文明十四忍，初地菩薩行檀波羅蜜。今最初一念具足八萬四千者，謂菩薩妙行，有其二種：一、行布，二、圓融。行布是教相施設，圓融是理性德用。行布不礙圓融，故最初一念具足八萬四千。圓融不礙行布，故初地聖人行檀波羅蜜。《賢劫經》中但辨行布，唯此經與《華嚴》具二無礙。故彼經初地云：一地之中，具攝一切諸地功德。以此證之，則今經屬一乘同教，其言不誣矣。

上明初地，此辨餘九。謂地地之中，皆障盡解脱，斷一障二愚，即證解脱果。

謂運重載遠，即是大乘。《梁攝論》亦云：運載名乘。

來大性故，名爲大乘。

△二、辨等妙二覺。

動相滅時，名金剛定。

動相即無明也。下經云：觀勝義諦，斷無明相，是爲等覺。亦以金剛喻定耳。

體相平等，名一切智智。

以根本智照體，後得智觀相，體相境不二，根、後智不殊，即寂而照，其唯妙覺歟。

△三、文字釋詮上之教。三：

初，諸佛同宣。

大王，此般若波羅蜜多文字章句，百佛千佛，百千萬億，一切諸佛，而共同説。

句詮差別，章者解句。

諸佛道同，所説不異。下《菩薩行品》，大衆亦見恒沙諸佛説十四忍，如我世尊所説無異。

△二、校量顯勝。

若有人於恒河沙三千大千世界，

《俱舍》偈云：四大洲日月，蘇迷盧欲天。梵世各一千，名一小千界。此小千千陪〔二〕，説名一中千。

此千陪大千，皆同一成壞。

滿中七寶，

金、銀、琉璃、珊瑚、碼碯、赤真珠、頗黎。

以用布施大千世界，一切有情，皆得阿羅漢果，

上校量，下顯勝。

不如有人於此經中，乃至起於一念淨信，

《金剛》云：信心清淨，則生實相。故超羅漢，自利偏真也。

何況有能受持讀誦解一句者？

信力故受，念力故持。對文曰讀，離文曰誦。解一句者，非非句也。

△二、徵釋所以。二：

初，徵。

所以者〔三〕何？

一念淨信所以勝者，何耶？

△二、釋。二：

初，忘詮得旨勝。

文字性離，無文字相。

《淨名》云：文字性離，無有文字，是則解脱。

非法，非非法。

天親《論》云：非法者，一切法無體相故。非非法者，彼真如無我實相有故。

△二、約法顯人勝。

般若空故，菩薩亦空。

上句法，下句人。

次，徵釋云。

何以故？於十地中，地地皆有始生、住生，及以終生。此三十生，悉皆是空。

以歡喜地最初見道，名爲始生。於初地中，具修勝行，名爲住生。初地將滿，進求後地，名爲終生。餘九例此，即成三十。亦是地地中入、住、出三心也。

上明因空，下例果空。

一切智智，亦復皆空。

一切智，根本智。下智字，後得智。

△二、攝末歸本以反結。三：

先，結文字詮上之教。二：

初，總標二種妄見。

大王，若菩薩見境、見智、見説、見受，即非聖見，是愚夫見。

見實相之境、觀照之智、文字説受，非聖智真見，乃凡愚妄見也。

△二、别明詮上之教。二：

初，三有果空。三：

初，總標。

有情果報，三界虚妄。

六趣輪迴，即有情世間正報也。三界虚妄，即器世間依報也。然虚妄之言，總該四惡趣及四洲等。故《楞嚴》云：此等亦皆自虚妄業之所招引。

△二、别列。

欲界分别所造諸業，

欲界六天諸識分别所造諸業，即修上品十善，及施戒等。分别謂心跡也。《楞嚴》又謂：如是六天，形雖出動，心跡尚交。

色四静慮定所作業，

色界四禪天，定、慧雙修，爲所作業。静，定也。慮，慧也。定、慧均平，方稱静慮。《楞嚴》亦云：不假禪那，無有智慧。

無色四空定所起業，

無色界四空天，定果色起，業果色滅。《楞嚴》又謂：是四空天，身心滅盡，定性現前，無業果色。

△三、顯空。

三有業果，一切皆空。

四趣惡業果，人天善業果，上界禪定果。

△二、三界因空。

三界根本，無明亦空。

三界有情，皆以無明而爲根本，故《俱舍》頌云無明諸有本。前業果既空，今惑因亦空。

△二、結觀照能觀妙慧。三：

初，明十地空。

聖位諸地，無漏生滅，

地上菩薩，分得無漏之智，證無生滅之理。上通辨十地，下別明七、八。

於三界中，餘無明習，

七、遠行地，斷餘[三]無明習氣，故下偈云：

順道法愛無明習　遠行菩薩獨能斷

變易果報，亦復皆空。

八、不動地，受變易果，報行純熟，如下偈云：

不動菩薩二禪王　得變易身常自在

△二、辨等覺空。

等覺菩薩，得金剛定，二死因果空，一切智亦空。

分段、變易二種生死爲果，由其煩惱、所知二障爲因。所斷因果既空，則能斷一切智亦空也。

△三、示妙覺空。

佛無上覺，種智圓滿，擇非擇滅，

以慧揀擇，斷無明惑。佛果無斷，故非擇滅。《起信》云：無明頓盡，名一切種智。上顯涅槃斷果，次明菩提智果。

真淨法界，性相平等，應用亦空。

性、相不二，本唯一真。依真起應，用化羣生。羣生本如，應、用皆空也。

△三、結實相所觀真性。

善男子，若有脩習般若波羅蜜多，

躡前觀照。

說者聽者，譬如幻士，

即真而俗，有説有聽。

無説無聽，法同法性，猶如虛空，

即俗而真，無説無聞。

一切法皆如也。

真、俗不二，唯一實相，世出世法皆如也。

△五、略示因人護果。

大王，菩薩摩訶薩護佛果，爲若此。

由其内護佛果，則能外護國土，内外更資。皆由般若，其德如是。

△六、問答何相觀佛。夫能對揚妙訓，隱顯其迹，皆法身大士。今經與夫《淨名》總相問答，文勢全同，故以匿王例維摩詰。唯別答中，大同小異，抑又彼廣此略耳。文三：

初，覺帝垂問。

爾時，世尊告波斯匿王言：汝以何相，而觀如來？

全同彼經問。《維摩詰》云：汝欲見如來，爲以何等觀如來乎？羅什釋曰：若自有慧眼，則能玄照，不能觀形。若無慧眼，則對形而隔。故問其所以何等觀如來。

△二、仁王申答。三：

初，總答。

波斯匿王言：觀身實相，觀佛亦然。

即同維摩詰言：如自觀身實相，觀佛亦然。肇公釋云：佛者，何也？蓋窮理盡性，大覺之稱也。其道虛玄，固以玅絶常境，心不可以智知，形不可以像測，同萬物之爲而居不爲之域，處言數之内而止無言之鄉。故經曰：見實相法，爲見佛也。

△二、别答。然《淨名經》别答中，羅什三藏，生、肇二師，各申義解。今依本宗正解深文，而獨取肇師，兼明奥旨。若夫以教收經，如下文謂不住三際、不離三際等皆終教收，非施非慳等皆頓教攝。亦準《演義鈔》文科判耳。

無前際，無後際，無中際，

謂所觀實相，不從前際來，非向後際去，不於現在住，是則三際泯絶，一念斯忘矣。

不住三際，不離三際，

三際求心，心不有，不住也。三世悉在，無有餘，不離也。是則時無別體故不住，念劫圓融故不離。

不住五蘊，不離五蘊，

實色非真空故不住，真空即幻色故不離。

不住四大，不離四大，

地、水、火、風，緣生而有，不住也。清淨本然，周徧法界，不離也。

不住六處，不離六處。

見聞如幻翳，三界若空華，不住六處也。於諸如來，常了了分明見，不離六處也。

不住三界，不離三界，

實相淨而娑婆穢，不住三界也。而穢國與實相融通，故不離三界也。

不住方，不離方，

法身無在，而無不在。無在故不住方，無不在故不離方。

明、無明等，

實相無相，體順三明。雖有三明，而不異無明也。

非一非異，

無像不像故非一，像而無像故非異。

非此非彼，非淨非穢，

處生死，而非此岸、非穢國。居涅槃，而非彼岸、非淨邦。

非有爲非無爲，

欲言有爲，無相無名。欲言無爲，備應萬形。

無自相無他相，

冥穢潛應無自相，攝應會真無他相。

無名無相，

不可以名名，不可以相相。

無强無弱，無示無説，

理絶上智，無强無説也。事泯下愚，無弱無示也。

非施非慳，非戒非犯，非忍非恚，非進非怠，非定非亂，非智非愚，

真性具德，非六度之所修。玅慧圓通，非六蔽之能障。

非來非去，非入非出，

物感而顯，非王宫出來。感畢而隱，非雙樹入去。

非福田非不福田，

無心應物，非福田也。有求皆益，非不福田。

非相非無相，非取非捨，

非相故，不可以有心取。非無相故，不可以無念捨。

非大非小，非見非聞，非覺非知，

非小故，展之徧法界，非凡夫眼見耳聞也。非大故，卷之入一塵，非二乘身覺智知也。

△三、結答。

心行處滅，言語道斷，同真際，等法性。

心行處滅，不可以心思也。言語道斷，即等法性，不可以口議也。

我以此相，而觀如來。

我以實相，而觀法身如來，故前文云：觀身實相，觀佛亦然。

△三、印例斥邪。

佛言：善男子，如汝所説，諸佛如來力、無畏等恒沙功德，諸不共法，悉皆如是。

如汝所説，觀佛實相，離於諸非，而諸佛力、無畏等，離非亦然，故云悉皆如是。言恒沙功德諸不共法，即如來一百四十不共功德。

上印例，下斥邪。

修般若波羅蜜多者，應如是觀。

以觀照玅慧，冥實相真性。

若他觀者，名爲邪觀。

除實相外，餘皆魔事，故名邪觀。

△七、總結時衆獲益。

説是法時，無量大衆，得法眼淨。

覆推此文，近結第六，遠結前五，原始要終，通結一品。得法眼淨者，亦同《楞嚴》，聞説圓通，遠塵離垢，得法眼淨，即初地見道位也。然肇法師釋《淨名經》，得法眼淨，即須陀洹道者。彼約佛現國土嚴淨，諸天及人知有爲法悉是無常，得小乘益。方今大教，其猶螢光與杲日爭輝耳。

注仁王護國般若經卷第一

校勘記

〔一〕「篤」，底本作「爲」，據底本原校及《大方廣佛華嚴經疏》（《大正藏》本）改。

〔二〕「二」，疑爲「三」。

〔三〕「作」，底本原校云一本作「願」。

〔四〕「見」，底本作「是」，據《仁王護國般若波羅蜜多經》（《大正藏》本，下同）改。

〔五〕「天」，底本原校疑爲「夫」。

〔六〕「可」，底本原校云一本後有「愛」字。

〔七〕「兼形」，疑倒。

〔八〕「益」，底本原校云一本作「樂」。《仁王護國般若波羅蜜多經》作「樂」。

〔九〕「舍」，底本作「含」，據《仁王護國般若波羅蜜多經》改。

〔一〇〕「英」，據前科文，疑後脱「三結數」三字。

〔一一〕「陪」，《俱舍論》（《大正藏》本）作「倍」，下一「陪」字同。按，「陪」通「倍」。

〔一二〕「者」，底本作「有」，據《仁王護國般若波羅蜜多經》改。

〔一三〕「餘」，底本原校疑爲「除」。

注仁王護國般若經卷第二

大宋國傳賢首祖教沙門淨源撰集

菩薩行品第三

將釋此品，三門同前。

初，來意者，前品已護佛果，此品護十地行，果德既彰，因行將陳，故次來也。

二、釋名。菩謂菩提，此翻云覺。薩者薩埵，此云衆生。謂以智上求菩提，用悲下救衆生，從境得名。然則有悲即隨相行，有智即離相行，悲智相導，成無住行。然清涼釋《華嚴》三十九品，皆列四門：一、來意，二、釋名，三、宗趣，四、解經。今文不開宗趣者，謂前《觀如來品》依賢首《略疏》三種般若潛申宗趣，次後《二諦品》準圭峰《纂要》三種智慧密示宗體，故此但列三門而不開宗趣耳。

△二、釋文。二：

初，匿王徵問。

爾時，波斯匿王白佛言：世尊，護十地行菩薩摩訶薩，應云何修行，云何化衆生？復以何相而住觀察？

問意謂：護因菩薩，修何行業化諸衆生，復用何相而住平等，觀察利物耶？

△二、如來訓答。初，以五忍答修何行業，二、以十王答化諸衆生，三、以諸幻答平等觀察。初，總答前二問。二、別答第三問。初中，文分爲六。初，如來闡教。先，明五忍，文三。初，總示。

佛告大王：諸菩薩摩訶薩，依五忍法以爲修行。

上總標，下別列。

所謂伏忍、

以勝解刀，折伏煩惱。

信忍、

信真如理，已親證故。

順忍、

由智隨順，紗證中道。

無生忍

以權實智，證理無生。

皆上中下，

前之四忍，皆具三品。

於寂滅忍

因行果德，證法不滅。

而有上下，

後之一忍，但有二品。

名爲菩薩修行般若波羅蜜多。

結修行業也。

△二、別釋五忍，然《本業瓔珞經》亦明六性六慧，若對五忍，數目不同。縱辨開合，恐濆經旨。文五：

初，伏忍下品十住明十心。三：

初，總標十住。

善男子，初伏忍位，起習種性，修十住行。

發明熏習，以大智爲因，名習種性，即初賢十住也。十住之名，備如下文。

△二、別明觀門。三：

初，緣境發心。

初發心相，有恒河沙衆生見佛、法、僧。

發菩提心者，有心體、心相、心德。今言心相，即攝前心體，攝後心德。謂此菩薩，見三寶爲所緣之境。初發心相即能發之心，故下文初發心住云：見佛法僧，發菩提心。自既發心，令他亦然，故云：有恒河沙衆生見佛法僧。

△二、取信成位。

發於十信，所謂信心、念心、精進心、慧心、定心、不退心、戒心、願心、護法心、迴向心。

《楞嚴經》十心，前六列名同，後四先後異。彼文七護法，八迴向，九戒，十願。

然諸經明義，十信未成位，但爲住因。與今文不同者，清凉《演義》云：《仁王》詺十住爲十信故，取能成信詺所成位故。

△三、明化利益。無此段經，與《起信》十解菩薩依此觀門顯發心利益，其義一揆。

具此十心，

躡前。

而能少分化諸衆生，

論云：菩薩發是心故，則得少分見於法身，隨其願力，能現八種利益衆生。

超過二乘一切善地。

論又謂：一發心後，遠離怯弱，畢究不畏墮二乘地。吾祖圭峯謂馬鳴菩薩宗百部大乘，造《起信論》，此論通釋一百部經者，斯良證矣。

△三、結成功業。

是爲菩薩初長養心，爲聖胎故。

十住是三賢之初，入位之始，故云初長養心也。聖胎者，如子孕在胎藏中，故下經偈云：伏忍聖胎三十人。既胎三賢，將誕十聖，生如來家也。若依《梵網經》，十長養即十行菩薩。故賢首釋云：增修善根，故名長養。

△二、中品十行明十治。三：

初，總標十行。

復次，性種性菩薩，修行十種波羅蜜多，

習已成性，以大悲爲因，名性種性，即中賢十行也。《大疏》明行體云：若約別體，即以十波羅蜜爲體。十行之名，亦如下文。

△二、別明觀門。

起十對治。

能治即十度，所治亦十，即四倒、三毒、三世也。

所謂觀察身受心法，

上所觀境，下能治行。

不淨、諸苦、無常、無我。

觀身不淨，觀受是苦，觀心無常，觀法

無我，即離四倒也。
治貪、瞋、癡三不善根，
上所治，下能治。
起施、慈、慧三種善根。
起施善根，治貪毒。起慈善根，治瞋毒。
起慧善根，治癡毒。
觀察三世，
總標。
過去因忍，
過去二支因，謂無明、行也。
現在因果忍，
現在五支果，謂識、名色、六入、觸、受也。
現在三支因，謂愛、取、有也。
未來果忍。
未來二支果，謂生、老死也。此皆流轉觀。
忍者，智也，即還滅觀。
△三、結成功業。
此位菩薩，廣利衆生，

以十度玅行，利諸有情。上顯功成，下超凡外。
超過我見、人見、衆生等想，
通結三毒三世。
外道倒想所不能壞。
別結外道四倒。
△三、上品十向明十忍。三：
初，總標十向。
復次道種性菩薩，修十迴向，
將證聖道，以大願爲因，名道種性，即上賢十迴向也。十向之名，亦如下文。
△二、別明觀門。
起十忍心。謂觀五蘊色、受、想、行、識，
上所觀境，下能觀智。
得戒忍、定忍、慧忍、解脱忍、解脱知見忍。
謂觀色得戒忍，觀受得定忍，觀想得慧忍，觀行得解脱忍，觀識得解脱知見忍。此即轉五蘊性，成五分法身。

觀三界因果，得空忍、無相忍、無願忍。

觀三界了惑爲因，業報爲果，得三忍解脱門。三解脱義，見次文。

觀二諦假實，諸法無常，得無常忍；一切法空，得無生忍。

觀俗諦相假，了諸法無常，得無常忍。

觀真諦性實，達一切法空，得無生忍。

△三、結成功業。

此位菩薩作轉輪王，能廣化利一切衆生。

爲金輪王，王四天下。上來以智、悲、願釋三種性，蓋宗初祖《起信》三心，示三賢位。《演義》又謂：相似名種，體同曰性，故闕中云，如稻自生稻，不生餘穀，此屬性也。萌幹華粒，其類不差，此屬種也。若謂生起修習，種子現行，性自仁賢，性自成就，以釋之，又何異或配入名相、著事乖宗者乎？

△二、信忍。文四：

初，標位斷障。

復次，信忍菩薩，謂歡喜地、離垢地、發光地，

下品。

中品。

上品。

能斷三障色煩惱縛。

下經初地斷諸無明、滅三界貪，二地斷瞋等習，三地滅無明闇，即同《大經》發光地云：邪貪、邪瞋及以邪癡，悉得除斷。言色煩惱縛者，昔以貪、瞋、癡，緣於色境，造身、口業，爲業所繫，名之爲縛。今三惑既亡，即得解脱。故下偈云：

歡喜離垢與發光，能滅色縛諸煩惱。

具觀一切見口業，法性清淨照皆圓。

準《大經》發光地所陳行淨，具明五縛，而色縛當第三。廣釋如彼疏文。

△二、總修諸行。

行四攝法：

攝有情故。

布施、

財、法二種，攝所衆生。

愛[二]語、

六波羅蜜，依衆生説。

利行、

教化衆生，令行六度。

同事。

以神通力，種種變化，入五趣中，與諸衆生，同其事業。上依《大般若》略釋。若《成實論》，多約小乘。廣釋此四，如《莊嚴論》。

修四無量：

徧益有情，生無量福。

慈無量心、

慈則無瞋，而能與樂。

悲無量心、

悲則無害，而能拔苦。

喜無量心、

喜則無嫉，而行欣慰。

捨無量心。

捨則無貪，而行平等。然此四心，皆以兩句釋之，上句即依《顯揚》出體，下句即用《俱舍》釋義。

具四弘願：

依四諦境，發四願心。

斷諸纏蓋、

願斷煩惱。

常化衆生、

願度衆生。

修佛知見、

願學法門。

成無上覺。

願成佛道。

住三脱門：

約境住三空，約證明三脱。

空解脱門、

觀諸緣起，知無我人，了自性空，無作受者，得空解脱。

無相解脱門、

觀諸有支，皆自性滅，畢竟解脱，無少生相，得無相解脱。

無願解脱門。

如是入空入無相已，無有願求，大悲爲首，教化衆生，得無願解脱。

△三、别指根本。

此是菩薩摩訶薩，從初發心，

從發心住。

至一切智，

等覺。

諸行根本，

因位菩薩，皆以四攝諸行而爲根本。然信忍三品，具列一十五行而爲根本者，向前取即該三賢，向後取即通等覺。由是順忍已下，但有斷障現身之功，而無别修根本之行。學者預悉，則思過半矣。

△四、現身顯益。

利益安樂一切衆生。

現身往刹，影在次文，以初地聖人往百佛刹利樂衆生，二地千刹，三地萬刹，益物彌廣也。

△三、順忍，文二：

初，標位斷障。

復次，順忍菩薩，謂燄慧地、

下品。

難勝地、

中品。

現前地。

上品。

能斷三障心煩惱縛，

下經四地永斷微細身邊見故，五地斷隨小乘樂求涅槃，六地能盡三界集因集業麤現行相，亦同《大經》現前地云：不懼異論，離二乘道，入諸智地。以此三句，對前三障，文辭雖異，義旨稍同。言心煩惱縛者，此之三障，唯意識俱，故名心縛。今三障既斷，其心空寂，故下偈云：燄慧難勝現前地，能斷三障迷心惑。空慧寂然無緣觀，還照心空無量境。

《善戒經》亦明心煩惱，彼約八地至十地無功用道斷之，此約四、五、六地，不須會釋耳。

△二、現身顯益。

能於一身徧往十方億佛刹土，現不可説神通變化，利樂衆生。

億之一字，該其三地，謂四地菩薩往一億佛刹利樂衆生，五地百億，六地千億耳。然證真大士，皆修諸行，現形濟物，前信忍略現身往刹，今順忍略一十五行，譯人善巧，影略其文，鈔在此矣。

△四、無生忍，亦二：

初，標位斷障。

復次無生忍菩薩，謂遠行地、

下品。

不動地、

中品。

善慧地。

上品。

能斷三障色、心習氣，

下經七地斷諸業果細現行相，八地斷諸功用，九地斷無礙障。此之三障，《大經》善慧地雖無其文，至《奉持品》，一一會釋。言色、心習氣者，前明色、心二縛，已斷現行煩惱，今顯習氣，即斷種子餘習也。然長行中斷色、心習氣，與偈頌中，離合、廣略不同。謂長行合辨，但約三地斷之，其文亦略也。偈頌離説，如云：順道法愛無明習，遠行大士獨能斷。無明習相識俱轉，不動善慧法雲地，二諦理圓無不盡。復如法雲一地，其文又廣也。

△二、現身顯益。

而能示現不可説身，隨類饒益一切衆生。

七地菩薩往萬億佛刹饒益衆生，八地往百萬微塵數佛刹，九地往百萬億阿僧祇微塵數佛刹。言隨類饒益者，如觀音圓通三十二應耳。然前文顯神通變化，隱此隨類饒益。今文顯隨類，而隱現通。此又譯家隱顯之玅矣。

△五、寂滅忍。於中有四：初，標位斷障。二、現身顯益。三、辨正揀邪。四、敘昔明果。今初，標位分兩品，文二：

初，明忍同。

復次，寂滅忍者，佛與菩薩，同依此忍。

此位菩薩，初入十地，名法雲地。十地出心，即名等覺。然《華嚴經》但明法雲，不開等覺，正同此也。又《瓔珞經》雖開等覺，亦同今經。彼明等覺照寂，玅覺寂照，雖因果有異，而忍體是同。

△二、示品異。

金剛喻定，住下忍位，名爲菩薩。至於上忍，名一切智。

金剛喻定，即最後勝定。此定現前，能斷一切微細障種。謂無間道修，名爲菩薩。解脱道證，名一切智。

△二、斷障證二覺。

觀勝義諦，斷無明相，是爲等覺。

以中道智，觀勝義諦，斷無明相，即微細障種，故《瓔珞》云：登中道山頂，與無明父母别離。下明玅覺。

一相無相，平等無二，爲第十一一切智地。

實相不並真，故平等無二。以下忍同上忍，爲第十一一切智地。

△二、現身顯益。二：

初，真身。

非有非無，湛然清淨，無來無去，常住不變，同真際，等法性。

體絶有無，即同真際，湛然清淨也。相無去來，即等法性，常住不變也。

△二、應身。

無緣大悲，常化衆生，乘一切智乘，來化三界。

上句大悲，下句大智，謂一切如來，從因至果，大悲大智，常相輔翼，往來三界，化度衆生。

△三、辨正揀邪。二：

初，辨正。二：

初，凡迷三界。

善男子，諸衆生類，一切煩惱，業異熟果，二十二根，不出三界。

不出三界之言，結上四義。所謂諸衆生類，三界正報也。一切煩惱，三界業因也。業異熟果，三界報果也。二十二根，三界染淨根也。故通結云：不出三界。一切煩惱，謂事、理二惑，發業潤生，即助發緣也。業謂自業，有三：一、罪，二、福，三、不動。即感生因也。異熟果者，謂作業感果，前後不同，異時而熟，即無記果也。然二十二根，通於染淨，謂：眼等六根，男、女二根，命根，苦、樂、憂、喜、捨五受根。此上十四，皆染法也。信、進、念、定、慧五根，三無漏根，此八皆淨法也。廣釋有頌，如《俱舍論》。

△二、聖化三有。

諸佛示導，應化法身，亦不離此。

報、化二身，導諸有情，亦不離三界也。法身即報身，有自他、受用之殊。應化即化身，有大小隨類之異。或曰：他受用身爲地上菩薩，於淨土中，說一味之經，而言不離三界者，何耶？答：感三界者，對淨土而見娑婆。感淨土者，對三界而見華藏。是則心淨即佛土淨耳。

△二、揀邪。

若有説言，於三界外，别更有一衆生界者，即是外道《大有經》説。

衛世師外道説有六諦：一、實，二、德，三、業，四、大有，五、同異，六、和合。今言大有，即彼第四《大有經》也。

△四、敘昔明果。二：

初，敘昔告衆。

大王，我常語諸衆生，但斷三界無明盡者，即名爲佛。

既斷三界無明成佛，即知離三界無衆生也。然他宗説三界外有無明者，彼約權機，斷界内界外無明。今顯實教，一念玅慧，與理相應，不斷而斷，無明即明，即本覺佛矣。豈與夫界外同日而語哉？

△二、明果指本。

自性清淨，名本覺性，即是諸佛一切智智。

以始覺智冥本覺性，即究竟覺，其唯一切智智乎！

由此得爲衆生之本，亦是諸佛菩薩行本。

《梵網》云：是大衆諸佛子之根本，諸佛之本源，行菩薩道之根本[三]。引文前却，釋義便故。

△二、通結。

是爲菩薩本所修行五忍法中十四忍也。

玅慧唯一，約法分五。升降有殊，開成十四也。

△二、十王位答化諸衆生。二：

初，牒問。

佛言：大王，汝先問言，菩薩云何化衆生者？

△二、正答。三：

初，寄位度生。二：

初，略標。

菩薩摩訶薩，應如是化，從初一地，至後一地，自所行處，

初一歡喜地，後一法雲地。自所行處，

即十地增修十度也。

及佛行處，一切知見故。

極證玅源，即佛行處。力無畏等，即一切知見。

△二、廣釋。十：

初地，轉輪㊂聖王。

若菩薩摩訶薩，住百佛刹，

《大經》云：此地菩薩，若行精進，捨家妻子，出家學道，於一念頃，得百三昧，以淨天眼，見百佛國。

作贍部洲轉輪聖王，

贍部，梵音，下文具翻。言輪王者，舉輪寶也。

修百法明門。

修於五位百法明門，已證真如，成玅觀察智。

以檀波羅蜜多，住平等心，

由破分別我執，成平等性智。然此菩薩具七最勝，三輪清淨，一切常捨，施度偏增。

化四天下一切衆生。

前迴向位，作轉輪王，王一四天下。今化百刹四天下，廣狹可見。

△二地，忉利天王。

若菩薩摩訶薩，住千佛刹，作忉利天王，

梵語忉利，此云三十三，即天帝釋中宫也。

修千法門門，說十善道，化一切衆生。

上品十善。此地戒度圓滿，文無者，略。下皆倣此。

△三地，夜摩天王。

若菩薩摩訶薩，住萬佛刹，作夜摩天王，

梵音夜摩，此云時分。

修萬法明門，依四禪定，化一切衆生。

此地菩薩，雖行禪定化物，而不隨禪感果。

△四地，覩史天王。

若菩薩摩訶薩，住億佛刹，作覩史多天王，

覩史多，此方云知足。

修億法明門，行菩提分法，化一切衆生。

以三十七道品，化諸有情。

△五地，化樂天王。

若菩薩摩訶薩，住百億佛刹，作化樂天王，

能自變化五欲樂境。

修百億法明門，二諦、四諦，化一切衆生。

根有利鈍，故以二諦、四諦被之。《華嚴》具十重四諦。

△六地，他化自在天王。

若菩薩摩訶薩，住千億佛刹，作他化自在天王，

他化作樂具，自得受用。

修千億法明門，十二因緣智，化一切衆生。

《華嚴》明因緣智。依《天親論》文，具明十種。

△七地，初禪天王。

若菩薩摩訶薩，住萬億佛刹，作初禪梵王，

初禪，即梵衆等天。

修萬億法明門，方便善巧智，化一切衆生。

以權實二智化物，方便即權智。

△八地，二禪天王。

若菩薩摩訶薩，住百萬微塵數佛刹，作二禪梵王，

二禪，即少光等天。

修百萬微塵數法明門，雙照平等，神通願智，化一切衆生。

以空中方便慧，照俗諦。有中殊勝行，照真諦。故得平等中道，起神通願智之力，化諸羣品。

△九地，三禪天王。

若菩薩摩訶薩，住百萬億阿僧祇微塵數佛刹，作三禪梵王，

三禪，即少淨等天。

修百萬億阿僧祇微塵數法明門，以四無礙智，化一切衆生。

謂法、義、辭、樂説四無礙辯。《大經》

亦明十重。

△十地，四禪天王。

若菩薩摩訶薩，住不可説不可説佛刹，

不可説等，即《華嚴》大數第十。

作第四禪大梵天王，爲三界主，

居色界頂大自在天宫，即三界主也。

修不可説不可説法明門，得理盡三昧，

即真如三昧。

同佛行處，

同寂滅忍。

盡三界原，

上明欲界色界諸天，今顯無色四天，故前文云：但斷三界無明盡者，即名爲佛。

普利衆生，如佛境界。

《大品》亦云：十地菩薩，當知如佛。

△三、總結。

是爲菩薩摩訶薩，現諸王身，化導之事。

△二、例諸如來。

十方如來，亦復如是，證無上覺，常徧法界，利樂衆生。

前明因行，此例果德，因果交徹，同濟羣生。

△三、大衆供讚。

爾時，一切大衆，即從座起，散不可説華，焚不可説香，供養恭敬，稱讚如來。

聞法忻慶，供讚伸誠。

△二、匿王偈讚。二：

初，標説儀。

時，波斯匿王即於佛前，以偈讚曰：

然頌總有四種：一名阿耨窣覩婆頌，此不問長行與偈，但數字滿三十二，即爲一偈。二名伽陀，此云諷頌。或名不頌頌，不頌長行故。或名直頌，謂以偈説法故。三名祇夜，此云應頌。四名緼馱南，此云集施頌，謂以少言攝集多義，施他誦持故。今此即伽陀頌。頌者，美盛德之形容也。爲何意故，經多立頌？

略有八義：一、少字攝多義故，二、諸讚歎者多以偈頌故，三、爲鈍根重説故，四、爲後來之徒故，五、隨意樂故，六、易受持故，七、增明前説故，八、長行未説故。今此正唯前二，義兼五六。

△二、正説偈。於中分三：初一偈半，總讚三寶。次二十八偈，别讚五忍。後半偈，結讚禮敬。然此偈讚，或斷諸障，異於長行。或所成行，文義隱顯。故傳授者，善消息之。文二：

初，總讚三寶。

世尊導師金剛體

歎佛寶也。真身無相，常住不壞，喻金剛體，萬物不能沮也。世尊導師，即歎應身。下文長行，多明真、應二身。

心行寂滅轉法輪　八辯圓音爲開演

歎法寶也。上句依體起用，謂不以生滅心行，而轉法輪也。下句正明演法。八辯者，即八音、七辯也。八音，如《梵摩喻經》云：一、美玅，二、易了，三、調和，四、柔輭，五、不誤，六、無雌，七、尊重，八、深遠。言七辯者：一、捷辯，須言即言，無蹇吃故。二、迅辯，懸河湕泠不遲訥故。三、應辯，應時應機，不增減故。四、無疎謬辯，凡説契理，不邪錯故。五、無斷盡辯，相續連環，終無竭故。六、凡所演説豐義味辯，一一言句，多事理故。七、一切世間最上玅辯，具足甚深，如雷等故。言圓音爲開演者，《大經》云：佛演一玅音，周聞十方國，衆音悉具足，法雨皆充滿。

時衆得道百萬億　天人俱修出離行

能習一切菩薩道

歎僧寶也。出離行，通二乘僧，菩薩道，即大乘僧。

△二、有二十八偈，别讚五忍。二：

初，略示。

五忍功德玅法門　十四菩薩能諦了

上句標法，下句舉人。十四菩薩，即三賢十聖及等覺。

三賢十聖忍中行　唯佛一人能盡原

此半偈約因果，歎十四忍。唯佛一人，攝等覺照寂故。

佛法衆海三寶藏　無量功德於中攝

謂三寶海藏，無量功德，於五忍中，並皆攝盡，海之一字，蒙上三寶。

△二、廣釋。五：

初，伏忍。文分三：

初，兼讚十善。

十善菩薩發大心　長别三界苦輪海

大心即悲智也。以智上求，以悲下化，即令自他長别苦海。

中下品善粟散王　上品十善鐵輪王

修中、下二品十善，雖無輪寶，而能散粟，養善濟物，爲散粟小王。上品福勝，作鐵輪王，

王一閻浮提。

△二、正讚三賢。

習種銅輪二天下　銀輪三天性種性

道種堅德轉輪王　七寶金輪四天下

伏忍聖胎三十人　十住十行十迴向

習種性十住菩薩，爲銅輪王，王東南二洲。性種性十行菩薩，爲銀輪王，王東南西三洲。道種性十迴向菩薩，爲金輪王，王四洲。七寶謂輪寶、象寶、馬寶、珠寶、女寶、兵寶、藏寶。慈恩云：金輪望風順化，銀輪遣使方降，銅輪震威乃服，鐵輪奮戈始定，皆無殺害耳。

三世諸佛於中學　無不由此伏忍生

夫陟遐必自邇，故三世諸佛皆從伏忍生，孰有萬德之果，不由三賢之因乎？學者，効也。効之而後定也。

△三、讚信成位[四]，有一偈半。乍觀其文，似通相般若之意。細詳其義，皆《華嚴》一乘玄旨。故略引《賢首品》偈文會釋，達者

博覽，勿生局見。

一切菩薩行根本　是故發心信心難

《賢首品》云：信爲道元功德母，長養一切諸善法。

又謂：是故依行次第説，信樂最勝甚難得。

若得信心必不退　進入無生初地道

次偈云：若得信心不退轉，彼人信力無能動。信能惠施心無悋，信能歡喜入佛法。

然歡喜入佛法即初地。

化利自他悉平等　是名菩薩初發心

下偈云：及信無上大菩提，菩薩以是初發心。大菩提具悲智行，即自利、化他也。

△二、信忍。此下皆明十地，地地具彰三義：一、地名，二、化境，三、成行。然第一地名，總居其首。餘之二義，左右互陳。今釋地名，全依天親《論》文。化境，經中隨地增數。成行，則準《清凉疏》義。既知所宗，次釋經文。文二：

初，别讚三品。初，讚下品。

歡喜菩薩轉輪王

謂成就無上自利利他行，初證聖處，多生歡喜，名歡喜地。

初照二諦平等理　權化有情遊百國

初入信忍，以實智照平等理，以權智化諸有情。上明化境。

檀施清淨利羣生

成行，有四：一、約增勝，二、約所成，三、約修成，四、約實行。

入理般若名爲住　住生德行名爲地

智與理冥曰入，唯就法稱名之爲住，就義約喻故名爲地。《本業經》云：生成一切因果，名爲地耳。

初住一心具衆德　於勝義中而不動

初地具顯恒沙性德，分證中道，不爲空有所動。

△二、讚中品。

離垢菩薩忉利王

謂離能起誤心犯戒煩惱垢等，清淨戒具足，故名離垢地。

現形六趣千國土

化境。

戒足清淨悉圓滿　永離誤犯諸過失

《大疏》云：此亦由翻破戒之失，爲無邊德，是以成於戒行。

無相無緣真實性　無體無生無二照

真如性中，無破戒垢。今稱性持，故所照無相，能照無緣，謂諸菩薩契窮實性，自體無染，故無體無生也。

△三、讚上品。

發光菩薩夜摩王

謂隨聞、思、修等，照法顯現，故名明地。現猶發也。明即光義。

應形往萬諸佛刹

化境。

善能通達三摩地　隱顯自在具三明

《大經》云：三摩鉢底，此云等至，由離沉掉，至一境故。此地菩薩成行，唯禪及求法行，以聞法竟，靜處修行，方發定故。下文亦云：於無相忍，而得三明。

△二、總明斷障。

歡喜離垢與發光　能滅色縛諸煩惱

牒前。

具觀一切身口業　法性清淨照皆圓

昔由三毒煩惱，緣於色境，造身、口業。今觀七支皆空，能滅色縛，故得法性照皆圓矣。

△三、順忍，科文同前。初，讚下品。

燄慧菩薩大精進

不忘煩惱薪，智火能燒，名曰燄地。燄即慧燄，故名燄慧地。

覩史天王遊億刹

化境。

實智寂滅方便智　達無生理照空有

以權、實二智，雙照空有，成無住行。故疏云：便能成菩提分行，及不住道行，精進不退。

△二、讚中品。

難勝菩薩得平等

謂得出世智，方便善巧，能度難度，故名離勝地。

化樂天王百億國

化境。

空空諦觀無二相　垂形六趣靡不周

上空字，無生死相，下空字，無涅槃相。故能隨類化身，周旋六趣，無不利生。由是此地菩薩，其所成行，亦成二種，謂諸諦增上慧行，及五明處教化行。

△三、讚上品。

現前菩薩自在王

謂紗達緣生，引無分別，名般若行。親

如目覩，名曰現前。

照見緣生相無二　勝義智光能徧滿

謂此地中，住緣生智，悟一切法無染淨二相。所成[五]行即般若，故得勝義如空，而周徧智光，如日而圓滿。

往千億土化衆生

所化境也。

△二、有一偈，總明斷障。

啖慧難勝現前地　能斷三障迷心惑

牒前。

空慧寂然無緣觀

以空觀，斷四地微細身、邊二見。以假觀，斷五地小乘樂求涅槃。以無緣觀，斷六地集因、集業麤現行相。

還照心空無量境

昔迷心惑，而成三障。今照心空，能了紗境，則染法滅而淨法起矣。

△四、無生忍。三：

初，讚下品，文三：

初，正明下品。

遠行菩薩初禪王　善修無相行，功用究竟，能過世間二乘出世間道，故名遠行。

住於無相無生忍　方便善巧悉平等

上句明實智，下句顯權智，謂此菩薩，以能空中起勝行，成方便度。權、實二行雙行，故名悉平等。

常萬億土化羣生　所化境也。

△二、有半偈，敘進中品。

進入平等法流地　《大經》云：諸佛世尊親現其前，與如來智，令其得入法流門中。

永無分段超諸有　壽無分限，身無形段，即超三有生死報也。

△三、約行斷障。

常觀勝義照無二　中道無二。

二十一生空寂行　地地有始生、住生、終生故。七地二十一生，皆修空寂行。

順道法愛無明習　遠行大士獨能斷　順道即順忍，故《智論》云：於柔順忍無生忍中間有法愛故，此位獨斷。前文長行約遠行、不動、善慧三地，能斷色心習氣。今遠行地獨斷法愛無明習者，以色習最麤，即法愛無明故，此地斷之。心習極細故，不動、善慧、法雲三地斷之。下偈云：

無明習相識俱轉，二諦理圓無不盡。

向云偈讚斷障，異於長行，蓋謂此也。

△二、讚中品。

不動菩薩二禪王　得變易身常自在　報行純熟，無相無間，名不動地。捨三界行生，受變易果，故云報行。釋變易生死，具如別章。

能於百萬微塵刹　隨其形類化衆生

化境。

悉知三世無量劫　於第一義常不動

明所成行，名無生法忍。相土自在，初中後際，悉皆平等。故《大經》云：成就此忍，即時得入第八地。

△三、讚上品。

善慧菩薩三禪王

得無礙力，説法成就，利他行故，名善慧地。得無礙慧，尚未稱善，徧説徧益，方名爲善。

能於千恒一時現

若依長行，所化之境，即住百萬億阿僧祇微塵數佛刹。然此偈頌，譯人省文，但言千恒耳。

常在無爲空寂行　恒沙佛藏一念了

明所成行，即善達法器，自在説法之行。

故《大經》云：於一念頃悉能領受，亦以一音普爲解釋，各隨心樂令得歡喜。

△五、寂滅忍。文二：

初，正明下品。

法雲菩薩四禪王

得大法身，具足自在，故名法雲。此有二義，如《華嚴疏》。

於億恒土化羣生

化境。

始入金剛一切了　二十九生永已度

寂滅忍中下忍觀　一轉玅覺無等等

修行智度住生，名二十九生。更轉一生，隣近玅覺。無等等位，謂無等之位，互相齊等。

△二、通前斷障。

不動善慧法雲地　除前所有無明習

除前第七遠行地，獨斷順道法愛無明習。

無明習相識俱轉　二諦理圓無不盡

習相即習氣。識俱轉者，謂生滅八識與

習氣俱轉。故《唯識》云：如瀑流水，上下魚草等物隨流不捨，此識亦爾，與内習氣外觸等法恒相續轉。此亦色、心習氣，不動、善慧二地斷之。若據下文，法雲地斷神通障，於一念頃，能徧十方微塵國土，化諸衆生，乃至隨順如來寂滅轉依。既斷神通障，寂滅轉依，亦同偈云二諦理圓無不盡耳。

△二、讚上品。文四：

初，正讚果德。

正覺無相徧法界　三十生盡智圓明

讚斷德。以圓明一切種智，斷除三十生之惑，顯淨法身也。

寂照無爲真解脱　大悲應現無與等

讚恩德。用無緣之大悲，拔有情之衆苦，顯真解脱也。

湛然不動常安隱　光明徧照無所照

讚智德。以根本實智，證湛然真理，顯照般若也。

△二、揀因異果。

三賢十聖住果報

三賢居變化土，十聖住他受用報土。準《瓔珞經》，義亦大同。

唯佛一人居淨土

全同《瓔珞》，居法性土。《攝論》又云：自受用身，是實成佛。稱周法界，身土相稱，依正無礙，唯佛獨住，更無菩薩。

一切有情皆暫住　登金剛原常不動

在觀似聖人，出觀即凡夫，名爲暫住。下句即等覺。

△三、通讚三業。

如來三業德無量　隨諸衆生等憐愍

身業則圓迴普應，若月落百川。語業則稱物普聞，若風吹萬籟。意業則刹那頓覺，若海印炳然。上總讚，下别讚。

法王無上人中樹　普廕大衆無量光

讚身業。法王慈覆，譬樹廕人。放光益物，

破諸癡闇。

口常説法非無義

讚口業。外道説法，有字無義。權小未圓。

唯佛所説，有字有義。

心智寂滅無緣照

讚意業。心智寂滅，語其體一。無緣而照，

辨其用異。

△四、別讚益物。

人中師子爲演説　甚深句義未曾有

雙顯二空，名爲甚深。故天親云：諸佛

希有總持法，不可稱量深句義。

塵沙刹土悉震動　大衆歡喜皆蒙益

微塵恒沙刹土，皆悉震動，示數量之横廣。

△三、結讚禮敬。

世尊善説十四王　是故我今頭面禮

讚終展禮，修敬備矣。

△三、時衆獲益。

爾時，百萬億恒河沙大衆，聞佛世尊及波斯

匿王説十四忍無量功德，獲大法利，聞法悟解。

三賢悟解。

得無生忍，入於正位。

十聖正位。《淨名》云：若以無生得受

記者，無生即是正位。

△四、敘昔得果。

爾時，世尊告大衆言：是波斯匿王，已於過

去十千劫，龍光王佛法中，爲四地菩薩，我爲八

地菩薩。今於我前，大師子吼。

表其決定無畏説也。

△五、印成歎法，文二：

初，印成所説。

如是，如是，如汝所説，得真實義，不可

思議。

能詮深奥，如汝所説，所詮真實，心言

罔測，雙印二詮，故重言如是。

唯佛與佛乃知斯事。

唯佛，能仁也。與佛，諸佛也。下文云

是故我今略述所說，又云三世諸佛如實能知，

故總結云乃知斯事。

△二、敘歎忍法。四：

初，總標因果。

善男子，此十四忍，諸佛法身，諸菩薩行，

不可思議，不可稱量。

初二句，總標果德因行。次二句，明心

言罔測，稱量罔及。下文，先釋稱量罔及，

至文可見。

△二、别釋因果。二：

初，徵。

何以故？

何故諸佛菩薩依十四忍不可思量耶？

△二、釋。二：

初，果德境智。

一切諸佛，

即總標中，諸佛法身。

皆於般若波羅蜜多中生，

王宫降生。

般若波羅蜜多中化，

轉正法輪。

般若波羅蜜多中滅。

雙林入滅。上明觀照般若，下明實相般若。

而實諸佛，生無所生，化無所化，滅無所滅。

後轉釋實相云。

第一無二，

第一義諦，絶待無二。

非相非無相，

釋生無所生。

無自無他，

釋化無所化。

無來無去，

釋滅無所滅。

如虚空故。

攝觀照用，歸實相體，皆如虚空耳。

△二、因行境智。二：

初，約境空，文二：

初，諸法空。

善男子，一切衆生，

即總標中，諸菩薩行。《略疏》亦翻薩埵爲衆生。

性無生滅。

所觀真性，本無生滅。

由諸法集，幻化而有。

衆緣集成，故如幻化。上總示，下別釋。

藴處界相，無合無散。

緣離即滅，故無合；緣會即生，故無散。

法同法性，寂然空故。

會諸法相，同歸性空，非推之使空。

△二、諸行空。

一切衆生，自性清淨。

自性通凡心(六)，即本源玅心。

所作諸行，無縛無解，非因非果，

絶諸對待，即自性用。

非不因果。

修因克果，即隨緣用。上明淨行，下明染行。

諸苦受行，

領受三苦。

煩惱所知，

煩惱障心，所知障慧。

我相人相，知見受者，

知見即衆生相。受猶壽也，即壽者相。

一切皆空。

染行淨行，一切皆空。

△三、境界空。

法境界空，

上標，下釋。

空、無相、無作，

釋此三義，《淨名》有文。無作即無願耳。

不順顛倒，不順幻化，

不隨染境，顛倒不順，淨境幻化。

無六趣相，無四生相，
開之爲六趣，合之爲四生，具如《演義》。
無聖人相，
四乘聖人。
無三寶相，
住持、别相，二種三寶。
如虚空故。
照境空寂，猶如虚空。
△二、約智空。三：初，約法明權實。
善男子，甚深般若，無知無見，不行不緣，
不捨不受，
謂無知無見，則實智照而無照。不行緣
捨受，則權智爲而無爲。
△二、約人明中道。
正住觀察，而無照相，
正住即中道智。
行斯道者，如虚空故。
教道即三賢，證道即十聖，照智空寂，

亦如虚空。
△三、凡小墮有無。
法相如是。
結前。
有所得心，無所得心，皆不可得。
有心即凡夫，無心即二乘，故皆不證得也。
△三、稱量罔及。二：
初，約法釋。
是以般若，非即五藴，非離五藴；
觀照玅慧，非即五藴。實相真性，不離
五藴。
非即衆生，非離衆生；非即境界，非離
境界；
次二對，準上釋之。初對，五藴世間。次對，
衆生世間。後對，器世間。
非即行解，非離行解。
理絶修證，非即行解。智有淺深，非離
行解。

如是等相，不可思量。

△二、約人釋。

是故一切菩薩摩訶薩，所修諸行，未至究竟，而於中行。

即前總明十三忍。

即後別指上品忍。

一切諸佛，知如幻化，得無住相，而於中化。故十四忍，不可思量。

前文先諸佛而後菩薩，約得果不捨因。今此先菩薩而後諸佛，約果化由因行。

△四、心言罔測。三：

初，所説益物。

善男子，汝今所説此功德藏，有大利益一切衆生。

前文謂：如汝所説，得真實義，不可思議，唯佛與佛，乃知斯事。

△二、舉人喻説。

假使無量恒河沙數，十地菩薩，説是功德，百千億分，如海一渧。

有謂：忍德圓明，量同法界，喻如大海。十地讚説，於百千億分中，皆如一渧耳。有云：般若忍法，是諸佛功德之藏，法雲匿王之所説如海之一渧焉。初解唯喻菩薩，後解兼喻匿王。初解近理。若助成其義，謂十地因人未窮果海上品忍，是故所説如一渧耳。後解未盡其源。設[七]王匿[八]所讚，亦如一渧，何以前文印許云如汝所説得真義耶？誠由匿王讚十四忍，與佛所説奧義符合，故云唯佛與佛乃知斯事。

△三、果知因讚。

三世諸佛如實能知，

已證寂滅上品忍。

一切賢聖悉皆稱讚，

即前十三品者。

是故我今略述所説少分功德。

唯佛與佛能知其際，故略述匿王所説忍

法少分功德。

△六、勸修指同。六：

初，修顯三世同。

善男子，此十四忍，十方世界，過去現在，一切菩薩之所修行，

進修萬行。

一切諸佛之所顯示，

十方世界過去現在一切諸佛，顯示忍法。

未來諸佛菩薩摩訶薩亦復如是。

未來諸佛顯示菩薩修行，同於過去現在。

△二、因果一路同。

若佛菩薩，不由此門，得一切智者，無有是處。

門喻忍法。若不由此忍門得玅覺一切智者，無有是處，誰人出不由户耶？上反顯，下順明。

何以故？

何故要由忍門？

諸佛菩薩，無異路故。

因人所修，果人所證，一門一路耳。然經旨依五忍，同《起信》乘三大。故彼論云：一切諸佛，本所乘故，一切菩薩乘此法到如來地故。

△三、標忍生信同。

善男子，若人聞此住忍、行忍、迴向忍、歡喜忍、離垢忍、發光忍、燄慧忍、難勝忍、現前忍、遠行忍、不動忍、善慧忍、法雲忍、正覺忍，能起一念清淨信者，

△四、超罪得果同。

是人超過百劫千劫無量無邊恒河沙劫一切苦難，不生惡趣，

八苦八難，四惡趣。

不久當得阿耨多羅

此云無上。

三藐三菩提。

此云正徧正覺，謂正智徧智，覺知真俗，

不偏不邪。

△五、因名果說同。

是時十億同名虚空藏菩薩摩訶薩，與無量無數諸來大衆，歡喜踊躍，承佛威神，普見十方恒沙諸佛各於道場説十四忍，如我世尊所説無異。

承佛威神下，亦具見聞同。例如《華嚴》法慧菩薩説十住終，而彼時衆普見十方同名菩薩同説十住。但彼約因人所説，此約果人極唱耳。

△六、大衆奉行同。

各各歡喜，如説修行般若波羅蜜多。

然則言之匪艱，行之唯艱。今茲海衆，言以顧乎行，行以顧乎言，言行相顧，故云如説修行也。

△二、別答第三問。謂了能度所度皆如幻化，觀察有情染淨識本，令修諸觀，反妄歸真也。於中有三：初牒匿王致問，二明如來正答，三敘時衆獲益。今初。

爾時世尊告波斯匿王：汝先問云復以何相而住觀察？

△二、明如來正答。三：

初，略示。

菩薩摩訶薩，應如是觀：

初句標住觀察，次四句釋能所觀。

以幻化身，而見幻化，

以幻化之身，觀幻化之衆。

正住平等，無有彼我。

能化幻身平等，即無有我。所度幻衆平等，即無有彼。彼我無二，名爲正住。後二句雙結。

如是觀察，化利衆生。

如是觀察，即以無緣幻慈，廣化幻妄衆生也。

△二、廣釋。四：

初，依真成妄識。

然諸有情，於久遠劫初刹那識，異於木石，

此一節經，涉二宗義。若依相宗，觀察

一切有情，無始已來，法爾有八種識。於中第八阿賴耶識是其根本，即此初刹那識。初亦根本義。無始已來，即久遠劫也。《達磨經》頌云：無始時來界，一切法等依。而言異於木石者，謂此賴耶緣三種境故。今依性宗，觀諸有情阿賴耶識，依如來藏，而具真知，即異木石。故《密嚴》云：佛說如來藏，世間阿賴耶。全同《起信》如來藏與生滅和合爲阿賴耶識。既言生滅，即此初刹那識矣。

△二、隨識生染淨。

生得染淨，各自能爲無量無數染淨識本。

亦約二宗以釋。《起信論》謂：若心有動，則有過恒沙等妄染之義，即同生得無量無數染識本故。論又謂：對此義故，心性無動，即有過恒沙等諸佛功德相義示現，即同生得無量無數淨識本故。上依性宗釋之。若約相宗，由此有諸趣及涅槃證得，皆由染淨識本耳。

△三、約證示地位。

從初刹那，不可說劫，

從初刹那，生淨識本，經不可說劫，即信賢十地諸位。如下文云，復次法雲地菩薩，從發信心，經百萬阿僧祇劫，廣集無量助道法，增長無邊大福智，是也。

乃至金剛，終一刹那。

即等覺位，以金剛喻定，最後一刹那，斷佛地障，即入玅覺。

△四、約修辨諸假。於中八段，歷觀斯文，亦具從空入假，雙觀真俗。如下文云，色、心二法，如夢所見，即真諦明空觀。三世善惡，如空中雲，即俗諦明假觀。然修空觀成大智，則不住生死。假觀成大悲，而不住涅槃。以真、俗境不二，悲、智念不殊，成無住行。斯亦賢首《心經略疏》梗槩耳。今初，法假如幻化，文三：

初，妄識生色心。

有不可說不可說識，生諸有情色、心二法。

然此諸識，至聖方知，亦如《阿僧祇品》明不可説不可説數量，唯佛能知能説耳。上合辨色、心，下開成五藴。

色名色藴，心名四藴，皆積聚性，隱覆真實。

梵語塞健陀，近翻名藴，古翻爲陰。藴是積聚，陰是陰覆，故云皆積聚性，隱覆真實。

△二、色法生根大。

大王，此一色法，生無量色。

總標。

眼得爲色，耳得爲聲，鼻得爲香，舌得爲味，身得爲觸。

雖舉五根，但取五塵。

堅持名地，津潤名水，煖性名火，輕動名風。

前顯所造四微，今明能造四大。

生五識處，名五色根。

此五色根，皆以淨色爲體。

△三、總結皆幻法。

如是展轉，一色一心，生不可説無量色心，皆如幻故。

從微至著，皆如幻故。然辨法假，幻喻爲先者，幻法總故。良以五天此術頗多，見聞既審，法理易明；及傳此方，翻成難曉。若依古師解《華嚴》如幻之文，法喻各開五法，備如彼疏。

△二、受假如睡夢。

善男子，有情之受，依世俗立，

衆生妄心，有受有著，皆依俗諦。《北山録》云：俗也者，假有也。假有之有，謂之似有。若有若無，但生有情妄想憶念，

有情想念，如世夢寐，想之即有，不念即無。

作業受果，皆名世諦。

作業有三種：一、惡，二、善，三、不動。受報有三時，謂現報、生報、後報。

三界六趣，一切有情，

三界，依報之土。六趣，正報之身。下

示受假姓名。
婆羅門、
此云外意，淨行種也。
刹帝利、
此云田主，即王種也。
毗舍、
此云商估。
首陀，
此云田農。
我人知見，
外道計也。
色法、心法，
通小乘法。
如夢所見。
夢見諸境，雖有受著，覺來都無，如諸有情受假亦然。故天親《論》云：同於夢境，但唯念性故。
△三、名假如聲響。

善男子，一切諸名，皆假施設。
《起信》亦云：以一切言說，假名無實。
佛未出前，
獨指能仁未出世前。
世諦幻法，無名無義，
無能召之名義。
亦無體相，
亦無所召體相。
無三界名，善惡、果報、六趣名字。
善因樂果，惡因苦報。
諸佛出現，爲有情故，
則指一佛，今言諸佛，影略其文。
說於三界、六趣、染淨無量名字。
說三界勝劣等處，共業所感。六趣苦樂等身，別業所感。染即四趣黑業，淨即人、天白業。名如塵沙，故云無量。名即字耳。
如是一切，如呼聲響。
空谷之響，隨聲高低，喻於名假悉皆無體。

故《淨名》云：所聞聲如響等。

△四、相續假如陽燄。

諸法相續，

相續不斷，如水涓涓。

念念不住，

前滅後生，如燈燄燄。

刹那刹那，非一非異，

欲言其一，刹那生滅。欲言其異，相續無窮。

速起速滅，非斷非常，

速起故非斷，速滅故非常。何者？若唯速起，起則是有，定有則常。若唯速滅，滅則是無，定無則斷。若深求速起速滅，即是非斷非常，故知二義相成。

諸有爲法，如陽燄故。

春陽發生，郊野氣動，燄燄而起，喻有爲法相續不斷。然此陽氣，若謂是有，且非水體；若謂是無，能引渴者。故古詩云：渴鹿盡尋陽。

△五、觀待假如電光。

諸法相待，所謂色界、眼界、眼識界，

待謂對得，如眼界對色界，眼色和合，即有識生。

乃至法界、意界、意識界。

略舉初後，以例中間，故云乃至。

猶如電光。

對待之法，有生有滅，喻如電光。故功德施云：觀察心如電，生時即滅。

△六、形待假，如第二月。

不定相待，有無一異，

諸法不定，形待而立。有不自有，必待於無。無不自無，必待於有。其猶高下相形，是非相生，豈有定耶？又一不自一，對異立一。異不自異，對一立異。更相對待，豈有體哉？

如第二月。

諸法相待，其猶捏目對於本月，妄見有二。

故《楞嚴》云：如第二月，非體非影，第二之觀，揑所成故。

△七、緣成假，如水泡。

諸法緣成，藴處界法，

夫緣成之法，有染有淨。染緣成六凡，淨緣成四聖。今此三科約觀，觀境即染緣也。如水上泡。

仗水生泡，泡實無體，喻法從緣亦無體矣。《金剛論》云：壽如水泡，或暫停住，即歸散滅。

△八、因成假，如空雲。

諸法因成，

前明緣成，此顯因成。蓋因親緣疎，而分二假。

一切有情，俱時因果，

謂現世作善惡業，現身受苦樂報，名順現報，即俱時因果也。

異時因果，

今生作善惡，次一生受報，名順生報，即異時因果也。

三世善惡，

報有三時，上二句是順現順生，亦有順後報者，即同《原人論》三世業報善惡因果。

如空中雲。

前之七喻，喻真諦，明空。故經云：一切有爲法，如夢幻泡影，如露亦如電，應作如是觀。今此雲喻，喻俗諦，明有。如經云：假使百千劫，所作業不忘，因緣會過時，果報還須受。《起信疏序》亦云，雖復繁興鼓躍，未始動於心源，即真諦空也。靜謐虛凝，未嘗乖於業果，即俗諦有也。故曰：一代聖言，皆以二諦因緣爲宗。若依圭峯《纂要》，虛空中雲，唯喻未來。故引《無著論》云：彼麤惡種子，似虛空引心出故如雲。

△三、雙結。二：

初，別結廣略二文。二：

初，結略示。

善男子，菩薩摩訶薩，住無分別，無彼此相，無自他相。常行化利，無化利相。

結前文，正住平等，無有彼我。

結前文：如是觀察，化利衆生。然常行化利，即隨相行，無他相也。無化利相，即離相行，無自相也。

△二、結廣釋。

是故應知，愚夫垢識，染著虛妄，爲相所縛。

結前文生染識本，著五陰相，不求解脱。

故《顯揚論》云：相縛縛衆生，亦由麤重縛。善修雙止觀，方乃俱解脱。

菩薩照見，知如幻士，無有體相，但如空華。

結前文生淨識本，了色心空，皆如幻故，亦如空華。故《楞嚴》云：見聞如幻翳，三界若空華，聞復翳根除，塵消覺圓淨。

△二、總結自他二利。

是爲菩薩摩訶薩住利自他，如實觀察。

言總結者，兼結淨識中菩薩二利也。

△三、敘時衆獲益。

説是法時，會中無量人天大衆，有得伏忍、空無生忍，一地二地，乃至十地。

伏忍通十信三賢。空即四加行，以現立少物故。無生忍，據前文，即七、八、九三地耳。

無量菩薩，得一生補處。

如《瑜伽》説：知足天身補處尊故。

注仁王護國般若經卷第二

校勘記

〔一〕「愛」，底本作「受」，據《仁王護國般若波羅蜜多經》改。

〔二〕「是大衆」至「之根本」，《梵網經》（《大正藏》本）作「是諸佛之本源，菩薩之根本，是大衆諸佛子之根本」，下所謂「引文前却」，或指此而言。

〔三〕「輪」，底本作「轉」，據文意改。

〔四〕「位」，底本原校云一本作「住」。

〔五〕「成」，底本原校云一本無。
〔六〕「心」，底本原校云一本作「位」。
〔七〕「設」，底本原校云一本作「説」。
〔八〕「王匿」，疑倒。

注仁王護國般若經卷第三

大宋國傳賢首祖教沙門淨源撰集

二諦品第四

初，來意者，謂前《觀如來》及《菩薩行》二品大意，自、他兼濟，悲、智雙修。而初心菩薩有智無悲，則多趣寂。有悲無智，則成愛見。今以真諦絶於愛見，俗諦導乎趣寂，故次來也。又約當品雙資因果，而成下文護果護因，故次來也。

次，釋名。二者，數也。諦，審實也。真諦顯理，修證俱亡。俗諦明事，因果歷然。即俗而真，如鏡影即空。即真而俗，如空不壞影。真、俗不二，唯一中道，如鏡中之明。若依相宗，真俗二諦，條然不同，非斷非常，果生因滅，非此所尚耳。

△三、解經。五：

初，匿王致問。

爾時，波斯匿王白佛言：世尊，勝義諦中有世俗諦不？

先開雙關，次牒之而難。

若言無者，智不應二。

若無俗諦，則智不能照真俗之二。

若言有者，智不應一。

若有俗諦，則智不能觀中道之一。

一二之義，其事云何？

雙結前義，敢問如何。

△二、如來正答。三：

初，實相明真俗境。二：

先，長行略示。二：

初，敘昔示義。

佛言：大王，汝於過去龍光王佛法中，已問此義。

過去已問，獨善一身，自利也。今復請益，兼濟大衆，利他也。

我今無説，汝今無聽。無説無聽，是即名爲一義二義。

説聽俱泯，真諦唯一。師資並存，俗諦具二。故《華嚴序》云：無説無示，理符不二之門。因言顯言，方闡大千之義。

△二、勑聽許説。

汝今諦聽，當爲汝説。

誡令審諦，勿雜餘緣，故《智度論》云：聽者端視如渴飲，一心入於語義中。踊躍聞法心悲喜，如是之人可爲説。

然此經文，對前亦互望，明其一二之義。謂：前文敘昔示義，即説聽俱泯，顯真諦之一也。今此勑聽許説，顯師資並存，即俗諦之二也。

△二、偈頌廣答。於中九頌，初有一偈，真俗絶待。次有七偈，二諦互陳。後有一偈，雙結真俗。文三，今初真俗絶待。

爾時，世尊即説偈言：

集經者敘。

無相勝義諦　體非自他作

真諦無相，體絶對待，不從緣生，非自作也。不逐境起，非他作也。故《肇論》云：真諦自無相，真智何由知？

因緣如幻有　亦非自他作

俗諦幻有，因緣即空，亦絶自他。故《中論》云：因緣所生法，我説即是空。

△二、二諦互陳。三：

初，約假明二諦。

法性本無性　勝義諦空如

隨緣法性，本無實性，唯依勝義，不變

空如。上半偈，約隨緣不變。下半偈，約體空成事。

諸有幻有法　三假集假有

俗諦諸有，幻有體空，法、受、名集，成事假有。

△二、約空明二諦。三：

初，法。

無無諦實無　寂滅勝義空

真諦自無，非推之使無，故云諦實無也。寂滅勝義，即真空也。

諸法因緣有　有無義如是

俗諦諸法，緣會即有，緣離即無，故云有無義如是也。

△二、喻。

有無本自二　譬如牛二角

緣生而有，緣滅而無。一生一滅，本自二也。故取分喻牛二角焉。

照解見無二　二諦常不即

上句即照而遮，故無二諦也。下句即遮而照，故常不即也。

△三、合。

解心見無二　求二不可得

合法中，上半偈。

非謂二諦一　一亦不可得

合法中，下半偈。

△三、雙遣明中道。初[二]，法。

於解常自一　於諦常自二

上句明中道常一，即遣二也。上句顯真俗常二，即遣一也。故古德云：二諦並非雙，恒乖未曾各。若泥於文，殊非得意。

了達此一二　真入勝義諦

了達中道惟一，俗諦具二，即入勝義諦也。古德又云：一雙孤鴈略[三]地高飛，一對鴛鴦池邊獨立。

△二、喻。二：

初，喻真俗。

世諦幻化起　譬如虛空華

虛空喻真諦，華喻俗諦。故《楞嚴》云：譬如虛空，體非羣相，而不拒彼諸相發揮。

如影如毛輪　因緣故幻有

託鏡起者見現影，眼有翳者見毛輪，皆喻俗諦因緣幻有矣。

△二、喻迷悟。

幻化見幻化　愚夫名幻諦

不了幻化空，凡夫迷於俗。

幻師見幻法　諦幻悉皆無

了見諦幻無，聖人悟於真。

△三、雙結真俗。

若了如是法　即解一二義

如是法，即玅明真心。

遍於一切法　應作如是觀

謂真諦、俗諦，雖通別有殊，皆遍攝一切法。如是觀者，真、俗不二，唯一玅源也。

△二、觀照辨權實智。二：

初，總標。

大王，菩薩摩訶薩，住勝義諦，化諸有情。

以實智證真，住勝義諦。以權智達俗，化諸有情。

△二、別釋。於中分四：初，能所不二。次，惑智不二。三、絕待不二。四、因果不二。然能、所不二中，通能度、所度、能求、所求。謂佛是能度人，有情是所度法。又，有情是能求人，菩提是所求法。既知人法兩重，次下略釋經文。初，能、所不二，分之爲三。

初，能度所度。

佛及有情，一而無二。

梵[三]音佛陀，此翻覺者，即能度也。有情，即所度也。

△二、能求所求。二：

初，略徵釋。

何以故？

徵意謂：佛與有情，迷悟逈殊，何故無

二耶？次，釋云。

有情、菩提，此二皆空。

能求有情，所求菩提，此二皆即真空也。

故《大品》云：諸法若不空，即無道無果。

釋曰：道即因也。謂諸法若不得真空，即無有情之因，無菩提之果耳。

△二、互同[四]釋。

以有情空，得置菩提空。以菩提空，得置有情空。

置猶同也。先以能求人，同所求法空。後以所求法，同能求人空。故志公云：以我身空諸法空，千品萬類悉皆同。次遣能空智。以一切法空空故空。

由所空一切法空，故能空之智亦空。

△三、徵釋所以。

何以故？

以何義故，能空之智亦空耶？

般若無相，二諦皆空。

以能證，般若無相。由所證，二諦皆空也。莊周亦云：因有而有之，因無而無之。可以例釋。

△二、惑智不二。

謂從無明，至一切智，無自相，無他相。

由從無明惑因，至訬覺智果，無能斷自相之智，無所斷他相之惑也。

△三、絶待不二。

於第一義，見無所見。

第一義諦，絶諸對待，能見之智，所見之境，皆空也。

若有修行，亦不取著。若不修行，亦不取著。

隨相有修，離相無修。隨相離相，皆絶受著。

非行非不行，亦不取著。

非行即真諦，非不行即俗諦。若真若俗，皆不受著。

於一切法，皆不取著。

總結。謂若凡聖，若依正，並由對待，皆不受著也。

△四、因果不二。

菩薩未成佛，以菩提爲煩惱。菩薩成佛時，以煩惱爲菩提。

未成約因，迷智爲惑。已成約果，悟惑即智。

何以故？於第一義，而無二故。

迷悟雙泯。

諸佛如來，與一切法，悉皆如故。

諸佛證第一義，未有不如如者。故《淨名》云：一切法皆如也，至於彌勒亦如也。

△三、文字顯上二義。三：

初，匿王致問。

波斯匿王白佛言：十方諸佛，一切菩薩，

望果標因，諸佛已修，菩薩現修。

云何不離文字，而行實相？

問意謂：佛及菩薩云何不離文字般若，而修諸行，證實相耶？

△二、如來正答。圭峯祖師謂：實相觀照，不一不二，以爲其宗。文字性空，即是般若，以爲其體。今準茲宗體，科釋經旨，文二：

初，文字性空即實相。二：

初，文字性空。

佛言：大王，文字者，

十二分經皆文字，各有二相，如注配。

謂契經、

一、總相。《涅槃》云：始從如是我聞，終至歡喜奉行，皆修多羅。二、別相。《雜集》云：謂長行綴緝略説所應説義。又有異名，謂法本，直説聖教。或但名經。

應頌、

一、與長行相應之頌，由長行説未盡故。二、爲後來應更頌故。

記別、

一、記弟子生死因果，二、記菩薩當成

佛事。

諷頌、

謂孤起偈，一、爲易誦持故，二、爲樂偈者故。

自說、

一、爲令知而請法故，二、爲令所化生殷重故，念佛慈悲，爲不請友。

緣起、

因緣生起。一、因請方説，爲重法故。二、因事方説，知本末故。

譬喻、

一、爲深智説，以令解真故。二、爲淺識，就彼取類，誘令信故。

本事、

一、説佛往事，二、説弟子往事。

本生、

説昔受身，一、説如來，二、説餘者。

方廣、

一、廣大利樂，二、廣陳正説。

希有、

一、德業殊異故，二、法體希奇故。

論議。

一、以理深故論，二、以義不了故論，並循環研覈。或佛自論，或菩薩相論。

△二、教體實相。二：

初，正明。

所有宣説，音聲語言，

宫商等音，語路言詞，是謂佛教。聲即所依也。

文字章句，

名、句、文三，能依也。名詮自性，句詮差別，文即是字。章，明也。

一切皆如，無非實相。

實相無名。無名相中，假名相説，豈不皆如哉？

△二、揀非。

若取文字相者，即非實相。

假言顯義，不應如言執義，故云若取文字即非實相也。然不執即爲不取，非全棄也。

△二、文字性空即觀照。二：

初，躡前起後。

大王，修實相者，如文字修，實相即是諸佛智母，

諸佛以實相根本爲智母。

一切有情根本智母，

有情亦以根本爲母。上明根本觀照，下明後得觀照。

此即名爲一切智體。

以根本智體，起後得智用。

△二、修證觀照。二：

初，明諸佛成護果。二：

初，正明佛界。

諸佛未成佛，與當佛爲智母。

上句標果修因，下句修因克果。能生當果，故名智母。

諸佛已成佛，即爲一切智。

既爲當佛智母，即已成佛。能生後得，即爲一切智。次二句結前。

未得爲性，

未得成佛，爲實相真性。

已得爲智。

已得成佛，爲觀照玅智。

△二、兼示九界。

三乘般若，不生不滅，自性常住[五]。

般若即能證智，不生滅即所證理，自性即法性也。故《宗本義》云：三乘等觀法性而得道，但心有大小爲異耳。上明三乘，下示六趣。

一切有情，此爲覺性。

覺性即佛性也。所以論云：在有情數中，名爲佛性。

△二、顯菩薩成護因。二：

初，示教道三賢緣修。

若菩薩不著文字，不離文字，

著文字而喪真，離文字而倒惑。

無文字相，

覆疎不著文字。

非無文字。

覆疎不離文字。此同《起信》依言真如生信境。

△二、明證道十聖真修。

能如是修，不見修相，是即名爲修文字者，

能如是修，牒前教道緣修，不見修相，明其證道真修。

而能得於般若真性，是爲般若波羅蜜多。

以觀照般若，證實相真性。此同《起信》離言真如觀智境。

△三、結成二護。

大王，菩薩摩訶薩護佛果，護十地行，護化有情，爲若此也。

《觀如來品》護果，既化有情。《菩薩行品》護因，亦化有情。今此《二諦品》雙資因果，故總結云護化有情爲如是也。

△三、躡前請益。二：

初，匿王申問。

波斯匿王白佛言：真性是一，有情品類根行無量，法門爲一，爲無量耶？

問意謂：所證真性是一，護化有情品類根行無量，其所被法門與真性一耶，同品類無量耶？

△二、如來總答。三：

初，正答。

佛言：大王，法門非一，亦非無量。

所説法門，若謂是一，隨類各解，非同真性一也。若謂無量，一音所演，非同有情無量也。

△二、徵釋。二：

初，徵。

何以故？

何故非一非無量耶？

△二、釋。二：

初，約根相異性一。

由諸有情色法心法五取蘊相，

合色爲一，開心爲四，妄取蘊相。

我人知見，種種根行，品類無邊，

妄知妄見，根器不等，行跡不同，品類無邊。

法門隨根，亦有無量。

所被法門，隨其根器，逐其行跡，亦具無量。上明相異，下示性一。

此諸法性，非相非無相，而非無量。

諸，之也。法性唯一，非有相，非無相，亦非無量相。

△二、約諦真一俗二。初〔六〕，揀非。

若菩薩隨諸有情見一見二，

若菩薩隨逐凡情，以分別見真諦唯一，俗諦具二者。

是即不見一二之義。

不見中道，俗不違真之一，真不違俗之二。

△二、顯是。

了知一二非一非二，即勝義諦。

了知一是真諦之一，二是俗諦之二，非真非俗，即中道勝義也。

取著一二，若有若無，即世俗諦。

反顯取一著真、取二著俗，以有無二法即是俗諦。亦同《不真空論》有無雖異，皆俗諦耳。

△二、通結。

是故法門非一非二。

結前所被法門非一亦非無量也。

△四、諸佛同説。四：

初，一佛例多。

大王，一切諸佛説般若波羅蜜多，

先舉所例。

我今說般若波羅蜜多，無二無别。

果同無二，教同無别。

汝等大衆，受持讀誦，如說修行，即爲受持諸佛之法。

△二、顯功德多。二：

初，明能說多。

大王，此般若波羅蜜多功德無量，

標示功德多。

若有恒河沙不可說諸佛，

能化諸佛多。

是一一佛教化無量不可說有情，

所化衆生多。

是一一有情皆得成佛。

有情得果多。

是諸佛等，復教化無量不可說有情，亦皆成佛。

展轉成佛多。

△二、顯所說多。

是諸佛等所說般若波羅蜜多，有無量不可說那庾多億偈，說不可盡。

謂展轉成道，一切諸佛，各各别說，有爾所偈，不可窮盡。那庾多，此云一億。

△三、舉少況多。

於諸偈中，而取一偈分爲千分，復於千分而說一分句義功德，尚無窮盡，何況如是無量句義所有功德？

一分句義，所說功德，尚不可盡，況無量句義，詎可測度耶？

△四、校量勝多。二：

初，舉一念信超苦。

若有人能於此經中，起一念淨信，

《大品》云：於一切法不信，是信般若。

是人即超百劫千劫百千萬劫生死苦難，

△二、況四法行得樂。

何況書寫、受持、讀誦、爲人解說？

即四法行。

所得功德，即與十方一切諸佛，等無有異。

上同涅槃寂靜樂，下成菩提覺法樂。

當知此人諸佛護念，不久當成阿耨多羅三藐三菩提。

△五、聞法悟道。

説是法時，有十億人得三空忍，

三賢菩薩，得三假空。

百萬億人得大空忍，

四加行菩薩，偏解十方空。

無量菩薩得住十地。

始於歡喜，終至法雲，隨地證入。

△大文，次三品，辨外護者，初《護國品》正顯外護，二《不思議品》兼陳外護，三《奉持品》廣前二護。今初，正顯外護。

護國品第五

初，來意者，前之三品，具明因果，總爲内護。内護既彰，外護宜顯，故次來也。

二、釋名者，注經題目，已解護國。然其護義，竊嘗原之。有世間護、出世間護焉。何者？夫諸佛菩薩，悲智輔翼，灑諸法雨，救護羣品，此出世間護也。聖帝明王，五侯百辟，君臣護法，子育黎元，此世間護也。世出世間，彼此同德。釋梵四王，天龍八部，尚自降祉，況乎三災、七難，詎有存而不滅者乎？

△三、解經。四：

初，勅聽許説。

爾時，世尊，告波斯匿王等諸大國王：諦聽諦聽，我爲汝等説護國法。

此一唱經，蓋答《觀如來品》初諸王念請。故前文云：吾知十六諸國王等，咸作是念：世尊大慈，普皆利樂。我等諸王，云何護國？即同《華嚴》交絡相望中第三念請，亦以言説答也。然佛既知王請護國，而先説護佛果護十地行者，謂若無内護因果，則外難無由悉滅，是故先説内護，後説外護耳。

△二、正陳護國。三：

初，明護時。

一切國土，若欲亂時，

一切國土，即諸王所統，若欲亂時，亦是器世間、有情世間爲所護也。如下經云天地變恠等，即器世間亂也。百姓喪亡等，即有情世間亂也。又云置百佛像等，即智正覺世間，爲能護也。

有諸災難，賊來破壞。

災謂三災，難謂七難。賊有二種：一、外劫盗賊，二、内煩惱賊。護亦有二：一、鬼神衆，二、般若教。以鬼神衆，斷劫盗賊。以般若教，斷煩惱賊。

△二、示護法。三：

初，弘經置像。

汝等諸王，應當受持讀誦此《般若波羅蜜多》，嚴飾道場，置百佛像、百菩薩像、百師子座，請百法師，解説此經。

置佛像、菩薩像各百者，非獨表百法師所歸所向，謂《觀如來品》爲果護即置佛像，《菩薩行品》爲因護即置菩薩像，是故先置因果内護之像，次請百法師説外護之教，此其表耳。然近世依經建百法師會，即請百僧讀《金光明經》，以謂《仁王》《光明》皆法王之經，譬夫《周易》《毛詩》皆素王之教，其益物皆同也。嘗取近喻，以況遠旨。今夫氷之與水，其濕性皆同也，融之則水，結之則氷。若依佛言，請百僧讀《仁王般若》，其猶融氷成水，不遠復矣。而叛聖意，請諸方袍，讀《金光明》，譬夫煎水求氷，不亦難乎？然而學《周易》則究潔淨精微，治《毛詩》則探温柔敦厚，若以二經益物皆同，又何異以《詩》教温柔敦厚同《易經》潔淨精微者乎？唯期有道革凡弊而遵聖訓，是所願焉。

△二、備設供儀。

於諸座前，然種種燈，燒種種香，散諸雜華，廣大供養。

燈然酥蠟，香燒沉檀，春夏散草木諸華，冬寒散繒綵等華。

衣服卧具，飲食湯藥，房舍牀座，一切供事。

《蘭盆疏》以四事供養三尊，謂房舍、衣服、飲食、湯藥。此加卧具、牀座，即房舍之資用耳。

△三、説聽除難。

每日二時，講讀此經。若王、大臣，比丘、比丘尼，優婆塞、優婆夷，聽受讀誦，如法修行，災難即滅。

且夫玅慧真詮雖藉旦夕激揚，而不以生滅心行説實相法門，在乎止觀雙流，方清三災而滌七難矣。然則百席講筵，唯置一座，處于宸宫，而國王、大臣咸允諦聽，餘皆散置京畿别館，洎諸外郡。俾夫僧、尼、士女，聞斯行諸。故曰：聽受讀誦，如法修行也。

△三、彰護益。三：

初，總明能護。

大王，諸國土中有無量鬼神，一一復有無量眷屬，若聞是經，護汝國土。

每座各有主屬無量，而説者宜乎自勉，發揮至教，俾其尊法重人，則正法久住矣。

△二、别列所護。二：

初，列幽明。

若國欲亂，鬼神先亂。鬼神亂故，即萬人亂，當有賊起，百姓喪亡。

鬼神亂者，有二因緣：一者，國王破滅三寶，天神不祐，疾疫惡鬼日來侵害。二者，王福盡時，一切聖人悉皆捨去，七難必起。若準《涅槃》，爲貪國境，興師相伐，枉死者衆，則百姓喪亡。既而善神出境，惡鬼爲災，則當有賊起。

△二、列依正。

國王太子，王子百官，互相是非。

漢制，皇帝之子曰太子，諸侯之子曰世子。互相是非，如漢之巫蠱。

天地變怪，日月衆星失時失度，大火、大水及大風等，

是諸難起，文屬此章，義連下句。

△三、由教示益。二：

初，持説經文。

是諸難起，皆應受持講讀此《般若波羅蜜多》。

恠難競起，修德可禳。所謂天作孽，猶可違也。

△二、獲福祛難。二：

初，獲福。

若於是經，受持讀誦，一切所求官位富饒，男女慧解，行來隨意，人天果報，皆得滿足。

若於是經，受持讀誦二句，貫通祛難之初。

△二、祛難。

疾疫厄難，即得除愈。杻械枷鎖，撿繫其身，皆得解脱。破四重戒，作五逆罪，

四重即婬、殺、盜、妄。五逆謂殺父、害母、殺阿羅漢、出佛身血、破和合僧。

及毀諸戒，

及者，有二義：一、揀前義，顯是二事，謂前明根本四重，此顯枝末餘篇。二、合集義，非但破小乘輕重，及毀大乘十重四十八輕，故云諸戒也。上皆別列，下句總結。

無量過咎，悉得消滅。

△三、引昔護國。三：

初，引天王。

大王，往昔過去，釋提桓因，爲頂生王，

爲，猶被也。

領四軍衆，

象、馬、車、步，亦名四兵。

來上天宫，欲滅帝釋。

梵語釋提桓因，此方云能天主，撫育勸善，能爲天主故。更有異釋，如《華嚴音義》。

時，彼天主即依過去諸佛教法，敷百高座，請百法師，講讀《般若波羅蜜多經》。頂生即退，天衆安樂。

天福自在，威光特尊，尚崇《般若》，請加救護，況於人王，孰不修奉？然帝釋亦於善法堂，説十善法門，唯被天衆耳。

△二、引人王。二：

初，班足依邪教。二：

初，過邪師。

大王，昔天羅國王有一太子，名曰班足。以足斑駁，故立其名。《賢愚經》《智度論》，皆敘彼緣。

登王位時，有外道師，名爲善施，與王灌頂，

至竗虚通，目之曰道。心遊道外，即稱外道。輪王太子，將登王位，亦取海水，以灌其頂。

乃令班足，取千王頭，以祀塚間。

祭而無已曰祀。塚間，所住處也。

摩訶迦羅，大黑天神。

上句梵音，下句唐言，翻大黑天也。神，鬪戰神也。若《賢愚經》，説祀羅刹王。《斷肉經》，説祀山神。

△二、取千王。

自登王位，已得九百九十九王，唯少一王。北行萬里，乃得一王，名曰普明。

《普明王經》《斷肉經》，皆説取百王。

△二、普明遵正法。四：

初，陳願允從。

其普明王白斑足言：願聽一日，禮敬三寶，飯食沙門。斑足聞已，即便許之。

△二、敷座請講。

其王乃依過去諸佛所説教法，敷百高座，請百法師，一日二時，講説《般若波羅蜜多》八千億偈。

△三、正説偈辭。即於八千億偈中，舉其無常、苦、空、無我八首偈文，俾王與諸

眷屬，悟解證空，展轉聞益耳。文二：

初，標説人。

時彼衆中第一法師，爲普明王而説偈言：

△二、正説偈。四：

初，演無常。

劫火洞然　大千俱壞

劫，謂壞劫。能壞者三災，今唯言火災。故《俱舍》云：此千陪大千，皆同一成壞。

須彌巨海　磨滅無餘

具云須彌盧，此云妙高，巨大也。上壞器世間，下壞有情世間。

梵釋天龍　諸有情等

梵謂梵王，通四禪天王。釋謂帝釋，即忉利天主，舉此攝餘諸天。天龍，通八部。諸有情，即六趣四生。

尚皆殄滅　何況此身

三界有勝劣，六趣有苦樂，彼皆壞滅，何況自己一身？

△二、宣八苦。

生老病死　憂悲苦惱

此之四苦，於欲界中，隨逐違境，憂悲交切，苦惱相陵。

怨親逼迫　能與願違

怨謂怨憎會苦，親即愛别離苦，逼迫即五盛陰苦。能與願違，求不得苦。

愛欲結使　自作瘡疣

三界無安　國有何樂

無明愛欲，九結、十使，是作業因。自既作業，自受苦果，如瘡如疣。三界皆苦，一國何樂？

△三、説法空。

有爲不實　從因緣起

盛衰電轉　暫有即無

有爲之法，虚妄不實。從因託緣，和合生起。緣聚則盛，緣離則衰，其猶電轉，暫生即滅。

諸界趣生　隨業緣現

如影如響　一切皆空

三界勝劣等處，隨共業所感。六趣苦樂等身，隨別業所感。如明鏡現影，空谷應響，一切有法，畢竟皆空。

△四、闡無我。

識由業漂　乘四大起
無明愛縛　我我所生

謂總報識由業漂動，乘其四大，起爲身相。内有無明，於五蘊中而執爲我。外有愛縛，於國資具而起我所。

識隨業遷　身即無主
應知國土　幻化亦然

即前報識隨業遷往餘趣受生，即無主也。正報既遷，應知依報國土幻化，亦復如是。

△四、因偈獲益。五：

初，普明受偈益。

爾時，法師説此偈已，時普明王，聞法悟解，證空三昧。

若聞前偈，應得初果，以無常等苦諦行故。或聞法證空，解法空理，即至初住也。

王諸眷屬，得法眼空。

次，王領解，至十信位。

△二、諸王誦偈益。

其王即便詣天羅國諸王衆中，而作是言：仁等今者，就命時到，悉應誦持過去諸佛所説《般若波羅蜜多偈》。

即前八偈。

諸王聞已，亦皆悟解，得空三昧，各各誦持。

誦偈悟理，如普明王。

△三、斑足聞偈益。

時斑足王問諸王言：汝等今者，皆誦何法？

斑足緣熟，問以辨之。

爾時普明，即以上偈答斑足王。王聞是法，亦證空定。

空定，即空三昧。

△四、敘誤還國益。

歡喜踊躍，告諸王言：我爲外道邪師所誤，非汝等咎。

内喜外躍，故自克責。

汝各還國，當請法師，解説《般若波羅蜜多》。

展轉化人，法利無盡。

△五、出家獲證益。

時斑足王，以國付弟，出家爲道，得無生法忍。

即證初地。然斑足外道，或内祕外現，逆順化跡，欲使聖教流芳，豈凡小心思口議哉？

△三、例諸王。三：

初，例過去。

大王，過去復有五千國王，常誦此經，現生獲報。

由常誦持，故受現報。

△二、例現在。

汝等十六諸大國王，修護國法，應當如是受持讀誦解説此經。

請百法師，如向所陳。

△三、例未來。

若未來世諸國王等，爲欲護國、護自身者，亦應如是受持讀誦解説此經。

然則提綱舉領，已揚三世之言。修法崇規，佇播萬國之譽。

△四、聞法悟道。

説是法時，無量人衆，得不退轉。

不退有四，信位行證，各隨所宜。

阿修羅等，得生天上。

等餘七部，皆得上升。

無量無數欲色諸天，得無生忍。

《大品》云：初地菩薩，得無生法忍。

△大文第二，《不思議品》，兼陳護國。

不思議品第六

初，來意者，前品百座講演般若，護國

安民，災難悉滅。此品獻華，顯般若玅旨，功深難測，故次來也。

二、釋名。然不思議，略有二種：一、德相，二、業用。如《華嚴經》明塵含法界，量等虚空，即德相不思議也。《淨名經》以毛吞巨海，芥納須彌，即業用不思議也。今經世尊爲諸大衆現不可思議神通變化，乃至無量大海入一毛孔，無量須彌入芥子中，即業用不思議。是皆言語道斷，心行處滅，亦同《法華》非言所宣，非心所測耳。碧海法師又謂，不思議有二：一者，内本，謂實相，口欲談而辭喪，心將緣而慮亡。二者，外迹，謂巨細相容，殊形並應。然幽關難啟，聖應不同，非本無以垂迹，非迹無以顯本。本迹雖殊，而不思議一也。釋曰：雖彰内本外迹，多明業用，同教一乘，而涉德相，别教一乘耳。

△三、解經。四：

初，聞法忻躍。

爾時，十六國王及諸大衆，聞佛説此《般若波羅蜜多》甚深句義，歡喜踊躍，

聞於前品，今昔護國，皆由般若。此亦躡前聞法，起後《散華》，故總科云：兼陳護國也。

△二、大衆散華。先華成寶座。三：

初，散華成座。

散百萬億衆寶蓮華，

若約表法，即地前菩薩緣文字般若，修因舍〔七〕果而無染故。

於虚空中，成寶華座。

表諸法空，爲行所依。

△二、佛坐説法。

十方諸佛，

表化身如來。

無量大衆，

若例《纂要》，即信解位。

共坐此座，説般若波羅蜜多。

△三、持華成輪。

是諸大衆，持十千金蓮華，散釋迦牟尼佛上，

梵語釋迦牟尼，此翻能仁寂默。

合成華輪，蓋諸大衆。

上句表已轉法輪，下句表聞法獲益。

△二、華爲雲臺。三：

初，散華成臺。

復散八萬四千芬陀利華，

即白蓮華。王等重散，故云復也。表初地見道最初一念，具八萬四千波羅蜜多。

於虛空中，成白雲臺。

表觀照般若，破無明闇，見性明白。下經亦云：譬如有人，登大高座。即等覺位。今唯表初地聖人。

△二、臺中説法。

臺中光明王佛，與十方諸佛，

表他受用報身。

無量大衆，

例《纂要》，歡喜地〔六〕證道。

演説般若波羅蜜多。

一音演説，隨類各解。

△三、持華供佛。

是諸大衆，持曼陀羅華，

曼陀羅，此方云適意。

散釋迦牟尼佛及諸衆會。

△三、華作寶城。二：

初，散華作城。

復散曼殊沙華，

曼殊沙，此方云柔輭。

於虛空中，變作金剛寶城。

表實相般若，證涅槃城，無破壞故。

△二、諸佛説法。

城中師子奮迅王佛，共十方諸佛，

亦表報身。

大菩薩衆，

依《纂要》，即二地已上諸大菩薩。

演説勝義般若波羅蜜多。

復言勝義者，以中道玅理，唯佛窮盡故。亦同《金剛》大因清淨第一勝，是名第一般若波羅蜜耳。

△四、華成雲蓋。前之三段，以三種般若，表修因證果，即攝用歸體門。今此一科，亦以三種智慧，表得果不捨因，即依真起應門。

復散無量天諸妙華，於虛空中，成寶雲蓋，

成一寶蓋，即表根本智，證實相真性。

徧覆三千大千世界。

表流出後得智，發觀照玅慧。

是華蓋中，雨恒河沙華，從空而下。

表流出大悲心，即文字般若，說三藏十二分教。

△二、王等發願。

時，波斯匿王及諸大衆，見是事已，歎未曾有，合掌向佛，而作是言：願過去現在未來諸佛，常説般若波羅蜜多。

下文今日即是現在。

願諸衆生，常得見聞，如我今日，等無有異。

△三、佛印勸持。

佛言：大王，如汝所説，此般若波羅蜜多，是諸佛母，諸菩薩母，

上印般若體，下印般若用。

不共功德，神通生處，諸佛同説，能多利益，是故汝等常應受持。

十八不共，六種神通，皆從母生。

△三、佛現神變，二：初，總標。

爾時，世尊爲諸大衆現不可思議神通變化。

躡前不可思議所散之華，起後逈超言念依正之報，即大同業用解脱也。神通即諸聖神境智通。變化有二，依《瑜伽》云：一、能變通，謂改轉故。二、能化通，謂化現故。下文前四相入，即改轉，能變通。第五中依正互現，即化現，能化通耳。

△二、別列。五：

初，諸華相入。

一華入無量華，無量華入一華。

此中但有一入無量，無量入一，第一、第二兩句。若取上句一字，對下句一字，即第三句一華入一華。又上句無量對下句無量，即第四句無量華入無量華。下文準此，皆成四句。思之。

△二、佛土相入。

一佛土入無量佛土，無量佛土入一佛土。

若望諸佛所説佛土，亦有淨穢，故《法華》云：三界朽宅，屬于一人。亦如《淨名》，身子所見丘陵坑坎，佛言我此土淨而汝不見。《大疏》謂：感娑婆者對華藏而見娑婆，感華藏者對娑婆而見華藏。彼約淨穢隱顯自在，今明一多悉皆相容。

△三、塵刹相入。

一塵刹土入無量塵刹土，無量塵刹土入一塵刹土。

謂一微塵中刹土入無量微塵中刹土，故《大經》偈云：

塵中悉現無量刹，清淨廣大如虛空。一切塵中所現刹，皆是本願神通力。

初半偈釋上句，後半釋下句。又云：

華藏世界所有塵，一一塵中見法界。寶光現佛如雲集，此是如來刹自在。

皆顯德相不思議耳。

△四、巨細相入。

無量大海入一毛孔，無量須彌入芥子中。

此中兩句，但明多入一，例前亦有一入多。今具出之，則成四句，謂：無量大海入一毛孔，一毛孔入無量大海，無量須彌入一芥子中，一芥子入無量須彌中。龍樹指《淨名》毛吞巨海，芥納須彌，爲小不思議，則業用解脱。指《華嚴》塵含法界，量等虛空，爲大不思議，則德相解脱。然不壞須彌芥子大小之相，亦具德相解脱，如《大疏》釋善財讚彌勒樓閣中説。

△五、凡聖相入。三：

初，明正報身。

一佛身入無量衆生身，無量衆生身入一佛身。

圭峯祖師謂：生佛交徹，淨穢融通，即事事無礙法界。

△二、顯依報土。

大復現小，小復現大。淨復現穢，穢復現淨。

現大現小，即變化土，故《唯識》云：若變化身，依變化土，或淨或穢，或大或小，前後改轉。佛變化身，依之而住，能依身量，亦無定限。然彼論約化爲佛土，成熟隨未登地有情。既云化爲佛土，前後改轉，即同今文復現大小淨穢耳。或以八地已上，攬大海爲酥酪，變大地爲黄金，以染爲淨，以淨爲染，自在攝生，即此依報，淨復現穢，穢復現淨。其正報之身，即大復現小，小復現大。若依此義，義則粗通，奈何違於唯識，大小皆屬依報耶？

△三、雙結依正。

佛身不可思議，衆生身不可思議，乃至世界不可思議。

請觀結文，如次對之。

△四、衆覩獲益。

當佛現此神變之時，十千女人現轉女身，得神通三昧。

得神通用，猶證如幻三昧。

無量天人，得無生法忍。

若據聞《菩薩行品》，時衆獲益，無量天人大衆，有得伏忍等。聞《護國品》，無量無數欲色諸天，得無生忍。今得無生法忍，是亦聞法增道，自淺階深也。

無量阿修羅等，成菩薩道。

前聞《護國品》，修羅八部，得生天上。然菩薩道言，通地前地上。今成菩薩道，即自下升爲[九]高，地前菩薩也。
恒河沙菩薩，現身成佛。
前聞《菩薩行品》，無量菩薩得一生補處，即等覺位。今現身成佛，即升玅覺。或謂：聞第三《菩薩行品》，得補處等覺，何故經中有無量菩薩，聞第四《二諦品》，但得住十地耶？答：夫證道之衆，有始終在座者，則聞法增道。有後來之徒，從聞思修，或住十地。昔人亦云有横入之機，此其例歟！
△三、《奉持品》，廣前二護。

奉持品第七

初，來意有二：一、廣内護，謂此品十三法師依持建立，廣前《菩薩行品》十三忍位，明了覺解，説般若教，故次來也。二、廣外護，以此品明五方菩薩，説祕密般若，永除七難，廣前《護國品》一百法師講顯了般若，滅除諸難，故次來也。

二、釋名。言奉持者，謂欽奉聖教，軌持物解，亦受持講説耳。
△三、解經。四：
初，見佛説教。
爾時波斯匿王，覩佛神變，躡前。
見千華臺上偏照如來，
賢首《梵網疏》謂：梵本盧舍那，此云光明偏照。然照有二義：一、内，以智光照真法界，此約自受用義。二、外，以身光照應大機，此約他受用義。言如來者，亦同疏文坐華臺上，實身成佛也。
千華葉上千化身佛，
即同疏云：其千華上千釋迦，爲[一〇]是千摩醯首羅天上各有一釋迦。
千華葉中無量諸佛，
即同疏云：此千釋迦，一一各化作百億釋迦，故有千百億釋迦。故云無量諸佛也。

上疏文皆釋彼經我今盧舍那、方坐蓮華臺等偈。義既大同，故略引釋。

各説般若波羅蜜多。

然《梵網》明十重四十八輕，多説菩薩戒波羅蜜。今經説菩薩般若者，以其實教六度皆互相攝。如彌勒頌云：檀義攝於六，資生無畏法。彼一檀度，尚攝後之餘五。今説般若，豈不攝前之五度耶？故《纂要》云：萬行之中，一一不可闕此。故云各説般若波羅蜜多，矧匿王見自他受用之身，聞無量諸佛各説是經，亦非聊爾人矣。

△二、匿王申問。

白佛言：世尊，如是無量般若波羅蜜多，不可識識，不可智知。云何諸善男子於此經中明了覺解，爲人演説？

問意謂：般若深經，非凡夫所識，非二乘所知。云何等人，於理則明，於事則了，覺解利他，爲人演説耶？

△三、如來正答。三：

初，法師奉持，文三：

初，修觀爲法師。

佛言：大王，汝今諦聽。從初習忍，至金剛定，

習忍即十住菩薩，金剛定即法雲地。

如法修行十三觀門，

地前三賢緣修，地上十聖真修。

皆爲法師依持建立。

以道德教人曰法師，爲出世憑託曰依持，始而發之曰建，終而成之曰立。

△二、勅衆令供養。

汝等大衆，應當如佛而供養之。百千萬億天妙香華，而以奉上。

尊法重人，故應奉供。

△三、廣列賢聖位。先明三賢，具三十位。今釋位名，則正依《華嚴大疏》，或引諸經。若夫申明三賢經義，則多引《大經》長行，

蓋遵清涼之茂規。至下經文，當曉傍正。今初，十住法師即初賢。於中有三：

初，總標。

善男子，其法師者，習種性菩薩，若比丘、比丘尼、優婆塞、優婆夷，修十住行。

初，法師列僧、尼、士女者，由修觀門，有德業故。如善財往南方，初見德雲比丘，乃至休舍優婆夷，其類非一。無相大師《集》云：夫欲出超三界，未有絶塵之行，徒爲男子之身，而無丈夫之志。石壁靖師《注》曰：但懷出世之心，隨塵無染，即號丈夫，不論男女。故《涅槃》云：若具四法，即名丈夫。何等爲四？一、善知識，二、能聽法，三、思惟義，四、如説修行。無此四法，不名丈夫。願諸有智，思而行之。

△二、別列。

見佛、法、僧，發菩提心。

初，發心住也。《瓔珞》云：是上進分善根人，若一劫二劫，已於一恒二恒佛所，行十信心，信三寶常住。發心即住，名發心住。《華嚴》云：此菩薩見佛世尊形貌端嚴，色相圓滿，乃至或聞如來廣大佛法，發菩提心。初發心住爲總，下之九住爲別。故前《菩薩行品》明十住，但云初發心相有恒河沙衆生見佛、法、僧，是也。

於諸衆生，利樂悲愍。

二、治地住也。謂常隨空心，清淨潔白，練治心地，使悲智增明，名治地住。《華嚴經》云：此菩薩於諸衆生，發十種心，所謂利益心、大悲心、安樂心、安住心、憐愍心、攝受心、守護心、同己心、師心、導師心。今云利樂悲愍，即十心中利益、安樂、大悲、憐愍四心也。亦攝餘六，以總收別故。

自觀己身六界諸根，一切無常、苦、空、無我。

三、修行住也。謂巧觀空有，增修正行，

名修行住。然《華嚴經》開此一住而爲二門：一、自分，二、勝進。自分即一切無常苦空無我，勝進即自觀己身六界諸根。初自分有十種，所謂觀一切法無常、一切法苦、一切法空、一切法無我、一切法無作、一切法無味、一切法不如名、一切法無處所、一切法離分别、一切法無堅實。今文但有前四，亦攝後六，如彼疏廣釋。後勝進有勸學十法，所謂觀察衆生界、法界、世界、地界、水界、火界、風界、欲界、色界、無色界。今文但言六界，即地、水、火、風，及空、識界，以無色界空無邊識無邊爲六耳。言諸根者，秦本謂五色、五受、男、女、意、命十四根爲諸根，即以四大成身爲所依，諸根即能依也。了知業行生死、涅槃。

四、生貴住也。謂生佛法家，種性尊貴，名生貴住。故《華嚴經》云：此菩薩從聖教中生，成就十法：一、永不退轉，二、於諸佛所深生淨信，三、善觀察法，四、了知衆生，五、國土，六、世界，七、業行，八、果報，九、生死，十、涅槃。今文有四。若將了知二字，貫於業行、生死、涅槃，但有三法。此即自分。文無勝進者，略。

能利自他，饒益安樂。

五、具足方便住也。謂帶真隨俗，習無量善，巧化無住故。而《華嚴》中乃以二門釋之，謂自分十心亦是方便也，勝進十心亦是具足也。故經云：此菩薩所修善根，皆爲救護一切衆生，饒益一切衆生，安樂一切衆生，哀愍一切衆生，度脱一切衆生，令一切衆生離諸災難，令一切衆生出生死苦，令一切衆生發生淨信，令一切衆生悉得調伏，令一切衆生咸證涅槃。今但有二，謂饒益、安樂，即自分利他也。其勝進即自利十心，備如彼經。

六、正心住也。謂成就般若故，聞毁讚聞讚佛毁佛，心常不動。

三寶，正念不動故。故《大經》云：此菩薩聞十種法，心定不動，所謂聞讚佛毁佛，於佛法中，心定不動。聞讚法、毁法，聞讚菩薩、毁菩薩，聞讚菩薩、毁菩薩所行法，聞説衆生有量、無量，聞説衆生有垢、無垢，聞説衆生易度、難度，聞説法界有量、無量，聞説法界有成、有壞，聞説法界若有、若無，餘九句下，皆有於佛法中心定不動言。今文但有初一，以攝餘九。

聞有佛無佛，心定不退。

七、不退住也。謂入於無生畢竟空性，心心常行空無相願，止觀雙運，緣不能壞，故名不退住。故《大經》云：此菩薩聞十種法，堅固不退，所謂聞有佛無佛，於佛法中，心不退轉。聞有法、無法，聞有菩薩、無菩薩，聞有菩薩行、無菩薩行，聞有菩薩修行出離、修行不出離，聞過去有佛、過去無佛，聞未來有佛、未來無佛，聞現在有佛、現在無佛，聞佛智有盡、佛智無盡，聞三世一相、三世非一相，餘九句皆有於佛法中心不退轉言。今文但有初一，亦例前釋。

三業無失，起六和敬。

八、童真住也。謂心不生倒，不起邪魔破菩薩心，故名童真住。故《大經》云：此菩薩住十種業，所謂身行無失，語行無失，意行無失，隨意受生，知衆生種種欲，知衆生種種解，知衆生種種界，知衆生種種業，知世界成壞，神足自在所行無礙。此經但有前三無失，爲自行化體故。而後七皆爲利他。又前三業起六和敬，謂：身行無失，則身和同事，戒和同修。語行無失，則語和同默，利和同均。意行無失，則意和同忍，見和同解。秦經云：修六和敬，所謂三業，同戒、同見、同學。

方便善巧，調伏衆生。

九、法王子住也。謂從法王教，生於正解，

當紹佛位，名法王子住。然《華嚴》中，明此一住，經疏皆廣，今但略引自分經疏釋上句，《勝進經》疏釋下句。如自分經云：善知所行方便。疏釋云：知諸乘作業所入法門及善巧故。即上句謂方便善巧也。《勝進經》云：法王處觀察。疏釋云：入則觀父王，察其聲色。出則觀群臣，知其賢愚。菩薩入則觀佛教理，出則審機可否。即下句謂調伏衆生也。

勤學十智，神通化利。

十、灌頂住也。謂從上九住觀空，得無生心，最爲上故，諸佛法水，灌心頂故。如《勝進經》云：此菩薩應勤學諸佛十種智，所謂三世智、佛法智、法界無礙智、法界無邊智、充滿一切法界智、普照一切世界智、住持一切世界智、知一切衆生智、知一切法智、知無邊諸佛智。下句神通化利，即讚《勝經》云：此菩薩身及身業，神通變現，成就佛土等。

△三、結品。

下品修習八萬四千波羅蜜多。

三賢之初，名爲下品。具修諸度，對治八萬四千塵勞門耳。

△二、攝信成位，三：初，總明三聚。

善男子，習忍以前，

即十住前。

經十千劫，行十善行，有退有進，

上明不定聚，下舉喻例釋。

譬如輕毛，隨風東西。

謂修上品十善，隨邪正風，志無決定。《大疏》亦云：毛道凡夫，隨風不定。

若至忍位，入正定聚，

若至伏忍習種性位，慧住於理，得住不退，即入正定聚也。

不作五逆，不謗正法。

揀邪定聚，即不爲闡提。

△二、修觀顯位。

知我法相悉皆空故，住解脱位。

上句修觀，下句顯位。即同《本業》始入空界，住空性位。《大疏》亦云：《仁王》不開十信，攝在十住。信爲能成，住爲所成。

△三、結住進行。

於一阿僧祇劫，修習此忍，能起勝行。

能起中賢十種勝行。

△二、十行法師，四：

初，總標中賢。

復次性種性菩薩，住無分別，修十慧觀。

住無分別智爲總，修十慧觀爲别，即次文十行。

△二、别列十位。

捨財命故，

初，歡喜行。謂施悦自他，故名歡喜。而言捨財命者，一、外財，二、身命。如經云：此菩薩爲大施主，凡所有物，悉能惠施，其心平等，無有悔吝。乃至云：修此行時，令一切衆生歡喜愛樂。此即捨外財也。又云：受廣大身，以是身肉，充足一切飢苦衆生。乃至若有一小衆生未得飽足，願不捨命，所割身肉亦無有盡。此即捨身命也。

持淨戒故，

二、饒益行。謂三聚淨戒，亦益自他，故名饒益。如經云：菩薩如是持淨戒時，諸大惡魔各將天女，欲來惑亂菩薩道意，是故不生一念欲想。此即攝律儀戒也。又云：唯除方便教化衆生，而不捨於一切智心。即攝衆生戒也。又云：作是學已，離諸惡行，以智入於一切佛法。此即攝善法戒也。上皆義引。

心謙下故，

三、無違逆行。謂忍順物理，名無違逆。如經云：此菩薩常修忍法，謙下恭敬。不自害，不他害，不兩害，上三治瞋行忍。不自取，不他取，不兩取，次三治貪，正成忍行故。不自著，不他著，不兩著，後三治癡修忍。然《大經》具明耐怨害忍，安受苦忍，諦察

法忍。此三文廣故，但引三毒，兼釋忍順物理。利自他故，

四、無屈撓行。謂勤無怠退，名無屈撓。如經云：此菩薩修諸精進，所謂第一精進，大精進，勝精進，乃至性無三毒，性無憍慢，性不慳嫉。此自利行也。又云：菩薩以此所行方便，於一切世界，令一切衆生，乃至究竟無餘涅槃。此利他行也。生死無亂故，

五、無癡亂行。謂以慧資定，離沉掉故，名無癡亂。如經云：此菩薩成就正念，心不散亂。堅固不動，廣大無量，無有迷惑。死此生彼，心不散亂。入胎出胎，心不散亂。發菩提意，心不散亂。事善知識，心不散亂。然《本業經》說：無明之鬼，不亂不濁，住正念故，名離癡亂。今此但從一義，故云生死無亂。無相甚深故，

六、善現行。謂慧能顯發三空之理，般若現前，故名善現。如經云：此菩薩身業清淨，語業清淨，意業清淨，乃至無得無相，甚深難入。菩薩如是解一切法，悉皆甚深。復作是念：若我自解此甚深法，唯我一人，獨得解脱。此皆自利甚深也。又我云：當先化衆生，行菩薩行。未成熟者，先令成熟。此即利他甚深也。達有如幻故，

七、無著行。謂不滯事理，故名無著。如經云：此菩薩以無著心，於念念中，能入阿僧祇世界，嚴淨阿僧祇世界，於諸世界心無所著。上引嚴刹無著，兼釋住名。次引稱深興念，正釋經文達有如幻。如下經謂菩薩作是念：我應觀一切法界如幻，諸佛如影，菩薩行如夢，佛説法如響，乃至一切法如實際，不可變異。然則前明法界如幻，即體從緣。後結一切法如實際，即事而寂。

不求果報故，

八、難得行。謂大願可尊，故名難得。如經云：此菩薩成就難得善根、難伏善根、最勝善根、不可壞善根。此亦先引修成善根，兼釋住名。次引度脱衆生，正釋經文不求果報。彼經又云：我於衆生，無所適莫，無所冀望，乃至不求一縷一毫，及以一字讚美之言。前第七行，以方便爲體。此難得行，以大願爲體。

得無礙解故，

九、善法行。謂善巧説法，名善法行。如經云：此菩薩爲一切世間天、人、魔、梵、沙門、婆羅門、乾闥婆等，作清涼池，攝持正法，不斷佛種。釋曰：清涼池即喻無熱惱池。下經云：得具足義陀羅尼故，義辯無盡。得覺悟實法陀羅尼故，法辯無盡。得訓釋言辭陀羅尼故，辭辯無盡。得無邊文句無盡義無礙門陀羅尼故，無礙辯無盡。此四辯才，如彼大池，流出四河，相續入海。此位以力度爲體。

念念示現佛神力故，

十、真實行。謂言行不虚，故名真實。如經云：此菩薩成就第一誠實之語，如説能行，如行能説。此菩薩學三世諸佛真實語，念念悉見不可説不可説諸佛及佛莊嚴清淨國土，示現如來自在神力，普徧法界虚空界。向引兩節經文，初釋行名，後釋經旨。若約智度爲體，受用法樂，成熟有情，並如行能説，如説能行，即是真實。

△三、修觀明空。

對治四倒、三不善根、三世惑業十顛倒故。

十行爲能治，十倒爲所治。謂四念治常等四倒，三善根治貪等三倒，三世惑業治外道斷常等倒。同前十二因緣明三世因果，以惑爲因，業報爲果。

我人知見念念虚僞，了達名假、受假、法假，皆不可得。

上明人空，下明法空。

無自他相，住真實觀。

無自相即能緣心，無他相即所緣境。心、境雙泯，唯一真空，名真實觀。

△四、結行進向。

中品修習八萬四千波羅蜜多，於二阿僧祇劫，行諸勝行，得堅忍位。

行十勝行，進十向位，得名堅忍。

△三、十向法師，四：初，總標上賢。

復次道種性菩薩，住堅忍中，觀諸法性，得無生滅。

《梵網》以十迴向名十金剛，即住堅忍。《大經》云：了一切法，證寂滅性，故無生滅。

△二、別列十位。

四無量心，能破諸闇。

一、救護一切衆生離衆生相迴向。謂：大悲廣濟，名爲救護一切衆生。大智無著，故云離衆生相。如經云：此菩薩住般若波羅蜜多，大慈大悲，大喜大捨，修如是等無量善根。古德諂此，以爲行體。若順前名救護衆生是悲，離衆生相爲智，則以悲智爲體。次經又云：爲一切衆生作炬，破一切無明闇故。爲一切衆生作燈，令住究竟清淨處故。上句如人執炬委悉而照，下句令得解脱。故《涅槃》云：澄渟清淨，即真解脱。

常見諸佛，廣興供養。

二、不壞迴向。謂於三寶等，得不壞信，以此善根，用將迴向。如經云：此菩薩於去來今如來所，得不壞信，悉能承事一切諸佛故。於一切佛法，得不壞信，發深志樂故。於諸菩薩，得不壞信，誓修一切菩薩善根無疲厭故。上句佛，次句法，後句僧。上皆義引，以兼釋名。次引經正釋本文。下經又云：見無量佛，承事供養，以阿僧祇寶、阿僧祇華、阿僧祇鬘、阿僧祇衣等。廣有六十七供事，故云廣興供養。

常學諸佛，住迴向心。

三、等一切諸佛迴向。謂學三世佛所作

迴向，名等諸佛。如經云：此菩薩隨順修學去來現在諸佛世尊迴向之道，如是修學迴向道時，見一切色，乃至觸法，若美若惡，不生憎愛，心得自在。若準此文，但等三世諸佛迴向之道，準下經，亦等善根，故文云：如過去佛所行一切善根，我亦如是故。所修善根，皆如實際。

四、至一切處迴向。謂菩薩令其善根至一切處。如經云：此菩薩修習一切諸善根時，作是念言：願此善根功德之力，至一切處，譬如實際，無處不至。至一切衆生，至一切國土，至一切虛空，至一切三世，至一切有爲無爲，至一切語言音聲。至是能至，所修善根即是所至。然準下經文，若因若果，皆至一切。能於三昧，廣作佛事。

五、無盡功德藏迴向。謂迴向故，能成無盡功德之藏。如經云：此諸菩薩具大威儀，宿植善根，入不思議自在三昧，方便善巧，能作佛事，放佛光明，普照世間，無有限極，乃至生如是處，有如是德，常作佛事。然此位菩薩，由緣無盡境行迴向，故成無盡善根功德之行，得十無盡藏之果，從能迴行及果受名耳。現種種身，行四攝法。

六、入一切平等善根迴向。謂順理修善，事理無違，入於平等。如經云：此菩薩或爲帝王，臨御大國，威德廣被，名震天下，凡諸冤敵，靡不歸順。發號施令，悉依正法。周行率土，所向無礙。乃至以四攝法，攝諸衆生。爲轉輪王，一切周給。然《大經》本分中，名入一切平等善根迴向，牒名中即云隨順堅固一切善根迴向。疏釋云：入即隨順，平等即堅固，平等之理不可壞故。住無分別，化利衆生。

七、等隨順一切衆生迴向。謂以善根等心，

順益衆生。如經云：此菩薩如是施時，但發專求一切智道心，一切悉捨心，哀愍衆生心，教化成熟心，皆令安住一切智智心。然此位經文甚廣，而引此五句者，謂疏以前之二句即大智，後之三句即大悲故。引釋此經，上句住無分別，即同彼大智。下句化利衆生，亦同彼大悲。

智慧明了，甚深觀察。

八、真如相迴向。謂善根合如，以成迴向如。《大經》偈云：以玅智慧恒觀察，究竟廣大真實理，斷諸有處悉無餘，如彼真如善迴向。

然此位中，初明長行，後説偈頌。長行有三種迴向：一、迴向菩提，二、迴向衆生，三、迴向實際。前二隨相行，後一離相行。今但引偈頌中離相迴向一偈，釋經對如合辨，文旨有據，亦表三藏之巧譯，非説者之穿鑿也。一切行願，普皆修習。

九、無縛無著解脱迴向。謂不爲相縛，不於見著，作用自在，故名解脱。如經云：以無著無縛解脱心，成滿普賢迴向行願，勤修普賢諸根行願，得聽明根，勤修一切善根，一切佛平等境界根，受一切菩薩不退轉記大精進根。然《大經疏》具明信、進、念、定、慧五根，今但略引以釋勤修一切行願耳。

能爲法師，調御有情。

十、入法界無量迴向。謂稱性起用，以法界善根，迴向法界故。如經云：此菩薩摩訶薩，以離垢繒而繫其頂，住法師位，廣行法施，起大慈悲，安立衆生於菩提心，爲諸衆生作調御師，示諸衆生一切智道。《大疏》以法施爲總，慈等爲别，皆是法施。夫法施者，生解之玅方，起行之根本，入聖域之階漸，超苦海之津梁。古德云：此經中託人以弘道，歎法師之勝德，故知法施之功過財施之難喻。

△三、修觀受生。

善觀五蘊、三界、二諦，

並如《菩薩行品》，但前廣此略爲異。

無自他相，得如實性。

釋義，倣前十行。

雖常修勝義，而受生三界。何以故？業習果報未壞盡故，

初標，次徵，後釋。當句自釋，不俟繁文。

於人天中順道生故。

在天而天，處人而人，順修中道，隨報受生。

△四、結賢進聖。

上品修習八萬四千波羅蜜多，於三阿僧祇劫，修二利行，廣大饒益，得善調伏諸三摩地，

諸三摩地，即止觀雙運。故《大經迴向品》偈云：禪定持心常一緣，智慧了境同三昧。

上結三賢，下進十聖。

住勝觀察，修出離所，

《大經迴向品》亦云：皆已觀察，皆得清淨，廣大功德，出離法中。

能證平等聖人地故。

能證平等，即初地住平等忍。準諸經論，多說三阿僧祇成佛。今經地前已經三阿僧祇者，《演義鈔》謂：地前菩薩，二乘聖者，見初入地，皆謂究竟。故說三祇成等正覺，亦佛隨宜。故《寶雲經》實經無量阿僧祇劫，《大經華藏品》初疏有會釋。又《瑜伽》說有二種無數劫，皆如《大經疏鈔》。

注仁王護國般若經卷第三

校勘記

〔一〕「初」，據前科文，疑前脱「二」字。

〔二〕「略」，底本原校疑爲「搏」。

〔三〕「梵」，底本作「楚」，據文意改。

〔四〕「同」，底本無，據底本原校及科文補。

〔五〕「住」，底本作「性」，據《仁王護國般若波羅蜜多經》改。

〔六〕「初」，據前科文，疑前脱「二」字。
〔七〕「舍」，底本原校云一本作「含」。
〔八〕「地」，底本作「他」，據文意改。
〔九〕「爲」，底本原校云一本無。
〔一〇〕「爲」，《梵網經菩薩戒本疏》（《大正藏》本）作「則」。

注仁王護國般若經卷第四

大宋國傳賢首祖教沙門淨源撰集

△二、十聖法師。準《大經疏》，三賢十聖，皆以菩提心而爲其體。故清涼引《起信》云，菩提心有三：一者，直心，正念真如法故。二者，深心，樂修一切諸善行故。三者，大悲心，救護一切苦衆生故。所念真如，亦即本智，本覺智故。後二，顯是恒沙性德。然此三心有一，必兼餘二，而三賢互有增微。十住，直心增故，故名爲解。解爲行願本故，首而明之。十行，深心增故，名爲行依，於前解以起行故。十向，大悲增故，名爲願迴，前解行願，諸衆生離苦得樂故。十地，三心等證故，名善決定。然則清涼既依《起信》三心之文，科判《華嚴》四會之經，故推馬鳴大士爲吾宗初祖，深爲通才〔一〕之所取證矣。而習《大疏》者不曉清涼之言，輒負馬鳴之德，何愚蔽之甚耶！既知地前三心增微，次釋地上三心等證。又此經十地，地地皆列地名、證如、斷障、觀智、成行五義耳。然其地名、成行，此二與前匿王偈中文勢大同。故於偈中，已依天親《論》文，釋十地之名，依清涼《疏》義，釋十位之行。今但引諸論，解證如、斷障，亦引《大經》解於觀智。其結位成行，厥或文略，則直示節段。其文繁者，則隨難别解。

今初，歡喜地法師，文四：

初，創入聖位。

復次，歡喜地菩薩摩訶薩，超愚夫地，

《大經》即云超凡夫地。疏釋云：以得出世間聖道故。超，即過義。

生如來家，

疏云：如世王子，生王家故。菩薩亦爾，若在外道法中出家，不足爲勝。今得佛所證法，方爲尊勝。

住平等忍。

謂初入信忍，住平等理。故下偈云：歡喜菩薩轉輪王，初照二諦平等理。

△二、證如斷障。

初無相智，照勝義諦，一相平等，非相無相。

此地菩薩證徧行真如，以無相智，照二空理，非有相非無相。謂此真如二空所顯，無有一法而不在故。梁《攝論》中名爲徧滿，徧滿一切有爲行故。

斷諸無明，滅三界貪。

斷二障分別起者，即根本無明，初地施度徧[三]增故。滅三界貪，《唯識》名異生性障，梁《攝論》名凡夫性障，《十地論》名凡夫我相障。然經論所出，名異義同，備如《大疏》。

未來無量生死，永不生故。

上明斷障即因亡，此無生死即果喪。

△三、觀智利物。二：

初，約法明權實。

大悲爲首，起諸大願。

《大經》云：菩薩起如是心，以大悲爲首，智慧增上。而言起諸大願者，此地菩薩有十大願，初發供養願，乃至第十成正覺願。願者，是希求義故。《十地論》云：發諸大願，隨心求義故。

於方便智，念念修習，無量勝行。

《大經》次前文云善巧方便所攝，最上深心所持，如來力無量。以此三句，如次對今經，皆學權智也。

非證非不證，一切徧學故。

權智涉有，非證也。實智觀空，非不證也。故《大經》云：此菩薩轉更勤修一切善根而得成就，敬順尊重諸佛教法。故云一切徧學。非住非不住，向一切智故。

有悲故非住涅槃，有智故不住生死。《大經》亦云：此菩薩不求一切資生之物，求一切智地故。

行於生死，魔不動故。

謂四魔中，而生死魔不能動故，即上文有智故不住生死。《大經》又云：菩薩住如是法，名住菩薩歡喜地，以不動相應故。

離我我所，無怖畏故。

我與我所，該五怖畏。如《大經》云：此菩薩離我想故，尚不愛自身，何況資財？是故無有不活畏。不於他所希求供養，唯專給施一切衆生，是故無有惡名畏。遠離我見，無有我想，是故無有死畏。自知死已，決定不離諸佛菩薩，是故無有惡道畏。我所志樂，一切世間無與等者，何況有勝？是故無有大衆威德畏。

無自他相，常化衆生故。

謂菩薩以觀智利物，不見自相爲能化，他相爲所化，終日化生而忘能所。故《大經》云：菩薩住此歡喜地，念清淨波羅蜜，念如來教化衆生，故生歡喜。

自在願力，生諸淨土故。

即前十大願中，第七淨土願。故《大經》云又發大願：願一切國土入一國土，一國土入一切國土，無量佛土普皆清淨，無量智慧衆生充滿其中，隨衆生心而爲示現，皆令歡喜。

△二、兼喻示權實。

善男子，此初覺智，非如非智，非有非無，無有二相。

謂始覺實智一念現前，非所證如，非能證智，唯一妙心，無能所二相。故《唯識論》云：若時於所緣，智都無所得。爾時住唯識，離二取相故。

方便訬用，非倒非住，非動非靜。

謂方便權智，訬用應物，無愛見故。非倒非住，實智證理，不趣寂故。非動非靜，以無愛見異凡夫，而不趣寂異二乘。

二利自在，如水與波，非一非異。

實智自利，澄湛如水。權智利他，汪洋如波。挹之徧乎四海，非一也。攝之歸於一源，非異也。

智起諸波羅蜜多，亦非一異。

般若二利既爾，餘之五度，二利亦然。

△四、結位成行。

於四阿僧祇劫，滿足修習百萬行願。

有行無願，其行必孤。有願無行，其願必虛。行願相扶，如鳥之兩翼、車之兩輪，故能翺翔致遠也。

此地菩薩，無三界業習，更不造新。

前十迴向菩薩，雖常修勝義，而受生三界，以其業習果報未壞盡故。今此菩薩修出離行，滅三界貪，故無業習。準《華嚴疏》，謂此地非但斷能起煩惱障，亦斷惡趣諸業果等。故云不造新業也。

由隨智力，以願生故。

此則智增菩薩，以其願心，生於淨土。若是悲增，即住三界，利樂有情。

念念常行檀波羅蜜多，

《大經》云：是菩薩十波羅蜜中，檀波羅蜜增上。餘波羅蜜非不修行，但隨力隨分。

布施、愛語、利行、同事，

經又云：常行大施，無有窮盡。布施、愛語、利行、同事，如是一切諸所作業，皆不離念佛，不離念法，不離念僧。

廣大清淨，善能安住，饒益衆生。

經云：能以大施，攝取衆生，善除衆生慳貪之垢。

△二、離垢地法師。三：

初，證如斷障。

復次離垢地菩薩摩訶薩，四無量心，最勝寂滅，

此地證最勝真如，謂此真如具無邊德，於一切法，最爲勝故。

斷瞋等習。

等取邪行習氣，以此地斷邪行障故。謂修四無量心，斷瞋習氣。持性戒成就，斷邪行習氣。言邪行者，謂所知障中俱生一分，及彼所起誤犯三業，能障二地故。

△二、觀智利物。

修一切行，所謂遠離殺害，

《大經》云：性自遠離一切殺生。疏謂：性自遠離，文屬殺生，義該下九。

不與不取，

經又云：性不偷盜。疏釋云：非理損財，不與而取，故名爲盜。

心無染欲，

經云：性不邪婬。疏謂：乖禮曰邪，染愛曰淫。上皆護持身之三非。

得真實語，

經云：性不妄語。疏謂：違想背心，名之爲妄。無相大師云：如實語者，能除妄語。

得和合語，

經云：性不兩舌。疏謂：言不乖離，名離兩舌。兩舌成事，能令離間。無相曰：和合語者，能除兩舌。

得柔輭語，

經云：性不惡口。疏謂：言不麤鄙，名離惡口。無相曰：柔輭語者，能除惡口。

得調伏語，

經云：性不綺語。疏謂：言辭不正，故云綺語，其猶綺文。無相曰：正直語者，能除綺語。此即護持口之四過。

常行捨心，

經云：性不貪欲，於他財物，不願不求。

疏謂：他所攝故。此揀於已。

常起慈心，

經云：性離瞋恚，於諸衆生，恒起慈心。

疏謂：心不瞋毒，故名離瞋。

住正直心。

經云：又離邪見，住於正道，心見正直。

疏謂：治異乘見，小乘對大，非正道故。此明護持意之三愆。

寂靜純善，離破戒垢。

《大經》有寂靜純善十種深心。《唯識》亦云：具淨尸羅，遠離能起微細毀犯煩惱垢故。

行大慈觀，念念現前。

《大經》云，一切衆生，互相破壞，我當令彼住於無上大慈之中。

△三、結位成行。

於五阿僧祇劫，具足清淨戒波羅蜜多，

經云：此菩薩十波羅蜜中，持戒偏多。

志意勇猛，永離諸染。

重頌偈云：

勇猛精勤一念中，我當離彼住實法。

上皆義引。

△三、發光地法師。三：

初，證如斷障。

復次發光地菩薩摩訶薩，住無分別，

以無分別智，證勝流真如。《唯識》云：謂此真如所流教法，於餘教法，極爲勝故。梁《攝》云：從真如流出正體智，正體智流出後得智，後得智流出大悲，大悲流出十二部經，名爲勝流法界故。

滅無明闇。

此地斷闇鈍障。《唯識》云：謂所知障中俱生一分，令聞思修法忘失，障彼三地勝定總持，及彼所發殊勝三慧。入三地時，便能永斷。

△二、觀智利物。

於無相忍，而得三明。

謂於無相信忍上品，而發三明觀：過去宿命明，未來天眼明，現在漏盡明。

悉知三世，無來無去。

《大經》云：非從前際生，無過去也。非向後際去，無未來也。非於現在住，求其住相，不可得故。

依四靜慮、四無色定。

《大經》明此地菩薩修色界四禪，無色界四空。而清涼《疏》義，皆依天親《論》文科釋。論疏浩博，避繁不引。

無分別智，次第隨順。

《大經》云：但隨順法故，而無所染著。疏云：示入禪定。超欲等過，令物傚故，尚不同於二乘自爲，豈與凡外而同年哉？

具足勝定，得五神通。

躡前起後也。玅用難測曰神，自在無擁曰通。《大疏》云：寄同世間，故但得五。

現身大小，隱顯自在。

《大經》云：此菩薩得無量神通力，以一身爲多身，多身爲一身，或隱或顯，石壁山障所往無礙，猶如虛空。釋曰：即神境通也。謂外色内身，皆神之境。轉變多種故，偏受神名。亦名神足，依欲勤觀之所成故。亦名如意，隨意成故。下之四名易了。

天眼清淨，悉見諸趣。

經云：此菩薩天眼清淨，過於人眼，見諸衆生生時死時，好色惡色，善趣惡趣隨業而去。

天耳清淨，悉聞衆聲。

經云：天耳清淨，過於人耳，悉聞人天若近若遠所有音聲，乃至蚊蚋虻蠅等聲亦悉能聞。

以他心智，知衆生心。

經云：以他心智，如實而知。有煩惱心，無煩惱心，散心，非散心，解脱心，非解脱心，有上心，無上心，皆如實知。上皆義引。

宿住能知無量差別。

經云：念知無量宿命差別，念知一生二生，乃至無量百千生，我曾在某處，如是名，如是姓，如是相貌，如是言音。無量差別，皆能憶念。然《大經》云念知無量，今經云宿住能知者，《大疏》云：能念即宿住之知。

△三、結位成行。

於六阿僧祇劫，行一切忍波羅蜜多。

《大經》亦云：十波羅蜜中，忍辱偏多。

得大總持，利益安樂。

此地菩薩，能圓滿聞法總持。故《唯識論》云：成就勝定大法總持，能發無邊玅慧光故。

△四、燄慧地法師。三：

初，證如斷障。

復次燄慧地菩薩摩訶薩，修行順忍，無所攝受，

此地初入順忍，證得無攝受真如。謂此真如無所繫屬，非我執等所依取故。

永斷微細身邊見故。

此地斷微細煩惱現行障，謂所知障中俱生一分，與意識中任運而生身邊二見。今入此地，永斷微細煩惱，即二見隨斷矣。

△二、觀智利物。

修習無邊菩提分法，

菩提是覺，分是因義，爲諸乘覺因故。亦云道品，品即是類，因爲果類故。言修習無邊者，若準《智論》但三十七無所不攝，則無邊道品亦在其中。

念處、正勤、神足、根、力、覺、道具足，

三十七品，總有七類：一、對治顛倒道，即四念處。二、斷諸懈怠道，謂四正勤。三、引發神通道，謂四神足。四、現觀方便道，所謂五根。五、親近現觀道，即是五力。六、觀自體道，謂七覺分。七、現觀後起道，謂八正道。具足二字，蒙上七類。

爲欲成就力無所畏不共佛法。

前修因行，希求果德，故云爲欲成就。

△三、結位成行。

於七阿僧祇劫，修習無量精進波羅蜜多，

十波羅蜜中，精進偏多。

遠離懈怠，普利衆生。

上句自利，下句利他。

△五、難勝地法師。三：

初，證如斷障。

復次難勝地菩薩摩訶薩，以四無畏，

一、總持無畏，二、知根無畏，三、決疑無畏，四、答難無畏。

隨順真如清淨平等無差別相，

此地證得類無差別真如，謂此真如亦約生死涅槃皆平等故。

斷隨小乘樂求涅槃。

此地斷於下乘般涅槃障。今入真俗無差別道，便能斷之。

△二、觀智利物。

集諸功德，具觀諸諦。

上句躡前道品，下句起後觀諦。

此苦聖諦，集滅道諦，

苦聖二字，貫於三諦。故《大經》云：此是苦聖諦，此是苦集聖諦，此是苦滅聖諦，此是苦滅道聖諦。聖者，正也，謂以無漏正法得在心故。

世俗勝義，觀無量諦。

謂於四諦、二諦，以智觀彼有無量相，審不虛故。故經云：苦有無量相，非諸聲聞緣覺所知。

爲利衆生，習諸技藝。

《大般若》云：五地菩薩學五明故。下文具列四明，多依清涼釋之，但略無内明。

文字、

即聲明，謂名句文身，同聲論中法施設建立故。

醫方、
即醫方明，謂善方藥，療治諸病。
讚詠、戲笑、工巧、呪術、
即工巧明。顯德曰讚，寄情曰詠，誦持密言曰呪，浮水入火曰術。
外道異論、
即因明，謂言論、尚論、諍論、毀論。
吉凶占相，
亦是工巧明，謂占相工業，由前世善惡因，感此吉凶等故。
一無錯謬。
《大經》云：咸善觀察，一無錯謬。彼經有持戒入禪等文，即内明也。
但於衆生，不爲損惱，
謂無捕獵損惱生事。
爲利益故，咸悉開示，
謂能起助道之事。
漸令安住無上菩提。

此文從但於衆生下三句，全同《大經》。唯後句云無上菩提，《大經》即云無上佛法，爲異耳。
知諸地中出道障道，
如經云前得出世，未能順世，即是障道也。今此能以五明攝化，即出道也。
△三、結位成行。
於八阿僧祇劫，常修三昧，開發諸行。
十波羅蜜中，禪度偏多，故云常修三昧。餘非不修，但隨力分，故云開發諸行。
△六、現前地法師。三：
初，證如斷障。
復次現前地菩薩摩訶薩，得上順忍，住三脱門，
謂此地中上品順忍，修三解脱門，證得無染淨真如。故《大經》云：於空無相無願法中，皆善修習，言無染[三]者，謂此真如本性無染，亦不可説後方淨故。

能盡三界集因集業，麤現行相。

集，緣也，業，果也，即緣因緣果，謂能盡十二因緣三世因果。言麤現行相者，此地斷麤相現行障，謂所知障中俱生一分，執有染淨麤相現行。彼障六地無染淨道。入六地時，便能永斷。

△二、觀智利物。

大悲增上，觀諸生死，

生死，即生滅也。故《大經》云：大悲增上，觀世間生滅。疏釋云：前滅後生，染生淨滅故。

無明闇覆、

無明，發業迷闇爲性，隱覆真理。

業集、

行支，業即罪行、福行、不動行，是彼無明所起之果故。

識種、

識支，若無行熏，終不成種。

名色、

若約生位，四蘊曰名，羯邏藍等爲色。

六處、

謂四七日後，諸根滿位，名增則成第六意處，色增則成餘之五處。

觸、

根、境、識三，和合生觸。

受、

分別三受，領納於觸。

愛、

受無厭足，名愛。

取、

愛欲不捨，曰取。

有、

愛取潤前六支，爲有。

生、

始從中有，未衰變來，皆名爲生。

老死

生熟爲老，老壞爲死。

等皆由著我。

等取憂悲苦惱。上明流轉門，下示還滅觀。無明業果非有非無，一相無相而不二故。

無明既滅，業果亦滅，所以會歸中道。雙非有無，故云一相無相而無二也。

△三、結位成行。

於九阿僧祇劫，行百萬空無相無願三昧，

《大經》又云：百千空，百千無相，百千無願三昧，皆悉現前。得一切般若波羅蜜多，無邊光照。

經云：即得般若波羅蜜現前，名無障礙智光明，即般若度徧修也。

△七、遠行地法師。三：

初，證如斷障。

復次遠行地菩薩摩訶薩，修無生忍，證法無別，

謂此地中，修無生智，證得法無差別真如，以了種種教法同真無相故。

斷諸業果細現行相。

以六地菩薩雖修緣起觀，了無明業果，而執先生後滅，細相現行，故此地中，以純作意，斷細相現行障。

△二、觀智利物。

住於滅定，起殊勝行。

經云：雖常寂滅，以方便力而還熾然，雖然不燒。疏釋云：唯此一句，具空中方便慧、有中殊勝行。

雖常寂滅，廣化衆生。

即此地悲智雙行。上句智，下句悲。

示入聲聞，常隨佛智。

經云：雖常隨順佛智，而示入聲聞辟支佛地，疏釋云：非獨化凡，亦轉二乘入佛慧故。

示同外道，示作魔王，隨順世間，而常出世。

略引《華嚴經疏》，例釋外道諸魔。如經云：雖示同外道行，而不捨佛法。雖超魔道，而現行魔法。疏釋云：亦轉外道著諸見故，

如佛示學二仙，令彼轉捨諸見著故。雖示老病死衰退，即四魔等法，不行其因，名超魔地。

△三、結位成行。

於十阿僧祇劫，行百萬三昧，善巧方便，十波羅蜜中，方便偏多。

廣宣法藏，一切莊嚴皆得圓滿。

經云：二乘所有問難無能退屈，所有一切莊嚴之事出過一切等。

△八、不動地法師。三：

初，證如斷障。

復次不動地菩薩摩訶薩，住無生忍，體無增減，

以中品無生智，證不增減真如，謂此真如以住無相，不隨染淨，有增減故。斷諸功用。

功用即加行義，謂此地斷無相中加行障。由有加行，未能任運現相及土。此地能斷。

△二、觀智利物。

心心寂滅，無身心相，猶如虛空。

《大經》云：遠離一切身想分別，無所取著，猶如虛空。

此菩薩，佛心、菩提心、涅槃心，悉皆不起。

即經云：佛心、菩提心、涅槃心尚不現起，何況起於世間之心？

由本願故，諸佛加持，

上句明其勸因，下句總顯勸相。故經云：此地菩薩本願力故，諸佛世尊親現其前，與如來智，令其得入法流門中。疏釋云：法流者，決彼無生止水，令起無功用行河，任運趣佛智海。經有七勸：一、勸修如來善調御智，二、勸悲愍衆生，三、勸成其本願，四、勸求無礙智，五、勸成佛外報，六、勸證佛内明無量勝行，七、勸總修無遺成徧知道。上明能勸，下顯勸所爲，令起智業。

能一念頃，而起智業，雙照平等。

經云：以諸佛與如是等無量無邊起智門

故，於一念頃，所生智業，乃至所起無功用覺慧，觀一切智智所行境，即能照所照平等耳。以十方智，徧不可説大千世界，隨諸衆生，普皆利樂。

十力智即智地，故《大經》云：此菩薩智地，名爲不動地，無能沮壞故。乃至第十名爲無功用地，先已成就故。能放光明，照百萬佛刹微塵數世界，令諸衆生，滅煩惱火，而得清涼。

△三、結位成行。

於十阿僧祇劫，滿足百萬大願，

願度徧增。

心心趣入一切種一切智智。

即八地攝報果。心心即念念。故經云：諸所作業，皆不離念佛，乃至不離念一切種一切智智。

△九、善慧地法師。三：

初，證如斷障。

復次善慧地菩薩摩訶薩，住上無生忍，滅心心相，證智自在，

明上品忍，念念寂滅，無相爲相，證智自在所依真如，謂若證得此真如已，於無礙解，得自在故。

斷無礙障。

此地菩薩，斷利他中不欲行障，故得四辨，無障礙故。

△二、觀智利物。

具大神通，修力無畏，善能守護諸佛法藏。

此明正修方便，及説法之德，與《大經》廣略小異。故彼經云：具廣大神通，修力無畏不共，乃至作大法師，具法師行，善能守護如來法藏。

得無礙解，法、義、辭、辨，演説正法，無斷無盡。

《大經》明四無礙智，一、法，二、義，三、辭，四、樂説。今經辨之一字，即樂説智。

故彼經云：此菩薩以法無礙智知諸法自相，義無礙智知諸法別相，辭無礙智無錯謬説，樂説無礙智無斷盡説。

一剎那頃，於不可説諸世界中，隨諸衆生所有問難，一音解釋，普令歡喜。

即問答成就也。故《大經》云：此菩薩，假使三千大千世界所有衆生咸至其前，一一皆以無量言音而興問難，一一問難各各不同，菩薩於一念頃悉能領受，仍以一音普爲解釋，令其心樂，各得歡喜。

△三、結位成行。

於萬阿僧祇劫，能現百萬恒河沙等諸佛神力，力波羅蜜偏增。

無盡法藏，利益圓滿。

義亦同前。

△十、法雲地法師。四：

初，地行入心。

復次，法雲地菩薩摩訶薩，無量智慧，思惟觀察。

準《大經》，有三句。初句云：以如是無量智慧。疏謂：無量智者，阿含廣故。次句云：觀察覺了已。疏謂：證智深故。後句云：善思惟修習。疏引《寶性論》中，謂地上菩薩起二修行。一、約根本智，名如實修。即此證智。二、約後得智，名偏修行。即此廣智。諸地具起上二種行，令於此二決擇思惟。今經思惟居中，彼經處末。

從發信心，

發十信心。

經百萬阿僧祇劫，廣集無量助道法，增長無邊大福智。

《大經》即云：集無邊助道法，增長大福德智慧。疏釋謂：正助不住，諸地同修。上句助道，何因成助由。下句不住道，以增福德故，不住無爲；增智慧故，不住有爲。

△二、證如斷障。

證業自在，

此地證得業自在等所依真如，謂神通作業，總持定門，皆自在故。

斷神道障。

斷於諸法中未得自在障。此障十地大法智雲，及所含藏所起事業。

△三、觀智利物。

於一念頃，能徧十方百萬億阿僧衹世界微塵數國土，悉知一切衆生心行。

《大經》有知一切衆生心行三昧。疏釋云：化生無垢故。

上中下根，爲説三乘。

謂隨他意語，於一佛乘，分別説三。上根菩薩，六度萬行，喻以牛車。中根緣覺，十二因緣，喻以鹿車。下根聲聞，四諦法門，喻以羊車。

△四、引歸一乘。

普令修習波羅蜜多，

即隨自意語，會三乘之權，歸一乘之實，便成受位等行，具智波羅蜜，即前謂無量智慧。入佛行處，力無所畏，

若準《大經》，亦同地行入心。故彼經云：入如來所行處。疏謂：解達真如，佛所行處故。隨順如來寂滅轉依。

即寂滅忍，通因、果二門，謂菩薩因忍以爲能依，如來果忍以爲所依。《大疏》亦云：就果辨者，究竟廣大轉也。然轉依義別，略有四種：一、能轉道，二、所轉依，三、所轉捨，四、所轉得。如諸論説。然不空三藏翻宣此經三賢十聖，與《華嚴》地前地上行相大同者，蓋晉譯微言，唐翻至教，已傳中國，故賢聖名義有所稽耳。不然則何以難勝菩薩五明益物三句經文，唯無上菩提與無上佛法，但兩字爲異耶？若夫羅什法師翻譯秦本，非獨闕五方菩薩説呪，抑亦十地之名多有不同，蓋未見晉、唐二經矣。

△三、始終伏斷。依《起信疏》，將四相麤細，寄顯反流四位，以明始覺分齊。然此四相，約真心隨熏麤細差別，寄説爲四，非約一刹那心明四相也。今先列名示數，後約位分別。謂生相有一，住相有四，異相有二，滅相還一。生相一者，名爲業相，即同下經十地菩薩無間道修，望果名伏也。住相有四：一、轉相，二、現相，三、智相，四、相續相。其相續相，初地離之，即同下經見道位也。餘之三相，七地、八地、九地各離一相，即同下經修道位也。異相有二，滅相還一，此皆地前離之，故此不論。又見修二位，兼引《唯識》，略示大意，對文詳之，自當顯耳。

△次，釋經文。於中有二：

初，望果名伏。

善男子，從初習忍，

習忍亦名住忍，即從初賢十住位也。

至金剛定，皆名爲伏一切煩惱。

此同《起信》，金剛已還，約未斷生相，皆名爲伏。故論云：十地菩薩皆名不覺，謂不覺心源故，非究竟覺。彼疏釋云：不了其源，始末同本故也。言一切煩惱者，約生相，根本無明生一切煩惱故。論云：當知無明能生一切染法。此之謂也。

△二、望因名斷。

無相信忍，照勝義諦，

信忍即初地，以中道無相智，斷二障分別，證勝義徧行真如。全同《起信》，初地斷相續相耳。

滅諸煩惱，生解脱智，漸漸伏滅。

二地已上，能滅二障俱生煩惱，分得解脱。而智有淺深，故漸漸伏滅。大同《起信》七地八地九地斷智相、現相、轉相耳。

△四、等玅修證。三：

初，修證明等玅。

以生滅心，得無生滅。

同《起信》滿足方便。故彼疏云：能破和合識内生滅之相，顯不生滅之性。此在金剛因位極也。

此心若滅，即無明滅。

心即生相，此相若滅，永無所餘，即無明滅。故《起信》云：以覺心源故，名究竟覺。彼疏云：始覺道圓，同於本覺故也。此在佛地。

△二、知見辨等紗。

金剛定前所有知見，皆不名見。

即見、修二位，亦同前文不覺心源故非究竟覺。

唯佛頓解，具一切智所有知見，而得名見。

即無學位，亦同次文以覺心源故名究竟覺。又經云：菩薩知終不知始，唯佛如來始終俱知。始者，謂生相也。終者，謂餘相，乃至滅相也。《起信》法雲地，即等覺位。

△三、法喻顯等紗。二：

初，等覺。

善男子，金剛三昧現在前時，而亦未能等無等等。

謂未能等無等之位，互相齊等，故云無等等。重言等者，唯與佛等，欲顯佛佛等正覺故。

譬如有人，登大高臺，普觀一切無不斯了。

足有所履，則登大高臺。身處虚空，則普觀一切。可例《楞嚴》云：如登高山，身入虚空，下有微礙，名爲頂地。

△二、紗覺。

若解脱位，一相無相，無生無滅，同真際，等法性，

前則無間道修，此乃解脱道證。一相無相，即同真際。無生無滅，即等法性。此之四句，亦大同前文。

滿功德藏，住如來位。

《起信論》云：法性真如海，無量功德藏。彼疏釋云：謂此法身如來藏中，含攝蘊積無

邊恒沙性功德故。然四法中，教淺理深，行分果圓。今取深圓，唯顯理果，謂上句理法即滿功德藏，下句果法即住如來位耳。

△五、雙結勸修。三：

初，結菩薩。

善男子，如是諸菩薩摩訶薩，受持解説，皆往十方諸佛刹土利安有情，通達實相，現身説法，利諸有情，皆令頓證實相。如我今日，等無有異。

此結前十三法師學佛行化，故無有異。

△二、結諸佛。

善男子，十方法界一切如來，皆依此門而得成佛。若言越此得成佛者，是魔所説，非是佛説。

結前始終伏斷等玅修證。

△三、總勸修。

是故汝等應如是知，如是見，如是信解。

豈唯十三法師稟行斯道？抑亦十方諸佛遵仰此門。法利既廣，故勸衆修，使知見一致，信解同歸耳。

△二、偈頌。二：

初，標舉。

爾時世尊，欲重宣此義，而説偈言：

△二、重頌。分三：

初，總頌三賢。

彼伏忍菩薩　於佛法長養
堅固三十心　名爲不退轉

所依之忍，長養聖胎。信心及位，二俱不退。

△二、有十偈，別頌十聖。

初證平等性　而生諸佛家
由初得覺悟　名爲歡喜地

初地證玅平二智故，超凡夫地，生如來家。

遠離於染汙　瞋等種種垢
具戒德清淨　名爲離垢地

二地心無染欲，斷瞋等習。遠離二字，貫於初句。

滅壞無明闇　而得諸禪定
照曜由慧光　名爲發光地

三地斷暗鈍障，以無分别智，修四禪八定。

清淨菩提分　遠離身邊見
智慧燄熾然　名爲燄慧地

四地修菩提分法，斷微細煩惱，則二見隨滅矣。

如實知諸諦　世間諸技藝
種種利群生　名爲難勝地

五地具觀四諦，習學五明，技藝工巧咸悉開示。

觀察緣生法　無明至老死
能證彼甚深　名爲現前地

六地能盡十二因緣，始滅無明因，終盡老死果。

方便三摩地　示現無量身
善巧應羣生　名爲遠行地

七地具空中方便慧，現魔外形，示二乘身。

住於無相海　一切佛加持
自在破魔軍　名爲不動地

八地忘身心相，趣寂滅海。諸佛加持，勸利羣品。

得四無礙解　一音演一切
聞者悉歡喜　名爲善慧地

九地具四辨才，種種問難，皆以一音，普爲解釋。

智慧如密雲　徧滿於法界
普灑甘露法　名爲法雲地

十地廣集助道，於一念頃，以大智雲，徧微塵剎，說一切乘，利樂群生。

△三、結頌[四]佛果。

滿足無漏界　常淨解脱身
寂滅不思議　名爲一切智

此之一偈，諸家訓釋云云實繁，不能備舉。今以三句别明三德，一句總顯四義。滿足無漏界，解脱德也。寂滅不思議，法身德也。

名爲一切智，般若德也。其第二句，已顯常淨二義，解脱即樂義，身即我義。以四義融通即三德耳。

△二、付囑奉持。五：

初，滅度災興。二：

初，明所護。

佛告波匿斯王：我滅度後，法欲滅時，

即後五百歲，鬬諍堅固時。

一切有情造惡業故，

五逆、十惡。

令諸國土種種災起。

七難之外，天地災異，具載下文。

諸國王等，爲護自身、太子、王子、后妃、眷屬、

周姬之前，后即妃耳。故天子之配謂之后，而夏商大率稱妃也。眷屬謂帝之女，曰公主、長公主是也。

百官百姓，

△二、顯能護。

一切國土，即當受持此般若波羅蜜多，皆得安樂。

國安民樂，皆由般若。前文謂《奉持品》廣前内、外二護，亦取此也。

△二、付囑所以。

我以是經，付囑國王，不付比丘、比丘尼、優婆塞、優婆夷。所以者何？無王威力，不能建立。

然西聖之教皆付囑于國王者，以其威加百辟，澤及庶民。是故帝莊假一宵之夢，樹風聲於萬古，而騰、蘭乘外護之詔，弘德音於中華。自茲歷代君臣同德，而三藏微言以光被天下也。上釋不付意，下結勸持説。

是故汝等常當受持、讀誦、解説。

此文唯勸仁王。

△三、救護七難。三：

初，廣陳化境。

大王，吾今所化大千世界，百億須彌，百億日月。一一須彌，有四天下。

東弗婆提，此云勝身，身勝餘洲故。南閻浮提，新云贍部。《俱舍》云：阿耨達池岸有樹，名贍部，因以名洲。提者，此云洲也。西瞿耶尼，此云牛貨，以牛貨易故。北鬱單越，此云勝生，以定壽千歲，衣食自然故。上總明四洲，下别示一天下。

此贍部洲，十六大國，五百中國，十萬小國。

今經云大國十六，《楞嚴》云此閻浮提大國凡有二千三百，《金光明》云此贍浮洲[五]八萬四千城邑聚落等。隨經所出，不可引例。

△二、略説七難。三：初，總示。

是諸國中，若七難起，一切國王爲除難故，受持解説此《般若波羅蜜多》，七難即滅，國土安樂。

然此除難，不必如前百座，但隨宜持説耳。

△二、别列。然下文七難，其間日月星辰之位，雷電霜雪之名，並引儒典諸子，以申其義。若依佛經，具而注之，恐厭繁文耳。

文分七别：初，日月改變。

波斯匿王言：云何七難？佛言：一者日月失度，日色改變，白色赤色，黄色黑色，或二、三、四、五日並照，月色改變，赤色黄色，日月薄食，

曆家之説日月之食，謂日光以望時遥奪月光，故月食。日月同會，合朔之時，月掩日光，日謂之食。薄，音博，近也。

或有重輪，一、二、三、四、五重輪現。

△二、衆星失度。

二者星辰失度，彗星、

妖星也。其光似篲，除穢之象。《淮南子》云：鯨魚死，彗星出。一云：鯨魚目爲彗也。

木星、火星、金星、水星、土等諸星，

五星，古德亦以五分五色配之。東方木青，南方火赤，西方金白，北方水黑，中央土黄。各各爲變，或時晝出。

如一行禪師使奴獲七豕，即北斗七星盡〔六〕出也。

△三、諸火燒物。

三者，龍火、

霹靂起火。

鬼火、

能發疾疫。

人火、

世有五通，遇現違緣，意願起火。

樹火，

亢陽過時，樹木起火。

大火四起，焚燒萬物。

不善業熟，隨處火起，皆火難也。

△四、時序遷易。

四者，時節改變，寒暑不恒，

不恒，猶云不定也。上總標，下别列。

冬雨雷電，

言冬寒改變也。雨者，陰陽二氣力均，則能爲雨。孔子云：天作時雨，山川出雲。雷者，陰陽相感而爲雷激。《易》云：雷出地豫，所以開發萌芽。電者，陰氣伏夜泉，陽氣上通天。陰陽分爭，故爲電也。《淮南子》云：電激氣。

夏霜冰雪，

言夏暑不恒也。霜者，《大戴》云：陰氣勝則陽氣衰，而爲霜也。冰者，《述征記》云：水底有礬石，故上無冰凍也。雪者，《釋名》云：雪，綏也。水下遇寒而凝，綏綏然下也。

雨土石山，及以沙礫，非時降雹，

《五行傳》云：陰陽相脇而爲雹。一云：夏雹或時飛激如彈丸。

雨赤黑水，江河泛漲，流石浮山。

△五、風蔽兩耀。

五者，暴風數起，昏蔽日月，發屋拔樹，飛沙走石。

風者，天地之使也。《山海經》云：四

方皆有山，節宣其風。詳其風，有發止動靜之候，成敗萬物。故《五行志》云：雨旱寒燠，亦以風爲本。四氣亂故，具〔七〕罰常風也。

△六、二儀爲災。

六者，天地亢陽，陂池竭涸，草木枯死，百穀不成。

百穀者，揚〔八〕泉《物理論》云：粱者，黍稷之總名。稻者，溉種之總名。菽者，衆豆之總名。三種各二十種，爲六十。蔬果之實助穀，各二十。凡爲百穀。

△七、四方兵起。

七者，四方賊來，侵國内外，兵戈競起，百姓喪亡。

兵，所執器也。戈，即鎗之類。《説文》云：戈，廣二寸，長六尺六寸。

△三、例餘。

大王，我今略説如是諸難。其有日晝不現，月夜不現，天種種災，無雲雨雪，地種種災，崩裂震動，或復血流，鬼神出現，鳥獸怪異，如是災難，無量無邊。

並可見。

曲分有三：初結前，次別列，後總指。

△三、彰能護教。

一一災起，皆須受持讀誦解説此《般若波羅蜜多》。

△四、匿王驚問。

爾時，十六國王聞佛所説，皆悉驚怖。波斯匿王白佛言：世尊，何故天地有是災難？

△五、如來爲答。二：

初，正出所因。

佛言：大王，由贍部洲，大小國邑，一切人民，不孝父母，

生身本故。

不敬師長、

成德本故。

沙門、

良福田故。

婆羅門，

有志道故。

國王、

通明粟散。

大臣

兼於將相。

不行正法，

君不君，臣不臣。

由此諸惡，

由上不孝不敬，不行正法。

有是難興。

△二、總開能護。二：

初，以法合喻。三：

初，法。

大王，般若波羅蜜多，能出生一切諸佛法、

紗同[九]三覺。

一切菩薩解脱法、

分證三德。

一切國王無上法、

外護三寶。

一切有情出離法。

永超三苦。

△二、喻。

如摩尼寶，體具衆德，

摩尼寶，梵語，正云末尼。此翻離垢，言此寶光淨，不爲垢穢所染。舊翻如意、隨意，皆義譯耳。

能鎮毒龍、諸惡鬼神。

能鎮毒龍非時風雨。鎮惡鬼神，無横疾疫。

能遂人心，所求滿足。

隨人所須，皆得遂心。

能應輪王，名如意珠。

若無此珠，七寶有闕。

能令難陀、跋難陀等，

梵語難佗，此云歡喜。跋難陀，此云極

歡喜。
諸大龍王，降霔甘雨，潤澤草木。
　雲行雨施，品物流形，皆珠之益。若引娑竭羅龍王所霔大雨，非大海不能安受，則非摩尼之澤矣。
若於闇夜置高幢上，光照天地，明如日出。
　儒亦有言：珠稱夜光，故能繼照。
　△三、合。
此般若波羅蜜多，亦復如是。
　珠既具德，般若亦然。
　△二、令尊聖教。三：
　初，申供儀。
汝等諸王，應作寶幢及以幡蓋，燒燈散華，廣大供養。
　△二、示出處。
　寶函盛經，置於寶案。若欲行時，常導其前。
　準《僧史略》，云：駕頭牀子即盛經七寶案也。其制度，以雜環珍間填成之，欵其足，高其緣。所置之經，即《仁王護國》也。使中官謹願者馬上平持，舒徐而啟行，望乘輿可百步，以爲前導也。即唐代宗永泰中，不空三藏重譯後置耳。自後諸帝，或設而不作，則説案上無經。或置而勿論，則云儀注合用。此蓋弗知而不鄭重矣。《僧史》又謂：今大宋法物克全，用之引導，群下迎望見此，知駕近百步焉。
所在住處，作七寶帳，衆寶爲座，置經於上，種種供養，
　△三、例人天。
如事父母，亦如諸天奉事帝釋。
　如孝子之事二親，而言諸[一〇]天者，忉利并四天王、三十二天。
　△三、説呪奉持。五：
　初，來福去災。
大王，我見諸國一切人王，皆由過去，侍五百佛，恭敬供養，得爲帝主；

上推因辨果，下明聖人來則爲福，去則爲災。略引僞秦彌天法師爲例耳。

一切聖人，得道果者，來生其國，作大利益。

昔僞秦太史奏：有德星現於外國分野，當有聖人入輔中國，得之者王。符堅乃命庶子丕伐襄陽，取道安。朱序爲秦陷，置道安并習鑿齒。堅喜曰：朕用師十萬，得一人半也。一人謂安，半謂鑿齒。國有疑謀古器服篆隸寶玉所不識者，俾諮詢于安。以故秦國足食足兵，威振海内，常患不得纘禹舊服，登會稽而望滄海，朝萬國以號令天下。茲可例得道果者，來生其國，作大利益也。上明來爲福，下示去爲災。

若王福盡，無道之時，聖人捨去，災難競起。

堅累問安伐晉之計，安亟曰：晉德雖微，天命未改，難可圖也。君子亦以爲私護本朝，而實得禮也，故一言而兼致焉。符以獨夫之見，舉百萬之兵，以符融治前軍，水陸並進。晉命謝安以水軍七萬拒之，王導以鼓吹求助於蔣山神，秦師大崩潰。安初謂王子年曰：世途若此，蓋行乎？年曰：公可前往，須吾償後債耳。償亦尚音。茲亦可例若王福盡，聖人捨去，災難競起也。

△二、勑聖護國。二：

初，總示護國。

大王，若未來世有諸國王，建立正法，護三寶者，我令五方菩薩摩訶薩衆往護其國。

△二、别列菩薩。昔不空三藏所譯《金剛頂瑜伽經》，其間有指菩薩名者，并手執持、放光等義。下文略引，皆《青龍疏》耳。

東方金剛手菩薩摩訶薩，

即普賢菩薩。

手持金剛杵，放青色光，

表除一切魔衆。

與四俱胝菩薩，往護其國。

兼東方持國天王，及將無量乾闥婆、毗

舍闍而爲眷屬。
南方金剛寶菩薩摩訶薩，
即虛空藏菩薩。
手持金剛摩尼，放白色光，
表除諸惡鬼神。
與四俱胝菩薩，往護其國。
兼南方增長天王，及將無量恭畔荼、薜荔衆而爲眷屬。
西方金剛利菩薩摩訶薩，
即文殊菩薩。
手持金剛劒，放金色光，
表除諸惡毒龍。
與四俱胝菩薩，往護其國。
兼西方廣目天王，及將無量諸龍、富單那而爲眷屬。
北方金剛藥叉菩薩摩訶薩，
即摧伏一切魔怨菩薩。
手持金剛鈴，放琉璃色光，

表除一切可畏藥叉。
與四俱胝藥叉，往護其國。
兼北方多聞天王，及將無量藥叉、邏刹婆而爲眷屬。
中方金剛波羅蜜多菩薩摩訶薩，
即轉法輪菩薩。
手持金剛輪，放五色光，
表伏一切鬼魅。
與四俱胝菩薩，往護其國。
兼天帝釋，及將無量諸天而爲眷屬。
△三、立像申供。
是五菩薩摩訶薩，各與如是無量大衆，於汝國中，作大利益。當立形像，而供養之。
△三、菩薩說呪。三：
初，整儀白佛。
爾時金剛手菩薩摩訶薩等，即從座起，頂禮佛足，却住一面，而白佛言：世尊，我等本願，承佛神力，本願爲因，佛力爲緣。内因外緣，其功克著。

十方世界一切國土，若有此經受持、讀誦、解説之處，我當各與如是眷屬，於一念頃，即至其所，守護正法，建立正法，令其國界無諸災難，刀兵疾疫一切皆除。

△二、述呪功能。

世尊，我有陀羅尼，能加持擁護，是一切佛本所修行速疾之門，若人得聞一經於耳，所有罪障悉皆消滅。

靈丹一粒，點鐵成金。秘呪一聞，變災爲福。

況復誦習而令通利，以法威力，當令國界永無衆難。

昔不空三藏嘗誦是呪，解羌胡之圍。唐天寶元年壬子歲，西蕃、大石、康〔一一〕五〔一二〕國來冦安西。其年二月十一日奏請兵解援。玄宗詔發師，計一萬餘里，累月方到。得近臣言，且可詔聞〔一三〕不空三藏。帝依奏，詔入内持念，請天王爲救。帝秉香爐，不空誦此經陀羅尼二七偏，帝忽見神人可五百員，帶甲荷戈在殿前。帝驚異問。不空對曰：此毗沙門第二子獨健領兵。是必副陛下意，往救安西，故來辭耳。請設食發遣。其年四月，安西奏云：去二月十一日已後，城東北三十里，雲霧晦冥，中有人衆，可長丈餘，皆被金甲。至酉時，皷角大鳴，聲振三百里，地動山傾。經二日，大石、康〔一四〕等五國，當時奔潰。諸帳幕間，有金毛鼠，齧斷弓弩絃及器仗，悉不堪用。斯須城樓上有光明，天王現形，無不見者。斯皆誦習通利護國界之明効耳。

△三、正説呪辭。二：

初，標舉。

即於佛前，異口同音，説陀羅尼曰：

五聖不同爲異口，發言無二曰同音。

△二、説呪。然諸佛密語非因人所解，

故不可解釋。今菩薩説呪，乃是因人，故準《金剛頂瑜伽》梵夾，或對翻梵國之文，或迴順此方之語，略注要義。其間辨析阿野等言，備如《青龍》本疏，引文節釋。

娜謨歸命囉怛娜寶怛囉夜野三。順此方言，即歸命三寶。

上總，下別娜莫頂禮阿哩夜聖者吠路者娜野偏照怛他蘗多如來囉訶諦應供三藐三没䭾野正等覺。即頂禮聖者偏照如來應供正等覺。上佛寶。其法寶在宗旨中，故此略耳。下僧寶娜莫亦云稽首阿哩野聖者三滿多普跋捺囉野賢冐地薩怛嚩野略云菩薩摩賀薩怛嚩野大勇猛摩賀迦嚕抳迦野大悲者。即稽首聖者普賢菩薩大勇猛大悲者。次正明宗旨怛你野他所爲枳穰那智鉢囉你閉燈惡乞叉野無盡句勢藏。即所爲智燈無盡藏鉢囉底婆娜辨才嚩底具。即辨才具薩嚩一切没䭾佛嚩盧枳諦所觀。即一切佛所觀喻誐相應跛哩你瀰跛寧圓成。順此方言，即圓成相應儼避囉甚深努囉嚩誐係難測。即前圓成甚深難測底哩野特嚩三世跛哩你瀰跛寧圓成。即三世圓成冐地質多正覺心散惹娜你能生。順此方言，即能生正覺心薩嚩毗矖迦毗色訖諦以灌頂法而灌其頂達磨法娑誐囉海三步諦出生。即從法海出生無礙解阿暮伽無間斷室囉嚩儜聞。順此方言，於諸佛所，無間聽聞摩賀大三滿多普跋捺囉賢步彌地涅哩野諦出生。順此方言，即出生大普賢地尾野羯囉拏受記跛哩鉢囉跛你獲得。順此方言，獲得受記薩囉悉䭾成就人那麼塞訖哩諦作禮。即十地人之所作禮薩嚩一切冐地薩怛嚩略云菩薩散惹娜你出生。順此方言，出生一切菩薩娑誐嚩底世尊没䭾覺麼諦母。順此方言，佛世尊母阿囉彌迦囉彌阿囉拏迦囉你此十二字，其義深密，唯佛能知。依字釋者，亦得者爲三業清淨摩賀大鉢囉枳穰極智播囉弭諦離義到義娑嚩賀無住義。即大極智，離此到彼無住涅槃

△四、如來讚述。

爾時，世尊聞是説已，讚金剛手等諸菩薩言：善哉善哉！若有誦持此羅[一五]尼者，我及十方諸佛悉常加護，諸惡鬼神敬之如佛，不久當得阿耨多羅三藐三菩提。

△五、普勸受持。

大王，吾以此經，付囑汝等，毗舍離國、憍薩羅國、室羅筏國、摩伽陀國、波羅痆斯國、迦毗羅國、拘尸那國、憍睒彌國、般遮羅國、波吒

羅國、末吐羅國、烏尸尼國、奔吒跋多國、提婆跋多國、迦尸國、瞻波國，如是一切諸國王等，皆應受持般若波羅蜜多。

今經所列十六大國，與秦本大同小異。又《大集經月藏分》《大毗婆沙》，有一百二十四國，其梵音亦弗同耳。

△四、時衆獲益。四：

初，大衆發願。

時，諸大衆、阿修羅等，聞佛所説諸災難事，身毛皆竪，高聲唱言：願我未來，不生彼國。

忍力未成，惡國難處。中人之性，擇善是宜。

△二、國王出家。

時，十六國王即捨王位，修出家道，

《楞嚴》云：身雖出家，心不入道。今砥教礪行，修出家道耳。

具八勝處，十一切處，

即十徧處，皆如當機衆七賢中辨之。

得伏忍、信忍、無生法忍。

亦如前文。

△三、諸趣得法。

爾時，一切人、天大衆、阿修羅等，散曼陀羅華、曼殊沙華、

前文已翻。此二即天上華。

婆師迦華、

此云雨時，雨時方始出生。亦云夏生護華。

蘇曼那華，

色黄白，亦甚香，不作大樹，四垂似蓋。上二即人間華。

以供養佛。隨其種性，得三脱門，生空法空，菩提分法。

性有利鈍，證有淺深。餘文易識，不須多述矣。

△四、菩薩證道。二：

初，散華獲忍。

無量無數菩薩摩訶薩，散拘勿頭華、

亦云拘某佗，即黃色蓮華。

波頭摩華，

亦云鉢特摩，即赤色蓮華。

而供養佛。無量三昧悉皆現前，得住順忍、無生法忍。

△二、修定成佛。

無量無數菩薩摩訶薩，得恒河沙諸三昧門，真俗平等。

修諸三昧，證平等理。

具無礙解，常起大悲。

依智起悲。

於百萬億阿僧祇佛刹，微塵數世界，廣利衆生，現身成佛。

△三、流通分。

囑累品第八

初，來意者，前明正宗，當機受法。正宗既陳，流通將演，故次來也。又前之六品開濟現在，此之一品傳芳末葉，故次來也。

二、釋名。囑謂付囑，累即重累。付而囑之，俾弘宣正法，期佛種不斷也。又囑此聖教，國王奉持，建立百座，永除七難。

△三、解經。四：

初，述時付囑。二：初，勸誡述時。

佛告波斯匿王：今誡汝等，吾滅度後，

金棺掩耀，玉毫收彩，乃示滅耳。

正法欲滅。後五十年，

正法一千年，將欲滅時，後五十年多聞牢固時。

後五百年，

像法一千年，後五百年鬭諍牢固時。

後五千年，無佛法僧，

末法一萬年，取後五千年三寶衰微，故云無也。如河少水，亦得云無水耳。

△二、以經付囑。

此經三寶，付諸國王，建立守護。

上付外護，次明內護。

令我四部諸弟子等，受持讀誦，解其義理，

先明自利，後乃利他。

廣爲衆生，宣說法要，令其修習，出離生死。

增修熏習前諸觀門，出離分段變易生死。

△二、惡主滅法。二：

先，別列文。六：

初，敘滅佛法。二：

初，立法制僧。

大王，後五濁世，

《俱舍論》云：劫滅將末，壽等鄙下，猶如滓穢，故名五濁。所謂劫濁、見濁、煩惱濁、衆生濁、命濁。若釋《楞嚴》五濁，如長水《疏》。

一切國王、王子、大臣，自恃高貴，破滅吾教，明作制法。

制者，禁也，謂王言出，則禁制也。

制我弟子，比丘比丘尼，不聽出家修行正道，亦復不聽造佛塔像。

△二、舉喻兵奴。

白衣高座，比丘地立，與兵奴法等無有異。

白衣高座，喻將與主。比丘地立，如兵事將，似奴奉主。若依《梵網經》云：莫如外道癡人，若老若少，無前無後，坐無次第。兵奴之法，彼《略疏》釋云：不知禮法，實爲兵奴。兵奴豈非癡人？

當知，爾時法滅不久。

僧同兵奴，則滅法之由也。

△二，誡滅國土。

大王，破國因緣，皆汝自作。恃己威力，制四部衆，不聽修福。

夫修出世福，莫大於三學。是故戒出三塗，定出六欲，慧出三界。捨經律論，皆非真修也。

諸惡比丘，受別請法。

《梵網經菩薩戒本》亦名請僧踰越戒。故彼經云：有出家菩薩、在家菩薩及一切檀越，請僧福田，求願之時，應入僧房，問知事人：今欲請僧求願。知事報言：次第請者，即得十方賢聖僧。而世人別請五百羅漢菩薩僧，不如僧次一凡夫僧。

知識比丘，共爲一心，互相親善，齋會求福。

相知識者，同心相親，欺誣檀信，希求福利。

是外道法，都非我教。

上之二種，皆非聖訓。《梵網》亦云：若別請僧者，是外道法。然宣律師有《訃請設則篇》，圓頂之徒苟不披覽，曷明其軋[二六]則哉？

百姓疾疫，無量苦難，當知爾時國土破滅。

王者不稟正教，行外道法。民既受苦，國亦隨滅。

△三、非法繫僧。

大王，法末世時，國王大臣，四部弟子，各作非法。

出家弟子，若行非法，律有治罰。

橫與佛教，作諸過咎。非法非律，繫縛比丘，如彼獄囚。

非正法，非戒律，釋上橫與佛教。如彼獄囚，釋上作諸過咎。

當知爾時，法滅不久。

結文，可見。

△四、總顯自壞。四：

初，約喻彰壞。

大王，我滅度後，四部弟子，一切國王、王子、

通取世子。

百官，

該於州縣。

乃是任持護三寶者，而自破滅，如師子身中蟲，自食師子肉，非外道也。

《蓮華面經》云，佛告阿難：譬如師子，若命終時，若水若陸，所有衆生，不敢噉食。

唯師子身，自生諸蟲，還自噉食師子之肉。阿難，我之佛法，非餘能壞，是我法中諸惡比丘自毀壞故。彼經但喻內衆，今經自內及外，不能持護三寶，皆自壞之。

△二、約法滅壽。

壞我法者，得大過咎。正法衰薄，民無正行。諸惡漸增，其壽日減。

△三、別受三報。初，順現報。

無復孝子，六親不和。

六親謂父母、兄弟、夫妻，或云男女，不取兄弟。

天龍不祐，惡鬼惡龍日來侵害。

惡鬼爲疾疫，惡龍爲旱澇。

災怪相繼，爲禍縱横。

南北曰縱，東西曰横，言其四方繼爲災禍。

△二、順生報。

當墮地獄、傍生、餓鬼。

當墮之言，貫通二〔一七〕塗，非謂先墮地獄，次受傍生，後作餓鬼。

△三、順後報。

若得爲人，貧窮下賤，諸根不具。

△四、總喻合法。二：

初，總喻。

如影隨形，

形正則影直，業邪則報曲，喻順現報也。

如響應聲，

空谷之響，由聲高低，喻順生報也。

如人夜書，火滅字存，

火滅則無我、無造無受者，字存則善惡之業亦不亡，喻順後報也。

△二、合法。

毀法果報，亦復如是。

以喻合法，故云如是。此文雖近合第三，亦遠合前二，蓋有毀法之言耳。

△五、立籍驅役。

大王，未來世中，一切國王，王子、大臣，

與我弟子横立記籍，設官典主，大小僧統，非理役使。

佛世，出家者不立記籍，亦無主司僧中統攝，所以不同俗役驅使也。然此方有沙門統、僧統之官，而領緇徒。如後魏皇始中，趙郡沙門法果戒行精至，開演法籍，太祖徵爲沙門統。太宗崇信彌加於前，永興中，前後授輔國宜城子、中信侯[一八]，又安城公，皆固讓之。俗官加僧，初聞於此。復有罽賓沙門師賢，本是王種，東遊涼土，復來京下，守道護教。魏帝詔賢爲僧統。僧統之官，自師賢始也。

當知爾時佛法不久。

非理役使，戒德罔修，故佛與法住世不久。

△六、背聖從愚。

大王，未來世中，一切國王，四部弟子，當依十方一切諸佛常所行道，建立流通。

十方諸佛常所行道，即一門超出玅莊嚴路，以此經頓漸俱收，遲速皆益。已悟者文字性離而持法，未悟者無離文字而持義，是流通之相也。

而惡比丘，爲求名利，不依我法，於國王前，自説過患，作破法緣。

準《梵網經》第六《説過戒》，今引彼三義以消此文：一、用心同，二、對境同，三、立制同。言用心同者，賢首《廣疏》云：爲貪利養及名聞故，説他過惡，令名利向己等。即同此文而惡比丘爲求名利也。言對境同者，疏文又云：對國王大臣，説其過惡，令彼捨信，破壞三寶。即同此文於國王前自説過患，作破法緣也。言立制同者，而有三意：一、爲壞信心故。比丘宜弘護三寶，遏惡揚善，以生物信，何容説過？塵[一九]黷信心，乖自利行，故須深制之也。二、格量釁[二〇]故。謂初心菩薩，豈免過[二一]失？理須讚其實德，成自正行，而反以惡心，苟求其短，言陳彼過，自負重愆，故須制也。三、背恩德故。謂由三寶及戒法被〔三〕身，加成勝德，當獲大果，宜粉骨碎身，護持遺寄，而今反以惡言説其罪過，背恩之甚，故須制也。經云不依我法，即彼經立制同也。其王不別，信受此語，横立制法，不依佛戒。

然則果斷可否之謂智。不有盛德大業，辨是別非，皆信受其語，則背叛佛戒，從愚立制，自此而生也。

當知爾時，法滅不久。

△二、總結。

大王，未來世中，國王大臣，四部弟子，自作破法破國因緣，身自受之，非佛法咎。天龍捨去，五濁轉增。若具説者，窮劫不盡。

△三、仁王依教。三：

初，諸王誠心。二：

初，聞誡悲號。

爾時十六大國王，聞説未來如是諸誡，悲啼號泣，聲動三千，天地昏闇，光明不現。

△二、至心依教。

時諸王等，各各至心受持佛語，不制四部出家學道，當如佛教。

△二、大衆悲歎。

爾時恒河沙等無量大衆，皆共歎言：當爾之時，世間虚空，是無佛世。

△三、約義辨名。二：

初，匿王問。

爾時波斯匿王白佛言：世尊，當何名此經，我等云何奉持？

△二、如來答。二：初，法喻雙陳。

佛告大王：此經名爲《仁王護國般若波羅蜜多》，亦得名爲甘露法藥，若有服行，能愈諸疾。

般若能斷煩惱之病，其猶甘露能愈諸疾，故羅什云：寂滅甘露，即實相法也。肇公亦云：大覺之道，寂滅無相，至味和神，喻若甘露。先儒又謂：甘露，仁澤也。以王者愛養耆老，則甘露降，而松栢受之。亦名天酒，其甘如飴糖，食之潤五藏，長年不飢渴耳。

△二、喻德勸持。

大王，般若波羅蜜多所有功德，猶如虛空，不可測量。

般若功德猶虛空，有三因緣，不可測量。故《無著論》云：一、徧一切處故，二、寬廣高大殊勝故，三、無盡究竟不窮故。

若有受持讀誦之者，所獲功德，能護仁王及諸衆生，猶如垣牆，亦如城壁。

經文二喻。猶如垣牆，喻護衆生。亦如城壁，喻護仁王。

是故汝等應當受持。

△四、大衆奉行。

佛說是經已，彌勒、師子吼等無量菩薩摩訶薩，舍利弗、須菩提等無量聲聞，欲界、色界無量天、人，比丘、比丘尼、優婆塞、優婆夷、阿脩羅等，一切大衆，聞佛所說，皆大歡喜，信受奉行。

依《文殊菩薩所問經》說，有三種義，歡喜奉行：一、說者清淨，不爲取著名利所染故。二、所說清淨，以如實知法體故。三、得果清淨，即說益也。

注仁王護國般若經卷第四終

校勘記

〔一〕「才」，底本原校疑爲「方」。

〔二〕「偏」，底本作「徧」，據底本原校改。

〔三〕「染」，底本原校云一本後有「淨」字。

〔四〕「頌」，底本原校云一本作「證」。

〔五〕「贍浮洲」，《金光明經》（《大正藏》本）作「閻浮提」。

〔六〕「盡」，底本原校疑爲「晝」。

〔七〕「具」，底本原校云一本作「其」。

〔八〕「揚」，疑爲「楊」。

〔九〕「同」，底本原校云一本作「圓」。

〔一〇〕「諸」，底本作「論」，據文意改。

〔一一〕「康」，《大宋僧史略》（《大正藏》本，下同）

後有「居」字。

〔一二〕「五」，《宋高僧傳》（《大正藏》本）作「三」。

〔一三〕「聞」，《大宋僧史略》作「問」。

〔一四〕「康」，《大宋僧史略》後有「居」字。

〔一五〕「羅」，底本原校云前應有「陀」字。

〔一六〕「軋」，疑爲「軌」。

〔一七〕「二」，底本原校疑爲「三」。

〔一八〕「中信侯」，《廣弘明集》（《大正藏》本）作「忠信侯」。

〔一九〕「塵」，《梵網經菩薩戒本疏·初篇説過戒第六》（《大正藏》本，下同）作「廢」。

〔二〇〕「格量疊」，《梵網經菩薩戒本疏·初篇説過戒第六》作「招重疊」。

〔二一〕「過」，底本原校云一本作「微」。《梵網經菩薩戒本疏·初篇説過戒第六》作「微」。

〔二二〕「被」，《梵網經菩薩戒本疏·初篇説過戒第六》作「防」。

（常崢嶸整理）

〇二九三

仁王護國般若波羅蜜多經科疏科文[一]

敘

聞夫真際寂寥，絶染淨於色心之域；法性空廓，超修證於理智之階。冲虚靈鑑，妙粹凝常，獨露萬象而非多，卓立十方而匪異。良繇非一多之緣起，染淨齊峙以融通；惟修證之體空，因果兩忘而交徹。是以空有空，空不空；有空有，有不有。不有有，有非常；不空空，空非斷。非斷故乃真空，非當[三]故即妙有。然則妙有真空之道，同時相容而互即，一念交攝以相含。至於含攝雙忘，容即兩立，玄同真際，妙等法性，誠勝義諦中真勝義性，逈出三乘，高超八部，乃此經窮微盡化之極譚，妙絶言思之玄唱也。故我世尊象駕俄臨鷲嶺，龍天列侍獅床，聖衆雲擁道場，王臣風趨理窟，入定湛智海澄波，放光皎性天慧日。他方大士，妙花香燈作供；此土世主，寶幢幡蓋投誠。變淨土於塵沙，現寶臺於百億。佛踞金蓮，流徧恒沙國土；共譚般若，攝歸一派靈源。斯王念請護國，吾佛言答護心。示離相以明真，觀體空而行化，達身佛同一實相，標理事總一靈玄，乃護國之樞機，安邦之要徑也。既悟護果觀空，須達修因行化，故明性與無性，本一靈知，五十二位真修，一十四門玄趣，寄位權化，伏斷證修，至於三假俱空，一相無實，頭頭聳般若妙光，步步踏實相理地。二護既明，一真當顯，故諮二諦有無，意明本非一二。斯王偈讚，如來述成，爲行法所依理體，果德能照智用耳。二護理事抗行，般若體用無二，是以斯王重諮護國，如來復示真慈，云：國土，衆生共業招感；禍福，人心別業變現。心正則天清地寧，心邪則災殃禍祟。欲使千災頓息，萬禍潛消，須百法師，以持般若，嚴一道場，供諸聖容。故帝釋修持頂生即退，普明講演班足棄榮者，良有以也。然諸王領解，各各依真獻華，華變珍臺，佛佛共譚般若，或現一華多土，多土一華，大小染淨，互相攝入，誠謂罄宏廓之幽宗，盡難思之海會。故知一念淨信之福，勝化證恒沙小乘；舉心受持之功，超施七寶大德者，信不誣矣。向譚護果，未盡行因，復於五忍十地，詳示伏斷證修，度生數量，時劫短長，至令五方金剛，説呪往衛，意令因行大成，護國誠念究竟。是以依之護國，當念世道康和，仗之護果，頃刻菩提妙證。若夫祈皇圖而永固，祝聖壽以無疆，舍此般若，其孰與焉？然念請護國，先説護果者，葢以護果正念，爲護國金湯，令國中七難潛消，五常彌布。即此護國深心，作轉凡妙藥。俾果上四智圓明，三身頓證。此則護國護果，無出乎忍地，證修相爲用矣。乃至玄微既闡當時，勝益應霑末世。如來預憂法滅，王臣力能護持，諄諄示誡，切切叮嚀。時王領誨，泣撼三千，即誓行道，不制四衆。經名甘露法藥，信服却病延年。受持功德，福等虚空，能護國王，功高城塹。可謂一極悲心，大哀曠濟者也。大哉此經，三根普攝，五味俱含。

仰夫秦譯幽秘，天台疏闡玄微；竊惟唐翻靈篇，後哲未窺其奧。加以言空言有而義圓，名同有空而體異，後昆有所未達，故貴從之爲解。自神祖戊午夏，因禮清涼山回，驚聞奴賊跳梁，失陷撫順，蒿目之憂，流注寤寐，誓弘此典，上報國恩，不揆膚受，筆録成篇。時門人敬賢忠公，關中人，留心較梓，其志未滿，早作古人。去年已巳，虜薄都城，貴潛質山巖，亦被圍困，重整先心，希殄災厄，仰蒙佛庇，法孫海潤，率徒寂妙等，捨命忘軀，夜扶老體，同戒密觀，還居本寺。後有門人湛一肫公，謷山人，精嚴教理，見圍厄已解，憶弘經念深，再四迫余，災木償願。遂再參詳，欲辭達義通，僭名科疏。庶覽者有秉燭之觀，無尋枝之厭，藉此以通經，經通而意得。意既得矣，則般若智體，昭昭然於心目之間，晃晃乎於色塵之内。如是則靈山不離當處，仁王即我聖皇，五忍朝中玉柱擎天，十地塞外金梁架海，四夷消氛於無何有鄉，八表歸心於大明上國。聊盡報國福民之葵誠，莊嚴聖教之丹悃也。疏成，非敢布諸講肆，取哂高明，唯便八十老人，自備遺忘耳。

時明崇禎三年，歲次庚午，佛成道日。京師慈慧寺開山嗣賢首宗第二十五代，前欽依皇壇承旨講經論，賜紫玉環比丘蜀東普真貴謹序。

校勘記

〔一〕底本據《卍續藏》。底本原題「仁王護國般若波羅蜜多經科疏并敘」，據尾題改。標題中「敘」，移序文前。

〔二〕「當」，疑爲「常」。

仁王經科疏目次〔一〕

仁王經科疏目次終

校勘記

〔一〕底本原校云目録新作。

仁王護國般若波羅蜜多經科疏科文

明京師慈慧寺開山比丘蜀東普真貴述

將釋此經三
初歸敬請加稽首
二開章懸叙二
三正釋經文○
初舉數列章將釋
二依列牒釋十
初釋教起因緣二
二釋藏教所攝二
三釋諸宗對辯三
四釋分齊幽深二
初明有境智二
二明離境智後明
五釋教所被機二
六釋總辨教體三
初列數類簡第六
二依數牒釋五
三結屬今經以上
七釋明經宗趣二

初諸教因緣初中
二本經因緣二
初明藏攝三
二明教攝二
初總明諸師次明
二別明五教三
初叙師承三諸
二列三宗三
三明宗相攝三相
初引論觀總標四分
二依標別釋三
初牒章總標第五
二依標別釋三
初約揀非器初中
二普收是器後普
三結前成種然上
初釋聲名句文體初中
二釋通攝所詮體二通

初正明因緣二別
二明十利益若一
初明三藏第二
二明二藏二藏
三明藏相攝三明
初五教師宗二別
二五教法相若約
三明教相攝五教
初列法性一唯
二列法相一三
三列破相三破
初引起信五重二
初論經合辨今初
二通釋妨難難云
二引法界三觀二
初標列科目二引
二依標別釋四
初攝歸眞實初中

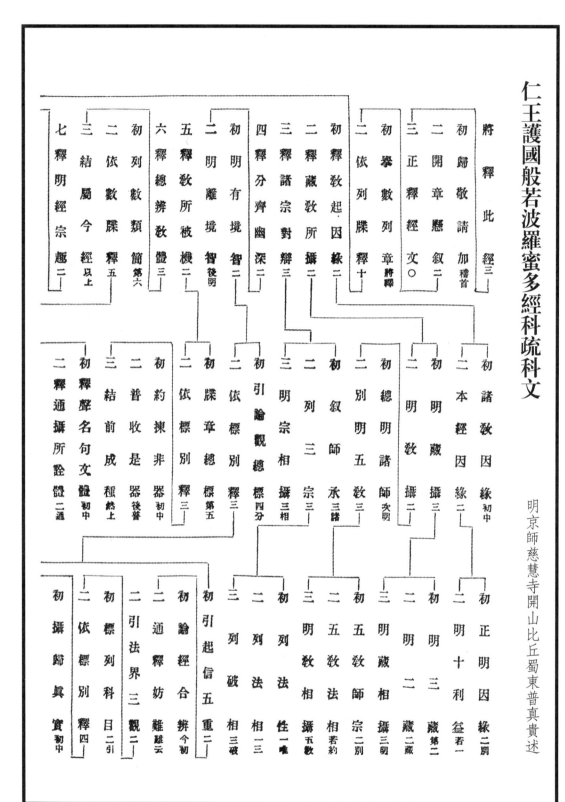

初敘義總標 第七
二依標牒釋二
初通明諸宗 初通
二別明此經四
八釋會通地位二
初敘義分科 第八
二依科別釋三
九釋顯法護國 第九
十釋部類品會二
初通示大部 第十
二別顯今經三
○三正釋經文三
初釋經總題 仁王
二譯主時德 唐三
三崇古科判三
初法會緣致二
二正演玄微二
三遐芳萬古○
初分科略敘 此下
二依科釋文四

三釋諸法徧空體 三諸
四釋會相歸性體 四會
五釋理智無礙體 五理
初約理智爲宗趣 二明
二約五對爲宗趣 若就
三約十義爲宗趣 然此
四約心觀爲宗趣 若會
初引諸教不一五
二明證眞不二二
初立理標本 次明
二互相攝屬 若諸
三結歸觀心 此中
初通明二經傳譯 二別
二別敘今經疏解 然奉
三唐譯御製經序 仁王
初證信序二
初當品名題 序品
二入經詳解二
初信聞時處 如是
二標列大衆三

二彰其無礙 第二
三周徧含融 第三
四結成深玄 上之
三再釋妨難 再釋
初引始教二
初正引位次四
初引唯識 唯識
二引瓔珞 瓔珞
三引地持 地持
四引金剛 金剛
二擧數簡異 然前
二引終教 若約
三引頓教 若約
四引圓教二
初約行布 若圓
二約圓融二 四
五結揀諸位二
初配對結屬 此上
二結括他宗 即知
初三乘賢聖衆三

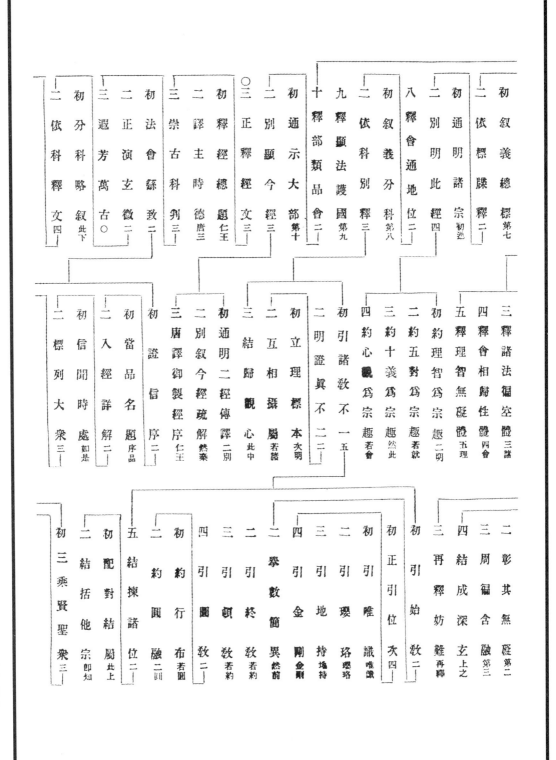

初內護佛法顯理虛玄二
二外護國難顯法妙利○
三報恩供養顯果難思○
四弘經相貌顯教無盡○
初略開二護二
初當品名題觀如
二正解經文三
初預知請意爾時
二略開誡聽善男
三領誡讚供是時
二問答廣釋二
初當機正問時波
二如來垂答四
初明自利答第一問三
二明利他答第二問○
三二利雙修答第三問○
四明二護所依眞理○
初正觀空理二
初正演眞空二
二總結答義

初輔翼圓滿衆二
二變化流通衆復有
三總結衆集有如
二發起序二
初定瑞開發二
初時定光彩爾時
二當機助發二
初覩瑞興疑二
初時衆罔知爾時
二匿王請決二
初知必說法時室
二問衆無酬即問
二作業覺悟波斯
二光明徧覺二
初放光現化爾時
二光被有緣二
初正釋二
二結行是爲
初實相般若二
初問何相化生波斯

初無學衆與大
二有學衆復有
三菩薩衆復有
二三界人天衆二
初人衆二
初入道衆二
初五戒入道衆復有
二七賢入道衆復有
二國王衆復有
二天衆三
初欲界天衆復有
二色界天衆色四
三諸趣修羅衆諸趣
初總顯普益是佛
二別明來衆二
初標方列名彼他
二持供禮佛持種
初指所化境佛告
二能化之智二
初正觀蘊空不觀

初標宗正釋二
二問答重釋三
初明三種般若三
二明依教發觀二
三總結答意（大王）
二別觀佛身三
三時衆得益（說是）
初如來垂問（爾時）
二匿王敬答三
三印許合觀（佛言）
初總顯眞空（波斯）
二別明離相四
三結歸眞際（心行）
〇二明利他行答第二問二
初當品名題（菩薩）
二正釋經文二
初當機請問（爾時）
二如來垂答三
初答前二問三
二答第三問〇

二不住相化二
二觀照般若二
初智照相違問（波斯）
二理智一如答二
三文字般若三
初多佛共說（大王）
二舉事況勝（若有）
三明信解相二
初正明文字相空（所以）
二兼明行位俱空（何以）
初凡夫邪觀（大王）
二智者正觀三
初人天染淨空（有情）
二聖賢斷證空（三界）
三說聽法性空（善男）
初離世間法（無前）
二離對待法（明無）
三離度蔽法（非施）
四離業報法（非來）
初正答前問明利他三

二徵釋喻顯（所以）
初眞則無化（佛言）
二俗則有化二
初明因假故有（森世）
二明執有迷眞（大王）
初略標宗答（佛言）
二廣徵釋答二
初所觀俱空二
初總顯性空（所以）
二歷觀諸法二
初正明法空（是即）
二釋成空義（是諸）
二明能觀雙照二
初觀照有無二
初眞實般若（以其）
二相似般若（諸有）
二明其得失二
初邪觀則失（善男）
二正觀則得二
初以理正觀（若於）

三時衆獲益說是
初正答二問二
二說偈讚佛三
初時衆供贊爾時
二匿王偈讚三
三時衆獲益爾時
初總頌三寶二
初頌三寶業用二
初讚佛三業清淨世尊
二讚衆聞法得益時衆
二頌五忍深玄三
二別頌五忍五
三頌結讚佛德三
初頌佛慈蔭物如來
二頌說法無畏口常
三頌衆喜頂禮塵沙
三如來讚述二
初讚能說甚深二
初指王昔跡爾時
二印王勝解如是

初略答佛告
二廣答五
三總結是為
初伏忍位三
二信忍位復次
三順忍位復次
四無生忍復次
五寂滅忍三
初因果對辨復次
二別明果相一切
三依宗明異三
二答後問兼自利二
初因果同依五忍
二果位獨超唯佛
三含攝三寶佛法
初頌伏忍二
初正頌忍位二
初頌十信位十善
二頌住行向位習種
二別頌忍德二

二具足聖位聖智
初習種性善男
二性種性復次
三道種性復次
初指攝生分齊善男
二斥邪說難憑若有
三引昔說證今大王
初總牒前問佛言
二再爲垂答三
初略標地行菩薩
二廣申義相十
三結顯道同是為
初歡喜地若菩
二離垢地若菩
三發光地若菩
四燄慧地若菩
五難勝地若菩
六現前地若菩
七遠行地若菩
八不動地若菩

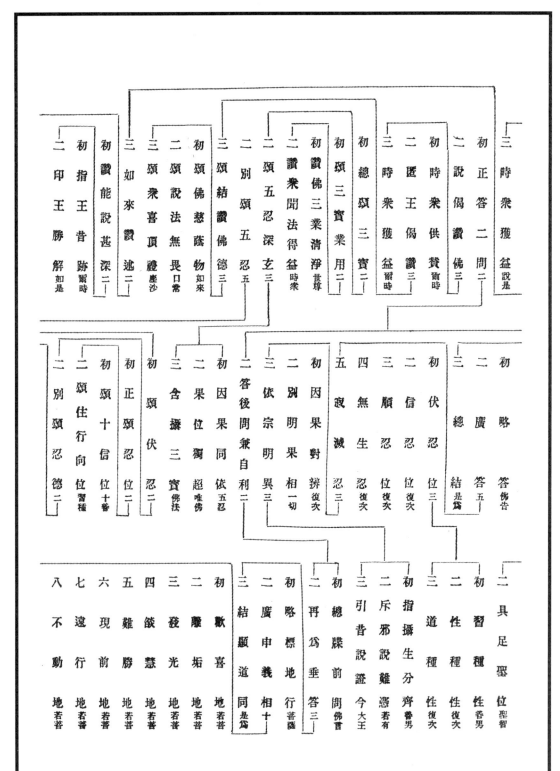

二嘆所說甚深三
初正讚所說三
初讚不可思議二
初指法難思 善男
二假徵廣釋三
二釋不可稱量 善男
三釋唯佛乃知 三世
二勸如理修二
初正嘆勸修 善男
二推徵廣釋 何以
三大衆讚益 是時
○三二利雙修答第三問三
初牒前問意 爾時
二正答其相三
三時衆獲益 說是
初標義略答 菩薩
二申宗廣釋二
三總結名義 是為
○四明二護所依正理二
初當品名題 二諦

初結前忍位 伏忍
二頌後勝進二
二頌信忍二
初正頌信忍三
二總結信忍 歡喜
三頌順忍二
初正頌順忍三
二總結斷證 燄慧
四頌無生忍三
初頌七地忍二
二頌八地忍 不動
三頌九地忍 善慧
五頌寂滅忍二
初頌下忍位二
二頌上忍位三
初就佛化身明不思議 何以
二就衆生明不思議二
初正釋難思三
初人法對辨明不思議二
二境智合辨明不思議二

九善慧地 若菩
十法雲地 若菩
初明出生因果 三世
二明心相功能 若得
初頌初地忍二
初頌寄位功能 歡喜
二頌入位功德 入理
二頌二地忍 離垢
三頌三地忍 發光
初頌四地忍 燄慧
二頌五地忍 難勝
三頌六地忍 現前
初頌地位行相 遠行
二頌斷惑分齊 進入
初正頌十地 法雲
二結忍分齊 寂滅
初頌蕩無纖塵 無明
二頌富有萬德 寂照
三頌超絕因位 三賢
初正明法空 善男

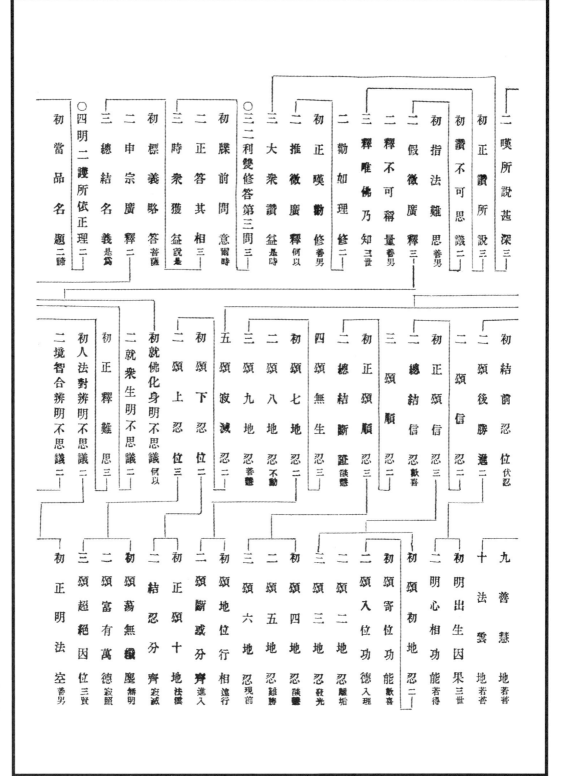

二正釋經文三
初問答明旨三
二勸持功德○
三時衆獲益 說是
初明二諦不二四
初匿王請問 爾時
二如來垂答 佛言
三引證普說三
四釋成二諦二
初明常二義 大王
二明常一義三
二明說法不二三
初當機啓請 波斯
二如來垂答二
三總結前文 大王
三法門不二三
○二勸持功德三
初嘆敎同說 大王
二擧益勸持 汝等
三較量顯勝四

三結上四義總顯難思 是以
二總結名義 如是
三雙結因果名不思議 是故
初所化如幻七
二能化如幻 善男
初正申二諦三
初明無作二諦 爾時
二明無性二諦 法性
三明圓融二諦 無無
二正答所問三
初理智相對遣一異 有無
二理智相對遣情執 解心
三理智相對入眞義 於解
三結成上義三
初標能所以明一 佛及
二約境智以明一 以一
三約染淨以明一 菩薩
初明說空 佛言
二明修空二
初機敎相違問 波斯

二明人空 一切
初辨境空 法境
二辨智空 善男
初明法假三
初明夢識能爲識本 然諸
二明本識能生色心 從初
三明色心能成陰等 色名
二明受假 善男
三明名假 善男
四明相續假 諸法
五相待假 諸法
六因成假 諸法
七緣成假 一切
初世諦有無 世諦
二聖見有無 幻化
三結成正觀 若了
初正辨修習 大王
二逐難重釋 三乘
初雙標總答 佛言
二徵釋不異二

〇二外護國難顯法妙利二
初當品名題 護國
二正演玄徵三
初誠聽許說 爾時
二廣釋本義三
三時衆得益 說是
初廣明護法三
二引古證今二
初引天事證護國二
二引人王證護國二
初引昔難事 大王
二明能護難二
三結示勸持三
〇三報恩供養顯果難思二
初當品名題 不思
二正演玄徵三
初散華供養三
初聞法歡喜 爾時
二散華顯妙三
三諸王敬願 時波

二敎謌機異答二
三結答不二 是故
初舉能較量二
二舉所較量二
三結顯成佛 即與
四時衆得益 說是
初護國功德四
初所護之時 一切
二能護之法三
三明護法體 大王
四顯所護難二
二護福功德 若於
三護難功德 疾疫
初請假修福 其譬
二正明護難二
初明過去依法獲報 大王
二明現在應當受持 汝等
三明未來亦應受行 若未
初散行華 散百
二散般若華 復散

初約機器明二諦 何以
二約觀照明二諦 若菩
初佛佛無盡 大王
二般若無量 是諸
初以一分較全分 於諸
二以一念較解持 若有
初標法勸持 汝等
二建立福田 嚴飾
三講聽難滅 每日
初明所護六難 若國
二明能護般若 是諸
初頂生與惡滅帝 大王
二天帝依法得樂 時彼
初依致請佑 其王
二說偈開心二
初正說偈文四
初說無常理 時彼
二說俱苦理 生老
三說皆空理 有爲
四說無我理 識緣

二嘆敎歡持 佛言
三現通利益二
○四弘經相貌顯敎無盡二
初當品名題 奉持
二正解經文三
初正明奉持三
二別勸奉持○
三時衆獲益○
初說長行三
二重偈諷○
初總標忍行二
二別明忍相十三
三總結忍義 善男
初習種性四
二性種性三
三道種性三
四歡喜地三
五離垢地三
初標名示位 復次
二本地行業 四無

三散妙覺華 復散
初變現難思二
初標章舉數 爾時
二別敘神變 一華
二時衆獲益 當佛
初匿王見佛 爾時
二正申請益二
三佛爲垂答二
初標法指人 佛言
二勸令供養 汝等
初標位示住 復次
二顯其行業二
三入位時行 中品
初標位示修 復次
二觀行差別五
三入位時行 上品
初標位超出 復次
二智行差別四
三入證時節三
初封行分齊 於四

二聞者獲益三
初王聞悟解 爾時
二復行轉敎 其王
三開覺邪心三
初斑足開解 時斑
二諸王還國 汝各
三斑足棄位 時斑
初讚法難思 白佛
二請問奉持 云何
初標位指人 善男
二發心利物 修十
三根純德善 聞讚
四別顯不定 善男
初別明觀修 捨財
二治倒復眞 對治
初觀法無生 觀諸
二觀修至性 所修
三觀性超修 住無
四觀法皆如 善觀
五示受生處 雖常

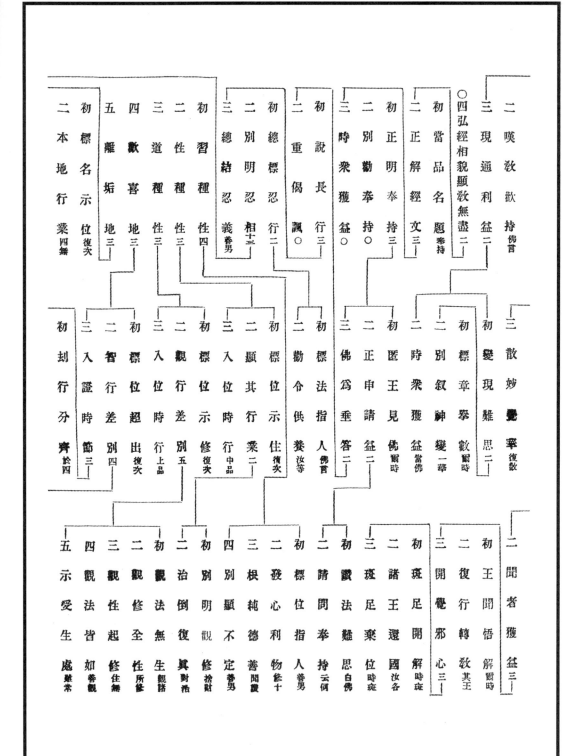

三證入時節（於五）
六發光地三
七燄慧地三
八難勝地三
初標示名位（復次）
二本地觀修二
三入位時節（於八）
九現前地三
十遠行地三
初標示名位（復次）
二本地觀修二
三入位時行（於十）
十一不動地三
十二善慧地三
初標名示位（復次）
二本地行業二
三入位時行（於萬）
十三發雲地三
初標示名位（復次）
二本地行業（無量）

二智願自在（此地）
三修檀利生（念念）
初標名示跡（復次）
二明其行業（住無）
三入證時節（於六）
初標示名迹（復次）
二當地行業三
三入位時行（於七）
初自利行（以四）
二利他行二
初標示名跡（復次）
二本地觀修二
三入位行時（於九）
初總明斷證行（修無）
二別明不住行（住於）
初標名示位（復次）
二當位修證二
三入位時行（於千）
初略顯斷證（住上）
二別明業用（具大）

初通明二智（住平）
二斷除惑障（斷諸）
三方便起修二
初總明修習（大悲）
二別明方便（非證）
四重明二智三
初實智離相（善男）
二權智自在（方便）
三法驗合顯（如水）
初觀忍斷證行（修行）
二修習助道行（修習）
三成就勝進行（爲欲）
初能利之行（爲利）
二所利之益（但爲）
初總顯住斷（得上）
二別觀因緣（大悲）
初明寂滅忘緣（住無）
二明悲願雙運二
初佛加起行（由本）
二悲利羣生（以十）

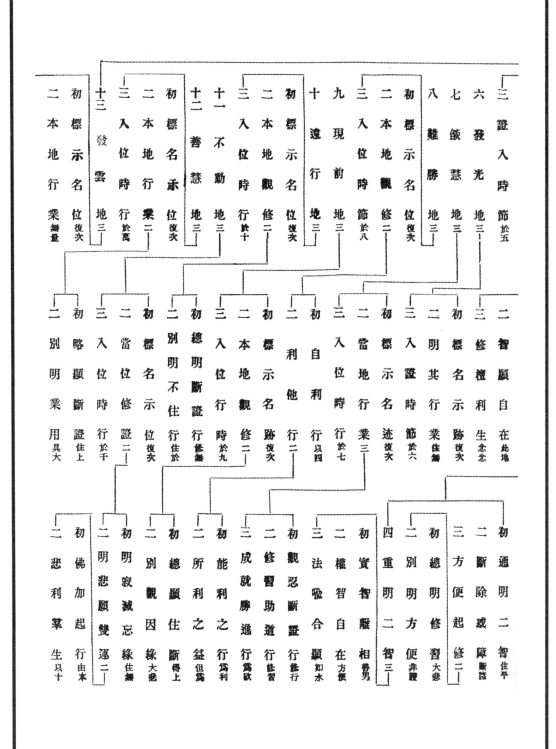

三對位顯勝三
〇二重偈頌二
〇二別勸奉持四
初護國勸持二
初略嘆難時四
二廣嘆諸難四
初標除難福生大王
二別問答廣明二
初匿王請問波斯
二如來酬答三
初略明七難七
二總結無量大王
三勸令持經二
三諸王驚問爾時
四佛答所因佛言
二讚名勸持二
三釋勸持所因三
初因過去福力故大王
二恐現生福衰故若王
三作未來利益故三

初伏斷差別二
二因果差別金剛
三約證道修別二
初約無間道善男
二約解脫道若解
初總頌伏忍位爾時
二別頌四忍十一
初舉滅勸持佛告
二明般若力用一切
三釋付囑所以我以
四別付匿王是故
初日月失度佛言
二星辰失度二者
三大火四起三者
四時序改變四者
五暴風數起五者
六天地亢陽六者
七賊盜鋒攢七者
初讚名殊勝三
二勸與供養三

初總標伏惑善男
二別明漸斷無相
初頌歡喜地初證
二頌離垢地遠離
三頌發光地滅壞
四頌燄慧地清淨
五頌難勝地如窒
六頌現前地觀察
七頌遠行地方便
八頌不動地住於
九頌善慧地得四
十頌發雲地智慧
十一頌佛地滿足
初約法讚德大王
二喻況顯勝如摩
三以法合顯此般
初標示供養之法汝等
二別明無間供養若欲
三喻明供養極功如寧
初標指其數我今

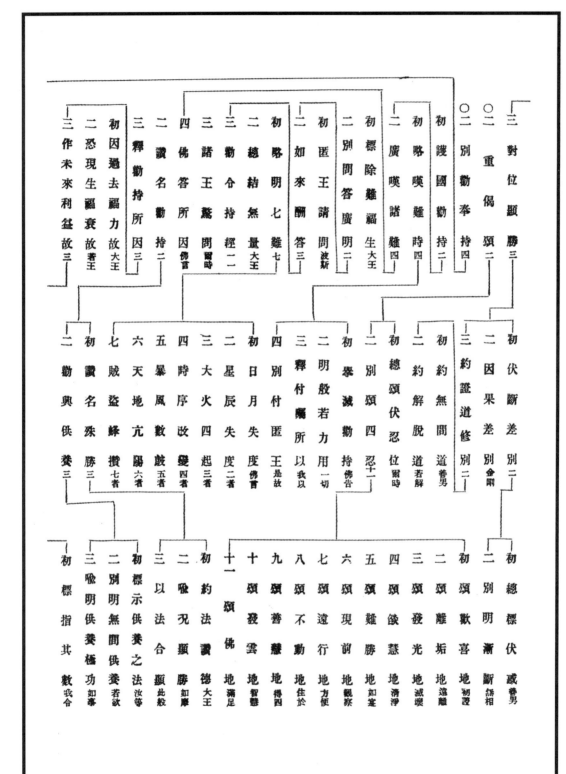

四稱名付囑大王
○三時衆獲益四
初衆願不生難國時諸
二諸王出家得忍時十
三人天散華得法爾時
四菩薩散華得忍二
初得定住忍無量
二利生成道無量
○三流通分二
初當品名題囑累
二正演玄文二
初付囑誡勑三
初正明付囑二
二別明誡勑七
三結成不盡若具
二依敎奉行二
初依法奉持四
初諸王感傷二
初正明傷感爾時
二依敎護法時諸

初明人王護法爲因大王
二明佛聖遣護爲緣三
三明菩薩說呪護國二
初菩薩興慈二
初本願須護二
初在處護經爾時
二法在國安令其
二呪力能護二
初呪力神速世尊
二正說神呪卽於
二佛聖讃善二
初付囑其時佛告
二付囑人法此經
初誡滅法過四
二誡壞四衆行大王
三誡禁不依法大王
四誡自相破滅三
五誡非理苦役大王
六誡謬信橫制四
七誡自作自咎大王

二別列光印五
三結顯其益是五
初東金剛手東方
二南金剛寶南方
三西金剛利西方
四北金剛藥义北方
五中般若金剛五中
初諸佛共護爾時
二不久得果不久
初舉滅法時大王
二明滅法人一切
三辨滅法過二
初制止四正制我
二建立三邪白衣
四結滅法過當知
初誡自毀大王
二誡起惡壞我
三招殃報當墮
初示修善大王
二示作惡而惡

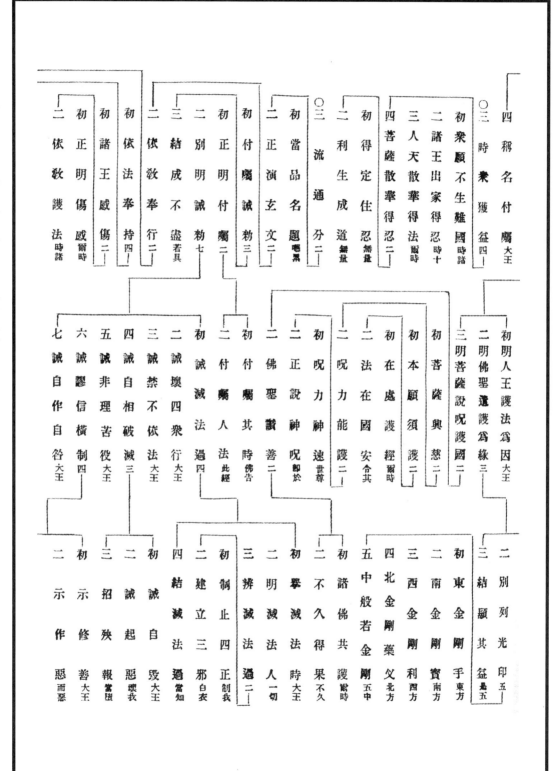

二大衆咨嗟爾時
三請問經目爾時
四佛爲垂答三
初正答經名佛告
二讚法廣大大王
三功德護國若有
三示謬信其王
四示時過橫立
二結會喜持佛說

仁王護國般若波羅蜜多經科疏科文畢

（白光整理）

〇二九四

仁王護國般若波羅蜜多經科疏懸譚[一]

明京師慈慧寺開山比丘蜀東普真貴述

△將釋此經，三。初、歸敬請加。

稽首牟尼徧知覺　仁王護國修多羅
十四忍内諸菩薩　二八國中賢聖衆
令我有限名句味　契彼無邊法性空
七難仗此盡潛消　兆庶承斯增福慧
回茲勝利祝皇圖　向等金剛同實際

△二、開章懸叙，二。初、舉數列章。

將釋此經，未入文前，懸叙義門，開列十段：一、教起因緣；二、藏教所攝；三、諸宗對辨；四、分齊幽深；五、教所被機；六、總辨教體；七、明經宗趣；八、會通地位；九、顯法護國；十、部類品會。

△二、依列牒釋，十。初、釋教起因緣，二。初、諸教因緣。

初中總明諸教因緣，顯諸佛設教，其意有五。

一、法爾故，謂一切諸佛，法爾皆於無盡世界，從大悲心，法爾常轉如是法輪，令諸羣生開迷令悟。故《華嚴·不思議品》明一切諸佛，能於一身現化不可説不可説佛刹微塵數頭，一一頭化爾所舌，一一舌出爾所音聲，乃至文字句義，一一充滿一切法界，無有窮盡。問：此法爾義唯屬《華嚴》，今何與此？答：此經既云諸佛同説，文字句義皆同，即同《華嚴》法爾義也。况此經抑諸教之一，攝法爾爲因，甚爲切當，否則何言諸佛同説耶？

二、酬因故，謂宿願彌綸，昔因廣大，因行既普，果轉法輪，若無因行，教從何起？故《法華》云：我本立誓願，欲令一切衆，乃至化一切衆生，皆令入佛道等。

三、酬請故，謂法不孤起，托請方興，如

水澄月現，機感應生，離機説法，誠無所用。故《法華》云：爾時諸梵王，及諸天帝釋，乃至恭敬合掌禮，請我轉法輪等。

四、顯理故，謂聖凡相異，真性一如，迷之謂岸移，悟之實舟動，故佛出興，爲顯此理。故《華嚴・出現品》云：如來成道，即三嘆奇哉，一切衆生莫不具有如來智慧德相，但以妄想執著而不證得，若離妄想，佛智現前等。

五、度生故，謂悲念無窮，度生恒切，然一有情不成佛者，非佛本願，故出真兆聖，專度有情。然上顯理度生，相從合説，須知通别。通則佛以一音演説法，衆生隨類各得解。别則説四諦法，顯生空理，度凡夫外道，説六度法，顯二空理，度不定性二乘及利根凡夫，令入大乘，説一乘法，顯法界理，度定性不定性二乘及地住菩薩，并上上根凡夫，令入一乘究竟佛道。若克就佛意，則唯爲大事因緣出現於世，欲令衆生開示悟入佛知見等，縱有多説，同歸一乘，如《法華》所明。

△二、本經因緣，二。初、正明因緣。

二、别明本經因緣。《智度論》云：如須彌山，非無因緣，非小因緣，令得震動，今仁王教興，亦復如是，有十因緣方得興起。

一、明護果故，謂首明護果，端在度生，不住相以冥真，觀體空而行化，理智無二，生佛一如。《經》云：觀身實相，觀佛亦然。言忘慮絶，徹底唯空。

二、明護因故，謂人能弘道，法若離人，無自傳理，修先悟法，人若離法，人憑何修？故法分三等，人列四依，總五十二位熏修，括一十四忍克證，理智淺深差别，入位長短各殊，憑此衛國，物阜民康。

三、破外執故，謂慧眼不徹，妄見空華，徧計性空，諸皆真實。後明十八空門，專破邪外計執，如一塵全收大地，百谷味具百川，慧鑑森然，幻影隨現，權小歸正，矧乎外邪，明若杲日，徧載經中。

四、示真修故，謂因行萬種，不出一心，斷伏證真，正遜五忍，諸位依爲洪源，萬行恃作根本。佛不明示，出世無時，故茲剖分，令資入證。

五、令知忍智故，謂般若妙慧，證入不離一源，地位增明，究竟必依五忍。諸佛極造玄淵，方乃同聲，匿王久居堂奥，故能讚頌。令知難思妙境，端在妙悟本心，脱或以賤使貴，元來不是家珍。

六、示二護體故，謂勝義平等，真俗有差，因果懸殊，心鑑無二，故所護一一從中，遜能護在在雙泯。圓滿玄旨，特爲顯揚，豈同偏執，離波求水？

七、護國法利故，謂内外兩護，理事雖分，世出世間，不外真性，故内護方竟，護國即彰。引已驗之殊勳，作將來之勝益，所謂藥效，方可傳方。

八、托事顯法故，謂真空妙利，已見神功，大法恩深，投誠上報，故當機供華而感，吾佛變現以應，一多相即，大小五陳。以華驗法，實難思之幽關，將事顯理，皆普門之法界。

九、廣顯奉持故，謂法利深玄，聖凡叵測，獻華顯妙，變化難思。此示演説之權宜，必依如法而建立，欲令永遵聖教，愈久而愈不忘。

十、咐囑有在故，謂上之義趣，經中貫攝，流通未來，遐益羣品。不落斷常，免墮偏執，令生般若慧光，同修波羅蜜行，妙契勝義真空，觸事孤標實相。

然此十因，全是此經旨趣，佛欲演斯妙旨，故名本經因緣。約佛則十義爲因，以佛爲此方説此故，約生則十義爲緣，以生感佛，佛方説故。因緣和合，感應道交，箇非内外因緣，故名教起因緣。

△二、明十利益。

若一一言利益者，即：一、泯相澄神益；二、幻修妙行益；三、同證真空益；四、得入忍智益；五、體真難思益；六、明解中道益；七、真慈護國益；八、稱性供法益；九、奉持建立益；十、遐方遠爲益。即十因緣，成十利益。一經大意，極此十重，此經之興，有自來矣。《智論》因緣，亦有十義，大同今經，避繁不引。

△二、釋藏教所攝，二。初、明藏攝，三。

初、明三藏。

第二、藏教所攝者，於中二，一藏攝，二教攝。前中二，先藏，後攝。今初。

藏謂三藏、二藏。他處云藏乘分攝，今云教者，以乘分不離五教故。通稱藏者，有二義：一、含攝義，謂含攝一切所應知義；二、出生義，出生一切無盡功德故。先明三藏：一、修多羅；二、毗柰耶；三、阿毗達磨。

初、修多羅，梵語，名含四實，謂線、席經、井索、聖教。西天以線爲經，謂線能貫花，文能持義故。然順西域，應翻爲線，但以線爲經，不合方宜，古德欲順兩方，雙含二義，遂隨此方經名，轉借西域席經，從義翻之，故目爲經。借義助名，又加契字。此即契經即藏，持業釋也。或契經之藏，依主可知。

二、毗柰耶，義翻調伏。謂調伏三業，制伏過非。調練通於止作，制伏唯言止惡。就所調之行彰名，即調伏之藏，或藏有調伏之能，俱有財釋。

三、阿毗達磨，此云無比法，即目論體，慧無比故。亦云對法，能對亦慧，所對即涅槃、四諦之法。然對有對觀、對向二義，如次配之。所謂對法者，法之對故，故對法藏特名慧論。然其所詮，如次三學，兼各通三。若如《攝論》，尅體明之，則經通三學，律詮戒定，論唯慧學，斷無疑矣。

然上三藏猶有異名，别説廣如《華嚴疏鈔》。

△二、明二藏。

二藏者，一聲聞藏，二菩薩藏。謂於前三藏中，復有上下差别故，分爲二藏，謂如詮示大乘理、行、果者，名菩薩藏，有詮示二乘理、行、果者，名聲聞藏。此就二乘之理相同合爲二耳。若約教行差別，即三乘爲三藏，如《大疏》引《普超經》説。

△三、明藏相攝。

三、明攝者，有二。

一、明三藏，二。一、以彼三藏攝此經者，正唯修多羅藏攝，餘二不攝。良以此經非律、論故。二、以此經攝彼三藏，三藏俱含，然通兼正。正攝修多羅，兼攝餘二藏，以七誡遺囑及地位戒相，亦言戒故，匿王讚頌、如來述成，有論議故。

二、明二藏，亦二。一、彼二藏中，唯菩薩藏能攝此經，以此經中，詮顯真空，廣明二護，具彰五忍，開發無住廣大行故。二、以此經攝彼二藏，二藏俱含。以此經明人空般若故，亦攝彼聲聞藏，深必該淺故。以此全明雙空般若，正被菩薩故，全攝彼菩薩藏。

上明藏攝竟。

△二、明教攝，二。初、總明諸師。

次、明教攝者，有二：初、總顯諸師；二、別明五教。初謂一代時教，半滿兩分，所謂隨機方便，總曰權乘，如理究竟，咸稱實教。繇此西域東夏，聖師賢哲，立宗判教，有合有開，殊途同歸，無二無別。即少有違順得失，古德亦詳爲會通，如云約法則一，約人則五，新熏有五，本有無二等者是已。

△二、別明五教，三。初、五教師宗。

二、別明五教。然求其此方集判教、開宗之大成者，唯賢首祖師一人也。祖師夙乘悲願，示生堪忍，妙智難測，影響化世。故註釋則明如秉燭，端若析薪，講説則神光入室，威神震地。金輪聖主，隆以國師之渥，清涼、圭峰，仰爲開宗之範。所謂重明性月，大振玄風，師之力也。所立五教，即小、始、終、頓、圓。謂理果俱偏，故目爲小；未盡大乘法理，故立爲始；稱理俱成佛道，故名曰終；一法叵得即證，故稱乎頓；信、解、行、證，一具一切，帝網重重，主伴無盡，即名爲圓。此大師據一代教法，立此五教之本意也。於此五中，天台不立頓教，以天台所立四教中，皆有絶言思之妙。賢首謂此絶言思之妙，爲一類頓機所設，故立爲頓。況順禪宗，故知別立甚爲允當。然此五教，璞玉渾金，義豐言簡，即諸佛再世，不易其言。妙哉真模，萬代無斁也。

△二、五教法相。

若約所説法相明五教者，如《華嚴大疏》云：

一、小教。但説七十五法，唯明人空，縱少説法空，亦不明顯。即依六識、三毒，建立染淨根本，故《阿含》云貪欲、嗔恚、癡是世根本。未盡法源，故多諍論，部執不同。

二、始教。廣説法相，少説法性，所説法性即法相數，如六無爲。在《百法》中決擇分明，故少諍論。

三、終教。少説法相，多説法性，所説法相亦會歸性，如《華嚴》明因果理事五對，一一不離法界，《楞嚴》明四科七大，法法全歸如來藏性等。

四、頓教。總不説法相，唯辯真性，亦無八識差別之相。一切所有，唯是妄想，五法三性皆空，八識二我俱遣，訶教勸離，毀相泯心。生心即妄，不生即佛，亦無佛不佛，無生不生，如淨名杜口，釋迦掩室，是其義也。

五、圓教。所説唯是無盡法界，性海圓融，緣起無礙，相即相入，如因陀羅網，重重無際，微細相容，主伴無盡，十十法門，各攝法界，如《華嚴》所明。

然此五教，非局一經，以一經容有多教故，又一教亦攝多經故。

△三、明教相攝。

五教與此經相攝者，謂已知五教徧布羣經，未悉此經與彼何攝。今顯此義，略作三門。

一、彼全攝此，此分攝彼，即圓教也。謂彼圓教，與衆典爲洪源，攝羣經爲眷屬，然此經乃衆典羣經之數，彼既與此爲洪源，此又與彼爲眷屬，以深必該淺，故彼圓教全攝此經也。此分攝彼者，謂此《不思議品》云：諸王大衆聞説此經，散華空中，成寶華座，十方諸佛、大衆同坐，説此般若，乃至散曼殊沙華，空中變成金剛寶城，有師子奮迅王佛，共十方諸佛、菩薩大衆，説此般若。匿王、大衆見此境界，乃云願三世諸佛常説般若。至於釋迦，亦印讚云：此經是諸佛菩薩母不共功德，神通生處，諸佛同説。且釋迦爲衆又現一華入無量華，一佛土入無量佛土，一刹塵佛土入無量刹塵佛土，一佛身入無量衆生身。此一入多既爾，多復入一亦然。海入毛孔，芥納須彌，染淨互現，小大遞彰，生佛依正俱不思議。佛現此變時，女轉男身，得通三昧，乃至恒沙菩薩現身成佛。然觀此現華變座，十方諸佛同説般若，亦可謂常恒妙説，通方極唱也。又刹塵互入無礙，因果相攝交參，但非法爾如然，以是佛力變現，故謂此經分攝彼也。

二、此分攝彼，彼不攝此，即小、始也。謂此經始終明二空真理，小教但明人空，始、終雖譚二空，未顯勝義真際法性，以此深亦該淺，故謂此經分攝彼二。又彼小教雖除我執，未達法空，始明二空，淘汰空有，但逐機顯示，不同此經佛佛同説，見聞隨喜，共證圓伊，故彼小、始不攝此經。

三、彼此克體，互相攝者，唯終、頓二教也。謂彼終教備明染淨因果，凡有心者，定當作佛。今經從凡至聖，以五忍位，歷三賢、十地，等、妙二覺，斷障證真，但發大心，俱成佛果。如後《菩薩》《奉持》二品，十四忍位廣明行相，故與終教敵體相攝。又彼頓教，明一念不生即名爲佛，今經修證因果，俱要忘心頓證，不涉言思，後每段經標、徵、釋、結，俱明此義，故亦與頓必全攝也。

△三、釋諸宗對辯，三。初、敘師承。

三、諸宗對辨者，古謂權實對辨，以其不離始、終二教言之。既前教攝已明權實，故此立爲諸宗，然亦不濫教攝也。蓋教出自吾佛金口，以一經容有多教故，宗出自祖師情尚，以一宗容有多經故。意取佛、祖，心心相印，口口相傳，立爲標準，楷定正義，庶不支岐於邪小也。然大、小乘各有所宗，今唯取始、終二教所宗尚者，有三：一、法性宗，始自賢首祖師，宗《華嚴》大經，并《法華》《涅槃》所立，清涼、圭峰等皆宗承也；二、法相宗；三、破相宗。此二宗出自西域那爛陀寺，同時有二大德：一、戒賢論師，依《解深密經》立三時教，以法相大乘爲了義；二、智光論師，依《般若》等經立三時教，以無相大乘爲真了義。

△二、列三宗，三。初、列法性。

一、唯一乘，以佛性唯一，故唯一乘。初小乘、次三乘爲不了，後唯一乘爲了，如《法華》等經云云。二、唯一性，以依《法華》《涅槃》，皆言一切衆生平等一性，是以趣寂聲聞，餘國作佛，闡提有佛性故。三、唯心真，以八種識心通如來藏故。四、真如隨緣，以立八識，繇真妄和合而成，非一非異，故是真如隨緣成立。五、三性空有即，以依他無性，即是圓成。六、生佛不增減，以一理齊平，故不增減。七、二諦空有即，以第一義空該通真妄，真非俗外，即俗而真故。八、四相同時，以四相同時，體性即滅。九、能所斷證即，以緣境斷惑，不二即二，有能所斷，二而不二，誰爲内證？照惑無本，即是智體。照體無自，即是證如，非智外如爲智所證，非如外智能證於如。十、佛身無爲，以世出世智依如來藏，始本不二，有爲無爲，非一非異，故佛化身即常即法，不墮諸類，況於報體即體之智，非相所遷。

△二、列法相。

一、三乘，以有五性，故乘立三。初小乘、次一乘俱爲不了，後具三乘爲了，如《深密》云云。二、五性，以依《楞伽》等文，皆説五性，又謂法爾種子有無永别，是故五性決定不同。三、唯心妄，以言八識從惑業生，依生滅識，建立生死及涅槃因。四、真如凝然，以謂八識既從業生，故立真如常恒不變。五、三性空有離，以依他起性似有不無，非即無性，真空圓成，説經空義，但約所執。此明徧計是空，依圓是有。六、生佛不增滅，以三性、五性不同，故説一分衆生決不成佛，名生界不滅。七、二諦空有離，以謂真、俗二諦迢然不同，非斷非常，果生因滅。八、四相前後，以謂四相前後，滅表後無。九、能所斷證離，以謂根、後緣境斷惑，義説雙觀，決定別照。以有爲智證無爲理，義説不異，而實非一。十、佛身有爲，以言出世智依生滅識種，故四智心品爲相所遷，佛果報身有爲無漏。

以上性、相二宗，清涼於《華嚴大疏略會通》云：若知二教權實，二宗亦不相違，謂就機則三，約法則一，新熏則五，本有無二等。

△三、列破相。

三、破相，有五：一、無性，謂以諸法無性爲真如；二、真智，謂以能了無性者爲智；三、二諦，謂以色等爲俗諦，空爲真諦；四、三性空有，謂有是徧計，空謂圓成；五、佛德空，謂雖説佛身，五求不得，得乃虚妄，無得乃真，離一切相，名佛功德。

清涼以法性對破相，亦有五對，謂：一、本性性，以常住真心爲真如；二、真知性，以一心真實，本自能知爲知；三、三諦性，於前二諦加第一義諦，謂一真心性，非空非有，能空能有；四、三性空有性，謂徧計情有理無，依他相有性無，圓成情無理有，相無性有；五、佛德有性，謂諸佛常樂我淨真實功德，身智通光，一一無盡，性自本有，不假機緣。略辨此五，餘可例知。清涼《會通》云：然得意者亦不相違，謂一切法既皆是真心緣起，緣起無性，還是真心，始不異本，如外無智，餘諦性等，例之可明。

問：古德以法性對法相十別，對破相五別，皆二宗合之而列。今子以三宗各別列者，何也？

答：古德意以法性超於法相、破相二宗，合而列之，以顯法性優勝，令衆依之修道悟入，以證無上覺道。今意將此經旨趣，對彼三宗數量攝屬，故各别開列已竟，後便用今經明相屬也。

△三、明宗相攝。

三、相攝者，謂三宗義相，剖列皎然，未審此經與彼三宗，云何攝屬。略立三門。

一、彼不攝此，即法相一宗。以是此經觀照般若，從凡至聖，乃至極果，所破法相，遣之又遣，無遣遣故。

二、此分攝彼，即破相宗。謂是此經所破法相所顯空故，般若部中多譚空故。然彼但明人、法單空，未明重空亦遣之空。縱至重空亦遣，未極於同真際、等法性，故名此經分攝彼也。

三、敵體攝屬者，即法性一宗，彼此互相攝也。何則？云變現十方佛土，各現百億師子寶座，佛坐其上廣説法要，乃至其中諸佛，各各宣説一乘實相般若，此即法性一乘爲了義也。後云自性清淨即本覺性，即是諸佛一切智智，繇此得爲衆生之本。又云一切衆生，此爲覺性。如是之義，偏於一經，此即法性一性義也。後云一切諸佛於般若中生，或滅或化，而實無生、滅、化相，此即俗而真，明不生滅之真心隨緣不變也。又云然諸有情，於久遠劫，初刹那識異於木石，（此明真識。）生得染淨，各自能爲無量無數染淨識。（此即真妄和合而生藏識。）經初刹那不可説劫，乃至金剛終一刹那，有不可説不可説識，生諸有情色、心二法。既云初刹那識生無量識等，則知皆明具分唯識，故即性宗真唯心義也。後云一切衆生性無生滅，（即真如也。）繇諸法集幻化而有，（即隨緣也。）蘊處界相，無合無散，法同法性，寂然空故。（即不變義。）以此真如法性，正隨緣時，即不變故，非法相凝然，即法性隨緣義也。後云教化四生，并觀染淨諸法，不觀色相，不觀色如，以諸法性即真空故，無來無去，無生無滅，同真際、等法性，無二無别，猶如虚空。據此，則經明無性即空，空即實性，更無二體。不同法相但空偏計，依他猶存，故即法性依他無性，即是圓成義也。後云佛及衆生，一而無二。又云若欲[三]諸法而得不動，不生不滅，無相（增也），無無相（減也）。不應起見。何以故？以一切法皆如也，諸佛法僧皆如也。據此，則諸法三寶皆如如佛，何有增減？真性既等，説一切衆生一時成佛，不可以法性增減法性，猶如虚空，不可移西添東，減東增西，即法性一理齊平，生佛二界不增減義也。後《二諦品》中廣明真非俗外，即俗而真。斯則二而不二，不二而二，一二自在，爲真勝義諦。即此勝義，真妄皆空，不落斷常，寧容空有，逈出言思。非獨妄有真空、真空妄有義故，即法性第一勝義，該通真妄相即義也。後云一切法等即生即滅，即有即無，剎那剎那亦復如是。蓋若得無念，四相平等，了無前後，冥同真際，所謂法性融通，故使相非相而交參，生不生以無礙，即法性四相同時，體性即滅爲滅義也。後《奉持》一品廣明緣境斷惑，内證無相，即斷證而無斷證之義。葢以法界寂然，理智無二，明與無明，其性平等，若存能所，非真見證。故今經初地中，即謂初無相智，照勝義諦，一相平等，非相非無相等。據此，豈存能所斷證乎？故即法性能所斷證即義也。後云觀身實相，觀佛亦然，無前際、無後際、無中際。擴充之，寂寥於萬化之域，顯德於重玄之門。此則即常即法，佛身無爲，不墮諸數，全同藏性。總是無爲，無復本始之始，豈同有爲而有遷相？故即法性佛身無爲義也。如是義類，徧布一經，名同般若，義詮法性。故知此經具攝法性十義無疑。夫三宗相對，法性深於相、破二宗。今經義既同於法性，則知此經亦分攝彼二宗。今從勝邊作此判之，吾宗義學，洗心翫之，勿謂傷乎臆斷也。

△四、釋分齊幽深，二。初、明有境智，二。初、引論觀總標。

四、分齊幽深者，夫諸佛出興，唯爲一事，千經所演，無有餘乘。但以衆生根有大小，或有厚薄，智有淺深，行有遲速，吾佛循此機宜，所逗法義亦異。故西域東夏，弘宗樹教，或順佛意，或順物機，義立大小偏圓，教分權實頓漸。若不取類顯揚，難知法義天壤。今欲盡此玄微，先援《論》《觀》爲據。《論》乃馬鳴傳佛心印者所造，必傳佛心。《觀》乃文殊化身宗《華嚴》所立，必是實智。用此較呈旨趣，如空合空一體。略作三門：一、引《起信》五重爲所觀理境；二、引法界三觀爲能觀妙智；三、結成旨趣幽玄。

△二、依標別釋，三。初、引《起信》五重，二。初、《論》《經》合辨。

今初。《論》中五重者：初、唯一心爲本源；二、依一心開二門，一真如門，二生滅門；三、依後門明二義，一者覺義，二者不覺義；四、依後義生三細，一業相，二轉相，三現相；五、依最後生六麤，一智相，即法執俱生，二相續相，即法執分別，三執取相，即我執俱生，四計名字相，即我執分別，上四皆惑，五起業相，六業繫苦相，上二業果也。然《論》五重義相，即前法性宗中十欵所具者。此經旨趣，既俱含攝法性義中，不必又引經中文義合辨。況《觀佛》《菩薩行》品，朗然一心源真如門，乃至《護國》潛消七難，即五六麤，《不思議》《奉持》品，皆明修斷證真，非因因㊂果而因果交徹，離空離有而空有疊彰，寄位權化，階降勝進，玄同五重法義，始終妙契心源也。

△二、通釋妨難。

難云：般若爲破相空宗，古德名言刊定。今子云何以始教全具性宗十義，而又引《論》五重爲分齊耶？

答：空宗始教，古就所詮，立此名目，八部玄文皆同此攝。然《仁王》一經，名同《般若》，所詮義旨，迥異餘經。故後文明行修地位，空有雙彰，染淨心境，真妄無二，義理幽遠，全是性宗。故十義明詮，非爲過也。況《論》五重，古今弘教皆爲能量，今《論》與《經》，義味無二，實謂幽玄也。

△二、引法界三觀，二。初、標列科目。

二、引法界三觀，爲能觀妙智明分同者，二。初、據《經》明同，二、再釋妨難。初中有三：一、攝歸真實；二、彰其無礙；三、周徧含容。然此三者，即名唯法界，義通此經。故略録《大疏》，皆顯此中所詮法義，與彼若合符節也。

問：法界圓融，一切即入，理極深玄，不可思議。《華嚴》詮此是所相應，今經譚空，何云同耶？

答：宗雖不齊，理實可會。且彼既全攝此經，此何礙分同於彼？況今經一切皆空，宛同法界初門，有無相成，符合理事無礙。佛現神力，略開周徧含容，所謂分同，良在兹矣。其猶百川雖小，水性全同滄溟，衆星縱廣，森列皆拱北辰。而謂今經分同法界，非臆斷也。古云，以深爲淺，則有謗法之愆；以淺爲深，則有扶理之德。誠哉言也。且圭峰引此而釋觀門，豈有理殊而引之耶？

△二、依標別釋，四。初、攝歸真實。

初中攝歸真實即真空絶相觀，正如今經心境真妄、聖凡因果、理事染淨等法，一切皆空故。此有四門：

一、會色歸空觀，有四義門。前三同言色不即空，以即空故，釋義有異，皆爲揀情。第四顯解云色即是空，以無性故，一色既爾，萬法皆然。今經云一切法空，不即頑空、斷空，即揀情也，以色心無體，即是真空，即顯解也。既爾揀情顯解，即同彼初門之旨。

二、明空即色觀，亦有四門。前三揀情，準前言同釋，别但翻前云，空不即色，以即色故。第四顯解云，空即是色，以凡是真空，必不異色。故後經云，世諦幻法無名、無相、無義。又云，菩薩住無分別，無彼此相，無自他相，空也。常行化他。即色也。此皆同彼二門之義。

三[四]、空色無礙觀，謂色不盡而空現，空即色而空不隱，空色一味，真俗平等。後文云一切諸法即有即空，又云以有情空置涅槃[五]空，以菩提空置有情空，皆同彼三門義也。

四、泯絶無寄觀，謂此真空，不可言即色不即色，不可言即空不即空，乃至云不可亦不可，此語亦不受，逈絶無寄，言解不及，此即同今十八空義，遣之又遣，以至於無遣，重空更空，不立一塵者也。妙哉般若，全同法界。然彼前二八門揀情顯解，第三門中解終趣行，第四一門蹻前解成行，行起解絶，今經空諸一切，亦在揀情破妄，顯妙明真，以成密多之行。此行成時，孰可思議者哉？

△二、彰其無礙。

第二、彰其無礙者，即彼理事無礙觀也。以約理事色空相望明義，彼有五對十門：

一、相偏對，即事理相偏二門。一謂理不異事，能偏事中故。今經一切同空，諸法皆如，既空既如，理偏事矣。二謂事無别體，還如理偏故。今經以一空門，即空一切，以一有門，即有一切，即同性宗一性義也。

二、相作對，即事理相成二門。一謂以有空義故，一切法得成。如攬一水，方成萬波故。今經明諸佛生化，皆依般若，若離真心，無别有體，此即性宗具分唯識、真如隨緣兩義。二謂以事相虚，能顯實理故。今經法法皆空，全彰自性，了達不二，直入勝義，此即性宗依他無性即是圓成也。

三、相害對，即事理相違二門。一謂理既全理，則事相皆盡故。今經明了知二二，即勝義諦，離般若外非如實相，即性宗生佛二界不增減、無相平等義也。二謂隨緣成事，動顯静隱故。今經明取著二二，即世俗事未成佛時菩提爲煩惱故等。

四、相即對，即理事相即二門。一謂事必理故，舉體即事，例如空即是色，方隱真空故。今經以諸有爲法，因緣幻有，染著虚妄，便爲相縛。二謂因緣無性，全體即真，如金與器，器全是金。今經明文字章句即是真如，非一切相，如實觀身。然此理事相即二門，蓋顯如來藏與阿賴耶非一非異，即理即事，非斷非常，起滅同時，斷證亡相，皆是相即二門之義趣也。

五、相非對，即理事相非二門。一謂即妄之真，是真非妄，如即波之水，是水非波。今經明諸法空處，真照朗然，妙智明時，妄計撤爾。二謂即真之妄，是妄非真，如即濕之動，是動非濕。故幻法無實，依真有相，妄惑雖空，徧計成有。然此通前二門，即攝性宗有爲無爲不一不二之旨，了無餘藴。

上之十門同一緣起，故云無礙。若理望事，有成壞即離之四。若事望理，有隱顯一異之殊。逆順自在，同時頓起，無障無礙。今經色空相望，當知亦爾。深思，令觀明現。

△三、周徧含融。

第三、周徧含融觀，即事事無礙明義也。蓋理既具普徧、廣容二義，融於諸事，故諸事稱理，皆能周徧含容。然有衆多義門，皆依此二義而立，故古德立十玄門。今依彼門名，廣演此經，分同彼義。

一者，謂非空此法不空彼法，亦非空一不空多法，以正空一法時即空一切法故，正空染法時即空淨法故。般若圓明，真照無際，同時俱空，非有前後。故後經十八空中，內空之般若即空十七空門，十七空之般若即還空內空。《不思議品》明一華入無量華，無量華入一華，俱明此義。空既如此，諸法亦然。此分同同時具足相應門。

二者，謂大空法界事理，細空刹那生滅。即空法界之般若能空刹那，廣而能狹，即空刹那之真觀能空法界，狹而能廣。空法界時，即空刹那之能所，盡入法界空中，而法界非廣。空刹那時，即空法界之能所，盡入刹那空中，而刹那非狹。以分即無分，無分即分故。下文明大海入一毛孔，須彌入一芥中，狹既容廣，廣即容狹。此分同廣狹自在無礙門。

三者，謂即此刹那空，舒已遍入一切法空中，即攝一切法空，令入刹那空內，舒攝同時，一多鎔融。彼觀有攝入四句，謂：一入一切、一入一、一切入一切、一切入一。互攝亦然。下文明一佛土入無量佛土，無量佛土入一佛土等，俱明此義，以容方入故。此分同一多相容不同門。

四者，謂空是即有之空，有是即空之有，遂明即空即有，即俗即真。然此勝義真空，廢己同他，空即是色，舉體全爲一切諸法，攝他同己，令彼萬法，總成一味勝義真空，一多相即，溥容無礙。後云一塵刹土入無量塵刹土，無量塵刹土入一塵刹土，上句舉一體全即無量，下句攝廣多還入一中。此分同諸法相即自在門。

五者，謂繇法等集故一切皆有，則妄顯真隱。繇般若空故一切皆空，即理顯事隱。隱顯顯隱，同時無礙，如初八日之月，隱顯同時。後云未成佛時以菩提爲煩惱，則真隱妄顯，已成佛時以煩惱爲菩提，則染隱淨顯。又云了知二二即勝義諦，取著一二即世俗諦，互相隱顯，亦如上説。此分同秘密隱顯俱成門。

六者，謂此勝義真空，妄立一切法空，一切法空，炳現一真空内，如琉璃瓶盛多芥子，能含所含，一多不壞。後文云無量入一，一入無量，一佛身入無量衆生身，無量衆生身入一佛身。此分同微細相容安〔六〕立門。

七者，謂即此真空正智，照一切諸法時，所空既已無盡，能空亦俱無窮。種類出生，空而復空，重重影明，層層互顯。後云佛身不可思議，衆生身不可思議，乃至云世界不可思議等。此分同因陀羅網境界門。

八者，謂觀諸法時即觀真空，如觀波即水，達器是金，非離有法别有空相，托法明空，無生自現。同彼華表其因、城表涅槃等義。下文即文字而明般若，即生而明無生等，俱是此義。此分同托事顯法生解門。

九者，謂真空既遍一法，亦既徧一切法時，三世各三，攝爲一念，不住三際，無去來今，一念亦無，唯是真際。後云諸法相續，念念不住，剎那剎那，非一非異等，俱明此義。況時無別體，依法而成。此同十世隔法異成門。

十者，般若爲一切佛母，故諸佛同證同說，五忍是菩薩行本，故行行不即不離。是則人不分於因果，普皆修說，法無間於一多，咸稱始本。故後明變現十方淨土，而現百億師子座，佛坐其上，廣説法要。一一座前各現一華，是百億華衆寶嚴飾。於諸華上，一一復有無量化佛，無量菩薩，乃至其中諸佛各各宣說般若波羅蜜多，展轉流遍十方恒沙諸佛國土等。又云是時十億同名虚空藏菩薩，與無量無數諸來大衆，歡喜踴躍，承佛威神，普見十方恒沙諸佛，各於道場説十四忍，與我世尊所説無異。故知法義深玄，必攝眷屬隨主。是故十方此界各不相見，主伴伴主圓明具德。此分同彼主伴圓明具德門。

△四、結成深玄。

上之十義，蓋顯不共般若與法界同途。故慧明徧照，一空俱空，真性融通，空無前後。廣狹一多，即入隱顯，微細難思，顯法生解。諸法清淨，片念具足，無非一性徧彰，通因果而一致，諸佛同說，齊理智而一源。良以此經，實難思之幽關，般若之堂奧也。

△三、再釋妨難。

再釋妨難者，問：般若、法界，旨趣天淵，今經詮理分齊必同彼法界者，何耶？答：交徹融攝曰法界，寂照常一曰般若，是雖二名，實則一體。故裴公云，是衆生之本源，故曰心地；是諸佛之所得，故曰菩提；乃至統衆德而大備，爍羣昏而獨照，故曰圓覺，其實皆一法也。據此，則法界、般若，何非同哉？應知法界之理，圓徧無礙，皆繇性空，般若之照，真空一如，本因性徧，二義相成，方爲極理。若法性不空，圓理何顯，真界未徧，智照難空，故此所說，義實通彼。況後《不思議品》，一衆獻華，顯妙難思，吾佛變理，直示法界真境，是知一部《仁王》，名唱空宗，義含法性交徹，實同法界性融也。不然，何前說方竟，後説未張，而遽變現法界如斯哉？且此經明萬法不空，同彼諸天偈讚，五位依忍，類彼諸聖行門。弘護因果，似托法進修之章，引證古今，有勸樂生信之義。寄位行化，假權克修，合加行於回向，明十忍於等覺。十度真明，二諦雙顯，總其位位斷證，括乎行行權實。乍觀則或廣或略，詳參則同理同事。況《護國》一品，明般若之玄功叵測，《奉持》一品，顯般若之真修深廣。前曰分同，有在斯乎。若株守文言，膠柱義旨，非承言會宗通方之見矣。

△二、明離境智。

後明離者，夫性海清涼，四面可入，苦實相火聚，萬方難登。故大經八十餘科，總皆清淨，一十八空，諸所寂滅。凡以淵澄妙體，一法叵得，虛玄奧域，衆滓俱盡。故知今經明義，貼體同茲。是以世出世間，空空絶跡，淨非淨界，幻幻非真。即涅槃菩提，等是空花，真如法界，一皆水月。全彰般若之真光，直示性空之妙體。如是觀時，此爲正觀，若他觀者，即名邪觀。

△五、釋教所被機，二。初、牒章總標。

第五、教所被機者，謂佛説一切法，爲度一切心，若無一切心，何用一切法？是知教因被機而設，離機則教無所施。故前宗教既明，今當辨機也。然機有種種，總明十類，於中先揀後收。

△二、依標別釋，三。初、約揀非器。

初中有五：

一、取著非器。故《觀空品》云，見境見智，見説見受，即非聖見，是愚夫見。

二、倒想非器。謂觀法如幻，是真實觀，妄求一異，即是徧計。後文云，若著名相，分別諸法，六趣四生，三乘行相，即是不見諸法實性。

三、邪執非器。謂有即空有，空即有空，有空無二，中道理彰。然執空則斷，執有則常，二邊之見是外道攝。故後文云，若他觀者，名爲邪觀。既云邪觀，非外而何？上三皆是迷情妄計，不達真空，故是非器。

四、二乘非器。今經純明甚深般若，真空一如，二護之旨，皆爲兩利雙修，觀有如幻，權實並顯，了空無依。一經前後，皆言菩薩，不明二乘，知非是器。

五、權教非器。謂忘失大心，業皆魔攝，止修事行，慧豈到岸。此是守權，非爲真實。豈同今經，五位修行，全依法忍，十度建立，總云波羅。此上二種，皆爲擔麻棄金，認化城而作寶所，執礫爲珠，觀爝火而翳日城。同前三類，故並揀之，以爲非器。

△二、普收是器。

後普收有五：

一、淨信是器。謂是般若向上機故。故《觀空品》云，若人於恒沙三千大千世界，滿中七寶以用布施，還令大千衆生得阿羅漢，不如有人於此經中，乃至起於一念淨信，何況有人能受持讀誦，解一句者。盖文字性離，即是般若，故淨信一念，即是般若正爲之機。

二、依真是器。謂智照澄明，觀空不滯，事修雖別，一理齊平。如説而行，依真建立，總所作爲，毫不著相。故後文云，行斯道者如虛空故。又云，法相如是，有所得心，無所得心，皆不可得。乃至云，菩薩所修諸行，而於中行。又云，若菩薩不著文字，不離文字，無文字相，非無文字，能如是修，不見修相，是則名爲修文字者，而能得於般若真性。此亦般若正爲之機。

三、奉持是器。謂法貴流通，方曰普皆饒益，依教奉行，故知真爲法器。是以佛云，此經是諸佛母，諸佛同説，能多利益，是故汝等應當受持。《奉持》一品，廣明斯義。如文云，從初伏忍，至金剛定，如法修行十三觀門，皆爲法師依持建立，汝等大衆，應當如佛而供養等。據此，即是正所爲機。

四、護法是器。謂因果二法，皆明真空，一著相見，難成内護。故《觀如來品》《菩薩行品》，一一結云，菩薩護果護因，爲若此也。

五、護國是器。謂題稱護國，名不虛設，依此修行，法利無邊。故後廣顯般若錫福神功，引古證今，事非唐蠲，且佛囑諸王常修，未來亦應修學。如上二種，亦是正所爲機。

△三、結前成種。

然上五種法器，依理修行，正是所爲。若約揀收通攝，則前五非器，亦不棄撝。故取著之執，從迷是起，顛倒之妄，繇心所生，是雖凡夫，悉見佛性。儻結善種，自生信心，此之二種即是遠爲。又邪外違真，謬生計執，一蒙淨熏，始覺決生，縱經多劫，亦可歸正，此之一種亦是遠爲。經明深慧，非止人空，二利齊修，悲智雙運，此彼岸之行，二乘沈空滯寂，寧不緣熟開心，回小向大耶，故屬兼爲。權教菩薩事行違真，緣了因發，正性自顯，同入佛乘，無二別故，此乃引權入實，所謂引爲者也。若夫寄位修法，應物現形，普示淨業，爲化衆生，此經則攝權爲一種之機矣。故知前五，約揀則成瓦礫荊棘，約收則爲白玉黄金，亦在四爲之中，要之生信依行，見聞隨喜，但除妄想，無不佛心，何非所爲之機？

問：信等五根，是器可爾，取著等五，何亦名器？

答：《華嚴大疏》云，法性圓融，感應交徹，無有一法而非所被。據此，則無情亦在所被。取著等五皆有情耳，何非器耶？况色性、智性，本無二體，無有情外有非情也。此理深玄，正是不共般若。凡吾遊心教海〔七〕者，必審諦思之可也。

△六、釋總辯教體，三。初、列數類簡。

第六、總辯教體者，謂般若實相，寂照難思，括論教體，略明五種：一、聲名句文體；二、通攝所詮體；三、諸法徧空體；四、會相歸性體；五、理智無礙體。五中，前二通小，後三唯大。又前二通諸教，後三唯性宗。又前二唯體，後三亦體亦性。就前二中，大小乘宗通用四法爲體。然大小乘各有三説，如《華嚴大疏》廣引經論所明，今略意引之。

△二、依數牒釋，五。初、釋聲名句文體。

初中先開後合。開謂假實，攝假從實，以聲爲體，無别名句等故。《深密》謂言音有三，明以聲爲教體。《雜集》謂成所引聲，謂諸聖説若以體從用，即名等爲體，以能詮諸法自性差别，二所依故。《唯識》破經部云，若名句文不異聲者，法詞無礙，境應無别。然此三離聲雖無别體，而假實異，亦不即聲。後合者，然上二義單明，俱執一邊，故須合取四法爲體，符《淨名》《地論》之言，融前二説，教理無違。如清涼聖師，雙取四法，不偏假實，端有定量，萬古難移。故彼文云，良以音聲一種，正就佛説，容爲教體，流傳後代，書之竹帛，曾何有聲，豈無教體？至哉言也。後云，此般若密多文字章句，百千萬億諸佛而共同説，則諸佛同説合取爲體，甚爲允當。然此四法，大小乘雖通，理亦隨宗有異。今經則文字性空，即是般若，故四皆即假而真也。

△二、釋通攝所詮體。

二、通攝所詮體者，謂前義尅取能詮，故無所説。今明能所不離，教義相成，爲契經體，方顯真教。故《華嚴》云，文隨於義，義隨於文。《瑜伽》云，契經體有二，一文二義。故知不取所詮，不成教體。如後文明文字、實相、觀照三種般若者，此也。

△三、釋諸法偏空體。

三諸法偏空體者，謂實相真體，諸法全彰，離法明空，如撥波求水，故一切法體乃爲真體。若百草皆春，真觀則頭頭呈露，慧照則在在昭揚，瓦礫荊棘，無非般若，花樹月沼，同一真如。後謂諸法自性本真，正觀法時，空性常顯。今依此義以爲教體。然光明、香飯、語默、瞬息皆爲教體，況法空遍照，何法而非教體也耶？

△四、釋會相歸性體。

四、會相歸性體者，謂如來言教皆順於如，是故虚相本空，真體本現。以一切教法，從緣無性，即是真如，故爲教體。後云文字者，謂契經、應頌，乃至希有、論議，所有宣説音聲語言文子[八]章句，一切皆如，無非實相。然若順明教之生起，如梁《攝論》第十卷云，真如於一[九]一切法最勝因，從真如起無分別智，緣此流出後得，續生大悲。因此如來安立教法，救度衆生，説大乘十二部經。此法是大悲所流，一切法中最勝等。若逆推之，此之教法從後得智，此智緣根本智生，又此根本緣冥證真如，故今教體，以真如最勝而爲根本。今從此義，攝末歸本，以教即如，故名會相歸性。

△五、釋理智無礙體。

五、理智無礙體者，謂般若一法，約能所別。實相即理，觀照即智。智即理故，觀照而實相全彰，理即智故，實相而觀照本有。故以理智無礙之般若，觀心境平等之性空。況能説之佛，既理智相應，湛然清淨，故所詮之義，亦如智無礙，能所全空。即以此義，不一不二而爲教體。如《大疏》云，一切教法舉體即空，不礙十二分教事相宛然，雖真如舉體爲一切法，不礙一味平等，寂爾昭彰。如後文所明。

△三、結屬今經。

以上五門皆是此經教體，然一切皆如，今經明言，則知一切法無非教體，亦一切空處無非教體也。

△七、釋明經宗趣，二。初、叙義總標。

第七、明經宗趣者，《大疏》謂，語之所尚曰宗，宗之所歸曰趣。於中，總論佛教，因緣爲宗。若詳明者，而有通、別二義。

△二、依標牒釋，二。初、通明諸宗。

初、通明諸宗者，一切諸經各自有宗，如《華嚴》宗法界，《法華》宗一乘，《淨名》宗不思議，《涅槃》宗佛性等。故清涼祖師總收一代時教以爲十宗，謂：

第一、我法俱有宗，攝小乘二十部中五部之義，謂犢子部、法上部、賢胄部、正量部、密林山部，亦取經部根本一分之義。

二、法有我無宗，攝三部全，謂一切有部、雪山部、多聞部，更兼化地部末計一分之義。

三、法無去來宗，攝七部全，謂大衆部、鷄胤部、制多山部、西山住部、北山住部、法藏部、飲光部，兼取化地部一分之義。

四、現通假實宗，攝説假部全，兼末經部一分之義。以上四宗唯爲小乘。

五、俗妄真實宗，即説出世部。

六、諸法但名宗，即一説部。此二通大小乘。

七、三性空有宗，即大乘法相師所立應理圓實宗。彼在第八。

八、真空絶相宗，即大乘法相師所立勝義俱空宗。彼名第七。此二唯大。然大乘法師，依《深密》三時，初《四阿含》言有，第二八部《般若》言空，第三《深密》明不空不有中道之教，故先性後相。今言性宗，故空宗居八，相宗居七耳。

九、空有無礙宗，即攝一切終教。

十、圓融具德宗，即攝華嚴圓教。

然此十宗，一宗容有多經，隨何經中皆此宗故。若局判一經，則抑諸大乘教也。

△二、別明此經，四。初、約理智爲宗趣。

二、明別宗者，即是此經宗趣也。謂以實相觀照，不一不二以爲經宗。或唯實相，或唯觀照者，並未允當。且此經所詮，一一離相，豈唯觀照？又教化衆生，不住一相，豈唯實相？故今雙取爲宗。以即理之智，二護甚深到岸，以即智之理，萬法無相皆空。六度萬行，五忍諸位，一一皆不離此。若離實相，難忘分別，便成取相住著，即墮有漏。若昧觀照，則闕於智用，便滯偏空有餘，同於二乘。故須理智不即不離，方契般若中道之旨。《起信》止觀合説，《法華》定慧雙修，《華嚴》明權實二法，大心依賴，《涅槃》明定慧不等，不見佛性，無明邪見自此而生，皆明此義。

△二〔二〕、約五對爲宗趣。

若就台宗釋題五重玄義爲宗趣者，則以妙慧爲體，到彼岸爲用，顯明内外二護爲宗，尋宗令趨妙慧實體故。於中分出五義相對，互爲宗趣：一、教義，二、體用，三、理智，四、因果，五、人法。初、舉教爲宗，顯義爲趣，以義爲宗，達教爲趣，以知義深則教勝故。二、舉般若之體，意顯波羅蜜之用故，舉波羅蜜之用，意顯般若之體故。三、舉理欲顯實相之觀照故，舉智欲明觀照之實相故。四、護果不住，意如理修因故，護因如幻，欲克證妙果故。五、舉仁王護國，顯般若能護之法故，舉般若法體，明仁王護國之本故。一經始終不離此五。若五對別明，是宗之趨，若五對相即，是宗即趣。如此五對，不即不離，是名般若妙宗趣也。

△三、約十義爲宗趣。

然此亦有十義五對爲此經宗趣，謂：一、般若境，有二，一性住般若，貫通凡聖，爲所信境，二至得般若，唯局佛位，是所證境；二、般若心，此亦二義，一實相心，正念萬法本空故，二觀照心，幻修諸行悲願故；三、般若行，亦有二義，一差別行，諸度斷證不一故，二平等行，真修俱到彼岸故；四、般若位，此亦二義，一權現位，寄王比證差別故，二實證位，依真如智平等故；五、般若果，此亦有二，一始覺果，而今修生故，二本覺果，本來具足故。此上五對，皆初句爲宗，次句爲趨，如云信境爲宗，證境爲趨等。五義鎔融，則心境行位果，舉一全收，如云境即全果之境，果即全境之果，心爲即行之心，行爲即心之行，乃至位爲即果之位，果爲即位之果。體用一如，行證雙泯，千逕九逵，不離般若。故此十義乃今宗趣。

△四、約心觀爲宗趣。

若會歸心觀，則此經宗趨，即照而遮，宗趨泯然，即遮而照，宗趨廓爾。雙遮則遮前照遮，離即離非，雙照則照前遮照，是即非即。圓明一觀，言亡理絶，方契般若之真宗，能證般若之玄趨矣。

△八、釋會通地位，二。初、叙義分科。

第八、會通地位者，《周易》云聖人之大寶曰位，意謂聖人處此而弘道優裕，非位則雖全道德而無有用，則非所寶矣。故清涼云，若無此位，行無成故。然一切菩薩，修淺深之因行，證滿分之果位，修證從人，真似殊分，位次依法，賢聖兩異。於中，先明諸教不一，後明證真無二。

△二、依科别釋，三。初、引諸教不一，五。初、引始教，二。初、正引位次，四。初、引《唯識》。

《唯識論》云：具大乘二種性者，略於五位漸次悟入。一、本性住種性，謂無始來依附本識法爾所得無漏法因。二、習所成種性，謂聞法界等流法已聞所成等熏習所成。要具此二大乘種性，方能漸次悟入唯識。一、資糧位，謂修大乘順解脱分。二、加行位，謂修大乘順決擇分。三、通達位，謂諸菩薩所住見道。四、修習位，謂諸菩薩所住修道。五、究竟位，謂住無上正等菩提。云何漸次悟入唯識？謂諸菩薩於識性相資糧位中能深信解，在加行位能漸伏除所取、能取，引發真見，在通達位如實通達，修習位中如所見理數數修習伏斷除障，至究竟位出障圓明，能盡未來化諸有情，後令悟入唯識性相。

△二、引《瓔珞》。

《瓔珞經》中以六種性攝一切位：一、習種性，攝十信、十住；二、性種性，攝十行；三、道種性，攝十向；四、聖種性，攝十地；五、等覺種性；六、妙覺種性，即如次攝等、妙二位。《大品》中，以此六性約二義簡：一、約心觀，謂初性從假入空，二性從定入假，三性觀修中道，後三性俱證中道實相；二、約寄位，謂初性銅鐵，二性銀寶，三性金寶，四性琉璃寶，五性摩尼寶，六性水晶寶輪。如《大品經》中廣明義相。

△三、引《地持》。

《地持經》中以七地位攝一切地，謂：一、種性地，攝信、住；二、解行地，攝行、向；三、淨心地，攝初地；四、行迹地，攝二地至七地；

五、決定地，攝九、八兩地；六、決定行地，攝十地；七、畢竟地，攝等、妙二覺。於中，前六地唯菩薩地，第七通菩薩、佛共地。

△四、引《金剛》。

《金剛十八住論》，無著菩薩依彼經立其住名，所謂一十八住，密示階差也。然束爲八住，攝盡十八：一、發心住處，攝第一住；二、波羅蜜相應住處，攝第二住；三、欲住處，攝三、四兩住；四、離障礙住處，總攝十二位，即第五住至第十六住也；五、淨心住處，攝十七住；六、究竟住處，攝其十八；七、廣大住處；八、甚深住處，各攝前六住，以一一住位皆有深、廣二義故。然此中八，前四攝十六住即是三賢，第五淨心一住即是初地，第六究竟一地即從二地極至佛果。又八中，前六別攝十八，後二通攝十八，即知廣大、甚深二住攝十八住時，即一一攝五十五位也。

△二、舉數簡異。

然前四所引，約《唯識》唯始非終，《瓔珞》兼別，《大品》亦始，《地持》《金剛》義通法性，亦始終攝。

△二、引終教。

若約法性終教明地位者，《楞嚴》明五十七位，謂：乾慧、信、住、行、向、煖、頂、忍、世第一、十地、等、妙。然統收多位，不出於八，謂：一、乾慧地，義推即同天台五品觀行位；二、十信，即相似位；三、三賢位；四、加行位；五、見道位；六、修道位；七、等覺位，上五即分真位；第八、妙覺，即究竟位。然彼文攝之，不出單複十二之位。上諸教中，並依地位漸次修成，故總名爲漸。

△三（二）、引頓教。

若約頓教明位者，但一念不生即名爲佛，不依地位漸次階差。如《思益經》云，得諸法正性者，不從一地至於一地。《楞伽經》云，十地即爲初，初則爲八地，第九則爲七，七亦復爲八，第二爲第三，第四爲第五，第三爲第六，無所有何次。然初之七句，約義配同，最後一句，據理都遣。非同漸、圓，故不立位。

△四、引圓教，二。初、約行布。

若圓教《華嚴》，明位有二。一、行布位，以立位次有差別故，如第二會明信，三明住，四明行，五明向，六明地，七明等妙，前淺後深，故名行布。

△二、約圓融。

二、圓融位，有二：一、總明相攝，一位即一切位故；二、五位互攝，一一位圓即至佛故。又此二中，前唯約理行圓融，此兼明行證相似。又前行布是教相施設，此圓融是理性德用。又此二中，約能詮教道則行布不同，約所詮之理則圓融無二。故《大疏》云，相爲即性之相故，行布不礙圓融，性是即相之性故，圓融不礙行布者，此也。

△五、結揀諸位，二。初、配對結屬。

此上諸教所立地位、隱顯、開合不同，皆明差別行證之歸結。然曲分五對，略示不一：一、總別對，即《唯識》《瓔珞》總相立位以含攝，《楞嚴》等經別相明階而曲示；二、隱顯對，即《金剛》《地持》，隱示少位之方，《唯識》《佛頂》，顯立多種之相；三、開合對，開則五十五位，詳明果證有差，合則五六七種，略示因修無二；四、立遣對，《楞伽》等經，明頓故遣之又遣，《楞嚴》等經，明漸故立之更立；五、偏圓對，謂諸教偏權，故差別有礙平等，華嚴圓宗，故行布不礙圓融矣。

△二、結括他宗。

即知天台六即，理與名字雖未入位，後四亦攝盡五位而無餘。圓覺五位，衆生皆入。雖俱凡小五種，皆隨順覺性而不滅。況《大品經》明四十二字，古德用表四十二位乎。既一字皆入一切字門，故一位亦攝一切位也。應知他位隱顯、開合、偏圓不同，良繇此心，一多卷舒，大小自在故也。

△二、明證真不二，二。初、立理標本。

次、明證真不二者，夫真空性體，平等一源，雖位列高低，而不逾此理。故下位證入，猶一室之空，極位所證，如太虚之空。一空入大空，一空本相不壞，大空入一空，而大空大體猶存。室空、大空，空性是同，賢位、聖位，位體豈二。故知一切地位總歸一真空也，故曰同真際、等法性者，此也。

△二、互相攝屬。

若諸教地位與今經攝者，五位斷證，同乎《唯識》，寄化作王，有類《瓔珞》。位位波羅之行，有似《華嚴》因修，地地依真之理，大同《佛頂》果證。以五種忍而含攝諸位，不異《地持》，以一《序品》而密顯地相，義合《金剛》。十地三十生皆空，即《楞伽》不立之宗，一念八萬行具足，即法界圓融之旨。况一經要旨，含天台六即之談，一陀羅尼，具四十二字之妙耶。大哉，《仁王般若》之位次，不謀而理契諸教者焉。唯加行一種，合於上賢，不同《唯識》《楞嚴》之開顯，等覺聖位，該於寂忍，亦不類諸經衆論之分張。若諸經教攝此經地位，全攝無遺，而此經中地位攝諸教地位，亦等該非爽。唯《華嚴》圓教全攝此經，而此經地位亦分同法界矣。

△三、結歸觀心。

此中還須攝末歸本，會緣入實，同真空之實相，等妄有之一如。不離般若，正觀如是。

△九、釋顯法護國。

第九、顯法護國功德者，夫八部《般若》，總空諸法，唯《仁王》一部，迥出羣經。盖以扶危拯溺，實有海之迅航，燭暗照昏，信法幢之高炬。爰自晉譯微言，羅什初弘其盛烈，唐翻大乘，不空繼纂其遺芳。御筆含彩，製金聲玉振之章，寶軸流輝，符景星慶雲之瑞。然佛受諸王之請，詳演護國之方，琅函西秘，無家傳户曉之功，貝葉東來，有保泰奠安之益。從此，智慧劍剪稠林而無餘，般若光耀古今而有永。其淨信也，速證菩提，其照空也，足入聖見。故知大千之寶施，非可較量，恒沙之聲聞，無能比及。良以福不證菩提，信等可入道也。慮無徵也，引頂生王之蒙惡，帝釋依持而頓遣，憂再惑也，舉普明王之興善，班足同心以入真。至於叮嚀勗勸，無非因疾之方，付囑勉旃，全爲安邦殄患。其他兩儀資之奠位，三光賴以和明，與物無爲，盡世有道，利超思議，功逈凡情。若夫船遇風濤，則纔持玉偈而風偃海澄，客逢鯨患，則一展靈文而波平惡息，又不足論矣。其解説也，天台義疏，白璧絶瑕，神寶記章，出塵[二]瑩鏡。其受持也，念誦有法，明於指掌，讀持在人，端乎一心。其利益也，七難冰消，八部雲擁。其功德也，衆聖輔國，五方呪護。遠爲無盡，故金口諄諄，有未來當依之誡，正證難思，故佛令在在，結現前悟入之境。宜乎洪鐘未扣之前，放光動地，花雨穹蒼，慈雲纔散之處，發願垂泣，聲徹漢霄。以此護國，妙應如桴鼓之神，仗斯保民，難思邁金湯之固。信乎如來開示，不爲鼷鼠之細，輕發千鈞，即知斯王流通，如出千雲之材，用弘大厦。然則今日保安社稷，祝國輔世，感召荒服，參天同地者，於此大法應如是觀。

△十、釋部類品會，二。初、通示大部。

第十、部類品會者，於中有二，初通示大部。

《金剛纂要》云：佛説大部處會，六百卷文，十六會説。一、王舍城鷲峰山七會，（山中四會，三[三]頂三會。）二、給孤園七會，三、他化自在天宮摩尼寶藏殿一會，四、王舍城竹林園白鷺池側一會。準《金剛刊定記》云：般若類有八部，謂《大品》《小品》《放光》《光讚》《道行》《勝天王》《文殊問》《金剛》。唐譯爲六百卷，二百七十五品，總一十六分。前五無名，後十一分有名。前六分品，後十不分品，即初分七十九品，第二分八十五品，第三分三十一品，第四分二十九品，第五分二十四品，第六《勝天王般若》分一十七品，第七曼殊室利分，第八那伽室利分，第九能斷金剛分，第十般若理趣分，第十一施波羅蜜分，十二淨戒，十三安忍，十四精進，十五靜慮，十六般若。即《大明度無極經》四卷同前五分，《儒首菩薩無上清淨分衛經》二卷即第九分，《實相般若》即第十分，《道行》《小品》各十卷同第四分，《光讚》十卷、《放光》三十卷、《大品》三十卷皆同第二分。然上諸部開合，大部文勢、次緒、事理，一一皆同，但廣略之異。唯今《仁王般若》一本，不在八部之數。故今經譚空不住之旨，猶有顯實同如之説。其他寄位行權，化俗依真，廣明地位斷證，直顯諦理真空，法界叵思，特明其闕鑰。唯此《仁王護國》，洞示其膏肓極多，俾悟之者，法界不離般若，令行之者，罪業原同真空矣。

△二、别顯今經，三。初、通明二經傳譯。

二、别顯此經，於中又二。一、通明二經傳譯，二、别叙今經疏解。

今初，按《開元釋教録》，西晉竺法護譯《仁王般若經》一卷或二卷，闕本。梁承聖二年，波羅末陀，此云真諦，譯《仁王般若經》一卷，與西晉法護同本，此亦闕本。然今經時主前後二譯：一、後秦羅什於姚興弘始之年創譯。二、唐不空於代宗永泰之載重譯。上二師皆三藏。什師則東晉翻經，獨擅其美，故古稱七佛以來譯經一人。又云約義翻經，什師爲最。不空則大唐傳譯，罕匹其倫，故《僧傳》稱爲瑜伽教法之二祖，東夏秘密教之一人，所譯經凡一百二十餘卷，七十七部。今所傳者，二譯並行焉。

△二、則叙今經疏解。

然秦譯則古有疏記，而經文余曾製叙，灾木已二十餘年，方今叢林流布，以爲護國之寶。唯唐譯則深沈貝葉，晦隱龍藏，代宗之製章空製，譯人之用心徒譯。幸有聖主乘乾應運，秉籙嗣明，御金輪而萬國來朝，握玉符而九天送福，血氣皷其歡心，荒服沾夫大造，實海晏河清之日，金甌玉燭之辰也。偶爾東虜西夷跳梁梗化，起於戊午之春，繼於辛酉之秋，此乃尺霧蔽天，無虧霄漢，寸雲毀日，不損光明。克捷凱歌，於今共奏，蕩平大烈，不日旋收。然桑土之憂，朝野切切，護國之念，緇衲兢兢。遂閱龍藏之文，冀合仁王之道，得此妙法，實謂神符。慶感難思，欣愉無極，普願見聞，同臻實相。洪扶磐石之安，永護嵩華之運。但弘教者，每槩演經文，非唯淺見寡聞，實乃迷宗晦教。貴惟此經，窮微盡妙，不假疏釋，無有指南。故心甘膚淺之譏，身冒荒蕪之誚，定科立義，冀合真空，援古證今，庶明極致。雖釋義有異舊説，而斷文稍合秦翻，明經不專但空，會理特貫圓實。庶幾護國之悃少舒，爲法之誠略罄。所冀皇圖永固，帝道遐昌，仁同五帝宏敷，德與三皇並劭，山河鞏峙，日月貞明。聖后三宮，根盤玉樹之春，太子千秋，芳躅金枝之茂。文武百官，各增禄位。再願十方界，五穀豐登，蒸民樂利，邊疆靜謐，宇宙康熙。涓誠極此，勿謂無稽。

△三、唐譯御製經叙。

仁王護國般若波羅蜜多經叙

唐代宗皇帝製

皇矣至覺，子於元元，截有海以般若之舟，剪稠林以智慧之劍，綿絡六合，羅罩十方，弘宣也深，志應也大。自權輿天竺，泳沫漢庭，行無緣之慈，納常樂之域，信其溥施，傾芥城而逾遠，仰天湛寂，超言象之又玄。五始不究其初，一得罔根其本，以彼取此，何其遼哉。朕恭嗣鴻休，丕承大寶，軫推搆以夕惕，方徹枕而假寐。夫其鎮乾坤，遏寇虐，和風雨，著星辰，與物無爲，父人艱止，不有般若，其能已乎。甞澡身定泉，宅心秘道，緬尋龍宮之藏，稽合鷲峰之旨，懿夫護國，實在茲經，竊景行於波斯，庶闡揚於調御。至若高張五忍，足明惻隱之深，永祛衆難，寔惟化清之本。名假法假，心空色空，推之於無，則境智都寂，引之於有，廼津梁不窮。思與黎蒸，共臻實相，而緹紬貝葉，文字參差，東夏西天，言音訛謬，致使古今翻譯，清濁不同，前後參詳，輕重匪一。其猶大輅，終繼事而增華，譬彼堅氷，始積水而非厲。先之所譯，語質未融，披讀之流，臨文三覆，凡諸釋氏，良用慨然。

先聖翹誠玉毫，澹慮真境，發揮滿教，搜綴缺文，詔大德三藏沙門不空，推教詳譯，未周部卷。三藏學究二諦，教傳三密，義了宗極，伊成字圓。褰裳西指，汎盃南海，影與形對，勤將歲深。妙印度之聲明，洞中華之韻曲，甘露沃朕，香風襲予。既而梵筴遠賫，洪鐘待扣，佇延吹萬之籟，率訓開三之典。朕哀纏欒棘，悲感霜露，捧戴遺詔，不敢追遑，延振錫之羣英，終爲山之九仞，開府朝恩，許國以身，歸佛以命，弼我真教，中夫妙門。爰令集京城義學大德良賁等，翰林學士常袞等，於大明宮南桃園，詳譯《護國般若》畢，并更寫定《密嚴》等經，握槧含毫，研精頤邃，曩者訛略，刊定較然，昔之沈隱，鈎索焕矣。足可懸諸日月，大燭昏衢，潤之雲雨，横流動植。伏願上資仙駕，飛慧雲於四天，迴出塵勞，躡金蓮於十地。朕，理昧幽關，文慙麗則，見推序述，惋撫空懷，聊紀之於首篇，庶克開於厥後，將發皇永永，可推而行之。時旃蒙歲木堇榮月也。

仁王護國般若波羅蜜多經科疏懸譚

校勘記

〔一〕底本據《卍續藏》。

〔二〕「欲」，疑爲「於」。

〔三〕「因」，疑爲「非」。

〔四〕「三」，底本作「二」，據文意改。

〔五〕「涅槃」，《佛説仁王般若波羅蜜經》（《大正藏》本）作「菩提」。

〔六〕「妄」，底本原校疑爲「安」。

〔七〕「海」，疑爲「誨」。

〔八〕「子」，疑爲「字」。

〔九〕「一」，底本原校疑衍。

〔一〇〕「二」，底本脱，據《仁王護國般若波羅蜜多經科疏科文》（《卍續藏》本，下同）補。

〔二〕「三」，底本作「二」，據《仁王護國般若波羅蜜多經科疏科文》改。

〔三〕「塵」，底本作「慶」，據文意改。

〔三〕「三」，疑爲「山」。

（朱儉、常峥嶸整理）

〇二九五

仁王經科疏（二）

仁王護國般若波羅蜜多經卷上科疏卷一

唐三藏沙門大廣智不空奉詔譯

明慈慧寺開山比丘蜀東普真貴述

△三、正釋經文，三。

初、釋經總題。

仁王護國般若波羅蜜多經

代宗有國，重譯此經，意與黔黎共臻實相，故自敘云：懿夫護國，實在茲經。竊景行於波斯，庶闡揚於調御。至若高張五忍，足明惻隱之深。永袪衆難，寔惟化清之本。據此，則《般若》之可護國也，不待條分縷析，數星擘兩，自然明如日月，潤同雲雨者矣。

然佛經立題，有人法、體用、因果、譬喻、單複不同。今從人法、體用，亦隱法喻，釋有三對。

一、人法。謂仁王護國，是奉持般若之人。般若等言，乃擁護王國之法。即密證權化、仁心仁政之王，御天地宗社、山河臣民之國，必依般若虚玄之妙門，爲超真越俗之坦道，護國安邦之金湯，空心寂境之指南，絶愆滅禍之巨闕也。然通理事，槩而言之，所護國土即事，能護般若即理故。

二、體用。就前法中，須分體用。謂般若是體，正翻云慧，即神悟玄奧，妙證真源，照萬法空，相應本覺之慧也。然此有三種。一、實相般若。謂所觀真性，即本覺也。此性如智同源，無明本盡，真照圓明，諸幻俱離，乃名實相，故後文云：自性清淨，名爲本覺。二、觀照般若。謂能觀妙慧，即始覺也。此智因果皆依，能所無二，存而不有，忘而不無，乃云觀照，故後文云：智照實性，非有非無。三、文字般若。謂詮上之教，如經云：我依文字般若而證諸法實相。又云：總持無文字，文字顯總持。《淨名》云：文字性空，即是解脱。後文又云：一十二分所有宣説，一切皆如，無非實相。乃至名爲修文字者，而能得證般若真性。斯則理智教三，不一不二。爲護國妙法，一心萬行，孰可昧此？

然有謂因名般若，果位名智。以般若能斷，故在因位。佛果無斷，轉受智名。一往如之，且《智論》亦云般若，翻爲智慧。蓋性宗二法總是般若之一心故，非如法相因中名慧、果上名智。何則？揀擇決斷，眼目殊稱。因果雖懸，妙體何異？所以若慧若智，隨舉皆得。

波羅蜜多是用，此云彼岸到。彼岸約喻，謂此妙慧離生死此岸，越煩惱中流，至涅槃彼岸。此語似倒。若兼般若，迴文應云到彼岸慧，即揀不到彼岸之慧，故以爲名。《淨名》謂一切衆生即寂滅相，不復更滅。但以迷倒妄見生死，名在此岸。若悟生死本空，元來寂滅，名到彼岸。亦同後文即離即到、即此即彼義耳。故知菩薩悲智俱修，空有雙照。以智導悲，恒到也。以悲導智，恒不到也。則到與不到，兩途一致。亦猶《華嚴》謂菩薩不住彼岸，不住中流，而能運載此岸衆生到於彼岸等。

三、教義。經字即教，仁王等即義。經者，梵語修多羅，此云契經。契謂符諸佛理，叶衆生心，即契理合機之教。若揀不契理合機之教，即揀別依主。若契理合機，依主得名。此乃詮仁王護國般若等義之教，依主釋也。若就下文文字性空即是般若，即般若體持文字用，體持業用，持業釋也。

△二、譯主時德。

唐三藏沙門大廣智不空奉詔譯

李氏都長安，國號建唐。三藏，即經、律、

論也。此師依國號、法藏彰名，即將他顯己，有財釋也。沙門，釋子通稱，梵語沙迦門曩，此云勤息，即修善斷惡之號。此師即四沙門中勝道者也。大廣智，即制授之號。繇肅宗厭世，代宗即位，恩渥隆厚，譯《仁王》《密嚴》二經畢，帝爲《叙》焉。頒[三]行之日，慶雲俄現，舉朝表賀。永泰元年十一月一日，制授特進試鴻臚卿，加號大廣智三藏。不空，師之名也，梵語阿目伽跋折羅，華言不空金剛，今止行二字，略金剛也。本北天竺婆羅門種，幼失所天，隨叔父觀光東國。年十五，師事金剛智三藏。授以梵本《悉曇》聲明，浹旬已通，師大異之，故翻經之時，常令共譯。凡聲明論，一紀之功，六月已畢。誦《文殊普賢行願》，一年之限，再夕而終。其敏利皆此類也。後授五部三秘，及《毗盧遮那經》。蘇悉帝軌則，盡授無遺。厥後師滅，追謚已畢，曾奉遺旨，遂議遐征，即開元二十年也。

初行，感文殊現身。沿途息黑風、大鯨，神應赫奕，難以盡述。後達師子國，王臣敬禮，逈出常儀矣。然空爲法遺世，不暇計顯榮。自爾，學無常師，廣求密藏及諸經論五百餘部。本三昧耶，諸尊密印，儀形色像，壇法幖幟，文義性相，無不盡源。次遊五印，屢彰靈應。至天寶五年還京。時值亢旱，制曰：時不得賒，雨不得暴。師奏立孔雀壇法，未盡三日，雨以浹洽。一日大風卒起，隨止隨効。帝賜號智藏焉。天寶八年，許還本國。十五載，詔還京，住大興善寺。至德初，鑾駕在寧武鳳翔，師常密奉表起居，肅宗亦密遣使者求秘密法。洎收京反正之日，事如所料。厥後福國祐民之法，無非百發百中之効。所譯經論，凡一百二十餘卷，七十七部，并目録筆授僧俗名字，略出念誦儀軌，寫畢進上，勅編入藏。此起自天寶，迄於大歷六年完成也。俄爾示疾，上表告辭。勅使勞問，賜醫藥，加開府儀同三司，封肅國公，食邑三千户。固讓不俞，空甚不悦，且曰：聖衆儼如，舒手相慰。白月圓滿，吾當逝矣。奈何臨終更竊名位？乃以五股金剛鈴杵、數珠等物，附中使李憲誠進上。沐浴，東首望闕，以大印身，定中而寂。享年七十，僧臘五十。帝輟朝三日，賜賚造塔，勑中使護喪，禮盡隆厚。荼毗之後，就寺置祭，贈司空，謚大辨正廣智三藏。火滅，收舍利數百粒，八十粒進内。其頂骨不然，中有舍利一顆，半隱半顯。勑於本院别起塔焉。空之化利居多，唯總持門最彰殊勝。測其忍位，莫定高卑。始者，玄宗猶推重焉。故天寶中，西番[三]、大石、康[四]三國帥兵圍西涼，詔空，帝御於道場。師秉香爐，誦《仁王》密語二七徧。帝見神兵可五百員在於殿庭，驚問。師曰：毗沙門天王領兵救安西，請急設食發遣。四月二十四日，果奏曰：二月二十一日，城東北三十許里，雲霧間，見神兵長偉，鼓角喧鳴，山地崩震，蕃部驚潰。彼營壘中，有鼠金色，咋弓弩絃皆絶。城北門樓有光明，天王怒視，蕃部大奔。帝覽謝師。然師終後，三朝所賜墨制，一一進上。生榮死哀，西域傳法至此，今古少類矣。

奉詔譯者，即奉代宗詔命，翻譯此經。故前《叙》云：朕哀纏欒棘，悲感霜露，捧戴遺詔，不敢怠遑。延振錫之羣英，終爲山之九仞。開府朝恩，許國以身，歸佛以命，弼我真教，申夫妙門。於大明宫南桃園，詳譯《護國般若》。是已。此略明之，具如《宋高僧傳》。

系曰：傳教令輪者，東夏以金剛智爲始祖，不空爲二祖，慧朗爲三祖。以下宗承所損益可知也。自後歧分派别，咸曰傳瑜伽大教，多則多矣，而少驗者何？亦猶羽嘉生應龍，應龍生鳳凰，鳳凰已降，生庶鳥矣。欲無變革，其可得乎？

△三、宗古科判，三。

初、法會繇致，二。

初、證信序，二。

初、當品名題。

序品第一

序者，轉訓緒也，謂端倪頭緒。如抽系得緒，抽盡一繭之絲，若知此經之序，即達一經之旨。如先雲後雨，先烟後火，烟雲在先，火雨居後，佛法亦爾。故此先明《序品》，爲彰說法之繇致，乃一經之端緒也。何則？蓋自輔翼衆集，三乘賢聖彰影響難思之妙德，三界人天顯發起弘護之真行。次，變化衆應，現土現座表心淨法空而覺源不昧，現因現果表窮因徹果而慧性同源。至若變現八部，示在纏智性皆同。說法諸佛，明菩提極果不二。此皆發起之端緒也。又，入定示妙慧之凝寂，放光顯法界之圓徧，雨花彰因行之難思，動地破無明之妄結，此爲圓發之端緒也。至若大衆示疑，匿王請問，作樂覺悟，光召有緣，此爲助發之端緒也。如得其緒，則後之因修果證，自利利他，護法護國，皆自一道而出。正猶千里之程，造端豈離跬步？汪洋之派，發源寧外泛觴。故命名序分，爲正宗法說端倪頭緒者，明也。

△二、入經詳解，二。

初，信聞時處。

如是我聞：一時，佛住王舍城鷲峰山中。

古德釋此，謂如是之法，我從佛聞，即阿難結集時，最初陞座之唱。此因佛立言，不必玄說。一時之語，亦因佛立，諸經通用，故不定指。今按《清涼大疏》，釋有三義。

一、明建立根源。謂佛臨滅度時，阿難請問四事，佛令置此言也。所問四事，佛一一答之，謂：一、依四念處住；二、以戒爲師；三、默擯惡性比丘；四、一切經首，當安如是我聞，一時佛在某處等。

二、明建言之意。《智論》有三，謂斷疑、息諍、異邪也。斷疑者，謂疑云此等經文爲阿難自撰耶，爲佛説耶？故初唱我聞，則顯是佛説，誠非自撰矣。阿難陞座，忽相好如佛，衆疑佛又重起，或他方佛來，或阿難成佛。三疑不決，氷炭交懷。纔唱如是我聞，則三疑瓦解矣。三[五]息諍者，謂窮神知化，唯佛能説之，亦惟佛可以授後人也。否則一皆臆説，各别知見，則是非叢生，諍論互起。今説如是等言，則知是佛真説。就中皆貫徹玄凝、攝化生界、終古不忒三乘軌範，何諍之有？三異邪者，邪外迷執，不究心源，動轍阿憂之域，觸途斷常之藩，有無一異，四句百非，皆所不免。今唱如是我聞，則真、俗圓融，事理雙顯，中道妙體在處皆真，非邪執之有無，離凡小之常斷。傳法聖者欲顯名教出於應感，故建此言，有斯三意也。

三、正釋其義。即一信，二聞，三時，四主，五處，六衆。此六緣不具，教則不興。必須具六，故云成就。

言如是者，即指法之詞，即逆指向下所説之法，此信成就。古謂：信者言是事如是，不信者言是事不如是。故肇公云：信順之詞也。又謂：如以順機受名，是以無非受稱。此通泛釋。若的就此經，即向下一切法空爲如，五忍正修爲是。問：建立如是，又名信成就者？答：信與如是，一義不離，故前云：信則如是也。況佛法大海，非信不入乎。故初建如是，良有以也。

我聞，即聞成就。蓋佛法不入聾人耳故。我即阿難自指五蘊假者，不同情計之我也。聞謂耳根發識，聽彼佛聲。《佛地論》謂：若但聞聲，可唯在耳。若緣名句，便在意中。今廢别耳意，故總云聞也。若順經旨，即無説無聽，方爲真聞。

一時者，即時成就。以非時難以建化利生故，即説聽究竟，師資合會，總名一時，簡異餘時耳。然如來説經，時有差別。況諸方時分，延促不同，不能別舉。一言略周，故總名一時。

佛者，即主成就。梵語佛陀，此云覺者，即覺了真妄性相之者。而覺有三：一、自覺我空，簡異凡夫；二、覺他法空，簡異二乘；三、覺滿俱空，合於本覺，名究竟覺。方廣無際，亦名大覺。勝妙無等，亦名妙覺。簡異菩薩，具足三覺獨名爲佛。《佛地論》十義釋佛，避繁不引。

住王舍城等者，即處成就。真諦《記》中，謂住處有二：一、境界，謂化在俗之流，即王舍城等；二、依止處，謂統出家之衆，即靈鷲山等。舉王舍城，簡非餘國故。舉鷲峰山，簡非餘山故。梵語羅閲祇摩訶伽羅，此云王舍大城，今略大字。此城得名因緣多種。即摩竭陀國所屬之城，謡班足王信邪，誓害千王，一遇普明，迷心開悟，尋與千王都於山中，築城立舍，鬱爲大國，迭更知政。千王住故，稱爲王舍。又，城中民舍七番回禄，唯免王舍。後王頒令率土民房悉稱王舍，不復更燒，稱名王舍。猶有四天王共造等説，具如古疏。此城内外，有六精舍。一竹林園，乃至第六耆闍崛山精舍。此云靈鷲山，論因，即釋迦因中爲鷲鳥，於此山中養育父母，從此得名。論事，此城之南有屍陀林，鷲鳥居集，多食此屍，且人將亡者，此鳥飛翔其家，悲鳴作聲，預知其死，故名靈鷲。論形，此山五峰，東似象頭，乃至中央如鷲頭。今略四形，唯稱中央，亦云靈鷲。故知有云此山從形得名，亦據顯處言也。然佛説法之處，各隨宗旨不一。如《華嚴》圓彰法界，故偏歷十處。《圓覺》直示本因，故依大光明藏。《法華》明染、淨義，故依王城。又，明祖述義，故依靈鷲。

今般若是最勝法門，故此在靈嶽而譚也。

△二、標列大衆，三。

初、輔翼圓滿衆，二。

初、三乘賢聖衆，三。

初、無學衆。

與大比丘衆千百八人俱，皆阿羅漢，諸漏已盡，無復煩惱。心善解脱，慧善解脱。九智十智，所作已辦。三假實觀，三空門觀，有爲功德，無爲功德，皆悉成就。

與大下，舉類標數。古德謂諸經列衆，有四種別：一、影響衆，謂諸菩薩大果已圓，爲令正法久住世間故；二、結緣衆，現在雖聞，而不獲益，但作當來得道因緣故；三、發起衆，法身菩薩，共相發起，請如來説，普益衆生故；四、當機衆，植因曠古，果遂今生，聞法之時即能悟入故。然比丘等四衆，各具影響等四。如有影響，即有當機等也。

比丘，梵語，此含三義：一、怖魔，二、乞士，三、破惡。稱比丘者，示現遠離相故，復示摩訶衍方便道與二乘共故，又於四衆亦同遠離行故。

而云大者，準華梵相翻，摩訶云大。約迹雖道高德重之稱，論理實指具體、相、用三大爲大也。

諸經標千二百五十人，此言千百八人者，盖多少不同，亦適時而已，不必定局。且秦譯作八百萬億，今云千百八人，或譯者迴文有異也。

言與者，即共義。如《釋論》云一時、一處、一戒、一心、一見、一道、一解脱，是也。

皆阿羅漢下，嘆德也。總嘆千百八人，故云皆。

諸漏下，别明所具功德。此已到無學，非三果四向，即第四果阿羅漢也。

羅漢，梵語，此翻三義：一、殺賊，以見思結使煩惱盡故；二、應供，以堪作福田，智願足故；三、不生，以三界因亡，不受後有故。

諸漏，即欲漏、有漏、無明漏。此三皆以粘湛妄識爲體，爲三界煩惱之本。皆名漏者，謂善淵之心不能全一，粘湛發識，流溢奔境，故名爲漏。

煩惱即貪、嗔、癡等十使，爲諸漏之緣，戕害法身，偪惱正性，名煩惱賊。今言漏盡無惱者，以本盡故，緣亦無也。此即殺賊義。

小乘有定無慧，爲偏枯所縛，未得解脱。今盡諸結，使心得自在，故云心善解脱。智斷具足，證入無礙，故云慧善解脱。凡此皆影響之阿羅漢也。《金剛纂要》云：繇煩惱障心，心不解脱，造業受報，輪迴五道。繇所知障慧，慧不解脱，不了自心，不達諸法性相，縱出三界，亦滯二乘，不得成佛。今二俱盡，心慧解脱，影響無疑矣。然心慧解脱，約人料揀以成四句，謂心解脱，慧不解脱，二乘也。心不解脱，慧解脱，菩薩也。俱解脱，佛也。俱不解脱，凡夫也。

九智者，按法數中：一、乾慧地智，即五停心等；二、性地智，即四加行等，此上伏見思；三、初果智，斷三界見惑盡，見真諦；四、二果智，斷欲界六品思惑；五、三果智，斷欲界殘思惑盡；六、四果智，斷三界見思惑盡；七、辟支佛智，斷見思盡，更侵十種習氣；八、菩薩智，斷三界正使盡，修六度行；九、佛地智，即頓斷三界見思殘習，坐木菩提樹，生草爲座，成劣應身。然此經有辟支、菩薩二智，所依皆小教，所斷皆見思，故不爲礙耳。

十智者：一、法智，即斷欲界四諦下結使無漏法忍智，及法忍智品中無漏智是也。二、類智，即斷上二界四諦下結使無漏智。然上二界斷結無別觀察，唯取類下界修斷，故名類智，亦名比智。三、他心智，知欲色界中現繫心、心數法，及無漏心、心數法少分，亦名他心智。四、世俗智，謂知世間有漏智慧。亦名等智，以凡聖同有故。五、苦智，謂觀五陰無常、苦、空、無我四行故。六、集智，謂有漏法因以集、因、緣、生四行觀時無漏智。七、滅智，謂證時以滅、盡、妙、離四行觀時無漏智。八、道智，謂修時以道、正、迹、乘四行觀時無漏智。然此苦等四智，即小乘觀八諦三十二行之例也。行爲能觀，諦爲所觀。四行觀盡，一諦乃空。一諦既爾，七諦亦然。《原人論疏》明七周減緣、二十四周減行者，正明此也。九、盡智，謂已能見苦、斷集、證滅、修道故。十、無生智，即見苦已，不復更見等，是也。此十智外，或有如實智，非二乘分矣。又二乘於十智中，具前九智，無第十無生智耳。

所作已辦，即指上證智斷惑之事無少欠也。《法華文句》謂，三界因果皆爲他事，智斷功德乃名己利。然得己利，即已辦之謂。此即不生義也。

三假實觀者，即法、受、名三。法假，即色陰。古云：色如聚沫故，一切虛妄故。受假，即四陰。古云：受如漚泡，想如陽燄，行如芭蕉，識如幻事故。兼此二名，即爲名假，以此虛名，非真名故。然此三法，自體不實，藉緣方有，衆生不了，妄執爲實。聖者正觀，即實而虛，求名叵得，何色受之有哉？故《起信》云：一切諸法皆依妄念而有差別。若離於念，則無一切境界之相。然此三觀假法，上約小教而明。據實而觀，則三法即空即假即中，遮照同時雙忘。故《中論》云：因緣所生法，我說即是空，亦名爲假名，亦名中道義。此也。

三空門觀者，謂因上三假，故此明三空。《大論》謂，因助道法，趣涅槃門。門有三，即空等三門也。空門，即觀一切法因緣和合，虛妄而有，無我無人，無造無受故。無相門，即觀諸法妄見成立屈伸、去來動靜、視聽言語，於中無實，如夢幻泡影故。無作門，即觀諸法無體，作亦是妄，息心體空，總不安排故。繇此三空，證三解脱，故又言此三爲門也。

有爲功德即智德，無爲功德即斷德。故相宗以有爲智、證無爲理者，此也。然此二種功德，約修約證，分有爲無爲耳。言功德者，謂斷證成全曰功，精純美善名德。應作四句揀别：一、功而非德，如成事損人等。二、德而非功，如抱守忠孝，而未見行一事等。三、亦功亦德，如忠以爲國，孝以事親，忠孝名世傳家等。四、非功非德，如不利人益己，惡名播世等。今此雙具，即第三句，施以利物，善以歸己，故稱功德。

末句即總結，如上實德毫無欠缺，故云成就，即堪應供義。故知羅漢名總嘆，餘文皆别釋羅漢名中三義也。

△二、有學衆。

復有比丘尼衆八百人俱，皆阿羅漢。

問：據皆阿羅漢句，則八百尼衆非有學甚明，今何判爲有學耶？

答：尼衆斷證未深，多在學位，即上首無學亦是學位之首領，故從多分判屬有學。縱有羅漢之名，於義似無矣。

文中亦先標類，次舉數，末句總嘆八百之德也。尼者，女聲也。佛初無女人出家，因姨母愛道虔求阿難請佛，佛爲説八敬戒律，開慈門於覺場。愛道謹一心奉持，脱業網於塵世，遂能法眼清淨，攝一衆而綱維作主。慧性開明，總八百而首領修行。厥後，羅睺羅母亦出塵勞，夙根頴脱，當證無生，自利既圓，故爲尼主。此皆影嚮之衆，輔弼揚化者也。語其權説，謂女無成道之分，故滅其正法。要其實軌，即女皆同證之人，故無損法性。《法華》授記成佛，不其然乎？故知尼衆俱來，蓋爲領法沾益，增道損生，與菩薩無異也。今之爲尼，而自迷悶，不知八敬爲何法，不知此生出家爲何事者，實爲有愧於自心矣。悲夫。

△三、菩薩衆。

復有無量無數菩薩摩訶薩，實智平等，永斷惑障，方便善巧，起大行願，以四攝法，饒益有情。四無量心，普覆一切。三明鑒達，得五神通。修習無邊菩提分法。工巧技藝，超諸世間。深入緣生，空無相願。出入滅定，示現難量。摧伏魔怨，雙照二諦。法眼普見，知衆生根，四無礙解，演説無畏。十力妙智，雷震法音，近無等等，金剛三昧。如是功德，皆悉具足。

菩薩，略梵語，此云道心衆生。摩訶薩，即大道心也。然標數無量者，極顯發大心者多也。故《十地論》菩薩有三大，謂願大、行大、利生大者，此也。

實智下，嘆德。此皆地上菩薩所具，地前賢位所無矣。以下文謂超愚夫地，生如來家故。

謂住平等忍，初無相智照勝義諦，一相無相，故云實智平等。斷諸無明，滅三界貪，未來生死永不生故，故云永滅惑障。大悲爲首，起諸大願，於方便智，念念修習無量勝行，故云方便。此初地二利之德，良以此地實智斷證，方便起行願故。四攝，即布施、愛語、利行、同事。以廣大清淨心，安住四法，普益衆生，亦初地利他行也。

四無量心，即慈、悲、喜、捨。以此四法，一一廣大，無有涯際，故云無量。此二地行德。下文云二地四無量心最勝寂滅，是也。言普覆者，即大慈與一切樂，大悲拔一切苦故。

三明等者，謂過去宿命明、現在天眼明、未來漏盡明。悉知三世無去、來、今，故云鑒達。得五神通者，即：現身大小，隱顯自在。天眼清淨，悉見諸趣。天耳清淨，悉聞衆聲。以他心智，知諸衆生。宿住能知無量差别。

此三地行德也。

修習下，即四地。修習念處、正勤、神足、根、力、覺、道具足，爲欲成就力、無所畏不共佛法也。

工巧下，即五地。具觀諸諦，爲利衆生，習諸技藝，文字醫方，讚詠戲笑，工巧呪術，外道異端，吉凶占相，一無錯謬者也。所謂五地洞達五明者，此也。

深入下，即六地。住三脱門，觀諸生死，無明暗覆，業集種識，乃至生老死等，皆因著我。無明業果，非有非無，一相無相而不二故。所謂六地於多劫中行百萬空無相無願三昧，得大般若無邊光照者，此也。

出入下，即七地。住無生忍，於寂滅定，起殊勝行。雖常寂滅，廣化衆生，示入聲聞。常隨佛智，示同外道魔王。所謂七地隨順世間而常出世者，此也。

摧伏者，此即八地。以十力智，偏界利生。爲諸佛加持，得身自在，破魔軍衆，故云摧伏。頓起智業，平等真、俗，故云雙照。此又一真如心不動之德也。

法眼下，此九地。證智自在，斷無礙障，故能法眼普見。然此法眼，善能觀俗，故又云知衆生根。此能於所説法藏，得四無礙解，法、義、詞、辨，演説正法，無斷無盡，故有雲興，問難不勞，瓶瀉解酬。所謂九地發真如用，利益圓滿者，此也。

十力下，嘆十地之德，兼十一地也。菩薩有二種十力：一者，解脱力、救苦力、觀力、忍力、智力、斷力、聞力、願力、圓滿力、愛力，此出《寶雲經》；二者，發心堅固力、不捨衆生大慈力、具足大悲力、信一切佛法精進力、思行禪定力、除二邊智慧力、成熟衆生力、即不厭生死也。觀法實相力、即住無生法忍者也。入三解脱力、無礙智力，此出《智論》。然上十力妙智，於一念頃偏界觀生上、中、下根，爲説三乘。入佛行處，力、無所畏，故云雷震法音也。後二句結嘆十地，即等覺義，隨順如來二種轉依，金剛三昧現在前時，而未能無量等等，故特云近。若解脱位，一相無相，冥同真際，歸無所得者，豈又云近哉？然此嘆德之義，皆取後《奉持品》中十地之義釋之，甚爲允當。

如是下，總結上德。如海具百川，星皆拱北，故云具足。

△二、三界人天衆，二。

初，人衆，二。

初，入道衆，二。

初，五戒入道衆。

復有無量優婆塞衆、優婆夷衆，皆見聖諦。

優婆塞，梵語，此云清淨男，於佛法中清淨信故。亦云近事男，以親近三寶，承事無失故。優婆夷，梵語，此云清淨女，又云近事女。尼字，即女聲也。此衆受持三歸，息三途因，恭秉五戒，防三業罪。所以防者，離殺、盜、婬防身業也，妄語一戒防口業也，飲酒一戒通防三業也。能三歸依，即免三途，除三道，通三世，證三明。然三德、三身、三智，皆不離此矣。

此五戒之義，按古疏引《提謂經》云：必説五戒，不言四、六者，以五是天下之正數故。謂在天爲五星，在地爲五嶽，在人爲五臟，在陰陽爲五行，在王爲五帝，在世爲五德，即五常也。在色爲五色，在法爲五戒也。

且以不殺戒配東方，此東方主木，木主仁，仁以養生慈愛爲義。若奉持不失，則此戒之五神擁護一身，肝臟平和。於其生也，以慈育物，仁及含生，木星順度。於其死也，則上生四天，直超上界，復資成淨業。如其犯也，致木星而陵逼，亡身喪命，失好生於現在，種短命於當來。况此殺業果報，結續無窮。故不殺一戒，宜勤持也。

不盜戒配西方，以西方主金，金主義，義則循理不貪之謂。如奉持不失，則此戒之五神護佑一身，肺臟安寧。於其生也，以德推遷，義濟貧乏，金星呈祥。於其死也，上生忉利，並往化樂，復資成福業。如其犯也，逢金曜而作祟，神氣困窮，喪廉節於人世，招負乘於毛羣。況此盜業果報，酬還不盡。故不盜一戒，須堅持也。

不婬戒配南方，以南方主火，火主禮，禮則貞潔不亂之謂。如秉受弗違，則此戒之五神冥佑一身，心臟澄凝。於其生也，進退合宜，禮謹防閑，火星錫福。於其死也，則徑生夜摩，高昇他化，復勤修梵行。倘缺精持，罹火天而降厄，親遭幽危，亂倫理於生前，受銅柱於身後。情知婬業果報，求出無期。故知邪婬一戒，宜心持也。

不妄語戒配中方，此中方主土，土主信，信則誠實不虛之謂。如遵依罔貳，則此戒之五神默相一身，脾臟安康。於其生也，則言可復，信重然諾，土星景佑。於其死也，則上生兜率，高超梵天，復能生功德。一有違犯，感土星而致禍，誣罔證謗，陷欺詐於靈明，膺拔舌於地獄。故知妄言果報，易沈難浮。而妄言一戒，當謹持也。

不飲戒配北方，以北方主水，水主智，智則不爲非理之謂。如依循弗違，則此戒之五神侍衛一身，腎臟滿盈。於其生也，則權實超羣，智照冥徹，水星昭朗。於其死也，則上生化樂，高步蓮宮，復證斷自在。設或沈湎，感水星而從凶，喪失財産，造濁業而愚生，得癡愚於幽道，終嬰非理果報，苦趣無窮。故知因酒非理之戒，不可不堅持也。

能持五戒，於事則明，於心不蔽。四種聖諦雖未明了，亦知苦有無常、無我，集有惑業招感，滅道可證可修，故云皆見聖諦。然而五戒弘法者多忽略，不爲齋戒者申明，意謂此義容易故耳。其實，五戒深義非唯在家不知，此時出俗者亦尠能知其味也。故聊摭古義，廣爲釋之。冀知音達士，勿厭繁文。

△二、七賢入道衆。

復有無量修七賢行，念處、正勤、神足、根、力、八勝處、十徧處、十六心行趣諦現觀。

此先標數。念處下，歎行德也。此衆異前，故云復有。七賢行，即小乘見道已前行位，所謂五停心、總想念、別想念、煖、頂、忍、世第一也。行，即下所修之諸行念處等者。此歎修道品，謂四念處、四正勤、四神足、五根、五力二十二品。然缺七覺支、八正道者，以在見道前修故，如下菩提分法廣釋。

八勝處者，一、内有色相，外觀色少；二、内有色相，外觀色多；三、内無色相，外觀色少；四、外無色相，外觀色多；五、内無色相，外觀色青；六、内無色相，外觀色黄；七、内無色相，外觀色赤；八、内無色相，外觀色白。名勝處者，若好若醜，是名勝智勝見，如作大不淨觀，徧治一切處之貪等。

十徧處者，即青、黄、赤、白、地、水、火、風、空、識。處名十者，以此十徧一切處故。如作青處觀，徧一切處皆青等。上言勝處，即能降伏境界之謂。此云徧處，即廣多周徧之謂。

十六心等者，苦諦下有四行：一、無常，二、苦，三、空，四、無我。集諦下有四行：一、集，二、因，三、緣，四、生。滅諦下有四行：一、盡，二、滅，三、妙，四、離。道諦下有四行：一、道，二、正，三、迹，四、乘。此即十六心行也。

趣諦現觀者，謂此十六心行，即趣向四諦之現觀。如觀苦諦，以第一無常行，觀五陰因緣新新生滅。第二苦行，觀五陰爲無常所逼。第三空行，觀五陰一異等相俱無故空。第四無我行，觀五陰中我人等相俱不可得。

苦諦用四行現觀既爾，集等三諦亦然，故云趣諦現觀。然現即小乘現量，猶屬似量，非大乘地上真現觀矣。何則？彼以此觀，但趣四諦實理故。

此約小教明七賢義，若約大乘明之，一、初發心人，二、有相行人，三、無相行人，四、方便行人，五、習種性人，六、信種性人，七、道種性人。俱在地前，調心順道，名爲七賢。

問：十六心行約苦法智忍等十六，何如？

答：苦法智忍等，即世、第一後心，苦忍真明，於八諦下發八忍、八智。今言修七賢行，方在因行觀諦有十六心行耳，豈能便到初果見道八忍、八智乎？據此故知不是智忍也。

△二、國王衆。

復有十六大國王，波斯匿王等，各與若干千萬眷屬俱。

此先舉國數以標王。各與下，即叙同來之衆也。王即主，眷屬即伴。十六國，即第一毗舍離國，乃至第十六瞻波國也。以身臨九五，端拱無爲而治天下者，曰王。今皆來法會者，所謂至貴不在國爵，盖將欲尊道護法護國故也。觀後匿王念請護國之宏略，而世尊詳暢護法之玄趣，故知護法護國之誠，激切而不已也。

△三、天衆，三。

初，欲界天衆。

復有六欲天王，釋提桓因等，與其眷屬無量天子俱。

天者，以具神用、光潔、自在三義故。此即上品五戒十善感生也。雖除擾動，未斷欲染，故總名欲界。欲即飲食、睡眠、婬欲也。以欲事濃淡不同，故分六天有異。釋提桓因者，即帝釋天主。此天居人間頂，日月威光所不能照，王忉利天者也。司人間萬化之生成，主陰陽五行之變化，無不繇斯焉。等字，即等上夜摩四天。眷屬下，即此天四方各八天，所謂第一[六]住峰天，乃至第三十三清淨天。然此四八諸天，乃帝釋臣輔。就中各有佐弼，不可勝舉，故云無量。

△二、色界天衆。

色四靜慮，諸大梵王，亦與眷屬無量天子俱。

此離欲染，未盡形累，故名色界。已離散動，亦名靜慮，即定、慧均平之謂。此天

即以十善兼修禪定感生，然特有漏六事行耳。此則凡夫伏惑，超世間道也。此界有十八天，即初禪三天，二禪三天，三禪三天，四禪九天。謂之梵天者，以其生梵世，離欲染，故能統梵衆，爲大梵王，變形預會，領悟法音，求出世熏修之道也。不列無色者，但略之，義必具攝也。

△三、諸趣修羅衆。

諸趣變化，無量有情，阿修羅等，若干眷屬俱。

諸趣，即通言五道，或鬼或畜。夙因可嘉，今皆變化，參預勝會，沾洽法利。此亦戒緩乘急之流，不然，則無緣自障矣，況在會聞法得益哉？阿修羅，梵語，此云非天，福力等天而無天行。此多嗔心，故隨業輕重而有四種之異，如《楞嚴經》所明。是知修羅一趣，且取一分善報，在人天收攝。若論受苦，實在人趣之下。等即等餘八部。

問：三界天王，八部諸趣，善惡有異，尊卑懸殊，而皆來預會者，何耶？

答：般若妙慧，不間聖凡，無分善惡。情與無情一體，性與非性圓成。今如來將顯一體圓成之旨，故天人諸趣皆爲此來矣。縱諸天正樂，修羅方[日＋真]，鬼神憂愁，鳥獸獝狘，既具一體圓成靈知，孰有不來者乎？《楞嚴》精研七趣，皆是昏沈諸有爲相，於妙圓明無作本心，皆如空花，元無所著。故知不得實相本心，終滯輪迴。若能聞法妙

悟，方可永斷生死矣。後匿王讚云：天人俱修出離行，能習一切菩薩道。《菩薩行品》云：說是法時，會中無量人天大衆，有得伏忍，空無生忍，一地、二地，乃至十地，無量菩薩得一生輔處等。據此，則知雲集法會者，非徒然也。

△二、變化流通衆。

復有變現十方淨土，而現百億師子之座。佛坐其上，廣宣法要。一一座前，各現一華。是百億華，衆寶嚴飾。於諸華上，一一復有無量化佛，無量菩薩，四衆八部悉皆無量。其中諸佛各各宣説般若波羅蜜多，展轉流徧十方恒沙諸佛國土。

上列此方輔翼衆，此即變現他方流通衆。然謂流通衆者，以方非一隅，有十方淨土故。乃至佛非一佛，有無量化佛故。故知一燈千照，流通無窮也。此文有三：

一、復有下，變現華座，即此土大衆見有變現淨土華座也。或見彼衆不起於座，雖在十方本國，不妨雲來此土，成就化事。此皆隨緣顯現，所謂從不思議本，起不思議迹也。無而忽有曰變現，如《法華》三變淨土之變。十方淨土，即實報莊嚴，非寂光真淨土，以寂光性土體同虚空，唯證極者乃了，非可見故。現百億座者，即《華嚴》尊特依報之相。佛坐其上，即尊特正報。説不思議法，故云法要。然依正一如，故佛坐此座之上。

問：此座變現如是之多，抑可思議耶？

答：《維摩》室包乾象，手接大千，詎可思議乎？既曰不可思議，慎勿以限量心而思議耳。此猶言小者。《楞嚴》雖云一爲無量、無量爲一、小中現大、大中現小，至於《華嚴》塵含法界，如云毛端能受彼諸剎、諸剎不能偏毛孔等，即大不思議，須諦思深證可也。然座皆現華，表諸法空處一一成就妙因故。華具衆寶，表妙因成就一一莊嚴無量善法故。

此又知般若空而實不空也。

二、於諸下，華現主伴。化佛爲主，化菩薩爲伴，化四衆八部即輔翼護法衆也。華表妙因，即依妙慧而修者。華化佛菩薩者，表實相妙因一一出生稱性因果故。化無量四衆八部者，表實相妙因隨緣成諸一切善惡、染淨諸法故。然既凡聖因果皆化，則知一切究竟皆空，唯一真如妙性而已。故知後文譚一切空者，皆源於此化復作化處爲張本矣。

三、其中下，説法周徧。所謂一月普現一切水，一切水月一月攝。佛佛居真應化，皆不離是道矣。各各皆説此者，表示無他道也。展轉流徧者，表體量周沙界也。

問：變現淨土，極盡十方，可謂至矣。而又現億座，生億花，一一花化佛、化菩薩、化諸異部，總皆無量，佛佛説般若流通十方，誠難思議矣。抑不知此果何所以耶？

答：此有二義。

一者，變現如斯，爲後佛説以標本故。後文云：一切皆空，内空外空，乃至空空故空。又云：諸有爲法法集故有，乃至十地故有，佛果故有，一切皆有。又云：若菩薩住於法相，即非菩薩，若於諸法而得不動不生不滅，無相無無相，不應起見。何以故？一切皆如也，諸佛、法、僧亦如也。據此一文，在處可從。蓋一切皆空，求有不得。一切皆有，求空不得。一切皆如，求中不得。知此，即知變現華座，因果聖凡無量之化，可言有乎，可言無乎，可言一多乎，可言非一多乎。又云：此般若波羅蜜多文章字句，百佛千佛，百千萬億諸佛而共同説。又云：此十四忍，十方過去現在一切菩薩之所修行，一切諸佛之所顯示，未來諸佛菩薩亦復如是。若佛菩薩不繇此門得一切智者，無有是處。蓋十方名[七]果等既同繇此門，故佛佛各説般若，流徧十方。是知此變現不思議事者，爲後文正宗以張本也。

二者，變現無量，又顯圓頓境界故。良繇華嚴法界即此經不共般若，彼經一一法門即法會十方主伴各各宣説無二，故今經化佛無量各各流演圓徧十方。既華嚴圓融即般若，則般若本空即華嚴。故知一一化華化佛化因，不妨出生化衆亦皆無量。此即華嚴法法融通，攝入無礙，顯今般若乃逐機圓也。

△三、總結衆集。

有如是等諸來大衆，各禮佛足，退坐一面。

此總結上此界他方輔翼變化諸來法衆也。修敬投誠，故名〔八〕禮佛足。肅然有序，故退坐一面。

△二、發起序，二。

初，定瑞開發，二。

初，時定光彩。

爾時，世尊，初年月八日，入大寂靜妙三摩地。身諸毛孔放大光明，普照十方恒沙佛土。是時，欲界無量諸天雨衆妙華，色界諸天亦雨天華，衆色間錯，甚可愛樂。時無色界雨諸香華，香如須彌，華如車輪，如雲而下，徧覆大衆。普佛世界，六種震動。

此發起序者，謂因斯光瑞，發起後文正説正宗，所謂暢本意之玄微也。亦名經前序、別序，應〔九〕如別章。初年月八日者，即説此《仁王經》之時。按古疏引《真諦記》云：如來在世四十五年，説三法輪，謂轉、照、持。然此三輪有顯有密。密則從得道夜至涅槃夜，俱三轉法輪。顯則初成道七年但轉轉法輪，七年後三十一年中轉照法輪，三十八年後七年中轉持法輪。從轉轉法輪來，有三十年前至二十九年，已説餘《般若》。今至三十年初月八日，方説《仁王》，故言初年月八日。此則成佛三十七年説此經，乃年七十二歲也。據此，則説此經之内應無別疑，但似與常説一代五時，不無小異耳。故《華嚴大疏》云：真諦三藏依《金光明》轉、照、持三輪之教，亦大同此，而時節小異，謂：七年前説四諦名轉法輪。七年後説般若，具轉、照二輪，以空照有故。三十年後，具轉、照、持，以雙照空有，持前二故。然破此，如《大疏》廣明。

入大下，明入定也。入定有四義：一、無礙般若皆從定生故；二、觀察物機方授法藥故；三、定後發言，言必真當故；四、爲物示軌，必如此故。佛無不定時，今義言入也。釋動求靜名小，即動而靜稱大。此即第一義禪，寂照同時，離一切相，即一切法，無動無壞玄源也。三摩，梵語，此云正定。亦名正受，即正定之受用。非同凡小事定可比，故名妙。然既入此定，下文所説亦不離此別有。故此與下《觀如來》等品爲張本也。

身諸下，明放光也。身毛放光者，表此慧光通身偏身無不是故。普照沙界者，表慧光圓照，無時無處而不然故。此中有二重能所，一身毛即放光之處，二沙界即光徧分齊，光明則通能通所，可以準思。秦譯光照三界，約豎言耳。今云沙界，約横明徧也。

問：光明通身，此何所以？若必有者，凡夫何亦不放光耶？

答：聖凡同體，但凡夫迷，此不能耳。如臨濟大師云：汝等有一無位真人，在汝六根門頭放光動地。此要直下明宗。僧問所以，師便擒住云：道道。僧擬議，即托開云：無位真人是甚麽乾屎橛。此又當面諱却。蓋會則放光耿耿，不會則世諦昏昏，豈有他哉？

是時下，欲界雨花。諸天多以花供養者，花表因行，顯依果德修行妙因也。謂之妙者，以不離般若爲因故。花即摩訶曼陀羅并薝蔔等，故言衆。

色界下，即色界雨花。然色界超欲界矣。精誠之極，植福修因，故亦雨焉。此又唯知有佛，故供此耳，豈恃性梵世而不修妙因哉？

諸寶嚴飭，故言衆色間錯。悦適衆心，故言甚可愛樂。

時無色下，無色界雨花。無色之供，猶其勝勝耳。香之樹空也，積如須彌。花之繽紛也，大如車輪。此表佛德妙高，正因輻輳故。如雲而下，表修妙因妙德，非有作意也。徧覆大衆，表羣靈共有，顯此妙因宜平等而修也。無色亦雨花者，以具定果色故。此皆佛德神極，三界諸天欲不雨花者，得乎？

普佛下，動地瑞。六震者，動、起、涌、震、吼、擊也。然動、起、涌三，約形名動。震、吼、擊三，約聲名動。而有東涌西没、動徧等徧之説，亦不離此。言六震者，表依六識翻破無明，直顯妙慧耳。《楞嚴》説：山河大地皆無明感結，本唯一真。故動地云普佛世界。

問：動地有多緣起，爾何直依表破無明言之耶？

答：準《阿含》，動地有八緣：一、大水動時，二、尊神試力時，三、如來入胎時，四、出胎時，五、成道時，六、轉法輪時，七、息教時，八、涅槃時。《增一》亦有八緣，與此八緣大同。然動地雖有八緣，但是通相説耳。若約取者，此即八緣中轉法輪時動耳。既轉法輪有動，則直就破無明結惑，甚爲允當。蓋轉法輪，只爲無明在也。又《十地論》謂動地治三種煩惱：一、治生天衆生樂著天福，震動天宫，令生厭離，起求法心；二、治造惡衆生不識無常縱心蕩意，令因地動，捨惡從善；三、治我慢衆生或因呪力能小地動起高慢心，使見大動，知其力劣。今此亦治三種煩惱也歟。

△二、當機助發，二。

初，覩瑞與疑，二。

初，時衆罔知。

爾時，大衆自相謂言：大覺世尊前已爲我等，説《摩訶般若波羅蜜多》《金剛般若波羅蜜多》《天王問般若波羅蜜多》《大品》等無量無數般若波羅蜜多。今日如來放大光明，斯作何事？

偏覺十力，證究竟道，名之大覺。賢聖欽崇，龍天瞻敬，故曰世尊。

前已下，敘已說也。古疏謂佛從得道後二十九年說四《般若》，於靈山說《大品》，次舍衛說《金剛》及《天王問》，後還靈山說《光讚》及《道行》，具如《光讚》中說。然據此則標云四種般若，而下文釋明則成五部般若，且名目與今經不對，似有可疑。合無依《金剛圭峰纂要》云：佛說大部處會，六百卷文四處十六會說可準。一、王舍城鷲峰山七會，山中四會，山頂三會。二、給孤園七會。三、他化天宮摩尼寶藏殿一會。四、王舍城竹林園白鷺池側一會。若依今經爲順者，一《摩訶般若》，即大部六百卷是也。此經三千瑞煥，十六分彰說之。至若《金剛般若》，即舍衛祇桓所說，須菩提爲當機故，大部開出。《天王問般若》即《勝天王所問》者，《大品般若》亦依靈山而說者，此二亦大部開出，如《刊定記》詳明。云等餘般若，即等《光讚》《道行》等般若也。此則八部說竟，方說此《仁王般若》耳。不然，何以前云已爲我等說，而後又云《大品》等無量般若耶？

今日下，此衆疑前瑞相也。豈非所謂放光現瑞，開發請之教源乎？

△二、匿王請決，二。

初、知必說法。

時，室羅筏國波斯匿王作是思惟：今佛現是希有之相，必雨法雨，普皆利樂。

《法華》彌勒覩光瑞而騰疑請決。文殊語彌勒曰：善男子等，如我惟忖，今佛欲說大法，雨大法雨，乃至欲令衆生咸得聞知一切世間難信之法，故現斯瑞。今匿王纔覩光瑞，便知佛心[一〇]雨法雨，一味沾洽，非是徒然，普利樂有情，令俱明妙慧。斷可惟忖：斯亦法身大士影響權迹，實大智曼殊之儔，豈直爲洪護當機而已哉？

△二、問衆無酬。

即問寶盖、無垢稱等諸優婆塞，舍利弗、須菩提等諸大聲聞，彌勒、師子吼等諸菩薩摩訶薩言：如來所現是何瑞相？時，諸大衆無能答者。

所請上德，或僧或俗，俱是法身大士。若大若小，無非妙慧虛通。故一一問之。寶盖，即淨名示疾，五百獻盖，發起不思議境界之人。無垢即淨，稱即名也，此即金粟古佛示迹同塵，輔揚法化者。即其借座燈王，取飯香土，室包乾象，手接大千，明不二於真淨界中，示塵勞於毗耶國内，盖不思議之超絶也。舍利弗，聲德居長，智慧第一，觀法華會上授記居先，豈真聲聞哉？須菩提，解空第一，般若譚空，最爲上首，猶是證入寶明空海之流，示爲聲聞，亦權爲者。彌勒，即慈隆即世，悲臻後劫，即補佛處者。師子吼，即説示無畏，亦法身之侶。故匿王一一問其所以，可謂知音方與知音舉也。

時衆下，明衆無酬答。此有二義：一、約顯迹，謂般若妙慧，萬法澄寂，唯如來圓證，故通身吐露，此顯唯佛能知，故衆不能測也；二、約密意，謂實相本空，一切皆如，世尊既現瑞以彰明，故大衆則默識以顯妙，則衆不能答耳。所謂默時説，説時默，大施門開無壅塞，豈其真不能答哉？

△二、作樂覺悟。

波斯匿王等承佛神力，廣作音樂。欲色諸天各奏無量天諸伎樂，聲徧三千大千世界。

肇公云：旋嵐偃嶽而常靜，江河競注而不流。此言至人神極無方，在動常靜耳。今世尊入定現瑞，而欲界諸天作樂，聲極大千界者，良以假佛神力，而求佛出定，早注時雨，潤濟枯槁者也。否則，佛前女子入定，一切不能覺之令出，必待罔明，況佛入大寂靜禪定，湛智海之澄波，皎性空之滿月乎？故知佛之現瑞，衆之作樂，亦感應道交也。

△二、光明徧覺，二。

初、光現化。

爾時，世尊復放無量阿僧祇光，其明雜色。一一光中，現寶蓮華。其華千葉，皆作金色。上有化佛，宣說法要。

前於身毛放光，表慧光通身顯現故。今放光至于阿僧祇之多者，又表慧光超乎數量故。蓋妙慧忘情，謂孰數量可及哉？其明雜色，表慧照因諦緣而不同也。即於一切法，觀空假中是也。慧光無量，斯妙行難窮，故一一光中，現寶蓮華。斯即因妙慧而起多種因行也。因行萬殊，覺心不二，故曰千葉金色。此又繇妙因攝歸一源也。即此妙慧妙因，是成佛之體、說法之慧，故曰上有化佛宣說法要。斯則佛放一光，妙慧全彰，因果行證皆不離此一照中矣。然般若離四句，獨顯真空，故唯明有化佛說法。此示應化非真佛，亦非說法者，故云化身。然獨實相真身，說示本寂，乃真佛耳。

△二、光被有緣，二。

初、總顯普益。

是佛光明，普於十方恒河沙等諸佛國土，有緣斯現。

杲日升天，不爲無目者而隱光明，然不盲者自覩。佛光徧界，不爲含生類而隱光明，然有緣者斯現。故知今人不見佛光與不聞正法者，乃無緣自障也。有緣時義，大矣哉。

△二、別明來衆，二。

初、標方列名。

彼他方佛國中，東〔二〕方普光菩薩摩訶薩，東南方蓮華手菩薩摩訶薩，南方離憂菩薩摩訶薩，西南方光明菩薩摩訶薩，西方行慧菩薩摩訶薩，西北方寶勝菩薩摩訶薩，北方勝受菩薩摩訶薩，東北方離塵菩薩摩訶薩，上方喜受菩薩摩訶薩，下方蓮華勝菩薩摩訶薩，各與無量百千俱胝菩薩摩訶薩，皆來至此。

佛光一照，十方菩薩俱來者，表慧光圓通，不局一隅，智明廣大，非止一人所具也。然菩薩隨方名義不同，亦吾佛光明所照，爲顯彼隨方設法之象意也，豈徒然哉？

普光者，謂身智通明，法界一照。迹示東方，表動中有不動妙慧耳。蓋東方屬震，則雷動之象。而曰普光，則毫無凝暗，又非去來，故體常寂靜，即動中有不動也。

蓮華手者，謂掌握法寶，因果互徹。跡示東南，亦表妙慧克成因果故。蓋東南屬巽，則風氣之象。而曰蓮華，即方華即果。又曰手者，手能持物，表慧令因果融通，即合風力開敷結實之象也。

離憂者，謂靈明絶朕，了無憂纏。示迹南方，則離卦中虛，無物之謂，故象離憂也。

光明者，德慧昭著，不被塵暗。示迹西南，則坤而資生，以表慧任生理，有明之謂，故象坤也。

行慧者，謂一物不愚，萬行真明。示迹西方，兑爲澤，爲毁折，取象亦似愚而無慧者，故必須行慧，於生死毁折之際，了然於萬有之内矣。

寶勝者，謂性德無盡，智藏充溢。示迹西北方，爲乾，爲剛健，取象乃行道而自强不息者，以表靈明剛健之勝寶，能活潑於一虛之中，故象乾也。

勝受者，謂慧領納境，不爲缺陷。示迹北方，坎爲缺陷，其象爲水，則周流無方，不被缺陷，以表妙慧不住於萬法之象也。

離塵者，謂澄清一心，不爲情染。示迹於東北方，艮爲止成之道，其象屬土，摇動不得，以表凝常妙慧始終一貫也。

喜受者，謂深造得益，入禪自在。然果從此證，故示從上方。

蓮華勝者，謂萬行芬披，六度克修。然因居果後，故示從下方。

此上皆依般若，妙應不窮，故佛放光照恒沙國土。十方稱名者，表俱臨法會也。此是發起之衆。若不如是，則立名并方，表顯正説，總皆唐錮。鄙見如此，母謂臆説。各與下，即眷屬衆也。

△二、持供禮佛。

持種種香，散種種華，作無量音樂，供養如來。頂禮佛足，默〔三〕退坐，合掌恭敬，一心觀佛。

香華音樂，即所供之儀。藉此以表虔誠，亦表所證故。蓋諸菩薩證德已馨，故持華表之。妙因已修，故散華表之。若夫音樂之供，《法華》明成佛道，非小緣矣。如來，即所供之佛。然頂禮之禮，有多種。此即第三恭敬禮，以五體投地，捧足殷勤故。亦即第四無相禮，以正禮時，深入法性，離名字相故。然雖無能所，普運身心，如影普徧，禮不可禮。雖徧禮一切，俱禮身内法身真佛，不向外求。馴至一禮佛時，若内若外，同一實相般若，此又是起用内觀實相禮佛也。斂念凝神曰默然，翹佇待法曰退坐。合掌即攝心於中，欲受持中道妙理也。恭約身儀無缺，敬約心志虔誠。久慕圓音，延頸法雨，如饑思食，似渴待漿，故三業精勤，一心觀佛。慈音偏布，悲滿人寰也。此上法會繇致竟。

仁王護國般若波羅蜜多經卷上科疏卷一

校勘記

〔一〕底本據《卍續藏》。

〔二〕「頌」，據《宋高僧傳》（《大正藏》本，下同），疑爲「頌」。

〔三〕「番」，據《宋高僧傳》，疑爲「蕃」。

〔四〕「康」，《大宋僧史略》（《大正藏》本）後有「居」字。

〔五〕「三」，疑爲「二」。

〔六〕「一」，疑爲「二」。
〔七〕「名」，疑爲「因」。
〔八〕「名」，疑爲「各」。
〔九〕「應」，疑爲「廣」。
〔一〇〕「心」，疑爲「必」。
〔二〕「束」，疑爲「東」。
〔三〕「默」，疑後脱「然」字。

仁王護國般若波羅蜜多經卷上科疏卷二

唐三藏沙門大廣智不空奉詔譯
明慈慧寺開山比丘蜀東普真貴述

△二、正演玄微，二。

初、分科略敘。

此下正宗，有六品經文，分四。

一、内護佛法，顯理虛玄。有三品，即第二《觀如來品》明自利行，答第一問。第三《菩薩行品》明利他行，答第二問及第三問。第四《二諦品》明二護所依正理。

二、外護國土，顯法妙利，即第五《護國品》。

三、報恩供養，顯果難思，即第六《不思議品》。

四、宏經相貌，顯行無盡，即第七《奉持品》也。

△二、依科釋文，四。

初、内護佛法，顯理虛玄，二。

初、略開二護，二。

初、當品名題。

觀如來品第二

前如來光瑞之興，意明般若玄趣，以爲内外二護根宗，故一出三昧，預知王心：因護國之念緣，爲二護之誠請。於中先明護果，端在度生。不住相以明真，觀體空而行化。理智無二，生佛一如。次明觀身遠離諸相，徹底心言罔及，是爲正觀，故名《觀如來品》。然觀即觀照般若，如來即實相般若。如來爲實相者，以秦譯名《觀空品》故。故知以理從智，譯名《如來》。以智從理，譯名《觀空》。《金剛》云：如來者，即諸法如義。即以如義爲如來也。是知無相妙慧觀法實相，總之無生無滅，非去非來。即有無而逈超，冥同真際。離我人而永斷，等一妙空。明其真也，萬境一如。究其俗也，諸緣幻有。此菩薩正修中道之理觀，豈與凡小之滯溺有無，邪外之妄執常斷，同年而語者哉？

觀照是用，實相即體。不得是體，不發是用。不得是用，不顯此體。攝用歸體，則境、智兩忘，體用不二。若從體超用，則離即雙成，同時遮照。所謂用根諸體，體逐乎用，體用雖二，不離一般若矣。

然不可執此爲實。何者？若作有會，則被有見殺。若作空見，則被空見殺。到這裡，名言路絶，心智莫窺，一切二邊皆不能入。若作中道會，禍同二邊。既非空有，又不名中，畢竟唤作甚麼即得。這裡，爍迦羅眼窺覷不入，大悲千手摸索不著。故《大品》云設有一法過於菩提涅槃之上，吾亦説爲如幻如夢者，此也。

△二、正解經文，三。

初、預知請意。

爾時世尊，從三昧起，坐師子座，告大衆言：吾知十六諸國王等，咸作是念：世尊大慈，普皆利樂，我等諸王云何護國？

佛知説二護般若時至，故從三昧起也。然佛無不定時，今言出入者，爲物示軌故。師子座，表佛説法無畏如爲人中師子也。大衆，即所被機。王之有國，天命人心，理亂安危係焉。得其道，則天命順，人心服。失其道，則天反時，物逆理。故治亂護國之樞機，只在一心之上轉移耳。是以佛纔出定，方有事於般若，王即念請，心斬護國。故知護國之要，非般若妙利，而誰能哉？然佛即知王念請者，所謂鑿池不待月，池成月自來。豈同他人有心，予忖度之之謂耶？古疏謂：十六國王意欲問護國因緣，據前嘆請祇主在斯王，今知請意通及十六國者，盖問不可多，請必有主，姑推斯王爲首。佛知請意不局一人，故理當十六國王也。則知念請護國之問，與後《菩薩行品》《二諦品》並《護國品》，爲張本也。

△二、略開誡聽。

善男子，吾今先爲諸菩薩摩訶薩，説護佛果、護十地行。汝等皆應諦聽諦聽，善思念之。

據下文，不住行化，等生佛以皆空，不著名相，齊理智而一性，是護佛果也。依五忍而修行，自他普利，住多劫而正化，權實雙行，是護十地行也。然二護諸王未請，佛自先爲説護佛果、護十地二事者，意明二護爲外護之本。若但説護國，則安樂平和之時，人心易憍易泰，一恣妄想，喪心昧理，日流於離亂而不可知者。故佛先開二護出世之法，令知法法同如，處處皆空，以此直窮佛果因行之性海，然後修稱般若之福田，以此護國而有餘裕。故知開内二護者，又與外護國土爲張本也。

汝等下，誡聽。《楞嚴》云：汝等以緣心聽法，此法亦緣，非得法性。今誡諦聽者，正使無以緣心聽法也。息慮亡緣，易食甘飲，於法方有分矣。諦聽即聞慧，善思即思慧，義含修慧，故誡聽而含三慧也。

△三、領誡讚供。

是時，大衆，波斯匿王等，聞佛語已，咸共讚言：善哉，善哉。即散無量諸妙寶花，於虛空中變成寶盖，覆諸大衆，靡不周徧。

《法華》諸子索車，長者自知財富無量，

等賜大白牛車，蓋過諸子所望也。今王等念請護國因緣，佛先以出世二護示之，亦過其諸王所望，故歡喜、讚善、供養。如此重讚善者，蓋信知如來宣暢般若，發明人人本有妙慧。故古疏引《智論》云：佛説般若，無央數衆生當續佛慧。又引龍樹釋云：能破衆生諸大煩惱，能與諸佛無上大法。即此意也。散妙寶花，表依性起修，萬行芬披也。空中變蓋普覆者，表無緣慈悲如天普蓋，濟度一切，清涼萬類也。故知佛説般若，品品得益，有自來矣。

△二、問答廣釋，二。

初、當機正問。

時，波斯匿王即從座起，頂禮佛足，合掌長跪，而白佛言：世尊，菩薩摩訶薩云何護佛果，云何護十地行？

孔子問孝，曾參避席而對，示其師道尊嚴，敬之至也。矧請出世大法乎？即爲法亡軀，身爲床座，所甘心也。故王身輕萬乘，禮四大高視之聖人。志小九五，叩十地獨尊之調御。蓋以護國護法兩事逼切，治世出世二緣服膺所致然也。豈徒然哉？斯亦以道優裕天下，不以國爵威服天下，實乃古佛示現，廣利羣生耳。

此進問，具三業虔誠，如常所説。菩薩，具云菩提薩埵，此云覺有情，釋有三義：一、覺謂上求佛果，有情謂下化衆生；二、覺謂斷證自利，有情謂慈悲利生；三、覺謂已斷已證，能覺悟自心，有情謂未斷未證，有餘情緣。此指能修能護之人，下明所修所護之法。

問意謂：我等念請護國，佛即先開二護，此慈悲之至也。然未知因果二修，以何法修，以何法護，故此問之。蓋佛開示二護，但舉其本源，而王問云何修，則濬以導其流。所謂接拍成令，敲唱俱行，有如此夫？

△二、如來垂答，四。

初、明自利，答第一問，三。

初、正觀空理，二。

初、正演真空，二。

初、標宗正釋，二。

初、正釋，二。

初、指所化境。

佛告波斯匿王言：護佛果者，諸菩薩摩訶薩應如是住，教化一切卵生、胎生、濕生、化生。

護佛果句，牒定前問。諸菩薩，指下五忍位菩薩。諸乃衆多不一之稱，故知指下五忍位也。應如是一句，即逆指向下不住色相、不觀色如等，謂應如是住，不住色相等，教化衆生也。《楞嚴》云：見明色發，明見想成。乃至卵唯想生，胎因情有，濕以合感，化以離應。此明四生假妄覺爲因，妄業招感，受生不同，故有四耳。然天、獄化生，鬼通胎、化，鳥、龍四生，人亦通四。故古疏云：爾時人胎生時，毗舍佉子從三十二卵生，大山小山比丘從鶴卵生，菴摩羅女從濕氣生，劫初人皆化生，此四生通局不同也。然三界普及，九類均霑，此如《金剛經》意。今言四生者，亦略指耳，義必具有。卵生居首者，以《俱舍》明其四緣故。此約緣多居首也。若約心者，以從本流末爲次第故。

問：護果説果，名實相應。今標護果，而釋以化生者，何也？

答：護果正在度生，如不度生，何顯護果？況果海離言，護何所施？寄生言護，方顯護果、度生因果實相成也。故《華嚴十地品》以解脱月、金剛藏表因表果，亦以因位可説，果海離言耳。

問：卵、濕無想，有頂無色，云何教化？

答：有三因緣：一、難處生者，待其時故；二、非難處生，未成熟者，成熟之故；三、已成熟者，解脱之故。

△二、能化之智，二。

初、正觀蘊空。

不觀色相，不觀色如。受、想、行、識，我人、知見，常、樂、我、淨，四攝、六度，二諦、四諦，力、無畏等，一切諸法，乃至菩薩如來亦復如是，不觀相，不觀如。

初二句，舉色爲首。受想下，例明諸法。眼得之爲色，色以質礙爲義，有十一法，即五根、六塵。細分，即形、顯二色，各有多種。衆生正報色身，所謂假借四大以爲身也。故度生意在利濟，而涉俗貴在忘心。凡衆生色相色如，在菩薩不住不觀，是終身度生，無生可度。終日行化，無化可行。物來順應，如鏡現像，妍媸不存。《金剛》云：應無所住而生其心。《楞嚴》云：虚受照應，了罔陳習。此之謂也。

問：住相觀如，有何過耶？

答：住色相是有，即凡夫妄見，亦邪外常見。觀色如是空，是小乘偏見，亦邪外斷見。然執有執無，著斷著常，有無窮過。唯觀法性冥同真際，斯爲得矣。故菩薩化生，貴不住不觀。又五義故不住觀：一、性空故，二、同體故，三、本寂故，四、無念故，五、法界故。此中一、三唯生，二、五通能所教化，四唯局能化。

受想等者，此謂非特色之一法不住色相、不觀色如，凡染[一]淨、理行、因果，一切皆如是也。盖此般若玄理，非染淨相，非非染淨相，非理行相，非非理行相，非因果相，非非因果相。誠爲皮膚脱落盡，唯有一真實。故《起信論》云：一者，如實空，以能究竟顯實故。釋云：所言空者，從本以來，一切染法不相應故。謂離一切差別之相，以無虚妄心念故。當知真如自性非有相，非無相等。又云：一者，如實空鏡，遠離一切心境界相，無法可現，非覺照義故。然《起信》真如即《仁王》實相般若也。

若别釋者，受想一句，合前色法，即五蘊也。受以領納，有苦、樂、捨三。想以思念。行以遷流。識以了别。此四即心法。色心和合成有情身也。

我人一句，計實主宰曰我，對自妄名曰人，知見即六根知見。上句法執，此句人執。

常樂一句，即涅槃四德。不遷不變曰常，遠離衆苦曰樂，得大自在曰我，蕩無纖塵曰淨。此佛果四德，能破本末二種四倒，如《涅槃經》説。

四攝、六度、二諦、四諦、十力、四無畏，名相如常。菩薩，因也。如來，果也。然皆空其相者，要在乎先空自心，若離妄念，實無可空故。故《起信》云：一切境界唯依妄念而有差别。如此既從妄念所變，妄既本空，所變何實。

△二、徵釋喻顯。

所以者何？以諸法性即真實故。無來無去，

無生無滅，同真際，等法性，無二無别，猶如虚空。蘊處界相，無我我所。

初句，徵也。意謂：所化衆生是染法，言不住色相等觀可爾，因果理行斯是淨法，何亦空空不住不觀耶？

以諸下，釋也。謂：以諸法性即真實性故，既即真實，故觀相是有，觀如是空，各墮一邊，豈是真實性哉？所謂世間相常住，寧容一毫增減於其間乎？

無來下，明真實體性之妙也。無來去，謂三際莫能易也。無生滅，謂四相所不遷也。同真際而無相，逈超邊表，豈方隅之所能拘？等法性而隨緣，泯絶一多，非大小之可爲限。混法界以爲體，妙契寰中，故無二。總萬有以成身，玄同物内，故無别。故知諸法之性也，如空普遍，似空普容。既如空離相，則三科二執，何有一法可當情哉？開心合色，開色合心，心、色俱開，爲愚色、心者説三科之廣略，如常所明。我即能執，我所即所執。

△二、結行。

是爲菩薩摩訶薩修行般若波羅蜜多。

此言不住不觀而修，是名爲真修也。

△二、問答廣釋，三。

初、明三種般若，三。

初、實相般若，二。

初、問何相化生。

波斯匿王白佛言：世尊，若菩薩衆生性無二者，菩薩以何相而化衆生耶？

此即領前經旨，爲問端也。意謂：上云諸法性即真實相，無二無別，是則能化所化原一體性，且不知以何相而化衆生耶？若化則有衆生，是亦住相。不化則無衆生，何名護化衆生，而又云菩薩如是化耶？

△二、答不住相化，二。

初、真則無化。

佛言：大王，色、受、想、行、識、常、樂、我、淨、法性，不住色，不住非色。受、想、行、識，常、樂、我、淨，亦不住淨，不住非淨。何以故？以諸法性悉皆空故。

此處當照前文，徧舉諸法名目。譯人圖省文，故但舉染、淨二法耳。色等即染，常等即淨，法性即指前染淨法之真實性也。若以法、性二字，聯上句經文，謂色等法性，不住色，不住非色，不住常非常，極爲穩便。若法性字屬下句不住色等，則法、性二字，即無著落，且不知經之法性道理也。故法性二字，應屬上句明矣。

受想下，例觀諸法。蓋上觀色之法性，故云不住色等。今觀受等四蘊並常等四德，若如前文，應添法、性二字，即云受之法性，不住受，不住非受，乃至常、樂、我、淨、法性，不住淨，不住非淨。但經文影略中間受等不住觀智，而缺少法、性二字也。若謂不必補出法、性二字，豈獨色有法性，而受等不具法性也耶？然前言不住色相，猶似淺淺。今云不住色等，是遮有也，以即悲之智不住生死一邊。不住非色等，是遮空也，以即智之悲不住涅槃一邊。二邊不住，中道顯然。猶如太空一相，所謂以同體菩薩化同體衆生，同體衆生受同體菩薩教化，此則化而無化，不化中化，渾然無間矣。詎可求何相而化衆生也耶？

何以故？徵。意謂：染、淨諸法各有形量分齊，何故不住耶？

以諸下，釋。意謂：諸法之性本空，故不可定言住色、住非色、住淨、住非淨也。如其不空，則染、淨森列，何有一法云不住哉？

問：據經言諸法皆空，其如方今現有者何也？

答：豈不觀空花水泡乎？空原無花，病眼妄執。水原無泡，風來激起。眼瘥風息，求花求泡，俱不可得。盖正見花泡時，其花泡之性自虚故，衆生慧眼不明，妄見三界空花，無明未斷，執著六塵漚泡。凡以偏計執性，情有理無。倘能特地了徹，觀萬法而體凝寂，忽爾爆破，將一塵而全收刹海者，夫何空與不空掛念攖心者哉？

△二、明俗則有化，二。

初、明因假故有。

由世諦故，由三假故，一切有情，藴、處、界法，造福、非福、不動行等因果皆有。三乘賢聖，所修諸行，乃至佛果，皆名爲有。六十二見，亦名爲有。

初二句，出菩薩化衆生之因。而有二義：一、繇世諦，即建化門頭，衆生菩薩兩不壞相，以幻化幻，雖知不實，而作化事，所謂：世諦幻化起，猶如空中花。二、繇三假，即水月道場，能化所化，假名施設，以假成假，所謂：諸有幻法生，三假集故有。有此二義，故有衆生可化也。三假，謂法、受、名。三諦，謂色、心、空也。

一切下，明一切皆有也。前蹑諸法性空故，一切皆空。今蹑上二因故，染淨、因果，聖凡邪正，一切皆有。故知：以空爲門，空有齊空。以有爲門，有空俱有。猶《楞嚴》三諦圓融，俱非世出世間，俱即世出世間法義也。然此經猶有非空非有爲門，一切皆非空非有亦空亦有爲門，一切皆亦空亦有之義。如《楞嚴》離即離非，是即非即，雙遮雙照，遮照同時，以顯其妙。但引而不發耳。

向下别釋。一切有句，總標也。蘊處下，即别明。蘊等可知。造福，即善業，謂五戒、十善爲人天因。非福，即惡業，謂五逆、十惡爲三途因。不動行等，即色、無色界業，以有四禪四空，不爲下界欲染煩動故。因即三界六趣之因，果即二十五有之果，此有世間法也。

三乘各有賢聖。如聲聞乘，則七賢四果爲賢聖。緣覺乘，則賢同七賢，聖即緣獨。菩薩，則三賢十聖。所修諸行一句，即四諦、十二因緣、六度萬行。乃至佛果，約果德，即十力、四無畏不共佛法，四智、三身，三德、五眼。此有出世法也。

上即正道，下即邪道。通六十二見，總不出斷、常二見爲根本。若細分之，不離五陰三世。如云：一一句，二異句，三亦一亦異句，四非一非異句。一陰四句，五陰成二十句。此約過去世論。現在、未來各二十句，共成六十句。合前根本斷、常二見，故名六十二也。此皆不了諦理，妄執一異斷常以儱侗三世，故名邪見。

然既一切皆有，豈無衆生可化之相乎？

△二、明執有迷真。

大王，若著名相，分别諸法六趣、四生、三乘行果，即是不見諸法實性。

諸法各有名，如水、火、金、銀等諸法。

亦各有性，如火之煖、水之濕是也。此名此性，兼之不離，故一有所著於此，即染、淨分別，凡聖欣厭，念念不空。如境擾心紛時，即被諸法轉變，豈見諸法實性耶？故《楞伽》云：相名常相隨，能生諸妄想。即著名相。三祖云：但莫憎愛，洞然明白，即不著分別也。然不見諸法實性，猶似難明，故再申其義。如世人見種種珍物，忽然心發晦蒙，雖經目前，昏然不知爲何物也，是不見珍物之實性也。如水一也，天見是琉璃，人見是清流，鬼見是火，反害自己，此餓鬼不見水之實性矣。古德云：祇須著眼看仙人，莫看仙人手中扇。如此則見實性矣。

△二、觀照般若，二。

初、智照相違問。

波斯匿王白佛言：諸法實性清淨平等，非有非無，智云何照？

問意謂：前明諸法真實之性不住一切，此清淨也。淴同真際，此平等也。一切皆空故非有，一切俱有故非無。既真體如此，智云何照耶？豈亦智照同真，亦清淨平等，非有非無耶。抑法性如此，而智照或不如此耶？

△二、理智一如答，二。

初、略標宗答。

佛言：大王，智照實性，非有非無。

答意謂，實性既非有無，而般若正智觀照實性時，以理軌智，能照所照俱非有無。故《無知論》云：真諦無相，真智無知。又云：般若可虛而照，真諦可亡而知。皆此義也。譬如函蓋相合，圓則俱圓，方則俱方。亦如鏡體鏡光，光體大小無二無別。故《華嚴疏》云：無有如外智能證於如，無有智外如爲智所證。此理智合一，體用不二，離言思之極致矣。

△二、廣徵釋答，二。

初、所觀俱空，二。

初、總顯性空。

所以者何？法性空故。

初句徵起非有非無之義。釋謂：性本自空，非推之使空也。繇法性空故，則知照性非有非無，而清淨平等無二矣。古疏謂：此空非照已方空，非作得故空，直繇般若性離，無自性故，理本自空。然空即今之非有非無之義也。

△二、歷觀諸法，二。

初、正明法空。

是即色、受、想、行、識，十二處，十八界，士夫六界，十二因緣，二諦、四諦，一切皆空。

躡上應云：繇法性空故，是即五蘊等法無不皆空。蓋一空一切空，法爾如此。所謂般若了萬法之本空者，信哉。然《大論》明五蘊是果報空，以五蘊假合，成正報故。十二處是受用空，以根、塵對待，互爲受用故。十八界是性別空，以三六各別種性故，如眼、色、眼識爲一種性等。士夫，即衆生我見之別稱，如云我人衆生、士夫知見等。六界，即地、水、火、風、空、識，《大論》名此爲遍到空，以此六法徧一切故。《阿含經》云：六主爭大，地云我能載，水云我漂潤，火云能爍照，風云能生動，空云能容受，識云若無我者色則敗壞。五雖大，而識爲主，故四大圍空，識居其中也。十二因緣，與四諦、二諦，廣略不同，爲對機故。如因緣生起相，謂無明緣行等，即廣說苦、集二諦俗諦也。因緣修斷相，謂無明滅行滅等，即廣說滅、道二諦真諦也。餘義，至後廣釋之。

△二、釋成空義。

是諸法等，即生即滅，即有即空。剎那剎那，亦復如是。何以故？一念中有九十剎那，一剎那經九百生滅，諸有爲法悉皆空故。

此有四節：

初三句，標宗也。諸法，指上五蘊，乃

至四諦等。以此諸法之體，念念遷流，新新不住，即生即滅，四相同時，正如石火電光，眨眼即空。故《楞伽》云：初生即有滅，不爲愚者說。《淨名》云：汝今即時，亦生亦老亦滅故。又云：過、現、未來，二[三]世皆空。故知體性皆空。此會相歸性也。故《起信》云：若得無念者，則知心相生、住、異、滅，以無念等故，而實無有始覺之異，以四相俱時而有，皆無自立，本來平等，同一覺故。《大疏》云：此以所相法體隨法性而融通，故能相之相亦生滅而不礙。是也。此不同法相，謂本無今有名生，生位暫停名住，住別前後名異，暫有還無名滅。據此，則前三是有，故同在現在。後一是無，故在過去。四相不同時也。豈等法性同時四相乎？小乘以生前，住滅後，或生住同時，則招過實甚，不能繫引。即有即無者，若法定有有相，則終無無相。如說三世有者，未來中有，還至現在，轉入過去，不捨本相，是則爲常。又定有者，應不從緣。不從因者，墮無因常。若法定無，先有今無，是爲斷。今則二諦融通，有無不二，故能即無即有，即有即無，顯中道於觀心，通照用於一念。故《大疏》云：空是即有之空，有是即空之有。良在此也。

二、刹那二句，類釋也。刹那，極短時也。蓋言上之諸法而有染淨形狀，言即生即滅可爾。然極短之刹那刹那亦不得停住，蓋念念生滅亦空矣。此則非止空於諸法，即刹那之念亦空空耳。故云亦復如是。故《楞嚴》匿王答佛云：雖此殂落，中間流易，且限十年。若復令我微細諦觀，豈唯年變？亦兼月化。何直月化？兼又日遷。沉思諦觀，刹那刹那，念念之間，不得停住。此言幻身念念遷謝也。《楞伽》云：一切法無生，我說刹那義。此言刹那亦空之義，正符今義。

三、何以故，徵也。意謂空法，則法衆多，

且是有體，剎那何以空之耶？豈剎那猶有別説耶？

四、一念下，釋也。古疏謂此中有二義：一、自一之多，一念攝九十剎那，一剎那攝九百生滅，九十剎那義當八萬一千生滅，求其定實不可得，則此心空矣；二、自多之少，謂生滅不出剎那，剎那不出一念，於其念中求定實不可得，則此念空矣。然心空念空，凡屬有爲孰不空哉？所謂空者，乃本來寂滅真常之空，非小乘邪外所執之空矣。

△二、明能觀雙照，二。

初、觀照有無，二。

初、真實般若。

以甚深般若波羅蜜多，照見諸法一切皆空。

内空，外空，内外空，空空，大空，勝義空，有爲空，無爲空，無始空，畢竟空，散空，本性空，自相空，一切法空，般若波羅蜜多空，因空，佛果空，空空故空。

初，明照空相也。所以念念諸法皆空者，無他，良繇甚深般若照見諸法性本空故。以般若現前徹照十界，依正色心幻緣和合，了無自性，夢境空花，等無有異。如杲日升天，萬象不能逃其影。似黄金出鞴，鑛沙難以齊其用也。

内空下，明照分限。《大論》問云：若少則應一空，若多則應無量，何止十八耶？龍樹答云：若略則事不周，若廣則繁難悟，如藥服少則病不瘥，服多則更增疾。今説空亦如是，少説則不能破邪見，多説則逼近於滋蔓，故唯十八也。

内空，謂内無六入，我空也。

外空，謂外忘六塵，法空也。

内外空，則根塵俱泯，我法兩空。

有爲空，即三科等法空也。

無爲空，即小乘三無爲空。兼大乘三種亦可，以般若空一切法，豈空小而不空大耶？

空空者，謂重空前空故。《大論》云：以諸空破内外等法，復以此空破諸空，是名空空。

大空者，謂十方俱空故。《大經》云：大空者，是般若空。

勝義空者，本空世諦，世諦不有，故勝義亦空。

無始空者，古疏云：外道以冥初爲始。破此見故，名無始空。

畢竟空者，諸法徹底空故。

散空，謂因緣别離故。如四大各離，恩愛分斷故。

本性空者，古疏謂：諸法本無，惑者計有，乃至執言如來性等決定是有。爲破此見，云本性空。故經云：眼空，無我，無我所。何以故。性自爾故。乃至意亦如是。又，《華嚴》云觀眼無生無自性，識空寂滅無所有者，此也。

自相空者，謂法法皆有自相，如棹橙以各形爲自相，釵釧以形質爲自相，從緣而有，故空之也。

一切法空者，謂依正、染淨、凡聖俱空故。

般若波羅蜜多空者，即無相妙慧空諸萬法、不住有無之空亦空也。

因空者，六度諦緣等空也。

果空者，菩提涅槃空也。

空空故空一句，謂：一空破有，是空也。以空空空，又一空也。空之又空之，以至於空了不可得，故法界真空絶相。泯絶無寄門云：不可言即色不即色，不可言即空不即空，不可亦不可，此語亦不受。泯絶無寄，忘情絶解。故知到此方名真空。義即同此。

△二、相似般若。

諸有爲法，法集故有，受集故有，名集故有，因集故有，果集故有，六趣故有，十地故有，佛果故有，一切皆有。

諸有下，明三假而有也。古疏云：然則

空本破有，有既空矣，有從何立而爲俗耶？故曰因法集故有等。法、受、名爲三假。法謂因緣合集故。受謂領納前境故，即心生法生義也。名謂因名而集故，如本非一家，集父子、兄弟、子孫、主僕之名，而有家也。諸法例此，謂之假者。所謂物無當名之實，名無得物之功，是也。

因集下，明四諦即有也。集即惑業，世間因也。苦即果報，世間果也。滅即有餘涅槃，出世果也。道即助道等法，出世因也。繇此二種因果，故有世、出世法。

六趣下，明凡、聖即有也。初句，凡夫。次二句，俱聖，十地分真位，佛果究竟位。此善惡、因果差別，故有六趣。證位見修不同，故有十地。妙往菩提，歸無所得，故有佛果。如此則自凡及聖，世、出世法，皆繇染淨幻緣成立。應知前之一切空，乃即有之真空，空而非斷。此之一切有，乃即空之妙有，有而非常。非斷非常，即空即有，則般若之觀照，至矣，盡矣。故《心經疏》云：良以真空未嘗不有，即有以辨於空，幻有未始不空，即空以明於有等，皆此義也。若然者，以斯化生，則化生不住。以護佛果，則佛法常存。以護地行，則行行契真。蓋以因果生佛皆同如故，等法性故。

△二、明其得失，二。

初、邪觀則失。

善男子，若菩薩住於法相，有我相、人相，有情知見，爲住世間，即非菩薩。所以者何？一切諸法，悉皆空故。

此中有標、徵、釋。標謂：菩薩行深般若，徹照萬法本空，若有所住著，則我人知見隨生，故非菩薩。徵謂：住法何以非是菩薩耶？釋謂：不了諸法皆空故，住於法相。故《金剛經》云：若菩薩住於法，則有我、人、衆、生壽者相，即非菩薩。正同此也。

△二、正觀則得，二。

初、以理正觀。

若於諸法，而得不動，不生不滅，無相無無相，不應起見。何以故？一切法皆如也，諸佛法僧亦如也。

此亦具標、徵、釋，在文可知。即色是空，當體凝寂，曰不動。法位常住，四相不遷，曰不生滅。故不同生滅法也。無相者，謂無一切色空之相也。無無相者，謂無相亦無也。若滯此無相，是棄有著空，故亦無之。故經云：諸佛説空法，爲離於有見，若復見有空，諸佛所不化。然如上諸法不動，乃至云無無相，不應起如是見。一起於見，則反成動滅有無之法矣。真正觀中，如紅爐然，豈容此等片雪渣滓哉？

徵意謂：起見何礙於法耶？釋意謂：諸法同如，三寶皆如，如則平等一味，無二無別，焉用起此見乎？

然總括空有之義，以觀行釋者，有三。

一、諸法皆空，以成止行。諸法皆有，以成觀行。空有無二，一念頓現，即止觀俱行，方爲究竟。

二、觀法即空，成大智不住生死。觀法假有，成大悲不住涅槃。以空有境不二，悲智念不殊，成不住行。

三、空有無礙觀。一從假入空觀，謂一切本空故。云[三]從空入假觀，謂一切幻有故。三空假平等觀，謂空有同時故。

△二、具足聖位。

聖智現前最初一念，具足八萬四千波羅蜜多，名歡喜地。障盡解脱，運載名乘。動相滅時，名金剛定。體相平等，名一切智智。

聖智即般若正智。此智觀法性既久，則迷雲開處，聖智突露。然此智從本以來，而輝鑑天地，騰耀古今，無時不在，無處不然。吾人不得現前者，蓋惑業深厚，自障蔽也。

故經云：如日普照，盲者不見，非日咎也。智亦如是，不得現前，非智咎也。倘能念念純真，即此聖智時時現前，與佛不殊矣。

最初下，示智之功能。最初一念，即此智初現之一念也。此智初起，性無分別，體若虛空無所不包，亦如大海無所不涵。塵勞如許既滅，故能具足如許波羅蜜多。亦如經云破塵出大千經卷之義，故云一念具足。

言八萬四千者，以翻惑成智故。

此地特名歡喜者，以生如來家，住平等忍，初無相智照勝義諦，一相平等。從此亦能於方便智，念念修習無量勝行，故名歡喜。

障，指住相無明等。此智現前時，地地各斷一障二愚，各證真如，各得解脫。

從因至果，如車運載，可能遠到，故亦名乘。

動相，指生相無明。此惑起時，菩薩以一念相應慧，摧滅無餘，如金剛能壞萬物，故此名焉。《起信》謂：一念相應，覺心初起，必無初相。即此意也。

從此直至一相無相，無生無滅，同真際等法性，滿功德海，住如來位，名一切智智。言智智者，以如來洞了萬法故。上智字，即連上一切二字，指佛也。下智字，謂佛之智，如云一切智之智也。

大抵此般若空智現前時，約初證真如，即位名初地。約能運載，即此名乘。約地盡斷惑利用，名金剛定。約平等萬法，即名佛智也。

古疏依《賢劫經》說：從光曜度，終至分布舍利度，合有三百五十功德門。一一各修六度，即二千一百。復將二千一百，對十法，謂四大六衰，又對十善，一一皆有二千一百，即二萬一千。又將二萬二千，對四衆生，多貪、多嗔、多癡、三毒等分，各有二萬二千。合之即有八萬四千也。

△三、文字般若，三。

初、多佛共説。

大王，此般若波羅蜜多文字章句，百佛千佛，百千萬億一切諸佛，而同共説。

此下示文字般若功德深大也。諸佛同説者，以般若爲諸佛母，修因證果，莫不繇之。如《心經》云以無所得故，乃至云三世諸佛依般若波羅蜜多故，得阿耨等。據此，則諸佛同説宜矣。所謂通方宏規，佛佛不易也。

△二、舉事況勝。

若有人於恒河沙三千大千世界，滿中七寶以用布施大千世界一切有情，皆得阿羅漢果，不如有人於此經中，乃至起於一念淨信，何況有能受持讀誦解一句者？

此世界中，此國土乃我等居者，方是南洲。三千洲中，八百大洲之一國土耳。此外還有東、西、北之三洲。此四洲須彌，一日月所照。積此一千四洲，乃至一千日月，一千須彌山，及大海鐵圍等，爲一小千世界。積此一千小千世界，爲一中千世界。積此一[四]中千世界，方成一大千世界。此大千世界有百億須彌山，百億日月輪，百億四天下，百億七金山等。故《阿含》偈云：四大洲日月，蘇迷盧欲天。梵世各一千，名一小千界。此小千千倍，説名一中千。此千倍大千，皆同一成壞。

觀此，則一大千世界，不知其世界廣博極量何似。今以恒沙數大千世界，此不可説之國土也。何況於此世界滿中七寶，以用布施大千界内一切衆生？其財施又何如數量可較計哉？而又念財施有盡，法施無窮，一一教成四果，此功德又難以心念數量所議者。然於此經功[五]較量何如耶？向下顯勝云不如有人等，蓋此經是諸佛智母，衆生本覺，一念淨信，則於般若緣分可謂至深至厚矣。非借往昔多種善根，孰能臻此？故知恒沙界滿中之珍寶，秖是有漏之福田。盡教成衆生之四果，但成螢火光明。豈與一念淨信此經者較量功德乎？故《金剛經》云：如來滅度後五百歲，有持戒修福者，於此章句能生信心，以此爲實，當知此人已於千萬佛所種諸善根。聞是章句，乃至一念生淨信者，如來悉知悉見福德等。故知今經之一念淨信者，非第閒人也。《大品》云於一切法不信是淨信般若，且《金剛》一經有六處較量顯勝，《法華》較隨喜第五十人之勝福，與夫今經較量，同途異轍，觀者可不淨信哉。然須達不住相以信般若，了般若即一心，庶幾也。

何況下，顯勝也。蓋一念淨信，特暫時自信耳。受持讀誦，則信之久，行之篤矣。然不如解一句者，蓋解説利他，則又進於受持，故愈不可較量也。古德偈云：讀經須解義，解義須修行。若能依義學，即入涅槃城。讀經不解義，多見不如盲。緣文廣占地，心中不肯耕。現在作愚癡，未來苦趣嬰。此解一句超前前之謂也。

問：前福量大，何以不如？

答：彌勒偈云：福不趣菩提，二能趣菩提。故永嘉云：一句了然超百億。則知解一句於得力處，即達千逕九逵之道也。

△三、明信解相，二。

初、正明文字相空。

所以者何？文字性離，無文字相，非法非非法。般若空故，菩薩亦空。

初句，徵也。謂：信解此經全部，福不可量，此猶可説。何故信止一念，解止一句，而福勝功高愈不可幾及也耶？

文字下，釋也。謂解一句，信一念，而福德難較者，以達文字之性離故，推求文字之相不可得故。惟其文字性離即是解脱，解脱即是般若。斯則文字空故，顯般若空。故經云：我依文字般若，而證諸法實相也。然所行之般若既空，能行之菩薩亦空。所謂人法雙泯，能所俱寂，如明鏡之虚寂，妍媸無心，似紅爐之熾，金鐵俱化，何有一法之不空空耶？

非法，謂文字非有也。非非法，謂文字非無也。又非法，此法指順理之善也。非非法，此非法指逆理之惡也。然文字亦非此二者矣。故《金剛》云：如來有所説法耶？須菩提云：如我解佛所説義，亦無有定法如來所説。何以故？如來所説法，皆不可取，不可説，非法非非法。此即文字性空之理也。

△二、兼明行位俱空。

何以故？於十地中，地地皆有始生、住生，及以終生。此三十生，悉皆是空。一切智智，亦復皆空。

初句，徵。謂：文字般若空時，何以菩薩亦空耶？

於十下，釋。謂：空菩薩者，非空一菩薩耳，然地位生生，智慧因果皆空。又非止空因位，果位亦復皆空。蓋一空一切空耳，以般若妙慧豈容此金屑哉？三十生者，《華嚴》明地位，每位皆有入、住、出之三心。一、入心，謂此位始入彼位，未能斷證時也，如從十向始入初地等。二、住心，謂正在地位，觀照斷證時也，如初地證徧行真如等。三、出心，謂從此地位，斷證功畢，修勝進往前位也，如初地將入二地，二地將入三地等。今始生，即彼入心，以創入故。今住生，即彼住心。今終生，即彼出心，以位將出故。然彼言心，乃約觀心入位，分齊有三。今言生，約生法王家，淺深不等。然心生言異，斷證義同也。

△二、明依教發觀，二。

初、凡夫邪觀。

大王，若菩薩見境見智，見説見受，即非聖見，是愚夫見。

境指實相，智指觀照，説受指文字。此

等理智一如，能所皆空。若見可得，即著四相，豈成正見？故《楞嚴》云：若作聖解，即受羣邪。故知無智無得，方是行深般若。無説無聽，斯爲勝義諦門。

△二、智者正觀，二。

初、人天染淨空。

有情果報，三界虛妄。欲界分别所造諸業，色四靜慮定所作業，無色四空定所起業，三有業果一切皆空。

初二句，總指三界依正、色心空也。言虛妄者，以因緣和合則有，因緣别離則滅。故《楞嚴》云：因緣和合，虛妄有生。因緣别離，虛妄名滅。又云：界若空華等。此也。

欲界下，别明三界空。欲等三界即苦道，以三界無安，猶如火宅故。所造業即業道，分别即煩惱惑。依惑造業即業道，以欲界有分别十使等。色界四禪，喜、樂等支，以依定發，名定所作業。無色四空，着空着識等執，皆即是惑，亦因定起，名定起業。

三有下，二句，總結空也。然分别三界造業有異者，下界不離人我妄想，所造善惡種種不同。分别二字，對上二界而言，以下界昏散，上界禪定澄清故。下界言造，以藉因緣，三業結搆故。上二界言作言起者，以四禪尚礙色身，容有作義。四空唯有定果色，故但言起。此三界不同之狀也。

問：前云三界，後云三有，何也？

答：果報分齊不同，故以界名。因果總是不忘，故以有名。但眼目殊稱，義唯一也。

△二、聖賢斷證空。

三界根本無明亦空。聖位諸地，無漏生滅，於三界中餘無明習，變易果報，亦復皆空。等覺菩薩，得金剛定，二死因果空，一切智亦空。佛無上覺，種智圓滿，擇非擇滅，真淨法界，性相平等，應用亦空。

無明爲三界妄有根本。然此無明，以從

本覺一念妄動，念念相續，故説無始無明。而此無明不離覺性，了之即空。此句應作例顯空相，故加亦字，意謂：不但三界空，即三界之根本無明亦空。蓋以迷妄方成虚空，想澄乃有國土，則知三界皆因無明而有。以故，枝末、根本，二者俱空矣。

問：據前解，無明不離覺性，則無明空時，覺性空否？

答：《圓覺》云，幻滅滅故，非幻不滅。又《起信》云，以一切心識之相皆是無明，無明之相不離覺性，非可壞，非不可壞。如大海水因風波動，水相風相不相捨離，而水非動性。若風相止滅，動相則滅，濕性不壞故。如是，衆生自性清淨心因無明風動，心與無明俱無形相，不相捨離，而心非動性。若無明滅，相續則滅，智性不壞故。據此，則無明自空矣，何與覺性哉？

問：永嘉云無明實性即佛性，何亦空耶？今若空，則無明非即實性耶？

答：若據今經，則正智實無無明，特因不覺言之故空耳。永嘉之意，蓋頓證之説耳。如《圓覺》謂，猶如迷人惑南爲北，悟則即北是南矣。宗趣各别，無相濫也。

聖位諸地下，謂十地處亦空也。十地親證真如，超越賢位，故名聖。無漏生滅者，無漏即指十地中依真名位所修之行。初地行檀，發十大願。二地持戒，廣修十善等是。然無明未盡故，各有生滅也。又於三界，因無明餘習未盡，亦有變易生死果報。故無明既空，而變易果報等一一皆空也。

然十地所斷即住相無明十品，其斷惑分齊，並無明餘習分齊，如《華嚴疏鈔》詳明。奈文義俱廣，今且唯約《起信論》明之。

文云依無明熏習所起識者，此指根本識也。非凡夫、二乘智慧所覺，謂依菩薩，從初正信發心觀察，此指三賢位以比觀智觀察也。若證法身，得少分知，此指初地以現量智證真如也。乃至菩薩究竟地，不能盡知，此指修道以上十一地處説也。唯佛能了。所謂佛性者，十一地菩薩如隔縠觀月，不能了了見。何以故？是心從本以來，自性清淨，而有無明，爲無明所染，有其染心。雖有染心，而常恒不變。是故此義唯佛能知。所謂心性常無念故，名爲不變。以不達一法界故，心不相應，忽然念起，名爲無明。

染心者，有六種。云何爲六？

一、執相應染，依二乘解脱及信相應地遠離故。此即執取相，指人執分別。二乘信地，同得人空，故能離也。

二、不斷相應染，依信相應地修學方便，漸漸能捨，得淨心地，究竟離故。此即相續相，指法執分別。歷三賢至初地證法空故，故能究竟離也。

三、分別智相應染，依具戒地漸離，乃至無相方便地究竟離故。此即智相，乃法執俱生，二地至七地方離。

四、所現色不相應染，依色自在地能離故。此三細中現相，以第八地現形不滯心迹，故能離之。

五、能見心不相應染，依心自在地能離故。此即轉相，以九地説法不滯言詮，故能離之。

六、根本業不相應染，依菩薩地盡，得入如來地能離故。此即業相，金剛定一念相應，故能離也。

乃至不了一法界義者，即無明也。從信相應地觀察學斷，入淨心地隨分得離，至如來地能究竟離故。此言無明，地上分離，佛圓離故。

言相應義者，謂心念法異，依染、淨差別，而知相緣相同故。知即心王，緣即心所。

不相應義者，謂即心不覺，指三細相。常無別異，不同知相緣相故。謂不同心王心所相應也。

又染心義者，名爲煩惱礙，能障真如根本智故。此後㈥能礙得名。

無明義者，名爲智礙，能障世間自在業智故。此從所礙得名。

此義云何？徵二礙之所以。向下雙釋。

以依染心，能見能現，妄取境界，違平等性故。此釋煩惱礙也。

以一切法常靜，無明不覺，妄與法違，不能得隨順世間一切境界種種智故。此釋智礙。

上論所言無明義者，即今之根本無明也。所言二礙等者，即今之無漏生滅變易果報而不得自在者也。以有二礙故，能礙真如正智，能障世間自在業故。所言依無明起六染心不同，斷離分位不一，即今之聖位諸地無漏生滅餘習，乃至等覺金剛定斷離是也。但彼論約生滅門中從真起妄、斷證分齊而説，此經則總略出其義名，一一空之，故不同耳。若約無明餘習，則六染二礙，何嘗非一義乎？故引其名義，使知般若空空者，殆空此也。不然，今經無漏生滅乃何生滅，餘習是何餘習，變易因何有變易耶？二死因即二礙，果即二死也，一切智即十一地證極之智也。

佛無下，謂佛果及果後之用亦空也。佛無上覺，即三覺究竟也。種智圓滿，即四智圓明也。擇非擇，即二種無爲，謂擇滅無爲即待決擇而顯者，非擇者即不待決擇而顯也。真淨法界者，即佛所證圓理重重無盡者也。以絶一切相，故名真淨。性相平等者，即性即相，等同一味也。所謂相爲即性之相，猶即波以辨於水。性爲即相之性，猶即水以辨於波也。應用者，即證果海之後，逆流而出，妙同萬物之事也。上明真身，此明應身。其報身，約自受用即真身攝，約他受用亦應化攝，故不言之。然般若正智現前，從因至果，斷證應用，無不空也。

△三、説聽法性空。

善男子，若有修習般若波羅蜜多，説者聽者，譬如幻士，無説無聽。法同法性，猶如虚空，一切法皆如也。

善男子，呼當機而語之也。然此經唯斯王當機，而前後呼召不一者，以彼爲億兆之主故，或稱大王，此約俗諦稱尊呼之也。今以王等成就信等諸善根故，直呼善男子，此約修道爲名稱之也。

幻士下，《楞嚴》云：譬如諸幻師，幻作諸男女。雖復諸根動，要以一機抽。息機歸寂然，諸幻成無性。法合云：元依一精明，分成六和合。一處成休復，六用則不行。

此約六根中，一根圓通，六根自清淨，故先以幻喻明之。今明説聽如幻者，良以修習般若究竟觀照，能空此耳。盖觀照深時，諸法自寂，説聽何當情哉？《心經》云：無眼、耳、鼻、舌、身、意。然六根既空，即顯説聽亦空矣。《大品》云：聽如幻人聽，説如幻人説。《淨名》云：夫説法者，無説無示，其聽法者，無聞無得。皆此義也。

法同下，舉喻例明也。上法字，指諸法也。法、性二字，指諸法中真實之性也，所謂真如者是。言同者，以諸法無性，當體即真，無不是如耳。故下又例明一切皆如也。良繇真如隨緣，能成染、淨諸法，故諸法體空即如，猶水隨風成波，則波波舉體是水矣。故《淨名》云：法同法性，入諸法故，諸法皆如，衆賢聖皆如，至於彌勒亦如也。《起信》云：此真如體，無有可遣，以一切法悉皆真故。亦不可立，以一切法皆同如故。俱此義也。

△三、總結答意。

大王，菩薩摩訶薩護佛果，爲若此。

△二、别觀佛身，三。

初、如來垂問。

爾時，世尊告波斯匿王言：汝以何相而觀如來？

如來法身非一多有無大小報化，體同太虚者也。然隨機大小故，現身勝劣。不了義者起真實見，如三惡道見如黑象脚，人天見爲樹神等。故《起信論》云：一者，依分别事識，凡夫二乘心所見者名爲應身，以不知轉識現故，見從外來，取色分齊，不能盡知故。二者，依於業識，謂諸菩薩從初發意，乃至菩薩究竟地所見者，名爲報身，身有無量色，色有無量相，相有無量好，所住依報等，乃至云故説爲報。又爲凡夫所見者，是其麤色，隨於六道所見不同，乃至云故説爲應。據此，佛身即一耳。不了唯識，隨六識以見佛身，故見從外來。了達唯識，順業識以見佛，故見無外塵。此則俱非真如正觀佛身究竟之妙也。故今佛問云：汝以何相而觀如來？意謂：相是有爲，生住異滅。佛身異此，即非身相。故般若觀照之時，則身相俱離，豈存諸礙以塞正眼？故下當機默契玄旨，答云：觀身實相，觀佛亦然。良以感應道交，雅合其妙。然此問答，渾如《金剛》云：須菩提，於意云何，可以身相見如來不？不也，世尊，不可以身相見如來。何以故？如來所説身相，即非身相。佛告須菩提：凡所有相，皆是虛妄。

若見諸相非相，即見如來。但彼約見，則從根塵對偶言之。此約觀門，則從理智觀照言之。雖見觀不同，其義實無有二也。

△二、匿王敬答，三。

初、總顯真空。

波斯匿王言：觀身實相，觀佛亦然。

法相宗中，以出世智爲依生滅識種，故四智心品爲相所遷，佛果報身有爲無漏。蓋以四智攝於三身，大圓鏡智成自受用身，故説報身有爲無漏。此則報身猶非實相，况化身不屬有爲乎？

法性宗明世出世智，依如來藏，始本不二，則有爲、無爲非一非異，故佛化身即常即法，不墮諸數，况於報體即體之智非相所遷耶？據此，則以般若正智了身相本空，即此本空凝然湛寂真實不動之相。匿王久默斯旨，故答云：觀身實相也。知自身則知佛身，故又云：觀佛亦然。永嘉云：幻化空身即法身。

肇公云：行合解通，則爲見佛。所謂依他無性即是圓成。豈同凡小執空執有，不能善達中道實相耶？

△二、别明離相，四。

初、離世間法。

無前際，無後際，無中際，不住三際。不住五蘊，不離五蘊。不住四大，不離四大。不住六處，不離六處。不住三界，不離三界。不住方，不離方。

此下，别顯佛身離諸相也。《金剛》三世求心，俱不可得，蓋以過去已滅，現在不住，未來未至故。又《華嚴》云：一念普觀無量劫，無去無來亦無住。如是了知三世事，超諸方便成十力。又云：以不妄取過去法，亦不貪著未來事。不於現在有所住，了達三世悉空寂。此皆即三世而無三世也。況般若正眼現前，佛身寧住此三世耶？所謂隨順世俗，説有三世，非謂菩提有去來今矣。五蘊假合，四大妄成者，色身也，故不離。然四大本空，五蘊非實，故不住。即聲色而求佛，是行邪道，故不住。偏六處而常彰，斯爲體真，故不離。以有大智非生死故，三界不住。以有大悲非涅槃故，三界不離也。方即十方，體非疆域之可限故不住，用偏法界而莫藏故不離。凡此皆不住不離之玄趣。所謂觀此身者，即觀實相般若矣。故彌勒偈云：三相異體故，離彼是如來。意謂：但離偏計，即是真常。豈離此而别求乎？

△二、離對待法。

明無明等，非一非異，非此非彼，非淨非穢，非有爲非無爲。無自相無他相，無名無相，無强無弱，無示無説。

夫纔涉定名，即有對待。故龍樹云：若法從待成，是法還成待。然般若空諸所有，寧容此等渣滓哉？覺海澄圓，朗照萬法，曰明。識浪騰躍，迷晦自性，曰無明。實相中非明無明，故經云：無無明等也。渾無差殊曰一，迷於一，則但知一本，罔明萬殊。了不同歸曰異，執於異，則著於千差，豈知一軌？躭己認我爲此，外對他人名彼。至於依正、淨穢等法，皆妄想而爲自性。佛身實相原非此等，故皆云非。有爲世間法，以有生、滅、成、壞故。無爲出世法，以亘古今恒一故。若依法相，九十四法俱是有爲，六種無爲即無爲法。自相即諸法之因，他相即諸法之緣，然萬法不自生，亦不從他生，豈謂佛身有自他相哉？諸法假號曰名，名可見者曰相。然相名常相隨，能生諸妄想，故般若正觀皆非此等矣。法之得因緣而有力者曰强，法之失因緣而寡助者曰弱，佛身挺然不拘於物而能物於物，故無此也。心行處滅故無示，言語道斷故無説，所謂但有言説，俱無實義，佛身豈存可説示乎？

△三、離度敝〔七〕法。

非施非慳，非戒非犯，非忍非恚，非進非怠，非定非亂，非智非愚。

此如《起信》云：解行發心者，從初正信以來，於第一阿僧祇劫將欲滿故，於真如法中深解現前所修離相。以知法性體無慳貪故，隨順修行檀波羅蜜。乃至以知法性體明，離無明故，隨順修般若波羅蜜。據此，則十住十向發心所修六度，尚且離相而隨順，況觀佛法身實相，豈容諸六度六敝者耶？盖此身實相，與法性一義耳。

△四、離業報法。

非來非去，非入非出，非福田非不福田，非相非無相，非取非捨，非大非小，非見非聞，非覺非知。

時至業熟有生曰來，果滿因盡還滅曰去。自外而合曰入，從内而離曰出。又，境能牽心曰入，心能著境曰出。福田即三寶出世淨業也，非福田即三途沉墜染因也。相即俗有千差，無相即空爲一味。此皆所執之境，不出空、有二法也。取即貪愛而欲得，捨即憎厭而遠離。此乃能執之心，不出得失兩途也。大如大海、須彌等，小如一毛、芥子等。見聞即眼、耳二根，覺即鼻、舌、身三根。以俱合中知故，知即意根。此六根也。然總非之者，以佛身無爲，不墮諸數故。數尚不墮，豈容來去入出之能擬，有無取捨之可住耶？

△三、結歸真際。

心行處滅，言語道斷，同真際，等法性，我以此相而觀如來。

謂之實相者，即諸世諦觸事而真者也。佛乃證此者也，而此身即實相矣。到此，心將緣而慮息，故心行處滅。口欲言而詞喪，故言語道斷。言真際者乃無際之際，佛身亦無身之身，故曰同。法言[八]性者，謂實相乃諸法真實之性，佛身乃諸法真實之身，故云等。然曰同曰[九]等，猶似二法。實則佛身即法性即真際，溜然一體矣。我以下，結前。對[一〇]佛如是，則以般若正智解於如來，是爲真實觀佛也。

△三、印許令觀。

佛言：善男子，如汝所説，諸佛如來力、無畏等恒沙功德，諸不共法，悉皆如是。修般若波羅蜜多者，應如是觀。若他觀者，名爲邪觀。

此舉一隅，令反三隅也。良以身法功德等無有二，觀身既全實相，力等功德又且果非實相哉？故結例曰：悉亦如是。又結許云：修般若者，應如是正觀。否則心外求法，與離水求波者何異哉？故又誡云：若他觀者，名爲邪觀。

△三、時衆得益。

説是法時，無量大衆得法眼淨。

般若正觀照萬法空，故聞法者善達諸法之自虛而不累其神明，故皆得法眼清淨也。然非但觀俗，亦能照真矣。上明自利行，答第一問境（二）。

△二、明利他行，答第二問，二。

初、當品名題。

菩薩行品第三

前開二護，上答護果端在觀空利生，不住行化。未委護因其要在何，故有此品答第二問也。

菩薩即能修之人，行乃所修之法。人即五忍位，法即五忍法。法不假人，法無繇明。人不藉法，人自何修？故法分上、中、下三，總五十二位之熏修。人列信、解、行、證，括一十四忍之深淺。至於斷證之分齊，隨忍力强弱辨攸分。理智之邊涯，隨入位劫願論長短。能修所修，皆不離一般若觀照中矣。然行有事理，今攝事歸理，事行即理行，故經初標云：修行般若波羅蜜多。而必理行者，所謂：有作之修，多劫終成敗壞。無心體極，一念頓契佛家。且般若會上，理行尚空，事行何容立哉？

△二、正釋經文，二。

初、當機請問。

爾時，波斯匿王白佛言：世尊，護十地行，菩薩摩訶薩應云何修行，云何化衆生，復以何相而住觀察？

護十地行，牒前第二護也。菩薩，即標能修人也。然信住行向並十地皆因，而獨言護十地行者，何也？《華嚴》明：三賢加行，但修福慧資糧，利他大悲不廣。入地則正智漸明，長養大悲。至十一地，純是利他之心。故於十地偏明護意也。

此有三問。一問諸位修行，此即悲之智，故下經云依五忍以爲修行，又習種性修十住行等。二問化衆生，此即智之悲，故下經云習種性位具此十心，而能少分化諸衆生，乃至一切智地無緣大悲，常化衆生等。三問能化所化觀察如幻，即智悲雙運，故下經云：以幻化身而見幻化，正住平等，無有彼我，如是觀察，化利衆生等。故知護因位者必須修斷，故有初問。不離大悲，故有第二問。必正觀察，方契玄趣，故有第三問。然匿王實古佛興權起教，故三問如此切當也。

△二、如來垂答，三。

初、答前二問，三。

初、正答二問，二。

初、正答前問，明利他，三。

初、略答。

佛告大王：諸菩薩摩訶薩依五忍法以爲修行，所謂伏忍、信忍、順忍、無生忍皆上中下，於寂滅忍而有上下，名爲菩薩修行般若波羅蜜多。

初，標人、法總數。古謂忍者行之成名，此謂忍即智耳。但初學道時，斷證工夫匪易，必以智銘心，久斷久證名忍，所謂無間道也。若已斷已證，則忍即是智，所謂解脱道也。而小乘八忍八智，豈得不其然乎？

伏忍下，列名。伏謂賢位，未能親證智斷，功德猶弱，故但伏其惑。若斷則例如殺賊，何更言伏耶？信謂即入聖位初、二、三地，能斷三障色煩惱縛，得無漏正信故。順謂四、五、六地，能斷三障心煩惱縛。以空慧無緣之智，還照心空之境，故名順忍。無生忍謂七、八、九地，能斷三障色、心習氣。斷此習時，諸念不生，常觀勝義，照性不二，名無生忍。寂滅忍，謂第十地及佛也。以心智寂滅，無緣照性，非有非無，湛然清淨，無來無去，常住不變，名寂滅忍。然此忍有上下者，蓋佛與菩薩同依此忍。金剛喻定名下忍，即等覺後心。若夫一相無相，名上忍，即妙覺佛地也。

前四忍各有三品者，以斷證各有勝劣不等故。如伏忍中，十住初發大心，十行修十種大行，十向回真向俗、回智向悲，此伏忍上中下之別。餘三如前已辨。

名爲下，總結，謂依此修是爲修行甚深般若。蓋忍與般若智不相違背，唯始終之稱故耳。

△二、廣答，五。

初、伏忍位，三。

初、習種性。

善男子，初伏忍位，起習種性。修十住行，初發心相。有恒河沙衆生見佛、法、僧，發於十信，所謂信心、念心、精進心、慧心、定心、不退心、戒心、願心、護法心、回向心。具此十心，而能少分化諸衆生，超過二乘一切善地。是爲菩薩初長養心，爲聖胎故。

此伏忍初性，其文有五。

善男下，明方便相。初句標忍名，即伏忍之下忍也。起習種性者，下經謂習忍以前，經十千劫，行十善行，有進無退，譬如輕毛隨風東西。若至忍位，入正定聚，知我法相悉皆空故，住解脱位。於一阿僧祇劫，修習此忍，能起勝行，故曰起。

修十住行下，謂此習種性位人見三寶相，發菩提心，於諸衆生利樂悲愍。觀己身也，知一切而無我。明業行也，了生滅以俱空，至於毁譽不動，善惡無移，三業不失，六和罔虧。於發信心，圓具十數，非入正定聚者，孰發如此心也。

有恒河下，謂下忍行人轉化發大心人甚多，或有如許多人一時發大心也。若以三性配之，三寶即緣因佛性，能發即了因佛性，所發即正因佛性。蓋藉三寶助緣，自己智慧明了，而發此蓋天蓋地因心也。所謂下，明入位心。此於三寶田中發此十心。善順名信，明記曰念，不退名進，決斷曰慧，不動名定，深入曰不退，防護曰戒，上求曰願，保持名護法，至菩提名回向。《楞嚴》十信名：一、妙信常住名信，二、憶念無妄名念，三、進趣真淨名進，四、純智無習名慧，五、湛寂常凝名定，六、明性深入名不退，七、保持不失名護法，八、妙力向佛名回向，九、住真無累名戒，十、自在往生名願。此上十心，與今十心相對，前六如次，後四雖次不同，義亦無爽。

具此下，顯力用。十心，即前所發十心爲因。具此，則方便善巧，調伏衆生。言少分者，於行則下，於悲則劣，於智則微故。超過下，明殊勝也。謂此位心發十種，二乘無此心相。少分度生，二乘無此大悲，故超過之。況同除四住，於此爲齊。若伏無明，三藏則劣。喻如：太子處胎，貴壓羣臣。頻伽在㲉，聲逾衆鳥。信哉。一切善地，即二乘斷證事也。

是爲下，結行相也。此位方出不定聚而入正定聚。修習此忍，則心與忍二俱增長，故名長養。未發大心，猶屬毛道凡夫。一發大心，則墮入佛數，故爲聖胎也。

△二、性種性。

復次，性種性菩薩，修行十種波羅蜜多，起十對治。所謂觀察身受心法，不淨、諸苦、無常、無我。治貪、嗔、癡三不善根，起施、慈、慧三種善根。觀察三世，過去因忍，現在因果忍，未來果忍。此位菩薩廣利衆生，超過我見、人見、衆生等想，外道倒想所不能壞。

此伏忍中之中忍也。故下經云：捨財命故，（施竭内外。）持淨戒故，（三種律儀。）心謙下故，（三種忍義。）利自他故，（即三精進。）生死無亂故，無相甚深故，達有如幻故，不求果報故，得無礙解故，念念示現佛神力故。如次配十度。此明入位所修行也。

起十對治者，總標。所謂下，詳明觀修所治之法。身受下，所對治法。不淨下，能對治觀。謂衆生身根、内外妄成五種不淨，而俗貪爲香潔，此身倒也。故觀身革囊盛穢，九孔流溢，此以不淨對治貪也。受有三受，即苦、樂、捨。受則不免有苦，而俗貪爲欲樂，遂於革囊衆穢生美麗相，惑著不捨，此受倒也。今觀受皆苦，則一切受即不足戀，此以苦對治貪也。妄心紛紜，生滅相續，此心倒也。觀心無常，則一切妄法，皆不足戀，而猶貪著追求，是爲至愚之者，此以無常對治嗔也。幻境紛拏，一異不定，此法倒也。觀法無我，則一切妄念，皆不可動，而猶妄計窮詰，是爲癡也，故一一對破之。

治貪下，所斷惑也。起施下，三善根也。逐境生愛，追求不捨，貪也。施則已身尚捨，於物何貪哉？發於違拒，忿恨不寧，嗔也。慈則於心自平，於人何恨乎？昧理顛倒，見事朧朣，癡也。慧則於性開發，於理斯明，何癡之有哉？貪等謂不善者，以能發業潤生故。慈等謂行善者，以能除惑斷業故。

觀察三世下，觀十二因緣也。過去二支因即無明、行，故名觀因忍。忍即推因審因等智也，約未斷邊名忍，下忍例知。現在五支果即識、名色、六入、觸、受，現在三支因即愛、取、有，名觀因果忍。未來二支果即生、老死，故名觀果忍。所以觀者，以有無明故，則行等至老死相緣而生，若觀破無明，則皮既不存，毛無所付。此觀斷之要也。

此位下，化多衆也。以中品修習八萬四千波羅蜜多，住真實觀，能化多衆。若行不廣，何以化多衆乎？

超過下，明離患也。此位住真實觀，無自他我人等見。念念虛僞，三假諸法，了不可得，故云超。衆生等想，即不淨謂淨，無我謂我。外道倒想，即執常執斷，此不達三世因果者。菩薩則一心朗照，内患遠離，真見虛澈，外魔難動。非但不能壞，且於觀照中，邪智自化爲正智矣。

△三、道種性。

復次，道種性菩薩，修十回向，起十忍心。謂觀五蘊，色、受、想、行、識，得戒忍、定忍、慧忍、解脱忍、解脱知見忍。觀三界因果，得空忍、無想忍、無願忍。觀二諦假實，諸法無常得無常忍，一切法空得無生忍。此位菩薩，作轉輪王，能廣化利一切衆生。

此文有三。

復次下，標行修也。揀前顯後，故言復次。此修伏忍上品位，前習種明解，性種明行，此則明願。種性言道者，謂欲入初地，能與聖道爲因性故。回向有三：一、回向真如實際，即理也；二、回向佛果菩提，即智也；三、回向法界衆生，即悲也。開則有十回向，即第一不壞衆生相回向，乃至第十法界無量回向。蓋回真向俗，回小回大，回有爲向無爲等。不如此，則悲願不大，度生不廣，智證亦非甚深，故須如此。十忍，如下明之。

謂觀下，明觀得忍也。五蘊，即所觀之法。得戒下，即觀成得益，謂以能觀之智，觀色體空，便得戒忍，以作、無作戒皆色陰攝故。如正受戒時，觀念戒法，非受所引色。觀受體空，得慧忍，以依受方定，定則發慧故。觀想體空，得定忍，顛倒想消忘，禪定自現故。觀行體空，得解脱忍，以行空則不被遷動所縛，常得解脱自在故。觀識體空，得知見忍，以了别不有，知見現前故。是知五蘊與五分一也，迷則即五分法身是五蘊，悟則五蘊即五分法身矣。觀三界下，觀諸有結惑，得三空門也。謂即惑業習氣是同〔三〕，三界二十五有是果。空忍等者，智者大師云：以諸法無我我所，名空。以空故，萬法一異等相實不可得，名無相。知一切無相不可得，即於三界無所願求，不復造作三有生死之業，名無願，亦名無作。繇是離諸苦縛，即得解脱。觀二諦下，即真、俗名二諦。從假入空觀真諦，則法法皆空。從空入假觀俗諦，則物物全有。以觀諸法有無不常，故得無常忍。然一切法雖差别萬端，皆是因緣幻有不實，原來一味，本無少法可生可滅，名得無生忍。

此位下，明依忍寄位化生也。下經云：此位上品，修習八萬四千波羅蜜多，於三阿僧祇劫，修二利行，廣大饒益，得善調伏諸三摩地。故知化生廣多，盖根諸此也。作輪王者，以寄位教化，故習種銅輪，性種銀輪，道種金輪。故下頌云習種銅輪四〔三〕天下等。

△二、信忍位。

復次，信忍菩薩，謂歡喜地、離垢地、發光地，能斷三障色煩惱縛。行四攝法：布施、愛語、利行、同事。修四無量：慈無量心、悲無量心、喜無量心、捨無量心。具四弘願：斷諸纏盖，常化衆生，修佛知見，成無上覺。住三脱門：空解脱門、無相解脱門、無願解脱門。此是菩薩摩訶薩從初發心，至一切智，諸行根本，利益安樂一切衆生。

此文有四。

復次下，標列名也。謂以無漏智信，信三寶等，故名信忍。此有下、中、上位：以覺通如來，盡佛境界，初得法喜，故名歡喜；異性入同，同性亦滅，異同垢盡，名離垢地；情見垢淨，妙覺明生，名發光地。謂之地者，以藴積前法，至於成實一切佛法，法依此發生，故謂之地。

能斷下，明斷障也。準《唯識》，十地每地斷一障二愚。謂初地斷異生障，一、執著我法愚，二、諸趣雜染愚。二地斷邪行障，一、微細誤犯愚，二、種種業趣愚。三地斷暗鈍障，一、欲貪愚，二、圓滿聞持陀羅尼愚。謂之色煩惱縛者，以此三障於法不自在故。若《起信論》，則謂初地斷法執分别盡，二地、三地斷法執俱生。然法即色也。若言斷障所顯真理，則初地證徧行真如，二地證最勝真如，三地證勝流真如，以斷處自有證故。

行四攝下，明修四行化生也。謂生界無邊，而根、欲、性、解亦有無量，此四化生，最勝方便。何則？布施攝貧窮。愛語攝剛暴。利行攝疑怠。同事則先同後異，轉彼惡緣。然四攝中，唯同事一攝則又是攝化微密善巧之至者。何則？蓋菩薩見人不可轉移勸化，必從初發意始求道時，乃至得佛，於中若見若念，或爲眷屬，則慈愛攝生。或現給使，則居卑利物。或作知友，則同類勸發。或現寃家，則驚怖入道。或猿中現猿，鹿中現鹿，乃至蒲荷等類，皆以同事攝化。故知同事一攝，妙矣至矣。

修四下，修四無量心。謂憐愍衆生，本在慈悲，故大慈與樂，大悲拔苦。樂即世、出世樂，苦即生、老等苦。洪濟塵勞，務在喜、捨，故大喜忘憂，大捨行施。四謂無量者，以生界無窮故。然禪天有四無量，以有量處而言無量。今此則稱性真實無量。此又凡聖無量之分也。

具四下，明攝大願也。謂妙行無願，則無以高期遠到，故行須濟之以願也。願輪廣大，佛佛出世，不出此四。謂之弘者，以大願彌綸故。斷諸盖纏，即煩惱無盡誓願斷，以五盖、十纏即煩惱故。常化衆生，即衆生無邊誓願度，以常化即度生故。修佛知見，即法門無量誓願學，以修佛慧，須學法門故。成無上覺，即佛道無上誓願成，以佛即覺義故。

住三下，修三空也。謂一切皆執爲有，於心有所願求，均之於心於境，兩皆不得自在，故須三空門以治之。空則真空一如，幻相寂滅。無相則一異等離，了不可得。無願則無所希覬，如木馬遊春。故三皆爲解脱門。住謂堅持不失，門謂出入無擁。

此是下，總結行修。謂菩薩始從發心，終及果證，上求下化，不離此十五行修，故名諸行根本。良以此行如陰陽二氣，何物不資此爲始，資此以成終耶？

△三、順忍位。

復次，順忍菩薩，謂慧地、難勝地、現前地，能斷三障心煩惱縛，能於一身徧往十方，億佛刹土，現不可説神通變化，利樂衆生。

此文有三。

復次下，標地名也。謂近無生而未證得，故名順忍。此亦有下、中、上三位：明極覺滿，一切緣影悉皆爍絶，名慧；一切同異所不能至，名難勝；無爲真如性淨明露，名現前地。

能斷下，明除障也。亦準《唯識》，四地斷微細煩惱現行障，一、等至愛愚，二、法愛愚。五地斷下乘般涅槃障，一、純作意背生死愚，二、純作意向涅槃愚。六地斷麤相現行障，一、現行觀察流轉愚，二、相多現行愚。謂之心煩惱縛者，以此三障能礙觀心，不自在故。然斷證相需，故有斷則有證，則四地證無攝授真如，五地證無差別真如，六地證無染淨真如。

能於下，明攝化也。古疏謂前信忍位明化身故，不言現一身於徧刹。今順忍明實身故，能一身徧往刹土，亦能一身現不可説神變。凡見聞者，覩化儀而生信，喜神通而欽服，故能利樂一切衆生也。

△四、無生忍。

復次，無生忍菩薩，謂遠行地、不動地、善慧地，能斷三障色心習氣，而能示現不可説身，隨類饒益一切衆生。

此文亦三。

初，亦標名也。謂色、心諸法，求自他及共無因，皆不可得，於此得智，名無生忍。《華嚴》謂：不見少法生，不見少法滅，離諸情垢，無作無願，安住是道，名之爲忍。此忍亦有下、中、上三：盡真如際，逈超極造，名遠行；得其全體，一真凝常，名不動；得無礙智，發真如用，曰善慧。

能斷下，明除障也。謂上順忍且各單斷色、心二法現行，此忍雙斷二法習氣，即人、法二執種子也。七地能斷微細現行障，一、細相現行愚，二、純作意求無相愚。八地能斷無相中作加行障，一、於無相作功用愚，二、於有相不自在愚。九地能斷利他行中不欲行障，一、於無量所説法名句文字後後慧辨陀羅尼自在愚，二、辨才自在愚。若斷障顯證，即七地證法無差别真如，八地證不增減真如，九地證智自在真如也。

而能下，明攝化也。準後文，謂七地住於滅定，起殊勝行，雖常寂滅，廣化衆生。謂八地能於一念而起智業，以十力智，徧不可説大千世界，隨諸衆生，普皆利樂。九地於一刹那頃，於不可説許諸世界中，隨諸衆生所有問難，一音解釋，普令歡喜。即此義也。

△五、寂滅忍，三。

初、因果對辨。

復次，寂滅忍者，佛與菩薩同依此忍。金剛喻定，住下忍位，名爲菩薩。至於上忍，名一切智。觀勝義諦，斷無明相，是爲等覺。一相無相，平等無二，爲第十一。

此文亦三：

復次下，明因果同依也。謂前忍則色、心習氣皆斷，猶是能所未忘、智證未泯地位。今至此忍極處，生無可生，滅無可滅，心則無一心而不寂，想則無一想而不滅，寂亦無寂，滅亦無滅，無寂亦無，無滅亦無，亦無亦無，是謂真寂滅性，佛之所已證極者也。十地菩薩將證者，亦依此忍希至，故云同依此忍。此如《心經》無所得義，佛與菩薩同依之得證菩提涅槃也。

金剛下，明優劣也。謂此定能破生相無明，堅利如金剛能壞萬物，而萬物不能壞金剛，故因果同依此忍，共入金剛理定。然約修證義説故有入定，實則入無所入，斷無所斷也。

忍分上、下者，盖因果既爾兩分，故分極證有兩異。是以無間道中因位攝故乃名下忍，解脱道中果位攝故方名上忍，故下忍即菩薩，上忍即佛也。

問：前之四忍皆分三品，此忍止分上、下，無等覺位者，何也？

答：前之四忍俱屬因位，以因位有入、住、出之三心，故分下、中、上之三忍。此忍則前心是因，後心即佛，以闕中間，唯分上、下也。等覺一位，諸經開合不同。開則乃十地之勝進，佛地之前相，中間優因齊果，故作等覺一位。如《楞嚴》云：如來逆流而出，菩薩順行而至，覺際入交，名爲等覺。是也。合則，約因則等覺合於勝進，約果則等覺合於前相。此盖因果同依住心，無二别者，如今經所名者是也。

問：今經標有等覺之名，何云合耶？

答：雖有等覺之名，然而忍分乎上、下，故知下忍十地、等覺俱攝，此中上忍唯攝佛果也。又勝進攝於下忍，前相攝於上忍，如此則知等覺之位非如别經開顯明矣。

觀勝下，明淺深也。謂勝義諦即中道妙理，當人佛性也。諦謂勝義者，以非俗非真，即俗即真，超情離謂，脱邊冥中故。此即所觀實相般若。觀之一字，能觀中道妙智，所謂觀照般若也。理、智冥合，能、所泯忘，斯爲得之。若約十地所證，則此等覺位既與第十地合同，故所證理即十種真如中第十法自在所依真如。然此真如，即勝義諦也。無明，即所斷惑障。約此等覺位言之，則此無明即生相也。《起信》云：覺心初起，心無初相，以遠離微細念故，得見心性，心即常住。法相云：金剛道後異熟空。據此則識與無明俱根本，識盡則無明亦盡矣。若約十地分斷之惑，即第十地之一障二愚。障即於諸法中不得自在障。二愚，即一大神通愚，二誤入微細秘密愚。蓋法雲等覺既無別開之名，則十地之所斷證，即等覺之所斷證者也。十一地，即佛位也，以佛越十地而獨尊故。前之因位有斷有證，有能有所。此則無明即明，泯絕斷證。混法界以爲體，故云一相。齊生滅而圓離，故云無相。舉真體而生佛不增不減，攝妙用而萬法非有非無，故云無二。此則等法性以一如，同真際而無外，歸無所得，猶若虛空。

問：因果止一間耳。何以菩薩觀斷有相，而佛界無相平等耶？

答：顔子豈非亞聖乎？然於聖人則天壤懸絶。菩薩之於佛，亦類此也。故《大般若》云：十地聞見佛性，諸佛如來眼見佛性。又十地菩薩名有上士，佛名無上士。又菩薩如十四夜月，佛如十五夜月。知此佛言，則因果之間闕不同明矣。

△二、別明果相。

一切智地，非有非無，湛然清淨，無來無去，常住不變，同真際，等法性。無緣大悲，常化衆生。乘一切智乘，來化三界。

上謂因果共依一忍，故約定約證淺深對辨。此則直明果證豎窮橫徧、汪洋無際之妙也。一切智者，謂金剛下定但盡心、色麤細之相，不得此名，今佛地中非但盡相，亦盡無相，故得此名。可謂緣觀雙忘，境智俱寂也。真諦即空，俗諦即有，此則雙超二諦，故非有無。湛然清淨，即絶待離名，常寂無相之謂。過去名去，未來名來，此則不離當念，一際平等，故無去來。常住不變，即不生不滅，該今亘古之謂。徧法界而無際者，真際也。佛則法身周徧，無相無名，故云同。等諸緣而作體者，法性也。佛則真智融通，非一非多，故名等。凡此，非佛徹證窮源、真修惑盡者，其孰能有一於此哉？

無緣下，明妙同萬物也。謂極證於解脱道中逆流而出、妙同萬物之事。因位利生，未免作意。即不動地後無功用道，雖云無緣，亦約分證而説。唯佛，等生界以一如，觀一切而愍恤，無緣慮之悲心，如一月映萬水，故云無緣大悲。謂之無緣者，即何思何慮之妙者。悲至於無緣，孰有加於此哉？一切智乘，即真知真見一佛乘。如來乘此一乘故，普令一切衆生同得滅度也。言常化又言來化者，時無間歇，人欲普度，故云常化。出真兆聖，興慈利物，故云來化。

問：佛必欲化衆生者，爲有昔緣化耶，爲法爾如斯耶？

答：昔緣法爾，二俱不偏。論其所化，不無昔緣，故曰非昔緣無以導心矣。心、佛、衆生，法無差別，故如來初成佛時，普見衆生俱成正覺。蓋以佛所證者，總在衆生心中。既佛證生心，生在佛内，故生、佛互相在時，各實非虚。因果交澈故，衆生心中佛爲佛心中衆生説法教化，佛心中衆生受衆生心中佛説法教化矣。此雖圓教意，亦此無緣化生之大旨。不然，佛化衆生雖如鏡像無心，而能所必有相矣，何謂無緣哉？

△三、依宗明異，三。

初、指攝生分齊。

善男子，諸衆生類一切煩惱、業、異熟果、二十二根，不出三界。諸佛示導，應化法身，亦不離此。

上云來化三界，即佛是能化，三界衆生爲所化，故此明之。衆生類者，即十二類生。煩惱即無明、貪等。業即善、惡、不動等三。異熟果者，《唯識》謂有漏善不善法所招隔世自相續身異熟無記。即前世造業，今世受果，今世造業，來世受果，異時而熟，名爲異熟。或因通善惡，果唯無記，異類而熟，名爲異熟。此上二解，異通因果。或善惡業，未得果時與取果用，至得果時與與果用，取果與果，功用有殊，名之爲異。復是能熟，變令熟故。

異即是熟，名爲異熟。二十二根者，謂眼等六根，苦、樂、憂、喜、捨五，男、女、命三，信、進、念、定、慧五，共成十九根。未知根、欲知根、已知根，成二十二根。前二十一根不出分段三界，後已知根不出變易三界。

上即所化分齊，下明能化也。諸佛等者，以法身即應化故。衆生既在三界，佛以大悲而拔濟之。所謂衆生有病，佛亦有病，菩薩病者，從大悲起，故不離此。然與憂民之憂，樂民之樂，同民患者相類矣。

△二、斥邪説難憑。

若有説言於三界外別更有一衆生界者，即是外道《大有經》説。

上明所化能化皆不離三界，然則法身即應化，而界外即界内也。而謂界外復有衆生可化者，此外道説，非佛正説也。蓋真體無外，而三界亦無外，此佛之正談。若謂三界有外，而真法性體豈亦有外乎？《大般若》云：我今此身即是法身。亦應云：今此三界即是法界。外道豈知哉？《起信》亦有此破意，但小爲異，故彼文云：五者，聞修多羅説依如來藏故有生死，依如來藏故有涅槃，以不解故，謂衆生有始。以見始故，復謂如來所得涅槃有其終盡，還作衆生。云何對治？以如來藏無前際故，無明之相亦無有始。若説三界外更有衆生始起者，即是外道經説。然衛世即外道，説有六諦，《大有經》是其一諦。彼經説云：此三界外，別有世界。故佛今破斥如此。古疏云：理實而論，若言界外有衆生，即同外道。若言界外無衆生，即同二乘。諸佛菩薩見者，即不有不無。不有不無，即非如非異。非如非異，即不如三界，見於三界。如此等事，佛於《法華經》中方顯了説。古疏亦有問答，并録於此。

故彼問云：界外實無衆生耶？

答：聖教不同，有無異説。此經則云三

界外無衆生，餘經則有。《法華》云，餘國作佛，三百繇旬外，權置化城。《淨名》曰，上方界分，度如四十二恒沙佛土，有佛國名香積。若界外無人，豈容三界内上方有爾許佛土耶？故知亦有。

問：此經云無，餘經云有，如何會通？

答：此中云無，無分段生死衆生。餘經云有，有變易生死衆生。故《大論》云，聲聞生界外白銀世界，無煩惱名。只約無煩惱，即云無衆生。而聲聞無明未斷，豈實無耶？此文正是通教意，偏論界内煩惱衆生也。

△三、引昔説證今。

大王，我常語諸衆生：但斷三界無明盡者，即名爲佛。自性清淨，名本覺性，即是諸佛一切智智。由此得爲衆生之本，亦是諸佛菩薩行本。

無明爲惑業果報之本，故斷盡即名爲佛也。《起信》云：當知無明能生一切染法，以一切染法皆是不覺相故。然此無明從何而有耶？以依如來藏故，有生滅心。此心從本以來，念念相續，未曾離念，故説無始無明。若得無念者，則無明實相即佛性矣，故名爲佛。

自性下，明正因佛性。謂真體離妄，非假斷證，本自覺故，名曰本覺。《起信》云：所言覺義者，謂心體離念。離念相者，等虚空界，無所不徧，法界一相，即是如來平等法身。依此法身，説名本覺。此之謂也。無明斷盡，覺證心源，故名佛智。到此則始、本不二，名究竟覺。一切衆生無始已來，本行事業，當體無非性德，故爲生本。因修果證，即此便是面目，故爲行本。故知三界唯心，萬法同體。盡此則覺齊佛覺，自性清淨，言爲生本，爲行本，皆非物也。豈容圓滿具足之理，而更有三界外衆生可化耶？然則説三界外有衆生者，真邪説也。

△三、總結。

是爲菩薩本所修行五忍法中十四忍也。

合之則五，開之十四。一切菩薩修證之相不出於此，故結云是爲等。

△二、答後問，兼自利，二。

初、總牒前問。

佛言：大王，汝先問言菩薩云何化衆生者？

繇前匿王第三問，云菩薩摩訶薩護十地行，云何化衆生，故此牒之。

問：護十地行必化衆生者，何也？

答：十地行是菩薩本業，本業以大悲爲首。能行大悲，教化衆生，則地行清淨廣大，是爲不失，豈同二乘沉空，凡夫躭有耶？

△二、再爲垂答，三。

初、略標地行。

菩薩摩訶薩應如是化，從初一地至後一地，自所行處及佛行處一切知見故。

菩薩下，明行所依。謂從歡喜地乃至法雲地，此十地位，即教化衆生清淨業行之所依也。如所謂住生功德名爲地。然爲舉十地，不言三賢佛住者，盖以三賢非聖，未證真如，非所依處。佛位已圓，所證至極，無修行相。故特舉十地，良在此也。

自所下，簡明二行。自所行處，即十地境，所謂初地輪王，二地忉利，乃至法雲四禪，及初地行檀，二地持戒，乃至十地智證等是。及者，兼也，並也。佛所行處，謂妙覺地境，則無緣大悲，常化衆生，共證實相也。一切知見者，謂三智開發名佛知，五眼圓明名佛見。此見則無所不見，此知則無所不知。知見如此，故自他行業寧不清淨哉？

△二、廣申義相，十。

初、歡喜地。

若菩薩摩訶薩住百佛刹，作贍部洲轉輪聖王，修百法明門，以檀波羅蜜多，住平等心，化四天下一切衆生。

此初住刹權現也。古疏謂國土有三：一、説法國土，百億日月，化小乘；二、神通國土，億億日月，化中乘；三、智慧國土，無量世界，化菩薩。此則智慧爲上，神通次之，説法爲下。此一往言之，實則説法通三，神通但二，智慧唯一。安有下[一四]土而不神通，寂光而不説法者乎？故《楞伽》明法佛有説也。住百佛刹者，即説法土也。贍部，即南閻浮提，以此洲勝三洲，多佛出世，有大乘根器衆生入道場故。輪王有四，舊説此即鐵輪王。然《瓔珞》上品十善作鐵輪王，化一天下，此經亦然，天台判爲圓教。《十地經》云初地菩薩作鐵輪王，天台判爲别教。此判似未足憑。然既云住百佛刹，則轉輪聖王合是權現金輪聖主耳，豈以一贍部可礙哉？故《瓔珞》云：初地已上作琉璃王。據此，非止金輪爲極也。況秦譯又作四天王乎？然十地，《瓔珞》約金、銀、銅、鐵四輪寄位，可如前説。今既輪王，秦譯四天王又順次序也，以二地寄忉利天故，又不必拘於轉輪聖王爲鐵輪矣。思之。

修百下，明修行也。此自利行。所謂百法者，於十善中，一一更明十善故。言明門者，地上以無分别智修行故，即此百法一一能出無量利他功德故。《華嚴》初地，亦發十種大願度生，又非止百法行業也。

以檀下，明化生也。此利他行。然萬行首明檀度者，盖以一檀行兼包萬行耳。故彌勒頌云：檀義攝於六，資生無畏法。此中一二三，是名修行住。此言檀之一法，略攝六度。資生，即財施，兼内、外財，此布施度。無畏，即無畏施，攝持戒、忍辱二度，以谿戒、忍方得無畏故。法即法施，此攝精進、禪定、智慧三度，以不退、不亂、不癡即能法施故。一度攝六度，如此則知檀度亦總攝萬行矣。然究論檀度，必内捨六根，外捨六塵，中捨六識，外捨萬法，斯是行檀彼岸之行。而衆生卒爾不能，故先以施財一法發起。且捨財最難，始而勉强，終而泰然，馴至三輪體空，不住相行施，福德如虛空不可得思量，斯施財妙行也。財施既成，則心境萬法亦捨，從此一道而登彼岸。此初地寄位所行檀法，下明能行施心。

住平等忍者，謂無自他相。以行檀則財無偏黨，化生則一道齊觀，無不如意饒益，故得化四天下一切衆生。此乃寄位化生，護初地行也。

△二、離垢地。

若菩薩摩訶薩住千佛刹，作忉利天王，修千法明門，説十善道，化一切衆生。

此初，明權現住刹。此下，住刹則地地增勝，修法則倍倍轉多。然此有二義：一是自利，則開擴性覺，成熟佛果；二是利他，則長養大悲，廣攝化界。此二地所住刹，則十倍於初地，故權作王亦尊居天界。梵語忉利，此云三十三天。此天居須彌山頂，即帝釋王化之域。四方各八輔臣，此王臣總論，故有三十三天。

修千下，明修行。謂於十善一一各修百善，總成千法門焉。以無分别智而修此法，能生功德故亦名門，下皆準此。然此地離破戒垢，行大悲觀，念念現前，又不止於千法明門也。

説十下，明化生。所謂遠殺害，不與不取，心無染欲，得真實語、和合語、柔軟語、調伏語，常行捨心，常起慈心，住真實心，寂靜純善。以此法而奉持，止惡防非，即以此法而開化，攝意守口。是雖十善，爲生天之本，而成無上正覺，亦不離此熏修。此寄位化生，護二地行也。

△三、發光地。

若菩薩摩訶薩住萬佛刹，作夜魔天王，修萬法明門，依四禪定，化一切衆生。

《老子》云：修身其德乃真，至於修天下其德乃普。信斯言矣。則今住萬佛刹而轉多，宜王作夜摩而遞上。其德行愈廣，故寄位益尊也。夜摩，云時分，以蓮花開合分晝夜故。前忉利則地居天，此乃空居天之第一天。

上乃明住刹權現，下明寄住修行。寄位既轉增，而修行亦愈勝，故明門亦萬法矣。所謂色大般若大，境寬智慧寬。下文明此位具三明六通。

依四下，明化生。謂初禪離生喜樂定，謂離欲界雜惡，生得輕安樂故。二禪定生喜樂定，謂有定水潤業，憂懸不逼故。三禪離喜妙樂定，謂心雖離喜，妙樂自具故。四禪捨念清淨定，謂苦樂雙忘，能滅緣影故。此中亦兼四空定，盖四禪八定常相需也。即第五空無邊處定，謂覺身爲礙，厭色依空故。第六識無邊處定，謂已無色空，唯依賴耶故。第七無所有處定，謂境、識都泯，寂無攸往故。第八非想非非想處定，謂識性幽綿，存盡不定故。然此定雖上二界有漏之修作，亦二乘之定力作佛之鴻漸，故説此以化生，爲護三地行也。

△四、慧地。

若菩薩摩訶薩住億佛刹，作覩史多天王，修億法明門，行菩提分法，化一切衆生。

此初，明權現住刹。十萬曰億，則所住之刹，此地又十倍勝三地矣。覩史多，云知足。此天離欲，修知足行，故作此天王，則果報殊勝又忉〔一五〕夜摩之上。然位之尊者其化熾，故下化生而愈廣。

修億下，明修行。此地修行順忍明極覺滿，如大火，燒斷緣影，出世無比者也。即億法門而修者，亦因住億佛刹故，實則還照心空無量境也。

行菩下，明化生。法即三十七品助道。一、四念處，以觀念不忘，故觀身不淨，觀受是苦，觀心無常，觀法無我。二、四正勤，以勤修非邪故，即善未生令生，已生令增長，惡未斷令斷，已斷令不生故。三、四神足，以觀修通力故，即欲、勤、心、觀。四、五根，以不被境移故，即信、進、念、定、慧。五、五力，以對境不屈故，亦即信、進、念、定、慧。六、七覺支，即輕安等七。七、八正道，謂正見、正思、正語、正業等。修此無邊菩提分法，爲欲成就佛果菩提。謂以此法而化他，即以此法而自修，自行化他，爲護四地行也。

△五、難勝地。

若菩薩摩訶薩住百億佛刹，作化樂天王，修百億法明門，二諦、四諦，化一切衆生。

古云：世界無邊塵擾擾，衆生無盡業忙忙。蓋謂兩法俱無量也。今菩薩住刹百億，則悲心與百億而同增。作化樂王，則應化並此位而高上。此非權現乎？

修百下，明修行也。謂刹住百億，則法門亦百億。信曰境寬則心量益大也。然《華嚴》云：此地爲利衆生，習諸五明，集諸功德，具觀諸諦。四地出世，而此復入世，又垂形於六趣，則不止修前法明門也。

二諦下，以法化世。謂法門雖廣，能化不出空假，所觀不越真、俗。真則無相勝義一際平等，非自他所作。俗則因緣幻有千差萬狀，亦非自他所作。故下文云：於解常自一，於諦常自二。了達此無二，直入勝義諦。四諦，即苦、集、滅、道，此即世出世間二種因果。如欲觀之，則觀知諸苦，世間果也。觀斷集業，世間因也。觀修助道，出世因也。觀證滅諦，出世果也。世因若斷，苦果不生。出世因修，聖果自證。若約説示，即先示相，次勸修，後作證。三轉四諦法輪，令諸衆生知此斷此，修此證此。然此四諦，有生滅無量無生無作之異。此佛法關鍵。説此化生，孰不信哉？即以此法，自修化他，爲護五地行也。

△六、現前地。

若菩薩摩訶薩住千億佛刹，作他化自在天王，修千億法明門，十二因緣智，化一切衆生。

此云千億，則又增於百億，然猶有數量也。蓋最初發心菩薩，不爲住爾許佛刹，化爾許衆生，此但權住應化耳。他化自在，即欲界第六天王。諸欲樂境，不勞自化，皆繇他化，自得受用，故此名焉。

修千下，明修行。即此千億法門，出生千億行修，廣化千億佛刹衆生。然稱性法門，杳無窮極，則千億法門亦寄位增進之修，未足爲多也。

十二下，明法化生。此寄中乘之法，而修而化。此因緣法支有十二，不出三世因果。即過去二支因，現在五支果，現在三支因，未來二支果。此有二門：一、流轉門，即生起相，謂無明緣行等；二、還滅門，即修斷相，謂無明滅則行滅等。此約所觀。智約能觀，即推因審因等智。推謂推窮三世之因，審謂審諦三世之因。此二俱通三世，加之根本住法一智，即七智也。一支具七，則行等十一支，成七十七智。無明未斷，故不言之。

温陵環師云：性智本明，妙湛精了，繇妄塵暫起，俄然晦昧，名無明。於無明體，一念初動，名行。晦昧摇動，則失彼精了，粘湛發知，故轉智名識。十二因緣，此三爲根本，餘九爲支末，相因以成三世之緣耳。智本無知，繇識故知，形爲妄心，謂之名，乃六賊之主也。性本無生，繇識故生，形爲幻質，謂之色，即四蘊之依也。則名色者，識初托胎凝滑之相。繇凝滑而具六根，名六入。根成出胎，根與境交，名觸。領納前境，名受。有所受故，愛心生。而愛，斯取之。繇愛、取故，惑業相續，善、惡有狀，名有。繇諸有結爲三界生因，名生。有生，則老死苦惱隨之矣。此生起之相也。將欲滅之，以何爲要耶？當知彼無明者，非有實體，初一心源廓然妙湛。繇知見立知，妄塵暫起，故有無明。若知見無見，則智性真淨，復還妙湛，洞澈精了，名無明滅。則自行已下，莫不皆滅，蓋本既不存，末無所附，此修斷之相也。《華嚴》六地有星羅十門，月滿三觀，而觀因緣無餘蘊矣。故知因緣之法雖屬小乘，實通大乘。其要皆爲斷生死本，滅無明因，化導衆生，使復本明妙性而已。凡爲道看教者，當留神乎此。即此因緣，自修化他，爲護六地行也。

△七、遠行地。

若菩薩摩訶薩住萬億佛刹，作初禪梵王，修萬億法明門，方便善巧智，化一切衆生。

此刹萬億，視前千億，又加十倍之多。然亦菩薩寄位權化如此，非稱性之量也。語其稱性，則一塵中有塵數刹，何數量可及哉？初禪梵王，即如娑婆世界主螺髻梵王。《楞嚴》云身心妙圓，威儀不缺，清淨禁戒，加以明悟，是人能統梵衆，爲大梵王者，是也。

修萬下，明修行。此菩薩住於滅盡定，起殊勝行，雖常寂滅而廣化衆生，或示聲聞而常隨佛智，示同外道魔王而盡真如實際，一切莊嚴皆得圓滿。觀此豈萬億云乎哉？

方便下，明化生。肇公云：般若之門觀空，漚和之門涉有。實則此地觀空而萬行沸騰，涉有而一道清淨，權智導化，恒順衆生，巧應物心，成[一六]令歡喜。以此化生，爲護七地行也。

△八、不動地。

若菩薩摩訶薩住百萬微塵數佛刹，作二禪梵王，修百萬微塵數法明門，雙照平等，神通願智，化一切衆生。

下頌云：不動菩薩二禪王，得變易身常自在。能於百萬微塵刹，隨其形類化衆生。是也。二禪天王，即光音天。《楞嚴》云：此天吸持圓光，成就教體，發化清淨，應用無盡，故此名焉。

修百下，明修行。上言住刹如此之多，故此修法亦如此之廣也。《華嚴》明：此地心心寂滅，諸行不起。諸佛作七勸橋，能以一念而起智業，心心趣入一切智，發百萬大願，普利一切。觀此，則知修如上法門，亦未足爲多也。

雙照下，以法化生。謂觀真則一真無二，觀俗則千差有殊。此菩薩之智，觀真非真，即俗而真。觀俗非俗，即真而俗。俗不違真，即俗而真。真不違俗，即真而俗。故云雙照平等。神通，即以十力智，徧不可説世界，隨諸衆生，普令利樂也。願智，即於千阿僧祇劫，滿足百萬大願，趣向佛果也。雖然，一真如心常凝不動。以此化生，爲護八地行也。

△九、善慧地。

若菩薩摩訶薩住百萬億阿僧祇微塵數佛刹，作三禪梵王，修百萬億阿僧祇微塵數法明門，以四無礙智，化一切衆生。

此九地住刹數量，非算數較計可明者，盖此地願力廣大故耳。然亦非稱性也，以存數量故。三禪梵王，即徧淨天。《楞嚴》云：此天世界身心一切圓淨，淨德成就，勝託現前，歸寂滅樂，故此名焉。

修百下，明修法。此亦寄位如此修耳。實則此地具大神通，修力、無畏，證智自在，於阿僧祇劫，能現百萬恒河沙等諸佛神力，無盡法藏利益圓滿也。

以四下，言化生也。《華嚴》云：此地菩薩，既得真體，斯發真用，凡所照應，皆是真如，故名普慧。此菩薩具四無礙智，作大法師，演説無量阿僧祇句義，無有窮盡。下經云：一刹那頃，於不可説諸世界中，隨諸衆生所有問難，一音解釋，普令歡喜。此即四智化生之義。然智謂無礙者，以巧應物心，圓應無方故。四智，即法、義、詞、樂也。以此化生，爲護九地行也。

△十、法雲地。

若菩薩摩訶薩住不可説不可説佛刹，作第四

禪大梵天王，爲三界主，修不可説不可説法明門，得理盡三昧，同佛行處，盡三界源，普利衆生，如佛境界。

從初發信心已，百萬阿僧祇劫，廣積無邊助道法，廣增長無邊大智慧，故能住此不可説等佛刹。因位至此，無以加焉。大梵天王，即摩醯首羅大自在天王。此爲三界主者，以神用廣大，智慧第一，能知三界七日雨滴之數故也。

修不下，明修行，謂此亦行隨位而增也。

得理下，明化生。謂此地修習功畢，學行已滿，故名理盡。慈陰妙雲，覆涅槃海，具體而微，故云同佛。無明爲三界惑業之本，此地無明已盡，故云盡源。大慈充滿，以無緣心，施作佛事，隨其所應，令入佛道，故云普利。此地隨順佛二轉依果，故云佛境。此皆地盡境界行德，前地所無矣。亦以此修，爲護十地行也。

△三、結顯道同。

是爲菩薩摩訶薩現諸王身，化導之事。十方如來，亦復如是，證無上覺，常徧法界，利樂衆生。

前問云何化衆生，此結答是爲等。然果同因者，以因果相徹故。此則化生利樂，在因在果，一時一處不可離故，故結顯如此云。

△二、説偈讚佛，三。

初、時衆供養。

爾時，一切大衆即從座起，散不可説花，焚不可説香，供養恭敬，稱讚如來。時，波斯匿王即於佛前，以偈讚曰：

華表因，香表德。以上住刹修法，俱不可説，則地因與地德，二俱不可説矣。

△二、匿王偈讚，三。

初、總頌三寶，二。

初、頌三寶業用，二。

初、讚佛三業清淨。

世尊導師金剛體　心行寂滅轉法輪

八辯圓音爲開演

出世獨尊，導迷指悟，師範人天，故云世尊導師。此三業所依之主。下明三業。

金剛體，身業也。此指法身謂之金剛體，以法身之體猶若虚空，百非俱絶，四句圓離，不同生滅諸法有遷變故。亦可目應身，以應不離真故，所謂吾今此身，即常即法故也。

心行寂滅，意業也。所謂妙智宜理，説應無心，非同妄心有生滅故。

八辨圓音，口業也。捷疾應物，名辨。八圓音者，《梵摩喻經》云：一、最好聲，二、易了，三、調和，四、柔軟，五、不悮，六、不女，七、尊重，八、深遠聲。此音名圓者，謂若音不徧，是音不圓。若音等徧，失其韻曲，是圓非音。今佛不壞曲而等徧，不動徧而韻差，此是如來圓音，非心識境界耳。

轉法輪，即指上五忍等法，以五忍摧壞諸障故。開演，即指説五忍法之音。轉輪約内，故隨意業。開演約外，故隨口業。若約三寶，上之三業即佛寶，轉法輪約所轉邊即法寶，下即僧寶。若約三輪，即三業如次得神通、記心、教誡也。又此三句，古釋爲五種具足：一、世尊，威德具足；二、導師，智慧具足；三、金剛體，法身具足；四、心行寂滅，解脱具足；五、轉法輪，化他具足。然與三業辭異義同，故略録於此。

△二、讚衆聞法得益。

時衆得道百萬億　天人俱修出離行

能習一切菩薩道

《起信》云：所謂如來在世，衆生利根，能説之人色心業勝，圓音一演，異類等解。此明時機説聽俱勝，故易入道。今經得益，亦如此矣。時衆，即序分三乘、人、天等。得道，即聞五忍法而獲益者。百萬億，謂得益之多也。然天、人正樂，未可以整心慮，趍菩提，而一聞此法，遂能心厭塵囂，身修出世者，盖以如來三業殊勝，故一見色相，一聞正法，而妄念消除，真心顯現也。然天、人雖身欲染，在欲無欲，處染不染，此亦出離行也。然菩薩之道，不出自利利他。依五忍而修行，自利也。寄權位而度生，利他也。故聞此法者，皆習其道，即所謂受之於佛，而習之於己也。若以五果配屬者，時衆得道即增上果，俱修出難即離繫果，能習大道即等流果，以聞此法習此道故。

△二、頌五忍深玄，三。

初、因果同依。

五忍功德妙法門　十四菩薩能諦了
三賢十聖忍中行

初句，讚忍法顯妙。次二句，讚因位該攝。二利俱獲，故云功德。觀修虚玄，故云妙法。出生殊勝，故言門也。諦了者，以一切菩薩，原始要終，徹因該果，證斷化利，不離此五忍故。忍中行，即賢聖依此聞思修而趣進也。

△二、果位獨超。

唯佛一人能盡源

唯者，遮揀義也。真窮惑盡，唯佛能之。以因但分證，則一理未到真窮之域。因位亦分斷，則諸障未徹妄盡之源。佛則常淨解脱，寂滅難思。截有海而泛慈舟，二利到岸。剪稠林而入寶所，萬德圓成。非止入妙窮源，亦且出真逆派。然則唯佛方能如此極深遠到也。

△三、含攝三寶。

佛法衆海三寶藏　無量功德於中攝

此一體三寶，不離五忍，即三寶無量功德，亦皆含攝此中矣。盖此五忍也，觀照真俗即佛寶，軌持正修即法寶，不違真如即僧寶。可謂如空包色，似藏普含。妙哉五忍，其一切因果之根底乎。

△二、別頌五忍，五。

初、頌伏忍，二。

初、正頌忍位，二。

初、頌十信位。

十善菩薩發大心　長别三界苦輪海

中下品善粟散王　上品十善鐵輪王

夫堪能發心，非容易也。《起信》謂：依不定聚衆生，有熏習善根力故，信業果報，能起十善，厭生死苦，欲求無上菩提，得值諸佛，親承供養，修行信心，經一萬劫，信心成就。故諸佛菩薩，教令發心。或以大悲故，能自發心。或因正法欲滅，以護法因緣故，能自發心。此上證初句，下證第二句。

如是信成就發心者，入正定聚，畢竟不退，名住如來種中正因相應。然信成就發心，廣即前之十種，略則有三：一、直心，正念真如法一故；二、深心，樂集一切諸善行故；三、大悲心，欲拔一切衆生苦故。又十善發心，求出三界，雖未出離，已能離惡道，故云長别。

十善不出身三、口四、意三耳。以上品心修，則善屬上品。下二心修，則善屬中、下。盖發心有專略敬怠之殊，故十善有上、中、下品之異也。粟散王者，此王散於閻浮者最多，如粟然也。鐵輪王，即王一閻浮提者，如無憂王者是也。

△二、頌住行向位。

習種銅輪二天下　銀輪三天性種性

道種堅德轉輪王　七寶金輪四天下

初句，頌住位。謂以熏習善根力故，修十住行，見佛法僧，發菩提心，故名習種。銅輪，即此王隨福感而至者。二天下，即此王王化疆宇分限也。

次句，頌行位。銀輪，亦即隨福業來應者。三天，即王王化之境也。性種性，即慧義，謂下忍聞慧，中忍思慧。習已成性，故名種性。然《瓔珞》中有六性，亦名六慧。六性，即習種、性種、道種、聖種、等覺種、妙覺種。

六慧，即聞、思、修、無相、照寂、寂照也。

道種二句，頌十向。此修上伏忍，入平等道，名道種性。下文云此菩薩住堅忍中，觀諸法性，得無生滅，故名堅德轉輪王。即此王乘此輪，以教化四天下也。金輪者，亦隨此王福力所致。七寶，謂女、珠、輪、主兵、主藏、象、馬也。

△二、别頌忍德，二。

初、結前忍位。

伏忍聖胎三十人　十住十行十回向

地前三賢，未得無漏，未得證理，但能伏惑，而不能斷，故名伏忍，以有忍智能伏煩惱也。三十心與十聖作胎，故名聖胎三十人。前經習種性云是爲菩薩長養心以爲聖胎故，後道種性云能證聖人平等地故，即此意也。下句即結忍所依之位，謂住、行、向各十也。

△二、頌後勝進，二。

初、明出生因果。

三世諸佛於中學　無不由此伏忍生

一切菩薩行根本　是故發心信心難

《金剛經》云：一切賢聖皆以無爲法而有差别。今亦應云一切因果皆依伏忍智而爲門户發心也。盖以此忍乃入道之階梯，成佛之關鍵，故曰根本。然菩薩之行，本乎伏忍，伏忍則成於信心，是故此忍不難，發心爲難，亦猶百谷，王之本。所謂衆流，衆流則發於涓滴，是亦衆流不難，涓滴爲難也。所以信心難者，古疏云：以信心一發，入圓十住，即斷無明。而無明礙礴，非一心三觀所不能斷。能斷之智，從十信生。所以歎其信心難也。

△二、明心相功能。

若得信心必不退　進入無生初地道

化利自他悉平等　是名菩薩初發心

此謂若得圓教發心，必不退轉，即不落階級，便入初地之道。以初地生如來家，初證真如，故名無生。第三句，即進入初地二利之行，以此地住平等忍，無有二相，方便妙用二利自在，名悉平等。末句結名可知。

問：信心不退者，爲的是圓教意，爲抑是别教意耶？

古疏答云：若約别教，即從十信漸進不退，登於歡喜。若約圓教，十信菩薩即不退轉，便登初住，以圓教初住即别教初地故。《華嚴》及下經文，亦以十住爲十地。此是天台一家之義。實則初發心時便成正覺，因徹果海，豈止進入初地哉？又豈論其退不退哉？如《楞嚴》云：識陰若盡，則汝現前六根互用。從互用中，能入菩薩金剛乾慧。圓明精心於中發化，如淨琉璃内含寶月，如是乃超信、住、行、向、四加行心、菩薩所行金剛喻定、等覺圓明，入於如來妙莊嚴海，圓滿菩提，歸無所得。此良證也。

養心或退墮者，《起信論》亦有此義，彼文云：若有衆生善根微少，久遠已來煩惱深厚，雖值於佛，亦得供養，然起人、天種子，或起二乘種子。設有求大乘者，根則不定，若進若退。或有供養諸佛，未經一萬劫，於中遇緣，亦有發心。所謂見佛色相發心，或因供養衆僧發心，或因二乘之人教令發心，或學他發心。如是等發心，悉皆不定，遇惡因緣，或便退失，墮二乘地。據論文意，則知惑重德薄，倒求異求，猶豫大乘，行時未滿，遇緣不勝，以色見佛，住相供僧，隨劣教，學他迹而發心者，皆退失矣。必不退意，已引論在前發心處中，大抵内外熏習，久遠善根，修勝福田，修勝智解行成，堪發之時，一遇勝緣，或藉他力，或依自力，發此十心，於下無失，於上有得，畢竟不退，入正定聚矣。知此，則不但信滿發心不退，即在五品，在乾慧，而種習俱勝者，亦必不退也。所謂根心生者，則小善可成佛道。襲迹取者，即大行難超因心也。大聖隨機，有説性種性人猶退地獄，約始教意說。有説初阿僧祇劫猶退墮者，約小教意説。有説十向而退墮者，亦約始教意説。有説十信退者，亦約始終權教而説。若約圓教發心，即妙超有分，何所退哉？

然《瓔珞》説十住中七住已前則退者，如淨目天子、法才王子、舍利弗等欲入七住，值遇惡緣，而退落凡夫，作大邪見者是也。或是權現退墮，驚進未學者，有之。故《起信》復云：如修多羅或説有退墮惡趣者，非其實退，但爲初學菩薩未入正位而懈怠者，恐怖令彼勇猛故。又，是菩薩一發心後，遠離怯弱，畢竟不退墮二乘地，若聞無量無邊阿僧祇勤苦難行乃得涅槃，亦不怯弱，以信知一切法從本已來自涅槃故。據此，則知發心退墮者，不可諍爲實退，抑有權現退墮而已歟。

仁王護國般若波羅蜜多經卷上科疏卷二

校勘記

〔一〕「梁」，疑爲「染」。
〔二〕「二」，疑爲「三」。
〔三〕「云」，疑爲「二」。
〔四〕「一」，疑後脱「千」字。
〔五〕「功」，疑後脱「德」字。
〔六〕「後」，疑爲「從」。
〔七〕「敝」，疑爲「蔽」。下一「敝」字同。
〔八〕「法言」，疑爲「言法」。
〔九〕「日」，疑爲「曰」。
〔一〇〕「對」，疑爲「觀」。
〔一一〕「境」，疑爲「竟」。
〔一二〕「同」，疑爲「因」。
〔一三〕「四」，疑爲「二」。
〔一四〕「下」，疑爲「上」。
〔一五〕「仞」，疑爲「位」，或疑爲「在」。
〔一六〕「成」，疑爲「咸」。

仁王護國般若波羅蜜多經卷上科疏卷三

唐三藏沙門大廣智不空奉詔譯
明慈慧寺開山比丘蜀東普真貴述

△二、頌信忍，二。

初、正頌信忍，三。

初、頌初地忍，二。

初、頌寄位功能。

歡喜菩薩轉輪王　初照二諦平等理
權化有情遊百國　種施清淨利羣生

初句，頌寄位。然輪王即以琉璃爲輪。然若以初地作鐵輪王者，此權教一途之義。然既云住百佛刹，豈以鐵輪一天下爲定哉？且三賢初地雖總稱輪王，而亦金、銀、銅、鐵、琉璃不同，且輪相大小分齊亦别，如鐵輪廣一俱盧舍[一]，銅輪廣二俱盧舍，銀輪廣三俱盧舍，金輪廣四俱盧舍。據此，若琉璃輪者，則廣應十倍金輪大矣。盖賢聖分位既有天淵，輪相大小理自懸絶。俱盧舍即繇旬義。

次句，頌所證真如，即徧行真如。言平等者，謂住平等忍，以無相智，照勝義諦，一相平等，非相非無相故。

三句，頌悲心化生。謂此地寄位輪王，故云權化。住百佛刹，饒益衆生，故曰遊。

四句，頌所修行。此地於檀波羅蜜中念念常行。餘非不修，但隨勝言也。

△二、頌入位功德。

入理般若名爲住　住生功德名爲地
初住一心具衆德　於勝義中而不動

初二句，頌此聖位名目不同。以無分别智證真如理，依理而入，故名住，言其始也。以蕴積前法，至於成實，一切佛法依此而生，故曰地，言其終也。然地住兩名，如眼目殊稱。

古以地屬別教，住屬圓教，正顯圓教初住正等別教初地，各是一宗之見耳。故古人有言曰：佛地如王城，如入王城者有三人焉，所行之路有五百五十里。一人乘神駿，不俟終日可到。一人乘蹇驢，十日可到。一人則足躄，三十日猶不可到。是三人俱到王城，遲速不同，所過之路同一五百五十里也。漸頓根器入證佛位亦然，或經劫方能入證，或一念可能頓超。頓漸雖異，共修位次一也。

三句，即地住二名合顯，以住持一心三觀，能具足衆德故。然住一心即名住，具衆德即名地。據此則地住二名相同，蓋聖言量也。有謂地住天淵不同者，何哉？

四句，謂此地行於生死魔不能動故，離我我所，無怖畏故。蓋勝義中無有二相，故不動也。

△二、頌二地忍。

離垢菩薩忉利王　現形六趣千國土
戒足清淨悉圓滿　永離誤犯諸過失
無相無緣真實性　無體無生無二照

初二句，頌此地寄位化生。此即長養大悲利他行。後四句，明斷妄證真自利功能。戒即三聚淨戒等。此地持戒寂靜純善，離破戒垢，故云清淨圓滿。然戒相多端，不能悉舉，大要止持作犯，斷惡防非，調伏三業，各別解脱而已。《華嚴》謂：十度中，戒度偏多，餘非不修，但隨緣隨勝而説。興心結搆曰故犯，無心造作名誤犯。此地十善全修，十惡永斷，故名永離諸過。《華嚴》又謂：此地生草尚護，何肯殺生？於己一切能捨，何敢不義而取？妻房亦生厭難，何肯外求邪婬等？據此，則尚不誤犯，豈故犯哉？

上言斷妄，下明證真。謂此地證最勝真如。此理現前，同異性滅，真諦無相，俗諦非緣，純一真實之性。此性真空冥寂，故云無體。本來現成，故曰無生。一相平等，故無二照。

言無二者，非特智緣境時於解常自一。此以如智相即，又無如外智，亦無智外如，能所泯忘，非如非智。此無二無無二之妙也。

△三、頌三地忍。

發光菩薩夜摩王　應形往萬諸佛刹
善能通達三摩地　隱顯自在具三明

初二句，明寄位行化。應形，即隨其願力，以無量方便，隨衆生心，示以法樂也。

次二句，明行修。三摩地即四禪四空定。善能者，以此地用無分別智，次第隨順具足勝定故。隱顯自在，即得五神通，現身大小。現大則大顯小隱，現小則小顯大隱，故復云自在。三明，即依無相忍，悉知三世無去無來故。言明者，以能破三際愚癡故。然三明即六通中宿住、天眼、漏盡三通也。此地忍度偏修。亦有所斷所證等文，但頌略耳。

△二、總結信忍。

歡喜離垢與發光　能滅色縛諸煩惱
具觀一切身口意　法性清淨照皆圓

初句，總結地名，以地位雖三，同修信忍故。

第二句，總頌三地所斷煩惱。色縛即法執，初地斷法執分別，二、三兩地漸斷法執俱生。若細分別，即三種地位各斷一障二愚。如《起信》六染云謂：不斷相應染，得淨心地究竟離故。此染即六麤中第三相續相，乃法執分別。又謂：分別智相應染，依具戒地，乃至無相方便地究竟離故。此染即六麤中第一智相，乃法執俱生。所以能滅者，以無相忍觀照色即空故，無明實性即佛性故。

第三句，謂起惑造業，不出三業，故具觀三業，則身心清淨，守口如瓶，防意如城，自利利他，無過誤矣。言觀者，以了色即空故，三業即實相故。

第四句，即所證理無非中道。有言三諦之理歷然不同，此凡夫二乘之見。然觀照既是即空即假即中，諦理亦即真即俗即中。所謂能觀所觀，如月印千江，合亦不一，離亦不分。性智之圓徧，如此也。

△三、頌順忍，二。

初、正頌順忍，三。

初，頌四地忍。

錟慧菩薩大精進　覩史天王遊億刹
實智寂滅方便智　達無生理照空有

初二句，即寄位行化。此天此刹，即寄位行化之處。大精進，謂二利不倦。然此位十度中，精進偏修，故此頌之。

後二句，即能所證。實智證理，然照性雙忘，空有無二，故云寂滅。方便智，即度生權智。盖地上二利齊修，非權不能涉俗，非實不能證理，故須二智。無生理，即真如，爲實智所證。空有，即真、俗二諦，爲權智所照。洞明深入曰達，玄觀徹視曰照，此權、實二智之分也。《楞嚴》謂：此地明極覺滿，如大火聚，一切緣影悉爍絶故。此亦實智寂滅達無生理良證也。

△二、頌五地忍。

難勝菩薩得平等　化樂天王百億國
空空諦觀無二相　垂形六趣靡不周

初二句、第四句，頌寄位行化廣大之相。第三句，頌動、靜二相。盖此地如實觀空，世與出世平等一相，故云諦觀。下文云隨順真如清淨平等無差别相，即其義也。若連下句爲義，即以空諦觀，動即寂也。垂形六趣，寂即動也。然此諦觀之義，特其一端耳。若論此地行修斷證，一切同異所不能至等義，頌文太略，故未明也。

△三、頌六地忍。

現前菩薩自在王　照見緣生相無二
勝義智光能徧滿　往千億土化衆生

初、後二句，頌寄位行化之事。二、三兩句，即寄位所修之行，謂此地得上順忍，住三解脱門，能盡三界集因集業現行麤相。故此諦觀十二緣生皆繇著我而有，實則非有非無，一相無相，即妙湛圓澄性無二也。勝義智光，即第六般若度。此地徧修，故智明圓極無邊，光照萬法矣。

△二、總結斷證。

燄慧難勝現前地　能斷三障迷心惑
空慧寂然無緣觀　還照心空無量境

初句，結名。

次句，所斷障。迷心惑，謂於心不解脱故。《起信》謂斷分別智相應染，此亦指法執俱生。然法不空寂，繇心生法生故。心若空寂，法自澄凝一如，何迷心哉？若細分之，此三地位各斷一障二愚。下經云：四地永斷微細身邊見故，五地斷隨小乘樂求涅槃障故，六地斷三界集因集業麤現行故。此亦皆迷心之惑，故頌之如此。

三、四兩句，謂此三位得中道觀，不起有無而觀照諸法也。空慧寂然，即了一切法空。正觀凝寂，了無分別，故云無緣。所謂雖觀空而不起空想。第四句，即正觀空時境不空也。若一於空則滯空也，空而能有則有而即空，此正觀之妙也。

然觀義多端，非一言能顯，求其大要，殊途同歸。天台三觀，有歷別圓融之說。別觀則先空，次假，後中。圓觀則舉一即三，言三即一。然歷別而修，即三賢容有。圓融而觀，唯十地能修。今經即圓修義也。蓋以雖觀無生，即還照無量境故。《起信》止觀，亦有單修雙修之異。所言止者，謂止息一切境界相，隨順奢摩他觀義故。所言觀者，謂分別因緣生滅法，隨順毗鉢舍那觀義故。以此二義，漸漸修習，不相捨離，雙現前故。然單修則正止無觀，正觀無止。雙修則正止即觀，正觀即止。今經即約雙修義也。以上句空慧無緣即觀而止，下句還照諸境即止而觀也。若約法界還源觀言之，若以空爲門，攝諦智一切皆空，即真空絶相觀。以無礙爲門，攝有無能所而無礙，即理事無礙觀。以含容爲門，攝一多空有而交參，即境智能所而融通，所謂周徧含容觀也。

問：據上配法界觀，猶是泛指。若的配今，合同一轍，何如？

答：今經空慧寂然時，即有無能所絶相，同初觀真空義也。今經空慧寂然還照諸境，正還照時，一切寂然，同第二觀理事無礙義也。今經空慧寂然，攝一切能所以溥融，還照諸境時，含空有心境而相在，同第三觀周徧含容義也。故知地上聖位觀照諸法，能所理智必如此也。

△四、頌無生忍，三。

初、頌七地忍，二。

初、頌地位行相。

遠行菩薩初禪王　住於無相無生忍

方便善巧悉平等　常萬億土化羣生

初後二句，頌寄位攝化。二、三兩句，頌二利行，上句自利，下句利他故。謂此地修無生忍，不見少法生滅之相，盡真如際，迥超極造，雖隨世間而恒出世，故云住於無相。《大品》云七地深入無生忍，是也。此地住滅起行，住智行悲，示小乘而上修佛慧，現邪外而奉持正法，故名善巧方便。然動寂一如，邪正同觀，小大無二，智悲雙行，俱悉平等。斯亦將證無功用之德，不同六地觀有間斷，故行修如此。

△二、頌斷惑分齊。

進入不動法流地　永無分段超諸有

常觀勝義照無二　二十一生空寂行

順道法愛無明習　遠行大士獨能斷

隣極第八，故云進入。第二句明損生。以未度報身，故云分段。盡此一身，即入變易，故云永無。《智論》謂七地菩薩未捨肉身，是也。

而言進入法流，方斷分段超諸有者，謂以中道正觀，等入法流，無復所礙故耳。諸有，即二十五有。蓋分段不斷，即諸有不超故。此乃預説八地以上功德決定如此。若以證道，則初地已斷二執麤相，證真觀中不受三界果報，宜矣。今約別論，故七地以後方能如此耳。

無功任運，一無間斷，故云常觀。以此地能入人法雙觀故，真、俗同觀，色、心一致，勝義諦中不容少異，故無二相。此句頌所證也。

初地至七地，各有上、中、下三品斷證，即二十一生。亦即每地有入、住、出三心不同故耳。然生生之中，皆以智觀法性一切空寂。以此爲行，非同觀空滯有等也。

後二句，謂斷惑分齊。七地前雖已斷三界惑盡，而猶己智未滿，貪著佛法，故云順道法愛無明習。至此七地中，細現行相皆永斷盡，故云遠行大士獨能斷。如《起信》謂：分別智相應染，至無相方便地，方究竟離故。即法執俱生，至此已盡，而無明隨分亦離，至如來地乃究竟離故。《十地經》謂遠行地不名有煩惱者，以一切煩惱不行故，貪求如來智者未滿足故。即今經順道法愛良證也。

△二、頌八地忍。

不動菩薩二禪王　得變易身常自在
能於百萬微塵刹　隨其形類化衆生
悉知三世無量劫　於第一義常不動

初句，標名舉位。一、真如心，故名不動。二、禪王，即寄位之王。得變下，明化生之悲。變易言自在者，以前無分段，今有變易。古謂：改麤身爲細質，易短壽作長年，生死去來，如遊戲耳，故云自在。

問：二乘極果出三界苦，受變易生，此教理也。今八地聖位極無功用道，小乘視之不啻天淵懸隔，云何此位始受變易耶？

答有二意。

一、大乘聖位無別所修，寄二乘法，以

顯其淺深耳。如小乘七賢位，即同大乘三資糧四加行也。小乘須陀洹果目爲見道，以初斷見惑，入聖流故。大乘初地亦以初證真如同名見道。小乘二果三果四向目爲修道，大乘二地至等覺亦目爲修道位。且小之三果名曰不還，以欲界九品思惑盡斷，不生下界，故此名焉，例如大乘七地之永無分段，超諸有也。四果出三界而受變易，亦例如大乘八地受變易而自在化生也。但小大名目位次之迹則同，而就中證修則霄壤有異，斯可以意得。故曰大無別修，寄小以明也。

二、小乘斷惑證真，唯求脱一三界而已。趣寂聲聞自利，以變易見修爲實事也。大乘聖位菩薩利他，故留惑潤生，示入三界，與民同患，意在行化。如必欲早斷分段，則智有餘而悲不足，與二乘等矣。故今八地始受變易身。然變易名雖同，而小在趣寂，大在度生，又不可以同年而語也。凡看教者，無再濫也。

二、三句，頌住刹化生。以八地徧不可説大千世界，隨順利益衆生，故特現形同類也。

後二句，明智。以一念普觀無量劫，無去來今，故云悉知，所謂圓觀三世也。若在邊在中，則法法住相，故有所動。此地則住修無相，中忍功純，故非二邊能動，所謂一真如心也。

△三、頌九地忍。

善慧菩薩三禪王　能於千恒一時現
常在無爲空寂行　恒沙佛藏一念了

初句，頌寄位。

二句，頌化境，謂此地於一念頃，於不可説界，答一切衆生問難，能現百萬億恒河沙神力故。

第三句，謂此地住上無生忍，滅心心相，證智自在，雖發真用，常在無爲，所謂今時而劫外者也。如連上句義，則一時普現，恒處空寂，正在無爲，同時千化，即寂而常動、動而常寂者也。

第四句，顯智用。恒沙佛藏，不出一心，證智圓徧，故一念能了，所謂識得一，萬事畢。下經謂：頃刻神力，妙等恒沙，無盡法藏，利益圓滿。即此義也。

△五、頌寂滅忍，二。

初、頌下忍位，二。

初、正頌十地。

法雲菩薩四禪王　於億恒土化羣生

始入金剛一切了　二十九生永已度

初句，頌寄位。

二句，頌化境。然十萬曰億，此地佛土即以億道恒河沙數之，可謂世界無邊，衆生無盡。而普能化者，以一切境界本來一心，既證心源，離於想念，則渾一法界，依正俱即一心，何所不知，何所不化哉？但衆生妄見境界，不稱法性，心有分齊，不見不了耳。

第三句，明斷證極處。金剛三昧現在前時，未能與等，故云始入。然此定現前，無明初相擬之則霧殞霜消，故云一切了。

末句，明度生分齊。始從初地至十地，共三十生。然二十九生約已過者言耳，若第三十生則現受之身，故置不言。實則惑盡生忘，妙極果海，在一間耳。

△二、結忍分齊。

寂滅忍中下忍觀　一轉妙覺無等等

不動善慧法雲地　除前所有無明習

金剛喻定，住下忍位，以未得真窮惑盡故。妙在無明滅處，解脱現前，則逆流而出，妙同萬物，無等等矣。所謂無等，而能等物也。

三、四兩句，結名除障。即總結諸位，以顯圓極也。謂今之所斷，即前正使之餘習，乃無明之末緣，非極智莫能斷之。然此皆出於無明，故云習也。

△二、頌上忍位，三。

初、頌蕩無纖塵。

無明習相識俱轉　二諦理圓無不盡

正覺無相遍法界　三十生盡智圓明

初二句，謂上忍位中，障盡理圓也。依《起信》，謂以依阿賴耶識，説有無明不覺而起。若得無念，本來平等，同一覺故，是則覺明圓滿，純一無念。無明習相究竟離故，根本業識轉爲智體，即如法相謂轉八識成四智也。然無明本識，不一不異，故無明盡而此識轉也。轉者，即轉八識相應心品之謂。而識體即智體，何所轉哉？夫理雖偏於諸法，大要不出真、俗。真、俗遮照，同時非二，故又名中。佛則極證玄源，故云無不盡。

然此理即一心，心明則理何不盡哉？覺徹心源，不墮有無，故名正覺。湛然清淨，真空冥寂，故云無相。然此覺此相，同真際，等法性，故云偏法界。二死永斷，來去亘得，四智圓明，心識非有，故云智圓明。亦可此四句即三德圓備，初、後二句是解脱德，以惑滅生盡，即解脱故。二句即般若德，以理非智不證故。三句即法身德，以無相偏界是法身故。

△二、頌富有萬德。

寂照無爲真解脱　大悲應現無與等

湛然不動常安隱　光明偏照無所照

此四句不出三身。初二句，應化身也。以寂照即逆流而出，故《瓔珞》云：等覺照寂，妙覺寂照也。應物無緣，故云無爲。憂患不襲，故云解脱。

二句，拔一切苦，故云大悲。隨類攝生，故云應現。福慧超絶，故云無等。此皆應化顯現業用也。

第三句，法身也。清淨離相，猶若虚空，故云湛然。萬法一如，諸緣匪易，故曰不動。離過絶非，任運無生，故常安隱。此皆法身自體如是也。

末句，報身也。梵語毗盧遮那，此云光明偏照。光明有二：一、身光偏照，二、智光偏照。此他報身也。光明即説法利生之前相，故無所照，即攝用歸體，所謂自受用身也。此皆報身之事故。然應身雖亦放光，以不同報身光明偏照故，亦不同自報照而無照故，豈相濫哉？故知三德具，三身圓，不縱不横，非伊非圓，其名爲佛。三賢十聖，無此證矣。

△三、頌超絶因位。

三賢十聖住果報　唯佛一人居淨土
一切有情皆暫住　登金剛原常不動

三賢，即地前三十心。十聖，即地上十位。此四十心是因非果，斷證未圓，同生華藏果報土，即實報莊嚴土也。《華嚴》説華藏刹海是舉依果勸樂生信者，以此法是十地三賢能被之言教，此土是所住莊嚴之依果，非有他也。

第二句，謂妙覺極果，真窮惑盡，寂光性土，故唯佛住。蓋性土即法身也。在依在正，故分異名。實則依正一源，身土無礙，非佛居而誰居哉？

問：三土亦有淨相，佛何不住，而獨居此法性土耶？

答：凡、聖同居一土，凡多聖少。方便有餘一土，無明未斷。實報莊嚴一土，猶帶方便，非真淨土。寂土無此，故佛居也。

三句，謂佛示生化物也。謂寂光無爲，而出真兆聖，爲物暫住世間。故《法華》云：如來如實知見三界之相，無有生死，若退若出，亦無在世及滅度者。此寂光無爲境也。又云：如來則爲一切世間之父，於諸怖畏、衰惱、憂患、無明，永盡無餘。乃至云：恒求善事，利益一切，而生三界朽故火宅，爲度衆生生、老、病、死，乃至教化令得阿耨菩提等。此即暫住應化，受此三界果報也。以諸佛同爲化生，故云皆。

第四句，謂佛證妙極，雖悲化衆生，而智恒湛寂。所謂無緣慈力，常動常靜，常照常寂，如一月不下降，萬水不上升也。金剛原者，即證之極處。所謂：通玄峰頂，不是人間，萬境不能移，羣魔不能動。佛登此地，則十方法界總現全身，而當處湛然，恒居菩提寶座。妙哉，證也。非大覺世尊，其孰能與於此乎？

△三、頌結讚佛德，三。

初、頌佛慈蔭物。

如來三業德無量　隨諸衆生等憐愍
法王無上人中樹　普蔭大衆無量光

說法利生，莫先三業，故今讚之。隨類現形，千百應化，此頌身業德無量也。後頌口、意二業。以慈悲無倦，誓願難量，此意業德無量也。三百餘會雄談，四十九年常說，此口業德無量也。然皆觀根以示法藥，隨應令得利益，爲使均沾溥潤，一味無差，故云等憐愍。

三、四兩句，謂佛慈蔭物也。聞法則熱惱清涼，見相則福慧作種。所謂慈悲普覆，神用曠濟，誠十方無涯畔，三際難盡窮，故頌之如此。

△二、頌說法無畏。

口常說法非無義　心智寂滅無緣照
人中師子爲演說　甚深句義未曾有

初二〔三〕句即口業，謂佛音一演，具無量義，非小乘之少義、邪外之無義可比也。二句，即意業，謂性智離妄，觀照無心，非業識之住著，妄念之執相，故云無緣照。既口業清淨，意業虛靈，說法利生，根本圓具，故所說句義甚深而未曾有。此則雷音一震，正信入理，邪異褫魄，得不謂之人中師子乎？

△三、頌衆喜頂禮。

塵沙刹土悉震動　大衆歡喜皆蒙益
世尊善說十四王　是故我今頭面禮

初句，刹土俱無明感結，此法能斷妄惑，故悉震動如此。然緊那羅王絃歌一聲，須彌爲之湧没，況圓音一暢，得不情與無情歸心震動也哉？

二句，衆喜聞法，慶幸無量，得其利益，功德咸臻也。

三句，人、天共仰云世尊，入理深談曰善説，十四王即三賢十聖以寄位作王故。

末句，即結讚歸信懇切也。頭面作禮，非止稽首再拜而已。

△三、時衆獲益。

爾時，百萬億恒河沙大衆，聞佛世尊及波斯匿王説十四忍無量功德，獲大法利，聞法悟解，得無生忍，入於正位。

無生忍，七地方得，九地究竟得故。入正位有二：一、人空位，二、法空位。大約諸教證真之位，如《普賢觀》明無生入正位是也。

△三、如來讚述，二。

初、讚能説甚深，二。

初、指王昔迹。

爾時，世尊告大衆言：是波斯匿王，已於過去十千劫龍光王佛法中，爲四地菩薩。我爲八地菩薩。今於我前大獅子吼。

指王昔迹者，欲明遠因，示前讚頌不妄也。龍光佛，即釋迦、匿王因地宗師也。過十千劫，明往因綿遠也。四地即燄慧。八地即不動。然四地明極覺滿，爍絶緣影，故於般若深入如此。八地得其全體，一真凝常，故超前位也。今佛已果滿，而王位幾十地。何則？盖師子吼名決定説，若非位階十地，不堪此名，而佛亦不以此讚嘆也。《淨名》嘆十地菩薩能師子吼，名聞十方，亦此義也。

△二、印王勝解。

如是如是，如汝所説，得真實義，不可思議。唯佛與佛乃知斯事。

言如是者，印其解悟合理也。再言如是者，深印許其不妄也。謂冥符聖心，玄解般若。復云如汝所説，蓋深許之也。

得真下，讚深入。謂般若妙慧正修不出五忍，而五忍即妙慧之坦道，故王頌説，斯爲得義。謂真實者，即不妄不變之稱故。此義非口所宣，非義可測，誠難思議也。夫諸佛不證極玄源，無以同知。匿王不深入堂奥，無此開闡。然則匿王殆同佛地乎？其爲《般若》發起，信不疑矣。

△二、嘆所説甚深，三。

初、正讚所説，三。

初、讚不可思議，二。

初、指法難思。

善男子，此十四忍，諸佛法身，諸菩薩行，不可思議，不可稱量。

初句，總標指體，謂忍爲因果行證之體也。上品寂滅忍，圓證無生，真際平等，爲功德所依，佛佛不易此道，故曰諸佛法身。四忍修斷，位位增明，一切化法，地地殊勝，以諸賢聖同依此忍，故曰諸菩薩行。此果此因，若修若證，皆不離性，亦不即性。非心口之境界，故不可思議。非方隅之分齊，故不可稱量。

△二、假徵廣釋，三。

初、就佛化身明不思議。

何以故？一切諸佛皆於般若波羅蜜多中生，般若波羅蜜多中化，般若波羅蜜多中滅。而實諸佛生無所生，化無所化，滅無所滅，第一無二，非相非無相，無自無他，無來無去，如虚空故。

初句，徵，意謂行證於修則妙，於證則深，何以結屬此忍，而又云難以名言形狀耶？一切下，釋也。謂以生、滅、化三，不離般若，釋成不思議也。言中者，古疏作二釋：一、謂其中之中，則一切諸佛雖有生滅化三，皆不離其中；二、謂中道之中，則雖生滅無非中道。亦猶佛常好中，如生中天，滅中夜，明中道等也。愚謂二義中，後義切當。蓋中道之中，即指般若妙慧爲中道，故經一一皆云般若中生、滅、化也。然生即示現王宫，滅即入寂雙林，化即四十九行化之事。如依水起波，波不離水；依體起用，用不離體。故知般若無相，依俗而明，法身無形，爲物示現，凡此皆明建立幻有，而示化身不生滅也。

而實下，正以法身蕩相明真空，釋成不思議也。前以中道妙慧約俗，則建立無量。今約真，則湛然總空，故能無生而生，生即無生，生生者無生。無化而化，化而無化，化化者無化。無滅而滅，滅而無滅，滅滅者無滅。此皆第一義諦，空諸所有，一無住著也。當知，即立而遣相不有，故非相。即蕩而建化非空，故非無相。中道妙慧，於斯顯矣。孰得思議哉？

無自下，覆疏上義。謂彼我兩忘，故無自他。既無自他，則化之有無不必論矣。生滅雙斷，故無去來。既無去來，則相之存泯亦不必言矣。此皆般若妙慧，中道無二之中，求自他而不有，方顯無生，迹去來而非存，是稱絶待。故《淨名》云不來相而來，不見相而見者，此也。

如虚空故，喻也。此釋上生無所生等義。蓋以虚空體非羣相，即非相義。不拒諸相發揮，即非無相義。本一體而徧在色非色處，即無自無他義。原常在而渾一，貫古貫今，即無來無去義，故云如虚空故。然則斯喻極成，此法頓顯，般若妙慧，觸目昭然，孰能思議者哉？

△二、就衆生明不思議，二。

初、正釋難思，三。

初、人法對辨明不思議，二。

初、正明法空。

善男子，一切衆生，性無生滅，由諸法集，

幻化而有。蘊處界相，無合無散，法同法性，寂然空故。

三祖云：境繇能境，能繇境能。蓋繇不了能所如幻，故心境互爲緣起。庸知心生法生，心滅法滅，人、法二執當體全空者哉？故此人、法對辨，以明一切皆空也。實相凝寂，不屬有無，故云性無生滅。因緣和合，虛妄名生，故云繇諸法集等。

蘊處下，指三科非因非緣，本如來藏妙真如性也。然此三科該一切法。以約自他共求了不可得，故云無合。亦不離自他共而有相，故云無散。又因緣別離則無合，因緣和合故無散。幻妄稱相，性真一如，故同法性。此性離相，一塵不泯，故云寂然空也。

△二、明人空。

一切衆生自性清淨，所作諸行，無縛無解，非因非果，非不因果。諸苦受行，煩惱所知，我相人相，知見受者，一切空故。

此初，就義相以顯人空也。自性清淨指體即實相般若，謂此真體離言説相，離心緣相，凡聖不立，染淨皆空，一切諸相皆遣蕩故。諸行，指世出世業行也。人天修持戒善是行，二乘諦緣觀斷是行，菩薩二利齊修、悲智雙運是行故。約建化門中，則世業是縛，以餘有集因故。出世是解，以斷證增上故。然真性皆空，故縛脱不有。非唯此不有，即凡聖同源之境，縛脱無二之性亦無矣。自性離集無苦，故非因果。雖非因果，而因果宛然，故又拂云非不因果。《淨名》謂無我無造無受者，善惡之業亦不忘，此也。

問：據此中縛脱因果諸行等言，則是法空，何判爲人空耶？

答：雖似法空，蓋約能執邊説，以縛脱因果不自有，繇妄執故有。妄執即人也。故古云：境不自境，繇心故境。況下文接連我人等相言之，故知是明人空也。

諸苦下，約妄惑以顯空也。受有苦受、樂受、捨受之別，於苦亦有苦苦、壞苦、行苦之殊，蓋苦受名苦苦，樂受名壞苦，捨受名行苦。然此三受，皆衆生於境妄領爲實，有爲諸受同一虚妄故。續諸生死名煩惱障，礙正知見名所知障。然此二障，亦名事障，以於世事生著故。亦名理障，於真空處生著故。此皆以無明爲體，翳惑妙明，而成此二障，故於般若，一皆空之。

我人知見等，即總空四相也。四相有二：一、約圓覺智境説，即任運執我名我相，心存妙悟名人相，了迹迹生名衆生相，潛續如命名壽者相；二、約金剛識境説，我是自在之名，人爲主宰之稱，衆生取續前義，壽者取接後名。此二四相，淺深不同，總是人執，故皆空之。

問：此處不言四相，止云我人知見等，何釋爲四相耶？

答：四相之名，即而不離。既有我人等名，豈無衆生、壽者二相？況知見等言，約人執四相而説，受者亦即四相爲能受者也。故釋以四相，於理允當。

△二、境智合辨明不思議，二。

初、辨境空。

法境界空，空、無相、無作。不順顛倒，不順幻化。無六趣相，無四生相，無聖人相，無三寶相，如虚空故。

此初，依境明空。所謂一切有爲法無不是空者，故總云法境界空。

空無下，別以三空門空之。謂實相凝寂，萬法都泯，故云空。一切既空，則一異等相，求之叵得，云無相。既空無相，則有漏業習更不復造，云無作。然此三空門，天台大師約觀四諦而説。

凡夫執有，二乘執空，墮於本末二種顛倒，故云顛倒。菩薩不執二邊，了法如幻，遊戲幻海，度脱幻生，以空花爲佛事，以水月作道場，然亦未免著於中也。今般若正智，二邊不立，中道離相，故總云不順。

古云：迷時三界有，悟後十方空。三界既無，四生何有？然古解十方即十法界。對凡説聖，有縛脱相。凡既不立，聖從何安？故又云無。

三寶有住持、別相、同體之異，今謂此心既自離照、離軌持、離和合，故無同體三寶。同體尚無，住持、別相皆成金屑，故亦空之。

如虚空故一句，設喻合顯也。《宗鏡》明虚空有十義：一、無障礙，二、周徧，三、平等，四、廣大，五、無相，六、清淨，七、不動，八、有空，九、空空，十、無得。然此十法亦有十義具足，故引淺況深，乃云如也。

問：法喻十義，極成無過。法喻相如，配義安在乎？

答：凡聖皆空，即虚空之無礙、平等、周徧等之義。觸類而推也，則不順二句之義，亦皆具十。蓋不順二邊，並及中道，即周徧、平等、清淨、不動等義故。

△二、辨智空。

善男子，甚深般若，無知無見，不行不緣，不捨不受。正住觀察而無照相，行斯道者如虚空故。法相如是，有所得心，無所得心，皆不可得。

此文有三。

一、甚深下，明觀照不得。肇公云實而非有，虚而不無，存而不可論者，其唯聖智乎？乃至云而無照相，是也。彼廣設問答，發明般若無知，極盡玄微，即此中甚深般若也。言甚深者，以所觀人、法二空，故能觀照者亦甚深矣。無知下，明般若空也。蓋所觀既空，能觀亦離故。觸境而智體常凝，故無知。了法而慧明若昧，云無見。心路泯絶，云不行。觀緣並寂，云不緣。虚受照應，云不捨。了罔陳習，云不受。所以不行等者，以正住觀察，能所不可得故，豈是土木無心而言不知不見乎？亦以般若無知而無所不知者也。

二、行斯下，舉喻顯空。謂以般若智體能所俱空，故行般若者亦泯絶無相，然無非般若也。者字指人，行字即《心經》云行甚〔三〕般若之行也。

三、法相下，合明俱空。謂般若皆空，非有無故，故二俱不可得也。盖以有心即作意妄緣，無心即任運空寂。然此義亦如《起信》明真如云：此真如體無有可遣，以一切法悉皆直〔四〕故。即今無心不可得義。又云：亦無可立，以一切法皆同如故。即今有心不可得義。况般若即一切法，如清凉池，豈得在無心？又况般若離一切相，如大火聚，豈得在有心？故知不可思議也。

△三、結上四義，總顯難思。

是以般若非即五藴，非離五藴，非即衆生，非離衆生，非即境界，非離境界，非即行解，非離行解。

有所得心不得，則知般若非即一切法也。無所得心不得，則知般若非離一切法也。是故般若之爲體也，亡然存然，不可得而名焉，故總結云難思議。夫此難思難議，唯佛能知，唯匿王能説，信矣。

然此五藴等相，即牒結前文。五藴，即牒前藴界處相下一段。衆生，即牒前一切衆生下一段。境界，即牒前法境空下一段。解，即牒上善男子下文。行，即牒前行斯道者下一段。此不可不知也。

問：古今判教者，率以般若爲空宗始教，非終、頓、圓實之旨。今觀即離不住，有無不得，非即中道不住不離之旨耶？且教有般若，與真如佛性，果無二無别乎？

答：般若談空，稱爲始教，古今確見一空而不可易者。然以般若大抵破相爲宗，爲始可爾。必執般若爲空無中道者，實不可也。

蓋古今判教不拘一部，但一部之中，有有，有空，即隨義淺深判之。今此不即不離之旨，即圓實之旨，謂般若爲終教，可矣。若必執即離中道成立般若爲空宗者，而於圓實空義亦可執爲中道妙旨乎？故知一部之中有多教焉，一教之内含多部也。必以此經爲空者，是謂膠柱之見也。又真如佛性與般若實相，同而不二。何者？蓋正因佛性即實相般若，了因佛性即觀照般若，緣因佛性即文字般若。又離相真如即正因與實相也，依言真如即觀照了因、文字緣因也。是知佛性真如既遮照即離以顯中，則知般若亦有無存泯叵測而顯妙，故知般若空空之中而有妙有，豈獨執爲一空者乎？

△二、總結名義。

如是等相不可思量。

釋文，如前。

△三、雙結因果名不思議。

是故一切菩薩摩訶薩所修諸行未至究竟而於中行，一切諸佛知如幻化、得無住相而於中化，故十四忍不可思量。

此文有三。

是故下，一、因位難思。謂不可以衆生境界智解於般若中行，則知般若難以思議。既難思議，故許一切菩薩從始至終於中行之，所謂般若即一切行藏也。故經云：三賢十聖忍中行。然忍體即般若也。《心經》依無所得故，菩薩斷妄證真，究竟涅槃。《起信》謂一心三大，一切菩薩皆乘此法到如來地。皆同此義。所謂般若能護十地行者，信哉。

一切下，二、果位難思。謂佛佛一道，故云一切。然皆住般若妙觀故，無化而化，化而無化，難思議也。就中知如幻化，即觀生體空，得無住相，即不住行化，故知般若爲一切佛藏也。前謂唯佛一人能盡源，雖言五忍之寂滅上品，而忍體亦不離一般若矣。《心經》謂：諸佛以無所得爲因，成就菩提。《起信》謂：一心三大，一切諸佛本所乘故。皆同此義。故又知般若能護佛果，信哉。

故十下，三、總結難思。謂因果既無行而行，無化而化，則行亦無行，化亦無化，故知此忍不可思議矣。

△二、釋不可稱量。

善男子，汝今所説此功德藏有大利益一切衆生，假使無量恒河沙數十地菩薩説是功德，百千億分，如海一滴。

此功德藏，即前匿王偈頌、如來讚述之法也。然此法爲不住皆空之妙域，因果同依之底源，故名爲藏。然藏有覆藏、含攝、出生三義之别，今皆具之。有大利益，即指因果一切皆空也。以心空及第，方行方化，不住相故，非大利益而何哉？般若藏如海，無數聖位所説如一滴者，以般若正理無限，而一切言説有分量故。恒河沙數，極言其多也。今以聖位而言，不以賢位者，蓋聖位尚然，賢位何可道哉？故知在般若之五忍中行證者，非根深、緣勝、深造、遠到者不能説讚。今匿王能説，實有本地風光致之也。

△三、釋唯佛乃知。

三世諸佛如實知能，一切賢聖悉皆稱讚，是故我今略述所説少分功德。

般若爲諸佛母，佛既證此，故如實能知，不涉言象也。又爲諸行海，菩薩行此，故皆共稱讚説其功德也。一切因果既知既讚如此，則吾今之所述者，盖無量中之少分耳。所謂般若離言説相，難盡名言，信矣。

問：據經略述所説等言，則知以所彰能，謂匿王之所説，佛止述其少分。今何故指般若而言耶？

答：雖似略述匿王所説少分功德，實以讚般若之無盡藏也。若唯讚述匿王，則吾佛之一言印可述成足矣，何謂略説少分哉？故知指般若邊而言少分也。吾宗義學，留神詳焉。

△二、勸如理修，二。

初、正嘆勸修。

善男子，此十四忍，十方世界，過去現在一切菩薩之所修行，一切諸佛之所顯示，未來諸佛菩薩摩訶薩亦復如是。若佛菩薩不由此門得一切智者，無有是處。

此先嘆賢聖共修。言修行者，即依此忍而斷證化度也。顯示者，即依此忍而開闡演説也。所謂三世因果，莫不繇斯道也已。例如《楞嚴》耳根圓通云：過去諸如來，斯門已成就。乃至云我亦從中證，非唯觀世音者，此也。然則耳根圓通觀修之妙，亦不外此五忍矣。

若佛下，後反顯勸修。所謂此忍，即十方薄伽梵，一路涅槃門也。

△二、推徵廣釋。

何以故？諸佛菩薩無異路故。善男子，若人聞此住忍、行忍、回向忍、歡喜忍、離垢忍、發光忍、燄慧忍、難勝忍、現前忍、遠行忍、不動忍、善慧忍、法雲忍、正覺忍，能起一念清淨信者，是人超過百劫、千劫、無量無邊恒河沙劫一切苦難，不生惡趣，不久當得阿耨多羅三藐三菩提。

初三句，徵釋同修所以。徵謂：佛與菩薩因果天淵，何以同依修證耶？釋謂：修則修此，證則證此，無二路故。所謂一門超出妙莊嚴路者，此也。

善男子下，勸聞名起信。住、行、回向三忍，即伏忍三品。初、二、三地，即信忍三品。四、五、六地，即順忍三品。七、八、九地，即無生忍三品。十地，即下品寂滅忍。正覺地，即上品寂滅忍。然總此因果諸忍，諸修證者不離此中，故聞者難得。即聞而一念信解者，又難中難也。況信而清淨，稱般若清淨之體乎？故下顯大果報云。

是人下，明超苦報。謂塵沙劫苦，皆繇慧眼不明。三惡道果，止爲一念不信。今正智現前，故劫苦超脱。淨信懇切，故三途長揖。非是過格，法如是故。其猶星火燒萬頃之薪，一燈破千年之暗，而甚易矣。般若之脱苦，妙哉。

不久下，速證佛果。梵語阿耨等，此云無上正徧正覺。盖揀因位非徧，凡小邪外非正，故此名耳。然此即智果，五不翻中倣古不翻，故存梵語。此之果位，一念清信則因該果海，一念頓超則果徹因源。所謂解行在躬，一生圓曠劫之果，而今果然淨信般若者，又豈濡滯多劫哉？故云不久。

△三、大衆讚益。

是時，十億同名虚空藏菩薩摩訶薩，與無量無數諸來大衆，歡喜踴躍承佛威神，普見十方恒沙諸佛，各於道場説十四忍，如我世尊所説無異。各各歡喜，如説修行般若波羅蜜多。

般若染淨同空，凡聖盡蕩，空洞無涯，廣大遍周，故虚空藏而爲讚喜。然以十億同名者，表十界依正同空故。前云一切諸佛之所顯示，故今見一切諸佛同説。前云一切菩薩之所修行，故今喜大衆如説而修。良以如來實語故，説此經即現此境耳。不然，則説到此，而行不到此，非如所加説也。故《華嚴》金剛藏將説《十地品》，先入正定，現諸難思境界，以生正信於海衆者，此也。故知言現見者，正證事實也，豈徒然哉？然須仗佛威神而見者，凡以慧眼未徹，必假佛力方了了見故。

上答前第二問竟。

△三、約二利雙修答第三問，三。

初、牒前問意。

爾時，世尊告波斯匿王：汝先問云，復以何相而住觀察？

前第一問云何修行，約自利。二問云何

化生，約利他。今第三問，即約二利雙修也。蓋以大智故，則正住觀察，了能所之本空。以大悲故，則觀照緣生，知自他之如幻。今牒其問端者，亦顯問答條貫，井然有序，非復説前義也。

△二、正答其相，三。

初、標義略答。

菩薩摩訶薩應如是觀：如幻化身而現幻化，正住平等，無有彼我。如是觀察，化利衆生。

應如是觀，即指向下所説。自他因性本無生滅，緣諸法集，幻化而有，故觀身如幻，觀生亦然。不著於相故正住平等，了法無二故無有彼我。如是觀察，則四相圓泯，三輪體空。觀空則泯相澄神，終身化生，不見化相。觀假則起幻銷塵，雖無度相，鎮日化生。觀中則靈明絶待，即能度之幻身爲所度故幻生不有，即所化之幻生爲能度故幻身本空。故結云：如是觀察，化利衆生。

問：據經似約空邊言化生之義，何以釋約三觀耶？

答：能化既是大心，所觀必住三觀。況三觀圓融，既舉觀空如幻，即見三觀圓具矣。

△二、申宗廣釋，二。

初、所化如幻，七。

初、明法假，三。

初、明夢識能爲識本。

然諸有情，於久遠劫，初刹那識異於木石，生得染、淨，各自能爲無量無數染淨識本。

能化、所化如幻，方爲正住觀察。然所化衆生繇迷染而起，故此示之。夫四生九有，皆屬知覺，故云有情。迷惑無始，染幻非今，故云久遠。初刹那識，即第九白淨識，所謂如來藏也。然此識其性了然，故不同於木石。繇一念妄動，真妄相合，一異叵得，故有藏識之名。即此識體具二義故，攝一切法，生一切法。始覺返本，淨法增長。本覺迷源，染法不斷。善惡二緣，一一能生諸識，故曰爲無數識本也。遠公云：本端竟何從，起滅有無際。一毫涉動境，成此頽山勢。即此義也。故知此識一生，因果善惡，凡聖染淨，皆從心生。此所以亦成就無量衆生也。

所言識無量無數者，以心海無涯，夢識無初故。如《宗鏡》中明六識云，一名意識，乃至第十名分段死識；明七識云，一名轉識，乃至第十名智障識；八識云，一名和合識，乃至第十名一切種智識；九識云：一名真識，乃至第十名不可名目識。平常以八種識心止各一名而已，而《宗鏡》各具十識，觸類而推，則知無量矣。又如《起信》明依賴耶而起，能見、能現、能取境界，起念相續，故説爲意。此意復有五種：一者，名爲業識，謂無明力不覺心動故；二名轉識，依於心動能見相故；三名現識，能現一切境界，猶如明鏡現於色像，現識亦爾，隨其五識對至即現，無有前後，以一切時任運而現，常在前故；四名智識，謂分别染、淨故；五名相續識，以念念相應不斷故。又能住持過去、成熟未來、念慮現在三世之事，是故三界虚僞，唯心所作。離心則無六塵境界。據此，則一意分五，而識之名又無量無數也。然染、淨諸法名有熏習之義，亦如《起信》中明。故彼《論》云：熏習義者，如世衣服實無有香，若人以香而熏習故則有香氣，此亦如是，是真如淨法實無於染，但以無明熏習故有染相。無明染法實無於淨，但以真如熏習故有淨用。云何熏習染法不斷？以依真如法故有無明，有無明染法因故即熏習真如。以熏習故，則有妄心。以有妄心，即熏無明。不了真如法故，不覺念起，現妄境界。以有境界染法緣故，即熏起妄心，令其念著，造種種業，令一切身心等苦。乃至一者根本熏習，以能成就業識義故。二者所起見愛熏習，以能成就分别事識義故。

云何熏習淨法不斷？謂有真如法故，能熏習無明。以熏習因緣力故，則令妄心厭生死苦，樂求涅槃。以妄心有厭求因緣故，即熏習真如，自信己性，知心妄動，無前境界，隨遠離法。以如實知無前境界故，種種方便，起隨順行，不取不念。乃至久遠熏習力故，無明則滅。無明滅故，心無有起。以無起故，境界隨滅。以因緣俱滅故，心相皆盡，名得涅槃，成自然業。乃至廣説云：自體相熏習者，從無始世來，具無漏法，備有不思議業，作境界之性，依此二義，恒常熏習。以有力故，能令衆生，厭生死苦，樂求涅槃，自信己身有真如法，發心修行。然此熏習能生染、淨諸法等義，乃法性宗之要旨，故備引如此。如得此義，則向下次第生起之[五]。

色名色蘊，心名四蘊，皆積聚性，隱覆真實。

大王，此一[六]色法生無量色。眼得爲色，耳得爲聲，鼻得爲香，舌得爲味，身得爲觸，堅持名地，津潤名水，煖性爲火，輕動名風，生五識處名五色根。如是展轉，一色一心，生不可説無量色心皆如幻故。

此初明五蘊。色即四大等色，心即受、想、行、識四蘊。然此五法，藉有爲衆緣和合而有，名蘊。以虛幻法盖蔽真實，名陰。此開心合色一科，衆生色心不離此五妄成也。

大王下，成十二處。先明一色生多色也。同一色法，則生有五塵、四大不同，故眼見之有同美故名色，乃至此身得之動轉故名風。然生則五塵合集，能牽妄識。四大和合，能隔真性。滅則五塵空寂，四大分張，同一虛假。此合心開色一科，衆生十二處不離此成矣。

生五下，明成五根。此即依上四大所造五根而生五識，識托其中，以此作增上緣故名根。此五名根者，以同一四大造色故。然根有勝義浮塵之別，今皆名色根者，即浮塵根。如《楞嚴》所謂因名眼體如蒲萄朶等，是也。

此即色心俱開一科，衆生十八界亦不離此也。

如是下，結生如幻，以前三科皆妄成故。繇色生心名展，繇心生色名轉，然一一色心而生不可説色心，要之從一出多，自無而有，不實虚假，猶如幻化，故總結云皆。

問：十二入中少色，十八界中缺意者，何也？

答：既云色心二法，則色即色入，心即意識，故略不言。凡有缺略之文，此中約義，變爲含攝也。

△二、明受假。

善男子，有情之受依世俗立。若有若無，但生有情妄想憶念。作業受果，皆名世諦。三界六趣一切有情，婆羅門、刹帝利、毗舍、首陀、我人諸見、色法、心法，如夢所見。

上明五陰等法即法假，此明妄計有無即受假。故古云：受如水泡。然有領納前境，苦、樂、捨三受不同，皆依世俗假立，真性何有哉？

所謂徧計執性情有理無者，此也。

若有下，明有無假。凡夫執有，二乘執無，皆非第一義諦。至於邪外，以實有爲有，以豁色爲無，凡此二者，亦徒以增長斷、常二見耳。是則外有妄境，即妄心隨之而起，故云但生等。妄念之惑既非實性，則業果作受皆非實性，故云皆名世諦。

三界下，法如夢假。婆羅門云淨行，刹帝利云王族，毗舍云商估，首陀云農田，即同此方四姓。上即所執。我人諸見即我人四見，并邪外六十二見，此即能執。色心即五蘊。然此人法，夢時則有，及至於醒，了不可得，如莊周之夢蝴蝶，覺則安在哉？一切萬法，皆類此矣。△三、明名假。

善男子，一切諸名皆假施設，佛未出前，世諦幻法無名無義，亦無體相，無三界名、善惡果報、六趣名字。諸佛出現，爲有情故，説於三界六趣染淨無量名字。如是一切，如呼聲響。

夫至名無名，故《老子》云：名可名，非常名。知此，則世俗諸名皆强施設，何實有哉？故肇公云名無得物之功，此也。

佛未下，明法無名體。謂諸名字幻法，空劫以前非有，佛未出世本無。然非但無名，名下之實義，義中之體，亦總無之。乃至欲等三界，天等六趣，善惡之業，升沉之報，凡在名言，皆無實義也。

諸佛下，明假立名也。若一向無名無義，則衆生在迷，如處長夜，入道無門，修善無路，不知生死升沉是何物也。故佛佛出世，皆爲度生，假立三界名言，令物識心達本。不如是，不足爲有情而出現也。如太古之初，本無名字，伏羲仰觀俯察以畫八卦，周公、孔子建文言而知象，觀爻象以安名，諸佛安立名字爲化衆生者，蓋亦類此。

如是下，結妄非實也。夫萬物應名而得，如空谷應聲而響，名之虚假無實，又如此夫。知此，則因指見月，是爲真觀。如執指忘月，何名徹照哉？

△四、相續假。

諸法相續念念不住，刹那刹那，非一非異，速起速滅，非斷非常，諸有爲法如陽燄故。

約心則前後生滅相續，約境則有無動靜相續，然急如隙駒，疾如石火，實新新不停，念念遷謝矣。刹那如前解。

非一下，明有爲相續法也。蓋相續之法，體非一異，相忽生滅，義離斷常，故稱相續。如定於一異則續義不有，緩於生滅則續義難成，即墮於斷常，失於相續之義。此推相續之法無實體也，故喻如陽燄。陽燄體非實有，從暑氣而蒸方生，則知相續無實，亦空有其名，渾一虚妄也。

△五、相待假。

諸法相待，所謂色界、眼界、眼識界，乃至法界、意界、意識界，猶如電光，不定相待，有無一異如第二月。

諸法一句，總明相待之法，如謂動靜相形，高下相傾，生滅相續，聖凡相對是也。

所謂下，明相待之法，謂六根、六塵互相對待，中間六識，能所合顯。何者？蓋以根不自根，繇境方根，境不自境，繇根方境，故云相待。此二俱能生識，然六識爲所，根、境爲能，亦無所不能有能，無能不能生所，故亦名對待耳。實則諸法不定相待亦空，喻如閃電光，速迅不停息，亦如第二月，一異總非真。故《楞嚴》云：但一月真，中間自無是月非月。況般若正智，云何於中有是非是相待耶？

△六、因成假。

諸法緣成蘊、界、處法，如水上泡，諸法因成。

諸法無體，生即從緣。既從緣生，則如三科中，識因境生，從根而有，則根、境同識皆妄矣。以俱仗緣助，藉和合生故，如水藉風緣，忽生漚泡，無風則泡滅而同水，諸法托無明緣而倏有者，亦若是也。

△七、緣成假。

一切有情，俱時因果，異時因果，三世善惡，如空中雲。

俱時因果，即今生作因，今生受報。以不隔世而受，云俱時。異時因果，即今生作因，來生受報。以異類異時而熟，云異時。然《金剛》云：三心不可得。三心既叵得，則三世之業緣亦如空中雲起矣。所謂雲出無心，隨空際自來自去，果非强受，順業緣而自作自招。實則善惡因果，皆悉叵得，是稱幻諦幻化無性，斯即空也。

上之二段，雖因緣不二，然因親緣疎，故分二段。

問：所化衆生約如幻義，足顯不住平等之理，而須七假一一推其無性者，何耶？

答：衆生根種不同，故執著情見有異，若不以七假推之，豈知諸法緣生非實，究竟如幻者哉？故知七假顯空，則能化所化總是一幻。

△二、能化如幻。

善男子，菩薩摩訶薩住無分別，無彼此相，無自他相，常行化利相。是故應知：愚夫垢識，染著虛妄，爲相所縛。菩薩照見，知如幻士，無有體相，但如空華。

此初，牒前法以勉勗也。菩薩即能修人。若有分別，則人我未忘，能所不融，化利方行，自他相礙。今住無分別，則彼此不形，自他非二，終日化生，實無滅度。此不住行化，即悲智兼行之道，故勉云：是故應知。

愚夫下，甄明迷悟。先明凡夫躭著。夫道人於一切法，如明鏡現相，對境無心。若愚夫心不清淨故，見法染著，非解脱相。此則迷悟天淵耳。

菩薩下，明智者了空。所謂知幻即離，不作方便。離幻即覺，亦無漸次。豈同凡小更邀空華，執有實果耶？

上申宗廣釋已竟。

△三、總結名義。

是爲菩薩摩訶薩住利自他如實觀察。

以法化生，利他也。化功歸己，自利也。觀生如幻，觀身亦然，是謂如實觀察。能如是觀，於般若得矣。

△三、時衆獲益。

説是法時，會中無量人天大衆，有得伏忍、空、無生忍，一地、二地乃至十地。無量菩薩得一生補處。

夫大衆聞法獲益，即乘戒俱急者也。伏忍即人天發心，從信位而進至三賢位也。空即信、順二忍，以此二忍前六地中修斷證入皆空緣影故。無生忍即七、八、九三地。此明人天得聖行益也。一地乃至十地者，此明人天得入聖位益也。

無量下，此明菩薩得因極果圓之益，非人天之益可比。蓋以聞此法而悟此理，聞此行即得此位，所謂一生等流果也。然聞法入證，斯則解脱，即離繫果，故總結云得益。

△四、明二護所依正理，二。

初、當品名題。

二諦品第四

原夫性覺平等，真俗無差，心鑑虚玄，理智一體，此超情離謂之境，不可得而一二，亦不可得而真、俗也。唯是歸萬法於一致故不二，不二斯真。散一本於萬殊故不一，不一則俗。此真俗之所以分也。然於此了徹者，觀俗明真，真俗無相。執取者，觀真成俗，俗真有名，亦豈知真俗雙泯，二諦恒存，空有兩忘，一味常顯？緣此，如來導俗有流動之説，談真有不遷之稱。一代時教所説之法，莫逾此矣。今之所説，意不出此。然所謂諦者，以聖人了法，莫不究其所以諦當根底之處。夫日月是幻妄之法，故可轉移。真俗乃諦實之理，焉能變異？是故反陰爲陽，世容有之。逆理亂真，終無是處。故名爲諦。若明來意者，蓋二護即能依行修，二諦即所依理致。二護行修既明，二護〔七〕理致當顯，故次明之。

△二、正釋經文，三。

初、問答明旨，三。

初、明二諦不二，四。

初、匿王請問。

爾時，波斯匿王白佛言：世尊，勝義諦中有世俗諦不？若言無者，智不應二。若言有者，智不應一。一二之義，其事云何？

問中雙標二諦也。夫諦理之至，即勝義諦之名亦强名耳，云何有二，又有種種差别哉？蓋今問意，祇明不二之圓旨也。古疏云：亦應有世俗諦中有勝義諦不？但是文略耳。

若言下，雙難有無。難意謂：若勝義中無世俗諦者，然智不應二，既有無皆空，是智二矣，何得言無耶？若勝義中有世俗者，然智不應一，既聖解無差，是智一矣，何得言有耶？上難其智二，以驗真中有俗。下難其智一，以明真中無俗耳。

一二下，雙結難思。此上皆古疏意也。愚謂此問乃匿王躡前《觀如來品》内觀身實相，觀佛亦然以來，一往發明勝義世俗二諦，實相觀照二智。今先以諦難智，後雙顯二諦俱非一二也，故發問云：勝義諦中有世俗諦不？難意謂：若勝義中無世俗者，但衹有勝義一若言無者，智不應二。若言有者，智不應一。諦。既唯有勝義一諦，智應唯有實相般若一智，不應有實相觀照二智。今智既有二，豈得言勝義中無世俗耶？若言勝義中有世俗者，即有勝義世俗二諦。諦既有二，智亦應有二，不應唯有一智也。智既唯有一，豈勝義中有世俗耶？然則般若正智果一耶，果二耶？亦應云：勝義世俗果一耶，果二耶？故云：其事云何？

此上舉所觀之諦，以難能觀之智。智約體用分二，諦就理事分二。智體諦體，本非一二，匿王約用以問，故有一二。佛後就體而答，故云非一非二。既無説聽，豈有一二云乎哉？

△二、如來垂答。

佛言：大王，汝於過去龍光王佛法中已問此義。我今無説，汝今無聽。無説無聽，是即名爲一義二義。汝今諦聽，當爲汝説。

答中先敘昔曾問，盖曩因已深，故求道愈切，非藉夙習，何能究明此事乎？佛告此者，欲顯發往迹也。

我無下，次答其旨。謂説聽皆空即不二，聽説宛然即不一，然無説無聽之妙，即不一不二之譚。此等境界，誠難思議，故空生無說無示，帝釋讚其善說般若。肇公云：釋迦掩室於摩竭，淨名杜口於毗耶。凡以理爲神御，故口以之默，辨所不能辨。此皆發明無說也。知無說則知無聽，無說無聽者，得非不一不二之旨乎？

末二句，誡聽許說。蓋母以生滅心聽實相法也。

△三、引證昔說，三。

初、正申二諦，三。

初、明無作二諦。

爾時，世尊即說偈言：

無相勝義諦　體非自他作

因緣如幻有　亦非自他作

此約真俗雙亡，空有一味，以頌答之，足顯佛意即真即俗明不二也。然既不二，豈墮不一哉？

上二句明真諦空，下二句明俗諦空。於真諦中，初句出體。謂無相者，以體絶染淨、有無等相故。謂勝義諦者，以脱俗冥真，虚靈妙絶故。下句謂此理非了因之所了，故非自作。亦非生因之所生，故非他作。本來現成，絶諸對待，迥出思議之表也。

後二句，謂諸法不出色心，生起皆藉因緣，如眼具九緣生等。故論云：因不生，緣生故。緣不生，因生故。又經云諸法從緣生等。然緣生之法，有而性常自空，譬之幻化，有而非實，究其根底，本非因緣。故論云諸法不自生等，此也。是知勝義本空，因緣無性，真俗融通，渾然一味，故俱云體非自他作也。此如《楞嚴》云：汝觀世間可作之法，誰爲不壞？然終不聞爛壞虚空。據此，則可作之法有壞，非作者不壞。今真俗俱云非作，則益明世相常住、波相皆水不二之旨也。然真俗皆無作者，良繇本無實相，法性性空緣會一義耳。若約觀行釋此者，即於三性立三無性觀。一、於徧計執性立無相觀，謂非自他作，妄想生滅，實無生滅故。二、依他起性作無生觀，謂依他染淨從緣無性，非自他作故。三、於圓成實性作無性觀，謂遠離前二，勝義真空，亦非自他作故。

問：真空、俗有無作之旨，有何所揀？

答：邪外計執作者不同，或執冥性以爲主，或執梵天而生物，時方微塵、混沌自然迥異邪外妄計矣。然權教事行，亦迷有作。亦皆出於有作者也。今時正教，真俗雙泯，二乘沉空，專怖塵染，皆不了自心一如，真俗無二者。故佛答二諦，首明無作，良有以也。

△二、明無性二諦。

法性本無性　勝義諦空如

諸有幻有法　三假集假有

上半明真，下半明俗。《法界觀》明：真如有隨緣、不變二義，俗有成事、體空二義。就二義中，真中不變，俗方體空。真中隨緣，俗方成事。此偈義意亦類是矣。法性，即真空與萬法爲性者。本無性者，以正隨緣時，即不變故，義言無性耳。勝義空如者，空謂其體本空，如謂於法一如。故《起信》云：一切諸法，從本以來，離言説相。乃至不可破壞，唯是一心，故名真如。然彼真如離相，即今勝義空。真如平等，即今如義也。

下半，即正成事時體空也。諸有，指二十五有。幻有法，指三界依正因果，以隨業緣顯現故云幻有。三假，即法、受、名。總謂三界諸法，因緣和合而有生，亦如幻法呪巾和合而有相。能生三假，所生諸法，均在不實，故知假有。故肇公云：如其真有，有則無滅。然此空、有二義相成，謂繇真諦空如故俗諦幻有，繇諸有假幻而勝義空如，故知真、空幻有，二不相礙，方相成故。至於俱存俱泯，隱顯無礙，存亡自在，可準思之。

△三、明圓融二諦。

無無諦實無　寂滅勝義空

諸法因緣有　有無義如是

古謂：真無別真，即俗而真。即俗而真，真無體也。俗無別俗，即真而俗。即真而俗，俗無體也。故云無無諦實無。然此初句，因上二頌俱言真俗皆空，故此欲明二諦俱有，以明二諦存泯無礙，爲圓融二諦也。今初一無字，是重掃前無二諦之無。謂前言無真諦俗諦是實無者，決無此理也。何則？若言真、俗實恒無者，是斷滅見。故此後明二諦俱有，免墮此斷見。故佛謂無有無真俗二諦實無之理也。蓋以真無別真，即俗而真。既即俗而有真，真豈實無真體耶？俗無別俗，即真而俗。既即真而有俗，俗豈實無俗體耶？故云無無諦實無也。

下三句，重釋初句之義。謂寂滅一句明真，因緣一句明俗，有無一句雙結。蓋勝義真空，即有之空，空恒不空。諸法幻有，即空之有，有常非有。存泯自在，二諦雙融，故云有無義如是。

然二諦約法體以明，有無約義相爲目，以依彼二諦辨有無故。上之三偈，或云無相無性，或云本有幻有，或云空，種種名言之不同，而釋其義者，易混淆也。若見其綱宗，則無有非是者。故古疏云：真俗二諦，直一妙理，本無分別。故以一本無言之，則無性無相，無自無他，無有無無，無二不二，無作不作等，皆悉無也。以一本有言之，則第一義本有，法性本有，因緣本有，諸法本有，有無本有，二諦本有，三假本有，無適而非有也。以一空言之，則第一義空，諦實空，寂滅空，二無二亦空，幻化亦空也。至於第一義則皆第一義，以一則俱一，以二則俱二，以有則皆有，以無則皆無，以是則皆是，以非則皆非，以一切異名別説則皆異名別説，以麤言細語言之則皆麤言細語也。以上偈句，錯綜言之，殆不容以倫理明義類曉，直彰妙理之無盡，全顯般若之自性耳。據上古疏之義，即如來嚴明法性融通一法爲門，法法全趣一法也，例如北辰所居而衆星皆拱。妙哉，古疏也。

△二、正答所問，三。

初、理智相對遣一異。

有無本自二　譬如牛二角

照解見無二　二諦常不即

《大疏》云：理隨事偏，一多緣起之無邊。事得理融，千差攝入而無礙。今約相非相違義，則真、俗迢然，故有差别，如牛二角，缺則不可。然約心觀，則真俗一體，相即同時。二諦獨静於名教之外，所謂於解常自一也。若推其諦緣，則即真之俗，俗相宛然。即俗之真，真性恒顯。一味千差，迥不相即，所謂於諦常自二也。應知初二句，法喻合明，以立有二之義。三句，以智遣理，明不二義。四句，以理遣智，明不一義。既不一不二，則空有莫羈，所謂中道，於斯顯矣。

△二、理智相對遣執情。

解心見無二　求二不可得

非謂二諦一　一亦不可得

常情執一執二，故爲法所縛，不能徹了。解心明極，則知法體不即，亦自不離，故見無二。見無二者，以求其二不可得故。然無二，則二諦一矣。非必謂之爲一也，盖一亦不可得故。若必執一，則一猶二也，且是墮數之法。故《法句經》云：一亦不爲一，爲破諸數故。斯之謂也。生公云：是非相待，故有真、俗名生。一諦爲真，則知二言成權。亦此義也。

△三、理智相對入真義。

於解常自一　於諦常自二

了達此一二　真入勝義諦

理即智故，解常自一。智即理故，諦常自二。故知理智一也。妄求一二，則是波外求水，鏡外覓光，豈知諦智哉？若能了達，即此玄解，悟入理窟，妙證真源，如空合空，似水投水。古謂：一雙孤鴈，博地高飛。一對鴛鴦，池邊獨立。斯理智常一常二之玄鏡也。

△三、結成上義，三。

初、世諦有無。

世諦幻化起　譬如虚空華

如影如毛輪　因緣故幻有

初句，舉法，明諸法非真，繇妄心起。二、三句，喻，明雖有非實也。空華本無起滅，病目妄執爲有。水影不可撈摝，愚頑認以爲真。毛輪原未旋轉，觀者如見循環。衆生妄計諸法，蓋類此矣，豈知因緣如幻，究竟不實哉？《起信》云：三界虚僞，唯心所作，離心則無六塵。乃至心生法生，心滅法滅。合今經意，但彼約從真起妄，此則證其幻化無體爲異。故知幻有空華，空理全彰。毛輪影響，緣生足顯。悟真空則不住諸相，觀幻有則警策修行。妙符靈妙之智，潛通無生之域。有無真俗，豈足言乎？

△二、聖見有無。

幻化見幻化　愚夫名幻諦

幻師見幻法　諦幻悉皆無

色心依正，因果有無，凡聖情量，總繇一心隨緣幻起。今以妄心分别妄境，是即幻化見幻化也。以幻見幻，非是智者了心唯心，故曰愚夫名幻諦。幻師則知幻無性，故諦幻悉無。如《楞嚴》見眚非病，所謂無者，非實無也。即《圓覺》所謂：幻法滅故，幻心亦滅。幻心滅故，幻滅亦滅，非幻不滅。即此義也。《涅槃》佛答文殊問世諦勝義二諦，大同此經，避繁不引。

△三、結成正觀。

若了如是法　即解一二義

徧於一切法　應作如是觀

上之所明，皆是真俗同觀，空有無二，諦智相從，能所俱泯，故能二而不二，不二而二，一二自在，爲真二諦。人能了此，則若一若二，不勞致詰，故云即解一二義。三句，謂觸類而長，則一切法凡無相者皆勝義攝，凡因緣者皆世俗攝。知一切法不出二諦，則知一切法皆不一不二，即不可以有無名言擬議，故云應作如是觀。到此，則所謂要知無聽説，即此聽説是。

△四、釋成二諦，二。

初、明常二義。

大王，菩薩摩訶薩住勝義諦，化諸有情。

勝義，即真空也。所謂住於滅定，起殊勝行，雖常寂滅，廣化衆生。然此義未圓，應云：即智之悲，化諸有情。即悲之智，住勝義諦。此義如肇公云：諸法實相謂之般若，能不形證，漚和功也。適化衆生謂之漚和，不染塵累，般若力也。

△二、明常一義，三。

初、標能所以明一。

佛及有情，一而無二。何以故？有情菩提，此二皆空。以有情空，得置菩提空。以菩提空，得置有情空。

按下文，以生佛皆空，明不二義。若《華嚴》，則心、佛、衆生，三無差别。疏云：衆生心中諸佛念念證真，諸佛心内衆生時時作佛，此生佛不二圓旨也。

何以故句，徵。謂：佛已大覺圓明，生猶昏迷長夜，何云不二耶？

有情下，釋。謂：衆生染緣而有，菩提淨緣而成，染、淨雖殊，同借因緣。然因緣即空，能所無二，無二之旨，本同一如，故得置生空於智空之中，攝所化以歸能。置智空於生空之内，攝能化而歸所。無適不可，如水乳不分，光體不二也。

△二、約境智以明一。

以一切法，空空故空。何以故？般若無相，二諦皆空，謂從無明至一切智，無自相，無他相。

於第一義，見無所見。若有修行，亦不取著。若不修行，亦不取著。非行非不行，亦不取著。於一切法，皆不取著。

初二句，兩屬，盖結前生後之文也。若結前，則生、佛、能、所，一切皆空，繇空故空之，相置兩不二也。若生後，則一切法指境，空空指智，謂繇境空而智亦空也，故重空空。然雖兩屬，生後義長。

何以故句，徵。謂：一切諸法，見前森布，有何所以，生、佛皆空耶？

般若下，釋。先釋一義，謂：繇上境空故，顯示智空。繇智空故，真、俗俱泯，忘言絶慮，正所謂杲日奪衆景之耀，須彌落羣峰之高。到此，何有一法不空哉？然般若無相者，盖以體自無相，亦非衆相故。

謂從下，次，逐難重釋。此約迷悟以明空，意謂：諸法明空，空相顯然。般若無相，無何等相，空何分齊也？故釋云謂，從無明等，一切空空，何有相哉？無明即約迷因而言，一切智約迷果而言。如是中間，無自無他，此般若於迷悟始終俱無相也。證於理智，無見而見，實無能所，此般若於證入無相也。自相，指般若自體言。他相，指無明等説也。

若有下，約不著明空。古云般若如大火聚四面不可入，又云般若如清涼池四面皆可入者，盖言住相取著，斯成大害，去般若遠矣，故不可入。如不住相取著，則内泯徧計，外忘依他，一等皆圓明般若，孰不可入耶？故以之修行則頓階高上，以之不修則罔識家珍，非行不行則觀契中道，於一切法則世相常住，乃不取著之功，分量同乎虚空，豈淺淺哉？行，即行深般若之行。

△三、約染淨以明一。

菩薩未成佛，以菩提爲煩惱。菩薩成佛時，以煩惱爲菩提。何以故？於第一義而無二故，諸佛如來與一切法悉皆如故。

比初雙標染、淨。謂：迷時全淨是染，悟後即染是淨。迷悟之時雖殊，染淨之源莫二，譬如迷時惑南爲北，悟時即南是北，迷悟有差，南北無二。

何以故句，徵。謂：煩惱、菩提，如仁暴不相爲用，火水不相爲因，何故染淨全同耶？

於第下，釋。而有二義：一約理，則一而無二；二約證，則諸法皆如。繇此全⑹染成淨，翻迷令悟，即此即彼，即彼即此，無他道也。

△二、明説法不二，三。

初、當機啓請。

波斯匿王白佛言：十方諸佛，一切菩薩，云何不離文字而行實相？

問意謂，上明法法皆空，則文字無有也，云何佛菩薩不離文字而行實相耶？盖實相無相，文字有迹，以有行無，敵體相反，故此問之。

△二、如來垂答，二。

初、明説空。

佛言：大王，文字者，謂契經、應頌、記別、諷誦、自説、緣起、譬喻、本事、本生、方廣、希有、論議。所有宣説，音聲語言，文字章句，一切皆如，無非實相。若取文字相者，即非實相。

初，標列經名。然此十二，總攝如來一代教法，皆一期應機逗器、看病下藥之説，實無定法，故一切皆空也。修多羅云契經，祇夜云應頌，和伽那云授記，伽陀云諷頌，優陀那云自説，尼陀那云緣起，阿婆陀那云譬喻，伊帝目多伽云本生，闍多伽云本事，毗佛略云方廣，阿浮陀達那云希有，優鉢提舍云論議，釋義如别。

所有下，明語言皆如。夫如來説法，三一和合，能成教體故，聲爲實法，名、句、文三是聲假詮。所謂名詮自性，句詮差别，文即是字，爲二所依。然文字性空即是般若，故語言文字皆如，而一切無非實相矣。是則不著文字而行實相，故《淨名》云：文字性離，無離文字，是則解脱。正此義也。又云：總持無文字，文字顯總持。此則即文字而見實相，猶是文字般若，甚玄甚妙。

若取下，明執則乖真。清涼云：以聖教爲明鏡，照鑑自心。以自心爲智燈，燭經幽旨。是則聞教自合觀心，離指方能識月。此不著文字而行實相之謂也，取則止是文字耳。故《十地論》釋空中風畫等云：風喻音聲，畫喻名字，皆不可取。以此言教皆與證智而相應故，不同風在樹葉，畫在於壁，但就教道而可見聞。又《佛藏經》云：諸法如毫氂不空者，是則諸佛不出於世，亦終不説諸法性空。又下經云：何等名爲諸法實相？所謂諸法畢竟空無所有。如上經論，皆明文字之相不可取也。

△二、明修空，二。

初、正辨修習。

大王，修實相者，如文字修實相，即是諸佛智母，一切有情根本智母，此即名爲一切智體。諸佛未成佛，與當佛爲智母。諸佛已成佛，即爲一切智。未得爲性，已得爲智。

此文有二。初，約因修。上云文字不可取，取則即與實相相違。此言無離文字而求解脱。盖文字性空，如文而修，則實相默契，故即文字是實相矣。夫實相者，觸事而真，豈虚語哉？故云修實相，如所如之文字而修實相，不必離文字也。然因教顯理，即理生智，則佛果成就在文字中，故又云是諸佛智母。

問：文字依聲假立，何故修實相如文字而修耶？

答：靈雲觀華，香嚴擊竹，皆徹悟心源。然文字不啻如花竹也，以之修實相，有何不可乎？但在乎即言離言，不取著可也，文字有何過哉？況香積佛國，飡香飯而三昧顯。極樂佛國，聽風柯而正念成。故知依文字而修實相者，乃如來了義之説也。

一切下，約果位以明。謂三界有情迷此，則沉淪業海，故是根本。知根本即轉迷即悟，故名智母。十方果人悟此則超登彼岸，故爲智體。達智體則妙同實相矣。未成爲智母，仗此能出生佛果功德也。已成爲一切智，契此能了徹萬法也。是故未轉爲本具之性，已得爲究竟之智，智性雖殊，其實一也。

△二、逐難重釋。

三乘般若，不生不滅，自性常住。一切有情，此爲覺性。若菩薩不著文字，不離文字，無文字相，非無文字，能如是修，不見修相，是則名爲修文字者，而能得於般若真性，是爲般若波羅蜜多。

初三句，約行性釋。謂三乘根器不一，所修諸行亦異，而本覺之性非因緣故，豈有生滅？不遷變故，是以常住。肇公云：三乘等觀性空而得道也。《金剛》云：一切賢聖皆以無爲法而有差别。據此，則性一行殊明矣。然此謂之重釋者，以前云智母，又云根本，恐人難解，故重釋如此。

一切下，約理性釋。謂覺性者，即人人本有實體也。以依成道，以此修因，莫不繇之。以之造業，以之受報，亦莫不繇之。日用云爲，一切施設，皆藉此矣。故龐公云：野老負薪歸，催婦連宵織。看他家事忙，且道承誰力。妙哉，即衆生仗覺性之謂歟。

若菩下，結顯修成。不著文字，并無文字相二句，即結前文字皆如，無非實相，又取文字相即非實相文也。不離文字，并非無文字二句，即結前修實相者如文字修實相文也。意謂不著不離，則文字實相非一非二，以此而修，雖修而忘修，以此而得，雖得而無得，是從文字處即真般若性，故結云如此。

△三、總結前文。

大王，菩薩摩訶薩，護佛果，護十地行，護

化有情，爲若此也。

護佛果，結指《觀如來品》之文也。護十地行，結指《觀菩薩行品》之文也。二品俱有化衆生行，故又結云：護化有情。

△三、法門不二，三。

初、機教相違問。

波斯匿王白佛言：真性是一，有情品類根行無量，法門爲一，爲無量耶？

問意謂：衆生同具一性，隨業染淨熏習無量。所被根行既多，能被法門爲一耶，爲多耶？若一，則一法何被多機？若多，則真性又何平等？一多之義，其旨云何？

△二、教餘機異答，二。

初、雙標總答。

佛言：大王，法門非一，亦非無量。

答意謂：性絶數量，理無形聲。然法門稱性，無涯之説隨緣顯現，一也，無量也，何象數限之哉？

△二、徵釋不異，二。

初、約機器明二諦。

何以故？由諸有情，色法、心法、五取蘊相，我人知見，種種根行，品類無邊，法門隨根，亦有無量。此諸法性，非相非無相，而非無量。

初句，徵。謂：無量與一，名言兩異，非一則無量，非無量則一也。何故兩非，而不定於一耶？

餘諸下，釋。先約依根實多，謂因根器異故，法門亦無量也。色、心、五蘊等法，已解如前。然色法、心法，衆生俱執取不捨，故名取蘊。我人知見，即能執之名。種種根行，根指往昔所培淺深，行指現前操修優劣。品類，即方以類聚，物以羣分。《玄談》云：離衆生心，佛果無有色聲功德，唯有如如及如如智獨存。大慈大悲爲增上緣，令彼所化根熟衆生心中，現佛色聲説法。是故聖教惟是衆生心中影像。彼《疏》言：教體唯影無本。

今謂如來既隨根設法，能隨之法門，是亦悲智爲增上緣，所隨之衆生，是亦根熟心中現佛色聲説法，故引以證其義也。

　此諸下，約真無二。法性，即法門所依之實相。然一期方便法門雖有多種，而究竟真實之性，非相非無相，而亦非無量矣。此中非相，謂非有也。非無相，謂去有存無，無亦不有，故並非之。龐公云：但願空諸所有，慎勿實諸所無。即此義也。若配四句，應云：非有，非無，非亦有亦無，非非有非無。蓋般若真體，離四句，絶百非，故必具之。不然，何止二句哉？

　△二、約觀照明二諦。

若菩薩隨諸有情見一見二，是即不見一二之義。了知一二，非一非二，即勝義諦。取著一二，若有若無，即世俗諦。

　先明了知即真。謂大悲度生，爲物恒順，故一二之義，見而不見。何也？繇隨順衆生故，示同於見。繇智照洞徹故，忘其見相。此則不二而二處了知非二，不一而一處了知非一，忘言絶相，純一真實，故云即勝義諦。然此正如《法界觀》中，真理奪事，及真理非事之義。故彼喻云：事虚而理實，如水奪波，波相自盡故。蓋不取著如此也。

　取著下，次明取著即俗。謂均之一法也，了知則勝義泯俗諦於無有，取著則世俗隱真諦於有無，故知迷悟繇人，真俗何關哉？亦猶仁智殊見，不分於道也。亦即《觀》中，事能隱理，及事法非理之義。故取著又如此也。

　△三、結答不二。

是故法門非一非二。

　結文，可知。

　△二、勸持功德，三。

　初、嘆教同説。

大王，一切諸佛説般若波羅蜜多，我今説般若波羅蜜多，無二無別。

信謂皇天無二道，聖賢無兩心。所證者同，故所說者亦同也。

△二、舉益勸持。

汝等大衆，受持、讀誦，如說修行，即爲受持諸佛之法。

繇諸佛同證同說故也。

△三、較量顯勝，四。

初、舉能較量，二。

初、佛佛無盡。

大王，此般若波羅蜜多功德無量。若有恒河沙不可說諸佛，是一一佛教化無量不可說有情，是一一有情皆得成佛，是諸佛等復教化無量不可說有情亦皆成佛，

初句，先標，顯功德無量。若有下，此舉能化極多之佛。是一一下，此舉所化無邊之衆俱成佛也。是諸下，此又舉所化成多衆所成之諸佛，又復教化無量無邊衆生成佛道也。然此三次言佛，佛豈有數量哉？

△二、般若無量。

是諸佛等所說般若波羅蜜多，有無量不可說那庾多億偈，說不可盡。

今經止兩卷八品，而此云不可說偈者，信謂通方之說，一多不定，稱性之談，卷舒自在也。

△二、舉所較量，二。

初、以一分較全分。

於諸偈中，而取一偈，分爲千分，復於千分而說一分，句義功德尚無窮盡，何況如是無量句義所有功德？

一偈之分千分，千分之中一分，其義可謂極微矣，而功德尚無窮盡者，所謂一字法門，海墨書而不盡，豈有涯量哉？如一塵中，出大千經卷，故知心思測度不得也。

△二、以一念較解持。

若有人能於此經中，起一念淨信，是人即超百劫、千劫、百千萬劫生死苦難，何況書寫、受

持、讀誦、爲人解説所得功德？

一念淨信，謂信之極也，故能超越多劫生死之苦。亦猶念佛一聲，能免八十億劫生死之罪也。以一念而免多苦者，蓋繇一念勇猛，可出重圍，豈泛爾一念哉？信乎千年闇室，一燈能破。凡遇斯經者，當淨信而求出苦，亦非等閒人也。

△三、結顯成佛。

即與十方一切諸佛，等無有異。當知此人諸佛護念，不久當成阿耨多羅三藐三菩提。

蓋般若是諸佛之母，能全部解持，實相在我，故能因果相徹，平等無二，諸佛護念，速可成等正覺。夫此經之義，大矣哉。

△四、時衆得益。

説是法時，有十億人得三空忍，百萬億人得大空忍，無量菩薩得生十地。

忍謂行之成名。三空忍，或是小乘三空門，即空、無願、無作。若以人、法俱空釋之，恐升之太高，以後有得住十地故。況《楞嚴》云：此根初解，先得人空。乃至云：俱空不生，是人即獲無生法忍。此又在七地以後位次，故知是小乘三空門也。大空，謂一切法空，此蓋一聞般若，了法如此，而得益亦如此也。十地，非單第十，蓋通指十地。地言住者，即本經云入理般若名爲住，是也。

仁王護國般若波羅蜜多經卷上科疏卷三

校勘記

〔一〕「合」，疑爲「舍」。

〔二〕「二」，疑衍。

〔三〕「甚」，疑後脱「深」字。

〔四〕「直」，疑爲「真」。

〔五〕「之」，底本原校疑後脱二十行，每行二十字。

〔六〕「色名色蘊」至「此一」，據《仁王護國般若波羅蜜多經》（《大正藏》本）補。

〔七〕「護」，疑爲「諦」。

〔八〕「全」，疑爲「舍」。

仁王護國般若波羅蜜多經卷下科疏卷四

唐三藏沙門大廣智不空奉詔譯

明慈慧寺開山比丘蜀東普真貴述

△二、外護國難，顯法妙利，二。

初、當品名題。

護國品第五

前世尊出定，諸王念請，護國之懇誠已肇於心源，真知之洞鑑遂現於覺地。如來欲譚是義，先開法緣，明二護般若之靈玄，端在不住法相，啓五忍修行之正路，妙繇觀空化生。以此極深妙理護因護果，即此因果證修利己利他，所謂内護佛法，顯現妙慧，功德利益不越於此矣。然内、外兩護雖分理事不同，而世出世間皆資般若非二，故前内護意竟，有此《護國品》焉。

然此國土，若約聖賢分滿所證不同，則有同居、方便、實報、寂光四土攸異。同居、方便，則凡夫二乘所依。實報、寂光，則圓教信位乃至聖位果海所依。如欲護之，則各終自乘教理，觀之不失，如理斷證，故名曰護。此護國之義於世俗處非爲切要，以約聖賢所依名土，聖賢如理觀察名護故耳。

今經國土，的約衆生無明同業所感者。既繇同業所感，而禍福休咎亦繇衆生心中別業所變。是以蒼生心正，上則天清地寧，時和序順，下則家崇忠孝，人樂聖良，訟簡刑省，化行俗美，躋含生於春臺，拯苦趣於大道。且人世有聖賢迭出，扶綱常於無蔽。感出世有菩薩現化，導迷津於常新。乃至醴泉出現，甘露呈祥，鳳凰來儀，麒麟降瑞。即惡神厲鬼潛踪於五百繇旬，天災時禍不生於十善國土。百順叶和，萬福咸臻矣。故知護國本在正心。是心一迷，起禍萬端，造十惡於不覺不知，招萬禍於自作自受。繇此天反時，物逆理，和氣不修於家，德人不降於國，不盡三界勞生，迍邅於苦集之域。所有一世人物，結縛於蓋纏之區。非但凶曜臨宫，抑且吉星退度。風霾時起，蔽日月於無光。熒惑常興，焦山澤於一空。或干戈頻起，百姓喪亡。若災祟[二]並生，庶民遭亂。當此時也，仗佛力而冥扶默相，千災可以頓忘。憑法力而潛消密佑，萬惡方能不侵。如千日沉痾，尚可及艾。百般鐵石，不消一捻。故知般若能護國，實在正我自心。心正則般若在我，能護亦在我。心不正，則全托般若法門爲大神功。若捨此法門而欲護國者，猶欲渡無舟楫，望秋不下種，可乎哉？故下文佛諄諄明示如此也。

△二、正演玄微，三。

初、誡聽許説。

爾時，世尊告波斯匿王等諸大國王：諦聽，諦聽，我爲汝等説護國法。

前諸王念請云：世尊大慈，普皆利樂，我等諸王云何護國？故説内護已竟，而此誡聽，許説護國法也。重言諦聽者，以般若神功陰速無比，了法皆空，體用虚玄，其護國功德亦非淺淺可擬者，故重誡如此，非有他也。

△二、廣釋本義，三。

初、廣明護法，三。

初、護國功德，四。

初、所護之時。

一切國土，若欲亂時，有諸災難，賊來破壞，

一切國土，總指也。夫一心不正，萬事廢弛，即百非之將來，乃萬禍之必至者，此時也。德人韜光，奸讒當道，欲不亂也，何可得乎？故云若欲亂時，水、火、風、疫俱稱爲災，王賊兵戈咸名曰難，其有日月薄蝕，

風雨愆期，自界叛逆，他國侵擾，皆災難之屬也。有一於此，則始而泛觴，終而汪洋。奸人賊子必乘釁而作亂，惡鬼邪神亦因衰而致祟，故云：賊來破壞。如此則非仗般若神力，何克消滅之？

△二、能護之法，三。

初、標法勸持。

汝等諸王，應當受持讀誦此《般若波羅蜜多》。

諸變之來，率繇心造，故從心起者還從心滅。然般若即靈心也，受此讀此，則靈心不迷於塵煩，故禍患自消於非妄，其猶從地倒者還從地起，必然之理。此即藥病相對，爲神効之術，故曰應當等。

△二、建立福田。

嚴飾道場，置百佛像、百菩薩像、百獅子座。請百法師，解説此經。於諸座前，然種種燈，燒種種香，散諸雜花，廣大供養。衣服臥具，飲食湯藥，房舍床座，一切供事。

此嚴壇供聖也。道場，即行道之場，表心地也。道場嚴飾，即覺心清淨耳。蓋心地淨而世界淨，況一場地乎？百佛像，即毗盧教主，消災能仁，接引導師等。百菩薩像，即大智文殊、大行普賢、大悲觀音等。然道場須置此者，良以諸佛以度生爲心，菩薩以利他爲本，若國有難，度生心事益切，生民不安，利他悲願益廣，故百佛臨壇，神用方顯難思，菩薩垂光，妙力益知無量。非直消災除難，抑能福來順應。以真身難見，故置形像，乃表敬心。譬千鈞之弩百發百中，活命之丹萬服萬靈。豈與夫具三毒鬼神唯歆多祀，受業報邪精無益瞻奉也哉？

百師下，敷座請演。座名獅子，表説法處衆無畏也。法師，即師範人天、義軌後學者。然須具三法：一、肅威儀以臨大衆，二、提大綱以盡大義，三、具宗眼以示觀境。説法亦具三要：一、善業樂果，用軟善語；二、惡業苦果，用剛强語；三、讚善毁惡，用世雜語。如此解説，則聞者慧性開明，知業緣繇於心起，神識朗照，了亂階不自外生，非特憑佛法以弭災，抑觀靈心而捍患也。須百座百師者，蓋實禍患叢生，非一日一刻之招感，故欲福利羣庶，亦捨百師百座而莫致。又况師集百人，則戒定出乎俗表，堪作勝田，修證幾乎道域，能生善果也歟？

於諸下，興大供養。初，香、花、燈供。夫諸供供事，皆本於心，心既懇誠，則無物而不具，故有種種燈，如蒼蔔油燈等。然燈供養，則非止照破癡暗，亦表慧明無盡也。又有種種香，如旃檀香等。燒香供養，則非但熏彼惡習，亦表戒因無窮也。又有雜色花，如摩訶曼陀花等。散花供養，則非唯嚴彼染穢，亦以表因妙難思。故結云廣大供養。所謂心燈、心香、心花，以供心佛，孰謂災難不可滅諸？

衣服下，四事供養。成辦道業，莫先於四事具足。廣求福田，莫貴於四事豐美。况今求法杜亂，因供消禳者耶？即盡世甘美，天上寶聚，人間上供，乃至終身供給，身爲床座，亦不爲過，故經云如此。若夫悋外物而難捐，慳己心而惜費，在我無禦災捍患之助緣，在人鮮精誠道念之常在，所謂一暴十寒，不幾無福，而又唐喪法門妙應也。媿哉。

△三、講聽難滅。

每日二時，講讀此經。若王、大臣、比丘、比丘尼、優婆塞、優婆夷，聽受讀誦，如法修行，災難即滅。

講讀須二時者，良以此經即般若真詮，消災妙訣。既慧性乃人人本具而須臾不離，即此經當日日讀誦而二時不廢。如此常恒之法輪，轉説於離亂之秋，斯無涯之福田，出生於澆漓之世。然則講讀此經，則正己心術，殄世禍亂根本義也。

若王下，王、臣受聽。國有災難，弭之者王、臣力矣，禳之者四衆力也，故應聽受讀誦。然聽法以神，即上上乘根器。聽法以心，又上等根器。若聽法以耳，則根斯下矣。又讀誦之義，亦在以心讀誦經，而不在爲經所讀誦也。如此聽受，如此讀誦，此大善矣。

如法下，滅難也。依此供佛，請師講説，依此設供聽受，即如説修行也。然明來暗破，智起惑亡，故依之修行，災難即滅。信謂交久見義士，効驗敢傳方也。

△三、明護法體。

大王，諸國土中有無量鬼神，一一復有無量眷屬，若聞是經，護汝國土。

古疏引外國《金明僊人經》説：根本鬼有十，各開十爲百。一、大神，二、童子神，三、母神，四、梵神，五、鴈頭神，六、龍神，七、修羅，八、沙神，九、夜叉，十、羅叉。據此各開爲百，開百爲千，連絡則有無量矣。然《楞嚴》：説呪已畢，則有天神地祇百靈萬鬼，發願護持。《法華》：宏護流通，則有天王夜叉，無不傾心。《藥師》：十二藥叉大將，各有若干眷屬，亦願護持經人。即同今經諸國鬼神并諸眷屬聞經護國之義也。盖百靈鬼神，各具妙心，能建大義，聞經而各解本有，共領深恩，其孰不護國、安邦、福國、祐民者乎？

△四、顯所護難，二。

初、明所護六難。

若國欲亂，鬼神先亂。鬼神亂故，即萬人亂。當有賊起，百姓喪亡。國王太子，王子百官，互相是非。天地變恠，日月衆星，失時失度，大水、大火及大風等。

此難有六。初二句，鬼神擾亂。《老子》云：治大國若烹小鮮。以道莅天下，其鬼不神。非其鬼不神，其神不傷民。非其神不傷民，聖人亦不傷民。夫兩不相傷，德交歸焉。《列子》

謂：物無粃糲，鬼無靈響。如上二説，所謂至治休明，則滿世間不正之氣都銷鑠無餘耶。今時俄否塞，世道交晦，故鬼神乘衰殺而作祟，邪情因離亂而爲厲，良可嘆也。

鬼神下，賊盜蜂起。夫白圭之行隄也，塞其穴。丈人之慎火也，塗其隙。是以白圭無水難，丈人無火患。此皆慎易以避難，敬細以遠大者也。《老子》云：其安易持，其未兆易謀。今經鬼神亂於前，而萬人亂於後，且賊起而百姓喪亡矣，不猶金隄千里潰於蟻壤，連城之璧玷在一瑕也。論因，則寃業對偶，在處莫逃故喪亡。論弊，即各貴難得之貨，多藏厚亡之日也。欲賊不起，民不喪亡，得乎？

國王下，上下矛盾。夫至治休隆，明良喜起，當斯時也，所謂其政悶悶，其民淳淳。在上者，且方而不割，廉而不劌，直而不肆，光而不耀。在下者，亦爲無爲，事無事，味無味矣。幸今君臣相忘，猶魚水而相適。若夫尚利之風再起，是非之源復開，居上無使下之禮，在下缺事上之忠，如寇讐，如國人，不在於亂時，在何時乎？故互相是非如此。

天地變恠者，即兩儀反時。夫天位於上，職在覆。地位居下，職司載。究天地之能，上下奠位而不易者，盖參贊調燮，在乎人之一性盡耳。故《易》云：聖人與天地合其德等。今亂因蒼生迷性所招，故恠從天地變起。求如老氏所謂天得一以清，地得一以寧，豈可得乎？陰陽書云：陽氣之不足故天裂，陰氣之不足故地震。如晉惠帝元康年中，天裂數段，殷然有聲。周幽王二年，三川震，岐山崩。盖此類耳。

日月二句，三光失度。《易》曰：聖人與日月合其明，四時合其序。信斯言也。則聖人與日月時序爲準，凡日月之運行，列星之躔度，盈虧隨應，晷刻難移也。佛云：天地日月乃依報器界，繇衆生共業所感。唯蒼生失性隨業，在己之靈明萬古者昏如長夜，在天之照臨下土者運行失序矣。夏日向南則天長而炎暑，冬日向北則時短而冷寒，此日之長度。或入酉而出卯，或出辰而入申，亦日之違度。月則盈於上旬，虧於下旬。星則拱列有法，隱顯有度。今皆反此，故知是國亂而致之。《楞嚴》同分妄見，云：日月薄蝕，暈適珮玦，負耳虹蜺，彗孛流星，日月星辰，災象常時有現，皆衆生瘴惡所感。上致聖懷，憂憂悄悄。若保皇圖於億載，祝聖壽於萬年，必仗般若法門，方有消弭之妙道也。

大水下二句，五行逆理。五行能益亦能損。人配五行，亦能生亦能殺。故大水、大火、大風，悉爲災害矣。嘗試言之：滋生衆卉，成益百穀，物資以生，人賴以養，非水則枯槁乾竭。及其水之大也，汎濫江河，滔陷天地，没溺人物，漂流萬有，誰能遏之哉？人之慧水，亦猶是也。適其中也，則澆灌菩提，滋潤性靈，直通於妙覺果海。一失中也，則慧水成貪愛之水，沉瀑流河，直入於生死苦海矣。轉生作熟，以冷易熱，陽光薰蒸，和氣鼓動，非火則氷寒而凝結。及其火之大也，燒焚舍宅，焦燎原野，爆裂生靈，燔炙物類，疇能救之哉？人之智火，亦類是也。其平和也，燒除惑薪，成熟道種，光明徑達於通玄峰頂。一失平也，則智火成婬嗔之火，焚功德法財，燒涅槃種性矣。通鳴萬類，吹噓一切，虚而不屈，動而愈出，風力鼓舞槖籥於天地間也。然嵐風之一動也，塵霾兩儀，掩蔽三光，濁虚空而失色，摇人物而欲散，不止山崩樹折，波騰洋沸而已。人之性空真風，亦猶是也。持其中也，則迎賓待客無非真機旋轉，拈匙舉箸總是實相靈通。一失真也，則真風轉爲無明之風，故能摧折道樹，摇動心源。七識之波浪，乘風力而騰躍轉生。四大之傀儡，仗風力而施設作幻。凋殘功德之林，唯此心火一種。攬渾性水之源，亦非别有他法。是知三災應業，在處莫逃。今謂水火風爲大者，猶其小小者耳。如《法華》云：衆生見劫盡，大火所燒時。我此土安隱，天人常充滿。此是如來證極如是見耳。繇是觀之，欲脱災免難，興邦護國者，舍此妙般若則無門矣。

△二、明能護般若。

是諸難起，皆應受持講讀此《般若波羅蜜多》。

諸難俱起，應講讀今經，則知滅難之要不離乎此。《般若》之能護國也，信如靈丹之妙藥，百病蠲除，似如意之神珠，無求不應。噫，般若神功妙矣哉。

△二、護福功德。

若於是經受持、讀誦，一切所求官位富饒、男女慧解、行來如意、人天果報，皆得滿足。

至富至貴，在般若以攝藏，故能應官位富饒之求。善心誠實，慈悲柔軟，決斷揀擇，心領神悟，皆般若之緒餘，故又能應男女慧解之求也。五戒十善之果報，皆依般若而修持，故能於人天果報，隨願滿足也。行來如意一句，謂舉足動步，如上果報，無有不如意者也。

△三、護難功德。

疾疫厄難，即得除愈。杻械枷鎖，檢繫其身，皆得解脱。破四重戒，作五逆罪，及毁諸戒，無量過咎，悉皆消滅。

兆庶之災也，瘟瘽時氣，家傳户有。以般若離苦相故，誦持能愈於即刻。般若音性圓消，離諸塵妄。塵妄既離，則身相不有，故枷鎖自脱。婬、殺、盜、妄，有犯此者，波羅夷罪，故曰破四重戒。弑父、弑母、弑阿羅漢、出佛身血、破轉法輪和合僧，有犯此者，生陷地獄，故名五逆罪。毁諸戒有二義：一、破毁自己戒律，二、毁謗他人持戒。此二於法有違，於道有乖，皆過咎也。然一讀此經，則般若如大火聚，衆罪多如集薪，不勞星火即化成灰燼矣。矧般若圓明，罪福本空者哉？

△二、引古證今，二。

初、引天事證護國，二。

初、頂生興惡滅帝。

大王，往昔過去釋提桓因，爲頂生王，領四軍衆，來上天宫，欲滅帝釋。

《賢愚經》云：於過去世，有大國王，名善住。時，頂上欻生一胞，其形如繭，撤亦不痛。後轉轉大，便生童子，甚爲端正，頭髮紺青，身紫金色。即召相師，占知有德，必爲聖王，統領四域，因名頂生。年遂長大，其德遂著。父王既崩，諸王臣等，願付國位。頂生答言：若吾有福應爲王者，要四王帝釋來迎，乃登王位。誓已，四天王下，各持寶瓶，盛滿香水，以灌其頂。時天帝釋，復持寶冠，來爲盖之。於閻浮提，五欲自恣。經八萬四千歲，時夜叉神，從地湧㈢出，請遊東洲。經八億歲，復請西洲。經十四億歲，上四王天。經十四億歲，意中復念昇忉利天。五百仙人扶車，共飛天上。遥觀王城，城有千二百門。諸天怖畏，悉閉諸門，以著重關。頂生兵衆，直趣不礙，吹貝扣彈，千二百門一時自開。帝釋尋出，與共相見，自請入宫，與共分座，天上受欲。頂生復吹貝扣弓。惡心既發，因而墮落，復患惡病，即便命終。爾時帝釋者，迦葉佛是。頂生王者，我身是也。

據此經文，初生瑞相，頂生信非聊爾人也。後報如此，故知福報有時而盡。苟非般若中來，不足恃之明矣。

△二、天帝依法得樂。

時，彼天王即依過去諸佛教法，敷百高座，請百法師，講讀《般若波羅蜜多經》，頂生即退，天衆安樂。

《賢愚經》云：頂生纔萌惡念，退墮命終。今經明：依諸佛教法，敷座請師，講法解亂，遂致頂生退墮，天眷蒙安。斯亦各陳已驗之因緣，爲今日當作之程式，信知般若神功護國愈昭著矣。

△二、引人王證護國，二。

初、引昔難事。

大王，昔天羅國王有一太子，名曰斑足。登王位時，有外道師，名爲善施，與王灌頂，乃令斑足取千王頭，以祀塚間摩訶迦羅大黑天神。自登王位，已得九百九十九王，唯少一王。北行萬里，乃得一王，名曰普明。

大王下，標國指名。《賢愚經》云：昔波羅摩達王，得四種兵，入山遊獵，逢牸師子，與王從欲。師子得胎，日月滿足，生一男子，似人斑足。母師子含子來歸王所，王取爲子，立名斑足。是王嘗供一仙人，恒奉淨食。仙人一日不來王所，即有天神化作仙人，入王宫中，求魚肉食。舊仙凌晨，依時還來，王奉肉食，仙人嗔恠，因起誡誓，令王後當十二年中，恒食人肉。仙人語竟，還往山中。是後，厨監供王，竟不辦順，出外既不見肉，唯見死兒，急取其肉，作食奉王。王食甚美，即問繇來。厨人具答。王言，自今以後，當用此肉。厨人常捕小兒，殺以爲食，日日供王。國人失兒，處處趨覔，乃見厨人捕他小兒，捉縛厨人，告王。王言，我教行此。國人皆言，王是大賊。伺王池浴，仗兵[三]捉王。王既被捉，即告國人，願足一恕，後更不殺。國人不許。王即起願，願我生來所作諸善，回向今日，返成羅刹，飛行食人。語已即隱空中，唱言，自今以後，當食汝等所愛妻子。人聞急走。多有羅刹，附著相從，徒衆漸多，所害轉廣。

據此，則從畜以作人、天，福在不言。因肉而發惡願，遂成羅刹食人。一念嗔惡，轉變大矣哉。凡吾人當慎一念嗔心，可也。

登王下，信邪興難。《賢愚經》又云：後諸羅刹言，我等爲從，今王勑令，當爲我等輩，捉取千王，設一大會。今云登王位時，即踐祚之初時，又非羅剎教王如是也。祀塚天神與設大會似可會通，以作大會，欲以千王祀大黑天神。故總之，外借邪緣，內生惡願，作此邪見造業之事也。

自登下，千王盈數。此言自踐祚以來，即以神力捉得諸王，唯普明王後方捕至，欲行屠害，以祭天神，滿王本願。然最後捕普明，亦如《賢愚經》云：斑足一一往取，已得九百九十九王，唯少一王，不得作會。諸王各念，我等今日，無所歸告，若當捕得須陀素王，即普明王。有大方便，能救我命。作是計已，白斑足言，王欲作會，須陀素王有大名德，若得彼王，來會圓滿。時羅剎王，即急往取此中亦含此行萬里之義。時須陀王，出城向園入池，見乞人從王。王言，且待洗還施與。王始入池，羅剎王從空隱下，遂捉之。此乃最後捉普明王因緣也。

△二、明能護難，二。

初、講假修福。

其普明王，白斑足言：願聽一日，禮敬三寶，飯食沙門。斑足聞已，即便許之。

普明被捉而請假修福，非謂怖死，欲植正因，故請禮三寶。蓋三寶最吉祥，是真歸仗處故。又請飯沙門者，勸修衆善，息滅貪嗔，故須飯食供養。倘感應冥契，則一稗能受如意樂，一飯能生忉利天矣。然請假多日，則興福廣大。請聽一日，其福爲何如耶？

《賢愚經》云：王被捉，即悲愁啼泣。斑足問言，汝名德第一，丈夫云何悲啼？須陀王言，我不愛身命。朝出見乞許施，值王得來未行，以是悲耳。願王放我七日，布施道人。據此，則明王生來實語，今恐乖信，故請假行之。與今經但大同耳。

斑足下，王聞聽許。夫若此王者，雖信邪誓，取千王，而善心不泯，亦信根道念，於此時微發現矣。否則，難捉如此，而復許其一日而行施者，是何意耶？

△二、正明護難，二。

初、依教請佑。

其王乃依過去諸佛所説教法，敷百法座，請百法師，一日二時，講説《般若波羅蜜多》八千億偈。

此言普明亦依過去諸佛法，敷座請師，一日二時講説今經也。夫帝釋天主，借此護寶位於三天，明王亦借此護身國於此際，此乃引昔證今，則般若護國，斷可忖矣。偈有八千億者，亦隨機故廣耳，今則反是。

△二、説偈開心，二。

初、正説偈文，四。

初、説無常理。

時，彼衆中，第一法師，爲普明王，而説偈言：

劫火洞然　大千俱壞

須彌巨海　磨滅無餘

梵釋天龍　諸有情等

尚皆殄滅　何況此身

偈文明無常等義，不出小乘，而以爲般若者，以後文得益處，聞者得空三昧故。然以益驗説，則無常等義非小法，普明王非小乘人矣。

《俱舍》明：一大劫盡，有一火劫，壞至初禪。如是七番火災，又一大劫。今言劫火，即一劫之劫火燒至初禪時也。洞，即空洞無物也。大千同爲一界，故劫火然時，則俱壞也。然火有三種：一、果報火，即燒至初禪；二、惡業火，即嗔火，通燒三界善根；三、煩惱火，即通三乘，如三界猶如火宅是也。

夫最高莫若須彌，甚深莫過巨海，此域中之最高深者，此火一燒，磨滅盡矣，故云無餘。然大者既爾，小者可知。

釋梵，即主持三界者。天龍，即輔弼三

界者。有情，即一切含靈者。然一經刧火，而天報乃盡，衆福殞亡。諸天尚爾云亡，何況此身在大千如一浮漚，忽生忽滅耶？故知三界依正，皆無常也。

△二、説俱苦理。

生老病死　憂悲苦惱

怨親逼迫　能與願違

愛欲結使　自作瘡疣

三界無安　國有何樂

此言三界，八苦交煎，五欲迷悶，求一出路，了不可得，國何可恃以爲樂乎？此中有苦集二諦。苦有八苦。

一、生苦，謂衆苦依止故。此有五種：一、受胎，二、至終，三、增長，四、出胎，五、種類，貴賤男女等。

二、老苦，能令變壞故。此有二種：一、念念遷謝，二、終身滅壞。

三、病苦，以能逼身因故。亦有二種：一、身病，二、心病。

四、死苦，以能滅諸根故。此有三種：一、業報死，二、惡對死，三、時節代謝死。於中有命盡非福死，福盡非命死，福命俱盡死，或非分自害死，或横爲他死，乃至放逸破戒壞命根死者，皆苦也。

憂、悲、苦惱，即死苦逼惱相續之狀也。

怨、親逼迫一句，即義含二苦：一、怨逼迫，即第五怨憎會苦，以非愛共會故，即是苦苦，苦心領於苦境者也；二、親逼迫，即第六愛别離苦，以可愛相違故，捨所親愛，即是壞苦也。

能與願違一句，即第七求不得苦，以希望不遂故。此還約愛離、怨憎以説，即求長壽不得，求名不得之類也。

愛欲下，二句，即五陰熾盛苦，以是衆苦相故，即前七各相逼惱是也。然愛欲結惑，亦屬集因，盖結使即三界見思煩惱，愛欲即三界貪欲惑漏。以集因招感故，乃有此八苦也。集因若斷，則苦果凋喪矣。瘡疣，如莊子云：生爲附贅懸疣，死猶決疣潰癰。既苦因苦果如此，而三界總不足戀，何況一國之樂耶？

△三、說皆空理。

有爲不實　從因緣起
盛衰電轉　暫有即無
諸界趣生　隨業緣現
如影如響　一切皆空

有爲之法，不出有無。有生於無，則有非實有，本自無耳。無生於有，無可得哉。故知三界依正，唯因緣和合，虛妄名生者也。一切諸法，既從緣所生，當體無性，故盛衰成敗，於般若中，如擊石火，閃電光，暫有還無而已。幻世浮光漚聚，不常其常者，皆類此夫。諸界趣生，即三界六趣，此目果也。然皆各隨其自趣所作之業，各應其自趣升沉之果，有謂作善墮惡，作惡生善者，決無此理。故下轉以喻云：如影不離形，響不離聲。蓋形端則影直，聲小則響幽，此不爽之理也。如是則從緣妄有，暫有還無，業對則現，現亦不真，故知諸法假名無實，總一空也。

△四、說無我理。

識由業漂　乘四大起
無明受縛　我我所生
識隨業遷　身即無主
應知國土　幻化亦然

識即第八，爲總報主。然因善惡業力，輪轉六道，去後來先，故繇業漂。神識無形，假托四大和合爲宅，故識居中。離四大緣，識乃何狀？故曰：乘四大起。內心外境，皆依無明食愛縛着，本既不清，枝葉皆混，故云我、我所生。我生即人執，謂妄心生也。我所謂法執，即妄境生也。若約根本言之，衆生繇迷如來藏體，妄成覺明。既有覺明，則成貪着。繇貪着故，心境互生，起惑造業。

逐業輕重，故神識昇沉也。蓋以業緣無定，識乘之遷，形托於内，或彼或此，識依於形，或死或生，究其根底，何有主耶？夫至於形托於内，則形非形也。識依於形，則神非神也。既爾，有何國土不成幻化者耶？

△二、聞者獲益，三。

初、王聞悟解。

爾時，法師説此偈已，時普明王，聞法悟解，證空三昧。王諸眷屬，得法眼空。

空三昧，即證一切依正國土諸法皆本來空也。以深造自得，故云證。法眼空，即得法眼亦空也。蓋法眼觀俗，今言空者，以法眼見一切亦如，空無所有故。此聞法之効矣。

△二、復行轉教。

其王即便詣天羅國諸王衆中，而作是言：仁等今者，就命時到，悉應誦持過去諸佛所説《般若波羅蜜多》偈。諸王聞已，亦皆悟解，得空三昧，各各誦持。

此請假一日[四]已完，所造福業堅深不倒，而赴死真心純一不變，所謂信重然諾，雖死不二其志也。然猶義及同寅，法惠諸王，非自他俱利，孰能如此？驚其死在目前者，意欲急令回光返照自心耳。若不猛力提撕，恐死期將至，一旦魂沉闇道，奈之何哉？此即唱命不久也。

悉應下，教持正法。諸王業緣不異，受死是同，故持法受益，均然齊等，故云悉應。况教依先佛，法乃般若，既皆誦持，則功德所致，或起死回生，在此一舉耳。

諸王下，明諸王得道。同得空三昧者，以般若神功無二故。然普明轉教，益已大矣。

△三、開覺邪心，三。

初、斑足開解。

時，斑足王問諸王言：汝等今者，皆誦何法？爾時，普明王即以上偈答斑足王。王聞是法，亦證空定，歡喜踴躍，告諸王言：我爲外道邪師所誤，非汝等咎。

若聞法音而不飡采，迷之甚也。今斑足一聞，而致問殷勤如此，蓋善念覺心，發動顯現，然乃根之利，妙在一轉移間耳。

爾時下，明王實答。此雖般若妙偈之神功，普明方便之攝持，亦斑足機熟得道之時也。不然，何始萌於殺虐，而後入佛智若此乎？

王聞下，聞法得道。信知般若法門，空慧平等，但一回頭，速證此道，寧不歡喜而慶幸，踴躍以希有乎？

告諸下，斑足悔過。外道，則心遊道外，不明自心而妄想計度者。邪師，即以邪爲正，慧眼不明而盲修瞎煉者。不知其非，妄爲所誤，墮坑落塹，莫不繇之。一覺其迷，則反省前非，超凡入聖，亦莫不繇之。斑足之收捕千王，邪因邪緣誤之也。聞法證道於剎那，亦返邪歸正致之矣。所謂行年五十，知四十九之非者，其斑足之謂乎。

△二、諸王還國。

汝各還國，當請法師，解説《般若波羅蜜多》。

斑足聞此法而得道，故又囑諸王依此法而修證。若斑足者，自醒自悟，慚愧無已於心乎。不然，又何如是叮嚀切至哉？

△三、斑足棄位。

時，斑足王以國付弟，出家爲道，得無生法忍。

聞般若得空定，知天下有至貴者不在國爵也，故付弟以讀[五]其宗，出家而修其道。既猛利之志，存無妄染，故慧性之明，得法無生。蓋繇得之回頭者神速，而證其妙源者爽峻矣。

△三、結示勸持，三。

初、明過去依法獲報。

大王，過去復有五千國王常誦此經，現生獲報。

所謂過去諸國土，斯益已成就。五千，則揀非一人。常誦，則明非間斷。現生，則揀非生後二報。故知常誦之心極切，而現生之報至神也。

△二、明現在應當受持。

汝等十六諸大國王，修護國法，應當如是受持、讀誦、解説此經。

所謂現在諸國土，斯門應受持。不如是，不足以護國也。

△三、明未來亦應受行。

若未來世諸國王等，爲欲護國，護自身者，亦應如是，受持、讀誦、解説此經。

所謂未來諸國土，當依如是法。然護國護身，初無二法，故受持、讀誦，唯一《般若》。

△三、時衆得益。

説是法時，無量人衆，得不退轉。阿修羅等，得生天上。無量無數欲色諸天，得無生忍。

普護國難，專在般若，故行堅願固，得不退轉。斑足以無道而證道，故修羅乃非天以生天。般若空慧平等，故諸天得法無生。凡皆等流果證也。

△二、報恩供養，顯果難思，二。

初、當品名題。

不思議品第六

上明内護、外護，俱繇般若神功方能克效。可知法大恩深，不假散華，疇能上報，故有此品焉。謂之不思議者，以妙慧心言罔及，故散華亦迥超思議也。至於塵剎相入，一多交參，淨穢相在，生佛溥融，非唯顯果海之變現難思，亦表聞般若而内外俱護者，亦當具如斯迥超之果用耳。

問：此中散華，顯其超絶。科云顯因難思可爾，何云顯果難思耶？

答：華雖表因，然因必趣果，故華因之妙用難思，足知果證亦妙妙難思也。矧如來爲大衆現此神變乎？故科云顯果，無相妨礙。

△二、正演玄微，三。

初、散華供養，三。

初、聞法歡喜。

爾時，十六國王及諸大衆，聞佛説此般若波羅蜜多甚深句義，歡喜踴躍。

得未曾有，故喜踴躍。甚深句義者，以般若了法本空，徹底窮源故。

△二、散華顯妙，三。

初、散行華。

散百萬億，衆寶蓮華，於虛空中，成寶華座。十方諸佛，無量大衆，共坐此座，説般若波羅蜜多。是諸大衆，持十千金蓮華，散釋迦牟尼佛上，合成華輪，盖諸大衆。

初二句，大衆散華。華本非三，隨其數量多少，以表法之淺深不同。今云行華者，表賢位因行無量故。華云衆寶者，以賢位修因，依真而修故云寶。

次二句，華變爲座。般若了萬法本空，故所散之華，於空處成座，所謂座無別座，諸法空者是。《法華》諸法空爲座，此也。

十方下，化佛演妙。此表諸法空處，生佛同依。依此空理，顯示妙慧，故云共坐説般若也。前經云：一切菩薩之所修行，一切諸佛之所顯示，未來諸佛菩薩亦復如是，若佛菩薩不繇此門得一切智者，無有是處。所謂十方薄伽梵，一路涅槃門，信哉。

是諸下，化衆散華，所謂化復作化也。十千金蓮華，表依真之萬行也。盖金華經百煉而黄色不渝，猶真行歷萬境而性修不退故。散佛上者，表以行因趣向佛果故。合成華輪者，表衆行輻輳，成一果相故。盖大衆者，表以行成果，普覆含生故。

△二、散般若華。

復散八萬四千芬陀利華，於虛空中，成白雲臺。臺中光明王佛，與十方諸佛，無量大衆，演説般若波羅蜜多。是諸大衆，持曼陀羅華，散釋迦牟尼佛，及諸衆會。

初衆散華，以表八萬四千般羅蜜門，以衆生塵勞如此，故般若法門亦如此。然欲令依此白法，心心能入此門也。芬陀利，云白蓮華。

次二句，華變爲臺，表般若行，依法空理，成無染無緣平等三昧法事故。盖此法空理也，一乘之妙行，無緣之慈力，依此平等不動，以爲萬行之基本乎。

臺中下，化佛説法，亦表心、佛、衆生，同依一般若也。般若心光，觀照法空，得大自在，故曰光明王。即此覺觀，不離自性，故又曰佛。此即佛心也。然言臺中光明王佛者，以依行修斷證之本，方顯本覺佛故。十方諸佛不離此，無量衆生亦不離此，故同依同説耳。

是諸下，化衆散華。曼陀羅云適意，即天華也。華表正因，以因必趣果，故散佛上。而及大衆者，示大衆當得般若正因也。此亦化復作化之妙也。

△三、散妙覺華。

復散曼殊沙華，於虚空中，變作金剛寶城。城中師子奮迅王佛，共十方諸佛，大菩薩衆，演説勝義般若波羅蜜多。復散無量諸天妙華，於虚空中，成寶雲盖，徧覆三千大千世界。是華盖中，雨恒河沙華，從空而下。

曼殊沙云柔軟，亦天華也。此表妙覺大悲攝生，純一慈力故。前行華云百萬億，般若華云八萬四千，此中不言數者，以果海離言，故華亦不涉於數量耳。此亦大衆所散華也。

於虚下，華變爲城。城表涅槃，以依法空，證此無生，離過絶非故。然城云金剛寶者，無生生〔六〕無滅，四相之所不遷，無去無來，三際莫之能易故。

城中下，化佛説法。師子爲獸中王，身毛一豎，象王莫逞其威，則羣獸可知矣。此表妙慧全彰，則心魔猶自喪魂，外魔復何言哉？故《華嚴疏》明：師子奮迅，衆海頓證於林中。蓋明入此三昧，而即令衆獲證也。今則不爾，表果中心佛，掌莫大之威權，慧鋒牙爪，伏一切之業惑，内釁外孽，孰敢當軒哉？此佛與十方因果二位共説般若者，以心佛因果，皆自此一道而分别故。言勝義般若者，謂般若中最上第一者也。如《金剛》云如來説第一般若波羅蜜，即非第一般若波羅蜜，是也。然今約妙慧深入，離四句，絶百非，世出世法，生佛、染淨，全一空故，名勝義般若。

復散下，化人散華，亦化復作化。華成寶雲蓋者，表依法空理，起大悲行，無心蔭物耳。蓋覆大千，表稱性之行，無不普周故。華蓋復雨華者，表普覆之行，亦又常修稱性之多行故。《楞嚴》云種類出生，窮未來際，三世平等，十方通達，名無盡行者，此也。俱從空下者，良以此行，一一皆是清淨無爲，性本然故。

△三、諸王發願。

時，波斯匿王及諸大衆，見是事已，嘆未曾有，合掌向佛，而作是言：願過去、現在、未來諸佛，常説般若波羅蜜多。願諸衆生常得見聞，如我今日，等無有異。

此有二願。初願諸佛同説。夫此般若諸佛同證，所謂塵説、刹説、熾然説、無間説，故誓佛佛同説，不間古今，非同世諦分三世也。二願衆生同聞。八難中有佛前佛後難，不聞正法難，如《法華》云：諸佛出於世，懸遠值遇難。正使出於世，説是法復難。無量無數劫，聞是法亦難。能聽是法者，斯人亦復難等。此明正法難説，亦難聞也。矧加之以邪見種子，或惡業障蔽，且不聞三寶名，又能聞法耶？今諸王念及於此，深慨正法不易見聞，故誓衆生常見聞耳。見聞則妙慧開明，本覺澄寂，將與佛果，漸可等矣。如不見聞，苦海無邊，將何援拯？古人云：佛在世時我沉淪，今得人身佛滅度等。據此，則法難見聞既類於此，故知遊心出世者，須此世此身聞法，以求自度可也。

△二、嘆教勸持。

佛言：大王，如汝所説，此般若波羅蜜多，是諸佛母，諸菩薩母，不共功德神通生處，諸佛同説，能多利益。是故汝等，常應受持。

如汝所説，此印其願同説、願常聞之洪誓極是也。然此般若有四義故，當常説常聞。一、出生一切滿分因果證位故。二、能爲果位功德神智生處故。三、佛佛説此一乘妙慧故。四、凡外邪小一切總作得度正因故。有此四義，應説應聞，亦應受持，不可遠離也，猶菽粟布帛，民生日用，不少廢也，故結云常持。不共功德，即佛果功德，不共二乘有者也。

△三、現通利益，二。

初、變現難思，二。

初、標章舉數。

爾時，世尊爲諸大衆，現不可思議神通變化。

此下顯不共般若也。爲衆現化者，意明已證實相般若之妙用。然此妙用之體，非識所能識，亦非心境界，但形言説，對面千里，轉没交涉，去此遠矣。故能發諸用，亦若斯焉。陰陽不測，無有滯礙，曰神通。轉易常相，無而忽有，曰變化。此皆神出於不意，妙應於無爲，故云不思議。如《楞嚴》云：我以不生不滅合如來藏，而如來藏唯妙覺明，圓照法界，是故於中一爲無量，無量爲一。乃至坐微塵裡，轉大法輪。故發真如，有妙覺用者，此也。

△二、別叙神變。

一華入無量華，無量華入一華。一佛土入無量佛土，無量佛土入一佛土。一塵制〔七〕土入無量塵刹上〔八〕，無量塵刹土入一塵刹土。無量大海入一毛孔，無量須彌入芥子中。一佛身入無量衆生身，無量衆生身入一佛身。大復現小，小復現大，淨復現穢，穢復現淨。佛身不可思議，衆生身不可思議，乃至世界不可思議。

此文有七。

初二句，華之神變也。論迹，繇佛證此，方現此不思議事故。論理，即繇事理無礙故，方有事事無礙也。盖一華無量華，俱事也。以一華稱性，含性皆盡故，故一華入無量華，而一華不壞本相。無量華稱性故，俱含性皆盡故，無量華復入一華，而無量華炳然齊現。所以然者，繇一與多互爲緣起，力用交徹，故得互相涉入。如一室內千燈並照，燈隨盞異，一一不同，燈隨光通，光光涉入，常別常入。故《華嚴經》云：一中解無量，無量中解一。了彼互生起，當成無所畏。即此義也。此謂一多無礙，等虛空之千光也。

一佛下，佛土神變也。此即廣狹相入，

自在無礙。一佛土即狹，無量土即廣。一佛土入無量土，以不分而遍一切故。無量(九)入一佛土，以不合而同入一內故。然一多互入，而一入多時，一多之本相不壞，多入一時，多一之本相歷然，此皆如來含此德用，故能一多廣狹不礙耳。故《華嚴》云：是以一劫入一切劫，而不壞其相者之所住處等。知此則今經一多相入，皆類乎此。

一塵下，塵剎神變也。上言佛土，即佛佛王化之化境。此之塵剎，即別明剎塵微細安立之無礙，所謂塵中安立之剎土也。然此一多能互入者，以一塵剎多塵剎，一一皆法界，故一一性融。繇性融故，乃無礙互入耳。然此塵剎相入，約微細意，按《華嚴大疏》有三。一所含微細，如琉璃瓶盛多芥子，炳然齊現，非前非後。如《華嚴》明八相，一一相內，即具八相，名爲微細。二約能含微細。三約難知微細。此則又是緣起實德，無礙自在，非天人所作，乃實德安立者也。

問：今經言入，不約含義，何引彼《疏》含義釋之耶？

答：雖有二名，而含與入實繇籍耳。蓋正一塵刹入無量塵刹時，即無量塵刹含一塵刹時也。無量入一，一含無量，當知亦然。故入約含義釋之，理甚允當。

無量下，海山神變。此同《淨名經》中毛吞巨海、芥納須彌之意。良繇毛孔稱性，故大海入而非小，芥子依理，亦須彌入而廣大。雖芥毛小而無內，海山大而無外。然一性等之，則小相非小，大相非大，故無外之山海，入無內之芥毛，恢恢焉有餘地也。晉譯經云：金剛輪圍數無量，悉能安置一毛孔。欲知至大有小相，菩薩以此初發心。即明此義也。

一佛下，凡、聖神變。佛身生身，同一法界，故生入佛身，一入無量，此乃溥融無礙也。然佛身純淨，生身雜染，佛身是極果，生身是穢因，互相入者，亦以心佛衆生，三無差別，故能染、淨相忘，因果俱泯耳。故《大疏》明十身歷然而相作云：此菩薩遠離一切身想分別，住於平等。此菩薩知衆生身、國土身、業報身、聲聞身、獨覺身、菩薩身、如來身、智身、法身、虚空身。此菩薩知諸衆生心之所樂，能以衆生身作自身，亦作國土身，乃至虚空身等，至於隨諸衆生心之所樂，十身互作。故知壞相而作，非不思議。繇雖相作而不壞本相，方謂歷然。據此，則菩薩尚能如此，況如來不生佛之身互相入乎？

問：今明生佛之身相入，何引相作之義耶？

答：相作相入，同一趣耳。知相作得，則知相入得矣。

大復下，諸法互現。大如山海，小如塵毛，淨如樂土，穢如娑婆，然一真法界，緣起萬端，故相在交參，皆相顯現。小爲即大之小，故大復現小，小中現大。類此，穢爲即淨之穢，故穢復現淨，淨中現穢，亦類此知。

佛身下，總結難思。謂佛身證此，故非心言可及。生身具此，亦非情謂境界。至於世界，則全法界以爲體者，亦非情解可到者矣。故俱云不可思議。凡此即法即心，全心全法，心法融通，無相障礙，故佛證此，則稱性所現，非爲過矣。然上諸法相入，同一法界，約行布義，有一有多，有小有大，若生若佛，或染或淨。約圓融義，則一入多、多入一，小現大、大現小也。若約三諦明者，以諸法不外諦理而別有故。約俗假，則小大一多，生佛、染淨，角立不同。約真空，則大入小，一入多，穢現淨，生融佛，妙圓無二。約中道，有遮有照。遮則小大一多，入無可入，淨穢生佛，現無可現。照則依正互入於無間，塵毛包容而無外。遮照同時，則一切正入不入，無入而入，正現非現，無現而現。亡焉存焉，曷可得而思議哉？此吾佛神變妙極淵源也。

問：前明此爲不共般若，果爾不耶？

答：共般若，則三乘可入。不共般若，唯佛可到，地上分證而已。然此不共，即《華嚴》圓極之堂奧也。非佛，疇能證此變現哉？故知此乃不共般若也。

△二、時衆獲益。

當佛現此神變之時，十千女人，現轉女身，得神通三昧。無量天人，得無生法忍。無量阿修羅等，成菩薩道。恒河沙菩薩，現身成佛。

夫神變所現，皆顯般若難思之境，故時衆得益，亦明證入不測之妙也。現轉女身者，以般若能小能大，依正無礙，故女於現身轉男，得通正受，不於女身而生礙矣。天人見法生滅，一覩神變，則小大、依正、生佛、淨穢不行諸心念。觀法無生，寧復有起滅之相哉？阿修羅嗔慢無慈，覩神變則嗔慢無性，同一靈知，我心不有，全是慈覺，故云成菩薩道。菩薩則分證未滿，猶未融通，此一了了，觸目菩提，非有二相，故曰現身成佛。凡此，非覩妙變神通，難獲此廣大利益矣。

△四、弘經相貌，顯教無盡，二。

初、當品名題。

奉持品第七

敬心欽承曰奉，正念久住曰持，即奉般若之聖謨，持之以行修，恒憶不失之謂也。前內、外二護，極顯法利深玄宏廣，故散華顯化，妙變難思。今知法利叵測，請演説之，故示忍觀以修行，須依如法而建立，乃至別勸奉持，諄切懇至。雖爲如來深慈，亦示奉持此經行修無有窮盡也。其他詳示證位，備明觀斷，又皆顯弘經隨分以廣狹，演説依證之深淺，彰般若之神功，列相貌之真範也。

△二、正解經文，三。

初、正明奉持，三。

初、匿王見佛。

爾時，波斯匿王覩佛神變，見千華臺上徧照如來，千華葉上千化身佛。千華葉中無量諸佛，各説般若波羅蜜多。

古疏云：此見三佛：一、見釋迦現身，即法身；二、見圓滿，即報身；三、見千華上佛，即化身。此解秦譯云也。今經云見臺上徧照如來，即法身，乃自受用身也。見葉上千化身及無量佛，即應身及他受用身也。是則此二彼三，開合不同。若葉中無量諸佛，則總言一切真應二佛，非單指釋迦一佛説矣。佛各説，有二義：一、行布義，故佛佛各説；二、圓融義，故皆説般若，亦是般若出生諸佛義也。

△二、正申請益，二。

初、讚法難思。

白佛言：世尊，如是無量般若波羅蜜多，不可識識，不可智知。

見佛佛而共説，益知般若深玄難測，故請問如此。不可識識者，即非衆生分別識心所能分別，以般若無前境界故。若分別，即分別自心耳。不可智知者，即非入理聖人無分別智所能證知，以般若理智皆空故。若證知，即非離相境界故。當知唯佛與佛乃能究盡矣。

△二、請問奉持。

云何諸善男子於此經中，明了覺解，爲人演説？

既稱難思妙慧，不知自覺覺他、成己成人之道，將何而作方便，演説化生，故問云何等也。下文修十三觀門依持建立，方能自悟開化衆生。又《起信》明真如離言，問曰：若如是義者，諸衆生等云何隨順而能得入？答曰：若知一切法雖説無有能説可説，雖念無有能念可念，是名隨順。若離於念，名爲得入。據此，則今經般若明了覺解，亦泯能所爲人演説，亦忘心迹方可説可解矣。

△三、佛爲垂答，二。

初、説長行，三。

初、總標忍行，二。

初、標法指人。

佛言：大王，汝今諦聽。從初習忍，至金剛定，如法修行十三觀門，皆爲法師依持建立。

即始從信位習學伏忍，終至等覺金剛喻定寂滅下忍位，依此始終地位，或斷或證，不離一性熏修，若權若實，皆是般若功用，故云如法修行。十三觀門，即所修之行。謂伏忍等五，前四忍各分三品，惟寂滅忍分二，合有十四。今言十三者，以上品寂滅唯在佛位，止言因位中忍觀耳。皆爲法師者，以法勝則人尊故。依持建立者，即依此忍觀淺深、證位高下，方便建立，言説開示。故前問云何解説，此一答釋，無餘藴矣。

△二、勸令供養。

汝等大衆，應當如佛而供養之，百千萬億，

天妙香華，而以奉上。

所謂以佛莊嚴而自莊嚴，故云應如佛供養。天香華奉上者，所謂應持天寶而以散之，天上寶聚應以奉獻也。

△二、別明忍相，十三。

初、習種性，四。

初、標位指人。

善男子，其法師者，習種性菩薩，若比丘、比丘尼、優婆塞、優婆夷，

前云十三觀門皆爲法師依持建立，故此標牒之。習乃如鳥數飛，即初入道時也。種習〔一〇〕者，真性凝一，常恒不變。約隨緣因，以慧目了，所熏習種淺深異故，各成種性，如以聲聞教法熏成聲聞佛性等。法相宗説，有八種識，唯是生滅。依生滅識，建立生死及涅槃因法爾種子，有無永别，是故五性決定不同。既所立識唯業惑生，故所立真如常恒不變，不許隨緣。若法性宗，則本有佛性理不容差，故説有心，定常作佛，但衆生遇緣，熏習三乘種性及不定、無性，而有五耳。故《法華安樂行品》不許親近聲聞，恐被熏習成其種性。清涼國師會此義云：就機則三，約法則一。新熏則五，本有無二。若入理雙拂，則三一兩亡。若約佛化儀，則能三能一。此性相融通，萬古不易定論也。今言種性，即新熏，就機而論，非據法相本有之性也。

若比下，指此位人。前二出家衆，持大戒。後二在家衆，持五戒。

△二、發心利物。

修十住行，見佛法僧，發菩提心。於諸衆生，利樂悲愍。自觀己身六界諸根，一切無常、苦、空、無我。了知業行，生死、涅槃。能利自他，饒益安樂。

此即已到信位而修前勝進行者，故云修十住行。見佛發心則境勝心强，若遇餘緣，此心微劣，因此發心，進退不定。此既如是，

法僧亦然。故云見三寶，發菩提心也。然此心即信心等十。《楞嚴》明初發心住，云：以真方便發此十心，心精發揮，十用涉入，圓成一心。即見境依真發心義。《華嚴》初發心功德無窮無盡，以初發心時便成正覺。此位能具足諸位功德故，不爲度少許生界故求少許佛果故、學少許法門故、斷少許煩惱故。乃至爲斷普迷煩惱故先令發菩提心者，如《涅槃》云：發心畢竟二不別，如是二心先心難故。且善財參諸知識，必先陳發心者，蓋以發心則堪領佛法爲道器故。故知發心是難，應須先發。

衆生下，利物觀空。衆生，指十種異生。得法出苦名利樂，觀生興慈名悲憫。己身不出六界諸根因緣假合，如實觀之，終歸敗壞，本無可樂，究竟不有，中間無主，故云無常等。六界，義如前釋。業行，即善、惡業緣，生死、涅槃之行。云了知者，以有諍說生死，無諍說涅槃，此二如作夢，求不可得故。是知住相則人我强生染、淨，情見互起，觀空則自他兩忘物我，利樂兩成，故云能利自他等。如此發心，則不住悲智，而自能建立悲智也。

△三、根純德善。

聞讚佛毁佛，心定不動。聞有佛無佛，心定不退。三業無失，起六和敬。方便善巧，調伏衆生。勤學十智，神通化利。下品修習八萬四千波羅蜜多。

佛猶日月也，讚之不增，毁之不減，然發普賢行願者稱讚無窮，作闡提業因者謗毁隨分。佛如虚空也，亘古亦有，該今不無，然執相見者謂佛爲無，了一如者謂佛爲有。此皆業行之善惡，執見之斷常。今發心者，了知讚毁業因不爽，有佛無佛性相常住，豈於所發之心有退哉？此是正定聚人，善根堅實凝一者也。

三業下，德善也。威儀動靜，舉措利益，

身業也。出辭吐氣，説法教化，口業也。信、進、定、慧，與慈運悲，意業也。然周旋中禮，聲容適規，意念合權，故名三業無失。六和敬者，所謂戒和同修，見和同解，身和同住，利和同均，口和無諍，意和同悦。此上自利。方便下，利他，不出折攝二門。十智者，一、世俗智，乃至第十無生智。《華嚴》亦明十智，一、三世智，二、佛法智，乃至第十知無邊諸佛智。此十皆佛智，今云勤學，豈不學佛智耶？神通化利者，夫化生，非神通，則生類多端，難盡調伏，須假神力，方能攝化。神力有二：一、修生，即六通，假修而得者，此通緣心緣物方顯現故；二、顯生，即如來藏自性通，繇斷惑顯現故。此不思議，無作自在，應化塵勞故。修八萬四千者，即一塵勞入一波羅蜜門也。言下品者，以信力尚微，證入未深故。

△四、别顯不定。

善男子，習忍以前，經十千劫，行十善行，有退有進，譬如輕毛隨風東西。若至忍位，入正定聚，不作五逆，不謗正法。知我法相悉皆空故，住解脱位。於一阿僧祇劫修習此忍，能起勝行。

初，明忍前行劣，此如《起信》發心有退墮義，如前十信發心處已引。大抵住不定性時，雖修善行，但善根微劣，煩惱深厚，或倒求人天，或異求小乘，既於大乘猶豫不決，故於境緣或便退墮。此則以色見佛，緣心求法，住相供僧，雖依三寶，以發心時未能心空無我故。

譬如下，喻明可知。

若至下，明正定勝業也。此忍觀得力，入正定時，良以此位恭行十善故不作五逆，深信三寶故不謗正法，觀法一如故我法兩空，見思惑盡故住解脱。

此上自行，下明勝進。阿僧祇，云無數劫，具云劫波，此云時分。謂依無數時，忍修成就，則前位可入，勝行可起矣。

△二、性種性，三。

初、標位示住。

復次，性種性菩薩，住無分別，修十慧觀。

簡非前説，故加復次。此即十住位也。性種性者，以聖性決定，不他移故，根種深培，非淺解故。悟解圓明，非假思索，故云住無分別。依聖解智，發起理觀而修，非心外求法，故云修十慧觀。

△二、顯其行業，二。

初、別明觀修。

捨財、命故，持淨戒故，心謙下故，利自他故，生死無亂故，無相甚深故，達有如幻故，不求果報故，得無礙解故，念念示現佛神力故。

世情所貴，莫先財命，今觀身如幻故竭其内施，觀財非實故罄其外施。凡以空觀而俱不可得，假觀而兩皆如夢，中觀而非有時因緣妄現，正不空時財命兩空，故一一觀之，無有甚於財命也。所謂捨此膿血如泡之命，以易平等慧命，施此浮虛不堅之身，以易功德之身，而不爲過。此施度也。

二中，戒以調練三業，制伏過非，大要不出三聚淨戒。然此戒在心，觀空則心珠朗耀，涉有則戒璧不磷，持而不持，無持而持，任運勿失，斯爲得也。此戒度也。

三中，我慢自矜，如高原陸地不生蓮華，故觀空時謙且不有，觀假時慢從何得？處心如地，納懷虛空，自利利他，方無咎也。此即忍度，以忍方謙下故。所謂江海爲王者，以其善下也，信哉。

四中，萬法一如，人物皆空，故觀人即已，斯利己利人，倘失平等，斯爲大過。《法華》云：我自住大乘，若以小乘化。乃至於一人，我則墮慳貪，此事爲不可。此一乘平等，自他俱利，即精進度，以精進方利自他故。

五中，觀了此心，混虛空爲體性，非三

災所能傾，故存亡生死，不二其致，此即常定觀空，生滅如幻者也。然羅漢有出胎之迷，菩薩有隔陰之昏，故此位修此，遊戲大夢覺之場，非夢覺所能拘者也。即禪定度，以深禪定方不亂故。

六中，言無相，即實相理智。以實相智，觀實相理，無得難思，故名甚深。此即慧度，以般若妙體，因果同依，斷證根本故。

七中，世出世法，三世因果，皆名爲有。然了法從緣，徹底唯真，至若涅槃生死，等似空華。即方便度，以此能了法如幻故。

八中，絶待靈心，對緣應現。即應現處作善作惡，故隨業時有樂有苦。菩薩觀空，果報非有，非是實無果報，直不求之耳。此即願度，以願自他不求故。

九中，諸法唯心，卷舒無礙。演一法於多劫，説無量於刹那，必須法、義融通，詞樂互徹，然後自證利生，兩無欠缺，不住空有，觸處辨才。此即力度，以力湛能講説故。

十中，己心、佛身，平等無二，故觀心時，即心了境界之佛，觀佛時，即境見唯心如來。即佛之心光既時時不離，故即心之佛力方念念昭彰。此即智度，以智方現佛力故。

所謂十種慧觀之功，絶妙勝處，皆不外乎吾人一心也。

問：十種慧觀，何依十度修耶？

答：十度乃菩薩正修根本，故十觀寄此而修之，以顯十度之行，不離一心觀照中矣。若離觀照，宛成事度，故慧觀寄十度爲要也。

問：真如本淨，豈假十種觀慧乎？

答：《起信》云：譬如大摩尼寶，體性明淨，而有鑛穢之垢，若人雖念寶性，不以方便種種磨治，終無得淨。如是衆生真如之法體性空淨，而有無量煩惱垢染，若人雖念真如，不以方便熏修，亦無得淨。以垢無量偏一切法故，修一切善以爲對治。若人修行一切善法，自然歸順真如法故。至後廣明四種方便云云。據此，則今經此位觀修，以淨心之慳貪破戒嗔恚等垢，故加此十種觀修也。

△二、治倒復真。

對治四倒、三不善根、三世惑業十顛倒故。我人知見，念念虚僞。了達名假、受假、法假，皆不可得，無自他相，住真實觀。

初四句，治倒也。上明十種慧觀，爲能對治。此明所對治，即十倒是也。凡夫觀身受心法，妄執爲常樂我淨。菩薩施捨財命，即觀身不淨。不求果報，即觀受是苦。心謙下故，即觀心無常。達有如幻，即觀法無我也。又凡夫縱貪、嗔、癡三不善根，戕害正性。菩薩捨身命不求報，即對治貪倒。持淨戒利自他，對治嗔倒。生死無亂，無相甚深，得無礙智，即對治癡倒也。又三世惑業，襲習不斷，衆生於中，妄受輪轉。菩薩不求果報，即過因現果，現因當果，一切兩忘也。念念示現神力，即一念普觀，一際平等，非果非因也。故普對治之。所以治者，以止一切惡法，不令增長故，以隨順法性，離諸過、離癡障故。

我人下，復真也。我人，即四相。知見，即衆生十六知見，不離六根者也。然能執因境有，而性常自空，故念念虚僞。名即萬法之號，受即苦樂受三，法即一切諸法。然觀名如龜毛，觀受如聚沫，觀法如陽燄，總不可得，故云了達等。此人法雙忘，心境智空，皮膚淨盡，唯存一實，故無自他相，住真實觀也。然此即三性皆空。

我人下，即偏計性空，即初相無性。了達下，即依他性空，即次無自然性。無自下，即圓成實性，即後繇遠離前所執我法性。

又若以三空觀收之，初，我人下，即人空觀。次，了達下，即法空觀。後，無下，即如實雙空觀。

問：此名住位，何以言人法俱空耶？

答：此亦約分修入言之。若約斷證，則二乘信住方斷人執分別，三賢進至淨心地，究竟離法執分別。若法執俱生，則第二地至第七地，方盡離故。

△三、入位時行。

中品修習八萬四千波羅蜜多，於二阿僧祇劫，行諸勝行，得堅忍位。

此位忍觀，行力稍强，故修中品。然須八萬四千者，亦以應化塵勞也。言波羅蜜多者，以依真而修，俱到彼岸之行故。於二下，明修行時。比前行修稍勝，故時當二無數劫。自他之行雙修，故云行勝行。動靜之心不亂，故云住堅忍。然此亦具四心：修習八萬四千即廣大心，波羅蜜多即第一心，二阿僧祇即常心，行勝行等即不顛倒心。義自消息。

△三、道種性，三。

初、標位示修。

復次，道種性菩薩住堅忍中，觀修精純，聖道將顯，故云道種性。堅忍，即躡牒前行，以成此位。觀修鴻漸，不離是忍，故云住中。然此即上賢，故下觀修勝前。

△二、觀行差別，五。

初、觀法無生。

觀諸法性，得無生滅。四無量心，能破諸闇。常見諸佛，廣興供養。常學諸佛，住迴向心。

諸法因緣，必有合離，故皆生滅。今如實觀空，不住不著，則實相凝常，故無生滅。所謂以分別心見，則萬境紛拏，若如實相觀，則真空冥寂，此也。《楞嚴》第一回向云：雖度衆生，不見度相。第二向云：壞其可壞，遠離諸離。若此，何嘗有生滅哉？

慈、悲、喜、捨，爲無量心，然此能破闇者，以慈能與樂，悲能拔苦，喜能除瞋，捨能滅貪故。見佛供養，如普賢廣修供養願。學佛住向，即常隨佛學願。并普皆回向願也。然此亦可是兩足之行。以廣興供養，則勝因愈廣，功德益多，即修福行願也。學佛則因修果證，普皆瞻依，住向則衆生菩提，三總回向，即修慧行願也。凡此皆長養大悲，非一於自利者矣。

△二、觀修全性。

所修善根，皆如實際。皆於三昧，廣作佛事。現種種身，行四攝法。

依真之行，行行契真，故云所修等。清涼云：非真流之行，無以契真，未有飾真之行不從真起。此也。又《起信》云：於真如法中，深解現前，所修離相，以知法性無慳貪故，隨順修行檀波羅蜜等。廣引如前。然入三昧，作佛事，則行業益爲難思，以非散心作者同矣。現多身，行四攝，則利生愈益漚和，以非不善涉化等矣。故知此位勝業，愈廣愈大矣。

△三、觀性起修。

住無分別，化利衆生。智慧明了，甚深觀察。一切行願，普皆修習。能爲法師，調御有情。

了生界一如，故化利適均，非同住相化生比矣。達本覺無二，故觀照徹底，非同沉空偏觀比矣。行願雙修，行行〔二〕得願輪，長時不退，願得行足，遍界彌綸，所謂無往而非遍修之道也。堪作模範，軌教後人，故名法師。然觀根授法，因病假藥，則生界雖夥，觀一際平等，故云調御有情。此則全性是修，與事行大不侔矣。妙已哉。

△四、觀法皆如。

善觀五蘊、三界、二諦，無自他相，得如實性。

成幻妄身心者，五蘊也。作生趣依止者，三界也。攝空假諸法者，二諦也。然五蘊皆空，三界夢幻，二諦平等。約相觀之，則因緣是空，自他不有。約性觀之，則真性一如，皆是實相。故總云善觀。又即前云觀五蘊，得戒等五忍。觀三界因果，得三空忍。觀二諦假實，得無常、無生等忍是也。

△五、示受生處。

雖常修勝義，而受生三界。何以故？業習果報未壞盡故，於人、天中順道生故。

此位悲、智具足，故觀空不住，留惑示生也。言勝義者，即真實空性也。而曰常修者，則動靜必於是，念劫必於是矣。如必於此，則自證實有餘，而利他似不足，故雖常修勝義，而必混俗和光，同塵幻應之念，汲汲然不置，故云受生三界。

何以故，徵。謂：既修勝義，則觀空時一道清淨，而又受生三界者，何也？

業習下，釋有二義：一、因果不忘，不得不生故；二、人天善趣，恒順示生故。是知此位菩薩受生三界，實則居半，權則居半，豈同凡夫純業力而受生，二乘躭空寂而不來哉？

△三、入位時行。

上品修習八萬四千波羅蜜多，於四阿僧祇劫，修二利行，廣大饒益，得善調伏諸三摩地，住勝觀察，修出離行，能證平等聖人地故。

觀力愈精，故應化塵勢，修習上品。斷證益廣，故時長劫遠，四阿僧祇劫。回智向悲，故純是大悲。回實作權，故於諸根性，得定善調。皆此位行修也。若語勝進，如下所明。住勝觀察，則悲智本一心源。修出離行，則斷證全托性地。凡此皆所謂第十回向位，加行觀修，以求出賢位者也。能證平等地者，即指初地，以入地證如，非差別相，故云平等。若上賢位，則無此證修矣。

問：此中不云加行，爲是總無，爲是義含耶？

答：《楞嚴》等經、《唯識》等論，俱開四種加行，以第十向位非加行，則從賢入聖，從世出世，有似天淵，故須開之。此中雖無加行之名，以義取之，即住勝句下，義在總該。何者？以四加行定，能觀不出明得、印順等定，所觀不出名、義、自性、差別四法。今云住善觀察，即煖、頂、忍三種加行觀斷也。修出離行，能證聖地，即世第一位，從世出世也。就中證斷，義總包含，故知四行不開，義已具在第十回向位中矣。

△四、歡喜地，三。

初、標位超出。

復次，歡喜地菩薩摩訶薩超愚夫地，生如來家。

此即信忍下品位也。斷除法執，從世出世，故云超愚夫地。初證真如，體同佛體，故云生如來家。此二句爲總。下諸句爲別，明生如來家之斷證二利事之差別也。

△二、智行差別，四。

初、通明二智。

住平等忍，初無相智照勝義諦，一相平等，非相無相。

平等忍者，謂了真俗、染淨無二故。住者，即入心。方事於斷證，未能得解脱，義言住也。無相智，即能證如理實智。此智同空，故云無相。勝義諦即所證徧行真如理。此理超絶，故云勝義。照字，通能通所。智言初者，即纔生佛家，始證真如也，實則理智俱無始故。一相下，即正證時，理智一如，所謂無有如外智能證於如，無有智外如爲智所證，谿無二故，故云一相平等。又即理之智證即智之理，即智之理爲即理之智所證，谿相即故，故云非相無相。《大疏》云：智無自性，即是如體。無心存智，是曰證如。若以智會如，非證如矣。據此，則智即是如，如即是智，法界寂然曰如，寂而常照曰智，豈離寂外別有智耶？故舉智收如，舉如收智，舉一全收，不容並立，如斯正證，法性洞然矣。

△二、斷除惑障。

斷諸無明，滅三界貪，未來無量生死永不

生故。

上明證理，此明斷惑。無明，即住相根本無明也。三界貪，即閏生枝末無明異生障也。未來生死，即三界果報也。以迷如來藏故成無明，繇無明故起三界貪，繇貪則三界有漏之業、未來生死之果，塵沙劫波，莫之遏絶。今尋此妄惑，都無根本，非内非外，亦非中間，三世推求，都不可得，從無住本，顛倒妄生，故照惑無體，無時即明。根本既斷，惑業苦三，應念消忘。即一斷時，一切三道俱永斷也。然《大疏》謂：緣境斷惑，不二而二，有能所斷。二而不二，説爲内證。據此，則能斷是智，所斷是惑，故言有二。惑體智體，無二體故，故名不二。《涅槃》云：明與無明，其性無二，愚者謂二，智者了達知其無二。是也。

問：彼斷無明相，約何相斷耶？

答：《十地經》云：非初非中後。若爾，云何斷耶？《論》云：如燈燄非唯初中後，前中後取故，謂唯取一時，則不能斷。三時總取，方説能斷。假三時斷，則無定性。何者？初若能斷，不假中後。後若能斷，不假初中。既假三時，故知無性。一一推徵，三皆無性，是故《經》言：非初非中後。繇三時無斷，方名斷結，是故《論》云：前中後取故。《經》則約性，《論》則約相，性相無礙，方能斷結。此即無斷之斷，斷而無斷者也。

△三、方便起修，二。

初、總明修習。

大悲爲首，起諸大願，於方便智，念念修習無量勝行。

賢位雖亦利他，悲心願智總皆孱劣。此地聖位力强，故純是大悲利生，發十弘願不退。繇大悲時時度生，故權智念念修習。就中利自利他，一皆依真建立，故云無量勝行。然悲願智三，大願爲總，大悲權智爲别，以度生修行，非憑大願堅持，則中隳退墮，故願爲總也。

△二、別明方便。

非證非不證，一切徧學故。非住非不住，向一切智故。行於生死，魔不動故。難我我所，無怖畏故。無自他相，常化衆生故。自在願力，生諸淨土故。

此明方便有六。今初謂徧學也。理智一如，無有少法，與法同住，則顯法性無容並真。二既不存，一亦奚立？不同法相決有内證，故云非證。然正緣境時，不二而二，有能所照，二而不二，即智證如，故云非不證。於此二非之間，以方便智若斷若證，或自他行世出世法，皆足以充擴德性，長養大悲，故云一切徧學。言徧學者，即效法勤習之謂。

非住下，即回向也。謂住則著相憍慢，是衆生見，不住則沉空滯寂，是二乘見，故並非之。唯以方便智，趣向佛果，俾至圓滿菩提，歸無所得，不執空有，中道叵得，所謂回真如心，向無爲果，不住一法者也。

行於下，即變化也。謂雲駛月運，舟行岸移，理不如斯，繇妄見耳。心本寂滅，原非輪轉，繇迷妄故，一旦懵然而生，昏然而死，且不知往因現果，從何自而有也？今菩薩證如，三世非遷，生死空華，等如嬉戲，雖履生死，了不相關，方便漚和，鬼神莫覷，心魔外魔，何自動哉？此雖處生死，而不行於生死者也。此分知三界之相，無有生死退出，不如三界見於三界，故知魔不能動也。

離我下，即一乘也。謂我即人執，乃能執之主宰。我所即法執，即五蘊等法。繇有我故，起諸煩惱，續諸生死，不得斷絕。繇我所故，起所知障，礙正知見，不得圓明。然衆生耽於我見，故暫時失我，怖畏爲死。二乘沉於空法，故總觀三界，稱爲牢獄。此皆怖畏之狀也。唯菩薩觀我總空，我所不有，了達虚空，安住一乘實相覺地，求二不得，怖從何來？故雖離二，性静恬夷，了無攖心怖畏也。

無自下，即實相也。謂所化爲他，能化爲自，今悲智常相輔翼，故雖令滅度，了無度相。雖無度相，普令證滅。化而無化，無化而化。化與無化，㴠然平等。能化所化，不離一心。此能化生無盡，其化大也。

自在下，即自在方便也。謂諸佛清淨報刹，繇因中弘願所感，若離大願，則安養非有，琉璃無成。所謂淨土者，無三惡道之名，交接皆上善之人，故一念不斷，即便往生，信力未專，疑城即墮。今此初地，以願力自在，十方淨域隨心應念，無不可生，如鏡當臺，像至便現，夫誰得而障礙哉？所以必往生淨土者，以種福修慧，見佛聞法，因修果證，淨土最易故。

△四、重明二智，三。

初、實智離相。

善男子，此初覺智，非如非智，非有非無，無有二相。

此牒前初無相智，明真見道也。謂智外非如故非如，如外無智故非智，雙拂並遣故非有，舉一全收故非無。一切皆非，渾一實體，故無二相。二既不存，一亦即泯，斯證智之妙者也。

△二、權智自在。

方便妙用，非倒非住，非動非静，二利自在。

此即如量智應變難思也。謂示凡外，而非同凡外，故非倒。在機境，而不繫機境，故非住。涉有而一道清淨，故非動。觀空而萬行沸騰，故非静。繇是，正自利時利他，正利他時自利，即智行悲，即悲導智，悲智相資，渾然中道。

△三、法喻合顯。

如水與波，非一非異，智起諸波羅蜜多，亦

非一異。

喻中，即水之波即水，即波之水是波，故非異。水澄波動，故非一。即實即權，亦若是矣。實外無權，猶即水以明於波。權外無實，猶即波以明於水。法喻昭然，皆權實非一異，故能一異者焉。

△三、入證時節，三。

初、劫行分齊。

於四阿僧祇劫，滿足修習百萬行願。

劫即所修之時，願乃所修之行。然此時長行遠者，以此地證修悲智，益超絶故。

△二、智願自在。

此地菩薩，無三界業習，更不造新。由隨智力，以願生故。

前云：斷諸無明，滅三界貪，一切生死永不生故。故此云：無三界業習。言業習者，即夙業陳習也。業習既無，新業不續，即隨緣消舊業，更不造新殃也。繇隨下，釋伏難。難云：有業有生，既無新業，依何受生耶？釋云：繇隨方便智力，發其淨願，若淨願自在，則隨願往生矣，何待新業乎？

△三、修檀利生。

念念常行檀波羅蜜多，布施、愛語、利行、同事，廣大清淨，善能安住饒益衆生。

檀度有三，謂財、法、無畏。此地行檀者，以檀爲衆行之本，故念念常行，餘非不修，唯隨分而已。四攝言廣大清淨者，以四攝普徧云廣大，雖攝忘攝云清淨。大悲增上，隨緣與樂，即安住饒益之謂也。

△五、離垢地，三。

初、標名示位。

復次，離垢地菩薩摩訶薩，

此即信忍中品位也。戒足清淨，永離誤犯，名離垢。《楞嚴》云：異性入同，同性亦滅。《華嚴》云：譬如真金，置礬石中，如法煉已，離一切垢。皆離垢義。

△二、本地行業。

四無量心，最勝寂滅，斷嗔等習。修一切行，所謂遠離殺害，不與不取，心無染欲，得真實語，得和合語，得柔軟語，得調伏語，常行捨心，常起慈心，住正真心。寂靜純善，離破戒垢，行大慈觀，念念現前。

此文有三。

初三句，顯所斷證，謂萬行以四心爲體方稱法性，離此則成住相事行也。最勝寂滅，即所證真如。以不與萬法爲侶，故云最勝。以無生滅遷流，故云寂滅。嗔等習，即所斷惑習，乃俱生惑也。此皆不證而證，不斷而斷，能所一如，雙泯者也。

修一切下，别明十善。初句，總標。所謂下，明修相。殺生有短命、多病果報，故離殺害，不止不食其肉也。偷盗有貧窮、共財不自在果報，故不與不取，所謂物各有主，非吾所有，一毫莫取。婬有妻不貞良、不隨意眷屬果報，故心無染欲，縱值妖艷之色，不能刼動其心。妄語有多被誹謗、爲他所誑果報，故今得真實語，斷除虚妄。兩舌有眷屬乖離、親族弊惡果報，故今和合語，不宣傳彼此，鬬亂兩家。惡口有常聞惡聲、言多諍頌〔三〕果報，故今得柔軟語，其聲和雅，聞者悦服。綺語有言無信受、語不明了之報，故今得調伏語，訥言不躁，巧言勿出。貪有心不知足、多欲無厭之報，今常行信心，於人不求，於已不慳，所謂知足除貪，播馨香於意地。瞋有人求長短、他所惱害之報，今常起慈心，則一嗔不起，百福自生。邪見有生邪見家、其心諂曲之報，今住正真心，開明慧性，覺悟自他，邪説誣明，斷不爲也。如此，則十善恭修，十惡自止，夫何誤犯乎？

寂靜下，垢盡明現。純善無惡，故稱離垢。言寂靜者，以遠離破戒憒閙故。前云斷嗔等習，故此云行大慈觀。此觀言念念現前者，以顯嗔習一一永斷故。

△三、證入時節。

於五阿僧祇劫，具足清淨戒波羅蜜多，志意勇猛，永離諸染。

行位愈超，故時劫愈長。此地於戒度偏修。然戒有大、小乘之別，所戒之非亦有性遮不同。此地圓持衆戒，皎若氷霜，故云具足清淨。心無怯弱，故云志意勇猛。一斷永斷，故云離諸垢染。

問：十善爲生天之因，教有明文。今聖位深證，何以專修淺事耶？

答：法門惟一，修則不同。如人天修之，則人天十善。若菩薩修之，即菩薩十善。亦猶四諦一耳，隨機則有生滅、無生、無作、無量攸分，法可一定乎。

△六、發光地，三。

初、標名示迹。

復次，發光地菩薩摩訶薩，

《楞嚴》云：淨極光生，故云發光。此即信忍上品位也。

△二、明其行業。

住無分別，滅無明闇。於無相忍，而得三明，悉知三世，無來無去。依四靜慮、四無色定，無分別智，次第隨順，具足勝定。得五神通：現身大小，隱顯自在。天眼清淨，悉見諸趣。天耳清淨，悉聞衆聲。以他心智，知衆生心。宿住能知無量差別。

初二句，略明斷證。謂此地證聖流真如。亦照體無自，即是證如。即此智體，本唯無念，故云住無分別。斷闇鈍障，故名滅無明闇。亦照惑無本，即是智體，乃不斷而斷也。

於無下，別顯行業有三。初，辨三明。無相忍，即所依之智。謂無相者，以忍體如空，無所依故。忍約無間道中而言。依此忍智，破三際愚，故能宿住明過去，天眼見現在，漏盡知未來。然一念普觀，求三叵得，夫何去來？古云：十世古今，始終不離於當念。小乘亦具三明，但有去來之相爲異耳。

依四下，明八定。

四靜慮，即初禪離生喜樂定，有五支：一、覺；二、觀，即對治支；三、喜；四、樂，即利益支；五、一心，即彼二所依自性支。二禪即定生喜樂定，有四支：一、内淨，即對治支；二、喜；三、樂，即利益支；四、一心，即彼二所依自性支。三、三禪，即離喜妙樂定，有五支：一、捨；二、念，即對治支；三、慧；四、樂，即利益支；五、一心，即彼二所依自性支。四、四禪，即捨念清淨定，有四支：一、不苦不樂，即利益支；二、捨清淨；三、念清淨，即對治支；四、内淨支，亦即對治支。此四禪十八支也。言靜慮，即有□定、慧均等之稱也。

四無色定者，即第一空無邊處定，此厭色依空。二、識無邊處定，此厭空依識。三、無所有定，即迥無所依，依識性也。四、非想非非想處定，即麤色已滅，細性尚存，似有不有，似無不無之謂。

此地依此八定，用無相智，次第隨順，不相踰越。即此有漏禪定，成就自性清淨定，故云勝定。

問：此地修禪，亦與禪天，同一修耶？

答：不同。直寄此以修勝定耳。蓋禪天有漏心，此則無相智，禪天欣厭，此地隨順，天壤相懸，豈能等乎？

得五下，明五通。初句，總標。言神通者，神名天心，通名慧性。然此有二：一、修得，即小乘緣物而現者；二、發得，即大乘自性顯發者。現身下，别明。一、神境。謂或現大身，或現小身，或一隱多顯，或多隱一顯，無作自在，妙用難思。二、天眼。謂清淨目，見六道業果，善惡好醜，無不徹見。三、天耳。

謂清淨耳，天上人間，凡夫賢聖，種種音聲，無不周聽。四、他心。有漏念慮，散定諸心，凡在擬度，一皆證知。五、宿住。過現業因，本生往事，雖經塵劫，猶如今日。此皆依無分別智體，發此性通，悉見悉知者，豈同凡小邪外五通耶？不言漏盡通者，以上地無明猶存，未斷盡故。

△三、入證時節。

於六阿僧祇劫，行一切忍波羅蜜多，得大總持，利益安樂。

忍有三：一、耐寃害忍，二、安受苦忍，三、諦察法忍。此地於此時劫，修行此忍。即此忍行，遠有所到，故云忍波羅蜜多。又此地智光明極，故云得大總持。不捨有情，故云利益安樂。是知行忍，自他俱利也。

△七、燄慧地，三。

初、標示名迹。

復次燄慧地菩薩摩訶薩。

智光圓滿，鑠斷緣影，故曰燄慧。此即順忍下品位也。

△二、當地行業，三。

初、觀忍斷證行。

修行順忍，無所攝受，永斷微細身邊見故。

此忍已順真如，故名順忍。即此地能斷能證之忍智也。無所攝受，即此地所證之真如，以真如離相，離執取故，攝受即執取義。

永斷下，明所斷障，所謂細惑現行障。微細身邊見者，以此地出世，身見俱生二不有故，方名永斷。如其未斷，何以證入第一勝義諦乎？

△二、修習助道行。

修習無邊菩提分法，念處、正勤、神足、根、力、覺、道具足，

大乘行法，以道品爲助。此言無邊，即稱性而修，以成就菩提也。身、受、心、法，爲四念處。斷、惡、生、善，爲四正勤。欲、

勤、心、觀，爲四神足。信、進、念、定、慧，爲五根。五根能伏魔外，爲五力。念、擇、覺、喜、輕安、定、捨，爲七覺支。見、思、語、業、命、進、念、定，爲八正道。念以觀法，勤以進修，足以趣證，根能不拔，力能不屈，覺能決了，正能總攝，皆相因而設也。試以喻明，心性如大地，念處如種子，正勤如種植，神足如抽芽，五根如根，五力如莖，七覺如花，八正如果。此中圓滿修習，一無所乏，故云具足。

△三、成就勝進行。

爲欲成就力、無所畏、不共佛法。

前修菩提分法，爲欲成此果德耳。此中，果德有三：一、十力德，即一是處非處智力，乃至第十漏盡力；二、無所畏德，即一一切智無畏，乃至第四説盡苦道無畏；三、不共二乘德，即十八不共法，即初三種身、口、意無失，乃至十六知過去，十七知現在，十八知未來，俱各無礙。略舉成就三種果德，實則成就無量也。

△三、入位時行。

於七阿僧祇劫，修習無量精進波羅蜜多，遠離懈怠，普利衆生。

精進有三：一、被甲，二、攝善，三、利樂。實則稱性而修，精進無量。懈怠，即所對治蔽。此則善根圓滿，善法無量，利益衆生。不離一精，則懈怠自離也。

△八、難勝地，三。

初、標示名位。

復次，難勝地菩薩摩訶薩，

《楞嚴》云，一切同異，所不能至，故名難勝。此即順忍中品位也。

△二、本地觀修，二。

初、自利行。

以四無畏，隨順真如，清淨平等，無差別相。斷隨小乘，樂求涅槃，集諸功德。具觀諸諦，此苦聖諦，集滅道諦，世俗勝義，觀無量諦。

以四下，觀達真如也。四無畏：一、總持，二、知根，三、決疑，四、答報。此四出《智論》。菩薩以之斷證，非同佛地四無所畏也。隨順者，即加行、無間道。此如離過，故云清淨。亦非二相，故云平等。無差別相一句，即的指真如之體，以此地證無分別真如故。此亦照如，内證二而不二也。

斷隨下，觀斷障習。夫小乘積功累德，非利自他，祇欲樂求有餘，止息化城耳。菩薩則知法寂滅，不復更滅，所修功德專爲度生，故切斷之。此即斷下乘涅槃障也。然斷惑之義，亦照惑無體，不斷而斷，非形於能所者矣。

具觀下，普觀諸諦。初句總標。此苦下，別觀有二。一、觀四諦，謂觀苦逼迫，觀集招感，觀滅可證，觀道可修。皆言聖諦者，斷集知苦所顯，皆真空理諦故。二、觀二諦，謂觀俗則變態萬殊，觀真則平等一味故。觀無量諦，□□總結，稱性而觀也。謂即如觀苦時一苦一切苦，觀集時一斷一切斷，觀滅時一證一切證，觀道時一修一切修。如觀假時則真中無非假有，觀真時則假中一切皆空，觀中時則真俗全歸中道，故云觀無量諦。若爾，亦可總指上二諦諦理，爲無量諦也。

△二、明利他行，二。

初、能利之行。

爲利衆生，習諸技藝，文字醫方，讚詠戲笑，工巧呪術，外道異論，吉凶占相，一無錯謬。

四地出世，此地大悲淩發，復入塵勞，多方利生也。準《大論》，有五明：一、聲明，謂釋詁、訓字、詮目、流別者，即此文字、讚詠等是；二、工巧明，謂技術機關，陰陽曆數，即此工巧、技藝、吉凶等是；三、醫方明，謂呪禁閒邪，藥石針炙，即此醫方者是；四、因明，謂考定邪正，研覈真僞；五、内明，謂究暢五乘因果妙理。此二明，即下文漸令安住，乃至知諸地中出道障道是。此五地菩薩，覺内五明。若外五明，則前四相同，第五加符印耳。此皆爲利生方便法也。

外道下，精明外論。謂神我冥諦，六句義等，即外道異論。如四《韋陀》典，中間養生繕性之方，祭祀祈禱之事，禮儀占卜，軍陣兵法，異能神術，推步盈虚，皆有法式，毫無妄誕。學之精明，用之貇到矣。

△二、所利之益。

但爲衆生，不爲損惱，爲利益故，咸悉開示，漸令安住無上菩提，知諸地中，出道障道，

一毫有益，必欲利生。倘無損害，咸爲開示。雖頓入涅槃，極難爲其功，而漸安菩提，實易爲其力也。何者。盖資生世論，皆與實相不相違背。故諸地有二道：一、出離道，即依真修證者是。二、障礙道，即住相觀察者是。大抵知地地有出道，何處不是解脱門？知地地有障道，何往而非障礙處乎？出障二事，實在人智照之通塞耳。

△三、入位時節。

於八阿僧祇劫，常修三昧開發諸行。

梵語三昧，此云正定，即禪波羅蜜多也。然此定有三：一、安住，二、引發，三、辦事。此定成時，自他利行，皆從此出，故云開發。

△九、現前地，三。

初、標示名迹。

復次，現前地菩薩摩訶薩，

照見緣生，相無有二，故名現前。又勝義智光，能徧滿故。此即順忍上品位也。

△二、本地觀修，二。

初、總顯住斷。

得上順忍，住三脱門，能盡三界集因集業，麤現行相。

初二句，住持理觀。謂此忍隨順，證入已極，故云得上順忍。仍即此觀，了緣無有，

求相叵得，無有業報，故云住也。三脱，即空、無相、無作也。

能盡下，斷除三道。三界皆未免輪迴者，繇惑、業、苦三輪轉不已。一切煩惱即集因惑道，一切善惡爲集業業道。麤現行相，即以惑業爲因，未超分段果報即苦道。謂苦爲麤者，以依惑業種子，招引現行，可知可見故云麤。今云能盡，則三界因果，永不襲故。此斷麤現行障也。亦可此斷六麤。何則。以集因即智相等前四，集業即起業相，麤現行相即六業繫苦相也。

△二、別觀因緣。

人〔三〕悲增上，觀諸生死，無明闇覆，業集識種，名色六處，觸受愛取，有生老死等，皆由著我。無明業果，非有非無，一相無相，而不二故。

此文有二。

一、大悲下，觀緣似有。謂前盡三道，聖智已充，今欲利他，故大悲增上，然生死事大，故先觀之。須知生死云何招感，以何因緣流轉不斷？究其根本，繇迷妙覺，故成無明。無明有二：一、根本無明，二、潤業無明。依持根本，假託潤生，故有行生。集業，即行也。此二爲因，招現在五果。所以識種繇業漂，乘四大色，故内有四蘊之名，外有質礙之色。名色既顯，六處各分，對境而觸，對觸領納，五果具矣。從果起業，又有現因三種。故愛則貪染不捨，取則執著橫求，有則界趣不忘。繇現因故，乘業而受生，變易而形老，敗壞而死盡，未來果報，相續不斷。此即因緣順觀流轉門也。然此十二因緣，有一念、一世、二世、三世、五世之別，如《華嚴大疏》引諸經論説而觀之之法。《大疏》亦有月滿三觀、星羅十門之觀，非同中乘七十七智逆順還滅二種而觀也。故知總觀因緣相續，能通三世，不出三道，乃至攝歸一心，無明即明矣。皆繇著我者，以十二因緣離我，則一切永斷故。

無明下，觀因無相。無明業果，總牒上因緣也。以究竟本空故非有，相續建立故非無，有無平等，故名一相。即一亦空，故云無相。因緣一心，即差別而非差別，故云不二。

△三、入位行時。

於九阿僧祇劫，行百萬空、無相、無願三昧，得一切般若波羅蜜多，無邊光照。

先明時長，次明大行。然有二種。一、行三空正定。言百萬者，以慧廣定廓故。二、得般若妙慧。言得一切，又云無邊者，以定多則慧大故。要之，即慧之定故三空百萬，即定之慧故光照無邊，定慧莊嚴，業行斯到彼岸矣。故兼云般若波羅蜜多。

仁王護國般若波羅蜜多經卷下科疏卷四

校勘記

〔一〕「崇」，疑爲「祟」。下二「崇」字同。

〔二〕「湧」，據《賢愚經》（《大正藏》本），疑爲「踊」。

〔三〕「乒」，疑爲「兵」。

〔四〕「口」，疑爲「日」。

〔五〕「讀」，疑爲「續」。

〔六〕「生」，疑衍。

〔七〕「制」，疑爲「剎」。

〔八〕「上」，疑爲「土」。

〔九〕「量」，疑後脱「土」字。

〔一〇〕「習」，疑爲「性」。

〔一一〕「行」，疑衍。

〔一二〕「頌」，疑爲「訟」。

〔一三〕「人」，疑爲「大」。

仁王護國般若波羅蜜多經卷下科疏卷五

唐三藏沙門大廣智不空奉詔譯
明慈慧寺開山比丘蜀東普真貴述

△十、遠行地，三。

初、標示名位。

復次遠行地菩薩摩訶薩，

盡真如際，玄達妙超，故名遠行。即下品無生忍位也。

△二、本地觀修，二。

初、總明斷證行。

修無生忍，證法無別，斷諸業果，細現行相。

初二句，明證行，謂諸法從本寂滅，故云無生，然因迷執，遂見一異等相。此地方了法空，故入觀常恒，然且在無間道中，未至解脱，故云修云忍。忍即行之成名。證法無別，即智所依真如，以了法無生，平等一性故。然此證者，亦以照如，内證非能所故，義如前説。

次二句，明斷行。即所斷細相現行障，即三界習煩惱。此習幽綿難知，故云細相。亦照惑無體，無明即明，非有二相，約義言斷。所謂無相地中，盡斷法俱生也。

△二、别明不住行。

住於寂滅，起殊勝行。雖常寂滅，廣化衆生。示入聲聞，常隨佛智，示同外道，示作魔王。隨順世間，而常出世。

初二句，所謂不起滅盡定而現諸威儀也。行云殊勝者，以依真而修，不爲魔攝故。

次二句，寂滅即智，化生即悲，以即智之悲故寂滅不礙化生，以即悲之智故化生常住寂滅，悲智雙行，二利齊舉，是無住行也。又上即定散無礙，下即權實無礙。

示入下，不同那[三]小。聲聞怖三界苦，未了法空，滯寂滅偏見，此爝火之照光也。佛智了法本空，皆是實相，如麗天之杲日也。故此示入如此，而常隨如彼也。外道妄度諸法，不達心源，即異端害正者。魔即魔羅，此云殺者，盖喜塵勞、傷慧命、戕法身者。今皆示入者，以同事攝化，先同後異，革彼邪緣，同入佛地故。

隨順下，不染世累。和光同塵曰隨世，堅白無染云出世。昧心精者皆迷於世業，躭幻有者俱染於魔累。此地常順常出，盖了世相常住，即世出世者，非般若漚和，兩相輔翼者，孰能與此？前云：永斷分段超諸有，常觀勝義照無二。此之謂也。

△三、入位時行。

於十阿僧祇劫，行百萬三昧。善巧方便，廣宣法藏。一切莊嚴，皆得圓滿。

三昧方便，即依持正定而廣修方便波羅蜜多。如上云住滅定、起勝行是也。廣宣法藏，即隨類示入，觀根逗教也。

一切下，即定慧二種所修功德，具足無缺，故云圓滿。

△十一、不動地，三。

初、標名示位。

復次，不動地菩薩摩訶薩，

《楞嚴》謂：一真如心，故名不動。此即中品無生忍也。

△二、當位修證，二。

初、明寂滅忘緣。

住無生忍，體無增減，斷諸功用。心心寂滅，無身心相，猶如虛空。此菩薩佛心、菩提心、涅槃心，悉皆不起。

初三句，明斷證也。前云修，此云住，即知此忍證入有淺深也。體無增減者，即體達真如，非可益相，非可損相。如《心經》云是諸法空相乃至不增不減等，即所證無增滅真如。斷諸功用，即所斷無相加行障，以此位任運兩利，非修作用故。

心心下，顯寂滅。此内忘身心，謂無功用道，純一真如，故心心寂滅。然寂滅有二義：一、本來無妄可得故，二、障盡離相故。繇此内外泯忘，身心絶迹，得非忘能所、滅影像乎？虚空，喻明無相寂滅義也。

此菩薩下，外泯因果。謂了法無生，純一真如，繇是任運寂滅，上求下化，灰心冷念，云悉皆不起。佛心即覺心，約迹即别指果位圓極，徹證萬法故，約理即覺體清淨，一性真如名佛故。菩提即智果，轉煩惱而成者。涅槃即斷果，轉生死而成者。

△二、明悲願雙運，二。

初、佛加起行。

由本願故諸佛加持，能一念頃而起智業，雙照平等。

上云：身心相滅，悲智不起。今内繇夙願任持，了因返照，外感勝緣加被，緣因冥資，故能不假多時而妙慧自彰，於一念頃而正因頓起。即此根本智體，顯發無邊業用。繇此業用，遍照諸法非真非俗，故能有能無，絶智絶悲。故即智即悲，不住二邊，妙達中道，無二無别，渾一平等。然本願與佛加，遞相感招。何則？繇内有本願故外感佛加，繇外感佛加故方顯夙願。感佛加持之意，即《華嚴大疏》依經明：此地得變易身，到無功用，心心寂滅，大悲不起，諸佛作七勸惰度之，然後悲願無礙，真俗雙照，方趣向果海。不然，與二乘沉空者等矣。

△二、悲利羣生。

以十力智，徧不可説大千世界，隨諸衆生，普皆利樂。

智不住寂，則悲心增上，故能以十力智徧大千界，爲諸衆生作利益事。十力智，即能化之智。大千界，即化境分齊。十力智者，如《大論》云：一、發一切智心堅固，二、不捨衆生大慈，三、具足大悲，四、信一切佛法精進，五、思行禪定，六、除二邊智慧，七、成熟衆生，八觀法實相，九、入三解脱門，十、無礙智。釋義如彼論中詳之也。

△三、入位時行。

於千阿僧祇劫，滿足百萬大願，心心趣入，一切種、一切智智。

此地作二禪王，住百萬微塵數佛刹，故能千無數劫，滿如許之大願也。前住無生，斷功用故，心心寂滅。此仗佛加，起智業故，心心趣入。言一切種，即盡法界，事類不一也。一切智智，即窮佛果之智也。蓋此地欲深窮萬法，同佛證智故，此十度中，願度最勝故。

△十二、善慧地，三。

初、標示名位。

復次，善慧地菩薩摩訶薩，

《楞嚴》云：發真如用，故名善慧。此即上品無上忍也。

△二、本地行業，二。

初、略顯斷證。

住上無生忍，滅心心相，證智自在，斷無礙障。

《華嚴》云：不見少法生滅之相，名無生忍。今云上者，即渾忘忍相故。言住者，即常在不離故。心心相，即念念生起慈悲之相。今云滅者，即忘能所、滅影像，故前經云：常在無爲空寂行。證智自在，即所證真如。繇證此如，故能説法無礙，一演一切，聞者喜悦。斷無礙障，即所斷惑。謂無礙者，以纔著無礙，無礙即礙，故須斷之，此亦不證而證，不斷而斷也。

△二、别明業用。

具大神通，修力、無畏，善能守護諸佛法藏。得無礙解，法、義、詞、辨，演説正法，無斷無盡。一刹那頃於不可説諸世界中，隨諸衆生所有問難，一音解釋，普令歡喜。

此文有三。

具大下，果體具足也。大神通，即稱性示現者，如云一爲無量等，此地雖未能如佛境界，亦具體而微者。力即十力，無畏即四無所畏，此二是佛果德。此地上求無已，故修當圓滿。諸佛法藏，即佛佛證窮法藏，從後得智，起大悲心流出等流教法，以利益三乘賢聖，度脱三界有生者。然皆法寶無涯，隱奧難測，三乘非分，等覺猶迷，唯佛能知。此地真如智用，觀機宣傳，非機不與，故不失人，亦不失時，乃能用之不竭，取之不匱，故云善守護也。如所説乖真，非機妄授，是豈善守護哉？

得無下，明妙説常恒，本智融通，非一非多。良繇理、智既以一如，故法、義、辭、辨亦無礙也。法即法體，如云心法境法、淨法染法、因法果法等。義即法之義相，如心法有三大等義，境法有真、俗等義，染法有六凡依正等義，淨法有四聖斷證等義，因有世、出世別，果有世、出世殊。詞即隨俗唱導，一音圓具等。演説下，即真如佛性，法界事理，非偏非邪，故曰正法。菩薩一演一切，舒之不盡，一切演一，卷之不窮，一切時中，徧法界處，咸皆如是。所謂無量無邊契經海，一言演説盡無餘者，此也。

刹那下，明圓解投機。一刹那，即時之極促者。不可説世界，即處之無際者。言諸世界者，即仰覆染、淨刹土也。諸衆生，即善惡種種，根性樂欲不同也。然菩薩證智自在，大悲普覆，以極促時，遍廣大界，種種生類，多多問端，一音之下，衆疑氷消，猶陽春回於大地，故云一音等。然問難者，或請益求法，或興心起諍，或猶豫不決，或知而故問，總云問難。

△三、入位時行。

於萬阿僧祇劫，能現百萬恒河沙等諸佛神力，無盡法藏，利益圓滿。

劫波經十千無數，神力現百萬恒沙，即力波羅蜜多無盡故。法藏難窮，即發真如用無盡故。利益圓滿，即大悲稱性無盡故。

△十三、法雲地，三。

初、標示名位。

復次，法雲地菩薩摩訶薩，

《楞嚴》云：慈意妙雲，覆涅槃海，故云法雲。此即寂滅下忍位也。前總標云：從初習忍，至金剛定，如法修行十三觀門，皆爲法師。故從前至此，一一先標修習名位也。

△二、本地行業。

無量智慧，思惟觀察，從發信心，經百萬阿僧祇劫。廣集無量助道法，增長無邊大福智。證業自在，斷神通障。於一念頃，能徧十方百萬億阿僧祇世界微塵數國土。悉知一切衆生心行，上中下根，爲説三乘，普令修習波羅蜜多，入佛行處，力、無所畏，隨順如來，寂滅轉依。

此文有七。

無量下，明因修時長。此地以智度偏修最勝，故云無量。能以此智，如理思惟，如實觀察，故行行契真，念念不住，二利之修圓彰，真俗之法遍等，非住著一偏者也。從發信心，即初發心時因位之始也。所歷三賢十聖不同，故劫過無量無數，非因窮果證之時，孰能經此長劫乎？

廣集下，功德普集。謂時長劫遠，因窮智深，故能廣集增上，一切圓滿也。助道法，即戒定熏修福慧資糧等。大福慧，即五度依真，般若離相等。言無量無邊者，亦以稱性而修故。

證業下，明斷證自在。上句所證真如。云自在者，以平等智，觀一切法，真俗一味，妙現難思，云業自在。下句即所斷障。云神通障者，以生相未盡，法未自在，滯在神通，即此是障，故須斷之。此之神通雖大，然金屑落眼，則成塵矣。

於一下，智明塵刹。一世界之微塵數國土，非但二乘尚不周知，即賢位智力猶在怯弱，亦不明了。今云十方百萬億無數之世界，如許世界之微塵，如許微塵之國土，而一念能遍者，當知此地證業自在，微塵國土在一智念中，含攝無餘矣。

悉知下，説法隨根。一念徧如上微塵之國土，可謂難思，而如許國土衆生之心行、根器悉知，益爲玄妙。既能知根説法，巧被三乘，愈知此地因窮果海，悲智功終，方如是也。不然，機應三乘，佛方能之，豈下位可辨哉？

普令下，頓令修證。衆生容行不等，菩薩觀察無二，故俾一切修彼岸行，此即以智導之，令離相契真。如圭峰云：故須策修始終離相。不然，則住相事行，唯成凡小有漏因果，豈是波羅蜜耶？

入佛下，明同佛證。悲智雙運，福慧圓滿，是佛無上行處。力、畏，皆佛果德。此地順流而入覺地相等，故言入。轉煩惱成菩提，轉生死成涅槃，是佛寂滅轉依。言寂滅者，以理智如空，歸無所得，故此地二種轉依，祇在刹那，不勞功用，故又言隨順也。

問：轉依之言爲實轉耶，爲義言轉依耶？

答：生死、涅槃，本原平等。煩惱、菩提，根同一源。□〔二〕即涅槃成生死，菩提成煩惱。悟則生死即涅槃，煩惱成菩提。但轉其名，非轉其體。如人迷時，執東爲西，悟時即西是東，不勞那〔三〕步，轉依亦猶是。況般若離相，涅槃、生死等如空花，煩惱、菩提一如幻夢乎？

△三、對位顯勝，三。

初、伏斷差別，二。

初、總標伏惑。

善男子，從初習忍至金剛定，皆名爲伏一切煩惱。

煩惱有根、隨。根本有六，即貪、嗔、癡、慢、疑、惡見。隨有二十，即大隨有八，謂不善、放逸等；中隨有二，即無慚、無愧；小隨有十，即忿、恨、惱、覆、誑、諂、驕、害、嫉、慳。然此諸煩惱，不出見思、塵沙、根本無明所攝。且無明有生住異滅四相之異，故所歷一切因位始終，皆能伏之。如上信位斷見思，伏異相無明。三賢斷異相，伏住相無明等。所云伏者，即獲賊得贜，未遽行刑之謂。如行刑，則煩惱絶，而生死命根斷，此乃斷惑之要也。

△二、別明漸斷。

無相信忍，照勝義諦，滅諸煩惱，生解脱智。漸漸伏滅，以生滅心，得無生滅。此心若滅，即無明滅。

此漸斷有三。

初無相下，約見道位斷。此即初地，《唯識》目爲通達位。以此地生如來家，住平等忍，初以如理智，觀照真如，内證無相，故云：無相信忍，照勝義諦。次以如量智，斷諸無明，滅三界貪，法執分別永盡不生，故云：滅諸煩惱。即此智體，斷證自在，故云生智。解脱者，即無分別自在義也。

漸漸下，明修道位斷。謂從第二離垢地，至修習位終，而明斷義。漸漸伏滅，即修習諸位，漸伏漸滅，如初地所知，二地斷之，二地證所知，三地斷之等。正伏斷時，則存能所，生滅宛然，已斷滅時，則證道平等，一真凝常，故云以生滅心等。

此心下，明等覺斷。《起信》云：覺心初起，心無初相。此心滅也。心滅，即無明滅矣。蓋無生滅心，對生滅言之，若執此爲實，則無生滅又成生滅心矣，詎可滅無明哉？故知滅此心，即滅無明，其猶膏益則燄熾，光滅繇炷盡耳。今之執生滅而謂無明盡，空談道理，無一實證，庶可以鑑諸於此。

△二、因果差別。

金剛定前，所有知見，皆不名見。唯佛頓解，具一切智，所有知見，而得名見。

此初，明分證不見。以未盡生相，尚存餘惑，非極造全證，故一切見知，如隔縠觀月，雖見還名不見。蓋滯在因修，未得了了明徹，如當空杲日。故《涅槃》云菩薩見佛性，不了了見者，此也。

唯佛下，次，明究竟見。謂重昏大夜，於此咸覺，萬法幽邃，於此獨朗，此則真窮惑盡，智圓果滿之位，故世出世間，大小纖塵，一視徹照。《涅槃》云唯佛一人，佛性了了者，此也。《楞嚴》明見量分齊有五，謂：初果見一小千界，四果見一大千界，菩薩見百千界，如來窮盡微塵國土無所不矚，衆生洞視不過分寸。據此，則同一見性，天淵懸隔者，繇迷悟爲礙，非有他也。

△三、約證道修別，二。

初、約無間道。

善男子，金剛三昧現在前時，而亦未能等無等等，譬如有人，登大高臺，普觀一切，無不明了。

此先明滯因位。然前云金剛定前未能徹見，可爾。今云金剛三昧正現前時，猶未能超數量，上等佛位，下同生界者，良以智未斷證，妙契一如故也。古謂：百尺竿頭坐的人，雖然悟得未爲真。百尺竿頭須進步，十方世界現全身。信哉。

譬如下，喻明非極。登臺大觀，雖一切明了不昧，然亦如四加行頂地，下有微礙之時，語之出世第一，脱體無依者，其何能焉？此中喻意：人喻等覺，即法雲含攝之後位也。因修已極，況如登臺。果證垂滿，喻如普觀一切，無不明了。夫至于無不了見，則猶是因相，非果海離相，一無所得者也，況下位哉？

△二、約解脱道。

若解脱位，一相無相，無生無滅，同真際，

等法性。滿功德藏，住如來位。

此初，明體同一如。前之無間道中，正生相垂盡之時。此乃蕩無纖塵，故目爲解脱位也。法界一如，名一相。即此一相，亦不可得，謂之無相。純證法身，非同四相，云無生滅。真際，謂真心實際，無際之際，際而無際者也。法性，即萬法真實之性，此性無性，無性而性性[四]者。唯佛同之等之，無二無別矣。然此中果位所證，不出依正二果。若約正報，即目三身。一相無相，即法身體同虚空故。無生無滅，即法身體，該今亘古，凝然真常故。法身如此，則報身、化身雖現化無方，蓋應不離真，且相續常，不斷常，亦與之俱如此矣，故云同云等。若約依報，一相無相，即寂光性土，以寂光非相，亦如虚空故。性土非器，孰成孰壞，云無生滅，所謂唯佛一人居淨土。性土如此，餘三土冥真，亦非成壞，故亦云同，亦云等也。故《法華》云衆生見劫盡，大火所燒時，我此土安隱，天人常充滿等，即三土冥真之謂也。然見有燒毁者，即衆生别業妄見，未冥真故。然則佛果既依正如此，凡果海中一切纖悉皆稱性無盡，所謂如海一滴，味具百川者焉。

後二句，明果圓超因。三德秘藏，毫無欠缺，故特云滿。如來果位，本自現成，故義云住。所謂三德者，一、法身德，即理，能爲一切功德依止故；二、般若德，即智，能了一切因果斷證故；三、解脱德，即行，非九界聖凡惑業三道繫縛故。此之三德，舉一即三，言三即一，三一互融，無相障礙，非縱非横，不即不離，例如天目，亦如圓伊，缺一不可，具三方圓。諸佛得此，所以萬法永證，妙用恒沙，慈悲無盡，據實難思，故云滿功德藏也。論因，即斷三道，方顯三德。論果，即證三德，則三身斯顯。約觀，則空假中觀圓修，而方圓證此三德也。悟徹玄源，頓同佛境，從如實道而來，出真兆聖，應化無方，故云住如來位。此即倣同先跡，十號之一也。到此則逆流而出，妙同萬物，非同等覺順流而入，未能無量等等。《瓔珞》云：等覺照寂，妙覺寂照。此之謂也。

△三、總結忍義。

善男子，如是諸菩薩摩訶薩，受持解說，皆往十方諸佛刹土，利安有情，通達實相，如我今日，等無有異。善男子，十方法界，一切如來，皆依此門，而得成佛。若言越此得成佛者，是魔所說，非是佛說。是故汝等，應如是知，如是見，如是信解。

此總結文，有四。

今初，宣說一致。如是等，即指上十三觀修也。受持讀誦，即自利事。遊刹化生，即利他事。然文字性空即是般若，故令聞者通達實相。因果道同，自他無二，吾佛既此界演說，菩薩決十方廣宣，良以般若偏界，未曾覆藏故，無人不具足故，無時可遠離故。

十方下，成佛同軌，盖般若是諸佛之母故，又一切賢聖皆以無爲法而有差别故。然無爲即般若妙慧，故能令諸佛皆依此門得成佛耳。

若言下，辨明邪正。謂般若正修，是出苦海迅航，入菩提坦道。魔説則乖其門户，正説則開其津梁。入般若玄旨者，冥具此擇法眼，庶幾不錯亂修習矣。

是故下，勉勗令知。謂依般若而知而見而信解，是爲真知真見，純一信解。離此，則妄知邪見，小信偏解，故宜勉旃有懷勿替也。

△二、重偈頌，二。

初、總頌伏忍位。

爾時，世尊欲重宣此義，而説偈言：

彼伏忍菩薩　於佛法長養
堅固三十心　名爲不退轉

初句，總頌三賢位，以同依一忍故。後三句，頌三賢行修。以十住發十心，長養聖胎。

十行修十度，起十對治。十向修十回向，起十忍心。皆爲到聖地故，既到聖地，故云不退。此皆頌前長行文義，後準此知。

△二、別頌四忍，十一。

初、頌歡喜地。

初證平等性　而生諸佛家
由初得覺悟　名爲歡喜地

初句，頌内證真如。二句，頌超愚夫地，初生佛家。以契理同如，義言生耳。三句，頌斷證之智。四句，結名，如文。後此句例知。

△二、頌離垢地。

遠離於染污　瞋等種種垢
具戒得清淨　名爲離垢地

前三句，頌離瞋等習，修十善行等。

△三、頌發光地。

滅壞無明暗　而得諸禪定
照耀由慧光　名爲發光地

初句，頌三明，以無明障，愚三際故。二句，頌八定。三句，頌三明。八定之生，繇妙慧也。

△四、頌焰慧地。

清淨菩提分　遠離身邊見
智慧焰熾然　名爲焰慧地

初句，頌三十七品助道法。二句，頌永斷身邊見等。三、四兩句，雙結名義。

△五、頌難勝地。

如實知諸諦　世間諸巧藝
種種利羣生　名爲難勝地

初句，諸諦，指四諦、二諦也。二句，頌五明異論等。三句，頌但於衆生不爲損惱等文。

△六、頌現前地。

觀察緣生法　無明至老死
能證彼甚深　名爲現前地

初二句，頌觀十二因緣之文。三句，頌前皆繇著我，乃至云而不二故等文。

△七、頌遠行地。

方便三摩地　示現無量身
善巧應羣生　名爲遠行地
初句，頌住於滅定等文。二句，頌示入聲聞等文。三句，頌隨順世間等文。
△八、頌不動地。
住於無相海　一切佛加持
自在破魔軍　名爲不動地
初句，頌斷諸功用等文。二句，頌繇本願故諸佛加持等文。三句，頌破不欲利生之魔軍也。以大願殊勝，不治而退，故云自在。
△九、頌善慧地。
得四無礙解　一音演一切
聞者悉歡喜　名爲善慧地
初句，頌得無礙解等文。二、三兩句頌一剎那頃以一音解釋問難等文。
△十、頌法雲地。
智慧如密雲　徧滿於法界
普灑甘露法　名爲法雲地

初三句，頌於一念頃，乃至云爲説三乘，普令修波羅蜜多等文。蓋以慧雲含潤，徧周法界，法雨普霑故也。
△十一、頌佛地。
滿足無漏界　常淨解脱身
寂滅不思議　名爲一切智
無漏界，即圓斷三惑，純一清淨，稱性功德無窮盡故。此頌三德，以同一無漏故。二句，頌三身具足，常即法身，淨即報身，解脱即化身。三句，頌同真際等文，以真際寂滅，法性難思故。
△二、別勸奉持，四。
初、護國勸持，二。
初、略歎難時，四。
初、舉滅勸持。
佛告波斯匿王：我滅度後，法欲滅時。
前正明奉持，顯依般若以行修。今別勸奉持，直明般若妙利無盡也。先召告如此者，以明佛世難值，飾[五]令篤信也。然佛在世，正法盛行，一示滅緣，則法滅天人憂，衆生多苦惱矣。

問：教言正法一千年，以度尼滅五百；像法一千，末法一萬。此言法滅，或即末法萬年之中耶？

答：實如所言，佛法初盛，人多解脱，教理行果，四皆具足。至像法時，則行修雖多，證入者少。末法則鬪諍堅固，荒唐無實，雖有教理，視爲畫餅，乃法滅之前相也，誰入法門信受奉行耶？故知法滅者，以衆生業緣，如盲不見日，謂日無耳，豈日真無者哉？

△二、明般若力用。

一切有情造惡業故，令諸國土種種災起。諸國王等，爲護自身、太子、王子、后妃、眷屬、百官、百姓、一切國土，即當受持此般若波羅蜜多，皆得安樂。

佛説一切法，爲度一切心。若無一切心，何説一切法？今正法欲滅，即羣靈迷晦之時也。故搆造同業如此，招感災象如彼，而欲種種災難不起者，得乎？所謂有佛住世龍天喜，無僧説法鬼神愁也。國王，即貴爲天子，富有四海者。此則宸躬玉重，天眷攸關，社稷憑托，億兆仰賴，故遇災之時，必欲護及一切者也。然擁護安樂之方，唯般若法門爲最，故曰即當受持等。盖此法門也，迷晦則世道倒置，人生無賴，受持則内心既正，外禍潛消也。

△三、釋付囑所以。

我以是經，付囑國王，不付比丘、比丘尼、優婆塞、優婆夷。所以者何？無王威力，不能建立。

然此經付囑國王者，以四衆力綿，世道弊惡，故唯仰賴國王，庶世化與佛化並耀，佛日與舜日常明耳。況王言如絲，其出如綸，臣民觀感，誰不革心向化，草偃風行者哉？

故云：無王威力，不能建立。

古文載唐太宗皇帝御製《佛説遺教經勑》云：法者，如來滅後，以末法澆浮，付囑國王大臣，護持佛法。然僧尼出家，戒行須備。若縱情淫佚，觸途煩惱，關涉人間，動違經律，既失如來玄妙之旨，又虧國王受付之義。《遺教經》者，是佛臨涅槃所説，誡勸弟子，甚爲詳要。末俗緇素，並不崇奉。大道將隱，微言且絶。永懷聖教，用思宏闡，宜令有司差書手十人，多寫經本，務在施行。所須紙筆墨等，有司准給。其官宦五品以上，及諸州刺史，各付一卷。若見僧尼行業與經文不同，宜公私勸勉，必使遵行。

據此，則《遺教》止誡勸僧尼，宜在勑行天下遵依。況今經護國保民，則事理洪鉅，非言可宣，關係廣大，非力所護。此時佛心天子一持行之，使家喻户曉，庶幾功德冥扶，海晏河清，利益默相，臣忠子孝。國祚永延，與天地而並久。宗社奠安，將日月以同明。惜乎一沉龍藏，未普流行。抑獨何歟？

△四、別付匿王。

是故汝等，常當受持、讀誦、解説。

法滅災至，憑此護國，而付囑流行，實恃國王，固宜匿王受持、讀誦，故別結付勸如此。

△二、廣嘆諸難，四。

初、標除難福生。

大王，吾今所化大千世界，百億須彌，百億日月，一一須彌有四天下。此贍部洲，十六大國，五百中國，十萬小國，是諸國中，若七難起，一切國王，爲除難故，受持解説此《般若波羅蜜多》，七難即滅，國土安樂。

文有二節：一、總標大千；二、別明南洲。就南洲，又三：初、列諸國；二、是諸下，列難數；三、一切下，明法益。並如文知。

大千，是如來王化之域，故云吾今所化。

餘如前解。然偏明南洲者，以佛示生此界故，又是見聞現量境故。《楞嚴》明此中有三千小洲，八百大洲。其諸洲中，或有一千國土，或有五百國土，乃至或一或二。故今列國有大、小、中之三等多數也。據此，則中國之在大千，不啻塵刹之一微在南洲中，不啻如太倉之一粒耳。信哉，世界無邊也。六合之外存而不言，在聖人者，誠渾爲世人密言之矣。

△二、別問答廣明，二。

初、匿王請問。

波斯匿玉[六]言：云何七難？

前云若七難起，又云七難即滅，此但示其月，未委別名何似，故今問之。盖亦窮水必尋其源，登山須陟其頂也。

△二、如來酬答，三。

初、略明七難，七。

初、日月失度。

佛言：一者，日月失度。日色改變，白色赤色，黄色黑色，或二三四五日並照。月色改變，赤色黄色，日月薄蝕，或有重輪，一二三四五重輪現。

《書》云：周天三百六十五度及四分度之一。故日月晝夜運行不息，各有度數。雖四季時日延促不同，皆一日一周天，無少那[七]也。故古云北洲半夜子，南洲日正午等，此語豈非周天循度之真説耶？《起世經》明日月二宫，火水二玻璃所成。準此，日純火色紅赤，月純水色白光，是其正也。故諺云：太陽真火把人熬。又詩云：登樓望月冷流光。今言轉變無常，則色非其正矣。子輿氏云：天無二日，民無二王。今言日月多輪重現，則紛亂其主矣。月亦如是。《詩》云：日月食之，亦孔之醜。今言日月薄蝕，亦大難也。然薄蝕之蝕，外史皆作食字。故常昭注云：氣往迫之曰薄，虧毁曰食。現此必以爲難者，盖聖人與日月合其明，四時合其序。今失度改變如此，是天之反時逆理以應之人心，故爲難。

△二、星辰失度。

二者，星辰失度。彗星、木星、火星、金星、水星、土等諸星，各各爲變，或時晝出。

星辰懸象於天，各有所主。紫微垣中，正象君德，故聖人云：譬如北辰居其所，而衆星拱之。然二十八宿，握四方之紀，各有分野，主照事物，具如《摩登伽女經》中明證。故度數一失，則災應立至也。彗星者，形如篲箒，宜隱不可顯。木等五星，司五行之經，常則廸吉，變則從凶，至於晝出，則大不祥，故俱爲難。例如人心喜怒一動，則鬱勃歡悦隨之，況天道逆理所感，寧不災辰變曜迭應？故知此等現時，當持此經，或《孔雀經》《楞嚴神呪》，禱之無不應念潛消。所謂昏夜晦瞑，日光黯然，唯星獨有，略辨南北，杲日纔現，星光自沉，抑因呪力所轉也。

△三、大火四起難。

三者，龍火鬼火，人火樹火，大火四起，焚燒萬物。

龍雖治水，亦有火龍主火者。鬼火，即火神，司火部而應災禍者。人火，即乘衰殺而作害者。樹老生火，或久而邪魅依附，亦因離亂而作崇[六]者。四火駢集，欻然而生，非人力可救，故云四起。延蔓爆烈，燔炙無盡，故云焚燒萬物。然此實應人心之嗔慾二火感變也。否則，四火無自而能生起矣。故《法華》云：長者纔出，四面火起。亦如衆生無佛，四苦同逼迫耳。按《搜神記》載，三國時，糜芳輔英烈皇帝。潛龍時被困，令芳東省取援，以芳爲東人耳。芳奉命乘車而行，路逢姿色女子，欲求同車，芳許之。既乘，芳唯色聲不苟，以禮自簡而已。少頃，女欲去，芳苦留其再行，亦憐之也。女語芳曰：予非人也，乃火部司神也。君有前業時定，上帝命火君之家，今見君禮義非庸，特預告之。君可急行移去君家所有財物，吾某時至，當焚其空屋耳。此上帝之命，不敢違也。芳至家，果如言不錯。據此，則芳之現世之德，免其慘毒之前業耳。不然，一火則玉石俱焚，財屋兩空矣。今若見此熒惑之災，而或以德自免，或依經求滅可矣。宜記之。

△四、時序改變。

四者，時節改變，寒暑不恒。冬雨雷電，夏霜氷雪，雨土石山，及以沙礫。非時降雹，雨赤黑水，江河泛漲，流石浮山。

陰陽消長，則寒暑迭遷。故《易》於純陽之後，一陰下生爲天風姤；純陰之後，一陽下生爲地雷復。至若貞下生元，臨前見泰，此不易之理也。今俱反是，故三節失序，時不恒也。冬則萬物蟄藏，陰氣慘懊，此雷收電卷之時也。夏則百穀暢茂，陽光薰蒸，此氷消雷隕之時也。今皆反此，益顯節序寒暑不調矣。古有善琴者，微音一動，妙用不窮，故能扣商絃而回春作秋，撫角韻而改寒作煖。此特一時太玄遺音，進手妙域，亦非天道之常序，猶能改易如此，況人情炎涼不一，世境慘舒叵測，以因招果，何恠時序之失常乎？土石沙礫，應衆生我慢、貪、嗔而降也。《法華疏》説：陽極陰盛，激變爲雹，非時澍降。則時愆物害，實災象也。《華嚴》云：龍王瞬息雨，悦澤遍天下。謂清水宜矣。此世人現量如此。今雨赤黑水，則實反常非道也。昔周公輔成王時，有越裳氏從遠來貢。公問其繇。答：三年之内，海不揚波，即知中國有聖人生故。今云汎漲流波，則江河山石，非奠安之象也。然欲求滅此，必如堯得舜之五人，九洲水患自平，湯修六事自責，七年旱魃方休，加以般若神力，無施不可。不然，堯牛抵日，湯犬吠雲，雖是太平盛世，猶是玉中之瑕耳。

△五、暴風數皷。

五者，暴風數起，昏蔽日月，發屋拔樹，飛沙走石。

天有四序，風亦隨四時而變，故春有和風，夏曰薰風，秋名金風，冬曰朔風。今風云暴者，即不隨節氣之風，以天應變於人心也。一度尚寒人心，況數起乎？昏蔽日月，則掩翳三光之災象也。發拔屋樹，則驚愕庶兆之災象也。飛沙走石，則流動萬類之災象也。然此亦隨衆生無明風爲根本，八風爲助緣，心海激動，毀譽過實，稱譏非宜，利衰無情，繇苦樂不合道，而致此災風耳。故須以般若神妙中實心以息之也。

△六、天地亢陽。

六者，天地亢陽，陂池竭涸，草木枯死，百穀不成。

陰陽調和，雨暘時若，乃太平無象時也。天地不交，潤澤永滯，故萬水有立竭之慘，百穀無告成之秋。揆厥所繇，皆自人心，嗔火甚於旱魃，欲燄毒於杲日，燒盡菩提之種，焦枯功德之林。慧水汪洋，累劫不發，上天甘露，何自而不愆期爲難耶？陂，亦池塘，乃蓄水處也。

△七、賊盜蜂攢。

七者，四方賊來，侵國内外，兵戈競起，百姓喪亡。

天災人變，相爲倚仗，故大災應於上，人事變於下。逆叛蜂起，故云四方賊來。奸讒潛通，故云侵國内外。然兵農於野，則閭閻有枕席謳歌之歡，驅民爲兵，則蒼黎有流離死亡之苦，故又云兵戈等。凡遇此劫數者，亦自作自受耳，豈天授與人哉？

△二、總結無量。

大王，我今略説如是諸難。其有日晝不現，月夜不現。天種種災，無雲雨雪。地種種災，崩裂震動。或復血流，鬼神出現，鳥獸怪異。如是災難，無量無邊。

初二句，結前。其有下，九句，指廣。如是下，二句，總結。日月，君象也。前云多輪現、多色改，爲難猶其可爾。今云晝不現、夜不現，災可勝道哉。天種下四句，皆上句總，下句别。蓋雪雨不有，霒霴常缺，此天之災象不一也。山川震動，崖樹崩裂，此地之災象不一也。水紅血流，應殺殘之兆也。鬼神出現，如厲鬼興戈，邪神干正者，是也。鳥獸恠異，如鼯鼠呼人，商羊舞水者也。凡此皆咎徵，以應惡否運者。如須修弭之神方，只在佛力法力，故下明之。

△三、勸令持經。

一一災起，皆須受持、讀誦、解説此《般若波羅蜜多》。

前明災難蝟集，習因塵封般若，故應於諸災之來，當同一心奉行。蓋般若也，迷之則三心不了，百惑叢生，多業招感，萬禍雲臻，悟之則方寸清淨，妖蘖潛藏，天道叶和，人事順應。譬之仙方一味，沉痾可寧，時雨一朝，枯槁俱潤。妙哉般若，至矣神功。護國護民，消災弭患者，舍此將何適焉？

△三、諸王驚問。

爾時，十六國王，聞佛所説，皆悉驚怖。波斯匿王白佛言：世尊，何故天地有是灾難？

七難非常，故諸王聞而驚怖。難非無因，故斯王問云何故。此亦知而權問，欲令一切明其源也。

△四、佛答所因。

佛言：大王，由贍部洲，大小國邑，一切人民不孝父母，不敬師長、沙門、婆羅門，國王大臣不行正法。由此諸惡，有是難興。

一心爲萬法之模範，是故業因從心而起，則果報之來，無不與心相肖，所謂福禍不爽，如影隨形，姸媸雖别，不離一鏡，故云繇贍部洲等。大小國土，即指三等國土也。一切人民，即總標造業之人。不孝下，明所作業相。孝爲天經地義，至德要道，所謂五孝之用各別，百行之源不殊，心感天地，誠動鬼神，舍孝何得乎？詩云：父母之德，昊天罔極。故不孝即招難也。師長，則長養聖胎，開示迷途者，如云生我者父母，成吾德者師長，得不敬乎？沙門，則勤修道業，求出世者。婆羅門，則居善地，心期善淵者。國王與天爲子，與民爲王，覆燾無彊者。大臣，則輔世長民，調和鼎鼐，提撕黎元者。故不孝不忠則大本虧亡，不敬不尊則彜倫攸斁。正法有二：一、國之正法，即賞罰予奪，仁心仁政是也；二、佛之正法，即知因識□，明心達本是也。二者缺一，則世出世法，二俱廢矣。故總結云：繇此諸惡，有是難與。豈是無因而妄招果？

△二、讚名勸持，二。

初、讚名殊勝，三。

初、約法讚德。

大王，般若波羅蜜多，能出生一切諸佛去[九]，一切菩薩解脱法，一切國王無上法，一切有情出離法。

《老子》云：天地之間，其猶橐籥乎，虚而不屈，動而愈出。彼指一氣爲萬化之主宰。然此一氣，亦吾心之妄發，是阿賴耶識相分所攝，猶能如此，況般若虚玄照寂，絶待靈通，而不與萬法爲侶，與萬法作對者乎？故能出生世出世法也。

於中，初句，標名顯勝。能出下，別明所出有四：一、般若心法，佛佛同此，證入法界故；二、般若離相，因位依此，心慧自在故；三、般若無等，人王持此，護國尊崇故；四、般若普利，黔黎仗此，超脱苦海故。有此四義，該收無餘，凡聖因果，貴賤、染淨，故不外此而別有出生妙利也。

△二、喻況顯勝。

如摩尼寶，體具衆德。能鎮毒龍、諸惡鬼

神。能遂人心，所求滿足。能應輪王，名如意珠。能令難陀、跋難陀龍王等大龍王，降注甘雨，澤潤草木。苦於夜暗，置高幢上，光照天地，明如日出。

喻文，有二：初二句，總標依體；能鎮下，別顯體義。

今初謂般若出生妙利，是未見邊事。摩尼具足衆德，是已見邊事。然理中難明，故約喻顯。以易了知，故云如也。摩尼，此云如意，以滿一切求者心願故。

別顯具德，有五：一、能鎮龍神德，以驪龍神珠，獨耀滄海，毒龍懾伏，神鬼潛踪，如王勑在，即諸侯避路故；二、能滿衆願德，以求財希利，不遮人意，平等從心，永離貧乏之故；三、能應輪王德，以金輪應世，七寶千子，禎祥迭出，十善教化，非此不滿生願故；四、能注甘露德，以珠伏羣龍，賢喜等王遵此普雨霶霈，成實萬物故；五、光明無比德，以破暗除昏，二儀並朗，三光一照故。良以摩尼具上諸德，喻法方極成也。

△三、以法合顯。

此般若波羅蜜多，亦復如是。

般若性德，無量無邊，今合上喻，亦略示五：一、般若甚深德，以菩薩難徹，二乘非分，凡夫妄迷，唯佛究竟故；二、般若廣大德，以三乘同依，大覺一道，萬行根源，衆生性地故；三、般若神應德，以妙同萬物，性即一切，圓滿萬德，成就三身故；四、般若普益德，以示現隨類，說法逗根，增長靈種，滋潤心華故；五、般若圓明德，以輝耀古今，光騰上下，千燈一照，慧炬無盡故。如次配喻，五義可知。

△二、勸興供養，三。

初、標示供養之法。

汝等諸王，應作寶幢，及以旛盖，燒燈散華，廣大供養。寶函盛經，置於寶案。

般若爲無上法，故應如是供養。幢表摧邪顯正，旛表正法闡揚，盖表慈慧蔭物，燈表智光，華表真因。廣大供養，即以稱性願力之供，供此稱性之法門也。案函悉以寶莊嚴者，非此難表一心故，又法勝則供具亦當殊勝故。

△二、别明無間供養。

若欲行時，常導其前。所在住處，作七寶帳，衆寶爲座，置經於上，種種供養。

般若空相，雖絶有無，然空不異色，亦不離有無，故誡：欲三業罔貳，四儀必俱，覆以寶帳，安以寶座。如斯供養，舉目則慧性照彰，觸途則智明不昧。集此神功妙利，非惟潛消國釁，亦植實相福田於人寰，廣樹生靈大本於曠世矣。《語》云：言忠信，行篤敬，蠻貊可行，豈拘州里？況般若爲本來面目乎？宜其佛之諄諄教誡，而供養念念不替者也。

△三、喻明供養極功。

如事父母，亦如諸天奉事帝釋。

般若出生諸佛，實相如父，觀照如母，故供養者，猶孝子之敬父母。般若萬法宗主，實相證真，觀照涉俗，故供奉者，如諸天之事帝釋。盖父母於孝子爲親，孝子當無不盡其誠。帝釋於諸天爲大，諸天當無不謹其敬。敬般若如此，孝般若如此，則百福可立至矣，故喻明如此云云。

△三、釋勸持所因，三。

初、因過去福力故。

大王，我見諸國一切人王，皆由過去侍五百佛，恭敬供養，得爲帝主。一切聖人，得道果者，來生其國，作大利益。

佛眼徹視，故圓見諸王夙因，繇於供佛所感勝報也。言供五百佛者，明福慧二因綿遠也。故《金剛》明一念淨信者，已於無量佛所種諸善根，如來知見如是無量功德者，此也。

一切下，四句，明影響現化也。至人乘時應世，或示臣輔，興王導迷，或現應化，開盲發瞶。總之住世出世，不離般若爲慈航矣。例周姬運昌，孔老迭出，吾佛先祥光而西現。孟莊繼起，吾佛後金像以東流。直若真儒代代出興，高僧時時闡化，非夫應現，難見超塵，必是示跡，方能大利叔世也。

△二、恐現生福衰故。

若王福盡，無道之時，聖人捨去，災難競起。

侍佛未達心空，故福德有時而盡。福竭能來否運，故聖哲見機而行。是以災火蔓延，即業難競起時也。知此，則般若真修，依行不貳，將福如滄海而不竭，禍同虛空以無形矣。信哉。

△三、作未來利益故，三。

初、明人王護法爲因。

大王，若未來世，有諸國王，建立正法，護三寶者，

此言般若法爲未來作津梁也。建立正法，則行願非邪。護持三寶，則佛光住世。如是則見聞生福，禮敬增信，護國之端倪在於是，故下文感其護國。

△二、明佛聖遣護爲緣，三。

初、標指其數。

我令五方菩薩摩訶薩衆，往護其國。

繇前建立護持爲因，故令隨方圓應爲果。否則狐貉不能煖無氣之人矣，況感至人來護國乎？

△二、别列光印，五。

初、東金剛手。

東方金剛手菩薩摩訶薩，手持金剛杵，放青色光，與四俱胝菩薩，往護其國。

東方，則出震利物，仁慈應世者也。名稱金剛手，又執金剛杵者，皆顯極堅極利，降伏魔怨，物無能壞也。青色光，即隨方應

現也。故《真諦記》云：青色金剛，能消災厄，喻般若能降業障。又言四俱胝者，即主伴同護也，下倣此知。然據密教解云：金剛手者，内表具大菩提，外表摧伏煩惱。故又云：不被三魔破壞覺心。自體堅固，成金剛智。諸佛建立，破邪見山。故證此定者，常持於掌，故名金剛手。後《真諦記》并密教，不全書，但云《記》，云密也。

△二、南金剛寶。

南方金剛寶菩薩摩訶薩，手執金剛摩尼，放日色光，與四俱胝菩薩，往護其國。

南方，則乘虚接物，秉禮安世者也。以金剛寶爲名，手執金剛摩尼者，二名華梵殊稱，同一體也。亦總明以虚明貴重，出生如意功德不窮盡也。離爲火爲日，今放日色者，即隨方現色耳。《記》云：赤色金剛，對日出火，慧對本覺，出無生智火故。密云：寶有六義，一、難得故，二、淨無垢故，三、有大威德故，四、莊嚴世間故，五、殊勝無比故，六、不變易故。廣釋如彼。此即虚空藏菩薩。

△三、西金剛利。

西方金剛利菩薩摩訶薩，手執金剛劍，放金色光，與四俱胝菩薩，往護其國。

西方，因兑兆聖，握義成物者也。以金剛利爲名，手執金剛劍者，總顯權制合宜，同心斷金，鋒利神速也。兑爲澤，屬金，今放金色光，即隨方表彰耳。《記》云：白色金剛，能清濁水，般若能清疑濁。密云：金剛利者，即般若波羅蜜利劍，能斷煩惱種故。此即文殊菩薩。

△四、北金剛藥叉。

北方金剛藥叉菩薩摩訶薩，手執金剛鈴，放琉璃色光，與四俱胝藥叉，往護其國。

北方，則憑實涉俗，權智方便者也。金剛以藥叉爲名，即捷疾救世義。手執金剛鈴者，即開召驚俗義。放琉璃光，以琉璃、清水，人天差别見故，亦隨方現光義也。《記》云：碧色金剛，令人消除諸毒，以表慧破三毒。是也。密云：藥叉者，勇猛義，亦盡義，即十六金剛智，普賢行中第十五智之名也。此智食煩惱，盡盡無餘故。金剛鈴者，表般若警悟愚昧，異生一聞鈴音，覺悟般若智也。此即摧一切魔怨菩薩。

△五、中般若金剛。

五中方金剛波羅蜜多菩薩摩訶薩，手執金剛輪，放五色光，與四俱胝菩薩，往護其國。

四方隨應，故各局一種。中央則集差别而大成平持者也。故菩薩以般若妙慧到彼岸爲名，手執持堅利輪相爲用，此皆表般若爲萬行彌綸、萬德輻輳之本也。放五色光者，亦表智光圓應圓照耳。然此中方，攝《真諦記》中金剛二種金剛。彼文云：黄色金剛隨人所須，喻無漏功德，空色金剛令人空中行坐，喻慧破法執，住真諦理是也。密云：此菩薩

繇持此輪，毗盧成佛時，請轉法輪，乘此法輪，得到彼岸。此即纔發心轉法輪菩薩也。此上言即某菩薩者，依顯教釋。

凡此五方金剛，名目不同，總依金剛稱者，以堅中最剛，故名金剛。帝釋方有，薄福難見。今佛因王德，憑法召來。護國妙利，斷可忖矣。豈小補哉？

△三、結顯其益。

是五菩薩摩訶薩，各與如是無量大衆，於汝國中，作大利益。當立形像，而供養之。

主伴同來，全顯法力神速，故功德具足，不啻小善因緣。既福國佑民如此，安像供養宜矣。故佛囑勸勗勉。

△三、明菩薩説呪護國，二。

初、菩薩興慈，二。

初、本願須護，二。

初、在處護經。

爾時，金剛手菩薩摩訶薩等，即從座起，

頂禮佛足，却住一面，而白佛言：世尊，我等本願，承佛神力，十方世界一切國土，若有此經受持、讀誦、解説之處，我當各與如是眷屬，於一念頃，即至其所，守護正法，建立正法。

文有二：一、爾時下，進説威儀，不出三業；二、我等下，即陳願護法也。

十方廣漠，護法不易，故仗佛神力，兼以願力，方能成就。十方下，泛指此經所在之處。我等下，正陳主伴同護之力。良以般若在處，即爲佛在，此中應起寶塔，諸天供養，故一念頃至，神力護持也。守護，即愛護佛法，如護眼目之謂。

△二、法在國安。

令其國界，無諸災難。刀兵疾疫，一切皆除。

法在則龍天瞻敬，鬼神欽崇，故於國界，則三災不入其境，萬禍潛消於外矣。蜀新繁縣有荀生者，望空書寫《金剛經》，至今天雨不濕，以有神覆寶盖，敬之如此。信知般若法門在處，邪崇[一〇]無自而入矣。故云一切皆除。

△二、呪力能護，二。

初、呪力神速。

世尊，我有陀羅尼，能加持擁護，是一切佛本所修行速疾之門。若人得聞一經於耳，所有罪障悉皆消滅，況復誦習而令通利。以法威力，當令國界，永無衆難。

陀羅尼，云總持，謂總一切法，持無量義。然有無字一字之别。即以護善遮惡爲義。此即能護之法也。能加護下，明其利益。以此法能加被冥佑，故下明祕密般若。以般若隱奥，非器不傳，佛佛因之，疾成佛道。佛既如此，況因位乎，又況凡夫乎？故下復明其勝益，如蜾蠃之呪螟蛉，易也。經耳消罪，所謂見聞爲種，八難超十地之階。讀誦通利，所謂解行在躬，一生圓曠劫之果。仗此法力，直下轉凡成聖，況憑法力，豈國界而不永無衆難哉？故今謹陳妙利如此。

△二、正說神呪。

即於佛前，異口同音，說陀羅尼曰：

那謨囉怛娜二合怛囉二合夜野一娜謨引阿哩夜二合吠無盖反嚕者娜引野二怛他引薩藏本作孽多引夜阿羅訶二合諦三三藐三没馱引野四娜莫阿引哩野五二合(二)三滿多跋捺囉二合引野六冒地薩怛嚩二合引野七摩訶薩怛嚩二合引野八摩賀迦引嚕抳迦引野九怛你野他引十枳禳二合娜鉢囉二合你引閉十一惡乞叉二合野句勢十二鉢囉二合底婆引娜嚩底十三薩嚩没馱引嚩嚕枳諦十四喻誐跛哩你濕婆二合寧十五儼避引囉努囉嚩誐引係十六底哩野二合特嚩二合十七跛哩你濕跛二合寧十八冒地質多散惹娜你十九薩嚩引毗矖迦引毗瑟訖諦二合二十達磨娑引誐囉三步諦二十一阿暮伽室囉二合嚩儜二十二摩賀三滿多跋捺囉步彌二十三涅奴逸反哩野二合諦二十四尾野二合羯囉拏二十五跛哩鉢囉二合跛你二十六薩嚩悉馱二十七娜麼塞訖哩二合諦二十八薩嚩冒地薩怛嚩二合二十九散惹娜你三十婆誐嚩底丁以反上同三十一没馱引麼底三十二阿囉孏迦囉孏三十三阿囉拏迦囉孏三十四摩賀鉢囉二合枳禳二合三十五播囉彌諦娑嚩二合賀三十六

然此呪力，與前顯說，力用無殊，但被機之異耳。然生善滅惡，革凡成聖，無以加此，故誦此呪處，天龍歡喜，風雨順時，五穀豐登，兆庶樂業。亦復能鎮一切惡星，隨方變恠，災障不起，人無横夭，杻械枷鎖不著其身，晝夜安眠，常無惡夢。是娑婆世界，有八萬四千災變惡星，二十八大惡宿而爲上首，復有八大惡星而爲其主，作種種形，出現世時，能生種種災異，有此呪地，悉皆消滅。十二繇旬，成結界地，諸惡災祥，永不能入，全同楞嚴神呪利益神速也。然五不翻中，即秘密不翻。四例之中，即翻字不翻音。古德遇呪，皆未有釋，以是諸佛秘密語故。非因位所解，但應誦持，消除罪障，增益福智，不必强解。唯賢首大師，釋心經呪。通乎二義：一、不可解，即如上説。二、强爲解釋。今從後義，依瑜伽教家釋之，況是不空三藏所釋，如水投水，少無異也。

彼文釋云：

那謨囉怛那怛囉夜耶此是歸依三寶義。若持此經人歸命佛寶，即得五族金剛手菩薩以無量眷屬侍衛加持其人。此菩薩尊貴菩提心，佛從菩提心生故。若歸依法寶，則得帝釋并眷屬四天王加護。何以故？帝釋在厄難中，般若加持，現獲利益，豈不尊重法寶而來擁護？歸命僧寶，則得阿迦尼吒天并淨五天眷屬同來加護，以三乘僧衆常居淨天受樂，安得梵天不來尊重乎。

娜謨阿哩耶吠路者娜野怛他誐多夜阿囉訶諦三藐三没馱野娜謨者，歸命義，亦稽首頂禮義。阿哩夜，遠惡義，此方會釋云聖者。吠路者那（三），徧照義，亦云大日義。如世間之日，照此而不照彼，照晝不照夜，照此世界，不照彼世界，但得名日，不名爲大。毗盧大日，色法二身，普遍法界，十方三世，總皆照徹。若知佛德如此，歸命頂禮，即得如許諸佛護持也。怛他誐多夜，阿羅訶帝，三藐三没馱野，三句，如次即如來、應供、正徧知，即十號三號也。

曩莫阿利夜即歸命、遠惡義，如上已解釋也。

三滿多跋捺囉夜三滿多者，是普義。跋捺囉者，是賢義。夜字者，即聲明八轉聲中爲聲，以爲彼作禮，故名爲也。下諸夜字，皆倣此知。謂菩薩説三密門，普賢行願，一切諸佛，若不修此、不行此，得成佛者，無有是處。既成佛已，於三密門，并普賢行，而休息者，亦無有是處也。

冒地薩怛嚩夜菩薩義。

摩訶薩怛嚩夜大菩薩義。

摩訶迦嚕抳迦夜大悲者，若歸命聖普賢菩薩，則十方諸佛，悉來加護。以一切諸佛菩薩，皆因修三密門，行普賢行故，是故當尊重也。

怛你也他古云即説所謂，以上文歸命三寶、毗盧、普賢也。

枳穰娜鉢囉你閉此云燈，繇此智燈，破諸暗故。即瑜伽以智無所得爲方便，無智無得，即成般若波羅蜜多。此即顯教智燈義，能照一切佛法無碍也。

惡乞叉也句勢惡字是婀字，爲隨文句便，作惡呼。此須云：阿字上聲，短呼。乞，乂也，此云盡。句勢，此云藏，即顯教無盡藏義。密教釋婀字一字爲種子。婀字者，詮一切法本不生故，即是一切字之母，能生一切字。若曉婀字，瑜伽相應，則得諸佛無盡藏，則悟一切法不生，猶如虚空，一切清淨平等，即成無分別智也。

鉢囉底娑娜嚩底 顯教即具辨才義。密教即於此句中，取鉢囉一字爲種子。鉢囉字者，詮般若波羅蜜多無所得故，以無所得而爲方便，於後得智中，悟一切法不生故，獲得諸佛無盡佛法藏。於後得智中，得四無碍解辨，説法自在故。

薩嚩没馱嚩嚕枳諦 顯教即一切佛所觀察義。密教即取薩之一字爲種子。薩字者，即詮一切法平等義。能緣所緣平等平等，能取所取無所得故，則證真如。當於法流無邊諸佛，觀察護念。

喻誐跛哩你濕跛寧 顯教即瑜伽圓成義。密教即取喻之一字爲種子。喻字者，詮一切乘無所得。若瑜伽觀智相應，證得圓成，於諸乘中，教理行果，悉皆證得一真如法性也。

儼避囉努囉嚩誐係 顯教即甚深難測義。密教即取儼之一字爲種子。儼字者，詮一切真如法，無去無來。繇證真如海，實相般若，不可以言詮。唯佛境界，自覺聖智證也。

底哩野特嚩跛哩你濕跛寧 顯教即三世圓滿成就義，密教即取底哩野（三合）一字爲種子。底哩野者，詮一切法真如平等自性，成就越恒河沙數功德。真如中無三世妄分別、不相應行蘊、堅執惑亂、有爲諸法也。

冒地質多散惹娜你 顯教即能生菩提心義。密教即以冒[一三]字爲種子。冒字者，詮一切無縛義。若知自身中菩提心自性，成就三世平等，猶如盧[一四]空，離諸萬像，則知生佛之心。如自心清淨，則生大悲，深生憐愍，以種種方便，令一切有情，至於究竟，離苦解脱，無縛無解。是爲廣大菩提心者所修爲也。

薩嚩毗曬迦毗色訖諦 顯教即一切灌洒得頂義。密教即取薩字爲種子。薩字者，詮一切法無染着義。繇觀察自他，及諸佛心，同一真如，同體大悲者，故不染不着，於虚空中，諸佛法水灌頂，乃獲三業加持，於無量法，演説自在。

達摩婆誐囉三步諦 顯教即法海出生義。密教即取達字爲種子。達字者，詮一切法界無所得義。繇住無所得心，第八識中二執俱生種子，以大智文殊金剛利劍，亦斷無餘。從此始覺大悲，流出等流教法，利衆生故。達字，即文殊菩薩是種子者也。

阿暮伽室囉嚩停 顯教釋上句爲不空義。依聲明，即無間義。密教即取阿字爲種子。阿字者，詮一切法本來涅槃寂靜。繇證此法，徧周法界，諸佛刹會，一聞教法，永無忘失故也。

摩賀三滿多跋捺囉步彌涅哩野諦 顯教即出生

大普賢地義。密教即取摩字爲種子。摩字者，詮一切法無我義，即人法二無也。若證此者，則出生大普賢地，即證毗盧遮那清淨法身、圓滿報身。

尾野羯囉拏跛哩鉢囉鉢你 顯教即獲得記莂義。

密教以尾野（二合）一字爲種子。尾野者，詮一切法偏滿不可得義。即知一切法自性清淨，自性涅槃，能證所證皆同一性，不增不減，圓證法界也。

薩嚩悉馱娜謨塞訖哩諦 顯教即一切成就者禮敬義。成就者，即菩薩之異名。密教以薩字爲種子。薩字者，詮一切法無堅固義，念念四相，遷流滅壞。薩字中有婀字義，若證婀字門，本來不生不滅，亦常恒堅固，喻若金剛，心得自在，能現無量無邊種種身故。

薩嚩冐地薩怛嚩散惹娜你 顯教即出生一切菩薩義。密教以薩字爲種子。薩字者，詮一切法無等義。繇觀此字，心與般若，平等平等，前後刹那，一相清淨，能生一切波羅蜜多、一切地，即名般若佛母也。

婆誐嚩底没馱麼諦 顯教即世尊佛母。婆伽梵，男聲。婆誐嚩底，女聲。二俱會意，釋名世尊義。依聲明對敵釋，不如是。婆伽者破義，梵是能義，以能破四魔故，又具福慧資糧故。密教即以婆字爲種子。婆字者，詮一切法有不可得。有者，三有義。是故三界唯心，繇心有染、淨，有情故亦有染、淨耳。若依顯教，觀行般若作爲生因、顯因，能生一切佛菩薩，是故名佛母。從前即説以下，至佛母句，於瑜伽教中，成普賢行。十六行中，如聲聞見道位中十六行是也。

阿囉嬭迦囉嬭阿囉拏迦囉嬭 謂阿字門，一切本不生，即入一切法離塵，是故囉字門，一切離塵義。繇知一切離塵故，即入一切法無諍，是故嬭字門明此。繇知一切法無諍，即入一切法無造作，是故迦字門明此。繇知一切法無造作，即入一切法清淨，是故囉字門明此。繇知一切法清淨故，即入一切法無諍，是故嬭字門明此。繇知一切法無諍故，即入一切法本來寂靜，是故阿字門明此。繇知一切法本來寂靜故，即入一切法無垢，是故囉字門明此。繇知一切法無垢故，即入一切法無諍，是故拏字門明此。繇知一切法無諍故，即入一切法無造作，是故迦字門明此。繇知一切法無造作故，即入無分別智，是故囉字門明一切法無分別。繇知一切法無分別故，即入一切法無動，是嬭字門明此。繇知一切法無動，即證摩訶般若波羅蜜多。

摩訶鉢囉枳穰播囉弭諦顯教即摩訶大慧到彼岸，證得大般若波羅蜜，即依無住涅槃。

裟囀訶顯教即無住涅槃。依此涅槃，乃至盡未來際，廣利樂無邊有情。然此陀羅尼釋文，即北藏杜字函第十卷，并鍾字函第八卷。以皆是不空三藏所釋義故，備引於此，用廣見聞，庶幾於瑜伽觀門相應也。

然孤山釋楞嚴呪，引天台會義，不出四悉：一世界悉檀，隨方異説，令生歡喜益。二爲人悉檀，三對治悉檀，四第一義悉檀，如次得生善、破惡、入理三益，餘義如彼疏云。然呪力難思，人情易忽。見聞信敬，免難消災。循常不持，遇難不滅，如漏卮盛水，噬臍何及？無以王饍，棄如穢食。莫恃凡見，妄斥聖心。吾曹最宜勉旃，勿負菩薩説呪，流通《護國般若》也。

△二、佛聖讚善，二。

初、諸佛共護。

爾時，世尊聞是説已，讚金剛手等諸菩薩言：善哉，善哉，若有誦持此陀羅尼者，我及十方諸佛，悉常加護，諸惡鬼神敬之如佛。

行願玄同，故深喜讚善。總持廣大，故諸佛冥扶。佛尚加護，鬼神豈不敬之如佛哉？

△二、不久得果。

不久當得阿耨多羅三藐三菩提。

因[二五]既常護般若，果決速證菩提，形端表正，理勢然也。

△四、稱名付囑。

大王，吾以此經付囑汝等。毗舍離國、憍薩羅國、室羅筏國、摩伽佗國、波羅痆斯國、迦毗羅國、拘尸羅國、憍睒彌國、般遮羅國、波吒羅國、末吐羅國、烏尸尼國、奔吒跋多國、提婆跋多國、迦尸國、瞻波國，如是一切諸國王等，皆應受持《般若波羅蜜多》。

封疆雖別，有國是同，故諸王等，俱應受持，以護法護國也。吾以下，總明付囑。毗舍離下，稱名召告。一切下，結勸廣持。

如文可解。

問：佛世國王敬佛如此，得不勝乎？

答：帝釋尚輕身聞法，重道尊崇，況諸國乎？故宜如此。

△三、時衆獲益，四。

一、衆願不生難國。

時，諸大衆、阿修羅等聞佛所説諸災難事，身毛皆豎，高聲唱言：願我未來，不生彼國。

大衆總攝，修羅别舉，俱前序分雲來衆也。聞佛下，謂七難則天變人事，總括無遺，故聞者心警身懾。彼國，則千災萬禍，總收殆盡，故唱云：未來不生。所謂未語恍惚成夢境，分明不覺轉身難，其大衆聞而驚疑，不願求生之意乎？

△二、諸王出家得忍。

時，十六王即捨王位，修出家道，具八勝處，十一切處，得伏忍、信忍、無生法忍。

處俗反爲得意，聞法知爲業緣，故捨世即求出世也。勝處者，能造四大，所造四色。出離貪欲，故名勝處。十一切處，即地、水、火、風、青、黄、赤、白、空、識等也。釋如序分。伏忍即三賢忍，信忍即初三地忍，無生忍即七、八、九三地忍。諸王得此，則三賢十聖之儔也。詳釋如前。

△三、人天散華得法。

爾時，一切人、天衆、阿修羅等，散曼陀羅華、曼殊沙華、婆師迦華、蘇曼羅華，以供養佛。隨其種性，得三脱門，生空、法空、菩提分法。

曼陀羅云適意，曼殊沙云柔軟，婆師迦云夏生華，蘇曼那云善稱意。散華供佛，表回因趣果，故得三脱門，了生空理，即聲聞種性。二空俱得，助道等法，即菩薩種性。此乘戒俱急之人、天，故一蒙法雨，隨分受潤，均沾無際。

△四、菩薩散華得忍，二。

初、得定住忍。

無量無數菩薩摩訶薩，散拘勿頭華、波頭摩華，而供養佛。無量三昧，悉皆現前，得住順忍、無生法忍。

三昧言無量現前者，即依妙慧稱性而顯發也。順忍，即四、五、六三地之忍。無生法忍，即七、八、九三地之忍。云住者，以正入此地，内證觀斷故。

△二、利生成道。

無量無數菩薩摩訶薩，得恒河沙諸三昧門。真、俗平等，具無礙解。常起大悲，於百萬億阿僧祇佛刹微塵數世界，廣利衆生，現身成佛。

此即第十地之行益也。正定稱性，故數等恒沙。言門者，即或入或出，逆順自在也。真俗平等，即中道二邊不住也。具解行悲，即開法利他不斷也。神力慈力，與佛爲隣，故塵界成道，塵界度生也。非第十一地，何能臻此？

△第三，流通分，二。

初、當品名題。

囑累品第八

古德云：以言託之曰囑，以法系之曰累。即付囑大法，憑託擔荷，傳緒無窮者也。下文付託國王，有三意：一、憑王威力宣演故，二、國難仗此解釋故，三、令奕世流通正法故。

問：前列三乘大衆、八部神祇，多矣。何不付囑於此，而偏付於王耶？

答：此經原爲護國而談，故今唯托國王。應病與藥，不其然乎？

△二、正演玄文，二。

初、付囑誡勑，三。

初、正明付囑，二。

初、付囑其時。

佛告波斯匿王：今誡汝等，吾滅度後，正法欲滅，後五十年，後五百年，後五千年，無佛法僧。

佛意欲以般若妙門付囑有在，故再三誡勸。然此中依秦譯，則與此譯不同。故古疏釋秦文云：八十年者，佛去百年後，五人住持。一、迦葉，二、阿難，三、末田地，三人見佛，相繼住持，經六十年，法行不滅。次，商那和修、優婆毱多，此二人不見佛，相繼住持，經四十年，威儀法滅，故於此時言無佛法僧也。言八百年者，正法年内，二十師住持，並是聖人，正法不滅。第六百年馬鳴菩薩，第七百年龍樹，皆是菩薩，法亦不滅。八百年中，邪宗熾盛，故此時付囑國王，提婆菩薩聲王皷申法是也。八千年者，像法盡，末法時，衆生邪見故法滅。

古釋雖有憑據，奈與此經五十等，年目不對。愚今雖未多討經論，亦竊論之。此三俱言後者，以佛在世懸説未來事爲後也。

後五十年者，即疑懸指二祖阿難時爲後也。蓋二祖自承嗣迦葉之後，正法住持，諸國隆興。延及末齡，邪法熾盛，故有水潦鶴之屬，羣聚西天，部黨唱和，扇邪言曰：若人生百歲，不見水潦鶴。不如生一日，而得能見之。二祖聞云，悲邪見入人至深故，改其偈曰：若人生百歲，不聞生滅法。不如生一日，而能解了之。然邪見易染，正法難登，故水潦以二祖垂老譏之，竟不依其法偈。二祖聞此，遂而四派示滅。當斯時也，佛法亦暫滅也。

後五百年者，疑即懸指《大集經》中第五五百歲爲後也。彼經云：初五百歲解脱堅固，二五百歲禪定堅固，三五百歲多聞堅固，四五百歲塔寺堅固，五五百歲鬬諍堅固。既五濁鬬諍，則法不興行，雖有如無也。然《金剛》亦有況明之義，故彼文云如來滅後，後五百歲有持戒修福者，乃至云以此爲實。據彼《疏》意，空生本疑惡世無信，故舉惡世以斷疑耳。

後五千年者，即懸指正像已盡、末法現前時爲後也。當是時也，則衆生邪見，一切顛倒，不遵遺訓，違越戒律，淳源不追，澆風永扇，祇園坵墟，鹿苑荒穢。九十六種，以趨下爲昇高。三界羣生，以火宅爲淨土。豈知上聖流涕，法滅天人憂哉？故總結三時無佛法僧也。然此三意，臆創如此，姑存似[一六]考。

△二、付囑人法。

此經三寶，付諸國王，建立守護。令我四部諸弟子等，受持、讀誦，解其義理，廣爲衆生，宣説法要，令其修習，出離生死。

此經指三種般若、二護法門也。能説是佛，所説是法，聽受是僧，故云三寶。然此三寶闡揚流通者托之國王，洪護堅守者亦托之國王，以前托四衆無王威力，不能守護建立故也。令我四部下，謂諸國王光闡流通，則四部大衆修心樂道，故能受持不失，讀誦終身，解説兩通，自他兼利。非但三寶住持，佛日恒輝，抑且八苦皆空，慾海到岸，故云令其出離等。凡此皆托國王洪護之力也。

△二、别明誡勅，七。

初、誡滅法過，四。

初、舉滅法時。

大王，後五濁世，

正法欲滅，必五濁交會，人無正見之時也。言五濁者，一、命濁，識託四大，隨業延促，生死不得自繇；二、煩惱濁，擾亂目心，渾濁障理，即以五鈍使爲體；三、見濁，貪愛妄染，渾濁障事，即以五利使爲體；四、衆生濁，妄執顛倒，迷己逐物，受胎微形，自取流轉；五、劫濁，三災增劇，衆難交會，世道交喪，氣運晦瞑之時也。然劫濁無别體，即攬前四濁熾然立名。故《法華》云：劫濁亂時，衆生垢重等。

問：濁取何義以立名耶？

答：妙淨明心，清淨澄凝，加以惑業四大，則匪清斯濁。如《楞嚴》說：譬彼清水，與彼灰沙，二體法爾，性不相循。假如有人取彼灰沙投入淨水，土失留礙，水忘清潔，容貌汩然，名之爲濁。汝濁五重，亦復如是。然彼五濁義相，與今經大異，唯濁義相同，故引之爲證。

△三、明滅法人。

一切國王，王子大臣，自恃高貴，破滅吾教，明作制法。

佛智明徹，三千年前，預識末法時勢如此，故向下七誡，毫無錯謬，明若指掌，情境真實也。蓋欲佛法不可滅也，如兩儀三光，終古運行，如菽粟水火，日用難缺耳。而惑者迷於先見，長其染心，必舉一世之清侶，欲投三毒之深坑，抑獨何歟？然佛法深淵之理，非識情可測而知，如欲必恃其貴高而滅之，請先觀其佛教宗本何如耳。因箋釋及此，冀存其教者當恤其人，罪其慝者宜憐其淑，是以聖哲仁善用心至厚也。制者，禁止之謂。

△三、辨滅法過，二。

初、制止四正。

制我弟子，比丘、比丘尼，不聽出家修行正道，亦復不聽造佛塔像。

出家之道，遠離塵勞，熏修淨業，豁然心開，爲益不淺，而制止不須出離者，何哉？修行之事，淘洗識情，啓牖覺性，寂爾光生，證入甚深，而制止不復修行者，又何哉？至於造塔則藏佛舍利，近禮遠瞻，功德難量，造像則尊佛形貌，舉手低頭，利益宏廣，而又制止不欲造者，何也？凡此，蓋亦淨習未深，靈種弗培，故以正爲倒，以好爲惡也。又豈知出家斷染，修行離苦者哉？

△二、建立三邪。

白衣高座，比丘地立，與兵奴法等無有異。

白衣對染衣而言，以白衣即俗，染衣即

僧故。高座傳心，禪道超悟者能之，白衣處此，非其宜矣。地立勤侍，分居臧獲者可爾，比丘翹佇，失其理矣。甚而削弱如奴，捍禦如兵，此又是委靡法門、衰替佛道之極也。存仁心者，處以理焉，斯善矣哉。不然，則恐出爾反爾，行將自及，可不畏耶？

△四、結滅法過。

當知爾時，法滅不久。

法門前相如此，未有不潰蔽於後者也，故結此云。

△二、誡壞四衆行。

大王，破國因緣，皆汝自作。恃己威力，制四部衆，不聽修福。諸惡比丘受別請法，知識比丘共爲一心，互相親善，齋會求福，是外道法，都非我教。百姓疾疫，無量苦難。當知爾時，國土破滅。

威福自在，喜怒任情，業累日增，福變潛長，故始而慾非泛觴，終則滿極破國。此皆自作其因，自受其果。處此時也，不自方寸惺察於修福也，而反四衆遭禁，抑獨何哉？故佛直明如此。

諸惡下，明大林之荊棘，大田之稂莠也。惡比丘，即違佛律行者。受別請，即希求供事者。知識一心，即黨惡行詐者。互相親善，即結伴媟褻者。齋會下三句，即似是實非，珷玞混玉，鄭聲亂雅者，故佛直激云是外道法，又云都非我教。如此，則邪正相寇，真僞互羣，一心過非難盡名言，異姓災殃可並而至。國土之破滅也，應在無好人之時也。故結云當知等。

△三、誡禁不依法。

大王，法末世時，國王、大臣，四部弟子，各作非法，横與佛教作諸過咎。非法非律，繫縛比丘如彼獄囚。當知爾時，法滅不久。

正法，則世道交興，心術廣大。末法，則時勢俱偷，見量偏淺，故能昧己靈而作罪，孰警四知？虧自性而造業，横加三寶。直欲丹朱不肖，刑及放勳。管蔡無臣，罪及冢宰。苦筲弱門，罔及善類。令覆盆以何伸，俾籲寃而無地。

嗟乎，爲僧出家，如野鶴孤雲，欲脱非籠之縛，乃被法囚執，似釜魚搏兔，竟少離塵之路。目擊法化，心領佛言，再思三復，一噫兩歎，知感世尊預示於三千年之前，見比丘親受於五濁惡之世。幸願逆順菩薩，各正性命，葆合太和，總不如斯可矣。

△四、誡自相破滅，三。

初、誡自毁。

大王，我滅度後，四部弟子，一切國王，王子百官，乃是任持護三寶者，而自破滅，如師子身中蟲，自食師子肉，非外道也。

三寶有別相、同體之異。別相三寶，則王臣依勝田而種福，比丘賴蘭若而養道，各成其志，二互相資，無可破壞之道也。同體三寶，皆不出王臣之一心，故同體依別相而顯現，別相托同體爲根宗。護其三寶，即任持一心。若三寶可滅，一心亦可破乎？念果到此，即堅守靈源，城堅福地，終日拳拳，非分外事，何破滅之有乎？

如師子下，喻明也。夫天地與我同根，是非原來一體，即血氣之屬皆民胞物隨，況同體三寶乃真性一源也耶？故破滅三寶，即破滅自心，如喻師子等。故《蓮華面經》云：譬如師子命終身死，水陸空行衆生不敢食肉，唯師身生蟲，還自食之。法合可知。言非外道者，以外道破滅乃邪害，正如師子身外之蟲也，故不足恠。唯王臣弘護宜矣，而反破滅如此，不亦大可異乎。？故覽此經者，幸於三寶亦留意守護焉。況三寶功德，脱三途，出三道，證三身，冥三德，翊三綱，無等妙利，孰可思議也耶？

△二、誡起惡。

壞我法者，得大過咎。正法衰薄，民無正行，諸惡漸增，其壽日減，無復孝子，六親不和，天龍不佑，惡鬼惡龍日來侵害。災害相繼，爲禍縱横。

初二句，總標壞法之過。永嘉云：若要不招無間獄，莫謗如來正法輪。故今壞法，業大彌綸。

正法下，别明壞法之惡。純真已破，至味喪矣，故云正法衰薄。根本已邪，功德殘矣，故民無正行。諸惡增長，如春園之草，日日更新。其壽日減，如硎刃之石，時時消爍。無復孝子，則不敬佛法之報也。六親不和，則破滅四衆之報也。天龍不佑，則應惡緣而招者。惡鬼侵害，則因福薄而祟者。凡此皆壞法之華報也。

災恠下，總結壞法之難。《法華》云：病疾延長，如遊園觀。即災恠相繼之謂。又云：抄劫竊盜，横罹其殃。即爲禍縱横之謂。

又日月盈虧，而災緣罔斷其因，出入行藏，而禍孽觸途皆是，故總結如此。

△三、招殃報。

當墮地獄、傍生、餓鬼。若得爲人，貧窮下賤，諸根不具。如影隨形，如響應聲，如人夜書，火滅字存，毁法果報，亦復如是。

此後生之報也。先法，後喻。墮三途者，以因不歸依三寶故。人趨貧賤者，以因未純修五戒故。上二等流果也。諸根不具，即耳不聽法、目不視佛、舌不稱讚、身不禮敬果報也。

下約喻明。謂影不離形，響不離聲，如果不離因，因不離果，必然之理也。如人下，復以喻明因果不差也。故經云：無我、無造、無受者，善惡之業亦不忘。今夫隱處造業，唯已獨知，人不及知，如人夜書依火，亦謂已知，而人不知，及火滅而字存焉。造業者淪浩劫而莫遺，懸疎網而不漏，及時至必受報，故如火滅字存。故法合結云：毀法果報，亦復如是。

△五、誡非理苦役。

大王，未來世中一切國王，王子大臣，與我弟子横立記籍，設官典主，大小僧統，非理役使。當知爾時，佛法不久。

四姓出家，俱名釋子，而末法不規，無端記録籍貫，横遍設官典主，不知何哉？或亦淑慝不分，妍媸弗辨，僧夥衆多，故權立此明鑑耳。若爲常式，恐違佛意。僧統，即掌握法紀，鈐束緇流者。即大存體格，高踞法署，清範如斯，不爲過也。而非理苦役，違道驅奔，又何爲哉？古有鑾輿及門，稱疾不起，丹詔三往，堅不出山者。今云法道愈趣愈下，豈不哀哉？

△六、誡謬信横制，四。

初、示修善。

大王，未來世中，一切國王，四部弟子，當依十方一切諸佛常所行道，建立流通。

王道坦坦，千古同軌。一乘玄門，諸佛齊證。故依之建立，則正教隆盛，風斯淳和，否則多岐忘羊，欲樹法門，不亦難乎？

△二、示作惡。

而惡比丘，爲求名利，不依我法，於國王前，自説過患，作破法緣。

求名利而昧一心，不辭染污。説過患而破大法，弗避譏嫌。惡世比丘，凡以是也。佛豈妄語以矯後人哉？故《蓮華面經》云：吾於阿僧祇所得菩提法，非外道壞，惡比丘自壞之。吾人應勉也。

△三、示謬信。

其王不別，信受此語。

不辨誠否，劇依其言，故云謬信。

△四、示時過。

横立制法，不依佛戒。當知爾時，法滅不久。

未閲戒律，便制其法，故曰横立。此不

率繇舊章，而多愆多忘者，何法不滅乎？

△七、誡自作自咎。

大王，未來世中，國王大臣，四部弟子，自作破法破國因緣，身自受之，非佛法咎。天龍捨去，五濁轉增。

王臣不護法，而自作破國因緣，故躬自當之，比丘不依法，而自作破法因緣，故身亦自受之，佛法何與其問[17]也？故云：非佛法咎。法滅國亂，非豐殷之國界，故天龍捨去。魔强法弱，非聖賢之應世，故五濁轉增。因緣如此，孰可逃乎？

△三、結成不盡。

若具説者，窮劫不盡。

如上七誡，佛已懸示，意猶在人耳，無己之慈，故猶結云不盡。大哉，教也，鏤骨銘肌，未足報恩耳。

△二、依教奉行，二。

初、依法奉持，四。

初、諸王傷感，二。

初、正明傷感。

爾時，十六大國王聞説未來如是諸誡，悲啼號泣，聲動三千，天地昏闇，光明不現。

吾佛説誡實之言，誡法門之蔽，今之王臣未嘗不動心注念，而當時十六國王，獨悲聲遠震，兩儀三光昏暗若是焉。道心凜凜，照耀終古，慈風浩浩，披拂而今，真可以涼破法之炎衷，而醒求利之醉眼矣。

△二、依教護法。

時諸王等，各各至心，受持佛語，不制四部出家學道，當如佛教。

忠臣誓而枯竹芽，孝子泣而堅氷解，理也，不足異也。況佛言在耳，諸王豈不欽教旨哉？故受持佛語，端在自修，不制出家，任運修道。若或放逸不規，壞教敗法，抑何貴於不制哉？

△二、大衆咨嗟。

爾時，恒河沙等無量大衆皆共嘆言：當爾之

時，世間空虛，是無佛世。

聞佛言而慨發，是真心一動，唯恐來世法滅也，故又嘆云：是無佛世。隋靈裕法師，見周氏滅教，悲哀不勝，衣以斬縗，頭絰麻帶，如喪考妣，引同侶夜談正理，晝讀俗書，潛形灰稿，以俟法復。今人壞法者，用法以博衣食，貨名利，可乎哉？

△三、請問經目。

爾時，波斯匿王白佛言：世尊，當何名此經，我等云何奉持？

從正說至此，一經之正範畢矣，故請經名目，并奉持法式也。

△四、佛爲垂答，三。

初、正答經名。

佛告大王：此經名爲《仁王護國般若波羅蜜多》。亦得名爲《甘露法藥》，若有服行，能愈諸疾。

答中，經名有二。一、正目。護法保世，俱稱仁王。依法熏修，咸云護國。實相觀照，俱稱般若。即離即到，名波羅蜜多。二、兼目。護法護國，自利利他，即甘露法藥。依忍教化，即服行之人。愈疾，即服行之益也。

△二、讚法廣大。

大王，般若波羅蜜多所有功德，猶如虛空，不可測量。

此一法門，出生妙利，注之不竭，取之無盡。以唯佛窮源，因位難徹，故讚之如此。

△三、功德護國。

若有受持、讀誦之者，所獲功德，能護仁王，及諸衆生，猶如垣墻，亦如城壁。是故汝等，應當受持。

於中有四：一、明受持之人，二、明功德護國，三、喻明護意，四、結勸應持。並如文知。

△二、結會喜持。

佛說是經已，彌勒、師子月等無量菩薩摩

訶薩，舍利弗、須菩提等無量聲聞，欲界色界無量天人、比丘、比丘尼、優婆塞、優婆夷、阿修羅等，一切大衆，聞佛所説，皆大歡喜，信受奉行。

皆大歡喜者，《文殊所問經》云有三種義：一、説者清淨，不爲取著利養所染；二、所説清淨，以如實知真實法體；三、得果清淨，以一句染神，咸資彼岸。故聞者信受奉行也。

仁王護國般若波羅蜜多經卷下科疏卷五終

校勘記

〔一〕「那」，疑爲「邪」。

〔二〕「口」，疑爲「迷」。

〔三〕「那」，疑爲「動」。

〔四〕「性」，疑衍。

〔五〕「飾」，疑爲「勸」。

〔六〕「玉」，疑爲「王」。

〔七〕「那」，疑爲「卻」。

〔八〕「崇」，疑爲「祟」。

〔九〕「去」，疑爲「法」。

〔一〇〕「崇」，疑爲「祟」。

〔一一〕「二合」，疑在「五」前。

〔一二〕「那」，疑爲「娜野」。

〔一三〕「冒」，疑爲「冒」。下一「冒」字同。

〔一四〕「盧」，疑爲「虛」。

〔一五〕「囚」，疑爲「因」。

〔一六〕「似」，疑爲「俟」。

〔一七〕「問」，疑爲「間」。

仁王護國經科疏跋

《仁王護國經》，從諸王請也。諸王睹佛光明照徹三界，想斯殊勝，嘿動護國良因，求聞世諦妙義。我佛預知，不與言護國，先徵護果，次徵護因。二護既明，始乃護國。究竟護國無法，護果因即法，於世諦中顯第一諦，於第一諦收世諦。噫嘻，如來之忠於國，大也。果之護，在真空法空，聖見無見。因之護，在一切伏忍，行盡本源。此於國何與？而佛殷殷言之。微哉，神哉，妙法不可思議，功德不可思議。爲國土法藥，即爲護國大用。受持者，如城壍墻壁，刀劍鉾楯，豈不信然？

愚庵法師，精通宗教，説法多年。至老，始解集此經，發願亦從護國起。予得而讀之。始自神祖戊午夏，虜驚初聞，失陷撫順，念無可報國恩者，誓弘此典，以志微忱。屬以嗣法參差，未即如願。值今上正位之二年，虜薄都城，一如世廟時事。賴聖明神武，指頃蕩平，四維燕若。師先從庄庵岩翳榛中遠避腥穢，憶昔心願，祈禱佛神冥佑。法孫海潤字雲外者，率徒寂妙等，夜護回寺，且值虜宵遁，交錯同途，喜免辱命。於是淨几焚香，再詳昔稿，筆底滚滚湧泉，亦從忍定來也。解成，欲爲流通。予曰：新聖人登極，轉大法輪，三教會歸，玉帛來集，磐石之安，與天齊量，奚用此經護爲？師曰：山僧荷國厚恩，涓埃莫報。此經護國，原佛意也。貴亦猶行佛之意也。敢云仰答高深，實惟踐斯本願。予曰：若是，可以行矣。因序註經始末如此。

師少有夙悟，遍禮名山，信口禪機，尊宿吐舌。及長來京，漸藏鋒頴，結小棚爲茶庵，法教日盛，愚智咸欽，感動先朝，寸土變爲大地，塵沙化爲金刹。登講席者，四十餘載，垂老不倦，平等接人，開示無數。噫嘻，師願弘矣。註經先有《楞伽》《唯識》，佛醫佛事有《藥師科》《圓覺燈》。《仁王經》，其最後，近耄年矣。師別有功行，紀甚詳，茲姑述岸略。予以輯瑞，苦足病，偃息寺中，得入師室，頗聞玄緒。今黯然乞歸，慚負聖恩，酬報何日？有愧於愚法師多矣。謹跋。

崇禎四年歲次辛未二月朔日

楚中湘二非居士石萬程齋沐拜書

（常峥嶸整理）

〇二九六

般若波羅蜜多心經疏〔一〕

慧淨法師作〔二〕

夫以〔三〕真宗沖粹〔四〕，妙絶名詮之表〔五〕；正覺幽凝，高栖像繫之外。將求性相，二智不能照其〔六〕機；迹被〔七〕淺深，三獸無以臻其極。然則即色非色，寄無色以爲原；即空非空，要假空而遣色。故知至虚無像，而爲衆像之宗；妙理無言，抑乃群言之本。斯蓋像出於無像，言出於無言。無言言者，蓋感物而言生；無像像〔八〕者，亦因心而著像〔九〕。無言言故，四辨所以弘宣；無像像〔一〇〕故，丈六所以垂跡。然則此《多心經》者，五乘之寶運，嚴萬德以成尊〔一一〕；八〔一二〕藏之妙高，飾四珍而獨秀。

首稱般若者，古釋有三，今解有五〔一三〕：一、實相，謂真理；二、觀照，謂真慧；三、文字，謂真教；四、境界，謂諸法；五、眷屬，謂萬行。要須福智具修，有空齊照，尋詮〔一四〕究旨，會理解〔一五〕生，慧性慧資，俱稱般若。波羅者，彼岸義〔一六〕。蜜者，到義。由行般若波羅蜜，離諸鄣染，境盡有無，義通〔一七〕真俗，覺滿寂圓，斯昇彼岸。般若者，大經〔一八〕之總名。多心〔一九〕者，此經之別稱。經者，爲常，爲法，是攝，是觀。常則〔二〇〕道冠百王，法乃楷模千業〔二一〕，攝則集斯妙理〔二二〕，觀則悟彼群生。庶令必離苦津，終〔二三〕登覺岸。一卷者，首軸無二，故稱〔二四〕爲一；開合卷舒，名〔二五〕之爲卷。故言般若波羅蜜多心經一卷。

觀〔二六〕自在菩薩行深般若波羅蜜多時。

此經唯有正宗。序分、流通，在大品經首末，則一〔二七〕章。廣明五蘊、十二入、十八界，空色兩境〔二八〕，生滅、垢淨、增減，狀同龜毛，但有語言，實無相皃，乃至三乘境觀俱〔二九〕空。若就〔三〇〕妄而念〔三一〕，苦集滅道、十二因緣、六波羅蜜是〔三二〕所乘之法；聲聞、緣覺及諸菩薩是能乘之人。若有能乘人，即人執未亡；見有所乘法〔三三〕，即〔三四〕法執仍在。若人法未除，此即〔三五〕凡夫情計，豈名菩薩？如人睡裏〔三六〕，夢見乘船度河，得至彼岸，忽爾睡覺，元在本處，河及船人，二俱不實。菩薩修道，了達人法俱〔三七〕空，已入七地，得無生忍，反觀能乘、所乘〔三八〕，如夢如幻〔三九〕。是能〔四〇〕菩提薩埵，依般若波羅蜜多，了達相見俱空，二障俱盡，而得涅槃〔四一〕。恐後時學者不信〔四二〕，是故引三世諸佛爲證，皆依般若波羅蜜多，得阿耨菩提〔四三〕。即此經教〔四四〕利益廣大，欲令衆生修行流布。將釋此經，略爲〔四五〕十門分別：第一，初入觀門緣起分；第二，了蘊虛通度厄分；第三，色空〔四六〕一如無二分；第四，垢淨唯真無妄分；第五，十二入中如幻分；第六，三處體同名異分；第七，三乘境觀俱空分；第八，舉勝明空離障分；第九，大智乘因至果分；第十，護難流通神呪分。

此經三乘具足，文義深玅，若受持讀誦，當成佛果〔四七〕，名教不思議；不生不滅，乃至無智亦無得，皆契真如妙體，名理不思議；謂起悲智，真俗雙行，不被涅槃〔四八〕生死所拘，是故得名觀〔四九〕自在菩薩，名行不思議；能用智慧，出離煩惱所知二障等執，因圓果滿，得菩提、涅槃〔五〇〕二種妙果，即名果不思議。此教、理、行、果，非心能思，出於心量之表；非口能議，離於言説〔五一〕之外〔五二〕。是故俱名不可思議。

就前觀門緣〔五三〕起分中，文開兩段：初先標能行人，次明所行法。若先標能〔五四〕行人，即是觀自在菩薩；次明所行法，即〔五五〕深般若波羅蜜也。就般若之中，約爲三分：第〔五六〕一，文字，名淺般若；第二，依文發慧，名中般若；第三，照見五蘊體空，名深般若。一爲能照，即名〔五七〕深般若；二爲所照，即〔五八〕五蘊等法。

就五蘊法[五九]中，又分爲二[六〇]：一爲[六一]色法，堅、濕、煖、動；二爲心法，受、想、行、識。

次明空色兩境，二俱不實。又明生滅、垢淨、增減，各無自性。後明十二入、十八界乃至三乘境觀俱無體性[六二]。無無明亦無無明盡，即無中乘所觀之境；無老死亦[六三]無老死盡，即無中乘能觀之人；無苦、集，即無小乘所觀之[六四]境；無滅、道，即無小乘能觀之智；無智亦無得，即無大乘所[六五]觀之境；以無所得，故即無大乘能觀之智。觀者，慧也，能見人法二空之理者即是[六六]。有無齊遣，藥病兩亡[六七]，不緣於相，攝境歸心，心境俱泯，無有二相。由[六八]如虛空，見此理體，名爲自在。觀貪[六九]心虛妄相[七〇]，於布施門中而得自在；觀罪性空寂，於持戒門中而得自在；乃至觀[七一]愚癡性空，於智慧門中而得自在；觀小乘權教，於四諦門中而得自在；觀中乘漸教，於十二緣中而得自在；觀大乘離執，於菩提涅槃門中而得自在[七二]。觀色空，即眼自在；觀聲空，耳自在；乃至法虛空，即意自在[七三]；能[七四]觀心空，即內自在；所觀境不實，即外自在；內外無有一法可得，是故得名自在。行者，若不用智慧觀諸法空[七五]，攀緣心起，由心起[七六]故，取塵作業，名爲業障[七七]，障其聖道，不名[七八]自在。乃爲煩惱[七九]鏁，無[八〇]明鏁，妄想鏁，名相鏁，貪嗔癡等諸煩惱鏁[八一]，鏁[八二]諸衆生在[八三]五蘊柱[八四]，輪迴[八五]二十五有，循環來往，經歷三塗[八六]，備受諸苦，不名自[八七]在，若依前發慧[八八]，了達人法皆空，煩惱、所知二障俱盡，行[八九]名自在。

菩提薩埵者，西域名菩提是道，質諦名心[九〇]。薩埵名衆生，即是道心衆生。道者通達[九一]，通爲[九二]虛通，達爲[九三]了達。虛通了達[九四]，心境俱空，而無障礙。譬如世間之道，若[九五]有荊棘聚林坑穽等境[九六]，障人來往，不名爲道。菩薩若見有心外等境而起貪瞋，六度不通，一切俱礙，亦不名〔九七〕爲道。菩提名智，薩埵名人，即是〔九八〕智人。菩提言慧，薩埵名人，即是〔九九〕慧人。智能鑒有即無有，慧能達空即無空。空有㫒遣，名爲智慧。有智慧者，名菩提薩埵。今以菩下却提，薩下除埵，義略而言之，故名菩薩〔一〇〇〕。

問曰：比來諸德皆言觀自在菩薩是觀世音菩薩〔一〇一〕，此説〔一〇二〕云何？

答曰：是何與言〔一〇三〕？一切菩薩，亦〔一〇四〕入初地，煩惱障盡，既入四地，法執亦亡。人法二空，兩〔一〇五〕境齊證，悲智齊設，真俗雙行。由有悲〔一〇六〕故，常處涅槃，不滯於空；由有智故，常處生死，不染煩惱。不被〔一〇七〕煩惱、涅槃〔一〇八〕二法所拘〔一〇九〕。一切菩薩皆得自在，何必觀音獨稱自在〔一一〇〕？

行深般若波羅蜜多時者〔一一一〕，爲用加行，以〔一一二〕無漏智照六根、六塵、六識〔一一三〕、五蘊、十二入，觀心不間，與理相應，念念進趣。如人遠行，脚若〔一一四〕不住，即至前所，菩薩修道所行諸度〔一一五〕，心不間斷，得至佛果，是故名〔一一六〕行。深者，了達人法俱空，色心齊遣，境觀兩亡；出於心量之表，離於言説之外；非口所宣，非心所測，非二乘境界；唯佛與佛，乃能知之，是故名〔一一七〕深。

般若者，般有二義：一是清淨義，二是勝妙義。永離渾〔一一八〕濁曰清，遠離塵〔一一九〕垢曰淨，絶待無比曰勝，心口不測〔一二〇〕名妙。若會〔一二一〕二義，一是智，二是慧：智如日，是本體；慧如光，是起用。體用雙行〔一二二〕，故名〔一二三〕智慧。見人〔一二四〕見法，即是妄想；能了人法俱空，名爲〔一二五〕智慧。起心動念，見有見無，見心見境，見空見色，見是見非，心外見有一切法、非法〔一二六〕二相差别不同〔一二七〕者，俱是妄想。了達人〔一二八〕法，本來不生，本來不滅，無有二相，猶如虚空。見此理體，名爲智慧。

波羅有二義，一是此岸義，二是彼岸義。

此岸者，一是[一二九]分段生死，凡夫此岸；二是變易生死，七地已前菩薩此岸。彼岸有五義：一教彼岸，二[一三〇]理彼岸，三[一三一]境彼岸，四行彼岸，五果彼岸。教彼岸者，此經文相，能筌一實相法，名教彼岸；即依此教，筌得人法二空之妙理，名理彼岸。常觀此理，心不間斷，名境彼岸[一三二]。行者[一三三]雙離二執，即人執、法執；雙離二死，分段生死及變易生死；雙除二障，即煩惱障及所知障；雙證二空，即人空、法空[一三四]；雙修二行，即自利行、利他行[一三五]。自利行用智，離[一三六]他行用悲，悲智雙行，名行彼岸；由[一三七]行此行[一三八]，得至菩提之妙果[一三九]，名果彼岸。

蜜多，有二義：一離，二到。離者[一四〇]，離一切心量及文字、語言；到者[一四一]，到真如實相之理。

問曰：生死爲此岸，涅槃爲彼岸，未審[一四二]中間體性云何？

答曰：若離變易，未到涅槃，於其中間，名[一四三]劣無漏種。俱生煩惱，雖未滅盡，不能令於衆生，墮三惡道，習氣微弱[一四四]故，名劣無漏種。既非二邊，亦名中道義[一四五]。

時者，即悟入之時。譬如千年闇室，明[一四六]燈纔照，闇境[一四七]則無。一切衆生從無始已來被煩惱蔽障[一四八]，作種種業行，熏在識中，成就[一四九]無量三塗種子。若智燈[一五〇]返照，一念之間，所有業障悉皆消滅。作意觀察煩惱滅時，故名[一五一]爲時。

問曰：覺了觀心，可名般若。文字、實相，俱非觀照，何得同稱般若？

答曰：若無文字，衆生依何悟解？要假言詮[一五二]，方能覺照。是故文字釋[一五三]般若，要因覺照。照及實相，能照、所照，照然[一五四]一合，是故實相亦名般若。故《論》云：明[一五五]智及智處，俱名爲般若。智即般若，是智處者，所[一五六]照之處，即[一五七]實相是。是故三處俱名爲(一五八)般若。頌(一五九)曰：小(一六〇)乘雖證人無我，法執迷情由(一六一)未改。涅槃生死不能拘(一六二)，菩薩於中得自在。

向來所説，雖有能觀，所觀三種般若差别不同(一六三)，總明初入觀門緣起分。

照見五蘊皆空，度一切苦厄。

照者，慧也，如燈破(一六四)暗，燈至而暗滅，慧生而無明盡(一六五)。五蘊者，色、受、想、行、識，質礙名色，領納爲受，取相名想，造作爲(一六六)行，了别爲(一六七)識。蘊者(一六八)，積聚義(一六九)，積聚色、受、想、行、識(一七〇)以成其身，即三界四生，俱同(一七一)一體。各由過去無明業愛(一七二)爲因，熏成(一七三)善惡果報差别，而是無明業愛家果。若生天上，及在人間，貧窮困苦、愛别離苦、怨憎會苦、求不得苦、生苦、老苦、病苦、死苦，皆依五蘊而起。八苦乃至三苦，三界受生，無不是苦。若能了達五蘊皆是虚妄(一七四)，觀色如聚沫，受如水上漚(一七五)，想如春時炎，衆行如芭蕉，觀識如幻化(一七六)，一一陰(一七七)中，觀其體(一七八)性不可得，皆不可得(一七九)，故(一八〇)言皆空。五蘊若是有，八苦即不虚；五蘊之達空，八苦依何有(一八一)？譬如暴風，擊水成漚，即是漚非水，漚散作水，是水非漚(一八二)。漚(一八三)喻衆生，水喻佛性，擊真成妄，名曰衆生了妄歸(一八四)真，苦無生處，故言照見五蘊皆空，度一切苦厄。

問曰：三界(一八五)有色(一八六)蘊，既(一八七)有色蘊，可言苦厄(一八八)。無色界中(一八九)無色蘊，應當無八苦？

答曰：無色界中，雖無麤色，細色仍在(一九〇)。世尊涅槃時，無色界諸(一九一)天淚如細雨。若無有色，淚從(一九二)何來？細色未除(一九三)，識種由(一九四)在，雖居八定，見相(一九五)未除(一九六)，來往循環(一九七)，未離八苦。頌曰：四大五蘊無非色，人我衆生本性空。若能發慧當心照，長辭苦海(一九八)出樊(一九九)籠。

向來所舉，能照所照，五蘊色心，差別不同〔二〇〇〕，總明第二〔二〇一〕了蘊虛通〔二〇二〕度厄分〔二〇三〕。

舍利子，色不異空，空不異色，色即是空，空即是色。受、想、行、識，亦復如是。

色不異空者〔二〇四〕，色是假〔二〇五〕色也，堅濕煖動，即色蘊也，空即虛通，謂〔二〇六〕無自性，故言色〔二〇七〕不異空。

空〔二〇八〕不異色者，爲二乘人滅色取空，不知空是自心，心外見有空境見境心礙，礙即名爲色〔二〇九〕，故言空〔二一〇〕不異色。

色即是空者，菩薩了達，色性自空，非色滅空，非是無色名空，非是〔二一一〕因觀故空，非心盡故空，非斷〔二一二〕法故空，猶如兔角龜毛〔二一三〕，本無體性，故言色即是空。

空即是色者，若心外見空，即〔二一四〕還被空礙，故言空即是色。空不自空，因色故有空；色不自色，因空故有色。以空知有色，以色知有空；離空無別色，離色無別空。諸佛或時說色，或時說非〔二一五〕色。諸法實相中，無色無非色，空亦如此〔二一六〕。

《華嚴經》云：心能採畫〔二一七〕色，採〔二一八〕畫色非心。離心無畫色，離畫色無心。一切相待並准此。譬如有兩目俱睞，在路獨行，其道兩邊，俱有深坑，其人不見，或落道東，或落道西，當欲入坑，不見正路〔二一九〕，路逢一人，引向中道。一切衆生，亦復如是〔二二〇〕。爲諸煩惱，蔽於慧目，妄執空執色〔二二一〕。聞說色不異空，即執空是有；爲〔二二二〕說空不異色，即執色是空〔二二三〕；爲〔二二四〕說色即是空，還執空爲實有；爲〔二二五〕說空即是色，還起色執不除。必竟〔二二六〕逐語尋聲，爲此〔二二七〕迷心〔二二八〕未盡。今以四重翻覆，心境方始窮源〔二二九〕。譬如有人，兩目俱睞者，凡夫二乘，慧眼未開，不見中道是；兩畔深坑者，執斷執常，執空執色，常起有無二邊惡見等是；路逢一人者，即諸佛如來是；教避深坑者，離二邊惡見，爲説菩提正路者是〔二三〇〕。至於空之與色，皆是自心所變，了知心境不二，故言色不異空〔二三一〕。

受、想、行、識，亦復如是者〔二三二〕，此是心法，色既翻覆四重，心法不異於色，略而不言〔二三三〕，故云亦復如是。頌曰：空色假待曾何實，其中唯有一真如。心境曉同如幻夢，逍遥獨步入無餘。向來所舉，空色翻覆，四重不同，總明第三空色一如無二分〔二三四〕。

舍利子，是諸法空相，不生不滅，不垢不淨，不增不減。

此破生滅、垢淨、增減，無有〔二三五〕二相。

舍利子〔二三六〕，名身子〔二三七〕，母名舍利，因母得名，故名舍利子〔二三八〕。

是諸法空相者，五蘊、十二入、十八界之類〔二三九〕體性〔二四〇〕俱空，故名空相〔二四一〕。

不生不滅者〔二四二〕，若見諸法有生，即有法滅，法本無生，今亦〔二四三〕法滅。猶如翳眼妄見空華，即此空華，本無體性，但爲妄想，蔽於慧目〔二四四〕。法體之上，而起妄心〔二四五〕，見有生死〔二四六〕。五蘊若是有，有〔二四七〕故可言生。了達五蘊〔二四八〕空，空中何有生？五蘊若有生，有生可言滅〔二四九〕。五蘊本〔二五〇〕無生，無生何有滅？故言不生不滅〔二五一〕。

不垢不淨者，凡夫煩惱未除，貪瞋現在，而起人執，即名爲垢〔二五二〕。二乘煩惱已盡，貪瞋亦〔二五三〕離，而證人空，得名爲淨。垢若有可除，謂有可除得名淨〔二五四〕。推尋垢體本來空，即此空中何有淨〔二五五〕？故言不垢不淨〔二五六〕。

不增不減者，真如理體，沉淪六道，未必減少；得出三界，不必增多〔二五七〕。在纏名如來藏，出纏名爲〔二五八〕法身。出入語言雖殊，真如〔二五九〕法體本來無别。以法性爲身，無有障礙〔二六〇〕，猶如虛〔二六一〕空，無有損減〔二六二〕，故云不增不減〔二六三〕。

是故空中無色，無受、想、行、識。

此爲重破〔二六四〕色、心二法，前〔二六五〕舉五藴皆空，恐不了〔二六六〕。爲此〔二六七〕重舉色心，各〔二六八〕無自性，故言是故空中無色，無受、想、行、識〔二六九〕。頌曰：生滅虚空緣心戀〔二七〇〕，淨穢〔二七一〕相違識不同〔二七二〕。增減了知無損益，即與能仁法性同。

向來所舉，三相差别不同，總明第四〔二七三〕垢淨唯真無妄分。

無眼、耳、鼻、舌、身、意，無色、聲、香、味、觸、法。

此〔二七四〕爲破十二入如幻緣生，無有實體〔二七五〕。

無眼、耳、鼻、舌、身、意者〔二七六〕，此〔二七七〕破六根空。

云何是空？眼中皮肉〔二七八〕爲地大，目淚爲水大，煖性爲火大，轉動爲風大。

問曰：地是眼不？答曰：是地非眼。水是眼不？是水非眼。火是眼不？是火非眼。風是眼不？是風非眼〔二七九〕。

四大各各〔二八〇〕别，名之〔二八一〕爲自相；和合成眼根〔二八二〕，名之〔二八三〕爲共〔二八四〕相。未有四大，無自性眼根；既有四大，無他性眼根。無自無他，即眼根空〔二八五〕，眼性既空，亦無無眼，自下五根並〔二八六〕准此。

無色、聲、香、味、觸者〔二八七〕，六根若是有，所對六塵並不虚；推尋六根既是〔二八八〕空，所對六塵〔二八九〕明非有。云何名爲根〔二九〇〕？能生諸識故。云何名爲〔二九一〕塵？能〔二九二〕坌污淨心故。四塵成四大，四大成諸根。諸〔二九三〕根對六塵，故立〔二九四〕十二處。各各從緣生，是明無自性。

問曰：前〔二九五〕舉五藴，或舉十二入、十八界，即此〔二九六〕三相，有何差别？

答曰：譬如網鳥之人，如其得鳥，止藉一目〔二九七〕，不可以一目爲羅。若能了凡證聖，止藉般若〔二九八〕一法，不可以一法教人。爲〔二九九〕根有利鈍，證有淺深。是故世尊隨機接引，作種種方便，説三科〔三〇〇〕法門，總〔三〇一〕令其悟入。

頌曰：堅濕煖動爲根本，如幻緣生無〔三〇二〕暫停。

内外兩邊雖有對，觀其體性若乾城。

　向來所舉〔三〇三〕，根塵兩處不同，總明第五〔三〇四〕十二入中如幻分。

無眼界乃至無意識界，

　此爲〔三〇五〕破十八界，前舉根塵，兩處皆空。具〔三〇六〕明中間六識，各無自性。爲有根塵，發生六識〔三〇七〕。

　云何發生？

　答曰：因有色塵，發生眼根〔三〇八〕，眼識生；因有聲塵，發耳根，耳識生；乃至因有法塵，發意根，意識生〔三〇九〕。由不了故〔三一〇〕，即妄想起，能爲一切煩惱根本，熏〔三一一〕入本識，成無量三界四生之種子。輪迴六趣，無有休已。

　云何名煩惱及貪、瞋、癡〔三一二〕？

　答曰：以眼緣色，名之爲煩；色來觸眼，目〔三一三〕之爲惱。六識緣六塵，名之爲煩；六塵觸六識，目之爲惱〔三一四〕。貪、瞋、癡者〔三一五〕，以眼緣色故，好色即貪，惡色即瞋，分別好惡，名之爲癡。二根中諸煩惱著准此〔三一六〕。

　問曰：欲〔三一七〕作何觀行，得〔三一八〕免〔三一九〕此貪、瞋、癡〔三二〇〕煩惱？

　答曰：行者若能澄〔三二一〕心向内返照〔三二二〕，諸根體性不可得，即名空門；諸塵是虚妄，即是〔三二三〕無相門〔三二四〕；諸〔三二五〕識無生滅，即是〔三二六〕無願門；三處無所〔三二七〕有，即名三空門；三處不被繫縛故，并名三解脱門；能通達六塵故，亦名六度門〔三二八〕；諸識俱〔三二九〕寂滅，亦名真如門。六識滅即無煩，六塵空即無惱。

　塵既不實，不見有好色可貪，不見有惡色可瞋〔三三〇〕，無可分別，心〔三三一〕即無癡。若能與理相應，貪瞋癡俱滅，煩惱永盡，即名無餘涅槃〔三三二〕。今言無眼、耳、鼻、舌、身、意，無色、聲、香、味、觸、法，無眼界乃至無意識界者〔三三三〕，爲〔三三四〕破執有我、人、衆生、壽者。

十八界者〔三三五〕，差別義。六根緣六塵，各各差別，名十八界，以舉十八界用〔三三六〕破我者。若眼中有我，耳裏〔三三七〕應無。一一根塵中，各各有我者〔三三八〕，即一人上，合有十八個我〔三三九〕。若一一根塵中無我〔三四〇〕，即十八界並無〔三四一〕。故〔三四二〕知我無實體。

問曰〔三四三〕：眼緣色塵，耳緣聲塵，乃至身緣觸塵，此爲根五塵，並可見。意識緣法塵〔三四四〕，其狀云何？

答曰：五根對五塵，中間發五識，五根雖〔三四五〕見聞覺知，不能〔三四六〕分別，要藉同時意識分別，見青、黃、赤、白、方、圓、分量等，名爲法塵。同與五識，同緣五塵，於五塵中虛妄分別，名爲法塵〔三四七〕。

問曰：意識能分別，未審意根〔三四八〕有何功用？

答曰：意根恒審思量爲用，有三熏習、四〔三四九〕差別。三熏習者〔三五〇〕，一名言熏習，二我愛熏習，三有支熏習。四差別者，一我慢，二我愛，三我見，四無明〔三五一〕。常與四惑煩惱相應，能〔三五二〕作一切善惡之種子。五識向外緣五塵〔三五三〕，意識同〔三五四〕緣五塵，亦向内緣，名遍計所執性。七識依六識分別，向内緣八識〔三五五〕，名依他起性。八識體是如來藏根本，亦名真如〔三五六〕，亦名圓成實性。眼〔三五七〕識〔三五八〕緣色，意〔三五九〕識隨後發〔三六〇〕分別，眼識即滅。七識執受，意識亦滅。八識受熏，七識亦滅。行者若能澄〔三六一〕心内照，眼不緣色塵〔三六二〕，意識〔三六三〕無可分別。入初地，即轉意識爲妙觀〔三六四〕察智，六識滅〔三六五〕，七識無可執受。入〔三六六〕七地，轉七識爲平等性智。八識不受熏，即如來藏法〔三六七〕净。轉八識爲大圓鏡智，亦轉五識爲成所作智。即成所作智、妙觀察智爲化身，平等性智爲報身，大圓鏡智爲法身。束八識以成四智，即四智而成三身。前言無眼、耳、鼻、舌、身、意等者〔三六八〕，爲色心兩法，分爲十八界，了達色即是空。三際緣心，俱〔三六九〕不可得，此即〔三七〇〕色心本空，故知十八處非有，就妄而言，心外非無三處。若約理而説，並是一心虛變〔三七一〕。頌曰：内外中間十八處，如言兔角本無形。大聖應機方便説，隨於用處立虛名。

向來〔三七二〕所舉〔三七三〕，根塵三處差別〔三七四〕不同，總明第六三處體同名異分。

無無明，亦無無明盡，乃至無老死，亦無老死盡。

此破中乘境。觀如幻如炎，推求體性不可得故〔三七五〕。無明及生老死是世俗諦，無明及生老盡名真諦〔三七六〕。凡夫無智，起心緣境，即名無明。二乘無悲，滅却無明，而證〔三七七〕涅槃。菩薩有大智，心境俱泯，不同俗諦故，即無無明。由有大悲，爲化衆生，不入涅槃，留惑〔三七八〕不盡無明，故云無無明盡。凡夫無智故〔三七九〕，有生老死。菩薩〔三八〇〕照見五蘊皆空，即無有老死。二乘無悲，灰身滅智，盡却生〔三八一〕老死。菩薩有大悲，爲化衆生，同其事業，即不盡生〔三八二〕老死。故云〔三八三〕無老死，亦無老死盡。無明者，由〔三八四〕無智慧明，即〔三八五〕造諸行。行謂〔三八六〕罪行〔三八七〕、福行〔三八八〕、不動行。殺〔三八九〕生、偷盜、邪見等行〔三九〇〕，名罪行。禮佛、誦經、布施、持戒等，名爲〔三九一〕福行。坐禪〔三九二〕得四禪八定，伏心不起，名爲〔三九三〕不動行。但行人〔三九四〕所作善惡等業，希求〔三九五〕未來果報，即是有爲之法〔三九六〕，終不免〔三九七〕生老病死，循環三界六道。諸業之種子熏在識中，與生死魔軍交會之時，所應〔三九八〕生處，境界現前，業命已盡〔三九九〕，受中陰〔四〇〇〕身，經七七日，託〔四〇一〕入母胎，攬〔四〇二〕父〔四〇三〕母精血，赤白和合，成其肉團，即爲名色。名〔四〇四〕即四陰，受、想、行、識。色即四，堅濕煖動。即名六處，眼、耳、鼻、舌、身、意等〔四〇五〕。覺知冷煖苦樂等境〔四〇六〕，名之爲觸。既有領納，目〔四〇七〕之爲受。於母生愛，於父生憎[四〇八]。父精出時，謂是已有，名之爲愛。貪著前境，目之爲取。四大成就，受三界果報身[四〇九]，名之爲有。四十九七[四一〇]日已前，業風吹解[四一一]，離其母腹，名之爲生。業命總盡，四大離散，名之爲死。此即[四一二]十二因[四一三]緣。

無明與行爲過去。識、名色、六入、觸、受、愛、取、有，此八支在母腹，稱現在。生、死兩支名未來。

無明與行爲能引，識、名色、六處、觸、受，此五果種子爲所引。愛、取、有，此現在三支，感得未來生死。中乘之[四一四]人觀無明滅，即不造行，行亦滅[四一五]。以無行故，即無種子，識亦滅。識既滅故[四一六]，乃至老死等[四一七]滅，即[四一八]出離三界，不受後有。喻如諸子，爲求[四一九]鹿車，出於火宅。中乘之理，有無明、無明滅，有老死、老死滅[四二〇]。般若觀照則不然。無明本來不有，亦無[四二一]無明滅，生死[四二二]究竟[四二三]不可得，亦[四二四]無[四二五]老死盡。

無苦、集、滅、道。

此爲[四二六]破小乘四諦。境觀俱無實體，以見相未亡，令觀五蘊體寂，而證人空。舉此四諦以明因果者[四二七]，集道二諦是因，苦滅二諦是果。苦集二諦是俗[四二八]，滅道二諦是真[四二九]。五蘊等法名[四三〇]苦果，無明愛業是集因，滅盡生死名涅[四三一]槃果，戒定慧等爲道因[四三二]。

問曰：一切内外等法，皆以先因後果，即乘因至果[四三三]。若如此[四三四]者，理合先説因，而後説果。今此經中，先説五蘊苦果，後説集因，其何故也[四三五]？

答：今世尊説四諦，爲小乘根機下劣[四三六]，不了人法二空。若[四三七]先説[四三八]集因後言[四三九]苦果者，以凡夫不得宿命智，不能了達[四四〇]過去無明愛業，令觀現在果[四四一]，即知過去因。今[四四二]日長命者，過去[四四三]不殺生來[四四四]。今日短命者，過去殺生來。今日富貴者，過去布施持戒來。今日貧賤者，過去慳貪破戒來〔四四五〕。一切因果皆如此。今舉果即〔四四六〕知因，爲此先舉五蘊苦果，然後説因。若知五〔四四七〕蘊是苦，即於現在〔四四八〕五蘊苦果之上，不作集因。欲滅集因〔四四九〕，要須修道。道〔四五〇〕者，即三十七品。戒、定、慧等，以助道法。因〔四五一〕持戒故，心能定。能〔四五二〕定故，即能發慧。三學〔四五三〕具足，即因果俱滅。滅盡因果，名曰涅槃。出離凡夫，故名真諦。

問曰：真諦及四聖諦，有何差別？

答〔四五四〕：三乘共觀四諦〔四五五〕、五蘊，淺深見解殊別〔四五六〕。凡夫執五蘊是有〔四五七〕，躭〔四五八〕染六塵〔四五九〕，愛著生死，諸苦逼迫〔四六〇〕，輪迴六道〔四六一〕，名爲俗諦。二乘〔四六二〕爲斷除生死，滅盡貪愛，執相未亡，灰身滅智而證寂滅〔四六三〕，出於俗網〔四六四〕，故名真諦。四聖諦者，了達五蘊本空〔四六五〕，苦無生處，名爲〔四六六〕苦聖諦；妄想不生，無明愛業本來不有，集無〔四六七〕和合，名〔四六八〕集聖諦；於畢滅法中，了達一切法本來不生本來不滅，是名滅聖諦；若能〔四六九〕人法俱空，色心〔四七〇〕俱〔四七一〕遣，緣觀雙寂，境智兩亡，能緣所緣，二俱不實，無有二相，猶如虚空，作此觀者，名爲〔四七二〕道聖諦。

問：舍利子〔四七三〕是小乘法人〔四七四〕，苦集滅道是小乘法，此即人法俱載。無明乃至〔四七五〕老死，此〔四七六〕是十二因緣，是中乘法〔四七七〕。何故不言中乘法〔四七八〕人？此則〔四七九〕有法無人，其故〔四八〇〕何也？

答：中乘者，辟支佛乘。辟支名緣覺。佛之言覺，覺五蘊從緣生，一一蘊中〔四八一〕，推求體性〔四八二〕不可得，而證人空，分別煩惱，並皆以斷盡〔四八三〕。

觀緣即〔四八四〕覺，名爲緣覺。生於無佛世界，無師自覺，亦名獨覺。若在佛前，即名上根羅漢，不得稱爲獨覺。一世界中，無有〔四八五〕二佛。大小雖殊〔四八六〕，爲亂佛名，不得與佛同生一處。世尊〔四八七〕初成道時〔四八八〕，於鹿苑中爲五比丘三轉十二行法輪〔四八九〕。第〔四九〇〕一示相轉。諸比丘，此是苦，此是集，此是滅，此是道。第二勸修轉。諸比丘，此是苦，汝須〔四九一〕知；此是集，汝須斷；此是滅，汝須證；此是道，汝須修。第三引〔四九二〕證轉。此是苦，我已〔四九三〕知；此是集，我已斷；此是滅，我已證；此是道，我已修。見苦、斷集、證滅、修道，即出三界。喻如諸子，乘於羊車，出於火宅，證得羅漢。是故〔四九四〕《經》云：譬如有人引導衆人欲向寶所〔四九五〕，道路懸遠，經三百由旬〔四九六〕，衆人疲懈，皆欲退還〔四九七〕。導師多諸方便〔四九八〕，權作化城，令其歇息〔四九九〕。佛道懸曠，經無量劫，久受勤苦，不能成〔五〇〇〕，遂生退心。佛爲説四諦法〔五〇一〕，即〔五〇二〕是行人歇息之處。今言無苦、集、滅、道者，苦本不生，何苦之有？集〔五〇三〕無和合，何斷之有？滅無所滅，何證之有？道本無形，何修之有〔五〇四〕？若有能修〔五〇五〕人，即有所修道；既無能修人，亦無所修〔五〇六〕道〔五〇七〕，此則〔五〇八〕人法俱空〔五〇九〕，證如如理。譬如有人〔五一〇〕夢見怨敵相對，白刃相交；或夢〔五一一〕見男女遠行，分離愛別；或夢見遺失財物，衣命不死；或夢見老病在床，死時將逼。當爾之際，非常憂苦〔五一二〕。既其睡覺，諸苦元〔五一三〕無。一切衆生，亦復如是，從無始已來，無明蔽障，長夜睡眠，六賊〔五一四〕昏沈，妄見諸苦。般若纔照，人法俱空，身既不存，何苦之有？舉苦一諦不實，故知三諦非真〔五一五〕。故云無苦、集、滅、道。

問曰：諸佛説法，或從深向淺，或〔五一六〕從淺向深。今説此經，先説中乘，次説小乘，後説大乘，其故云何〔五一七〕？

答曰：諸佛説法，常依二諦，常〔五一八〕詮第一義諦。第一義諦之中，文字俱離。若三乘是有實，有實〔五一九〕須〔五二〇〕依次。説〔五二一〕三乘俱不實，不實有何次？故〔五二二〕《楞伽〔五二三〕》云：初地即爲八地，八地則爲初地〔五二四〕。何以故？法〔五二五〕

無所有，故〔五二六〕有何次？

無智亦無得，以無所得故。

此爲破執有大乘心。無智，無菩提之智德；無得，無涅槃之斷德〔五二七〕。

問曰：菩提、涅槃是有情所歸之處，二乘小果，言無，信有之矣〔五二八〕。大乘極果，何得言無？

答：菩提涅槃是〔五二九〕衆生妄心執有，妄心既遣，體離有無。但除其病，而不除法。即真如妙體，出在有無之外。病即〔五三〇〕有情，妄執生〔五三一〕分別耳。故《經》云：聲聞緣覺乘，諸佛如來乘〔五三二〕，乃至有心轉，諸〔五三三〕乘非究竟。若彼心滅盡，無乘及乘者，無有乘建立，我説爲一乘。若言涅槃是有，即法執未亡；若執有菩提，即人執〔五三四〕未盡。菩提是〔五三五〕體上之相，涅槃是相下〔五三六〕之體。諸佛如來法眼清淨，見體不見相；菩薩法眼未明，見相不見〔五三七〕體。《經〔五三八〕》云：十地菩薩見法〔五三九〕性，如羅縠〔五四〇〕中視。今言無智亦無得者〔五四一〕，雙破二執〔五四二〕，雙證二空。悟菩提性〔五四三〕寂，即除人執；了涅槃體如，即除法執。菩提〔五四四〕、涅槃是所觀之境，以無所得故，即是能觀無相之智。

問曰：法緣人設，即法後人先；人依法修，即法先人後。前後雖別，人法俱〔五四五〕存。若有法無人，法將虚設〔五四六〕；有人無法，學者無憑。若人法兩亡，便成斷見。今言人法俱空，豈可同乎塼石〔五四七〕？佇貯〔五四八〕資良決，以〔五四九〕拔深疑？

答曰：非無人法，但無人法相〔五五〇〕，名曰爲空。從衆〔五五一〕緣生，無其體性，如水月中〔五五二〕鏡像，相有體無。法之與人〔五五三〕，亦復如是。言人空者，爲除人我〔五五四〕執；所〔五五五〕言無法者，爲除執法心〔五五六〕。無此二執，心亦何過〔五五七〕？

頌曰：明與無明無二相〔五五八〕，説苦斷集爲〔五五九〕凡愚。人法性空非智得，假設三乘並是無。

向來所舉[五六〇]，三乘境觀漸次[五六一]大小不同，總明第七境觀俱空分。

菩提薩埵，依般若波羅蜜多故，心無罣礙。無罣礙故，無有恐怖，遠離顛倒夢相，究竟涅槃。

菩提薩埵者，道心衆生。般若，智慧。波羅蜜多者，彼岸到。無罣礙者[五六二]，由前觀照三乘境觀皆空，菩提、涅槃性相俱寂，蘊、界、入等體性恒空[五六三]，故無罣礙。無罣礙故者，重疊前文，智慧觀照，然始[五六四]覺了。無有恐怖者，不爲生之所恐，不爲[五六五]死之所怖，故云無有恐怖。遠離顛倒夢想，究竟涅槃[五六六]者，心外見法，名之爲顛；不了[五六七]自心所作，名之爲倒。譬如有人[五六八]悞食莨菪子，毒氣入心，妄見空華及針等事，不知爲毒所變。心外妄見針華，終日採華拾針而無休息。不食莨菪之人，當見採華拾針，並皆恠咲，唱言狂顛[五六九]。一切衆生，迷於本性，所見境界，不知從自心變，乃至[五七〇]心外見有差別境界[五七一]，即以心外求[五七二]。智者見之，如狂人採花[五七三]拾針，而無有異。故言心外見法，名之爲顛；不了自心所作，目之爲倒[五七四]。夢想者，爲有所得中作善惡業[五七五]，名之爲夢；分別涅槃生死爲異[五七六]，名之爲想。名相俱遣[五七七]，名爲究竟；心境兩亡，名爲涅槃。頌曰：薩埵依空無罣礙，用智修真至[五七八]涅槃。遠[五七九]離妄想除顛倒，真謂[五八〇]收心向内觀。

向來所舉菩薩能離、所離，除妄證真，差別不同，總明第八[五八一]舉勝明空離障分。

三世諸佛，依般若波羅蜜多故，得阿耨多羅三藐三菩提。

過去、未來、現在爲三世[五八二]。佛之言覺，自覺斷人執，覺他斷法執。凡夫不能自覺，二乘不能覺他，菩薩不能覺滿。異凡夫，故自覺；異二乘，故覺他；異菩薩，故覺滿。如睡夢覺，如蓮華開，染癡睡眠盡[五八三]，名之爲佛[五八四]。皆依般若波羅蜜多故，以具前釋[五八五]。

　　得阿耨多羅三藐三菩提，總云無上正遍知覺。又菩提[五八六]言道：菩提有五種：一、發心菩提，在十[五八七]信位；二、伏心菩提，在地前三賢位；三、明心菩提，初地[五八八]至七地；四、出倒菩提，八地至十地；五、無上菩提，在佛果平等法中，無有上下，故言無上[五八九]。凡夫非正非真，二乘正而非真，菩薩真而非正，諸佛亦真亦正[五九〇]。後三處[五九一]名正，菩提名道。凡夫非正非道，二乘正而非道，菩薩道而非正，諸佛亦正亦道。此是諸佛真如[五九二]法界身，與一切衆生同體。行者若能以無漏智慧，觀達煩惱，妄想俱空[五九三]，法界之身方顯[五九四]。頌曰：

過現[五九五]未來三世諸佛，皆依般若得菩提。凡厥[五九六]有虛修正慧，並與能仁[五九七]境智齊。

　　向來所舉，雖有因果先後[五九八]不同，總明第九大智乘因向[五九九]果分。

故知般若波羅蜜多，是大神呪，是大[六〇〇]明呪，是無上呪，是無等等[六〇一]呪，能除一切苦[六〇二]，真實不虛。故說般若波羅蜜多呪，即說呪曰者。

　　一舉呪德[六〇三]，二舉呪[六〇四]勝[六〇五]，三舉呪用，四舉呪體。

　　是大[六〇六]神呪者，四魔頓遣，三部俱亡[六〇七]，人法兩空[六〇八]，心境雙泯[六〇九]，神通自在，隱顯隨時，遇物冥[六一〇]通，凡聖莫測，是[六一一]故名神呪。是大[六一二]明呪者，無明並盡，習氣頓除，智光普照[六一三]，妄想俱盡，故曰是明呪[六一四]。舉呪德[六一五]。是無上呪者，超出三界，證大涅槃，十聖三賢，莫能測度[六一六]，故曰是無上呪[六一七]。是[六一八]無等等呪[六一九]者，證圓鏡智，照遍十方，由[六二〇]如日光，無有等匹[六二一]，故曰無等等呪[六二二]。舉呪勝[六二三]。能除一切苦，真實不虛者，從[六二四]最清淨法界，是法身；流出大智、大定、大慧[六二五]，名報身[六二六]；流出大悲，成化身。能[六二七]出生入死，教化三界六道衆生[六二八]，皆[六二九]入無餘涅槃。故曰[六三〇]：能除一切苦，真實不虛。舉〔六二一〕呪用。故説般若波羅蜜多呪，即説呪曰。

揭帝揭帝，波羅揭帝，波羅僧揭帝，菩提薩婆訶。

頌曰：明呪摧殘神呪難，般若降魔出生死。法喻齊同能離苦，欲令含識普〔六二二〕修行。

向來所舉神呪四種不同，總明第十護難流通神呪分。稽首同體諸大師，別相釋迦牟尼佛。教理行果微玅法，如理作意真聖衆。我從師聞習所解，無有三乘及境觀。今作無生無相理，分別以爲十門義。唯願慈光護念我，令我道心不退轉。並願群生悉明了，於此玅理勤修學〔六二三〕。

般若波羅蜜多心經疏終〔六二四〕

開元三年九月於台州大雲寺得〔六二五〕

校勘記

〔一〕底本據《卍續藏》。校本分別爲：甲本，斯〇五五四；乙本，北敦四四一二，首殘；丙本，斯五八五〇，僅存首部，甚殘。同時參閱方廣錩校注本（《般若心經譯注集成·注疏三》，上海古籍出版社二〇一一年版，以下簡稱方校）。

〔二〕「慧净法師作」，丙本殘。

〔三〕「以」，疑衍。

〔四〕「粹」，丙本作「邃」。

〔五〕「表」，甲本由此字始，有部分殘。

〔六〕「其」，底本作「真」，據丙本改。

〔七〕「被」，甲、丙本作「彼」。

〔八〕「像」，甲本殘，丙本脱。

〔九〕「著像」，底本作「像著」，據甲、丙本改。

〔一〇〕「像」，底本無，據甲、丙本補。

〔一一〕「尊」，底本作「等」，據甲、丙本改。

〔一二〕「八」，甲、丙本前有「超」字。

〔一三〕「古釋有三今解有五」，甲、丙本作「故釋有五」。

〔一四〕「詮」，甲本作「經」。

〔一五〕「理解」，甲本作「解理」。
〔一六〕「義」，底本後衍「離義」二字，據甲本删。
〔一七〕「通」，底本作「洞」，據甲、丙本改。
〔一八〕「經」，丙本作「判」。
〔一九〕「多心」，底本作「心」，據甲、丙本改。
〔二〇〕「則」，甲本作「能」。
〔二一〕「業」，甲、丙本作「葉」。
〔二二〕「理」，丙本作「法」。
〔二三〕「終」，甲本作「會」。
〔二四〕「故稱」，底本作「名之」，據甲、丙本改。
〔二五〕「名」，底本作「目」，據甲、丙本改。
〔二六〕「觀」，甲、丙本前有「經曰」二字。
〔二七〕「則一」，底本作「即此下」，據甲、丙本改。
〔二八〕「兩境」，底本無，據甲、丙本補。
〔二九〕「俱」，底本作「但」，據甲、丙本改。
〔三〇〕「就」，甲本無。
〔三一〕「念」，底本作「去」，據甲、丙本改。
〔三二〕「是」，甲、丙本無。
〔三三〕「聲聞」至「有所乘法」，甲、丙本無。
〔三四〕「即」，底本無，據甲本補。
〔三五〕「即」，甲、丙本作「則」。
〔三六〕「裏」，甲、丙本作「等」。
〔三七〕「俱」，甲本作「二」。
〔三八〕「所乘」，甲本無。
〔三九〕「如夢如幻」，甲本作「如幻如夢」。
〔四〇〕「能」，方校疑爲「故」。
〔四一〕「是能」至「涅槃」，甲、丙本無。
〔四二〕「恐後時學者不信」，底本無，據甲本補。
〔四三〕「皆依般若波羅蜜多得阿耨菩提」，甲、丙本作「皆依此經得無上菩提」。
〔四四〕「教」，甲本無。
〔四五〕「爲」，甲、丙本作「以」。
〔四六〕「色空」，底本作「空色」，據甲、丙本改。
〔四七〕「若受持讀誦當成佛果」，甲、丙本作「受持讀誦當來成佛果」。丙本止於此。
〔四八〕「涅槃」，甲本無。

〔四九〕「觀」，甲本無。
〔五〇〕「涅槃」，甲、乙本作「卌卌」。下同。
〔五一〕「離於言説」，甲本作「出於三説」。
〔五二〕「外」，底本後衍「此教理行果」五字，據甲本删。
〔五三〕「緣」，底本作「像」，據甲本改。
〔五四〕「若先標能」，甲本無。
〔五五〕「次明所行法即」，甲本作「行法即是」。
〔五六〕「第」，甲本無，下二「第」字同。
〔五七〕「名」，甲本無。
〔五八〕「即」，底本無，據甲本補。
〔五九〕「法」，甲本無。
〔六〇〕「又分爲二」，底本無，據甲本補。
〔六一〕「爲」，甲本無，下一「爲」字同。
〔六二〕「無體性」，底本作「空」，據甲本改。
〔六三〕「無老死亦」，甲本無。
〔六四〕「所觀之」，底本無，據甲本補。
〔六五〕「所」，乙本由此字始，有部分殘。
〔六六〕「者即是」，甲本無。
〔六七〕「亡」，底本作「忘」，據甲、乙本改。
〔六八〕「由」，甲、乙本作「猶」。
〔六九〕「貪」，甲、乙本作「矣」。
〔七〇〕「相」，底本無，據甲、乙本補。
〔七一〕「乃至觀」，底本作「觀乃至」，據文意改。
「觀」，甲、乙本無。
〔七二〕「於菩提涅槃門中而得自在」，甲本作「於涅槃得自在」，乙本作「於菩提涅槃得自在」。
〔七三〕「觀色空」至「意自在」，甲、乙本作「觀六塵性空即六根因自在」。
〔七四〕「能」，甲、乙本無。
〔七五〕「空」，甲、乙本作「即」。
〔七六〕「由心起」，甲、乙本無。
〔七七〕「名爲業障」，底本無，據甲、乙本補。
〔七八〕「名」，甲、乙本作「得」。
〔七九〕「惱」，底本無，據甲、乙本補。
〔八〇〕「無」，底本後衍「無」字，據甲、乙本删。

〔八一〕「妄想鏁名相鏁貪瞋癡等諸煩惱鏁」，甲、乙本作「貪瞋癡鎖」。

〔八二〕「鏁」，底本無，據甲、乙本補。

〔八三〕「在」，甲、乙本作「於」。

〔八四〕「柱」，底本作「枉」，據甲、乙本改。

〔八五〕「輪迴」，甲、乙本作「輪轉」。

〔八六〕「循環來往經歷三塗」，甲、乙本作「修曆三塗」。

〔八七〕「自」，甲本無。

〔八八〕「依前發慧」，甲、乙本作「能」。

〔八九〕「行」，甲、乙本作「得」。

〔九〇〕「名心」，底本無，據甲、乙本補。

〔九一〕「達」，底本後衍「義理」二字，據甲、乙本删。

〔九二〕「爲」，甲本作「謂」。

〔九三〕「爲」，甲本無。

〔九四〕「虚通了達」，甲本無。

〔九五〕「若」，底本無，據甲、乙本補。

〔九六〕「等境」，甲、乙本無。

〔九七〕「名」，甲本作「得名」。

〔九八〕「即是」，底本作「有」，據甲、乙本改。

〔九九〕「即是」，底本作「有」，據甲、乙本改。

〔一〇〇〕「有智慧者」至「故名菩薩」，甲、乙本作「即是菩薩」。

〔一〇一〕「菩薩」，底本無，據甲、乙本補。

〔一〇二〕「說」，甲、乙本無。

〔一〇三〕「是何與言」，底本後衍「是何與言」四字，甲、乙本無，據文意及甲、乙本删。

〔一〇四〕「亦」，甲、乙本無。

〔一〇五〕「兩」，底本作「與」，據甲、乙本改。

〔一〇六〕「由有悲」，甲、乙本作「猶悲智」。

〔一〇七〕「被」，甲、乙本作「爲」。

〔一〇八〕「煩惱涅槃」，甲、乙本作「此」。

〔一〇九〕「拘」，底本作「物」，據甲、乙本改。

〔一一〇〕「何必觀音獨稱自在」，甲、乙本作「何獨觀音」。

〔二一〕「者」，甲、乙本無。

〔二二〕「以」，甲、乙本無。

〔二三〕「六塵六識」，底本作「六識六塵」，據甲、乙本改。

〔二四〕「脚若」，甲、乙本作「常去」。

〔二五〕「菩薩修道所行諸度」，甲本作「菩薩修行」，乙本作「菩薩所行」。

〔二六〕「名」，甲本前有「得」字。

〔二七〕「是故名」，底本作「故名爲」，據甲本改。

〔二八〕「渾」，甲、乙本作「瀾」。

〔二九〕「離塵」，底本作「塵離」，據甲、乙本改。

〔三〇〕「測」，甲、乙本作「惻」。

〔三一〕「會」，底本作「含」，據甲、乙本改。

〔三二〕「行」，底本作「言」，據甲、乙本改。

〔三三〕「名」，甲、乙本前有「言」字。

〔三四〕「見人」，甲、乙本無。

〔三五〕「爲」，甲、乙本無。

〔三六〕「非法」，底本作「作」，據甲、乙本改。

〔二七〕「不同」，底本無，據甲、乙本補。

〔二八〕「人」，底本作「一切」，據甲、乙本改。

〔二九〕「是」，甲、乙本無，下一「是」字同。

〔三〇〕「二」，底本後有「是」字，據甲、乙本删。

〔三一〕「三」，底本後有「是」字，據甲、乙本删。

〔三二〕「教彼岸者」至「名境彼岸」，甲、乙本作「教者此經能詮實相法理者依此教能詮人法二空妙理境者常觀此理心不間斷」。

〔三三〕「行者」，底本無，據甲、乙本補。

〔三四〕「雙離二執」至「法空」，甲、乙本無。

〔三五〕「自利行利他行」，甲、乙本作「自利利他」。

〔三六〕「離」，底本原校疑爲「利」。

〔三七〕「由」，底本作「猶」，據文意改。

〔三八〕「行」，底本原校疑爲「岸」。

〔三九〕「菩提之妙果」，甲、乙本作「菩提」。

〔四〇〕「一離二到離者」，甲、乙本作「一離義」。

〔四一〕「到者」，甲、乙本作「二到義」。

〔四二〕「未審」，甲、乙本無。

〔一四三〕「名」，甲、乙本無。
〔一四四〕「微弱」，甲、乙本作「疑」。
〔一四五〕「義」，甲、乙本無。
〔一四六〕「明」，甲、乙本前有「若」字。
〔一四七〕「闇境」，甲、乙本作「其闇」。
〔一四八〕「蔽障」，甲本作「蔽」，乙本作「賊蔽」。
〔一四九〕「就」，甲、乙本無。
〔一五〇〕「燈」，底本作「慧」，據甲、乙本改。
〔一五一〕「名」，底本作「言」，據甲、乙本改。
〔一五二〕「詮」，底本作「鑿」，據甲、乙本改。
〔一五三〕「釋」，底本作「稱爲」，據甲、乙本改。
〔一五四〕「照然」，底本作「一體」，據甲、乙本改。
〔一五五〕「明」，底本作「説」，據甲、乙本改。
〔一五六〕「所」，底本前衍「一」字，據甲、乙本删。
〔一五七〕「即」，底本無，據甲、乙本補。
〔一五八〕「爲」，底本、乙本無，據甲本補。
〔一五九〕「頌」，甲、乙本作「誦」。
〔一六〇〕「小」，甲、乙本作「二」。
〔一六一〕「由」，甲、乙本作「猶」。
〔一六二〕「拘」，底本作「物」，據甲、乙本改。
〔一六三〕「向來所説」至「差別不同」，甲、乙本作「向來三種不同」。
〔一六四〕「破」，底本作「照」，據甲、乙本改。
〔一六五〕「燈至」至「無明盡」，甲、乙本作「惠破無明」。
〔一六六〕「爲」，底本作「名」，據甲、乙本改。
〔一六七〕「爲」，底本作「曰」，據甲、乙本改。
〔一六八〕「者」，甲、乙本無。
〔一六九〕「義」，甲、乙本作「也」。
〔一七〇〕「積聚色受想行識」，甲、乙本無。
〔一七一〕「同」，底本作「用」，據甲、乙本改。
〔一七二〕「愛」，底本作「受」，據甲、乙本改。
〔一七三〕「成」，甲本後有「無量」二字。
〔一七四〕「是無明業愛」至「皆是虚妄」，甲、乙本作「是無明業愛若生天上及在人間乃至三界受生無非是苦皆依五藴而起若了是虚妄」。

〔一七五〕「受如水上漚」，甲、乙本作「觀受如水泡」。

〔一七六〕「想如春時炎」至「觀識如幻化」，甲、乙本作「想如陽炎行如芭蕉識如幻化」。

〔一七七〕「一一陰」，底本作「二薩」，係形近致誤，據甲、乙本改。

〔一七八〕「觀其體」，甲、乙本無。

〔一七九〕「皆不可得」，甲、乙本無。

〔一八〇〕「故」，底本作「所」，據甲、乙本改。

〔一八一〕「五蘊若是有」至「八苦依何有」，甲、乙本作「蘊若是有苦即是虚了達蘊空苦依何有」，方校云：「底本顯係由甲、乙本文字改纂而成。」

〔一八二〕「譬如暴風」至「是水非漚」，甲、乙本作「譬如風擊水成泡即是泡非水泡散作水非泡」。

〔一八三〕「漚」，甲、乙本作「泡」。

〔一八四〕「歸」，底本作「名」，據甲、乙本改。

〔一八五〕「界」，甲、乙本後有「衆生」二字。

〔一八六〕「色」，甲、乙本後有「界」字。

〔一八七〕「既」，甲、乙本作「爲」。

〔一八八〕「厄」，甲、乙本無。

〔一八九〕「中」，甲、乙本無。

〔一九〇〕「細色仍在」，甲、乙本作「仍有細色」。

〔一九一〕「諸」，甲、乙本無。

〔一九二〕「從」，甲、乙本作「猶」。

〔一九三〕「除」，底本作「亡」，據甲、乙本改。

〔一九四〕「由」，甲、乙本作「猶」。

〔一九五〕「相」，甲、乙本作「想」。

〔一九六〕「除」，甲、乙本作「亡」。

〔一九七〕「環」，甲、乙本作「還」。

〔一九八〕「海」，底本作「厄」，據甲、乙本改。

〔一九九〕「樊」，諸本均作「煩」，據文意改。

〔二〇〇〕「能照所照五蘊色心差别不同」，甲、乙本無。

〔二〇一〕「第二」，甲、乙本無。

〔二〇二〕「通」，底本作「空」，據甲、乙本改。

〔二〇三〕「分」，底本後衍「竟」字，據甲、乙本删。

〔二〇四〕「色不異空者」，底本無，據甲、乙本補。

〔二〇五〕「假」，底本作「形」，據甲、乙本改。
〔二〇六〕「謂」，底本作「爲」，據甲、乙本改。
〔二〇七〕「言色」，甲、乙本無。
〔二〇八〕「空」，甲本無。
〔二〇九〕「心外」至「名爲色」，甲、乙本作「自心見空空境是礙礙即名色」。
〔二一〇〕「言空」，甲、乙本無。
〔二一一〕「是」，甲、乙本無。
〔二一二〕「斷」，底本作「是拆」，據甲、乙本改。
〔二一三〕「兔角龜毛」，甲、乙本作「龜毛兔角」。
〔二一四〕「即」，甲、乙本無。
〔二一五〕「非」，底本作「無」，據甲、乙本改。
〔二一六〕「此」，甲、乙本作「是」。
〔二一七〕「畫」，底本作「盡」，據甲、乙本改，下三「畫」字同。
〔二一八〕「採」，底本作「綵」，據甲、乙本改。
〔二一九〕「一切相待」至「不見正路」，甲、乙本作「如人無目獨行於道兩邊深坑其人不見或東或西墮落不見中路」。
〔二二〇〕「一切衆生亦復如是」，甲、乙本作「衆生亦爾」。
〔二二一〕「爲諸煩惱蔽於慧目妄執空執色」，甲、乙本作「煩惱蔽於惠眼妄起執心」。
〔二二二〕「爲」，甲、乙本無。
〔二二三〕「空」，底本作「真」，據甲、乙本改。
〔二二四〕「爲」，甲、乙本無。
〔二二五〕「爲」，甲、乙本無。
〔二二六〕「必竟」，甲、乙本無。
〔二二七〕「爲此」，甲、乙本無。
〔二二八〕「迷心」，底本作「遺心」，據乙本改，甲本作「迷情」。
〔二二九〕「方始窮源」，甲、乙本作「方窮」。
〔二三〇〕「譬如有人」至「正路者是」，甲、乙本作「凡夫二乘慧目未開不見中道喻無兩目執空有斷常二邊愚見喻兩畔深坑諸佛如來教離二邊爲説中道正路喻逢一人」。

〔二三一〕「至於空」至「色不異空」，甲、乙本作「空之與色自心所變了知不二故言不異」。

〔二三二〕「者」，甲、乙本無。

〔二三三〕「此是心法」至「略而不言」，甲、乙本作「色既不異空心法亦然略而言」。

〔二三四〕「向來所舉」至「無二分」，甲、乙本作「此明色空一如無二分」。

〔二三五〕「生滅」至「無有」，甲、乙本作「生滅等」。

〔二三六〕「子」，甲本無。

〔二三七〕「名身子」，甲、乙本作「身子也」。

〔二三八〕「故名舍利子」，甲、乙本無。

〔二三九〕「之類」，甲、乙本無。

〔二四〇〕「性」，底本作「相」，據甲、乙本改。

〔二四一〕「故名空相」，甲、乙本作「故言是諸法空相」。

〔二四二〕「不生不滅者」，甲、乙本無。

〔二四三〕「今亦」，底本作「何無有」，據甲、乙本改。

〔二四四〕「猶如翳眼」至「蔽於慧目」，甲、乙本作「猶如翳目妄見空花妄想蔽於惠眼」。

〔二四五〕「而起妄心」，甲、乙本作「起於妄相」。

〔二四六〕「見有生死」，底本作「有生滅」，據甲、乙本改。

〔二四七〕「有」，底本前衍「謂是」二字，據甲、乙本删。

〔二四八〕「五蘊」，甲、乙本作「本來」。

〔二四九〕「有生可言滅」，底本作「謂有生故可言滅」，據甲、乙本改。

〔二五〇〕「本」，甲、乙本作「既」。

〔二五一〕「故言不生不滅」，甲、乙本無。

〔二五二〕「而起人執，即名爲垢」，底本作「而起我人即執名爲垢」，據甲、乙本改。

〔二五三〕「亦」，底本作「伏」，據甲、乙本改。

〔二五四〕「謂有可除得名凈」，甲、乙本作「乃可名爲凈」。

〔二五五〕「即此空中何有凈」，甲、乙本作「空中亦無凈」。

〔二五六〕「故言不垢不凈」，甲、乙本無。

〔二五七〕「沉淪六道」至「不必增多」，甲、乙本作「沉淪未必少出離不增多」。

〔二五八〕「爲」，甲、乙本無。

〔二五九〕「真如」，甲、乙本無。

〔二六〇〕「以法性爲身，無有障礙」，甲、乙本作「法性無礙」。

〔二六一〕「虛」，甲本無。

〔二六二〕「無有損減」，甲、乙本無。

〔二六三〕「故云不增不減」，底本無，據甲、乙本補。

〔二六四〕「此爲重破」，甲、乙本作「此破」。

〔二六五〕「前」，底本作「齊」，據甲、乙本改。

〔二六六〕「恐不了」，甲、乙本作「恐仍未了」。

〔二六七〕「爲此」，甲、乙本無。

〔二六八〕「各」，底本作「若」，據甲、乙本改。

〔二六九〕「是故空中無色無受想行識」，甲、乙本作「空中無有色」。

〔二七〇〕「生滅虛空緣心戀」，甲、乙本作「生滅虛緣心轉實」。

〔二七一〕「穢」，底本作「識」，據甲、乙本改。

〔二七二〕「同」，底本作「通」，據甲、乙本改。

〔二七三〕「向來所舉」至「總明第四」，甲、乙本作「此總明」。

〔二七四〕「此」，甲、乙本後有「謂」字。

〔二七五〕「體」，底本無，據甲、乙本補。

〔二七六〕「無眼耳鼻舌身意者」，甲、乙本作「無眼耳等者」。

〔二七七〕「此」，甲、乙本作「爲」。

〔二七八〕「皮肉」，底本作「皮皃」，甲、乙本作「及内」，據方校改。

〔二七九〕「是地非眼」至「是風非眼」，甲、乙本作「非水火風等是眼不答曰四大並非眼」。

〔二八〇〕「各」，甲、乙本作「有」。

〔二八一〕「名之」，甲、乙本作「之名」。

〔二八二〕「根」，甲、乙本無。

〔二八三〕「名之」，甲、乙本作「之名」。

〔二八四〕「共」，底本爲「苦」，據甲、乙本改。

〔二八五〕「未有四大」至「即眼根空」，方校疑有誤。

〔二八六〕「自下五根並」，甲、乙本作「餘根」。

〔二八七〕「無色聲香味觸者」，甲、乙本作「無色塵等者」。

〔二八八〕「是」，甲、乙本無。

〔二八九〕「六塵」，甲、乙本無。

〔二九〇〕「爲根」，底本作「根爲」，據甲、乙本改。

〔二九一〕「爲」，底本無，據甲、乙本補。

〔二九二〕「能」，甲、乙本無。

〔二九三〕「諸」，甲、乙本作「六」。

〔二九四〕「立」，甲、乙本作「稱」。

〔二九五〕「前」，甲、乙本無。

〔二九六〕「即此」，甲、乙本無。

〔二九七〕「譬如網鳥之人如其得鳥止藉一目」，甲、乙本作「譬如網鳥人雖於一目德鳥」，其中「德」通「得」。

〔二九八〕「般若」，甲、乙本無。

〔二九九〕「爲」，甲、乙本無。

〔三〇〇〕「説三科」，甲、乙本無。

〔三〇一〕「總」，甲、乙本無。

〔三〇二〕「無」，底本作「死」，據甲、乙本改。

〔三〇三〕「向來所舉」，甲、乙本作「此明」。

〔三〇四〕「總明第五」，甲、乙本作「總結」。

〔三〇五〕「爲」，甲、乙本無。

〔三〇六〕「具」，底本作「是」，據甲、乙本改。

〔三〇七〕「爲有根塵發生六識」，甲、乙本作「根塵合故識隨發生」。

〔三〇八〕「生眼根」，甲本無，乙本作「明」。

〔三〇九〕「因有聲塵」至「意識生」，甲、乙本作「意識亦如是」。

〔三一〇〕「了故」，底本作「達塵」，據甲、乙本改。

〔三一一〕「熏」，底本作「重」，據甲、乙本改。

〔三一二〕「云何名煩惱及貪瞋癡」，甲、乙本作「煩惱云何」。

〔三一三〕「目」，甲、乙本作「名」。

〔三一四〕「六識緣六塵」至「目之爲惱」，甲、乙本作「眼根可悉餘根亦然」。

〔三一五〕「貪、瞋、癡者」，甲、乙本作「貪、瞋、癡云何？答云」。

〔三一六〕「以眼緣色故」至「准此」，甲、乙本作「眼緣好色即生貪惡色生瞋分別好惡故名之爲癡」。

〔三一七〕「欲」，甲、乙本無。

〔三一八〕「得」，甲、乙本無。

〔三一九〕「免」，底本作「勉」，據甲、乙本改。

〔三二〇〕「貪瞋癡」，甲、乙本無。

〔三二一〕「澄」，底本作「證」，據甲、乙本改。

〔三二二〕「向内返照」，甲、乙本作「内照」。

〔三二三〕「是」，甲、乙本無。

〔三二四〕「無相門」，底本無，據甲、乙本補。

〔三二五〕「諸」，底本無，據甲、乙本補。

〔三二六〕「是」，底本無，據甲、乙本補。

〔三二七〕「所」，底本作「無」，據方校改。

〔三二八〕「三處無所有」至「六度門」，甲、乙本無。

〔三二九〕「俱」，底本作「但」，據甲、乙本改。

〔三三〇〕「不見有好色可貪不見有惡色可瞋」，甲、乙本作「無好可貪無惡可瞋」。

〔三三一〕「心」，甲、乙本無。

〔三三二〕「即名無餘涅槃」，甲、乙本作「即無拘繫」。

〔三三三〕「今言無眼」至「意識界者」，甲、乙本作「今言無眼耳色聲等乃至無眼及意識等界者」。

〔三三四〕「爲」，甲、乙本無。

〔三三五〕「者」，甲、乙本無。

〔三三六〕「舉十八界用」，甲、乙本無。

〔三三七〕「裏」，甲、乙本作「中」。

〔三三八〕「根塵中各各有我者」，甲、乙本作「各有者」。

〔三三九〕「即一人上合有十八個我」，甲、乙本作「人即合有十八我」。

〔三四〇〕「根塵中無我」，甲、乙本作「無者」。

〔三四一〕「界並無」，甲、乙本作「俱無」。

〔三四二〕「故」，甲、乙本前有「無」字。

〔三四三〕「問曰」，諸本均無，據文意補。

〔三四四〕「眼緣色塵」至「意識緣法塵」，甲、乙本作「五根緣塵並有對可見意緣於法」。

〔三四五〕「五根雖」，甲、乙本作「唯」。

〔三四六〕「能」，甲、乙本無。

〔三四七〕「同與五識」至「名爲法塵」，甲、乙本無。

〔三四八〕「意根」，甲、乙本無。

〔三四九〕「四」，甲、乙本無。

〔三五〇〕「三熏習者」，甲、乙本無。

〔三五一〕「明」，甲、乙本無。

〔三五二〕「能」，甲、乙本無。

〔三五三〕「五識向外緣五塵」，甲、乙本無。

〔三五四〕「同」，甲、乙本無。

〔三五五〕「向内緣八識」，底本作「向内緣以成得塵執受成種子重入八識一向内緣名緣」，方校云「語意不通，當有錯訛」。其中「重入」顯係「熏入」之誤。據甲、乙本改。

〔三五六〕「亦名真如」，底本作「是真」，據甲、乙本改。

〔三五七〕「眼」，底本作「根」，據甲、乙本改。

〔三五八〕「識」，甲、乙本無。

〔三五九〕「意」，甲、乙本無。

〔三六〇〕「發」，底本無，據甲、乙本補。

〔三六一〕「澄」，底本作「證」，據甲、乙本改。

〔三六二〕「塵」，甲、乙本無。

〔三六三〕「識」，甲、乙本無。

〔三六四〕「觀」，底本作「覺」，據底本原校及甲、乙本改，下一「觀」字同。

〔三六五〕「滅」，底本無，據甲、乙本補。

〔三六六〕「入」，底本無，據甲、乙本補。

〔三六七〕「法」，底本無，據甲、乙本補。

〔三六八〕「無眼耳鼻舌身意等者」，甲、乙本作「無眼耳等者」。

〔三六九〕「俱」，甲、乙本無。

〔三七〇〕「即」，甲、乙本無。

〔三七一〕「變」，甲、乙本作「實」。

〔三七二〕「來」，甲本無。

〔三七三〕「舉」，甲本無。

〔三七四〕「三處差別」，甲、乙本無。

〔三七五〕「故」，甲、乙本無。

〔三七六〕「無明及生老盡名真諦」，甲、乙本作「滅盡無明生老死等名爲真諦」。

〔三七七〕「而證」，底本作「入」，據甲、乙本改。

〔三七八〕「留惑」，底本作「流或」，據甲、乙本改。

〔三七九〕「故」，甲、乙本無。

〔三八〇〕「菩薩」，甲、乙本無。

〔三八一〕「生」，甲、乙本無。

〔三八二〕「生」，甲、乙本無。

〔三八三〕「故云」，底本後衍「無無明亦無無明盡乃至」十字，據甲、乙本删。

〔三八四〕「由」，甲本作「猶」。

〔三八五〕「即」，甲、乙本無。

〔三八六〕「謂」，甲、乙本後有「三行」二字。

〔三八七〕「行」，甲、乙本無。

〔三八八〕「行」，甲本無。

〔三八九〕「殺」，甲、乙本作「煞」。

〔三九〇〕「邪見等行」，底本作「等諸邪見法」，據甲、乙本改。

〔三九一〕「爲」，底本無，據甲、乙本補。

〔三九二〕「禪」，甲、乙本無。

〔三九三〕「爲」，底本無，據甲、乙本補。

〔三九四〕「但行人」，甲、乙本無。

〔三九五〕「希求」，底本作「悕心」，據甲、乙本改。

〔三九六〕「即是有爲之法」，甲、乙本作「是有爲法」。

〔三九七〕「免」，底本作「勉」，據甲、乙本改。

〔三九八〕「應」，底本作「戀」，據甲、乙本改。

〔三九九〕「業命已盡」，甲、乙本作「命盡之後」。

〔四〇〇〕「陰」，底本後衍「等」字，據甲、乙本删。

〔四〇一〕「託」，甲、乙本無。

〔四〇二〕「攬」，底本作「攪」，據甲、乙本改。

〔四〇三〕「父」，底本作「殳」，據甲、乙本改，下同。

〔四〇四〕「名」，諸本皆無，據方校補。

〔四〇五〕「眼耳鼻舌身意等」，甲、乙本無。

〔四〇六〕「境」，底本無，據甲、乙本補。

〔四〇七〕「目」，甲、乙本作「因」，下一「目」字同。

〔四〇八〕「憎」，甲、乙本作「嗔」。

〔四〇九〕「受三界果報身」，底本無，據甲、乙本補。

〔四一〇〕「七」，底本無，據甲、乙本補。

〔四一一〕「業風吹解」，底本作「等風次解」，據甲、乙本改。

〔四一二〕「即」，甲、乙本作「是」。

〔四一三〕「因」，底本無，據甲、乙本補。

〔四一四〕「之」，甲、乙本無。

〔四一五〕「行亦滅」，甲、乙本無。

〔四一六〕「即無種子識亦滅識既滅故」，甲、乙本作「識種亦滅以識滅故」。

〔四一七〕「等」，甲、乙本後有「悉」字。

〔四一八〕「即」，甲、乙本無。

〔四一九〕「爲求」，底本作「乘於」，據甲、乙本改。

〔四二〇〕「有無明無明滅有老死老死滅」，甲、乙本作「有無明等滅」。

〔四二一〕「亦無」，甲、乙本無。

〔四二二〕「死」，底本無，據甲、乙本補。

〔四二三〕「究竟」，甲、乙本無。

〔四二四〕「亦」，甲、乙本作「即」。

〔四二五〕「無」，甲、乙本後有「無」字。

〔四二六〕「爲」，甲、乙本無。

〔四二七〕「者」，甲、乙本無。

〔四二八〕「二諦是俗」，甲、乙本作「是俗諦」。

〔四二九〕「二諦是真」，甲、乙本作「是真諦」。

〔四三〇〕「名」，甲、乙本作「爲」。

〔四三一〕「涅」，底本無，據甲、乙本補。

〔四三二〕「因」，甲、乙本無。

〔四三三〕「即乘因至果」，甲、乙本無。

〔四三四〕「此」，甲、乙本作「是」。

〔四三五〕「其何故也」，甲、乙本作「何也」。

〔四三六〕「根機下劣」，甲、乙本作「下根」。

〔四三七〕「若」，甲、乙本無。

〔四三八〕「説」，甲本無。

〔四三九〕「言」，甲本作「説」。

〔四四〇〕「不能了達」，甲、乙本作「不了」。

〔四四一〕「果」，甲、乙本前有「苦」字。

〔四四二〕「今」，甲、乙本前有「故知」二字。

〔四四三〕「去」，底本後衍「名」字，據甲、乙本删。

〔四四四〕「來」，甲、乙本無。

〔四四五〕「今日富貴者」至「過去慳貪破戒來」，甲、乙本作「富貴貧賤由因中持戒破戒」。

〔四四六〕「即」，甲、乙本無。

〔四四七〕「五」，甲、乙本無。

〔四四八〕「現在」，甲、乙本無。

〔四四九〕「欲滅集因」，甲、乙本無。

〔四五〇〕「道」，甲、乙本無。

〔四五一〕「因」，甲、乙本作「由」。

〔四五二〕「能」，甲、乙本無。

〔四五三〕「學」，底本作「乘」，據甲、乙本改。

〔四五四〕「答」，甲本無。

〔四五五〕「四諦」，底本無，據甲、乙本補。

〔四五六〕「見解殊别」，甲、乙本作「見殊」。

〔四五七〕「有」，甲、乙本無。

〔四五八〕「躭」，甲、乙本作「離」。

〔四五九〕「塵」，底本後衍「六塵」二字，據甲、乙本删。

〔四六〇〕「迫」，底本作「切」，據甲、乙本改。

〔四六一〕「道」，甲、乙本作「趣」。

〔四六二〕「二乘」，底本無，據甲、乙本補。

〔四六三〕「滅」，甲本無。

〔四六四〕「俗網」，甲本作「愛網」。

〔四六五〕「空」，甲、乙本後有「者」字。

〔四六六〕「爲」，甲、乙本無。

〔四六七〕「無」，甲本無。

〔四六八〕「名」，甲、乙本作「爲」。

〔四六九〕「若能」，底本作「能知」，據甲、乙本改。

〔四七〇〕「色心」，甲、乙本作「心色」。

〔四七一〕「俱」，甲本作「雙」。

〔四七二〕「爲」字，甲、乙本無。

〔四七三〕「子」，底本後衍「能」字，據甲、乙本删。

〔四七四〕「小乘法人」，甲、乙本作「我小法之人」。

〔四七五〕「乃至」，甲、乙本無。

〔四七六〕「此」，甲、乙本無。

〔四七七〕「法」，甲、乙本無。

〔四七八〕「法」，底本無，據甲、乙本補。

〔四七九〕「則」，甲本作「即」。

〔四八〇〕「其故」，甲、乙本無。

〔四八一〕「藴中」，甲、乙本作「陰」。

〔四八二〕「體性」，甲、乙本無。

〔四八三〕「皆以斷盡」，甲、乙本作「以盡」。

〔四八四〕「即」，甲、乙本作「而」。

〔四八五〕「無有」，甲、乙本作「理無」。

〔四八六〕「大小雖殊」，甲、乙本無。

〔四八七〕「世尊」，甲、乙本作「佛」。

〔四八八〕「時」，甲、乙本無。

〔四八九〕「輪」，甲、乙本後有「三轉者何」四字。

〔四九〇〕「第」，甲、乙本無。

〔四九一〕「須」，甲、乙本作「應」，下三「須」字同。

〔四九二〕「引」，甲、乙本作「作」。

〔四九三〕「已」，甲、乙本作「以」。

〔四九四〕「是故」，甲、乙本無。

〔四九五〕「所」，底本作「山」，據甲、乙本改。

〔四九六〕「道路懸遠經三百由旬」，甲、乙本無。

〔四九七〕「衆人疲懈皆欲退還」，甲、乙本作「疲極欲退」。

〔四九八〕「導師多諸方便」，甲、乙本無。

〔四九九〕「歇息」，甲、乙本作「止息」。

〔五〇〇〕「久受勤苦不能成」，甲、乙本無。

〔五〇一〕「佛爲説四諦法」，底本作「世尊乃説苦集道」，甲本作「佛爲説小乘四諦法」，據乙本改。

〔五〇二〕「即」，甲、乙本無。

〔五〇三〕「集」，底本前衍「知」字，據甲、乙本删。

〔五〇四〕「今言無苦」至「何修之有」，甲、乙本作「今言無苦集爲本無和合何斷之有」。

〔五〇五〕「修」，底本無，據甲、乙本補。

〔五〇六〕「修」，諸本無，據方校補。

〔五〇七〕「既無能修人亦無所修道」，甲、乙本作「無人無道」。

〔五〇八〕「此則」，甲、乙本無。

〔五〇九〕「空」，甲、乙本後有「作此觀時」四字。

〔五一〇〕「有人」，甲本無。

〔五一一〕「夢」，甲、乙本無。

〔五一二〕「或夢見」至「憂苦」，甲、乙本作「或遺失財物種種不如意事或非常痛苦」。

〔五一三〕「元」，甲、乙本作「並」。

〔五一四〕「賊」，底本原闕，底本原校疑爲「識」，據甲、乙本改。

〔五一五〕「舉苦一諦不實故知三諦非真」，甲、乙本作「一諦不實餘三皆然」。

〔五一六〕「或」，甲、乙本無。

〔五一七〕「其故云何」，甲、乙本作「何也」。

〔五一八〕「常」，甲、乙本作「次」。

〔五一九〕「實」，甲、乙本無。

〔五二〇〕「須」，底本無，據甲、乙本補。

〔五二一〕「説」，甲、乙本前有「今」字。

〔五二二〕「故」，甲、乙本無。

〔五二三〕「伽」，甲、乙本後有「經」字。

〔五二四〕「初地即爲八地八地則爲初地」，底本作「初地則爲八十地則爲初」，據甲、乙本改。

〔五二五〕「法」，底本無，據甲、乙本補。

〔五二六〕「故」，甲、乙本無。

〔五二七〕「無智」至「斷德」，甲本作「無智無菩提之智無得無涅槃之意」，乙本作「無智無菩提之智無得無涅槃之心」。

〔五二八〕「矣」，甲、乙本無。

〔五二九〕「是」，甲、乙本無。

〔五三〇〕「即」，甲本作「則」。

〔五三一〕「妄執生」，底本作「執心妄」，據甲、乙本改。

〔五三二〕「聲聞緣覺乘諸佛如來乘」，底本作「無聲聞乘緣覺乘如來乘」，據甲、乙本改。

〔五三三〕「諸」，甲本作「法」。

〔五三四〕「執」，甲、乙本作「法」。

〔五三五〕「是」，甲、乙本無，下一「是」字同。

〔五三六〕「下」，甲、乙本作「上」。

〔五三七〕「見」，甲本無。

〔五三八〕「經」，底本作「涅槃」，據甲、乙本改。

〔五三九〕「法」，甲、乙本無。

〔五四〇〕「縠」，甲、乙本作「繫」。

〔五四一〕「今言無智亦無得者」，甲、乙本作「今無智無明」。

〔五四二〕「二執」，甲、乙本無。

〔五四三〕「性」，甲、乙本作「體」。

〔五四四〕「菩提」，甲、乙本無。

〔五四五〕「俱」，底本作「須」，據甲、乙本改。

〔五四六〕「設」，據底本原校及甲、乙本補。

〔五四七〕「乎塼石」，甲、乙本作「其兔角乎」。

〔五四八〕「貯」，甲、乙本無。

〔五四九〕「以」，底本作「決」，據甲、乙本改。

〔五五〇〕「但無人法相」，底本無，據甲、乙本補。

〔五五一〕「從衆」，甲、乙本作「法從」。

〔五五二〕「中」，甲、乙本無。

〔五五三〕「與人」，甲、乙本作「無」。

〔五五四〕「我」，甲、乙本無。

〔五五五〕「所」，甲、乙本無。

〔五五六〕「執法心」，甲、乙本作「法執」。

〔五五七〕「無此二執心亦何過」，底本作「若無執二心人法亦有何過」，據乙本改。

〔五五八〕「無二相」，底本作「二相」，據甲、乙本改。

〔五五九〕「爲」，底本作「謂」，據甲、乙本改。

〔五六〇〕「舉」，甲、乙本作「説」。

〔五六一〕「次」，甲、乙本作「頓」。

〔五六二〕「無罣礙者」，底本作「心無罣礙無罣礙故者」，據甲、乙本改。

〔五六三〕「蘊界入等體性恒空」，甲、乙本作「陰界入性恒如」。

〔五六四〕「始」，甲本無。

〔五六五〕「不爲」，甲、乙本無。

〔五六六〕「究竟涅槃」，甲、乙本無。

〔五六七〕「了」，底本作「知」，據甲、乙本改。
〔五六八〕「譬如有人」，甲、乙本作「如人」。
〔五六九〕「妄見空華」至「唱言狂顛」，甲本作「妄見空花及針採花及拾針」，乙本作「妄見空花及拾針採花」。
〔五七〇〕「至」，底本無，據甲、乙本補。
〔五七一〕「界」，甲、乙本無。
〔五七二〕「以心求外」，底本作「以心求境」，據甲、乙本改。
〔五七三〕「人採花」，底本無，據甲、乙本補。
〔五七四〕「而無有異」至「目之爲倒」，甲、乙本無。
〔五七五〕「中作善惡業」，甲、乙本無。
〔五七六〕「涅槃生死爲異」，甲、乙本作「生死涅槃」。
〔五七七〕「遣」，甲、乙本作「離」。
〔五七八〕「至」，甲、乙本作「到」。
〔五七九〕「遠」，甲、乙本作「斷」。
〔五八〇〕「謂」，甲、乙本作「爲」。
〔五八一〕「第八」，甲、乙本無。
〔五八二〕「過去未來現在爲三世」，甲、乙本無。

〔五八三〕「染癡睡眠盡」，底本作「不染污二癡睡盡」，據甲、乙本改。
〔五八四〕「佛」，甲、乙本無。
〔五八五〕「皆依般若波羅蜜多故，以具前釋」，甲、乙本作「般若以釋」。
〔五八六〕「又菩提」，甲、乙本作「菩提亦」。
〔五八七〕「十」，甲、乙本無。
〔五八八〕「地」，甲本無。
〔五八九〕「無有上下，故言無上」，甲、乙本作「無有上故」。
〔五九〇〕「亦真亦正」，甲、乙本作「亦正亦真」。
〔五九一〕「處」，底本無，據甲、乙本補。
〔五九二〕「如」，甲、乙本無。
〔五九三〕「以無漏智慧觀達煩惱妄想俱空」，甲、乙本作「觀達」。
〔五九四〕「法界之身方顯」，甲、乙本作「方顯法界之身」。
〔五九五〕「現」，底本作「去」，據甲、乙本改。

〔五九六〕「厥」，底本作「夫」，據甲、乙本改。
〔五九七〕「仁」，底本作「人」，據甲、乙本改。
〔五九八〕「先後」，甲、乙本無。
〔五九九〕「向」，甲、乙本作「至」。
〔六〇〇〕「大」，乙本無。
〔六〇一〕「等」，底本作「無」，據甲、乙本改。
〔六〇二〕「苦」，底本後衍「厄」字，據甲、乙本删。
〔六〇三〕「德」，甲、乙本作「勝」。
〔六〇四〕「呪」，甲本無。
〔六〇五〕「勝」，甲、乙本作「德」。
〔六〇六〕「是大」，甲、乙本無。
〔六〇七〕「俱亡」，甲本作「俱空」，乙本作「體空」。
〔六〇八〕「空」，甲、乙本作「亡」。
〔六〇九〕「泯」，底本作「絶」，據甲、乙本改。
〔六一〇〕「冥」，底本作「變」，據甲、乙本改。
〔六一一〕「是」，甲、乙本無。
〔六一二〕「是大」，甲、乙本無。
〔六一三〕「智光普照」，底本作「無礙智光」，據甲、乙本改。
〔六一四〕「故曰是明呪」，甲、乙本作「故名是大明呪」。
〔六一五〕「舉呪德」，甲、乙本無。
〔六一六〕「莫能測度」，甲、乙本作「智莫能測」。
〔六一七〕「是無上呪」，甲、乙本作「無上」。
〔六一八〕「是」，甲、乙本無。
〔六一九〕「呪」，乙本無。
〔六二〇〕「由」，甲、乙本作「猶」。
〔六二一〕「匹」，底本作「侶」，據甲、乙本改。
〔六二二〕「呪」，甲、乙本無。
〔六二三〕「舉呪勝」，甲、乙本無。
〔六二四〕「從」，甲、乙本作「由」。
〔六二五〕「大定大慧」，甲、乙本作「大慧大定」。
〔六二六〕「身」，底本後衍「即依報身」四字，據甲、乙本删，方校云「似係註釋竄入正文」。
〔六二七〕「能」，甲、乙本無。
〔六二八〕「衆生」，甲、乙本無。

〔六二九〕「皆」，甲、乙本後有「令」字。

〔六三〇〕「故曰」，甲、乙本無。

〔六三一〕「舉」，甲、乙本作「顯」。

〔六三二〕「普」，乙本作「並」。

〔六三三〕「頌曰」至「修學」，底本作「東方提頭賴吒天王，南方毗留博叉天王，西方毗留勒叉天王，北方毗沙門天王。夫言修道之體，自識當身本來清净，不生不滅，無有分別，自性圓滿清净之心，此是本師，乃勝念十方諸佛。問曰：何知自心本來清净？答：《十地論》云，衆生身中，有金剛佛性，猶如日輪體明圓滿，廣大無遍，只爲五蘊重雲所覆，如瓶内燈光，不能照外」。方校云「顯系誤録」。據甲、乙本改。

〔六三四〕「般若波羅蜜多心經疏終」，底本原校云「尾題新加」。甲、乙本無。

〔六三五〕「開元三年九月於台州大雲寺得」，甲、乙本無。方校云「顯系入唐日僧所題」。

（馬德整理）

〇二九七

般若波羅蜜多心經疏〔一〕

唐三藏法師玄奘譯經

唐大慈恩寺沙門靖邁撰疏

夫至理沖微，蹄識修泯，五眼夷鑑，四智昧聆。豈以寢疾寄無説表玄，告滅訖不言彰妙。然真俗雖殊，無相不異，動静爰隔，離言斯同。同未始異，異未始同。未始異同，自同同異。未始同異，自異異同。異自異異，異不異同。同自同同，同不同異。同異未嘗一，真俗未詎殊。而惑者言同即謂同其異，言異即謂異其同。遍計於是乎增益，圓成以之而損減。致使若水洪瀉，壞襄庶物。惑火炎熾，流灼羣品。惟無上法王，欲屏兹霄沴，斡圓鏡以幽燭，朗大明於玄冥，故使境不滯心，心無累境。境不滯心，境無相也。心無累境，心非見也。是以至人用無見之妙慧，照無相之真境。心境未始異，緣照未曾同。亡庶執於滯情，夷物我於積慮。無上神呪，其在兹乎。言般若者，唐言淨慧。言波羅者，唐言彼岸。言蜜多者，唐稱爲到。然慧之與岸，名相本淪，豈復染淨。彼此可得，寄美般若，强言之矣。遠相離邊，是以言心。故經説云，如衆生心識，體雖是有，而無長短、青黄等相。又曰，是身爲城，心王處中，故今舉之以顯中實也。然以慧爲名者，盡其照也。以岸爲稱者，極其功也。以心爲目者，窮其實也。照之不盡，不足以朗大明於種覺。功其不極，未可以敞幽室於玄都。實之不窮，安足以冥有無、一真俗也。文約義包，詞華旨妙。括羣籍之幽致，握庶典之玄樞。所以三藏諷味衿抱，往還遐阻，仗之無累。此雖先譯，而經目遺文。今兹重翻，於以無惑，邁以志學，爰即諷持，暨今耳順，罔敢由贊，敬因心翫，聊措短懷，非敢傳燈，以慕來津。

將解此經，略爲四句分別。一，明始無如是，終闕奉行所由。二，明説般若意。三，明教之宗旨。四，分文解釋。

第一，先明始無如是，終闕奉行所由。問，尋夫玄籍格言，羣經靡異，首置如是等説，末繫奉行之言，遂使詳習之致剋諧，無盡之燈恒照。是以泥越之際，尚累茲人，辨脩多羅，故頌此旨。唯今至典，始無如是之説，終闕奉行之言，其故何也。答，原夫鹿苑桴玄，沖文未肆於貝疊，鵠林掩駕，羣聖方汗於金篇。故使八萬法藏，奏希音於五天，十二真詮，擊玄旨於九有。然夫綜括衆經，大格唯二。一，鳩羣會之説，如《華嚴》《阿含》等。二，纂一會之談，如《涅槃》《法華》等。其餘列行之典，或從多會經出，則始有如是，終具奉行，如《仁王》《十地》等。或從一會經來，則始無如是，終闕奉行，如《觀音》《遺教》等。今此經者，從《摩訶般若》一會所流，是以始無如是，終闕奉行矣。

第二，明説般若意，意爲破除遍計所執。夫羣生所以隔塵勞之山，沈煩惑之海者，莫不皆由人法遍計之所累矣。故《中論》曰，有人言萬物從大自在天生，或韋紐天生，或世性生、自然生，及種種説我及有我所，如是等無量謬執，墮於無因及以邪因斷常等見，不知正法。欲斷如是諸邪見等，令知佛法，以大乘法説因緣相。所謂一切法不生不滅，畢竟空無，如《般若波羅蜜》中説，佛告須菩提，菩薩坐道場時，觀十二因緣如虚空不可盡，既欲以大乘法説因緣相。因緣相者，即依他所起性，及圓成實性。此之二性，心言性相一切永亡。而羣生惑倒，於中迷謬，起於人法遍計所執。而此所執本來是無，故言不生不滅畢竟空無。

問，依他起性可是因緣，圓成實性如何

亦稱爲因緣耶。答，寄因緣門以明義故，雖真如實際亦説因緣，以圓成實不離因緣故。又《智度論》問曰，何因緣故説般若耶。譬如須彌山王及以大地，不以無事及小因緣而動，今佛有何大事而説般若。答，爲欲宣説菩薩行故。爲酬梵王先所請故。爲斷衆生諸疑結故。一切衆生爲結，使病之所惱亂，無始已來無人治者，常爲外道邪師所誤。佛爲醫王，説般若藥而以療之，爲拔彼諸衆生等，出於二邊，入中道，故説般若。又爲長爪諸梵志等，於佛法中生信心故。又説諸法之實相故。爲如是等種種大事，故説《般若波羅蜜經》。

第三，明教之宗旨，謂以般若實相爲宗。般若即依他起性，實相即圓成實性。遍計所執，一向是無，如龜毛兎角，是故經云無生無滅、畢竟空無等。依他起性，俗諦故有，勝義故無。雖言俗有，性相名字畢竟亦無。勝義性者，心言性相本自無矣。爲遣俗有，假於勝義而以除之。俗有既夷，勝義亦泯。斯之二性，可以智冥，難以情慮，是以般若實相境平等。然夫法絶羣境，聖泯衆知。絶羣境故，於外無緣。泯衆知故，於内無取。於外無緣，於内無取，則内外兩冥，心境俱寂，復何寄於真俗哉。欲言其有，無狀無形。欲言其無，聖以之靈。夫言真俗、如如、實際、法性、實相者，强謂之矣。

第四，分文解釋。就此文中，總分爲二，先略，後廣。略中有四。初，一明造修之者。二，行深般若下，明習應之慧。三，照見五蘊下，明契證之境。四，度一切苦厄下，明理圓剋果。二，舍利子下，重廣分別。

觀自在菩薩。

就略説之中，先解第一造修之者。言觀自在菩薩者，蓋是登地已上諸大士等通有此德，非止彌陀之左輔也。何以明之。茲法造修，出在《大般若・習應品》中。佛對舍利子，明諸菩薩習行般若，應當思惟菩薩及佛、般若、五蘊等一切諸法但有名字，如我、衆生皆不可得，以其空故。此謂一切入地菩薩習行般若，應思惟觀察世出世等一切諸法，但有隨俗假立名字，畢竟無有真俗性相。以諸法相但是遍計所執，畢竟空故。由作此解，觀諸法空，於一切境無有壅礙，故稱觀自在。舊經曰觀世音，音者即是音聲名字，謂觀諸法但有隨俗假立音聲名字而已。

問，何以得知作此習行，是入地菩薩，非地前邪。

答，准經校量，習行般若，唯除佛慧，餘悉不及，故知非是地前明矣。言菩薩者，茲文略也。若具梵言，應曰菩提薩埵摩訶薩埵。菩提，唐稱爲覺。舊或翻道，謬也。

問，佛陀，唐亦言覺，故以菩提爲道，二名無濫，殆得厥中，何言謬耶。

答，佛陀蓋取能證覺之者，不取於覺。菩提止取能證之覺，不取於者。覺名雖同，者智不一。豈可以末伽之道，而譯夫菩提之覺乎。是以真諦在果，已鑑紕謬，彰之《攝論》，可不信歟。薩埵，唐言有情。舊曰衆生，誤也。薄呼繕那，唐言衆生。有情、衆生梵語全別，不可濫翻也。摩訶，言大。薩埵，言有情。謂覺有情、大有情也。覺是所求，有情是能求。覺者有情，名通三乘，故以大有情簡之，顯非求中下乘覺有情也。又覺是所求境，有情是所爲境，謂具自他大願，求於妙覺利有情故。又薩埵者，是勇猛義，精進勇猛求於大覺，故名菩提薩埵。今爲此方好略，於菩下去提，薩下除埵，是以但言菩薩。此通諸位，今取地上，應言摩訶薩，而文無者，爲存略也。

行深般若波羅蜜多時。

第二，明習應之慧。言行深般若者，夫大明無相，妙慧無知。無相故羣相已淪，相所不能相，無知故庶知由泯，知所不能知。雖知所不能知，而圓鏡幽明，鑑極法界，雖相所不能相，然散影三千，垂形萬有，斯可謂形於無知矣。能形於無知者，豈形知之能量哉。是故經曰，菩薩行般若時，不念我行般若，不行般若，非不行般若。菩薩如是行，能爲無量衆生而作益，然亦不念有是益。何以故。是菩薩不見有法出法性者故。如是行般若，爲最第一，最尊最勝，爲無有上，其爲深者不亦宜乎。

照見五蘊等皆空。此《疏》及基師《幽贊》均有等字，他本無。

第三，明契證之境。言照見五蘊等皆空者，色、受、想、行、識，名爲五蘊，等取十二處、十八界、十二緣起、四諦，此之五種皆空，故言等皆空也。然此五蘊，皆通因及果，悉聚荷衆法而以成之，故通名蘊。此但聚荷事也。外道諸邪，執此五種各有實體，又於五上或即或離，計有自在運用之我。今言等皆空者，謂遍計所執一一蘊有實體性，此執皆空。又於此五若即若離我我所空，所以稱皆。是故經曰，不見色若生相，若滅相，若垢相，若淨相。乃至識亦爾，其性空故。又曰，不見色與受合，乃至不見行與識合。何以故。無有法與非法合者，其性空故。此明二執皆空，空中何有生滅、合與不合。

度一切苦厄。

第四，明理圓剋果。言度一切苦者，此明無餘依涅槃果，謂達五蘊果空故，所以能度生死苦果，得無餘依涅槃也。言度一切厄者，此明有餘依涅槃果，謂達五蘊因空故，則度一切諸厄流等煩惱之縛。此言厄者，通謂一切煩惱，皆能厄縛衆生，非唯四厄也。所以達蘊因果俱空。言是涅槃者，涅槃名解脱，空等是解脱之門，門已成，所以苦厄便盡，正證解脱也。

問，入涅槃者，通由無相無願，何以唯言空耶。

答，無執拒而擬，則大方也。夫空故無相，無相故無願。既言空矣，則萬法玄同，何憂乎二不空耶。又以空爲首故，從可知矣。夫托生在業，緣空則生湮，隱理由煩，惑已則理顯。今五蘊斯空，苦厄云度，契茲極滅，故其然矣。

自下第二廣明般若。文亦有四。初，約遣執以明般若。二，以無所得故下，約就證果以明般若。三，故知般若下，廣歎顯勝。四，即説呪下，重結前經，寄呪顯勝。

初約遣執以明般若中，文復有二。初，明所執皆空。二，無智亦無得下，明能證亦空。就明所執空中，法門無量，今且約五門而以遣之。其五者何。一，謂五蘊空。二，謂十二處空。三，謂十八界空。四，謂十二緣起空。五，謂四諦空。遣此五門，文即爲五，此中一一門，皆通遣人、法二種遍計所執。如前已辨。

第一先約五蘊以明空，其文有三。初，釋前見蘊空之所以。二，舍利子下，釋前度一切苦厄所由。三，是故下，牒初類後。

前中，言舍利子者，對揚之賓。具依梵本，應云舍利弗怛羅。舍利者，是鳥名，舊翻爲鸜鵒，或云身。三藏云並非也。舍利鳥者，即春鶯也，似鸜鵒耳。然此之鳥，極爲黠慧，音聲變轉，縱任自在，其於衆鳥蔑以加也。然此方目斯鳥，其名不一，不可的以一名當之，故存本音耳。弗怛羅，唐的言子，爲之翻之。舍利是其母名，其母爲性，聰敏辨捷，謂印度國方之於鶯，因以名焉。母先才哲，雖復逾倫，然與兄狗祉羅對論，常屈於兄。及懷此子，兄常被屈。暨于八歲，凡所言論，諸國論師莫有敵者。時人以母聰穎，今子更逾，欲顯母子聰穎，慧高羣哲，故以母之嘉稱，式標其譽。

問，今所破顯，執盡理顯，斯蓋大士之職司，非小學之户務。今命舍利子而爲對揚，豈不差根耶。

答，諸佛所化，菩薩名同，復何怪人。執二乘人，執法情固。然舍利子於二乘中，智慧爲最。今親對佛，知法性空，類勵同乘，達法無性，不應執實。又佛力加被，令解空除執，以勵不暨也。

色不異空，空不異色。色即是空，空即是色。受、想、行、識，亦復如是。

文中，第一釋前見蘊空之所以。何以故。時衆疑云，一切衆生，悉皆見知色等五蘊是其實有，今何以故言菩薩見空。故今明遍計所執色等五蘊本來空無。譬目熱眩，而於空中現種種色，此色與空，一而無二，遍計執色亦復如是。煩惱熱眩，於自心中有空現色，而此色性與空不異，都無所有。故告舍利子言，色不異空。若色實有與空異者，空中應有五蘊。今諸菩薩，以真實正智，見遍計色蘊本自空無，故言色不異空。色既不異於空，空復豈當而得異色，故言空不異色。既不相異，所以言色即是空，空即是色，色之與空，平等平等，無有差别。故知此色本來自空，非是菩薩强觀使空。若色實有不空，菩薩强觀使空，菩薩便成顛倒，凡夫見實，應非顛倒，而實不爾，故知色空。受、想、行、識等亦復如是者，如色與空不二，餘四蘊等理亦同然。

舍利子，是諸法空相，不生不滅，不垢不淨，不增不減。

第二釋前度一切苦厄所由。正由色等五蘊畢竟同空，無有生滅等故，是故苦厄亦無，故云度也。就此文中，凡約四門，以顯同空所以度厄。有人言，色等諸法定性是有。何以故。是諸智人，或謂色等諸法從自體生，或謂從他生，或謂自他共生，或無因生，種種説色等法生。何故言空，無有苦厄。故今佛告舍利子，是色等諸法，但有空相，而無有生。汝若言色等諸法從自體生，則一法有二體。所以然者，若直一體，則無有生。若言從自體生，則有自體爲能長生，復有所從生，故有二體。若能生之自體，復有所從生，所從生無窮。若能生自體無所從生，生則無從生。若無從生，則無自體生。若無自體生，是無自性生。自性生無，故他性生亦無。何以故。因自性故有他性，於他亦無是自性。今自性無，故他性亦無，是故不應從他生。若自他性俱無，則無共生。若言無因生，是則不可。何以故。有因生尚已破壞，況復無因而能有生。若無因而有生者，布施持戒應墮地獄，十惡五逆應當生天，以俱無因故。若實有色等生，可説有滅。今既無色等生，則亦無滅。遍計所執色等自性生滅俱無，非空如何。本爲有色等，所以有苦厄。今若色等既空，是以苦厄斯度。

二，遣垢淨門，以顯色等同空之相。有人云，現見有漏諸染色等，從垢因緣生。無漏諸淨色等，從無染因緣得。是則色等諸法有垢有淨。既有垢淨，則爲不空，何得而言色等諸法同於空耶。故《中觀論》云，若謂緣無果，而從緣中出，是果何不從，非緣中而出。如泥中無缾，何不從乳中出。若必一向無果，無垢無淨，無有苦厄，則無凡聖，有大邪見過。答，子徒以熱眩之目覩乎空華，而豈知夫華即空哉。故《中觀》云，果從衆緣生，是緣無自性，緣若無自性，是緣則非有。緣自體既無，何能生於果。是故色等垢淨諸果，不從緣生，亦不從非緣生。以緣尚不能生，非緣何能生。若非緣而能生果者，造善應墮地獄，造惡應得生天，以非緣故。既色等諸法不從二生，是則無色等。以無色等故，緣非緣亦無。又《智度論》曰，若法不生不滅如虚空，云何有垢有淨。譬如虛空，雖萬歲雨而亦不濕，雖大火燒而亦不熱。何以故。本自無故。謂遍計所執色等本無，故不説垢淨。垢淨既無，何有苦厄。三，遣增減門，以顯色等同空之相。有人云，現見色等，從因緣故增細成麤，從因緣故減麤爲細，既從因緣增減可得，是則不空。何爲而言色等皆空，度一切苦厄。答，若子之所見，其如煩惱渴愛，而覩陽燄爲水，水豈實哉。蓋即空也。故《攝大乘》，爲對除增益散動，是故經言色自性空等。謂遍計所執色等，論其自性永無有故。既色等永無，云何可説增細成麤，減麤爲細也。既無增減，何有苦厄。故言度一切苦厄也。

自下第三牒初類後，文即爲二。先，牒初。二，無眼耳下，是類後。

是故空中無色，無受、想、行、識。

此牒初也。彼前來以四門分別色等五蘊，一向同空故。當知十二處等下四門，悉是遍計所執，皆亦是空。所以然者，一切依他所起之性，及圓成實性，本離名言分別之相。謂諸賢聖人，爲令有情有所趣入，遂於二性諸法，假施客名。其所施客名，互相遮異而已。論其客名，畢竟不能目法自性也。又此二性諸法既離性相，一切心行所不能緣。然諸有情不達名言是客，計爲定實。又不達諸法無有性相，計有定實性相爲心所行。如是妄計定實名相，並是遍計所執，畢竟是無，如石女兒及龜毛等。爲此義故，説之爲空。遍計所執色等既空，所以十二處等下，四門遍計所執，理亦同。

無眼、耳、鼻、舌、身、意，無色、聲、香、味、觸、法。

第二類，十二處空。所以十二通名處者，此之十二，一一皆能與識作生長之門，是故名處。又此十二，各各有相差別之義，所以名處。言十二者，謂六根處，即眼根處乃至意根處，及六塵處，即色塵處乃至法塵處，具如經列。眼以見色爲義，乃至法以意所行爲義。如此客名，皆假施説。然諸異生不達虚假，而於其中計有定實名義自性及以差别，名遍計所執。即此十二遍計所執本來是空，所以稱無。故言無眼耳等，乃至無色聲等。無眼界，乃至無意識界。

第三類，十八界空。所以十八通名界者，種子義故，謂阿賴耶識中諸法種子，説名爲界，界是因義故。又能持自性，及能持因果性義，故名爲界。又攝持一切法差别義，故名爲界。謂地等一切諸界，雖差别無量，皆十八攝。言十八者，謂六根界，即眼界乃至意界，及六塵界，即色塵界乃至法塵界，如處中説，并六識界，即眼識界乃至意識界。此之十八，名義自性及以差别。但假施説，而諸異生計有定實名義自性及以差别。如是十八遍計所執本來是空，所以稱無，故言無眼界乃至無意識界也。

無無明，亦無無明盡，乃至無老死，亦無老死盡。

第四類，十二緣起空。此之十二，待緣而起，故名緣起。言十二者，謂無明、行、識，及名色、六處、觸、受、愛、取，與有、生、老死。此之十二界，攝有四義。謂於因時有能引、所引，於果時有能生、所生。言因時能引者，謂無明、行、識，緣起未生故。於今現在薰習阿賴耶識心，能引無始名言名色、六處、觸、受等種子，使有感果之功。言因時所引者，謂名色、六處、觸、受等種子，由前無明等薰心習氣力故，能令當來名色前後相依，次第生起，種子得增長故。言果時能生者，謂愛、取、有，於命終位，將與異熟隨順貪欲，隨一業習氣現前有故，能令前所引名色等感異熟。言果時所生者，謂生、老死，由前能生隨順貪欲，隨一業習氣現前有故，隨於一生衆同分中，如先所引名色等異熟生起，名生、老死。然此十二緣起，有兩種順次第，有兩種逆次第。今此文意，但明兩種順次第。一謂雜染順次第，謂無明緣行，乃至生緣老死。二清淨順次第，謂無明滅故行滅，乃至生滅故老死滅。若於此兩種染淨十二緣起，執有定實名義自性及以差別，名遍計所執。今達此雜染十二緣遍計所執皆空，故言無無明乃至無老死。又達此清淨十二緣遍計所執皆空，故言無無明盡乃至無老死盡。盡即滅也。

無苦、集、滅、道。

第五類，四諦空。所以此四通名諦者，審實不虚，是故名諦。言苦諦者，謂有情生，及生所處。如是二種，由業煩惱力所生故，業煩惱增上起故，如其次第，顯前二種俱是苦性，故名苦諦。言集諦者，謂諸煩惱增上所生諸業，俱説名集。由此二種，而能集起生死苦故，故名集諦。言滅諦者，謂所緣真如境上有漏法滅，故言滅諦。名道諦者，謂諸無漏戒定慧等，知苦斷集，證滅修道，運用無壅，故名道諦。若於此四執有定實名義自性及以差別，名遍計所執。今達此四遍計所執，一切皆空，故言無苦集滅道。上來第一明所執皆空。

無智亦無得。

第二，明能證亦空。言無智者，謂能觀智空。言無得者，謂所空境空。初言無智者，謂能觀蘊處等般若，本離名言及以性相。若執般若以爲定實，此亦即是遍計所執。今遣此定性之智爲空，故言無智。言無得者，謂蘊處等遍計所執本來自空，非由菩薩强觀使空，然後證得蘊處等空，故言無得。故《大品經》曰，菩薩行般若時，行亦不受，不行亦不受，非行非不行亦不受，不受亦不受，以般若自性不可得故。又以一法性無所有，不隨諸法行，不受諸法相故。又上來爲破於蘊處等起定實遍計所執，故借空以遣之，恐人即以空爲究竟所證得境。故今遣之，明此空者亦復非是所證得境。故《中觀論》曰，大聖説空法，爲離諸見故，若復見於空，諸佛所不化。何以故。本爲有病，借空以除。有病既除，空亦自止。如雹摧草，草死雹消。若其不然，捨有取無。譬猶逃峰趣壑，俱不免於患，如何可自止。

上來寄就遣執約因門以明般若。

自下第二寄就顯證約果門以明般若。因則無依無得，果則無相。無相般若，未曾因果。爲化有情，假作因果名説。就此文中，復有其二。初明依般若故得涅槃。二明依般若故得菩提，此亦假言依般若得菩提耳。

以無所得故，菩提薩埵，依般若波羅蜜多故，心無罣礙。無罣礙故，無有恐怖，遠離顛倒夢想，究竟涅槃。

前中又五。初，牒前起後，故言以無所得故。二，明能依之人，故言菩提薩埵。三，明所依般若。四，明開解脱門。五，正明契證解脱。初三前已説，第四明開解脱門。無有罣礙者，即空解脱門，謂達諸法自他俱空，則能觀之智，不爲有性之所罣礙也。言無罣礙故無有恐怖者，此明無相解脱門。由證諸法自他俱空故，則知諸法無相。所以然者，若不知諸法無相，外爲相礙，内多恐怖。若證諸法無相，外不爲相礙，内則無有恐怖也。遠離顛倒夢想者，明無願解脱門。由證法無性，外不爲相礙，内無恐怖故。達知諸法但是顛倒，猶如夢想，虚妄不實，所以遠離，不起願求也。究竟涅槃者，正明解脱果，上空無相願，但是所入解脱之門。由此門故，便能趣入究竟涅槃解脱之處也。亦可無有罣礙，明得法空。由達法無性故，智無滯礙，無有恐怖，明得人空。由不計我故，内無恐怖。遠離顛倒者，重牒人空。遠離夢想者，重牒法空。由於二空通達無累，故能究竟證涅槃矣。

三世諸佛，依般若波羅蜜多故，得阿耨多羅三藐三菩提。

第二，明由依般若能證菩提。文中有三。初，明能依之人，前得涅槃，寄就菩薩，明從因至果。今得菩提，假就諸佛，明果由因得。此即影略互顯門也。二，依般若下，明所依之般若。三，正明所得菩提。菩提之言，此翻爲覺。舊言道者，謬也。但覺通三乘，二乘覺有上，故以阿耨多羅言簡之。阿此言無，耨多羅言上，三藐言正，三言等，菩提言覺，謂無上正等覺也。

故知般若波羅蜜多，是大神呪，是大明呪，是無上呪，是無等等呪，能除一切苦，真實不虚，故説般若波羅蜜多呪。

第三，廣歎顯勝。文中有三。初，四句正歎。由依般若，能治二執，能證二果故，故知般若是大神呪等。夫爲呪者，以滅惡生善故。能銷四魔怨敵，故言是大神呪。能破二種癡障，故言是大明呪。此二歎能滅惡。一切善中無有過失，故言是無上呪。佛爲衆聖中尊，名爲無等。從般若生，故般若名無等等。是故經云，諸佛所師，所謂法也。以法常故，諸佛亦常。此二歎能生善。二，能除下，釋成歎意，謂能除諸苦，證二真實，此事不虚，故歎爲神呪等。三，故説下，結彼般若得名呪所由，正由具前滅惡生善四義，故説般若名之爲呪。

即説呪曰：揭諦揭諦波羅揭諦波羅僧揭諦菩提薩婆訶。

第四，重舉前經歎以顯勝。即名經爲呪，非於經外別有呪也。其如六門陀羅尼呪，還攝前經以爲六門耳。既以經爲呪，然諸經呪詞所有文字，皆爲諸佛菩薩威神力加被，一一字句亦攝多義。若翻就此方言字，或增或滅，於義有闕，誦無良驗，爲此不翻。或別告鬼神及諸天傍生，所有言音，多非印度常詞，是以不翻。諸經中呪，例悉不翻，皆爲此耳。

般若波羅蜜多心經疏終

校勘記

〔一〕底本據《卍續藏》。

（陳永革整理）

般若波羅蜜多心經幽贊添改科

京齊等諸大法師先製
濬陽比丘守千添改

釋此疏文分二
初解釋題名二
後解釋疏文二
初述製作因由二
後正牒經解釋〇
初依義略明述悟彰此所贊正宗二
初辨所爲二
後明造疏依
後依教廣辨三時標下具述兩釋二
初辨教三時二
初本無違二
初辨三時二
後辨無違二
初顯法一味二
後人無乖諍二
初牒其現異既
後辨無乖諍牒
後末有異三

初解題目般
後解人名京
初顯根有病二
初述撥因由贊
後正彰迷撥二
初總彰信邪毀正信
後別明迷執空有二
後除遣獲益二
初引解深密二
初舉前次叙如
後方叙三時三
後引金光明二
初引經金
後疏釋僅
初約理是一二
後約音是一餘
初標舉佛
後引頌如

初教二
初總述一切二
初辨五生厭怖於
後明各無解脫說
後別述般若二
初棄廣惟
後述略難
後境於
初爲法今
後爲人信
初明有教時
次談空教次
後辨中道今
初依義釋之三
初顯根所迷由
次引言演說大
後除迷令悟欲
後引教成之故

〇二九八 般若波羅蜜多心經幽贊添改科

初敘有教二
次敘空教二
後敘中道二
初標舉列頌二
初標舉無
後列頌而
後敘彼釋文二
後釋歎贊意二
○後正牒經解釋二
初釋經之題目二
後釋經之本文○
初四對彰名二
初王臣局通對二
初局王獨非對二
初翻對般
後解釋二
後通臣筏岸對二
初翻對別解二
後義門料揀二
初明成度之相二

初破有談空二
初頌二
後釋二
後翻亦病生有
初別釋二無彼
後總申會通二
初通釋前敘二
後標下兩釋今
初總別中表對二
初釋爲依主二
後通非持業
後更釋餘三對二
初敘古古
後今明二
初標列今
後釋成三
初解彼岸二
初翻波
後釋二
後解紅筏三

初標舉意
後引頌如
初依世俗勝義釋彼
後依離言寄詮釋
初總會四句
後別成此頌二
初證成雙表故
後抑現俱非非
初聖意無乖
後後學競執後
初依離合般
後歷二門三
初釋成須五
次辨餘得名
後彰獨立此
初古古
後今今
初率梵別翻
次舉餘正釋二
初解離義由

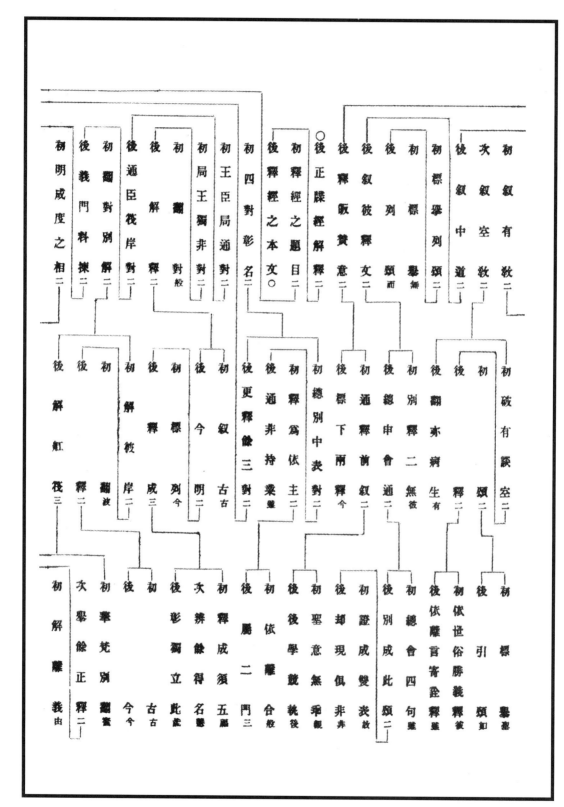

後辨因果得名二
後揀大別藏對二
初揀大經彰心名二
初依義略釋心
後對廣釋成二
後別律論置經號經
後三意建立二
○後釋經之本文二
初勝空二
初觀等下破執顯空二
後菩等下歎依得利○
後如應三
初觀自在等下標上人修行勸示發心或云三種練磨心三
初標大菩薩先修行人勸示後學發心或云第一練磨心二
次顯由學慧方照性空示現先所修法或云第二練磨心◎
後顯由行甚深般若慧眼達空能越生死或云第三練磨心◎
次舍利子等下陳機感者名述理垂論或云斷除四處障○
後菩提薩埵等下彰依學之德歎獲勝利或云離苦圓證○
初科判二
後正釋二

初標列然
後釋成若
初叙三別名二
後今此不爾今
初釋略說之意二
後釋堅妙之義甄
初列欲
後證如
初略二
後廣○
初破我執顯生空二
後破法執顯法空◎
初科上排二
後判子唱練

後解到義境
後翌慧辨別體
初依因正釋此
後辨果除疑佛
初只大經恐退大
後復別錄略經二
初對廣正釋傳
後傍顯釋成三
初正破顯二
後度苦厄○
初唱經
後方解二
初勝空二
初科判贊
後正釋二
初引文大
後結成令
後如應二
初依勸示垂論獲益科如
後依練磨斷障圓證科或

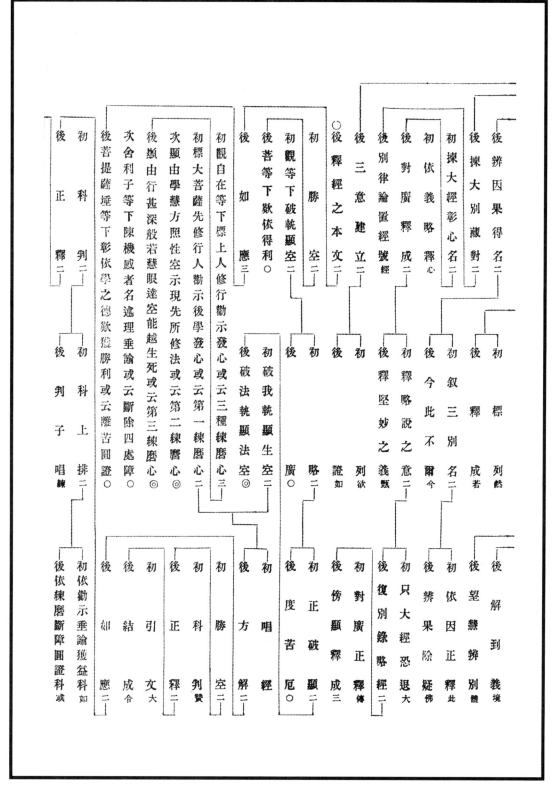

初依練磨總釋二
後依勸示別釋二
初依西方一人解二
初依行辨名二
後通唯標此有
初解初三字二
初解正名二
後破古譯二
後解後二字二
後依一切上位解二
初別解二
後遮前非
◎勝空初略破執顯空中破法執顯法空分二
初破能觀二
後破所觀◎
◎如應次顯由學慧方照性空示先所修法或第二練磨心二
初總判二
初勝空二
後如應二
後別釋三

初舉退標練謂
後正辨練磨二
初依利他解二
初別觀
後總二
後依自利解二
初顯遍知位
後責名狹但
初辨名菩
後釋義四
初說字同前解或
後觀目所勸解或
初唱經
後方解二
初標讚
後成大
初標判兩番如
後別成練磨二

初引他彼
後況已我
初應祈現化諸
後不請飛輪厄
初總釋體義又
後別明自在二
初標昔
後釋一
一二俱目智解菩
二二俱目境解又
三菩境薩勤解又
四菩境薩人解又
初總辨練磨二
初舉退標練謂
後正辨練磨二
初自責我
後方省邪
後別對當機二
初指退彼
後示勸恐

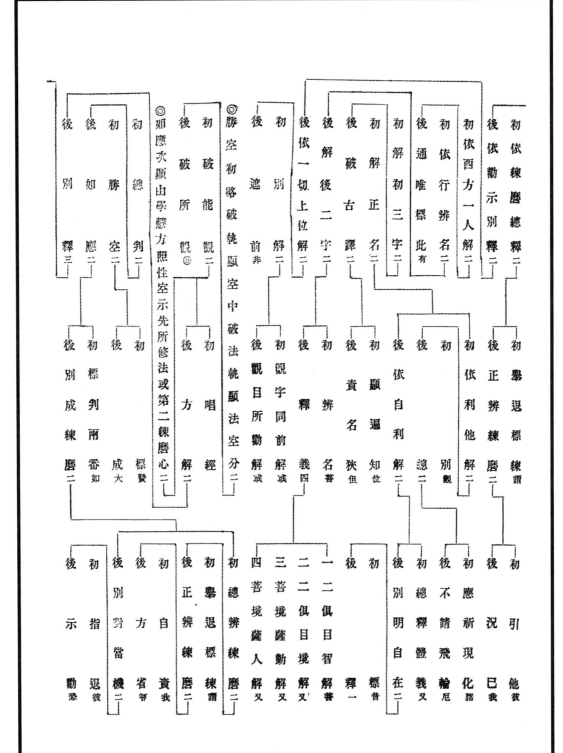

初解行字三
初勝空解二
次異師解二
後如應解三
初依義釋二
初喻如
後法得
次破前說二
後飯本經二
初依略解今
後引廣成二
次解深字二
初問起此
後正解二
後解時字二
初假問起云
後方中解二
初立理總標二
後次第廣辨三
初解二種種姓二

初依世俗解所
後依勝義解三
初亦無不行解或
後但要絕念解復
初破勝空三
初舉正責然
次就宗破若
後復喻倒體
後破異說二
初引彼釋此二
初引經文由
後釋義成假
後翻責結斷二
初勝空勝
後如應二
初勝空三
後如應二
初立理如
後總標故
初性種二

初依義釋若
次引餘證二
初引無垢稱無
後引大般若大
後結歸此今
初破無所不行解二
初破彼爲非若
後責同外道便
後破但要絕念解二
初破若
後勸可
初責彼妄憑不
後結斷依後是
初依眞淨離言解如
後依五種般若解二
初彰五各深或
後同飯般若以
初叙世俗勝
次叙勝義若
後總結成事

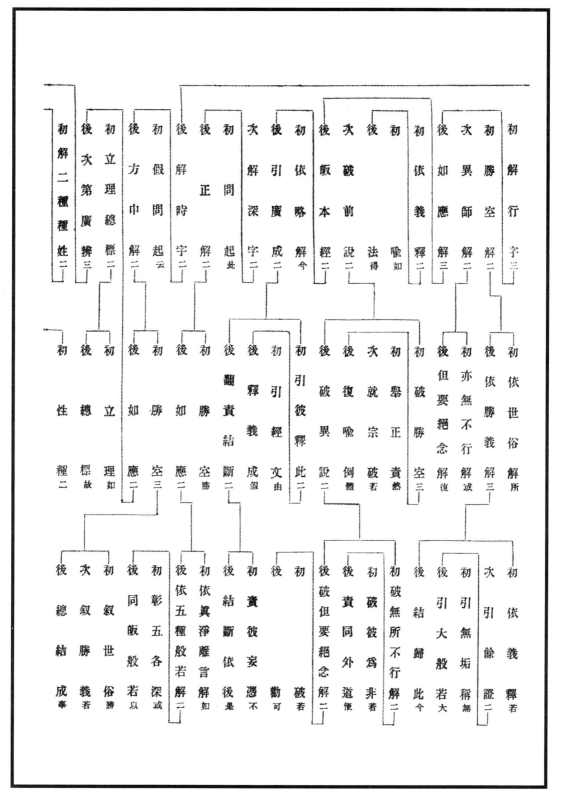

初辨二體二
後明二相二
初性種相二
初問起云
後正辨二
初辨其相狀二
後總結通妨二
後習種相若
次解能於五位二
一資糧位二
二加行位二
三通達位三
四修習位二
五究竟位五
後解漸次悟入二
初乘前起問雖
後依問辨釋二
初先辨發心二
後方辨修行○
初辨因緣二

後習種二
初別辨文二
初性品六
後住品性
後總辨文設
初結答所問若
後辨未發心然
初問起下文五
後略辨五位五
初指標一
後別列四
初指標二
後別列一
初指標四
後別列十
初略標歎勝二
初標先發心諸
後二位別歎二
後廣陳行相二
初叙四緣四

一施若
二戒三
初律儀若
次攝善三
後饒益善
初不然不
次無貪知
後正見樂
三忍若
四進若
五定若
六慧若
一十信一
二十住二
三十行三
四迴向四
初喻歎初發心三
初大海依止喻譬
次世界貿負喻又
後虛空含容喻又

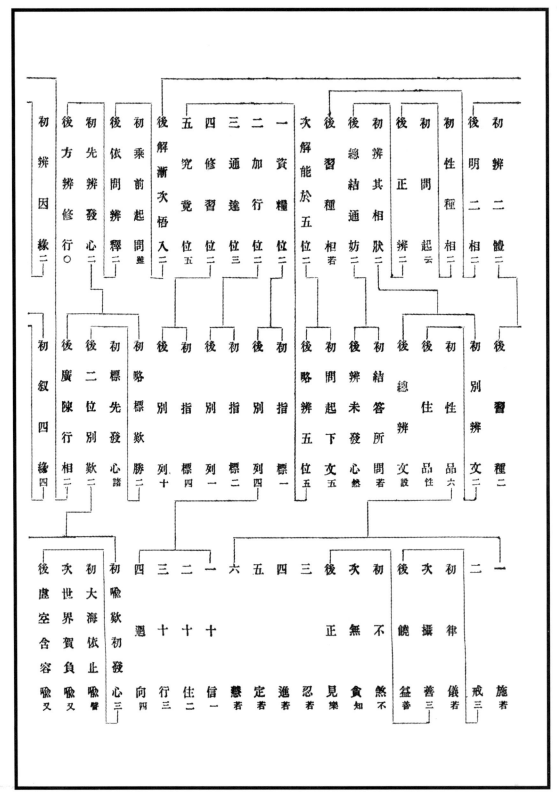

初問因
後答二
初外緣二
後內因二
初標將
後辨二
初十德十
後三觀三
初厭有爲觀二
次求菩提觀二
初辨觀德二
後辨希求見
後念衆生觀二
初觀二
後念見
初別觀癡愛生苦二
初總彰生苦三
後別明生苦二
初別辨衆惑爲因不
後別辨造業招苦二

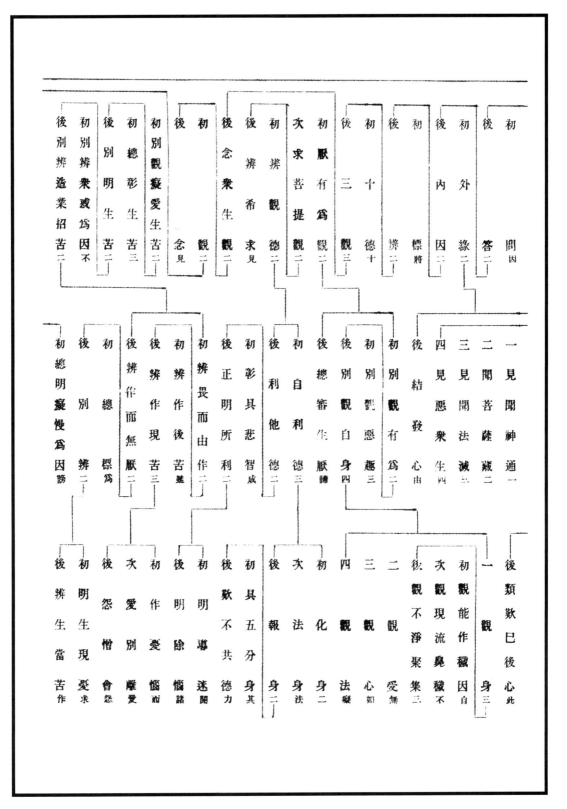

一見聞神通一
二聞菩薩藏二
三見聞法滅三
四見惡衆生四
後結發心由
初別觀有爲二
初別觀惡趣三
後別觀自身四
後總審生厭諸
初自利德三
後利他德二
初彰具悲智成
後正明所利二
初辨畏而由作二
初辨作後苦雖
後辨作現苦三
後辨作而無厭二
初總標爲
後別辨二
初總明癡慢爲因務

後類歎已後心此
一觀身三
初觀能作穢因自
次觀現流鼻穢不
後觀不淨聚集三
二觀受無
三觀心如
四觀法癡
初化身二
次法身法
後報身二
初具五分身其
後歎不共德力
初明導迷聞
後明除惱諸
初作愛惱而
次愛別離愛
後怨憎會怨
初明生現愛求
後辨生當苦作

後別觀癡慢障淨二
後陳行相二
初正辨相二
初初發二
後入發二
後願勝位依
○後方辨修行二
初總標別列次
後隨列別辨二
初辨略修行二
後辨廣修行○
初明境界二
初問起云
後正答二
次明正行二
初結前生後知
後正明修行二
初明其觀智二
初明依何智一
後明依何觀二

後別明障於淨法二
初辨闕無二
後辨相翻二
初依文悲智心次
後准理願名心二
初引文無
後疏釋先
初總標別列略
後總別別辨釋二
初總辨次第廢立二
後別辨體性行相三
初別明三性三
初解依他起謂
次解遍計性愚
後解圓成實依
後開合廢立二
初連前標舉此
次理教成立二
初理漸
後教二

初因斷雖
後果闕生
初因翻雖
後果翻得
初指隨
後證如
初翻染總標由
後依淨正釋二
初依理正釋由
後通妨勸學二
初通妨諸
後勸學故
初遍計諸
後依圓二
初依常無常有
後依漏無漏或
初別辨二
初依表詮釋智
後依遣相釋心
後顯益因

初彰唯依此三
後解其名體二
初釋其名義二
初依義正釋二
後引教證成二
後辨其體相二
初明境相三
初總標今
次別明五
後總略如
一遣虛存實識二
初依義解此二
後辨并攝餘諸
初正解二
後通妨二
二捨濫留純識二
初解此二
後攝餘盡
三攝末歸本識二
初解此二

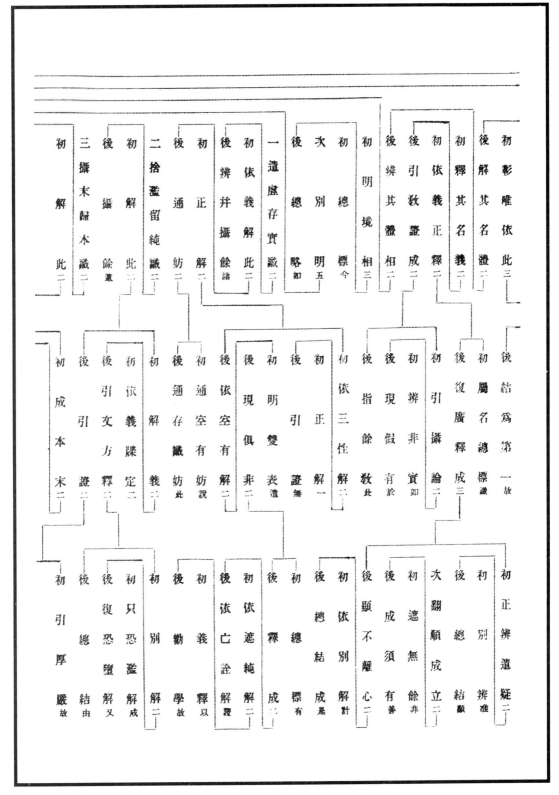

後結爲第一故
初屬名總標識
後復廣釋成三
初引攝論二
初辨非實如
後現假有於
後指餘教此
初依三性解二
初正解一
後引證無
初明雙表遣
後現俱非二
後依空有解二
初通空有妨說
後通存識妨此
初解義二
初依義牒定二
後引文方釋二
後引證二
初成本末二

初正辨遣疑二
初別辨准
後總結顯
次翻順成立二
初遮無餘非
後成須有善
後顯不離心二
初依別解計
後總結成是
初總標有
後釋成二
初依遮純解二
後依亡詮解證
初義釋以
後勸學故
初別解二
初只恐濫解成
後復恐墮解又
後總結由
初引厚嚴故

後攝餘所
初釋二
後證二
四隱劣顯勝識二
初解此二
後攝餘無
五道相證性識二
後辨能觀二
後入位修習二
初約位辨修五
一資糧此
二加行二
初解觀印二空二
後解猶未證實此
三通達二
初明觀行二
後明功德至
四修習二
五究竟至
後觀智料揀二

初引唯識二
後引深密解
後辨攝歸攝
初正解四
後引證故
初解此二
後攝餘二
初辨證二
後料揀二
初依義解釋於
後引教證成二
初辨此二
後指後後
初明根本觀二
初依義解通
後引教成故
後明後得觀二
初未自在於
後自在位八
初總標所

後引攀嚴華
初引本頌故
後引釋論成
初正解五
後引證攝
初攝無垢稱餘
後攝涅槃等又
初取加行慧以
後遮生得慧明
初三界料揀若
後無漏料揀無
初四尋思位二
初煖位故
後頂位義
後四如實位如
初依義解證
後引教成厚
一初二位於
二通達位通
三修習位二

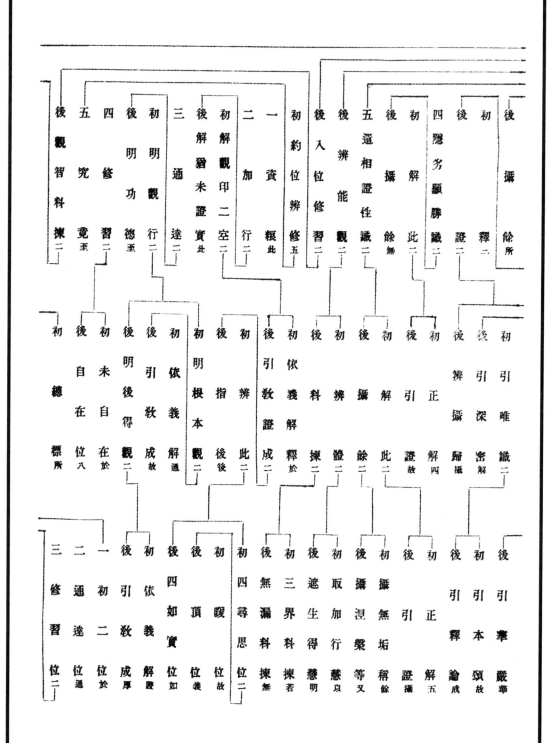

初料揀三慧二
初種現料揀二
後上下料揀二
後攝皈此觀此
後明正果二
○後廣修行二
初問起說
後正解二
初標列此
後辨釋二
初明次第廢立二
後廣三門體相三
初廣明所學處三
初總標舉數初
次依標別釋五
後次第廢立如
次廣明所學法二
初結前生下知
後次第別辨七
一八處勝解初

後料揀四
初解其修義所
後方乃料揀有
初問說
後答二
初正釋最
後總結故
一明所化處一
二利他行處二
初二純應斷二
後二共應修無
三眞實義處三
四明威力處二
初列四
後勸如
五明菩提處五
初問生起應
後正解釋三
初重法堅求二
次敬師爲善二

初未自在在
後自在位八
四究竟位於
初明各別得二
初有漏有
後無漏無
後明相資得此
初別指示二
初明純自利三
後明純利他若
初之二義慳求財法二
次之四義似戒眞犯爲
後之一義在定爲障執
後結應斷此
一明神通四
二法威力六
三明俱生爲
四共不共法
初標於
後喻二

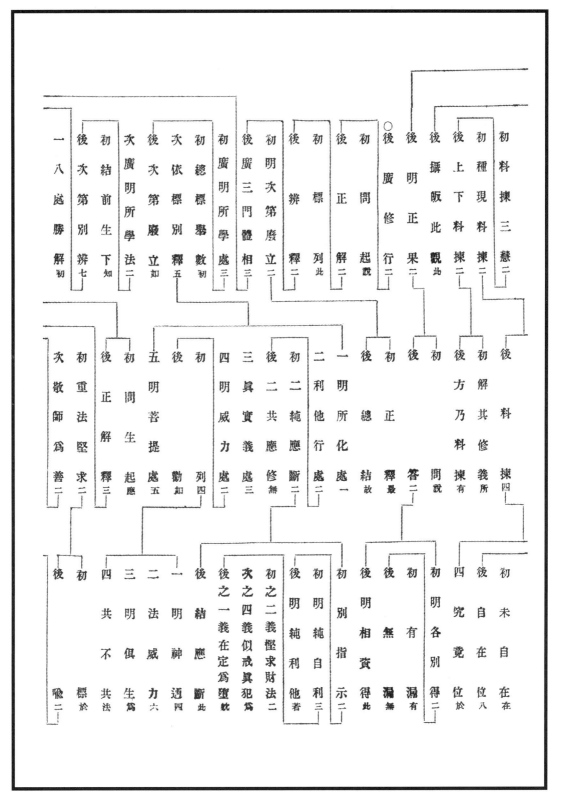

二三求法法三
初正所應求求次
次如是而求二
後爲此義求二
初問何
後解二
三三說正法二
初總標舉次
後別辨釋三
四五正修行三
五八正教授次
六五正教誡次
七方便三業四
後廣明能學人二
初有七品自分行二
後有二品勝進行○
初六度六品自利行二
後四攝一品利他行○
初總標舉次
後別解釋六

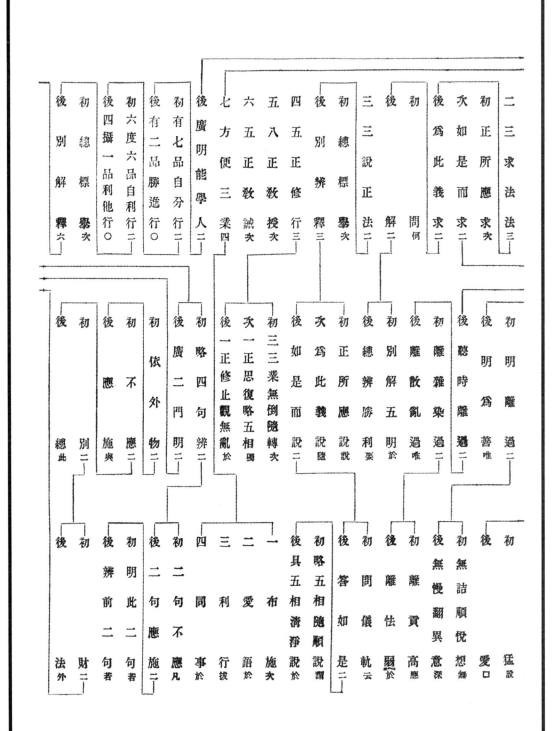

初明離過二
後明爲善唯
後聽時離過二
初離雜染過二
後離散亂過唯
初別解五明於
後總辨勝利要
初正所應說說
次爲此義說隨
後如是而說二
初三三業無倒隨轉次
次一正思復略五相瑜
後一正修止觀無亂於
初略四句辨二
後廣二門明二
初依外物二
初不應二
後應施與
初別二
後總此

初猛設
後愛口
初無詰順悅想無
後無慢翻異意深
初離貢高應
後離怯弱於
初問儀軌云
後答如是二
初略五相隨順說謂
後具五相清淨說於
一布施次
二愛語於
三利行拔
四同事於
初二句不應凡
後二句應施二
初明此二句者
後辨前二句者
初財二
後法外

一明布施度六
二明戒蜜多○
三明忍辱○
四明精進度○
五明靜慮度○
六明般若度○

一自性施施
二一切施二
一依財法施二
初方便行施二
初財施二
初有財二
後無財二
初自經求若
後勸他爲二
初勸未習於
後策先施見
後法施二
後方便布施二
初標其方便蓄

初十二或多談物五
一四種有損不應若
二一種無義不應無
三一種非宜不應病
四三種逼惱不應抑
五三種非詳不應卒
後二十四或多對心十七
後依巧慧四
初少財口
後多財二
初教他除慳二
初與物令施知
後只令隨喜我
後自爲護情二
初不待他言見
後妄托不傷若
初自用轉求知
後無力再審二
初自審若
後知行二

一一種不等不應怨
二二種違許不應許
三二種濁稱不應或
四二種不重不應擬
五二種邪執不應意
六二種有顧不應他
七一種違則不應餘
八一種須擇不應數
九一種有求不應依
十二種量窄不應意
十一二種拖巳不應罪
十二一種不均不應不
十三一種有悔不應心
十四一種誑他不應求
十五一種心卒不應先
十六一種非理不應不
十七一種不殷不應囑
初慳礙即施若
後勝須不亦二
初先設三思若

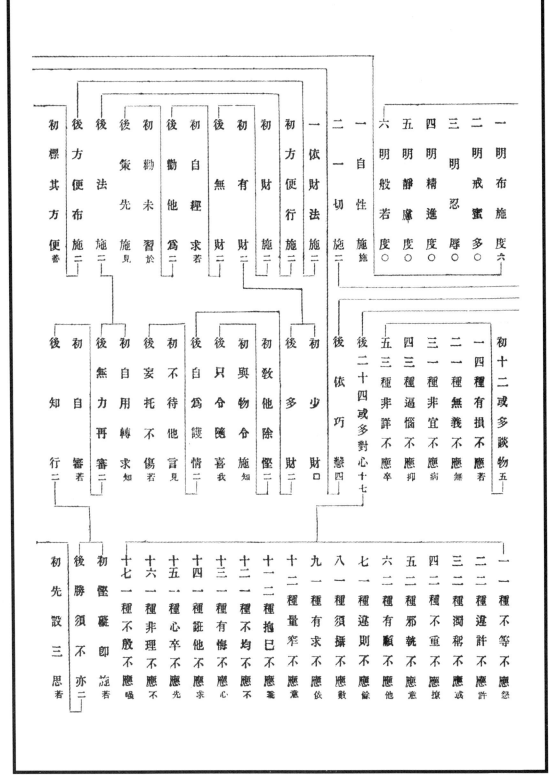

後次第辨釋二
二依無量施於
三依治障施二
四依勝解施應
三離行施於
四善士施情
五二世業此
六清淨施三
〇二明戒蜜多三
初依義門三
次歎勝利由
後明所作爲
初明自性戒三
次明一切戒二
後明離行戒於
初明所學戒藏二
初總標在
後別辨二
初廣辨三
後結勝是

初軌儀若
後發遣二
初總標若
後別釋四
初不留滯速
次不積聚隨
後不高舉於
初總出體戒
次辨受學二
初標列受學四門九
後復作二門料揀二
初遠離惡作門二
後有犯無犯門初
初初二別顯自他正
後後二由前離惡還
後總結勝即
初總攝爲體一
後別明持相十
初總辨體性二
初依三聚依

後施時闕益觀
初善言發遣若
後餘財代之或
一串習障覺悟智一
二匱乏障忍苦智二
三耽著障知倒智三
四世果障不堅智四
一不顧過去住
二不希未來不
三不著現在尙
四非戒爲是勤
五除邪言忌雜
六不自輕蔑闕
七性能柔和不
八堪能忍苦害
九離五放逸有
十軌則淨命二
初明軌則少
後明淨命離
一依身業尊

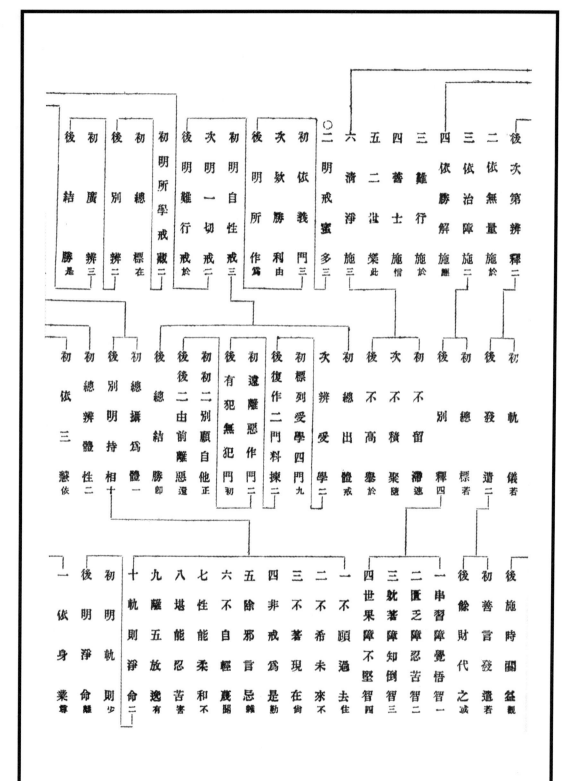

初解律儀戒二
次解攝善戒二
初略辨體文二
後廣持相文二
初前五度勿
後後五度善
後解饒益戒二
初總舉三
後別辨八
後明菩薩受學二
初明他自兩受三
初正明受法二
初從師受二
後自淨受若
次受已思修此
後受前揀擇二
後明止作二持二
初明輕重持犯二
初有無違犯二
後犯已還淨若

次依三業四
後依九善飲
後別明體性三
一作善助伴二
二說諸義利勸
三知恩報恩守
四救諸怖畏怖
五開解愁憂憂
六救諸匱乏常
七御衆資給初
八善隨他轉五
初明方便二
初發願乞戒若
後般淨專念時
後明開授為
初弟子擇師若
後師擇弟子二
初正明犯二
初標列二
後毀責犯

二依語業說
三依意業於
四通三業諸
初事業助伴於
後救苦助伴三
初救疾病苦病
次救根缺苦奇
後救煩惱苦其
一明總行住除
二明無觸惱非
三順護他短亦
四親不親近不
五順他愛憎不
初說法擇二
初標不為不
後釋所以如
後授戒擇非
初總標有
後別列一
初標列略

初明波羅夷二
後明輕垢罪二
初明無犯二
後明有犯與
初依別相二
後依總相如
初明攝善法戒相六
後明饒益有情戒乃
一攝布施六二
二攝持戒六五
三攝忍辱三二
四攝精進三無
五攝禪定二卑
六攝智慧七二
後明持犯利衰二
〇三明忍辱九
一自性忍
二一切三
初耐怨害忍二
次安受苦忍三

初明捨二
後不捨若
後便明捨二
初五財五
後一法捨
一同別於
二淨命應
三軌則三
四正讚讚
五護雪惡
初二合諫
後一單不
初望餘二
後望自三
初持之得三樂依
後犯之獲衰苦與
初別解釋二
初解義二
後釋名自
初三觀三

後別釋數
一供養住
二無貪勿
三身侍敬
四赴請乏
五受施受
初二望小二
初不毀不
後兼習善
後二望外二
初分習精
後不著猶
初信密法
次往聽聞
後敬師巧
初觀業此
次觀性又
後觀行擊
一親善憎
二唯法二

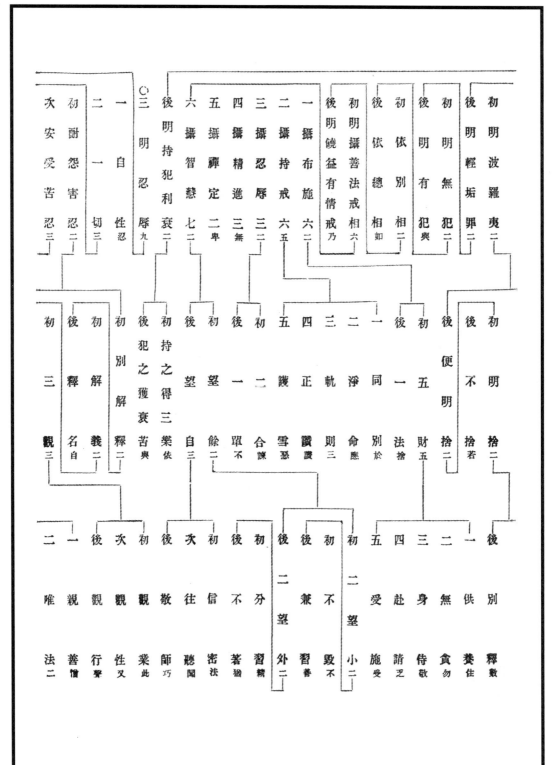

後諦察法忍三
三難行忍於
四一切門忍忍
五一切種忍衆
六遂求忍於
七濟淨忍當
八二世樂忍害
九善士忍臨
〇四明精進度六
一自性精進精
二一切精進三
三難行精進如
四一切門精進能
五善士精進無
六一切種精進二
〇五明靜慮度五
〇六明般若度三
初自性慧
次一切三
後二世學

後五觀五
後總結成故
初明作想二
初舉其無義二
後況今有益況
次明對事二
初一四法勸獨若
後五衆苦現前五
後明讚勸求
初加行精進三
次攝善精進三
後饒益精進三
初引前六文有
後引後七文猛
一自性靜慮靜
二一切靜慮三
三遂求靜慮由
四二世樂靜慮神
五濟淨靜慮亦
一自性二

三無常三
四有苦四
五攝受五
一世法世
二威儀住
三受法爲
四乞行毀
五勤劬修
初總標此
次廣釋我
後獎歎於
初總標二
次廣釋一
後獎歎世
初現法樂住靜慮此
次引發神通靜慮二
後饒益有情靜慮三
初異慧此
次如慧二
後利慧三

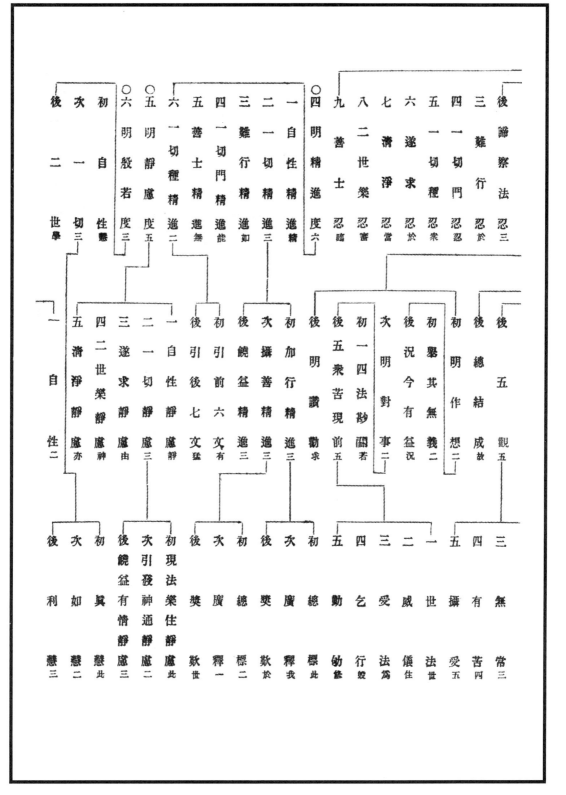

○後明利他行二
初標次
一布施一
二愛語五
三利行六
四同事三
後辨四
○後明勝進行二
初供養親近無量行三
初供養三寶二
初標次
後辨二
初正明供養二
後歎獲大果當
次親近善友二
初標次
後辨二
初辨善友四
後明親近有
一善友相狀戒

二一切違
三難行於
四一切門欲
五遂求依
初略辨四
次重釋合
後離譏不
初別供佛二
初十相十
後五念修
一明現前供養一
二明不現前供養二
三明俱於供養二
四明自作供養四
五明教他供養五
六明俱作供養六
七明財敬供養七
八明廣大供養八
九明無染供養三
十明正行供養二

一自性三
二一切能
三難行習
四遂求當
五二世十
六清淨起
初總辨三
後別歎若
初六淨九
次集財三
初自力自
次求他從
後想化四
一化身發
二化手一
三化聲出
四化具復
後隨喜二
初正辨想
後勸修難

後但辨後三 三
初明十勝行 二
初正辨 二
後廢立 二
初標 次
後辨 二
初前頌立六 障
後後頌立四 障
初六度 六
一布施 三
二持戒 二
三忍辱 合若
四精進 勇
五禪定 能
六智慧 能
次四種攝事 四
後供養無量 二
初明十種供養 於
後明四種無量 三
初正辨 二

後現所未明後四種 四
一明方便 三
二明願度 願
三明力度 力
四明智度 智
後辨上位 二
初總標 於
後別辨 三
初依內財 二
次依雜財 若
後依外財 二
初律儀 二
後饒益 或
一是他同事不現同事 於
二非他同事而現同事 或
三是他同事亦現同事 所
四非他同事不現同事 若
初標 修
後釋 緣
初顯 二

次內外各六 二
初辨內六種 悲
後辨外六種 合
後總束爲二 如
初施 謂
後非 二
初爲過 者
後無益 施
初辨不應施 一
後翻可應施 與
初辨身 三
初殺生 寧
次偷盜 暴
後邪染 二
初開在家者 無
後遮出家人 出
後明語四 爲
一遍行眞如 十
二最勝眞如 二
三勝流眞如 三

次顯勝二
後結成二
初攝由
後利善
次明十重障二
後明十眞如十
後復總隨法行三
初分品四相修二
後意品七相修二
◎勝空初略中初破執顯空中後破法執顯法空中後破所觀二
◎如應後顯由行甚深般若慧眼達空能越生死或云第三練磨心二
初顯由行甚深般若得正慧眼達空或生第三練磨心二
後明達空能越生死顯先修益或正第三練磨心○
初總略釋文二
後二宗別廣二
初勝空二
後如應二
初縱奪總標如
後方別辨釋二
初正解經文二

初攝修
後利悲
後翻擊
初明前十十
後明後十又
初總標四相一
後別列四相四
初總標七相應
後別列七相非
初明見贊
後五蘊二
初結前生後勝
後依生正釋二
初標此
後釋二
初各別解釋三

四無攝受眞如四
五相續無別五
六無染淨眞如六
七法無別眞如七
八相土自在八
九智自在所依九
十業自在所依十
一善修四種修一
二善巧十方便二
三饒益四攝事三
四迴向集前三四
初唱經
後方解二
初正解經文二
初解蘊義謂
後解五字此
後疏遣自文等
初辨其迷悟二
初迷即見色若
後悟即都無若

初解空之體義二
初依三無性解二
後依一眞空解二
初辨如空又
後明蘊即三
初迷兩異愚
次悟即眞二
後結大意說
後解照見相名二
後通釋妨難二
〇勝空略中後能度苦厄二
〇如應後能越生死顯先修益或正第三練磨心二
初唱經
後方解二
初科判如
後正解二
初依練磨解二
後直度苦解二
初別解經二
初解度字度

初相無性謂
次生無性說
後勝義無二
後總通遣疑二
初理釋今
後引證由
初依五眼解二
後依五位解然
初唯法非我妨二
後空體無多妨二
初依勝空解二
後依如應解二
初舉退標練謂
後正辨練磨二
初依汎說二
後入此經二
初唯依苦果解若
後通依惑等解理

後正入經文故
初依顯門圓
後從依執或
初正釋攝
後引證如
初列五眼眼
後方解釋今
初對機偏說解難
後舉本兼末解或
初依理通釋此
後引經證成如
初結前生後變
後依生正釋二
初釋經文既
後釋妨難難
初引餘善世
後況自因況
初引餘善如
後況自因我
初解行苦諸

後解餘文二
初總出苦體二
後對厄別釋二
後總釋意四
一正釋經意二
初擧迷而生苦由
後辨悟即度脫既
二引頌證成如
三通釋妨難據
四約位逐難即
○勝空破二執顯二空廣中二
初別廣體義空二
後結釋空所無○
初廣體空二
後廣義空○
初舍利子等下總告彰空二
次是故空中等下別叙所空○
後以無所得故釋空所以○
○如應次舍利子等陳機感者名述理垂諭或斷除四處障三
初約呼機解二

初標此
後釋三
初約三苦即厄解二
初解苦二
後即厄此
後約八苦異厄解二
初解苦二
初標苦
後釋八
後解厄厄
初廣生空二
後廣法空○
初唱經
後方解二
初告法體空二
初告上人二
後彰體空○
後告法義空○
初正解二

次解壞苦世
後解苦苦二
初釋性
後結語
一解生苦住
二解老苦時
三解病苦大
四解死苦壽
五怨憎會不
六愛別離所
七求不得所
八五取蘊諸
初勝空贊
後如應二
初科判經文二
初牒前判如
後更子判義
後正解經文二
初離釋二
初釋母名二

初解名義二
後釋妨難二
初釋偏舉鶖子妨二
後釋不告餘機妨二
後約除障解彼
○勝空後廣法空二
○如應後彰體空二
初唱經
後方解二
初別解色之體義二
後總釋經之大意二
初勝空二
初科判勝
後解釋二
後如應二
初爲問答破斥前師七
一全空不可孤立難二
二廢詮亦是俱非答勝
三就詮凡聖無別難二
四本寂非凡爲聖答二

後歎德附
初舉例昔
後正釋今
初舉例唯
後正釋獨
初顯色空二
後例受等○
初出體贊
後釋義性
初破體別執二
後破位別執二
初牒經色
後正解二
初舉執分別破
後明悟見破二
初正解經文二
後引經證成由
初牒計總責如
後依理由破眞
初牒彼所計如

後釋子稱顯
初翻譯梵
後正釋由
後合釋毋
初牒經色
後正解二
初舉執輪迴破
後依悟自破二
初約廢詮今
後約寄詮二
初解義依
後引證如
初舉正總責二
初舉正空今
後總徵責如
後喻成結勸二
初舉喻成如
後申結勸故
初約愚智應
次約凡聖是

初申四理勝
後結救意非
五本空取捨成倒難二
六勝義實無取捨答勝
七眞無斷修成倒難二
初引彼論文二
初引問文如
後引答文二
初答爲何會通二
後答如何會通二
初引別會文四
後引結會文二
初引別結文二
後引總結文當
後疏依爲難二
後方依自兩翻申解二
初依述理解二
初別解經文二
後通釋文繁今
初依遍計解二

後依事申破三
初求智捨愚成倒難如
後厭生求滅亦倒難且
初凡理申難二
後引經申難二
初擧所爲之述二
後結會通之意善
一會皆無自性門應
二會皆無有事門難
三會無生無滅門一
四會皆如幻夢門二
初三門結前如
後知說如實二
初解經意二
初解別會文二
後解結會文達
後責勝空若
初正解二
初總標由
後別釋二

後約師責自
初總責如
後別難應
初總彰之所不了若
後別辨不了之門二
初擧所不了之四門於
後辨能不了之驚謗於
初法喻文二
初喩又
後法如
後合結文二
初合由
後結故
初知若
後說如
初會經所遣此
後却現所存非
初正遣愚
後結勸二
初正結勸顯

初申解會二
後引教成二
初別引二文二
後逆次成立二
初縱奪從緣成有無雖
後展依前文對宗責此
後依眞空解二
初解經文二
後顯密意二
初引諦爲倒二
後正顯密意二
初顯俱非二
後方會經二
後依除障解二
初結前生後若
後依生正解二
○後例受等二宗名同二
初依總解二
初總解來意贊
後別解經文二

後會違二
初立理二
後結會二
初引妄有文故
後引從緣文聖
初指空體或
初約二性解二
後約圓成解法
後入義門二
初總標擧聖
後別釋結二
初遮空既
後方現故
初列釋四障四
後入經除斷今
初唱經
後方解二
初依汎解二
初名義四
後義門二

後便明斷二
初法說妄
後喩成如
初結正故
後遮非非
初擧所遣若
後正除遣今
初別釋四門有
初正結前即
後便起後有
後別結互通二
初會今
後證辨
一二乘作意障一
二諸疑離疑障二
三我我所執障三
四分別緣法障四
一受能
二想能
三行思

初解正文二
後解等字二
後指二宗勝
○勝空後廣義空二
初生空
後法空合二
初再告
後方論合二
○如應後告法義空二
初正解二
後通妨三
初釋生滅相例妨二
初問又
後答今
次釋垢淨相例妨二
後釋增減相例妨二
○勝空廣中後結釋所空中二
初別結所空六
後總釋所以○
○如應次是故空中等別叙所空六

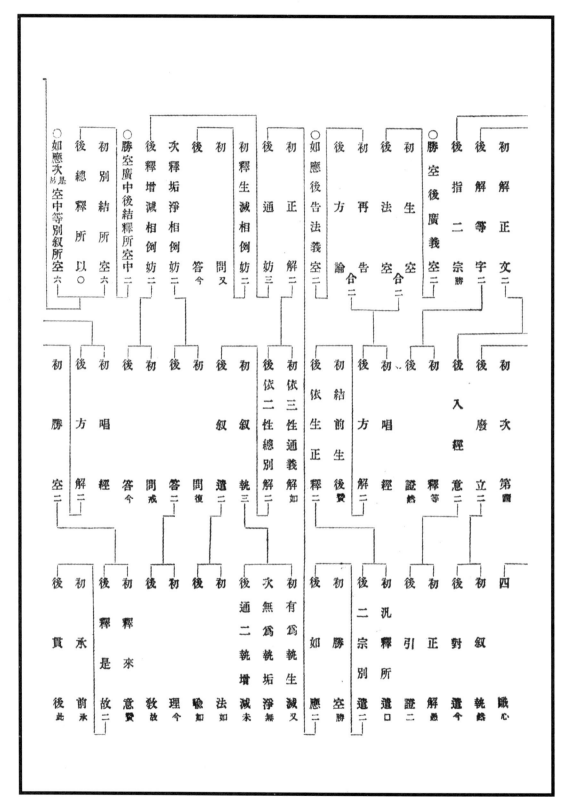

初次第謂
後廢立二
後入經意二
初釋等
後證然
初唱經
後方解二
初結前生後贊
後依生正釋二
初依三性通義解如
後依二性總別解二
初叙執三
後叙遣二
初問復
後答二
初問戒
後答今
初唱經
後方解二
初勝空二

四識心
初叙執然
後對遣今
初正解愚
後引證二
初汎釋所遣口
後二宗別遣二
初勝空勝
後如應二
初有爲執生滅又
次無爲執垢淨無
後通二執增減未
初法如
後喻如
初理今
後教故
初釋來意贊
後釋是故二
初承前承
後貫後此

一無蘊二
二無處二
初唱經
後方解二
初指贊
後釋二
初勝空勝
後如應二
初彰此假有別解餘典二
初解釋二
後引證二
初乘前引論二
後疏釋起後此
後辨此實無方入本經二
三無界二
初唱經
後方解二
初指贊
後釋二
初勝空二

後如應二
初別解二
初解依他起二
後況餘二性有
後總結是
初釋名如
後解義二
初別解體義二
初根四
後境色
後大門料揀初
初舉執二
後除遣二
初正遣今
後引證大
初別解二
後總釋世
初汎解二
初釋名如
後解義二

初正解二
初敘總所遣如
後明別能遣今
後會違二
初正會然
後引證故
一辨次第然
二辨離合二
初辨因因
後明果果
三辨立通眼
四相依二
初正辨依上下
後便明諸緣如
初通列六三勝
後屬此經文今
初正解二
初解次第前
後顯作用能
後對會然

後如應二
四無緣起二
初唱經
後方解二
初勝空二
後如應二
初汎由解釋三
初總標舉如
次略屬配雜
後廣別解二
初依正解二
初雜染二
初別釋二
後總結是
初順觀二
後逆觀二
初牒雜
後釋二
初具歷十一觀二
後齊識退還觀二

後入經二
初結前生後贊
後依生正釋二
初釋誰觀二
後釋所無二
初正解二
後通妨十
初標雜
後釋二
初解所觀十二
後辨觀察二
初正辨二
後通妨口
初依義辨釋次
後引經證成故
初指屬依
後別釋謂
初別解初後三
後總結支數如
初觀老死支二

初執舉破
後除遣所
初牒略指下
後引經證故
初成單無又
後解重無盡
一無明一
二行支二
三識支三
四名色四
五六處五
六受支六
七觸支七
八愛支八
九取支九
十有支十
十一生支十
十二老死十
初總標別列以
後依以別釋二

初別解苦集觀二
後別解滅道觀二
初觀滅諦二
後觀道諦次
初牒推次
後正觀謂
後清淨三
初順觀二
初牒清
後釋二
次逆觀二
初牒清
後釋二
後總結是
後會相違三
初會生支口
次會識支說
後會無明或
後正入經文二
初總明除遣二

初通釋先觀由
後方辨觀察二
次觀識等五二
初牒前標後二
後辨其觀察謂
後辨不觀行二
初依准知退二
後依束蘆退四
初正釋二
初釋斷識二
後斷業苦無
後引證二
初斷是
後得二
初釋老死支二
後例餘十支如
初舉依執口
後正除遣今
初總彰闕具二
後別證染淨二

初初二觀依他二
初正解二因惑
後二世料揀當
後後一觀遍計除
初牒前五支雖
後標後五支遣
初重舉立理觀
後結不復觀既
初正辨斷由
後明所證二
初斷無明得慧解脫諸
後斷愛取得心解脫受
初有餘雖
後無餘復
初自思審由
後方別觀知
初指文所具於
後會文所無各
初引文故
後釋成生

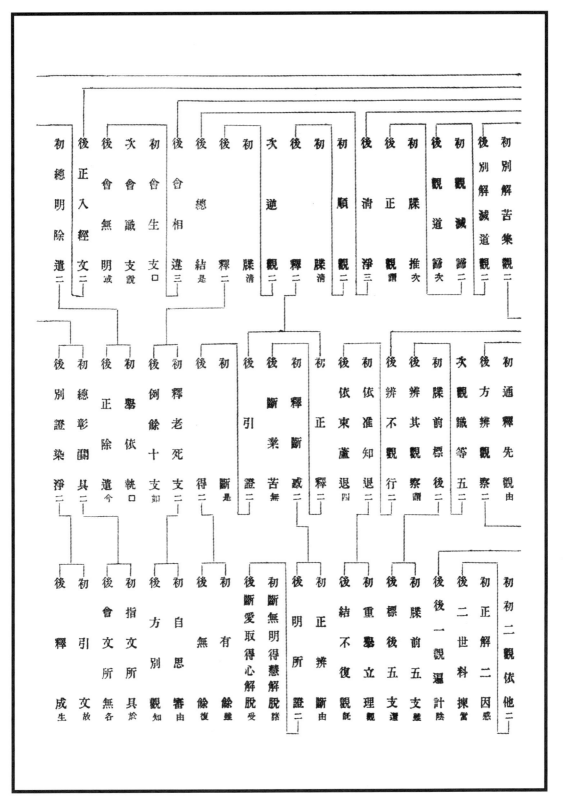

後別解文義二
初隨文料揀二
後別辨所無二
五無諦善巧二
初唱經
後方解二
初勝空二
後如應二
初申況解二
初依八諦解二
初解義二
後釋名准
初別解二
後總解二
後依二空解二
初總標或
後釋成二
後正入經二
初舉所遣於
後正除遣二

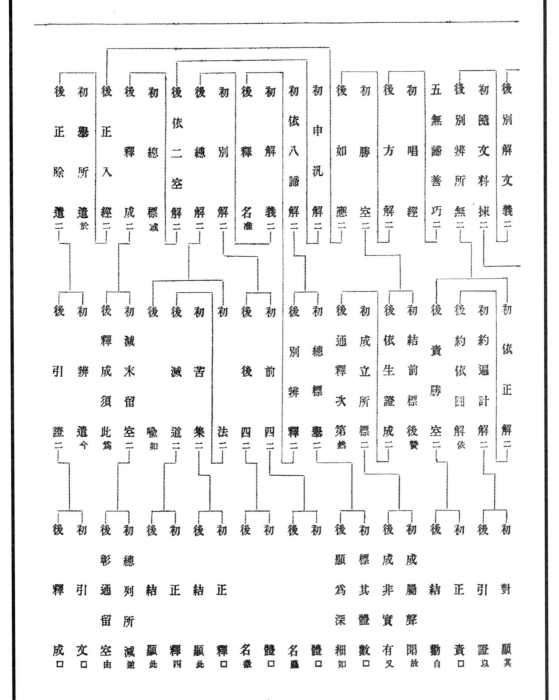

初依正解二
初約遍計解二
後約依圓解依
後責勝空二
初結前標後贊
後依生證成二
初成立所標二
後通釋次第然
初總標舉二
後別辨釋二
初前四二
後後四二
初法二
初苦集二
後滅道二
後喻如
初滅末留空二
後釋成須此爲
初辨遣今
後引證二

初對顯其
後引證以
初正責□
後結勸自
初成屬聲聞故
後成非實有又
初標其體數□
後顯爲深細如
初體□
後名麤
初體□
後名微
初正釋□
後結顯此
初正釋四
後結顯此
初總列所滅遣
後彰通留空由
初引文□
後釋成□

六無智得善巧二
初唱經
後方解二
初勝空二
後如應二
初由汎解二
初依總位解二
後依二智解二
後入經文二
初學所遣餘
後正除遣二
初各別除解三
後總結復成二
○後以無所得故總釋所以二
初唱經
後方解二
初勝空二
後如應二
初會違二
後正釋二

初結前生後贊
後依生正解二
初成無所得二
後成無能得二
初依理釋如
後引文證如
初解二
後證復
初依遍計解二
次約依他解依
後約圓成解眞
初結成如
後引證説
初釋二
後證如
初敍二
後會二
初依義釋之二
初三性別解二
後總結皈經故

初正解釋能
後會相違二
初敍如
後會唯
初依理釋□
後引文證□
初根本無
後後得後
初釋二
初智得能所解破
後用體通二解又
後指此
初生起贊
後正解今
初標如
後列一
初立理由
後結會故
初約遍計解根
後約依圓解依

○勝空第二菩提薩埵等下歎二依得二利二
初別歎因果二斷得二利二
後總歎顯密二除苦勝用○
初別彰因果二依歎獲自利二
後總結爲呪意在勸持除苦○
○如應第三菩提薩埵等下彰依學之德歎獲勝利或云離苦圓證二
初唱經
後方解二
初科指如
後正解二
初依總相解二
初解依字菩
後解獲益二
初別解所二
後總解能此
初解所無之障三
後解所得涅槃二
初翻譯梵
後正解二
初釋總名義□

後引文證成如
初歎因依斷利二
後歎果依得利○
初彰因依或云離苦二
後彰果依或云圓證○
初依勝空解二
後依如應解二
初解罣礙字二
初罣礙二字別配二障解□
後罣礙二字通配二障解或
次解恐怖字五
後解餘四字三
初別解二
初別解顛倒二
後別解夢想二
初別解夢夢
後別解想夢
後合釋二
初正辨差別二

初科判贊
後偏義二
初別解經文二
初別解能遣依
後別解所遣□
後總解經意二
初表迷障未
後悟除遣既
一不活畏恐
二惡名畏二
三死滅畏三
四惡趣畏四
五怯衆畏五
初標列
後別釋二
初別釋前三於
後別釋後四此
初依二二體同解前
後依二二體別解二
初總正解或

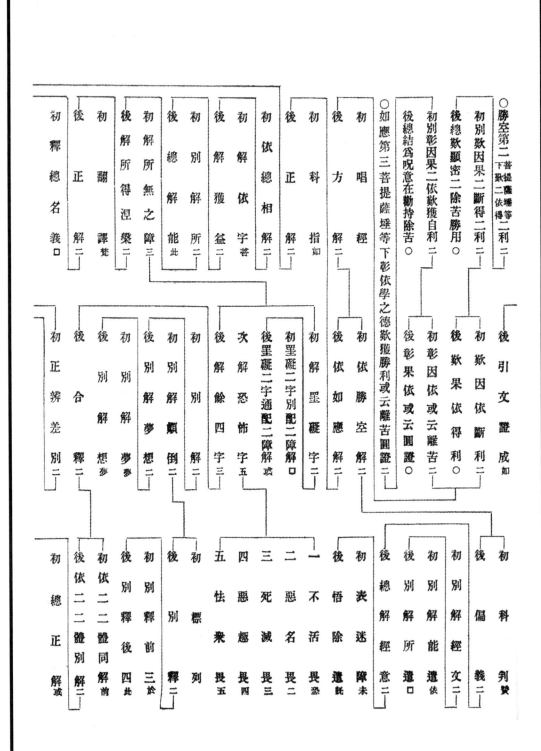

後別辨差別二
後依位別解二
初依四位解二
初別解二
後通妨四
初配斷三
後配得嘗
後依三住解二
○勝空後歎果依斷利二
○如應後彰果依或云圓證二
初勝空二
初科贊
後釋二
初別二
後總二
後如應二
初解佛依二
後解所得智
○勝空後總歎爲呪除苦勝用二
初乘前歎法義持二

初總標雖
後列釋四
後料揀通妨有
初解行或
次見道見
後修道於
初斷二
後得內
初經
後解二
初依二
後得二
初訓得字得
後解餘文二
初通理智解二
後唯依理解或
初解佛如
後解依二
初別歎四德二
後總歎除苦○

後別通妨如
一解自性一
二解無住二
三解有餘三
四解無餘四
初解三
初一極歡喜住斷又
次一無功用住斷無
後一成滿菩薩住斷最
後指卹
初解初之三字口
後解偈之一字梵
初翻阿
後釋無
初引據大
後方解三
初具果依解佛
後却談因解或
初勝空解二
初結起贊

後因便歎密呪持○
初乘前結法義持二
後因便說密呪持○
○如應後總結爲呪勸持除苦二
初解經直文顯德二
初結顯起密解二
初汎解二
後入經二
後結顯爲密解或
後解經意在勸修二
初標此所爲勸
後引餘證成二
○勝空後歎除苦二
初正歎二
後除疑○
初正破二
後除疑○
○如應後明破惡二
初令無染四
一蓋障不染故

初唱經
後方解二
初明具德二
後明破惡○
初總翻如
後別釋略
初總釋二
後別釋二
初別配釋二
後復結皈故
初頌列行慈
後頌歎勝行
初唱經
後方解二
初生下贊
後正釋二
初總略釋偕
後引廣釋二
初別辨所獲十一
後總辨隱心二

後正解二
初解餘文承
後解呪字大
後如應解二
初釋法義名呪二
初指密用此
後彰顯同念
後釋前後文勢此
初約別二
初揀四劣道解由
後配四般若解或
後約通或
一勝事和合常
二悟諸平等於
三調伏忿怨自
四見佛聞法常
五勤修諸善常
六能伏衆魔惡
七四王常護四
八離衆災危終

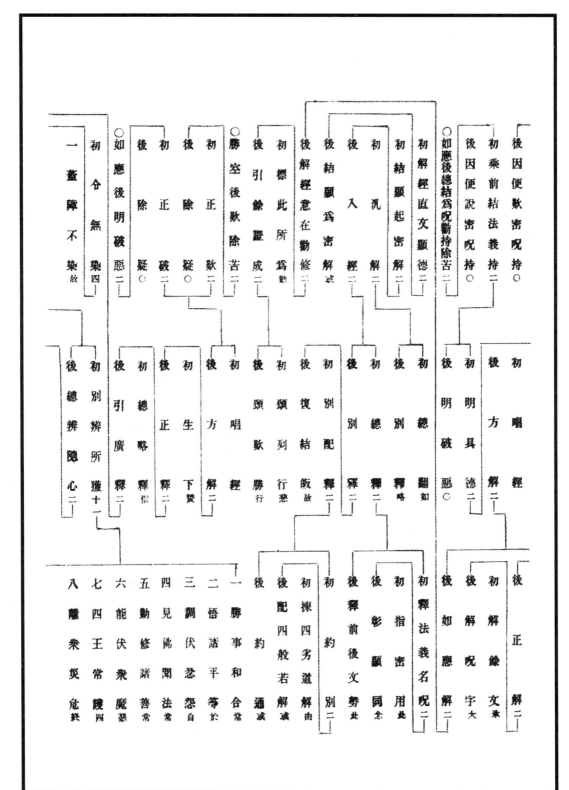

二極惡超苦難
三大無不墮假
四煩惱不染設
後獲善益二
○勝空後除疑二
○如應後除疑二
初指經贊
後釋成二
○勝空後歎害呪持二
○如應後說害呪持二
初唱經
後方解二

初標隨
後釋二
初舉劣念持而獲現益二
後況勝修因必證當果況
初唱經
後方解二
初別義顯成二
初憑佛之德望二
後引大經證成所
後總結勸信故
初縱奪標舉贊
後隨釋經義二

九衆聖護持諸
十往生佛土於
十一行周果滿遠
初念所
後持天
初舉德望二
初出家何
後利生稱
後顯無諍對
初彰意趣深遠佛
後歎不易詳贊教

般若波羅蜜多幽贊添改科終

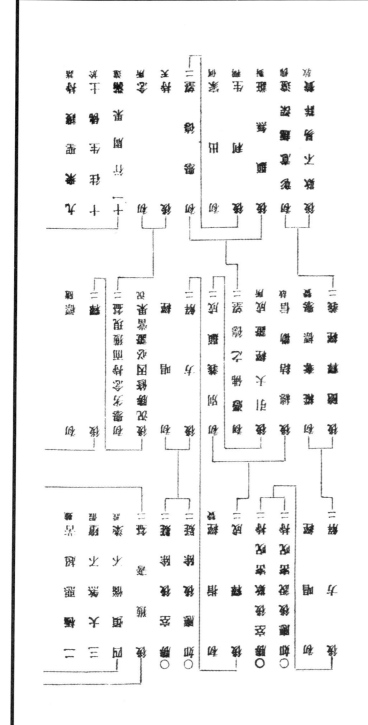